本书系国家社科基金重大招标项目多卷本《西方城市史》（17ZDA229）阶段性成果

都市文化研究

Urban Cultural Studies

Temporality,
City Sense, and Society

中文社会科学引文索引（CSSCI）来源集刊

第32辑

时间性、
城市感与社会

上海三联书店

CONTENTS | 目

录

城市史

利益博弈与理念论衡

　　——美国第一届联邦国会中的建都之争 ·················· 孙蓝波　3

诺莱坞与拉各斯:相互成就及发展前景 ·············· 赵文杰　恩万阔　22

特殊岛屿城市文化的形成与塑造

　　——18—20 世纪多方势力博弈下的科西嘉

　　　　　　·················· 王志航　王　畅　43

中东城市外交:动力机制、表现、影响及前景

　　　　　　·············· 谢立忱　张一帆　蔡成博　61

中世纪晚期伦敦环境卫生治理研究 ·················· 张翔景　78

时空废墟中的文图关系:试论帕慕克的伊斯坦布尔书写 ······ 孙琪琪　104

社会主义对城市公共空间的塑造与影响

　　——以法国鲁贝的视角考察(1892—1930) ·········· 滕子辰　120

近代香港的灾害与应对措施(1840—1949) ·············· 杨　森　138

文本视阈下的中外都城书写比较研究

　　——以唐长安和波斯波利斯为中心 ·············· 杜元元　157

空间生产理论视域下澳门历史文化街区的空间结构演变

　　与文化意义建构

　　——以十月初五日街为案例 ········ 施瑞婷　白婧婷　李鑫宇　170

城市与社会

城市咖啡文化变迁背后的科技变革探究

    ——以上海市为例 ················· 李 欢 189

《图画日报》与近代上海：20世纪初上海日常生活的视觉再现

    ················· 王 慧 202

近代报刊视域下晚清前期津沪文学与文化交流及影响

    （1850—1886） ················· 李 云 218

女性意识的觉醒与社会空间的拓展

    ——南社女社员社会交往研究 ········· 吴强华 曾美霖 231

唐五代江南的阿拉伯商人 ·········· 彭 婷 张剑光 253

老子思想的"英伦旅行"：中华文化国际传播的历史文本考察

    ——以《泰晤士报》的报道与影响为例 ········· 刘子潇 264

受众体验视角下网络文学改编剧的改编策略研究

    ········· 方 睿 朱雪婷 张莎莎 281

团中央在上海组织发展沿革（1920—1933）········ 王鑫鹏 张如意 291

文化符号与意象的重构：《神秘的笛音》中的诗歌与文化互动

    ················· 冯诚纯 304

新见天目山樵与爱湘共评本《儒林外史》考论 ······· 石璐洁 316

城市空间意象的符号化：大运会期间视觉社交媒体对成都

    城市形象的塑造 ········· 王耀宗 王 菁 340

体育赋能城市文化：探析澳大利亚体育休闲文化对我国城市

    文化建设的启示 ················· 龙冰淳 361

被压抑的现代性：论晚清上海都市女性引领的易装风尚

    ——以《九尾龟》《点石斋画报》为中心 ········· 易文杰 381

主动收缩与减量规划：超大城市周边中小城镇转型的路径探索

    ——基于S市H镇的案例分析 ········· 姜晓晖 395

从政治到俗常：论《首都》的文化政治与都市叙事 ······· 马艺璇 416

"烦恼丝"的剪落与女性命运的革新
　　——民国都市女性剪发现象的发生及其文学呈现研究
　　　…………………………………………… 张佳滢　427

艺术中的都市文化

"同时代性"的变奏:八十年代中国城市电影的审美风致
　　………………………………… 刘逸飞　彭　涛　445
电影作为记忆媒介:对历史题材主旋律电影指涉记忆危机
　　问题的再认知 ………………………… 陈怡舍　459
论近代天津曲艺书场的城市化表征 ……………… 盛书琪　473
新世纪乡土电影中城市形象的现代性考察 …… 魏　玲　陈吉德　486
曲艺的传播及与近代区域城市文化的互动
　　——以相声、评弹为中心 ……………… 李小东　502

光启评论

近年来英国城市环境史研究现状与特色(2000—2021) ……… 毛利霞　521
美国独立国家历史公园的"殖民主义复兴"
　　——基于《费城问询报》(1948—1976)的考察 ……… 王如一　547

城市史

利益博弈与理念论衡

——美国第一届联邦国会中的建都之争

孙蓝波

摘　要:美国第一届联邦国会召开后,各州代表围绕首都选址问题爆发了激烈争论。首都作为国家治理体系与权力的中心,其位置既重要又敏感。南北双方都希望成为新政府的主导力量,国会中南都和北都的争执反映了地方利益的冲突和联邦权力的博弈。而关于首都应该定在城市还是乡村的辩论,则体现了建国领袖们对于新生共和国未来发展的分歧,本质上是传统"农业共和国"和近代"商业共和国"两种观念的对抗。首都选址的争论不仅影响了美国第一届国会议程,还深刻地塑造了早期的国会政治。

关键词:首都选址　南北冲突　农业　商业

　　美国人民对费城制宪会议后选举出的第一届联邦国会抱有很高的期待,他们盼望各州的政治领袖们可以在这届"最重要的会议"①上顺利执行宪法授予的各项权力,为新生的美利坚合众国开万世之基。正如当时深有影响力的《美国公报》(*Gazette of the United States*)的评论所言:"未来任何一届国会都不会有如此沉重而又艰巨的任务。"②1789 年 3 月国会正式召开,各州代表在平静和谐的会议氛围中通过了一系列的法案和举措,使新政府的运行看起来

① Jonathan Klliot, ed., *The Debates in the Several State Conventions*, Vol.4, Philadelphia: Sanction of Congress, 1861, p.222.

② "Extract of a letter from Savanna," *Gazette of the United States* (New York, N.Y.), Wednesday, June 24, 1789.

稳健有序。但是几个月后，当宾夕法尼亚众议员托马斯·斯科特（Thomas Scott）将联邦政府所在地问题搬上国会讨论桌后，仿佛打开了潘多拉魔盒，使联邦国会开始陷入旷日持久的争吵与谩骂。面对几乎停滞的会议，南卡罗来纳州众议员威廉·劳顿·史密斯（William Loughton Smith）抱怨说："过去几个月，谈判、阴谋、会议、密谋和反密谋在国会轮流上演，但依然没有达成任何决议。"①建都问题作为建国后第一个全国范围内的重大分歧，深刻地反映了美国早期政治的一些典型特征。

对于美国建都问题的考察，学界已经取得了不少有价值的研究成果。早期的历史学家专注于对建都历史的梳理，描述多集中于国会投票和政治领导人的作用。②一些学者认为波托马克河最终被选为首都是因为其优越的地理位置，忽视了背后复杂的利益和意识冲突。③近几十年来随着研究的深入，建都问题的考察也越来越丰富。有关建都谈判的历史细节得到了很多关注。④还有一些学者从国会政治的视角出发，分析了建都议题对早期国会议程影响和最终达成妥协的过程。⑤埃里克·J. 恩斯特罗姆（Erik J. Engstrom）等学者

①　George C. Rogers and William Loughton Smith，"The Letters of William Loughton Smith to Edward Rutledge：June 6，1789 to April 28，1794，" *The South Carolina Historical Magazine*，Vol. 69，No. 1，1968，p. 116.

②　可参见 William Benning Webb，John Wooldridge，Harvey W. Crew，*Centennial History of the City of Washington*，D. C.，Dayton：Pub. for H. W.，1892；Wilhelmus Bogart Bryan，*A History of the National Capital from Its Foundation Through the Period of the Adoption of the Organic Act*，New York：The Macmillan Company，1914.

③　William Tindall，*Standard History of the City of Washington from a Study of the Original Sources*，Knoxville：H. W. Crew & co.，1914，pp. 26—27.

④　可参见 Jacob E. Cooke，"The Compromise of 1790，" *The William and Mary Quarterly*，Vol. 27，No. 4，1970，pp. 524—545；Norman K. Risjord，"The Compromise of 1790：New Evidence on the Dinner Table Bargain，" *The William and Mary Quarterly*，Vol. 33，No. 2，1976，pp. 309—314；Kenneth R. Bowling，"Dinner at Jefferson's：A Note on Jacob E. Cooke's 'The Compromise of 1790'，" *The William and Mary Quarterly*，Vol. 28，No. 4，1971，pp. 629—648；Lauren F. Klein，"Dinner-Table Bargains：Thomas Jefferson，James Madison，and the Senses of Taste，" *Early American Literature*，Vol. 49，No. 2，2014，pp. 403—433.

⑤　可参见 Charlene Bangs Bickford，Kenneth R. Bowling，*Birth of the Nation：The First Federal Congress，1789—1791*，Madison，Wis.：Madison House，1989；Margaret C. S. Christman，*The First Federal Congress，1789—1791*，Washington，D. C.：Smithsonian Institution Press，1989；Fergus M. Bordewich，*The First Congress：How James Madison，George Washington，And a Group of Extraordinary Men Invented the Government*，New York：Simon & Schuster，2016；Kenneth R. Bowling，*The Creation of Washington，D. C.：The Idea and Location of the American Capital*，Fairfax：George Mason University Press，1991.

认为首都选址过程之所以如此曲折复杂,是麦迪逊等人所设计的美国代议制政府的运作方式使然。①总体上看,学界对于美国建都争论的历史研究多集中于细节层面的考察。而国内对于美国建都史的研究尚处于起步阶段,一些有关美国早期史的研究所涉及的建都问题,也存在着部分细节上的谬误。②本文在吸收已有研究成果基础上,爬梳整理首都选址争执各方的会议辩论记录、媒体宣传以及私人信件,试图剖析这次建都之争的核心与本质,以期能够为学界理解认识这一时期美国国会政治的趋向和战后建国者对国家未来定位的差异提供新的视角。

一、联邦主导权之争:南北的权力博弈

首都作为国家治理体系与权力的中心,它的位置对未来国家政治走向有着重要影响,故其选址必然牵涉到各方利益的考量。与母国英国不同,英属北美殖民地历史上不存在一个传统意义上的政治首都,因为独立战争前各个殖民地之间互不统属,并不是一个统一的政治实体。在当时美国人的语言表述中,"首都"(capital)一词一般是指州政府所在地。独立战争期间,人们将邦联议会所在地费城称为"国会开会的场所"(meeting place of Congress)。1783 年的"费城兵变"③(Pennsylvania Mutiny)后,邦联国会因为得不到宾夕法尼亚州政府的支持而被迫长期迁移。孱弱的邦联国会使制宪会议的代表们意识到:如果想要维护联邦政府的稳定和统一,必须建立一个拥有专属管辖权的政府驻地。④

---

① Erik J. Engstrom, Jesse R. Hammond, John T. Scott, "Capitol Mobility: Madisonian Representation and the Location and Relocation of Capitals in the United States," *The American Political Science Review*, Vol.107, No.2, 2013, pp.225—240.

② 国内相关研究可参见朱安远:《美国概况及美国首都变迁史(下)》,《中国市场》2014 年第 13 期,第 122—126 页;颉普:《评汉密尔顿派和杰斐逊派的斗争》,《兰州大学学报》1988 年第 2 期,第 76—82 页;吕富珣:《十八世纪的两座名城——圣彼得堡与华盛顿》,《国外城市规划》1995 年第 1 期,第 34—40 页。

③ 1783 年 6 月,400 多名要求国会支付兵役酬劳的大陆军士兵包围了邦联议会所在的独立大厅。邦联议会代表请求宾夕法尼亚州议会召集民兵平息事态,因为在《邦联条例》的授权下,除非在战争时期,否则国会对军队没有直接控制权,国会主要依靠各州民兵来落实法律和维持秩序。但宾夕法尼亚州议会因为出于对讨薪大陆军士兵的同情拒绝了邦联国会的请求,迫使国会迁出费城。详情可参见 Mary A. Y. Gallagher, "Reinterpreting the 'Very Trifling Mutiny' at Philadelphia in June 1783," *The Pennsylvania Magazine of History and Biography*, Vol.119, No.1/2(Jan.—Apr., 1995), pp.3—35.

④ 参见 James Madison, *Notes of Debates in the Federal Convention of 1787*, Athens: Ohio University Press, 1966, pp.378—379.

因此《联邦宪法》中第一条第八款第17项规定："由某些州割让,并由联邦国会所接受作为联邦政府所在地(不超过十英里见方的区域面积),任何情况下联邦国会在这块区域内都享有专属立法权。"①

不过制宪会议的代表们并没有在宪法的文本中指定首都的具体位置,因为他们预感到将这个问题带入讨论可能会摧毁已经达成的共识。反对宪法的马里兰州代表约翰·弗朗西斯·默塞(John Francis Mercer)甚至悲观地预言:"各州在首都选址上永远也无法形成一致意见。"②为了减少宪法通过的阻力,代表们最终将确立首都位置的任务留给了未来的联邦国会。

历史的经验和长期的政治实践使各州政治领袖都很清楚靠近首都的巨大益处,即使是联邦政府的反对者也不会拒绝将未来首都建在本州境内。在经济上,首都对周围地区商品贸易的拉动作用是显而易见的:1783年,邦联国会主席埃利亚斯·布迪诺(Elias Boudinot)估算国会每年会在当地消费15万美元左右的商品。③六年后,在建都辩论中,麦迪逊预计新国会每年的商品消费额将会达到50万美元。④如此巨大的经济利益使得许多地区都对争取新都所在地趋之若鹜,各地居民的请愿书纷纷涌进国会。在政治上,靠近首都意味着周围各州更容易对国会和联邦政府施加影响。军事上,因为外部的军事威胁并未消失,首都政府拥有的武装力量可以保护周边地区免受侵略。由于社会制度的差异和整体实力的不足⑤,独立战争后的南部各州一直担心成为邦联中被忽略的少数派,致使其利益受到侵害。1789年3月4日,当第一届联邦国会在纽约的联邦大厅举行会议时,在场的新英格兰地区的众议院议员是南部

---

① *The American's Guide* : *Comprising the Declaration of Independence* ; *the Articles of Confederation* ; *the Constitution of the United States* , Philadelphia : Hogan & Thompson, 1840, pp.8—9.

② James Madison, *Notes of Debates in the Federal Convention of 1787* , pp.436—438.

③ Paul H. Smith, eds., *Letters of Delegates to Congress* , 1774—1789, Vol.20, Washington, D.C. : Library of Congress, 2000, p.451. 此外,当时还有一种10万美元的推算,来自大陆会议代表埃兹拉·洛姆迪厄(Ezra L'Hommediea),详情参见 Edmund C. Burnett, eds., *Letters of Members of the Continental Congress* , Vol.7, Washington, D.C. : The Carnegie institution of Washington, 1934, p.266.

④ Charles F. Hobson and Robert A. Rutland, eds., *The Papers of James Madison* , Vol.12, Charlottesville:University Press of Virginia, 1979, p.375.

⑤ 根据1790年美国第一次人口普查数据,当时南北自由人口的比例接近1:2,具体数据参见 *1790 Census* : *Return of the Whole Number of Persons within the Several Districts of the United States* , 1793, pp.3—56.

州的三倍之多。①因此南方各州对自身在联邦中的权力和利益格外敏感,相信首都位置靠近南部不仅会弥补其政治和经济上的弱势地位,吸引更多的南部人才在联邦政府供职,还可以将联邦舰队吸引到切萨皮克湾保卫南部免受欧洲列强的军事威胁。②麦迪逊在分析南部境遇时也指出:"南方各州由于远离政府所在地,在其代表出席国会以及与联邦政府内部各种商业交往方面都非常不便……离政府所在地近的各州的利益和观点,总是比那些遥远的州更能引起国会的注意。"③

其实早在革命期间,国会长期停驻在费城被很多南方政治家视为"扎在心头的一根刺"④。独立战争结束后,为了防止北方继续"占有"国会,弗吉尼亚和马里兰的州议会向国会发出了南迁邀请。弗吉尼亚州议会提出,如果国会将驻地选在本州的威廉斯堡或波托马克河畔,愿意将当地的土地和建筑赠与国会使用,并许诺会提供十万英镑的资金用于国会建设各州代表的住宅。⑤虽然南方给出的条件诚意十足,但南迁的提议在国会中并没有受到北方代表的重视。杰斐逊向弗吉尼亚时任州长本杰明·哈里森(Benjamin Harrison)汇报说:"波托马克河以南的任何地点(作为首都)都不在北方各州的考虑范围内……现在很明显,波托马克河以北的九个州已经决定在这件事上结成同盟,共同采取行动。"⑥1783年10月,在北方代表的主导下,国会不顾南方代表的反对,决定在特拉华河岸建设一个永久首都。⑦遭到忽视的南方十分不满,一些人宣称不能接受这项决议。⑧哈里森警告说:"如果不顾南部州的利益,那其

---

① 参见 *Journal of the House of Representatives of the United States*,1789.3.4—1789.9.29,New York:Francis Childs and John Swaine,1826,p.3.

② 参见 Julian P. Boyd,eds.,*The Papers of Thomas Jefferson*,Vol.6,Princeton:Princeton University Press,1952,pp.364—365.

③ Robert A. Rutland and William M. E.,eds.,*The Papers of James Madison*,Vol.9,Chicago:The University of Chicago Press,1975,pp.379—380.

④ James Madison,*The letters and others writings James Madison*,Vol.1,Philadelphia:J. B. LIPPIN-COTT & CO.,1865,p.291.

⑤ 参见 William T. Hutchinson and William M. E. Rachal. Chicago,eds.,*The Papers of James Madison*,Vol.7,Chicago:The University of Chicago Press,1971,pp.202—204.

⑥ Julian P. Boyd,eds.,*The Papers of Thomas Jefferson*,Vol.6,pp.352—353.

⑦ Paul H.Smith,eds.,*Letters of Delegates to Congress*,1774—1789,Vol.21,Washington,D.C.:Library of Congress,2000,p.60.

⑧ 参见 Gregg L. Lint,C. James Taylor and Robert F. Karachuk,eds.,*The Adams Papers*,*Papers of John Adams*,Vol.15,Cambridge,MA:Harvard University Press,2010,pp.400—402.

他州也休想得到正义。"①在公共事务中一向以客观公正著称的华盛顿也认为,特拉华河在地理上和政治上都不是共和国永久首都合理的选择。他甚至预言,如果国会不顾南方意愿,将首都建在那里,过不了多久就会在公众的压力下再次迁移。②当时的很多南部政治家相信,时间是站在他们这一边的,"随着国会代表的变动和西部新州的陆续加入,未来的国会会迁往乔治城(波托马克河岸的城镇)"③。最终,在南方的强烈抵制下,建造特拉华联邦城镇的计划被长期搁置。

1788年6月,新罕布什尔州成为第九个批准宪法的州,这也意味着新的联邦政府即将成立。④很多美国人对新政府抱有很高的期待,相信团结在一起的合众国将会更加繁荣。不过随后在邦联国会讨论新政府运行安排中,各州对于新国会召开地点的争论险些迫使联邦政府延期运转。相对于过去的邦联政府,宪法框架下组建的新政府将会拥有史无前例的巨大权力,可以独立制定财政和税收政策,招募军队,管理州际和对外贸易。南方各州认为,放弃自身的军事力量和财权加入联邦是一次牺牲,他们很可能会被迫屈从于多数派的决议和命令,因此新政府理应照顾南部的利益。如果首都设在北方将会加剧南北力量不平衡的现状,使联邦政府成为北方独裁的工具。特别是在进出口贸易的管制方面,南北双方的目的是相反的:北方想要提高进口关税以保护他们的制造业和航运业;南方以种植园经济为核心,日常消费品依赖进口,所以期望降低关税减少购买成本。国会代表威廉·宾汉姆(William Bingham)警告说:"如果政府所在地被置于航运和制造业的州之间,那肯定会破坏联盟的稳定,拥有相似利益的北方各州合作发挥的影响将令(南方)恐惧,担心会制定出对南部极其有害和压迫性的商业与财政政策。由此,政府将从猜疑开始,在戒备中延续,最终以不和解体。"⑤

---

① William T. Hutchinson and William M. E. Rachal, Chicago, eds., *The Papers of James Madison*, Vol.7, p.387.

② 参见 W. W. Abbot, eds., *The Papers of George Washington*, *Confederation Series*, Vol.2, Charlottesville: University Press of Virginia, 1992, pp.332—333; W. W. Abbot, eds., *The Papers of George Washington*, *Confederation Series*, Vol.3, Charlottesville: University Press of Virginia, 1994, p.69.

③ Julian P. Boyd, eds., *The Papers of Thomas Jefferson*, Vol.8, Princeton: Princeton University Press, 1953, p.230.

④ 美国宪法第七条规定,宪法在13个州中的9个州获得通过即可生效。

⑤ Merrill Jensen and Robert A. Becker, eds., *The Documentary History of the First Federal Elections*, Vol.1, Madison: University of Wisconsin Press, 1976, p.73.

为了维护新政府的尊严,各州代表在最后时刻达成了一项协议:首都位置的问题暂时按下不表,第一次会议就在当时的邦联国会所在地纽约召开。①尽管华盛顿认为各州在首都选址问题上应该团结在共和国整体利益之下以摆脱"无序和分裂"②,但宪法共识掩盖下的南北龃龉已经开始左右新国会的政治。在一些联邦主义者看来,"新政府刚成立,就立刻出现这种地方主义的特征,非常令人痛心,因为这次事件预示着一种使旧政府蒙羞的邪恶的延续,并为一些在南方流行的反联邦主义观点提供了事实支持。"③最后时刻的决议非但没有化解南北的裂痕,反而加剧了南方的不满,他们将国会南迁的失败视为北方利益集团对南部和西部地区"不公正的压迫"④。不过南方的政治家并没有因此而放弃,他们准备在新国会正式运作后,将正式的首都定在波托马克河畔。⑤

1789 年初国会正式运作后,由于南北各州代表都没有十足的把握可以单独解决建都冲突,未来首都的位置问题就暂时被搁置在了一旁。然而,宾夕法尼亚参议员罗伯特·莫里斯(Robert Morris)从南北分歧中看到了机会所在,积极与双方代表沟通,希望借此之机将首都迁回费城。⑥宾夕法尼亚作为与南北都有接壤的中部大州和美国传统的政治中心,一直以来都是新都选址中的有力竞争者。优越的地理位置使很多宾夕法尼亚人认为,可以趁调和南北矛盾之机将联邦首都安置在本州境内。费城颇有影响力的政治家本杰明·拉什(Benjamin Rush)就多次致信新当选的副总统亚当斯,提醒亚当斯不要忘记竞选时宾夕法尼亚人对他的帮助,并希望借助他在北部的声望左右首都选址。拉什认为,当下国会停留在纽约不利于亚当斯的家乡马萨诸塞州在联邦"发挥影响力";为了平衡弗吉尼亚、宾夕法尼亚和马萨诸塞三个大州的利

① Roscoe R. Hill, eds., *Journals of the Continental Congress*, Vol.34, Washington, D.C.: Government Printing Office, 1937, p.523.

② Robert A. Rutland and Charles F. Hobson, eds., *The Papers of James Madison*, Vol.11, Charlottesville: University Press of Virginia, 1977, p.262.

③ W. W. Abbot, eds., *The Papers of George Washington, Confederation Series*, Vol.6, Charlottesville: University Press of Virginia, 1997, pp.468—469.

④ Robert A. Rutland and Charles F. Hobson, eds., *The Papers of James Madison*, Vol.11, p.238.

⑤ W. W. Abbot, eds., *The Papers of George Washington, Confederation Series*, Vol.6, p.471.

⑥ 参见 Charlene Bangs Bickford and Kenneth R. Bowling, eds., *Documentary History of the First Federal Congress of the United States of America*, Vol.16, Baltimore: Johns Hopkins University Press, 2004, p.1292.

益,首都应当设立在费城。①最后,拉什还不忘警告亚当斯:"如果不尽快将国会迁往费城,你们(北方)可能会在几年后被带到波托马克河岸。在那里,黑奴是您白天的仆人,蚊子是您夜间的哨兵,夏秋与热疾为伴,春季和胸膜炎为伍。"②

宾夕法尼亚的报纸上也充斥着这类自我宣传,他们认为弗吉尼亚州有了一位总统,马萨诸塞州同样选出了一位副总统,作为宪法诞生地的宾夕法尼亚州理应成为联邦首都。③宾汉姆在《纽约日报》(*New York Journal*)上发文称:只有将未来的首都置于"联邦的中心",才可以平等分配利益,平衡南北权力、消除各州猜忌。④1789 年 8 月,宾夕法尼亚代表团内部商议后,在众议院发起了一项动议:"美国政府的永久首都应该建在一个便利的地方,靠近联邦财富、人口和领土的中心,方便大西洋的通航,也需要考虑到西部地区的特殊利益。"⑤

不过,以纽约州为首的一些北方代表并不希望过早讨论建都问题,他们打算尽可能拖延建都议程,这样就可以把国会继续留在纽约。一些人指出联邦"尚未完整",现在讨论建都议题是对罗得岛州和北卡罗来纳州利益的无视,他们有权表达自己声音。⑥新罕布什尔州代表塞缪尔·利弗莫尔(Samuel Livermore)甚至认为建设永久首都想法并不合理,因为联邦还处于发展阶段,人口和领土都会随时变化,除了要考虑的"中心"要素外,环境、健康等条件也要关注,国会当下既无条件也无精力决定这件事。⑦

---

① Sara Georgini and Sara Martin, eds., *The Adams Papers*, *Papers of John Adams*, Vol.19, Cambridge, MA: Harvard University Press, 2016, pp.400—401.

② Sara Georgini and Sara Martin, eds., *The Adams Papers*, *Papers of John Adams*, Vol.19, pp.403—404.

③ Merrill Jensen and Robert A. Becker, eds., *The Documentary History of the First Federal Elections*, Vol.1, p.76.

④ Merrill Jensen and Robert A. Becker, eds., *The Documentary History of the First Federal Elections*, Vol.1, pp.99—100.

⑤ Joseph Gales, eds., *The Debates and Proceedings in the Congress of the United States*, Vol.1, Washington: Gales and seaton, 1834, p.816.

⑥ Joseph Gales, eds., *The Debates and Proceedings in the Congress of the United States*, Vol.1, p.817. 第一届联邦国会召开时,只有 10 个州通过了宪法,北卡罗来纳和罗得岛尚未加入联邦。北卡罗来纳州于 1789 年 11 月 21 日批准宪法,罗得岛州于 1790 年 5 月 29 日批准宪法,因此两州都未在第一次会议派出代表。

⑦ Joseph Gales, eds., *The Debates and Proceedings in the Congress of the United States*, Vol.1, p.819.

南部各州的目标是将首都安置在更南方的波托马克河,所以对于宾夕法尼亚动议的潜藏意图也颇为敏感。南卡罗来纳州代表托马斯·都铎·塔克(Thomas Tudor Tucker)指出:"动议中'中心'的限制条件有三个,根据三个条件可能会筛选出三个中心",而从这三个"中心"里再找出一个令人信服的位置显然是不现实的。①考虑到南北两地的商业发展情况,麦迪逊直接提议删除"财富"这一条件:

> 我不认为财富多寡是决定政府所在地位置时的主要影响因素。我承认另外两个原则应该被考虑,但财富因素是否如此重要,还未被证明。政府目的是为广大公民提供便利,所有阶层都应平等享有与政府沟通的权利,无论是向政府传达他们的不满与要求,还是享受政府分配的利益。富人不应该比穷人前往政府寻求帮助更方便,或通过手段获取更多的好处。如果真的要做出某些区分,让一部分人享有更多政府带来的便利,那么我认为政府应该更靠近于那些缺乏条件走向它的人,以及最需要政府提供保护的人。②

如果没有南北两方的支持,单靠宾夕法尼亚一州之力很难实现其建都目的。为了得到北部州的支持,部分宾夕法尼亚议员私下里展开了与北方代表的谈判。③而北部各州也不希望此时的宾夕法尼亚倒向南部,就与一些宾夕法尼亚代表达成协议:北方代表支持将永久政府所在地安置在宾夕法尼亚州的萨斯奎哈纳河④流域,条件是宾夕法尼亚同意在新都完全建成前保留纽约为临时首都。可是,当上述提案被马萨诸塞州代表本杰明·古德休(Benjamin Goodhue)上交国会后,引发了南方代表的强烈抵制。他们认为这个提案是北

---

① Joseph Gales, eds., *The Debates and Proceedings in the Congress of the United States*, Vol.1, p.874.
② Charles F. Hobson and Robert A. Rutland, eds., *The Papers of James Madison*, Vol.12, p.369.
③ 参见 Edgar S. Maclay, eds., *Journal of William Maclay*, *United States Senator from Pennsylvania*, *1789—1791*, New York:D. Appleton and company, 1890, p.139.
④ 萨斯奎哈纳河(Susquehanna River)、波托马克河(Potomac River)和特拉华河(Delaware River)是首都选址中呼声最高的三个区域。萨斯奎哈纳河主要流域位于宾夕法尼亚州中部地区,特拉华河是宾夕法尼亚东部与纽约州以及新泽西州的界河(费城坐落于特拉华河畔),波托马克河是弗吉尼亚州与马里兰州的界河。地理位置上特拉华河最靠近北部和东部,萨斯奎哈纳河在两者中间,波托马克河最靠南部。

方与宾夕法尼亚州牺牲南方利益为代价的密谋与交易。麦迪逊愤怒地质问说:"可以肯定的是,在美国将近一半的领土与居民都不知晓和同意的情况下,提案已经被预先制定好了。希望(古德休)先生能够给出合理的理由说明此提案符合之前讨论的(中心)原则。"①

于是,在"联邦中心"的具体位置上,南北双方开始了最激烈的辩论。宾夕法尼亚州代表托马斯·哈特利(Thomas Hartley)指出,相比于北方倾向的特拉华河和南方支持的波托马克河,萨斯奎哈纳河刚好处在它们的中间地带,是可以同时照顾到南北双方利益的折中方案。②古德休和纽约州代表约翰·劳伦斯(John Laurance)也认为,从众议院代表人数来看,萨斯奎哈纳河不仅靠近联邦领土的中心,也接近人口的中心。③

佐治亚州的詹姆斯·杰克逊(James Jackson)首先否认了萨斯奎哈纳河的领土中心地位,认为从南北边境距离来计算,波托马克河更靠近中心。④而且在很多南部代表看来,领土中心比人口中心更为重要。麦迪逊提出,为了处理公共事务和解决司法纠纷,联邦各州公民都可能会有前往首都的需求。如果将首都置于一个非领土中心的区域,那各地公民去首都花费的时间和金钱会相差巨大,这违背了共和政府最重要的"公正与平等原则"。⑤杰克逊与马里兰州代表迈克尔·J.斯通(Michael J. Stone)还强调:新生的美利坚合众国一定会迅速地发展和扩张,所以计算人口时不能仅从当下统计,还要考虑到未来的人口变化。他们以肯塔基地区与佐治亚州近年人口增长为例,认为从长远看,土地肥沃、物产丰富的西部与南方,会源源不断地吸引移民进入。为了顺应这种趋势,波托马克河明显是更为正确的选择。⑥尽管大部分南方政治家都不否认北方的人口优势,但他们相信随着西部的开发,人口中心必然会不断从环境恶

① Charles F. Hobson and Robert A. Rutland, eds., *The Papers of James Madison*, Vol. 12, pp. 370—371.

② Joseph Gales, eds., *The Debates and Proceedings in the Congress of the United States*, Vol. 1, p. 869.

③ Joseph Gales, eds., *The Debates and Proceedings in the Congress of the United States*, Vol. 1, p. 878.

④ Joseph Gales, eds., *The Debates and Proceedings in the Congress of the United States*, Vol. 1, pp. 877—878.

⑤ Charles F. Hobson and Robert A. Rutland, eds., *The Papers of James Madison*, Vol. 12, pp. 375—377.

⑥ Joseph Gales, eds., *The Debates and Proceedings in the Congress of the United States*, Vol. 1, pp. 884—886.

劣且资源匮乏的北方向西南移动。①

面对领土中心的质疑,北方代表认为南部"广袤无垠的荒野和人迹罕至的森林"不应被计算在内,人口分布与地理环境才是更为关键的因素。他们援引启蒙思想家孟德斯鸠的观点:"在一个南北利益并存的国家,首都应该靠近贫瘠而非多产的土地,因为土地贫瘠可以刺激工业生产,培养良好的习性和充足的劳动力……这些是延续政府的不竭动力。"②南方社会所盛行的人口南移信念同样被北方代表嗤之以鼻。马萨诸塞州代表费舍尔·艾姆斯(Fisher Ames)提出:相比于农业为主的南部,东北部地区沿海的商业和制造业反而更能聚集人口。过去的历史已经表明"炎热的气候和黑人奴隶制"不利于人口增长。③一些代表更是毫不避讳地讽刺南部人口的计算方式:

> 在我看来,萨斯奎哈纳河的位置已经属于财富、人口和各种资源中心的西南部……而从人口上看更是远远超出了中心地带,因为在这个问题上,南方的计算是不恰当的。难道我们要把仅仅被看作为财产或财富符号的种植园黑奴也计算在内么?在衡量国家中心时,如果把这些无权自我保护(被剥夺了一切)的人都考虑在内,那么我希望在场的先生们不妨去数一数新英格兰地区的黑牛。④

马萨诸塞州代表西奥多·塞奇威克(Theodore Sedgwick)则对波托马克河气候环境进行了攻击。他表示:"所有的北方地区的人都相信波托马克河的气候环境不仅不利于健康,而且对北方人的身体具有破坏性。无论真假,这一点很重要,因为这就是公众看法。大量去往南方的冒险家,他们都在那里找到了自己的坟墓,这些流传开来的恐怖故事令北方人深感恐惧。"⑤

---

① 参见 Harold C. Syrett, eds., *The Papers of Alexander Hamilton*, Vol. 5, New York: Columbia University Press, 1962, pp.209—210; Robert A. Rutland and Charles F. Hobson, eds., *The Papers of James Madison*, Vol.11, pp.229—230.

② Joseph Gales, eds., *The Debates and Proceedings in the Congress of the United States*, Vol.1, pp.879—880.

③ Joseph Gales, eds., *The Debates and Proceedings in the Congress of the United States*, Vol.1, p.903.

④ Joseph Gales, eds., *The Debates and Proceedings in the Congress of the United States*, Vol.1, pp.879—880.

⑤ Joseph Gales, eds., *The Debates and Proceedings in the Congress of the United States*, Vol.1, p.880.

在众议院中，支持萨斯奎哈纳河建都提案的人数逐渐占据上风，投票以梅森·迪克森线为界，越来越呈现出南北划分的地区性特点。很多南部代表为此感到愤怒，将萨斯奎哈纳河提案视为北方多数对南方少数的暴政，提出："如果一年前批准宪法时有先知能够预言今天的提案，那南方各州不会选择加入联邦。"[①]弗吉尼亚州的理查德·布兰德·李（Richard Bland Lee）甚至威胁说："如果北方继续牺牲南方利益，联邦可能因此而分裂。"[②]与友人的通信中，麦迪逊也表达了同样的不满情绪，认为萨斯奎哈纳提案中的条件是南方所不能接受的。[③]

9 月 22 日，经过大半个月的激烈交锋，众议院最终以 31 票对 17 票通过了建都萨斯奎哈纳河的《首都选址法案》（An act to establish the seat of government of the United States），随后将法案交予参议院审核。[④]投票中，除了新泽西州，几乎所有北部州代表都投了赞成票。由于在众议院中处于绝对劣势的南方州很难撼动萨斯奎哈纳提案，一些南方代表将阻止的希望寄托在了参议院。[⑤]麦迪逊相信："以目前的形势，该法案并不一定能在参议院获得通过，甚至有可能完全流产。一些希望保持现状和那些因为地理位置或交通便利性不赞成萨斯奎哈纳提案的代表，可能会在参议院形成一个多数的反对派，直接或间接地阻挠这项提案。"[⑥]为了打破北方与宾夕法尼亚州的合作，南方代表提出一条附加条款——宾夕法尼亚州与马里兰州需要清理河道，以确保萨斯奎哈纳河的通航。[⑦]这一条款在北方和宾夕法尼亚州代表内部引发了强烈争执。以莫里斯为代表的费城商业利益集团代表担心，萨斯奎哈纳河通航后会挤压费城的商业贸易，坚决反对此条款。[⑧]正如麦迪逊所预料的那样，一些北

---

① Joseph Gales, eds., *The Debates and Proceedings in the Congress of the United States*, Vol.1, p.889.

② Joseph Gales, eds., *The Debates and Proceedings in the Congress of the United States*, Vol.1, p.890.

③ James Madison, *The letters and others writings James Madison*, Vol.1, p.492.

④ *Journal of the House of Representatives of the United States*, 1789.3.4—1789.9.29, pp.148—149.法案规定：在宾夕法尼亚的萨斯奎哈纳河河岸建立正式首都，首都建成前国会将继续留在纽约。

⑤ 美国国会众议员依据各州人口比例选出。因为人口差距，南部州在众议院处于显著劣势。参议员则是固定为每州两名，这使得南方在参议院可以与北方分庭抗礼。

⑥ James Madison, *The letters and others writings James Madison*, Vol.1, p.493.

⑦ Joseph Gales, eds., *The Debates and Proceedings in the Congress of the United States*, Vol.1, pp.929—930.

⑧ Edgar S. Maclay, eds., *Journal of William Maclay*, *United States Senator from Pennsylvania*, *1789—1791*, New York: D. Appleton and company, 1890, pp.158—160.

部代表放弃了萨斯奎哈纳河转向了更靠北部的特拉华河,建都法案在参议院的争吵中被延期到了下次会议讨论。①

新成立的联邦政府拥有着史无前例的巨大权力和发展潜力,靠近首都意味着可以更加方便快捷地享受新政府带来的政治、经济和军事红利。独立战争时期南北各州的同仇敌忾和团结合作已时过境迁。缺乏共同目标和利益的双方裂痕丛生。在宪法投票中形成的跨区域政治同盟使一些联邦主义者相信——在全国性政府中可以压制地方主义政治。不过他们低估了南北各州长期以来的偏见和矛盾。源于制度、文化和环境的普遍差异加剧了双方的猜忌。北方各州想要将首都留在北部以巩固北方在联邦内的优势地位,而南方各州一直担心自己成为北部利益的牺牲品,他们希望借助定都南部来争夺联邦未来的主导权。建都之争是联邦国会中南北各州第一次全面冲突,深刻地影响了早期国会的政治版图。

二、联邦未来之争:农业抑或商业共和国

建立一个繁荣昌盛的共和国是美国革命一代的理想与信念。这个时期几乎所有的美国政治领袖都会称自己是共和主义者。但对于共和理念的理解和美利坚合众国未来的发展道路却有很多不同的理解,这些分歧也表现在首都选址的辩论中。

对于信奉古典共和主义的美国人来说,城市、商业、财富和物质主义往往被认为是腐化和堕落的代名词,会削弱新生的共和国。他们崇尚传统的农业社会,希望将美国建成一个由广大自耕农组成的自由共和国。在古典共和主义信奉者看来,农民是天生的共和主义者。自力更生、生活朴素的自由农民不仅是一个职业群体,还是一个道德群体。杰斐逊在他著名的《弗吉尼亚笔记》(*Notes on the State of Virginia*)中写道:"如果上帝有选民,那农民就是上帝的选民,他们具有真正的道德。广大农民的腐败是在任何时代和任何国家都不可能发生的事情……衡量一个国家的健康程度,从农民占所有人口的比重就能确定。"②这种传统的农业共和思想中有一种强烈的反城市偏见,认为城市是滋养奢侈、挥霍和依附的温床,也是银行家、投机者和食利者的聚集地。杰

① *Essex Institute Historical Collections*, Vol.83, Salem, Mass: Essex Institute, 1859, p.217.
② Frank Shuffelton, eds., *Notes on the State of Virginia by Thomas Jefferson*, 1743—1826, New York: Penguin Books, 1999, p.170.

斐逊担心商业城市会腐蚀共和国的美德，他警告说："充斥暴徒的大型城市对一个良好政府的侵蚀就如同脓疮对人类健康的侵蚀，人民的优良品行与精神使共和国充满活力。如果它们遭到侵蚀腐坏，那我们的法律与宪政也将面临崩坏。"①

制宪会议上，为了避免新政府受到暴民和不良习气的影响，一些代表明确表示希望增加限制性条款，使政府驻地远离费城和纽约两大商业城市。②很多人担心，如果将首都设在大型城市会使联邦政府成为一个腐败丛生的专制机构。1788 年 8 月，费城被提名为临时政府所在地时，遭到了一些代表的强烈抵制。佐治亚州代表威廉·法夫（William Few）在与友人的信中描述道：

> 反对者认为国家立法机构不应该设在一个大型商业城市，因为那里的议员会受到当地政策的不当影响。像这样的一个大城市取得优势时将损害联邦其他成员的平等权利和特殊利益，这有悖于共和政府的精神和原则。而且我们有充分理由相信如果新政府待在大城市，那显然会促进政府向美国人最痛恨的贵族或君主政体的转变。③

大城市的奢靡和享受也被崇尚艰苦朴素的共和主义者视为堕落的象征。特拉华州代表约翰·维宁（John Vining）在国会上反对纽约作为临时首都时说："这里的环境和住宿条件太惬意了，当我环顾四周时，全是充满诱惑的事物。我的感受让我亲近它们，但我的理智告诉我远离它们……这里或许不适合一个谨慎严肃的审议和立法机构。"④欧洲城市混乱、无序的历史经验让很多美国政治家相信："只要我们坚持农业立国的方针，我们的政府就会永远保持廉洁……如果我们的政府在大城市里叠床架屋地不断膨胀……它们就会像欧洲国家那样腐化起来。"⑤

不过在商业和制造业快速发展的北部沿海地区，很多人已经改变了对

---

①　Frank Shuffelton，eds.，*Notes on the State of Virginia by Thomas Jefferson*，1743—1826，p.171.

②　James Madison，*Notes of Debates in the Federal Convention of 1787*，p.378.

③　Merrill Jensen and Robert A. Becker，eds.，*The Documentary History of the First Federal Elections*，Vol.1，p.121.

④　Joseph Gales，eds.，*The Debates and Proceedings in the Congress of the United States*，Vol.1，p.881.

⑤　Julian P. Boyd，eds.，*The Papers of Thomas Jefferson*，Vol.12，Princeton：Princeton University Press，1955，pp.442—443.

城市和商业的偏见。他们将城市和商业视为新世界自由的保障,因为商业和城市可以为普通人以及移民提供更多的就业机会和上升空间。城市中发达的教育和商业使得众多的美国人能够分享知识和财富,促进了社会流动性。本杰明·拉什甚至强调:"商业是抵制贵族政治的最好保障,在使人们变得仁慈博爱这方面,商业的作用仅次于宗教。"①沿海的许多城镇中,有大约20%—40%的男性居民从事着某种商业或手工业。在1767年马萨诸塞州的哈弗里尔镇,当地居民虽然不足300人,但却有44家作坊和19家磨坊。②1788年在费城庆祝宪法通过时的游行中,横幅与标语上写着:"希望商业会繁荣,工业会因此发展;希望联邦政府复兴我们的贸易;希望联邦政府保护美国制造业。"③

在国会争论萨斯奎哈纳河与波托马克河的优劣时,首都是应该倾向东北部鼓励工商业发展还是应该注重西部交流的便利以促进农业移民,成了辩论的核心议题之一。弗吉尼亚代表理查德·李相信,共和国的未来在广袤的西部,那里"气候温和,土地肥沃,世界上没地方能比得上它,移民会源源不断涌入"。④所以南方认为首都选址要考虑未来西部人民的利益,提出要在选址原则中加入"不仅靠近大西洋,还要有通向西部的通道"。⑤斯通指出:如果仔细对比萨斯奎哈纳河与波托马克河的流向会发现,萨斯奎哈纳河流经区域主要在东部和北部五大湖区域,无法成为一条通往西部的便利道路。而波托马克河不仅靠近大西洋而且支流通向西部地区,庞大的移民将从这里向西方延伸,这里急需一个为他们提供便利的政府。⑥他提醒说:"新联邦政府的优势,以一种特殊方式被商业以及商业州所感受到,但农业州似乎并没有享受到这种优势。"如果继续忽视南部的利益,首都在不远的将来肯定会"被迫再

① Charles S. Hyneman and Donald S. Lutz, eds., *American political writing during the founding era, 1760—1805*, Vol.1, Indianapolis: Liberty Fund, 1983, p.689.

② Victor S. Clark, *History of Manufactures in the United States*, Vol.1, New York: P. Smith, 1949, p.186.

③ Eric Foner, *Tom Paine and Revolutionary America*, New York: Oxford University Press, 1976, pp.207—208.

④ Joseph Gales, eds., *The Debates and Proceedings in the Congress of the United States*, Vol.1, pp.888—889.

⑤ Joseph Gales, eds., *The Debates and Proceedings in the Congress of the United States*, Vol.1, p.869.

⑥ Joseph Gales, eds., *The Debates and Proceedings in the Congress of the United States*, Vol.1, pp.885—887.

次迁移"。①

北部代表对南方的观点并不认可。他们认为,联邦的主要利益不在西部而在北部和东部。纽约州代表约翰·劳伦斯(John Laurance)表示:"如果我们考察这个国家的人口、商业和富有城市的分布,统计联邦财富、实力和保护联邦的手段以及政府支持的主要来源,我们会发现,这些区域都在北部和东部各州。"②艾姆斯也认为,从经验上看,商业和制造业发达的沿海地区比内陆地区能容纳更多的人口与财富,人口会向东而不是向南迁移,所以"在考虑这个中心地带时,应该选择一条海岸线的中心,因为它比同等面积的内陆地区交通更加便利,拥有更多的财富和更多的人口,而且它更容易遭受入侵,需要政府在附近保护。在沿海地区建立首都,通过鼓励商业贸易,将内陆地区生产的各类商品销售出去,这才更符合西部州的利益。"③马萨诸塞州参议员崔斯特瑞姆·道尔顿(Tristram Dalton)在写给友人信中表示:"如果首都真的成功地选定了一个远离大城市的乡村区域,那么多年以后,很多不利因素就会出现……北部的代表正在被迫推行萨斯奎哈纳河方案,以防止首都安置在波托马克河。"④

东北各州对农业地区利益的无视令南方代表深感愤怒。斯通提醒国会,联邦的西南部与"野蛮人"以及西班牙殖民地相邻,如果不将政府靠近西部以加强对西部移民的管理和保护,那阿巴拉契亚山脉另一边将会出现一个独立的国家。⑤麦迪逊也预测:"从肥沃的土壤,宜人的气候,以及所有有利于人口增长的因素来看,西部移民将以我们能够想象的最快速度暴涨。如果我的计算没有错误的话,他们将在25年内翻一番,我们将很快在西部地区看到惊人的人口数量。这个庞大的群体是成为联邦的永久组成部分,还是分裂成一个异族——一个充满嫉妒和敌对的民族,这可能取决于我们的态度和措施。"⑥不过南方的威胁并没有打动北方,他们认为南部的想法"过于浪漫",而当下将

① Joseph Gales, eds., *The Debates and Proceedings in the Congress of the United States*, Vol.1, p.888.
② Joseph Gales, eds., *The Debates and Proceedings in the Congress of the United States*, Vol.1, p.879.
③ Joseph Gales, eds., *The Debates and Proceedings in the Congress of the United States*, Vol.1, p.902.
④ *Essex Institute Historical Collections*, Vol.25, Salem, Mass: Essex Institute, 1859, p.24.
⑤ Joseph Gales, eds., *The Debates and Proceedings in the Congress of the United States*, Vol.1, pp.887—888.
⑥ Charles F. Hobson and Robert A. Rutland, eds., *The Papers of James Madison*, Vol.12, pp.379—380.

首都设在东部沿海的便利远比虚无缥缈的未来更为重要。①

　　对于信奉古典共和主义的美国人来说，理想社会是以平等、独立的自耕农为主体组成的同质共和国。他们怀有对古罗马共和国乌托邦般的憧憬之情，推崇朴素的田园生活，把商业活动与腐败堕落联系在一起。正如美国革命时的旗手托马斯·潘恩(Thomas Paine)和查尔斯·李(Charles Lee)的观点："商业只会令人四肢软弱、头脑僵化，会彻底腐蚀所有真正共和主义的、男子气概的原则"②；"商业削弱了爱国主义和军事防御的精神"③，最终将摧毁美利坚的灵魂。而大量未开发的土地可以确保这一平等不变的社会结构得以不断复制扩张，西部寄托着他们对传统共和理想的憧憬。但是对于商业和制造业发展迅速的东部沿海地区，很多人已经开始接受一种新的共和主义。他们通过提供服务和交换商品来获得财富，公开追求个人价值和商业利益。这些人将商业活动视为一种进步力量，是美利坚共和国繁荣昌盛的基石。

结　语

　　国会第二次会议开始后，各州代表在建都问题上依然争执不下，直到一个新的议题出现，成为了解决首都选址的关键。1790 年 1 月，新上任的财政部部长汉密尔顿向国会提交了《第一份公共信用报告》(First Report on the Public Credit)。④报告分析了美国的财政现状，并提出了重组战争债务和建立公共信用的建议。为了提升新政府的信用，汉密尔顿希望将各州剩余的战争债务转换成同等价值的联邦国债，由政府统一兑付。这一方案遭到了南方代表的坚决反对，很多南方政治家认为战争债务国家化会导致联邦税率上升，加重南方人民负担。他们将汉密尔顿的提议视为北方逃避债务的手段，因为当时除南卡罗来纳外，南方各州都已独立偿还大部分战争债务。⑤麦迪逊甚至将汉密尔顿的

---

① Joseph Gales, eds., *The Debates and Proceedings in the Congress of the United States*, Vol. 1, pp.903—904.

② ［美］戈登·S.伍德:《美利坚共和国的缔造》，朱妍兰译，译林出版社 2016 年版，第 52 页。

③ ［美］托马斯·潘恩:《潘恩选集》，马清槐译，商务印书馆 2009 年版，第 44—45 页。

④ Harold C. Syrett, eds., *The Papers of Alexander Hamilton*, Vol.6, New York: Columbia University Press, 1962, pp.65—110. 为了解决联邦政府财政和公共信贷问题，国会于 1789 年 9 月设立了财政部。亚历山大·汉密尔顿被任命为第一任财政部部长后，众议院要求汉密尔顿在 1790 年 1 月就改善公共信用提交一份报告。

⑤ Dumas Malone and Basil Rauch, eds., *Empire for liberty: the genesis and growth of the United States of America*, Vol.1, New York: Appleton-Century-Crofts, 1960, p.260.

战争债务方案称作"共和政府的诅咒",是一部分州为维护自身利益对其他州权利的侵犯。[①]

　　建都问题与战争债务问题交织在一起,成了国会中南北交锋的焦点,各州代表立场坚定,互不退让。长期的辩论与争吵使国会二次会议的议程几乎陷入停滞。国会的僵局引发了公众的不满,对政府的猜疑和失望情绪不断蔓延。为了挽回新政府的威信与国会形象,总统华盛顿和国务卿杰斐逊希望各州代表能在两个问题上尽快达成妥协。[②]1790 年 6 月,在杰斐逊的协调下,南北政治领袖麦迪逊与汉密尔顿坐在了一起进行谈判。最终双方达成了一项私下协议——麦迪逊帮助战争债务提案在国会获得通过,条件是汉密尔顿说服部分北方代表支持波托马克河的建都方案。[③]这次重要的妥协在美国历史上被称为"1790 年妥协",它挽救了几乎陷入停摆的国会,恢复了大众对新政府的信心。最终,南方以支持北方提出的战争债务方案为条件,成功将首都迁至南方。7 月 16 日,《首都选址法案》由总统签署后正式成为法律。法案规定:首都应设在波托马克河东部支流和康诺切格河河口之间的一个领土面积范围不超过十英里见方的区域。联邦国会暂从纽约迁往费城,并以费城作为临时首都,直至 1800 年 12 月新都建成。[④]

　　新的联邦政府在 1789 年正式成立时,各州虽然担心强大的联邦政府会侵蚀他们的权利,但他们也认识到了它的重要性。一方面联邦政府可以运用军事力量保卫各州免受欧洲列强的威胁,另一方面联邦政府的巨大潜力还可以推动周围地区的经济发展。首都的位置也与未来联邦的权力版图和国家发展息息相关。"谁来统治"与"如何统治"是美国早期国家建构中最为核心的两个

① Charles F. Hobson and Robert A. Rutland, eds., *The Papers of James Madison*, Vol.13, Charlottesville: University Press of Virginia, 1981, pp.147—148.

② 参见 Saul K. Padover, eds., *Thomas Jefferson and the National Capital: Containing Notes and Correspondence Exchanged between Jefferson, Washington, L'Enfant, Ellicott, Hallet, Thornton, Latrobe, the Commissioners, and Others, Relating to the Founding, Surveying, Planning, Designing, Constructing, and Administering of the City of Washington, 1783—1818*, Washington: U.S. G.P.O., 1946, pp.15—17; Dorothy Twohig, Mark A. Mastromarino, and Jack D. Warren, eds., *The Papers of George Washington, Presidential Series*, Vol.5, Charlottesville: University Press of Virginia, 1996, pp.523—528.

③ 详情参见 Julian P. Boyd, Charles T. Cullen, and John Catanzariti, eds., *The Papers of Thomas Jefferson*, Vol.17, Princeton: Princeton University Press, 1950, pp.205—208.

④ Richard Peters, ed., The public Statutes at Large of the United States of America, Boston: Charles C. Little and James Brown, 1845, p.130.

问题。首都选址的争论不仅是利益的冲突,也是建国以来两种观念的对抗。南北各方都希望借助首都的力量来巩固或加强自身在联邦的地位,政治领袖则意图通过首都位置来影响共和国未来的发展方向。战争债务和建都问题是第一届联邦国会最为棘手的两个议题,牵动着所有人的神经。汉密尔顿、麦迪逊、杰斐逊、华盛顿和其他有影响力的政治领袖都认为"1790 年妥协"是维护联邦统一的最佳手段。这是联邦国会历史上第一次重大妥协,暂时缓解了南北双方的对抗情绪,使国会运行得以回归正轨。然而,妥协并未将人们期望的和平延续下去。正如辩论时所表现的那样,国会的政治版图常常以南北划界,地方主义成了徘徊在国家事务中挥之不去的幽灵。如同一个无法逃避的诅咒,三十年后的 1820 年,六十年后的 1850 年,南北双方被迫再次通过类似1790 年的重大妥协来解决国会僵局。不过,1850 年的妥协没有持续下去,十年后美国迎来了一次真正的分裂,这次分裂也是美国历史上最为痛苦的一页。

Benefit gambling and ideas debate

— The debate over the founding of the capital in the first session of the United States Federal Congress

Abstract:After the first session of the United States Federal Congress convened, representatives from various states engaged in heated debates over the selection of the capital. The capital, as the center of the national governance system and power, held significant importance and sensitivity. Both the northern and southern factions aspired to become the dominant force in the new government, and the dispute between the advocates of a southern capital and those favoring a northern capital reflected conflicts of local interests and power struggles within the federal system. The debate over whether the capital should be located in a city or in the countryside embodied the divergent visions of the founding leaders regarding the future development of the nascent republic, essentially representing a clash between the traditional concept of an "agrarian republic" and the modern notion of a "commercial republic." The controversy over the capital's location not only impacted the agenda of the first session of the American Congress but also profoundly shaped the early politics of Congress.

Key words:American Capital; North-South conflict; Agriculture; Commerce

作者简介:孙蓝波,上海师范大学人文学院博士研究生。

诺莱坞与拉各斯：相互成就及发展前景①

赵文杰　［尼日利亚］恩万阔（Michael Ekene Nwankwo）

摘　要：尼日利亚诺莱坞是当今世界第二大电影产业，它的成功引发全球关注。作为孕育诺莱坞成长的中心城市，拉各斯的城市特质成就了诺莱坞电影产业的发展，在城市电影史传承、城市社会生态、城市文化底色等方面为诺莱坞的成功奠定了坚实的城市基础。诺莱坞的成功也反哺了拉各斯的城市发展，为其经济增长、文化繁荣和城市基础设施的更新贡献了重要的产业力量。未来，诺莱坞与拉各斯将在产业集群、电影庆典及经济投资等方面取得新突破。同时，也需解决其发展过程中的困难和挑战。电影产业的发展离不开城市提供的成长环境，而电影产业的成功也将不断增强城市的竞争力。

关键词：拉各斯　诺莱坞　相互成就　发展前景

2009 年，联合国教科文组织发布的一项报告显示，尼日利亚诺莱坞（Nollywood）②已超越好莱坞，成为继印度宝莱坞之后的世界第二大电影产业。③随

---

① 本文为国家社科基金重大项目"泛非主义与非洲一体化历史文献整理与研究（1900—2021）"（23&ZD325）的阶段性研究成果。

② 诺莱坞（也称"尼莱坞""瑙莱坞"等）是由尼日利亚（Nigeria）与好莱坞（Hollywood）两个英文单词组成的合成词。一些业内人士因该词是 Hollywood 的衍生而对其持反对态度，认为该词是对"好莱坞"或者"宝莱坞"（Bollywood）的一种简单模仿，是西方帝国主义的另一种表现。但随着诺莱坞在全球范围内的成功，该词被媒体用来指称尼日利亚电影业（Nigerian Film Industry）。基于此，本文以"诺莱坞"一词行文。

③ United Nations, "Nigeria surpasses Hollywood as world's second largest film producer", 5 May 2009, https://news.un.org/en/story/2009/05/299102-nigeria-surpasses-hollywood-worlds-second-largest-film-producer-un.（访问时间：2024 年 5 月 28 日）

着诺莱坞的成功,"诺莱坞模式"成为非洲国家可资借鉴的电影产业发展模式之一。近年来,中国学者对诺莱坞的研究主要集中于:诺莱坞电影作为影像的去殖民化研究、诺莱坞发展演变研究、诺莱坞电影主题研究、基于诺莱坞的非洲发展道路模式研究以及与诺莱坞相关的其他主题研究等。[①]以奥科梅(Onookome Okome)、海恩斯(Jonathan Haynes)为代表的学者们对诺莱坞的源起与传播、诺莱坞电影的文本分析、诺莱坞的文化价值与经济意义、诺莱坞电影面临的挑战等内容进行了深入探讨。[②]然而,研究发现,国内外学界未从拉各斯的城市角度探讨诺莱坞电影产业的发展。因此,本文以城市和电影产业为研究对象,围绕拉各斯与诺莱坞的发展关系进行论述,从而为城市电影产业的深入研究与优质发展提供经验借鉴。

一

2002 年,《纽约时报》记者大西哲光(Norimitsu Onishi)在其题为《洛杉矶和孟买让位于诺莱坞》的报道中首先创造了"诺莱坞"一词。[③]此后,"诺莱坞"这一名称便流传开来。然而,诺莱坞电影自上世纪 90 年代末以来便已经在海外国家的非洲人社区中引起共鸣,其发展大致经历了三个阶段。

1992 年之前,诺莱坞处于萌生阶段。经济结构调整计划的失败以及军政府的上台使得许多公共服务部门严重萎缩,包括尼日利亚国家电视台(Nigerian Television Authority,NTA)在内的许多拍摄技术人员失业,他

[①] 参阅:李安山:《非洲电影史:崛起、传承与创新》,《外语学界》2023—2024 年第 8 卷,第 239—266 页。张勇主编:《非洲影视研究:中国学术的新边疆》,浙江人民出版社 2016 年。汪静一:《西非电影音乐的形态特征与创作规律》,《当代电影》2019 年第 7 期,第 66—70 页。

[②] 参阅:Onookome Okome, "The Context of Film Production in Nigeria: The Colonial Heritage", *Ufahamu: A Journal of African Studies*, Vol. 24, No. 2—3 (1996), pp. 42—62. Matthias Krings and Onookome Okome, *Global Nollywood: An African Film Industry*, Indiana University Press, 2013. Jonathan Haynes, *Nigerian Video Films*, Ohio University Center for International Studies, 2000. Jonathan Haynes, *Nollywood: The Creation of Nigerian Film Genres*, The University of Chicago Press, 2016. Jade L. Miller, *Nollywood Central*, British Film Institute, 2016. Emily Witt, *Nollywood: The Making of A Film Empire*, Columbia Global Reports, 2017. Ezinne Igwe, *Formalizing Nollywood Gentrification In The Contemporary Nigerian Film Industry*, PhD Thesis, Birmingham City University, 2018.

[③] Norimitsu Onishi, "Step Aside, L. A. and Bombay, for Nollywood", *The New York Times*, Sept. 16, 2002, https://www.nytimes.com/2002/09/16/world/step-aside-la-and-bombay-for-nollywood.html.(访问时间:2024 年 3 月 10 日)

们被迫进入其他领域。货币贬值降低了普通尼日利亚人的购买力,其平均收入从 1985 年的约 778 美元下降到 1989 年的 105 美元,民众难以负担基本的生活必需品。①依赖进口的传统赛璐珞胶片制作成本激增为电影制作带来挑战。②安全形势的恶化与犯罪率的攀升使得许多电影院停止营业。诺莱坞电影就诞生于这一经济衰退、社会治安恶化和人民生活困窘的特殊时期。③

1992—2009 年,诺莱坞崛起与壮大。1992 年,恩内布(Kenneth Nnebue)与人合拍电影《生存枷锁》(*Living in Bondage*)。该电影成本仅为 1 万多美元,但却卖出 100 万盒。该电影的成功标志着以"制作成本低、拍摄周期短"为特点的诺莱坞电影正式诞生,同时,诺莱坞也迎来爆炸性增长。2002 年的一篇报道指出:尼日利亚录像电影制作人由于电影制作过剩而自愿接受行业"休整"。尽管这些电影通常比较煽情和感伤,灯光、音响和摄像机设备也比较低端,但尼日利亚家庭录像电影(home video)已成为西非文化的一股力量,席卷了从科特迪瓦到喀麦隆的录像俱乐部和广播电视。④

2009 年至今,新诺莱坞的发展。2004 年,现代影院在拉各斯重新回归。此后,诺莱坞在投资增加和技术进步的前提下迎来新的发展趋势:更多的预算及更长的拍摄周期。业内人士把尼日利亚电影工业这一新现象命名为"新诺莱坞"。新诺莱坞不仅体现在剧作、拍摄、画面、声音、音乐等方面更为讲究,而且是尼日利亚从录像电影工业转向影院电影工业的集中体现。⑤阿福拉延(Kunle Afolayan)的《雕像》(*The Figurine*)(2009 年)被广泛认为是第一部新诺莱坞电影,标志着尼日利亚电影产业创意发展的转折点。⑥

---

① Toyin Falola and Matthew M. Heaton, *A History of Nigeria*, Cambridge University Press, 2008, pp.218—219.

② Jonathan Haynes, "Nigerian Cinema: Structural Adjustments", *Research in African Literatures*, Vol.26, No.3(1995), pp.97—119.

③ 程莹,金茜:《诺莱坞电影的兴起与尼日利亚公共文化的转型》,《电影艺术》2022 年第 5 期,第 119—120 页。

④ Matt Steinglass, "Film: When There's Too Much of a Not-Very-Good Thing", *The New York Times*, May 26, 2002, https://www.nytimes.com/2002/05/26/arts/film-when-there-s-too-much-of-a-not-very-good-thing.html.(访问时间:2024 年 3 月 10 日)

⑤ 张勇:《影像突围:非洲电影之光》,北京大学出版社 2023 年,第 289—290 页。

⑥ UNESCO, *The African Film Industry: Trends, Challenges and Opportunities for Growth*, UNESCO, 2021, p.186.

当前,尽管好莱坞电影仍旧引领尼日利亚票房收入,但影院中诺莱坞影片的市场份额也在不断增加,每年约有 80 部诺莱坞电影在影院上映,本地市场份额达 40％以上,在世界范围内鲜少有国家能与之媲美。①诺莱坞在经历了萌生、崛起、转型之后逐渐成为尼日利亚电影产业的代名词,在不断开拓中成为令世界为之瞩目的电影产业。

二

诺莱坞在全球范围内大获成功有诸多因素,虽然难以确定是哪项因素发挥了决定性作用,但拉各斯②作为孕育诺莱坞成长的城市,在诺莱坞发展壮大过程中扮演了重要角色。

第一,拉各斯的影史传承为诺莱坞创设氛围。

殖民统治期间,拉各斯是殖民政府所在地,电影被殖民者带到尼日利亚,拉各斯从此与电影结缘。1903 年,巴尔博亚公司(Balboa and Company)赴尼日利亚举办电影展览,在拉各斯的格罗夫纪念大厅(Glover Memorial Hall)成功放映了无声电影。许多欧洲电影放映商随后涌入尼日利亚,以斯坦利(Stanley D. Jones)和阿尔布里奥(Albuerio)为代表,他们皆以拉各斯为基地。据说斯坦利通过这种有趣而纯真的娱乐活动缓解了拉各斯单调的生活。③尼日利亚的电影活动初期仅限于拉各斯,后来才扩展到尼日利亚的其他地区。到 1921 年,除格罗夫纪念大厅和帝国大厅(Empire Hall)外,拉各斯还有四家电影院每周放映两次电影。20 世纪 20 年代,电影已经在拉各斯广受欢迎,年轻人和老年人通常都会等着电影院开门,电影成为拉各斯流行的娱乐方式。

在拉各斯放映的电影还承担着社会功能。1925 年,拉各斯爆发瘟疫。次年,塞勒斯(William Sellers)到达拉各斯。由于疫情严重,他很快意识到:需要通过更多的工作来解释鼠疫的原因、治疗方法和控制鼠疫传播所需的措施。

① PWC, *Insights from the Entertainment & Media Outlook*: *2019—2023 An African Perspective*, October 2019, pp.85—86.
② 拉各斯既是州名,也是市名,拉各斯市是拉各斯州的首府。本文所提拉各斯在无明确说明的情况下,均指拉各斯市。
③ Onookome Okome, "The Context of Film Production in Nigeria: The Colonial Heritage," *Ufahamu*: *A Journal of African Studies*, Vol.24, No.2—3(1996), pp.44—45.

为此,塞勒斯于 1929 年开始使用电影(film)。①1935 年,塞勒斯在尼日利亚成立了卫生健康宣传队(Health Propaganda Unit),利用流动电影放映宣传殖民政府的卫生政策,并向拉各斯当地人说明鼠疫是如何产生的。②

自 1937 年起,殖民政府允许在拉各斯建立电影院,随后设立了撒哈拉以南非洲最早的电影审查委员会(Board of Censorship)。拉各斯最早的电影院经营者之一的西非电影公司(West African Pictures Company)在拉各斯拥有三家主要影院③,每周有三晚放映电影。拉各斯的另一家电影院是国会电影院(Capitol Cinema)。④20 世纪 30 年代末至 40 年代初,电影院成为拉各斯社会生活的普遍特征。⑤

1949 年,尼日利亚电影局(Nigerian Film Unit)在拉各斯成立。此后,随着拉各斯商业电影院的不断增多与流动电影放映车的覆盖范围越来越大,观看电影在拉各斯变得越来越便捷,拉各斯的电影普及程度也越来越高,电影业在拉各斯快速发展。英国殖民报告显示,1953 年,尼日利亚共有 44 家商业影院,其中仅拉各斯就有 10 家(占比 22.7%),其他城市均在 3 家以下。⑥1955 年,商业影片主要通过商业影院发行,非影院放映的主要是纪录片、教育片和新闻片,联邦首都拉各斯拥有 2 台 16 毫米放映设备,定期在学校、医院、社区中心等机构和农村地区放映。⑦到尼日利亚独立时,拉各斯的电影文化已经完全确立。⑧除电影外,20 世纪 50 年代开始,尼日利亚电影杂志(Nigerian Cine Maga-

① Tom Rice, *Films for the Colonies: Cinema and Preservation of the British Empire*, University of California Press, 2019, p.13. 塞勒斯在尼日利亚制作了《拉各斯抗疫行动》(*Anti-Plague Operations, Lagos*)影片。该片最初可能是在 1929 年制作的,具体包括 1932 年版、1933 年版、1937 年版等多个版本。

② 1939 年,塞勒斯成为殖民电影局(Colonial Film Unit)的制片人以及第一任导演,负责制作针对殖民地的教育和宣传影片。电影局制作的影片通过流动电影放映车(mobile cinema vans)进行放映,流动电影院在尼日利亚成为电影传播的一种手段。

③ 即雷克斯电影院(Rex Cinema)、帝王电影院(Regal Cinema)和皇家电影院(Royal Cinema)。

④ Gloria Ernest-Samuel & Divine Sheriff Uchenna Joe, "A historical study of the Nigerian Film Industry and its challenges", *ŃDUŃỌDE*, Vol.16, No.1(2019), p.172.

⑤ Oladipo O. Olubomehin, "Cinema business in Lagos, Nigeria since 1903", *Historical Research Letter*, Vol.3(2012), p.2.

⑥ Great Britain, Colonial Office, *Colonial Reports: Nigeria 1953*, London: Her Majesty's Stationery Office, 1955, p.120.

⑦ Great Britain, Colonial Office, *Nigeria, Report for the year 1955*, London: Her Majesty's Stationery Office, 1958, p.170.

⑧ Oladipo O. Olubomehin, "Cinema business in Lagos, Nigeria since 1903", p.3.

zine)也相继发行,主要内容涉及电影介绍。

1960 年,尼日利亚独立后,廉价电影从亚洲国家涌入拉各斯,这使得包括工匠和未受过教育的阶层在内的低收入者有机会感受观影文化。[1]这进一步扩大了拉各斯的电影观众规模,而电影观众也逐渐囊括了从现代精英到底层人员的不同阶层。电影放映在拉各斯不断取得新的进展。1977 年,全尼日利亚拥有 35 毫米放映设备的电影院数量,拉各斯最多。[2]同年竣工的尼日利亚国家大剧院(National Theatre, Nigeria)[3]除露天剧场外还建有两个电影厅,每个影厅可容纳 700 名观众,这进一步激发了拉各斯民众对观影的兴趣和热情。

20 世纪 80、90 年代以来,家庭观影设备的普及和电影业经历的数字革命使观众得以足不出户,在家观看电影。诺莱坞正是在此背景下开始崛起与发展。1992 年,《生存枷锁》的推出彻底改写了尼日利亚电影产业的发展历史。

从 1903 年到 1992 年,拉各斯用将近 90 年的时间将影史传承写在城市历史发展进程中,这为诺莱坞的成功创设了良好的电影文化氛围,使得观影在拉各斯成为一种很受欢迎的社会活动,一定程度上助力了诺莱坞电影作品的发行与销售。

第二,拉各斯的城市生态为诺莱坞建构根基。

电影作为文化的一种表现形式,其产生与发展得益于自然环境与社会环境的共同作用。斯图尔特提出的"文化生态学"开创性地把研究文化与环境的互动关系融为一体。[4]"文化生态学"这一理论可用来分析诺莱坞与拉各斯之间的关系,进而总结出拉各斯的城市生态如何为诺莱坞的成功奠定基础。

拉各斯是西非地区拥有最多人口的城市之一[5],也是尼日利亚中产阶级最多的城市。庞大的人口规模与人口的快速增长为诺莱坞的作品销售提供了巨大的本地市场。诺莱坞明星效应和号召力也是拉各斯民众消费诺莱坞作品

---

[1] Oladipo O. Olubomehin, "Cinema business in Lagos, Nigeria since 1903", p.4.

[2] 转引:武卉:《尼日利亚电影发展历程研究》,硕士学位论文,浙江师范大学 2016 年,第 27 页。

[3] 又称"国家艺术剧院"(National Arts Theatre)。

[4] 高丙中:《文化生态的概念及其运用》,《清华大学学报(哲学社会科学版)》2024 年第 2 期,第 168—174 页。

[5] 关于拉各斯人口总数的确切数据有许多版本。2006 年 3 月联邦政府人口普查显示拉各斯州人口约为 900 万。然而,根据联合国人居署和国际发展机构的估算,拉各斯州 2015 年的人口约为 2 460 万。参阅:拉各斯州州政府官网:https://lagosstate.gov.ng/about-lagos/。

的主要推动力。①

拉各斯作为尼日利亚前首都,最先遭受结构调整计划失败所带来的冲击
与影响。这些消极因素与诺莱坞的诞生有所关联。同时,诺莱坞在 1990 年以
后取得的快速发展又与数字录像技术的全面发展相关,而这又得益于拉各斯
作为经济中心的地位,同时还是西非地区重要的金融与商业中心。正是由于
拉各斯处于数字革命和数字转型的最前沿,诺莱坞快速进入转型升级阶段,传
统的录像带被数字化光盘所代替。

经济中心的城市地位造就了繁忙的拉各斯,使大部分民众处于快节奏生
活状态中,而诺莱坞电影则为他们提供了一种逃离日常喧嚣生活的方式,使他
们可以在放松身心中卸下压力重担。生活在拉各斯的民众,收入一般比其他
城市要高,这为他们消费影视作品提供了资金保障。在拉各斯,租借一部录像
带的价格仅为 50 奈拉,购买价格则为 400 奈拉,而在录像厅付费观看则比租
借或购买更为实惠,其费用仅为 30 奈拉。因此,只需花费不到购买录像带费
用的 10%,数百万负担不起观影设备的当地人就可以在录像厅观看电影。②

拉各斯的基础设施较为完备。首先,它能提供诺莱坞作品拍摄所需的不
同场景。由于诺莱坞作品通常描绘的是当代环境,拉各斯不同地区的自然景
观和城市景观便能满足这一要求。其次,拉各斯拥有众多可提供录像带出租
的商店。90 年代后的许多电影作品可以在市场或官方录像带出租店出租。
据估计,仅拉各斯就有 10 万家音像销售/租赁店,占尼日利亚总量的 1/5。③再
次,拉各斯的观影体验较稳定。在拉各斯,每家录像俱乐部或录像厅都配有
发电机。拉各斯的录像厅是大众社区群众的电影救星,能让社会边缘群体
以低廉的价格获得视听体验。④拉各斯还为画面高清、制作精良、内容丰富
的新诺莱坞作品提供了专业影院。据西非地区最大的电影发行商电影一号
(FilmOne)的报告显示:截至 2020 年,尼日利亚全国共有 77 家电影院。⑤而

① UNESCO, *The African Film Industry:Trends,Challenges and Opportunities for Growth*,p.45.
② Babson Ajibade, "From Lagos to Douala:the Video Film and its Spaces of Seeing", *Postcolonial Text*,Vol.3,No.2(2007),p.4.
③ Mridul Chowdhury,Tamas Landesz,Massimiliano Santini,Luis Tajada,Gloria Visconti,*Nollywood:The Nigerian Film Industry*,Microeconomics of Competitiveness,Harvard Kennedy School & Harvard Business School,May 2,2008,p.22.
④ Babson Ajibade, "From Lagos to Douala:the Video Film and its Spaces of Seeing",p.5.
⑤ *Artinii & FilmOne Entertainment(Nigeria and West Africa):A Case Study*,p.3,https://artinii.pro/assets/pdf/ENG_Film%20One_Nigeria_Case_Study_15_12_2021.pdf.

根据统计网站及谷歌地图显示:拉各斯拥有超 20 家影院,数量居全国之首。①
最后,拉各斯在交通方面具有优势。拉各斯拥有西非次区域最广泛的公路网
络之一,并有郊区火车和轮渡服务作为补充。②诺莱坞电影制片人和发行人伊
桂(Charles Igwe)指出:每周有 60 万 VCD 被压制,"整箱整箱"的 VCD 和录像
带每天离开拉各斯通过飞机发行到非洲各地。③

作为几内亚湾沿岸的国际化大都市和重要港口,拉各斯的国际化程度为
诺莱坞的电影活动创造了客观条件。《生存枷锁》的成功与恩内布从中国台湾
进口的一批空白录像带相关。诺莱坞在国际范围内的成功有赖于散居海外的
非洲人社区的大力支持。国际化还使得诺莱坞在借鉴海外电影发展有益经验
和优秀成果方面占据优势地位。一些诺莱坞电影中模仿了国际电影文化对黑
帮和义警的描绘。④诺莱坞的产业是以地理位置为基础的,拉各斯这一位置的
重要性怎么强调都不为过。拉各斯既是一个拥挤不堪、组织涣散、发展迅速的
特大城市,同时也是西非世界性财富、全球联系和快速生活的象征。⑤

拉各斯的人口规模、政策导向、经济优势、基础设施及国际化等城市生态
为诺莱坞的萌生与发展奠定了重要的基础,这些城市因素应成为诺莱坞取得
成功的考量因素。

第三,拉各斯的文化底色为诺莱坞厚植土壤。

凭借自身经济和区位优势,拉各斯吸引了来自尼日利亚各地不同族群的
人口。著名记者怀特曼(Kaye Whiteman)曾表示:作为联邦首都⑥,拉各斯是
尼日利亚人的现代大熔炉,但作为商业首都,它又是所有人的圣地。⑦拉各斯
还吸引了大量来自其他国家的非洲人,包括萨罗人(Saros)、巴西人、加纳人⑧

---

① 数据来源:https://www.statista.com/statistics/1238071/number-of-cinemas-in-nigeria-by-state/。
② Ola Uduku, Taibat Lawanson, Oghenetega Ogodo, *Lagos*:*City Scoping Study*, African Cities Research Consortium, June, 2021. 参阅:https://www.african-cities.org/lagos/。
③ Abdullahi Tasiu Abubakar, *Media consumption and contestation*:*Northern Nigerians' engagement with the BBC World Service*, PhD Thesis, University of Westminster, 2011, p.112.
④ Jonathan Haynes, "Nollywood in Lagos, Lagos in Nollywood Films", *Africa Today*, Vol.54, No.2 (2007), pp.143—144.
⑤ Jade L. Miller, *Nollywood Central*, British Film Institute, 2016, p.5.
⑥ 1991 年后,阿布贾成为尼日利亚联邦共和国的新首都。
⑦ Kaye Whiteman, *Lagos*:*A Cultural & Literary History*, Signal Books Limited, 2012, p.28.
⑧ 奴隶贸易废除后,自 19 世纪 30 年代开始,从塞拉利昂迁回尼日利亚的自由民(freemen)被称为萨罗人。"巴西人"即从巴西迁回尼日利亚的自由民。20 世纪 70 年代尼日利亚经历的石油繁荣吸引了大批加纳人到尼日利亚。然而,1983 年,上百万加纳人被尼日利亚政府驱逐回国。

等。来自其他大陆的人群也丰富了拉各斯的国际文化内涵。不同文化背景的人群在拉各斯的交汇营造出多元文化的氛围，这一氛围孕育了独特的文学和艺术之花。

拉各斯的多元文化与社会现实的结合成为诺莱坞创作的重要文化背景和灵感来源。许多剧本植根于不同族群的文化、传统和语言，并以此为基础展开，如反映约鲁巴神话的《伊拉帕达》（*Irapada*）（2006 年）、《十月一日》（*October 1*）（2014 年）等；反映伊博传统的伊戈多（*Igodo*）（1999 年）、《吾名长存》（*Áfàméfùnà：An Nwa Boi Story*）（2023 年）等。国际文化元素也是诺莱坞的一大特色，先后拍摄了许多跨文化影片，如《奥索菲亚在伦敦》（*Osuofia in London*）（2003 年）、《加纳人必须离开》（*Ghana Must Go*）（2016 年）、《嗨我的麻烦精》（*Namaste Wahala*）（2020 年）①等。诺莱坞是 20 世纪 80、90 年代尼日利亚社会转型中各种矛盾的反映，也是本土文化与外来文化的融合。②

拉各斯位于约鲁巴人土地上，而约鲁巴人是一个在戏剧方面多产的族群。③植根于约鲁巴文化传统的流动剧场（Yoruba travelling theatre）在尼日利亚大获成功。根据流动剧场的演出而制作的录像成为尼日利亚录像电影传统的鼻祖。④生活在拉各斯的伊博人也同样重要。标志着诺莱坞开端的电影《生存枷锁》就是用伊博语录制的。许多拥有电视行业相关背景的演员、导演和编剧来自伊博族。⑤贝克尔曾指出：在拉各斯这片土地上，约鲁巴的渊源更直接地和传统尼日利亚剧场实践者发生关系，同时，它也更直接和艺术电影的方法发生联系；与之相比，伊博人的传统更直接地面向市场和观众驱动的录像带并发生关系。尽管拉各斯汇集了来自尼日利亚、其他非洲国家以及全球的众多人口，但尼日利亚的这两大族群宣称自己拥有诺莱坞尚无定论的传

---

① 该影片是尼日利亚制作的跨文化爱情喜剧电影，是宝莱坞和诺莱坞两大电影产业之间的首次重要合作。

② 李安山：《非洲电影史：崛起、传承与创新》，《外语学界》2023—2024 年第 8 卷，第 257 页。

③ 尼日利亚早期著名喜剧演员欧甘德（Hubert Ogunde）、奥莱亚（Moses Olaiya），非洲首位诺贝尔文学奖获得者索因卡（Wole Soyinka）都是约鲁巴人。

④ Abiodun Olayiwola, "Nollywood at the borders of history: Yoruba travelling theatre and video film development in Nigeria", *The Journal of Pan African Studies*, Vol.4, No.5(2011), p.189.

⑤ 包括恩内布、埃多奇（Pete Edochie）、恩纳吉（Genevieve Nnaji）、阿古（Chiwetalu Agu）、奥佐阔（Patience Ozokwor）、奥沃（Nkem Owoh）等。2018 年 9 月，美国著名的流媒体平台奈飞（Netflix）宣布获得了由诺莱坞知名导演和演员恩纳吉执导的《狮心女孩》（*Lionheart*）的全球独家播放版权。这部电影是奈飞首部在尼日利亚制作的原创电影。

统遗产。①

　　此外,传统制度在拉各斯的保留,使其成为一座传统与现代相结合的城市,兼具古老和现代的部分。传统制度的保留使得许多民间传说和民间故事成为剧本创作的重要范本,丰富了诺莱坞的叙事体系。诺莱坞的影视剧作品中,无论什么主题的电影都有传统文化因素融入的痕迹,例如电影中运用了本土讲故事技巧,电影中被用来帮主角解决麻烦的占卜师形象,以及电影中对女巫力量的描摹展示。②因此,展现传统文化成了诺莱坞影视剧中的重要组成部分,包括祭祀仪式、服饰、音乐、舞蹈等。传统与现代的融合为诺莱坞创设了特有的文化符号。叙事肌理体现了非洲的宗教与神话,呈现出非洲中心体系,传递了从全球主流媒介消失已久的非洲信息,因而广泛地被非洲人和在欧洲的非洲离散人群所接受。③

　　习近平主席曾指出:优秀传统文化是一个国家、一个民族传承和发展的根本,如果丢掉了,就割断了精神命脉。④多元文化汇合之地与传统现代融合之城共同成为拉各斯的文化特征,诺莱坞从中不断汲取文化营养和文学智慧,这为诺莱坞的创造性转化和创新性发展贡献了源源不断的灵感与力量。诺莱坞成为表现尼日利亚文化遗产的一个载体。⑤诺莱坞存在的一个重要价值就是保护文化不被侵蚀,保护和弘扬"婚姻、衣着、打扮、音乐、丧葬习俗"等丰富的文化遗产和人民的民族愿望。⑥基于生活、贴近生活的电影表达是诺莱坞将传

---

① ［尼日利亚］贝基·贝克尔:《诺莱坞:电影、家庭录像或尼日利亚剧院的死亡》,曹怡平译,《世界电影》2014年第2期,第173—180页。需要指出的是,虽然豪萨—富拉尼人也是拉各斯的重要族群,但表现该族群的电影通常被称为豪萨电影,以豪萨语为电影语言,相关影视作品被称为"卡莱坞"(Kannywood)。它最早是诺莱坞的分支,后由于地区文化背景不同等原因逐渐自成一派。诺莱坞通常指在尼日利亚南部制作的英语电影,而豪萨电影由于其目标受众不同,一般不会像诺莱坞演员那样表演,也不会在其影视剧中出现色情、暴力、犯罪等因素,他们严格遵循伊斯兰教伦理。比较著名的卡莱坞影视剧有:Sangaya(1999)、Bana Bakwai(2007)、Mansoor(2017)、Bilkisu(2019)、Tsakaninmu(2021)等。著名导演有努胡(Ali Nuhu),他于2024年1月被蒂努布总统任命为尼日利亚电影公司总经理。关于豪萨电影的相关信息,请参阅:布莱恩·拉金:《信号与噪音——尼日利亚的媒体、基础设施与都市文化》,陈静静译,商务印书馆2018年版。

② ［尼日利亚］托因·法罗拉:《尼日利亚的风俗与文化》,方之,等译,民主与建设出版社2018年版,第123,203—204页。

③ 张勇:《从诺莱坞到非莱坞——非洲录像电影产业的崛起》,《电影艺术》2016年第2期,第53页。

④ 习近平:《习近平谈治国理政》第二卷,外文出版社2017年版,第313页。

⑤ Uchenna Onuzulike, "Nollywood: Nigerian Videofilms as a Cultural and Technological Hybridity", *Intercultural Communications Studies*, Vol.XVIII, No.1(2009), p.178.

⑥ Yosi Apollos Maton, "The Nigerian Entertainment Industry(Nollywood) Culture and Society Being", *Sociology and Anthropology*, Vol.6, No.8(2018), p.660.

统文化与现代生活进行有效连接的重要表现,拉各斯的文化底色决定了诺莱坞产品的核心内容与价值导向。

拉各斯是撒哈拉以南非洲地区较早实现电影放映的城市之一[1],因此成为尼日利亚电影的发源地。正是基于拉各斯的城市特质:浓厚的电影氛围、良好的城市生态以及丰富的文化资源,诺莱坞才得以实现快速发展。

三

拉各斯的城市特质为诺莱坞的成功发挥了积极作用,而诺莱坞的成功则反哺了拉各斯的城市发展,既带来了经济效益,又丰富了其文化内涵,还有利于拉各斯城市基础设施的更新发展。

第一,诺莱坞助力拉各斯焕发经济活力。

诺莱坞促进了拉各斯经济的发展。国际货币基金组织的数据显示,2016年,诺莱坞总产值约为 8 539 亿奈拉,占尼日利亚 GDP 的 1.42%。[2]《2019—2023 年娱乐与媒体展望:非洲视角》指出:未来五年,尼日利亚电影业总收入将以 7.9% 的年复合增长率增长,从 2018 年的 1 200 万美元增至 2023 年的 1 800 万美元。[3]其中,超过 90% 的收入将来自票房,预计 2023 年将达到 1 660 万美元。[4]即便是在疫情期间,诺莱坞仍发展迅速。根据尼日利亚国家统计局的数据,仅 2020 年它就制作了 2 599 部电影。[5]

2021 年,联合国教科文组织发布的《非洲电影产业:趋势、挑战与增长机遇》报告指出:得益于数字技术的发展,近年来非洲的电影制作迅速增长。在这方面,诺莱坞就是一个典型的例子,它每年制作约 2 500 部电影。它使当地出现了一个拥有自身经济模式的电影制作和发行产业。据估计,电影和音像

---

① 除拉各斯外,南非于 1896 年出现电影放映。1900 年,在达喀尔的马戏团放映了卢米埃尔兄弟的《水浇园丁》(*L'Arroseur Arrosé*)(1895 年)。

② Steve Omanufeme, "Runaway Success", June 2016, International Monetary Fund, https://www.imf.org/external/pubs/ft/fandd/2016/06/omanufeme.htm.(访问时间:2024 年 5 月 15 日)

③ 该统计并未将通过盗版获得的收入统计在内。然而,大部分诺莱坞作品被直接制作成录像电影,完全绕过了影院市场。

④ PWC, *Insights from the Entertainment & Media Outlook:2019—2023 An African Perspective*, p.22 & pp.85—86.

⑤ National Bureau of Statistics, *Nollywood Movies Production Data*(*Q2 2017—Q1 2021*), May 2021, https://www.nigerianstat.gov.ng/pdfuploads/Nollywood%20Movies%20Production%20Data%20%E2%80%93%20Q2%202017%20to%20Q1%202021.pdf.

部门在非洲创造了 50 亿美元的收入,从业人员达 500 万。未来,该产业可能创造 2 000 多万个工作岗位,每年创收 200 亿美元。[①]

2023 年,美国国际贸易管理局(International Trade Administration)援引普华永道《2022—2026 年全球娱乐和媒体展望》报告指出:2021 年,尼日利亚电影产业对该国 GDP 的贡献率为 2.3%(6.6 亿美元,2 390 亿奈拉)。报告预计,电影产业的出口收入将增至 10 亿美元以上。2020 年,电影和音乐合计为尼日利亚 GDP 贡献约 18 亿美元(7 300 亿奈拉)。[②]目前,电影制作已成为尼日利亚创意经济的重要组成部分。[③]尼日利亚《先锋报》表示:当前,创意产业是尼日利亚仅次于石油业的第二大创收部门,预计到 2025 年将创造 270 万个就业岗位,为尼日利亚创造近 5 万亿奈拉的收入。[④]鉴于诺莱坞的主要活动中心在拉各斯,因此拉各斯共享了诺莱坞取得的经济成就。

诺莱坞在拉各斯创造了就业机会。与诺莱坞相关的众多电影制片公司、影视工作室、影视后期制作公司以及影视娱乐公司均在拉各斯设址。这些企业和公司是诺莱坞影视剧制作、发行和传播的主要力量,它们促进了拉各斯包括影视剧在内的创意产业的发展,还为拉各斯提供了大量的工作机会和就业岗位。在解决就业方面,诺莱坞从前期拍摄、后期制作以及后期宣传都需要大量从业人员。诺莱坞的蓬勃发展也带动了与影视相关的其他产业的发展,如酒店业等,这些产业也为吸纳就业人员贡献了力量。诺莱坞也带来设计人员的大幅增长。诺莱坞影片的勃兴与个人电脑和设计软件进入尼日利亚的时间正好吻合,它们一起催生了非洲平面设计的革命。每年有上千部尼日利亚影片发行,随片海报铺满了商店的柜台和都市区域的墙壁。[⑤]非洲国际电影节(African International Film Festival)官网平台在谈到诺莱坞在解决就业方面

① UNESCO, *The African Film Industry*:*Trends*, *Challenges and Opportunities for Growth*, Short Summary &. p.10.

② International Trade Administration, "Nigeria – Country Commercial Guide, Media and Entertainment, 2023-06-06", https://www. trade. gov/country-commercial-guides/nigeria-media-and-entertainment.(访问时间:2024 年 7 月 1 日)

③ Zineb Faidi, *Cultural Flows*:*The Development and Global Influence of Nigeria's Creative Industries*, Policy Paper for the New South, June 2024, p.9.

④ Juliet Umeh, "Nigeria's creative industry employs 4.2 million Nigerians", *Vanguard*, April 3, 2024, https://www. vanguardngr. com/2024/04/nigerias-creative-industry-employs-4-2-million-nigerians/.(访问时间:2024 年 5 月 13 日)

⑤ 布莱恩·拉金:《信号与噪音——尼日利亚的媒体、基础设施与都市文化》,第 241—242 页。

的贡献时指出:诺莱坞直接雇用了 30 多万人,间接雇用了多达 100 万人。①该行业目前是尼日利亚仅次于农业的第二大劳动市场。诺莱坞在吸纳社会就业方面发挥了正向作用。

诺莱坞不仅造就了非洲大陆最繁荣的电影工业,还吸引了大批游客来到拉各斯,带动了本地旅游业的发展。观众渴望参观拍摄地,体验电影中描述的氛围。苏鲁雷瑞(Surulere)地区是拉各斯著名的电影制作中心,也是许多电影的拍摄场地,这里搭建有摄影棚,还有异国情调的酒店、地标建筑等。科诺玛电影村(Kenoma Film Village)极具特色的泥浆房、农田等电影场景也是游客参观的重要内容。拉各斯国家体育场(National Stadium Lagos)、国家艺术剧院等曾在诺莱坞电影中出现的城市地标每年也吸引了众多游客到此参观打卡。此外,影视旅游业的发展也带动了其他传统旅游景区客流量的上涨,如莱基自然保护中心(Lekki Conservation Center)等。

第二,诺莱坞助力拉各斯丰富文化内涵。

好莱坞视角下的非洲世界想象,是一种贴标签式构建起来的文化符码。②而诺莱坞电影中的拉各斯兼具富足与贫穷,剧中既有田野村庄,也有高楼大厦;既有传统文化的影响,也有现代都市的呈现。无论是哪一方面,都与尼日利亚,甚至非洲大部分地区观众的日常生活息息相关。这种基于非洲真实生活,讲述非洲自身故事的影视改变了许多人的刻板印象,让他们知道非洲不光有部落③,也有现代化发展的成果。许多观众由此改变了对拉各斯,甚至非洲地区的刻板印象。诺莱坞为世界呈现出一幅不同的非洲发展图景。

诺莱坞的许多作品以拉各斯为故事发生地,聚焦于拉各斯,反映拉各斯居民的生活、挑战与成就。1960 年联邦政府拍摄的《驶向拉各斯》(*Bound for Lagos*)展现了拉各斯的城市风貌,自此之后,拉各斯成为诺莱坞影视叙事中不

---

① Africa International Film Festival,"Nollywood and the Nigerian film Industry: How far, how well?",Sept.10, 2023, https://www.afriff.com/post/nollywood-and-the-nigerian-film-industry-how-far-how-well.(访问时间:2024 年 3 月 25 日)

② 余韬:《从自然景观到暴力奇观——好莱坞电影的非洲想象》,《当代电影》2015 年第 7 期,第 73—77 页。

③ 虽然好莱坞科幻电影《黑豹》为全球观众呈现了不一样的非洲形象,但其中也充斥着部落元素、王朝更替等内容。该电影不是能与非洲人民生存现实语境接轨、能产生实践指导价值的严肃文学。参阅:张勇:《书写未来非洲的科幻神话——评好莱坞系列电影〈黑豹〉》,《电影新作》2023 年第 3 期,第 59—65 页。

可或缺的内容。①拉各斯的文化元素、历史性的地标建筑等经常出现在电影中,为电影增添真实性和地方色彩的同时,也引发了观众对拉各斯的关注,如埃约街头傩戏(Eyo Masquerade)②、丹佛小巴(Danfo Buses)、第三大陆桥(Third Mainland Bridge)、艾科酒店(Eko Hotel)、自由公园(Freedom Park)、塔法瓦·巴勒瓦广场(Tafawa Balewa Square)等。③

在诺莱坞的影视语言中,拉各斯经常被描绘成一个动荡不安、危机四伏的地方,其电影主题包括诸如权力斗争、犯罪、诈骗之类的城市问题,还包括拉各斯城市居民的生活现状,如贫困、失业等。在这里,阶级分化极端严重,但又互相渗透,巨额财富并不能使人们远离混乱和苦难。这种对城市形象的处理与大部分将城市作为电影宣传的主要目的的影片不同。海恩斯对此表示:尽管拉各斯和电影产业规模庞大,种类繁多,但通过外景拍摄和对观众的欲望、恐惧进行成像的一般策略,使得共同的现实主义在表现拉各斯方面形成了相当大的一致性。④诺莱坞影视剧的现实主义在还原拉各斯本身面貌这一问题上得到了观众的认可,一方面保证了诺莱坞在剧本创作与故事情节方面的成功,另一方面又不断扩大了拉各斯的城市影响力。

此外,诺莱坞影视剧中反映的文化元素使得拉各斯成为尼日利亚甚至是西非地区的流行文化中心。美国学者齐卡指出:尼日利亚正通过诺莱坞及其明星系统地定义其文化的多样性。⑤还有学者表示:拉各斯之所以成为中心,是因为它是尼日利亚所谓的经济首都,即使是远在卡拉巴尔(Calabar)制作的录像带,也会在包装上印上拉各斯的地址——就像最著名的演员/女演员即使

---

① 近年来,《拉各斯丈夫》(Husbands of Lagos)(2015 年)、《男孩之王》(King of Boys)(2018 年)、《拉各斯黑帮》(Gang of Lagos)(2023 年)等影视剧均体现了拉各斯的城市元素。《男孩之王》于 2019 年获得非洲电影学院奖(Africa Movie Academy Awards)最佳女主角和最佳女配角两项大奖,后于 2021 年获得美国非洲娱乐奖最佳非洲影片。同时,该影片的续集《男孩之王:王者归来》(King of Boys: The Return of the King)电视剧在商业上也大获成功。《拉各斯黑帮》是亚马逊金牌会员视频(Amazon Prime Video)推出的首部非洲原创影片。

② 出现在《拉各斯黑帮》电影中,但该电影因其对于街头傩戏的负面描述而引发争议,拉各斯众多王室及许多观众认为电影团队对这一传统文化表现出不尊重。

③ 分别出现在:《出租车司机》(Taxi Driver: Oko Ashewo)(2015 年)、《婚礼派对》(The Wedding Party)(2016 年)、《酋长爸爸》(Chief Daddy)(2018 年)、《设定》(The Set Up)(2019 年)、《93 天》(93 Days)(2016 年)等影片中。

④ Jonathan Haynes, "Nollywood in Lagos, Lagos in Nollywood Films", p.131.

⑤ 诺亚·齐卡:《从 Yorùbá(约鲁巴)到 YouTube:诺莱坞明星体系研究》,徐佩馨、张勇译,《当代电影》2019 年第 7 期,第 70—76 页。

不住在拉各斯,也会被人们普遍称为"拉各斯人"一样。①联合国发布的报告中提到:尼日利亚电影及其魅力四射的明星对全球文化产生了深远的影响,非洲和其他地区的非尼日利亚观众已经习惯了尼日利亚人的举止、俚语、笑话和着装方式。②2010 年,《灯光,摄影机,非洲》一文如此表述:尼日利亚电影在国外和国内一样受欢迎。当从拉各斯运来一批 DVD 后,丛林中的科特迪瓦叛军都停止了战斗。赞比亚的母亲们表示,她们孩子的说话口音是从尼日利亚影视剧中学来的。当塞拉利昂总统邀请拉各斯银幕女神吉纳维芙·恩布吉参加竞选活动时,他在集会上吸引了创纪录的人群。每天有数百万非洲人观看尼日利亚电影,比看美国电影的人多得多……许多其他国家的艺术创作者谈论非洲的"尼日利亚化",担心整个非洲大陆已经"以尼日利亚人的方式打响指"了。③更有学者表明:诺莱坞的尼日利亚电影制片人不仅可以表达自己的文化遗产,还可以表达整个非洲的文化遗产。④这种宣扬非洲传统的影像表达不断加强了以非洲为中心的文化身份认同。

2016 年,拉各斯被多伦多国际电影节选为"城市到城市"项目的聚焦城市以展示在拉各斯工作和生活的电影制作人的风采。⑤拉各斯一直是不同文化和种族的融合体,而诺莱坞则弘扬了拉各斯的文化多样性。诺莱坞的成功为非洲国家开创了基于非洲自身的本土发展模式,同时在帮助加纳电影产业发展的过程中也提升了拉各斯的地区影响力。这些诺莱坞元素不断扩大了拉各斯的城市影响力。

第三,诺莱坞助力拉各斯实施城市更新。

诺莱坞的流行促进了拉各斯服务业的发展。诺莱坞电影和演员的粉丝们经常到拉各斯参观电影中出现的场景,使得酒店、餐饮和娱乐场所的建设大量增加,以满足游客和业内人士的需求。这在伊蔻依—维多利亚岛—莱基

① Babson Ajibade, "From Lagos to Douala: the Video Film and its Spaces of Seeing", p.1.

② UNESCO, *The African Film Industry: Trends, Challenges and Opportunities for Growth*, p.44.

③ "Lights, Camera, Africa: Moves are uniting a disparate continent, and dividing it too", *The Economist*, Dec. 16th, 2010, https://www.economist.com/christmas-specials/2010/12/16/lights-camera-africa.(访问时间:2024 年 3 月 30 日)

④ Uchenna Onuzulike, "The Birth of Nollywood: The Nigerian Movie Industry", *Black Camera*, Vol.22, No.1(2008), pp.25—26.

⑤ Yemisi Adegoke, Phoebe Parke, "Nollywood takes center stage at the Toronto International Film Festival", CNN, September 7, 2016, https://edition.cnn.com/2016/09/07/africa/toronto-international-film-festival-lagos/index.html.(访问时间:2024 年 6 月 15 日)

(Ikoyi—Victoria Island—Lekki)轴线上表现得非常明显。安克雷奇丽笙酒店(Radisson Blu Anchorage Hotel)和拉各斯洲际酒店(Lagos Continental Hotel)分别于2011年和2013年在维多利亚岛建立。诺克(Nok by Alara)、黄辣椒餐馆(The Yellow Chilli)等餐馆成为体验尼日利亚菜肴和其他非洲美食的著名饭店。虽然直到2004年,电影院才重新在尼日利亚开业,但目前拉各斯拥有许多电影屋影院(Filmhouse),这些影院定期放映诺莱坞电影。影院为拉各斯创收与解决就业作出贡献,也是人们休闲娱乐的好去处。土之文化(Terra Kulture)建立于2004年。该文化中心位于维多利亚岛,内部包括艺术画廊、剧院和餐厅,并且不时举办各种文化和娱乐活动。这些酒店、餐馆和娱乐设施的蓬勃发展,在一定程度上得益于诺莱坞的影响及旅游业的增长。

对电影拍摄的需求也带动了拉各斯各地区的振兴和再开发。作为热门拍摄地的街区往往会增加房地产投资,从而改善住房和商业地产。拉各斯的伊蔻依、莱基、维多利亚岛、香蕉岛(Banana Island)等成为众多知名人士的首选居住地区。

数字化与数字革命的开展为诺莱坞奠定了重要的技术基础。自疫情以来,诺莱坞在电影制作和发行方面加大了对现代互联网技术的使用力度和依赖程度,这降低了其受到疫情不利影响的冲击。得益于数字技术和互联网的发展,最早在尼日利亚取景拍摄的无声电影故事片《谈判》(*Palaver*)(1926年)如今也可以在油管视频(YouTube)平台上观看。许多诺莱坞的著名影片在经历数字修复后得以上线流媒体平台。随着智能终端设备的不断普及,这一数字化趋势将不断加强。据尼日利亚娱乐大会(NEC Live)的一项调查显示,86.3%的受访者更喜欢通过在线流媒体观看尼日利亚电影内容。[1]诺莱坞产业数字化的发展有赖于数字基础设施的更新换代,这一发展现状反过来推动拉各斯对城市基础设施的更新与升级,包括改善互联网连接、加强数字流媒体平台建设以及支持电影业和其他行业的技术中心,例如最大演艺(Showmax)、奈飞、亚马逊金牌会员视频、伊罗寇(iROKO)[2]等。同时,在电力供应方面也会

---

[1]　NECLIVE, *Growth*, *Trends* & *Opportunities in the Nigerian Creative* & *Entertainment Industry*〔*2013—2023*〕: *From the point of view of West Africa's largest annual conference*, 2023, p.22, https://nec.ng/wp-content/uploads/2023/11/FINAL-NECLive-Report-2013-2023-1.pdf.

[2]　2010年成立的iROKO分别从纽约老虎环球基金(Tiger Global)、瑞典金尼维克(Kinnevik)和法国更多频道(Canal＋)等公司获得4 000万美元的融资,其主要观众为欧美的非洲裔。

有所提升。对电影制作的需求同时带动了拉各斯电影制片厂和相关基础设施的发展,提升了城市承接大型制作的能力。目前拉各斯有数百个数字电影制片厂。随着人才需求量的增大,各类影视教育培训机构也在逐渐增多。

近年来,拉各斯州政府为诺莱坞提供多方政策支持,在土地、财政、合作伙伴及人员技能培训等方面表现出支持电影和创意产业发展的态度,这在一定程度上推动了拉各斯基础设施领域的建设。政府在埃佩(Epe)划拨 100 公顷土地,用于建立电影村,为电影制作提供专用空间,并解决电影制片人面临的后勤挑战。①政府还为电影摄制者拨款 4 亿奈拉,并且承诺未来将对创意产业的能力建设投入更多资金,以不断提高诺莱坞电影的制作质量及全球竞争力。此外,政府还与诺莱坞主要的知名人士和组织开展合作,促进青年发展和发现人才。在培训和技能方面,拉各斯政府将与乌木人生创意学院(Ebonylife Creative Academy)和非洲电影学院(Africa Movie Academy)等机构合作,免费为青年提供电影制作和相关技能的培训,从而为该产业的未来发展培养有专业技能的人才。②拉各斯州创意产业倡议也表示将通过免费技能培训增强创意人才的能力。③

诺莱坞的成功为拉各斯的城市发展贡献了产业力量,使其在经济、文化、基础设施建设方面显示出巨大潜力,这些成就有利于拉各斯城市竞争力和影响力的提升,有助于拉各斯实现可持续发展。

四

诺莱坞的成功离不开拉各斯的城市特质。同样,拉各斯也从诺莱坞产业的成功中受益匪浅。两者在彼此的发展过程中相互成就。如今,诺莱坞已然成为拉各斯的重要名片与知名品牌,两者互利发展实现了共赢。未来,两者将

① O. Olasukanmi, "LASG, Nollywood Seek Stronger Relationship", Lagos State Government Official Website, June 24, 2020, https://lagosstate.gov.ng/lasg-nollywood-seek-to-stronger-relationship/. (访问时间:2024 年 6 月 20 日)

② O. Olasukanmi, "Lagos to Partner Funke Akindele Foundation on Two New Projects", Lagos State Government Official Website, May 10, 2024, https://lagosstate.gov.ng/lagos-to-partner-funke-akindele-foundation-on-two-new-projects/.(访问时间:2024 年 6 月 20 日)

③ "Lagos State Creative Industry Initiative(LACI) To Empower Creative Talents With Free Skills Training", Del-York Creative Academy, February 25, 2021, https://delyorkcreative.academy/2021/02/25/lagos-state-creative-industry-initiative-laci-to-empower-creative-talents-with-free-skills-training/. (访问时间:2024 年 7 月 2 日)

在下列方面继续呈现出广阔的发展前景：

第一，产业集群。产业集群理论表明某一特定领域内相互关联的公司、专业供应商和相关机构在地理上的集聚现象。①诺莱坞成功后，影视制作及相关公司、影视培训机构在拉各斯的集聚表明了电影产业在拉各斯的蓬勃发展趋势。当前，诸多与影视相关的培训机构在拉各斯设址，如乌木人生创意学院、德尔·约克电影学院（Del York Film Institute）、尼日利亚新闻学院（The Nigerian Institute of Journalism）等。未来，这些学校和培训机构将为诺莱坞的可持续发展与建设提供众多创意人才。人才在拉各斯的集聚，既有利于拉各斯今后的创新发展，也将提升拉各斯作为人才中心的城市地位。电影相关产业在拉各斯的集聚，一方面将推动诺莱坞的产业升级，另一方面也将对拉各斯各产业的新发展起到积极的推动作用。

第二，电影庆典。电影庆典在提升拉各斯城市形象和促进诺莱坞发展方面具有重要作用。近年来，拉各斯举办了众多活动以庆祝、宣传和推广本地和国际电影，包括艾科国际电影节（Eko International Film Festival）②、非洲国际电影节③、"灯光、摄影机、非洲！"电影节（Lights，Camera，Africa！）④以及非洲魔幻观众选择奖（African Magic Viewers Choice Award）等。⑤在拉各斯举办的电影节不断提高了诺莱坞在非洲电影产业中的地位与名气，为本土电影制作人开展国际合作开辟了新的途径。未来，电影节等庆典活动的举办将不断增加拉各斯在全球城市范围内的存在感和影响力。此外，电影庆典的举办还将扩大明星效应，从而为诺莱坞和拉各斯带来更高的关注度与流量。人们对尼日利亚电影及其讲述的本土故事充满热情。尼日利亚的娱乐版面充斥着关于最新明星云集的电影首映式的新闻。⑥

---

① ［美］迈克尔·波特：《国家竞争优势》，李明轩、邱如美译，中信出版社 2007 年版。

② 这项一年一度的活动是非洲最大的电影节之一，2024 年电影节放映了长片、短片、纪录片和动画片等各种影片。此次电影节还包括研讨会、投稿讨论会和盛大的颁奖典礼。参阅：https://www.finelib.com/events/festivals/eko-international-film-festival-ekoiff/94。

③ 每年在拉各斯举行，为期一周，包括电影放映、研讨会、大师班和颁奖典礼。它致力于促进和支持非洲电影和电影制作人。参阅：https://www.afriff.com/。

④ 自 2011 年起每年在拉各斯举行。该电影节重点展示各种非洲电影，尤其关注新兴人才。电影节还包括小组讨论、研讨会和特别活动，旨在通过电影弘扬非洲文化。参阅：https://lcafilmfest.com/。

⑤ 该奖是由多元精选（Multichoice）颁发的年度荣誉，以表彰电视和电影方面的杰出成就。2024 年 5 月 11 日，第十届非洲魔术观众选择奖在拉各斯盛大举行。

⑥ Sandra Oyewole，"A Peek Inside Nigerian's Film Industry"，*WIPO Magazine*，No.2（April，2014），p.5.

第三，经济投资。诺莱坞为自身的产业发展吸引了国内投资和国际投资，这些投资有利于促进拉各斯不同产业之间的融合发展。电影《黑皮书》（*The Black Book*）（2023 年）受到尼日利亚本土科创企业的关注，包括支付栈（Paystack）、振波（Flutterwave）在内的多家企业对该项目进行了投资。投资诺莱坞所带来的回报率也将使这些企业将诺莱坞视为可投资的资产类别。[①]与此同时，全球媒体业对尼日利亚电影产业的兴趣与日俱增。亚马逊、网飞、迪士尼（Disney＋）相继宣布通过乌木人生和墨迹电影制片厂（Inkblot Studios）等当地制作商加大在非洲的投资。奈飞的研究报告则表示，该公司七年来在尼日利亚电影产业投资超过 2 300 万美元，创造了 5 140 个工作岗位，为国内生产总值贡献了 3 900 万美元，为税收贡献了 260 万美元。[②]迪士尼也越来越多地委托制作尼日利亚电影内容，以迎合非洲青年观众日益增长的需求。[③]南非的多元精选、法国的更多频道等也成为投资诺莱坞的主要参与者。经济投资规模的扩大将引领诺莱坞与拉各斯发展的新态势。

尽管诺莱坞与拉各斯发展前景较为明朗，但两者也存在相应的困难与挑战，如气候危机[④]、安全形势恶化以及诸如此类的问题所带来的产业搬迁。诺莱坞的全面转型也对拉各斯的基础设施提出新的挑战。即便是非洲电影第一大国的尼日利亚，年生产影片超过 2 000 部，但国内的银幕数量不到 200 块，平均每百万人拥有 0.74 块，在总量和人均占比方面远低于其他电影生产大国。这就意味着尼日利亚电影虽然数量上占优，但大多数无法进入本国的主流院线，仍然只能通过录像带、DVD、电视等渠道进行流通、传播。[⑤]

诺莱坞本身也面临来自其他国家电影产业的冲击。数字流媒体服务的兴

---

① Muktar Oladunmade, Faith Omoniyi and Hannatu Asheolge, "Nollywood is the hot new investment for tech founders: returns are up to 3x", techcabal, Sep 14, 2023, https://techcabal.com/2023/09/14/nollywood-tech-investors/.（访问时间：2024 年 7 月 12 日）

② Netflix, *Netflix's socio-economic impact: South Africa, Nigeria & Kenya (2016—2022)*, p.30, https://africapractice.com/wp-content/uploads/2023/04/NetflixReport-11April-DIGITALfile-1.pdf.

③ Prosper Africa, *Investment and Partnership Opportunities in Africa's Creative Industries*, A U.S. Trade and Investment Initiative, 2022, https://www.prosperafrica.gov/wp-content/uploads/2023/01/PF-Creative-Industries_Final_DIGITAL.pdf.

④ 大多数情况下，诺莱坞电影制片人不会选择在雨季拍摄电影，因为担心暴雨引发洪水和其他自然灾害。

⑤ 张勇、强洪：《"非洲十年"：2010—2019 年撒哈拉以南的非洲电影发展》，《北京电影学院学报》2020 年第 3 期，第 92—100 页。

起和互联网连接的改善使观影人的选择权增多，但也带来了观众分流，影响诺莱坞未来的转型发展。据调查，2023 年，尼日利亚民众在诺莱坞电影上的花费为 28 亿奈拉，占总票房收入的 39％，但在好莱坞电影上却花费了 44 亿奈拉，好莱坞电影继续主导尼日利亚票房。[①] 此外，诺莱坞电影依旧缺乏票房吸引力，这与其营销和传播手段以及产品质量相关。[②] 诺莱坞还面临着来自其他方面的压力。随着诺莱坞的发展壮大，尼日利亚联邦政府与州政府开始对其相关活动进行规范处理，此举引发诺莱坞的结构与权力斗争。[③] 如尼日利亚电影理事会法案（Motion Picture Council of Nigeria Bill）的通过引发业内人士对政府过度监管会扼杀行业创新能力的担忧；"诺莱坞模式"也并非被所有非洲国家承认等等。

从全球范围看来，全球经济增长乏力降低了欧洲国家对诺莱坞的投资。2024 年年初，亚马逊表示自身将削减对非洲和中东的投资而专注于欧洲原创内容。[④] 在此情况下，作为诺莱坞中心城市的拉各斯，需要继续发挥城市优势以带动产业增长，而这又以经济的良性增长为前提。未来，只有通过不断提高居民的收入水平，诺莱坞影视剧才能在传统渠道、现代影院以及在线平台取得更大的成功，才能在产业升级中不致落后，才能继续实现城市与电影产业的互利共赢。

诺莱坞在爆火之前，较少受到政府或私营部门的援助，其发展主要依靠相关从业人员的创业精神。然而，我们也应关注到城市特质对于文化产品发展壮大的重要意义，而诺莱坞的成功也反哺了拉各斯更广泛的城市发展，使两者得以相互成就。城市与电影产业在相互支撑对方的过程中可实现互利共赢。一方面，城市为电影产业的发展提供赖以生存与壮大的土壤。另一方面，电影

---

① Deborah Dan-Awoh, "Nollywood accounts for 39％ of box office revenue in 2023", Nairametrics, June 21, 2024, https://nairametrics.com/2024/06/20/nollywood-accounts-for-39-of-box-office-revenue-in-2023/.(访问时间：2024 年 6 月 29 日)

② Nnamdi O. Madichie, "The Nigerian movie industry 'Nollywood'—a nearly perfect marketing case study", *Marketing Intelligence & Planning*, Vol.28, No.5(2010), pp.625—649.

③ Ezinne Igwe, *Formalizing Nollywood Gentrification In The Contemporary Nigerian Film Industry*, PhD Thesis, Birmingham City University, 2018, pp.163—193.

④ K. J. Yossman, "Prime Video Cuts Funding in Africa, Middles East in Favor of Focusing on European Originals", *Variety*, Jan 18, 2024, https://variety.com/2024/tv/global/prime-video-africa-middle-east-european-originals-1235876354/.(访问时间：2024 年 7 月 14 日)

产业的发展壮大有助于城市实力的提升。未来,尽管诺莱坞与拉各斯将继续在产业集群、电影庆典、经济投资等方面实现深度融合和创新发展,但也存在困难与挑战。"诺莱坞模式"若要发挥其最大示范作用,必须对涉及其中的城市元素进行分析,从而助推电影产业发展的科学性。

Lagos and Nollywood

— Mutual Fulfillment and Development Prospect

Abstract: The success of Nigeria's Nollywood, the second largest film industry in the world today, has attracted global attention. As the center city that nurtured Nollywood's growth, the urban qualities of Lagos have contributed to the development of Nollywood's film industry, laying a solid urban foundation for Nollywood's success in terms of the city's film history heritage, urban social ecology, and defining feature of urban culture. The success of Nollywood has also rewarded the urban development of Lagos, contributing important industrial forces to its economic growth, cultural prosperity and urban infrastructure renewal. In the future, Nollywood and Lagos will make breakthroughs in industrial clusters, film festivals and economic investment. At the same time, the difficulties and challenges in its development need to be addressed. The film industry can only thrive in a urban city that provides the environment for growth, and the success of the film industry will continue to strengthen the city's competitiveness.

Key words: Lagos; Nollywood; Mutual Fulfillment; Development Prospect

作者简介:赵文杰,上海师范大学人文学院非洲研究中心博士研究生;恩万阔,尼日利亚阿玛杜·贝洛大学文学院历史系教师。

特殊岛屿城市文化的形成与塑造
——18—20 世纪多方势力博弈下的科西嘉①

王志航　王　畅

　　摘　要:科西嘉民族主义和自治运动在法国第五共和国时期愈演愈烈,这一问题的本质是科西嘉自我意识与法兰西国民身份认同之间的矛盾。科西嘉特殊的民族文化形态不仅源于其独特的社会历史传统,也是近代以来热那亚、法国、英国、意大利等势力在科西嘉不断博弈的结果。建立在宗族和家庭基础上的社会结构,加之近代以来热那亚商业殖民统治、法国强制同化、英国制度灌输与意大利长期觊觎的多重影响,最终形成了科西嘉独特的岛屿城市文化和"自我意识"。了解这一意识的产生与发展过程,是解决当前科西嘉问题的前提和基础。

　　关键词:科西嘉　岛屿城市文化　自我意识　热那亚　法国

前言:科西嘉问题的研究概况

　　科西嘉问题是法国政治乃至欧洲政治中一个非常复杂的问题,内容涵盖民族主义、区域自治、边疆治理、社会治理等诸多方面,其中又以民族和身份认同问题最为突出。在一般概念中,科西嘉更多是作为一代枭雄拿破仑的家乡而为人熟知。事实上,作为仅次于西西里岛、撒丁岛和塞浦路斯岛的地中海第四大岛屿,这一岛屿在欧洲社会政治中所表现的特殊性应该得到更为充分的认知。近

---

①　本文受国家社科基金青年项目"人文交流助推'一带一路'民心相通研究"(20CGJ004)支持。

年来,已经有部分国内学者将研究目光转向科西嘉岛,并对其民族[①]、社会治理[②]等问题进行了卓有成效的研究,取得了一定的研究成果。西方学者尤其是英法学者借助语言、文化、地缘等优势,对科西嘉的历史传承[③]、社会特点、

---

① 有关科西嘉民族问题的研究主要有陈玉瑶:《法国的科西嘉民族问题》,发表于《世界民族》2013 年第 5 期;王助:《法国科西嘉民族主义问题的发展过程》,发表于《世界民族》2015 年第 1 期。另外,国内一些有关民族问题的著作对科西嘉民族问题有所涉猎,如熊坤新:《21 世纪世界民族问题热点预警性研究》,民族出版社 2006 年版,第十七章"科西嘉民族问题热点"(第 252—262 页);陈霖:《中国边疆治理研究》,云南人民出版社 2011 年版,第 245—246 页;北京编译社译:《法国共产党史》(第二卷),世界知识出版社 1966 年版,第七章"科西嘉岛的解放";这些研究都主要聚焦于二战后的科西嘉民族主义和独立运动。

② 有关科西嘉社会治理问题的研究成果主要有:中央民族大学硕士研究生白帆于 2009 年发表的学位论文:《治理理念下的科西嘉地方自治》,以及该作者的论文《科西嘉的边疆特殊性与法国的治理方略》,发表于《理论观察》2017 年第 9 期;这些成果主要从社会治理角度分析了科西嘉由地方自治到地方治理的相关理论与实践,以及法国的主要治理措施。

③ 西方有关科西嘉不同时段历史的研究成果比较丰富,主要有(但不限于)Karine Varley, "Between Vichy France and Fascist Italy: Redefining Identity and the Enemy in Corsica During the Second World War", Journal of Contemporary History, Vol.47, No.3(July 2012),该文主要研究二战期间维希政府和意大利围绕科西嘉岛展开的争夺;Robert R. Palmer. "The Kingdom of Corsica and the Science of History", Proceedings of the American Philosophical Society, Vol.105, No.4(Aug.15, 1961),该文主要研究 1794—1796 年在英国扶植下的科西嘉王国概况;Dorothy Carrington. "The Corsican Constitution of Pasquale Paoli(1755—1769)", The English Historical Review, Vol. 88, No. 348(Jul., 1973),该文主要研究 1755—1769 年间在科西嘉民族英雄保利带领下,科西嘉制定第一部宪法及相关法律精神、法律思想情况;Geoffrey W. Rice. "Britain, France, and the Corsican Crisis of 1768", The International History Review, Vol.28, No.2(Jun., 2006),主要研究科西嘉 1768 年危机中法国的政策、英国的应对,尤其是对英国内阁为代表的国内政治产生的深远影响;Thadd E. Hall. "Thought and Practice of Enlightened Government in French Corsica", The American Historical Review, Vol.74, No.3(Feb., 1969),该文研究了 1768 年起的 20 年间,法国在科西嘉建立开明政府、改造科西嘉传统宗族和血缘社会的努力。法国关于科西嘉不同阶段历史的研究成果主要有:Rey, Didier. "La Corse, Ses Morts Et La Guerre De 1914—1918." Vingtième Siècle. Revue D'histoire, No.121, 2014;Ambrosi, Christian. "Pascal Paoli Et La Corse De 1789—1791." Revue D'histoire Moderne Et Contemporaine(1954—   ), Vol. 2, No. 3, 1955;Sacquin-Moulin, Michèle. "La Corse Au Lendemain De La Révolution De 1830: Étienne Cabet, Procureur Général a Bastia Novembre 1830—mai 1831." Revue D'histoire Moderne Et Contemporaine(1954—   ), Vol.29, No.4, 1982;Maurice BORDES. LA CORSE PAYS D'ÉTATS. Annales historiques de la Révolution Francaise.1974;Ange. "ROVERE. LA CORSE ET LE DESPOTISME ECLAIRE". Annales historiques de la Révolution Francaise.1985;David L. "Dowd. Les missions de Philippe Buonarroti en Corse". Annales historiques de la Révolution Francaise.1956;Albert Mathiez. "La Corse de 1768 à 1789 by Louis Villat". Annales historiques de la Révolution Francaise.1925;J.-M.-P. McERLEAN and J.-M.-P. "MAC ERLEAN. LE ROYAUME ANGLO-CORSE, 1794—1796: CONTRE-REVOLUTION OU CONTINUITE?". Annales historiques de la Révolution Francaise.1985;Dorothy Carrington. "LA CRÉATION DU ROYAUME ANGLO-CORSE: PRÉMÉDITATION ET (转下页)

社会冲突①等问题进行了较为完备的分析，为后来学者的研究奠定了坚实的物质基础。本文希望在前人成果的基础上，从科西嘉地处法意两国"边缘地带"②的视角出发，通过对多方势力影响下科西嘉身份认同问题的研究，进一步探讨科西嘉强烈的"自我意识"③产生的历史脉络与影响因素，力图回答"科西嘉人为何坚持自己是科西嘉人，而不是法国或意大利人"的问题。

一、科西嘉特殊的地理位置、历史沿革与独特的社会结构

科西嘉位于法国本土东南部，距离最近的法国大陆城市尼斯 170 公里，属于法国领土的边缘地带。整个科西嘉岛在行政区划上分为以巴斯蒂亚为首府的上科西嘉省和以阿雅克肖为首府的下科西嘉省。整个岛屿面积 8 800 多平方公里，不到法国总面积的 2%。科西嘉地势以山地为主，全境主要"由两个不同特点的山脉体系组成"④，在东部沿海地区有少量平原。科西嘉官方语言为法语，但占岛上总人口约 60% 的科西嘉土著居民使用科西嘉语⑤。科西嘉

（接上页）TRACTATIONS ". Annales historiques de la Révolution Francaise，1995 等。法国学术期刊"Etudes Corses"（科西嘉研究）是以科西嘉为研究重点的一本期刊，该刊发表的科西嘉历史方面的论文主要有 Daniel Istria；Delphine Dixneuf；Joël Françoise. Nouvelles données sur la chronologie du complexe paléochrétien de Mariana(Lucciana，Corse)，2018；Gonzague Espinosa-Dassonneville. Corses contre Corses：le Royal-Corse napolitain face aux Corsican Rangers à Capri(1808)，2014；Didier Rey. L'histoire migratoire de la Corse depuis le milieu du XIXè siècle：un bref aperçu，2012；Antoine Franzini. Les révoltes de 1357 en Corse：visite d'un événement politique，2003。篇幅所限，大量研究成果在此不一一赘述。

① 有关科西嘉社会特点、社会冲突的研究成果主要有 W. Alejandro Sanchez. "Corsica：France's Petite Security Problem"，Studies in Conflict & Terrorism Volume；31 Issue：7(July 2008)；Linda E. Cool. "Continuity and Crisis：Inheritance and Family Structure on Corsica"，Journal of Social History，Vol.21，No.4(Summer，1988)；Ian B. Thompson. "Settlement and Conflict in Corsica"，Transactions of the Institute of British Geographers，Vol. 3，No. 3，Settlement and Conflict in the Mediterranean World(1978)；Stephen Wilson. 〈Feuding，conflict and banditry in nineteenth—century Corsica〉(Cambridge University Press 1988)；Masson-Maret，Helene. 〈La Personnalite Corse：etude Ethnopsychologique 〉(La Marge Edition 1991)；Gil，Jose. 〈La Corse：Entre la Liberte et la Terreur：etude Sur la Dynamique des Systemes Politiques Corses〉(Editions de la Difference 1984)等。

② 本文认为，"边缘地带是比边疆更为宽泛的概念，主要指相对中心而体现出的弱势情况。"详见青觉、谭刚：《边缘与救赎：边缘民族的权力之争》，《兰州学刊》2015 年第 8 期。

③ 本文认为，"自我意识"就是对自身力量和身份的不断认识与肯定。

④ Ian B. Thompson. "Settlement and Conflict in Corsica"，Transactions of the Institute of British Geographers，Vol.3，No.3，Settlement and Conflict in the Mediterranean World(1978)，p.259.

⑤ 陈玉瑶：《法国的科西嘉民族问题》，《世界民族》2013 年第 5 期，第 14 页。

目前是法国最为贫穷落后的地区之一,"其人均生产总值比法国平均水平低30％"①。

　　历史上,"腓尼基人、迦太基人、希腊人以及埃特鲁斯坎人都曾占领过科西嘉岛。公元前3世纪,罗马人开始统治科西嘉,当地居民逐渐罗马化。罗马帝国崩溃后,日耳曼部落陆续入侵,13—15世纪,比萨、阿拉贡、热那亚等先后夺得过该岛的控制权。"②18世纪,由于受到热那亚人长期的歧视和压迫,科西嘉人于1729和1733年举行了两次大起义,并于1755年实现了真正意义上的独立。卢梭曾盛赞:"这个勇敢的民族在恢复和保卫他们的自由方面所表现的坚韧不拔的气概,值得一个智者去教导他们如何保持他们的自由。我有某种预感:终有一天,这个小岛将震撼全欧洲。"③在独立运动领袖帕斯夸尔·保利④的领导下,科西嘉人成立了共和制政府,通过了具有里程碑意义的《科西嘉宪法》。1755—1768年的十多年间,科西嘉对自身发展道路首次进行了有效探索,这也是科西嘉历史上唯一一段真正独立时期。1768年5月15日,热、法签订《凡尔赛条约》,热那亚将已失去控制的科西嘉转让给法国人。一年后,保利领导的独立运动失利,科西嘉正式并入法国版图。此后,除了1794—1796年英国的短暂占领(这一时期成立了英国控制下的"科西嘉王国")和1942—1943年意大利和德国的军事占领外,科西嘉一直处在法国政府的有效控制中。

　　作为一个相对独立的岛屿,科西嘉有着独特的社会结构和文化特点。从中世纪早期开始,科西嘉的乡村就形成了选举制度,人们选举领导人作为村落的保护者和治安官,并向其支付薪水。通过这种方式,长期担任领导人的家族成了岛上早期的封建贵族⑤。由于科西嘉社会的历史传统,代议制和集体负责的原则深入人心,岛上贵族明显受到"全体村民大会"的制约,缺乏欧洲大陆贵族的相关特权,贵族也并不占有大量财产。热那亚人在科西嘉实行殖民政

① 陈霖:《中国边疆治理研究》,云南人民出版社2011年版,第246页。
② 熊坤新:《21世纪世界民族问题热点预警性研究》,民族出版社2006年版,第253页。
③ [法]卢梭:《社会契约论》,李平沤译,商务印书馆2012年版,第57页。
④ 保利在当时的西方社会有着广泛的影响力,拿破仑年轻时期也曾以保利为偶像(作者注)。18世纪60年代,美国费城以西20公里有个以"保利"命名的地区。详见 Robert R. Palmer. "The Kingdom of Corsica and the Science of History", Proceedings of the American Philosophical Society, Vol.105, No.4(Aug.15, 1961), p.354.
⑤ 详见 A. Casanova, "Essai d'étude sur la seigneurie banale en Corse", E[iudes] C[orses](nos.17, 18, 21—24, 1958—1959), no.18, pp.5—23.

策和贸易垄断,加剧了岛内受教育阶层(这些人大多在意大利接受过教育)与热那亚政府的矛盾,并最终导致了反抗热那亚人的大起义。法国控制科西嘉后,并未改变科西嘉的经济地位和贫困状况,农业和畜牧业在科西嘉经济中长期占主导地位,人民生活水平和法国本土差距极大,本土法国人将科西嘉人视为"乡下人、穷人、懒汉"①。从地理环境看,相对特殊的岛屿生态对科西嘉的社会文化产生了巨大影响。"山脉交错的隔绝环境有助于科西嘉形成一种不妥协的环境氛围,艰苦的生存条件培育了科西嘉的牧民经济和父权社会传统。在这种传统下,忠诚于宗族组织、对外来人不信任"②,重视家庭成为了科西嘉社会的主要特征。在科西嘉传统中,暴力和血亲复仇并不罕见,被称为"马基"的茂密森林成为了犯罪者逃避法律制裁的最佳场所。即使在当代社会,科西嘉人"持有武器也是一件平常的事"③。这种以宗族(clan)和家庭(family)为核心的社会结构成为了科西嘉区别于欧陆国家,尤其是法国主流社会的最显著特点。

二、科西嘉自我文化意识的觉醒:独立、宪法与科西嘉王国

科西嘉的自我意识源于其自身独特的历史传统,这一传统在与热那亚、法国的独立斗争中得到了强化。早在 1264 年,岛上一位居于领导地位的贵族就曾提出过一部宪法,岛内也有在讨论重大问题时召开相关咨询会议的传统,有时一年多达三到四次,参加者多为公社负责人和有影响力的爱国者。据统计,在保利反抗热那亚统治期间,这样的会议召开了 70 多次,其中 44 次是全岛范围的④。1755 年,科西嘉人在保利的领导下赶走了热那亚人,建立了一个代议制的民主政府。这个政府在民主制度、宪政领域的成就一直让科西嘉人引以为傲。伏尔泰曾称赞,"保利,他写道,没有宣称国王的头衔,而是作为一个民主政府的首脑在很多方面做得和国王一样多"⑤。保利政权时期,科西嘉通过

① 陈霖:《中国边疆治理研究》,云南人民出版社 2011 年版,第 246 页。
② Ian B. Thompson. "Settlement and Conflict in Corsica", Transactions of the Institute of British Geographers, Vol.3, No.3, Settlement and Conflict in the Mediterranean World(1978), p.259.
③ 王助:《法国科西嘉民族主义问题的发展过程》,《世界民族》2015 年第 1 期,第 25 页。
④ Dorothy Carrington. "The Corsican Constitution of Pasquale Paoli(1755—1769)", The English Historical Review, Vol.88, No.348(Jul., 1973), p.487.
⑤ James Boswell, An Account of Corsica …(London, 1768), p.161(page references are given from 2nd edition, 1768). Voltaire, Précis du siècle de Louis XV, in chapter LX, added to 2nd edition, 1769; see Oeuvres Complètes (Paris, 1878), XV. 413. 转引自 Dorothy Carrington. "The Corsican Constitution of Pasquale Paoli(1755—1769)", The English Historical Review, Vol.88, No.348(Jul., 1973), p.481.

了第一部宪法,这一宪法深受意大利启蒙运动思想的影响,早于《社会契约论》七年便提出了"人民主权"这一重要思想①,同时颠覆了学术界认为的美国人最早践行了这一思想的传统观点。在科西嘉这块贫瘠落后的土地上诞生出"人民主权"的思想并非不可思议。悠久的村社协商自治传统使得岛内传统贵族势力受到较大遏制,风起云涌的反热那亚独立运动又使得全体科西嘉人被充分动员起来,地理上与意大利文艺复兴地区的接近以及保利本人在那不勒斯受到的系统性教育使科西嘉成为了启蒙思想的"试验田"②。作为孟德斯鸠的忠实信徒,保利所领导的科西嘉政府明显融合了科西嘉历史传统和孟德斯鸠的分权制衡思想。除保利作为国家元首外,科西嘉政府采取立法权和行政权分开的政府形式,两个机构彼此独立但相互依存,国民议会则由具有选举权的成年男性选举产生。

　　科西嘉反抗热那亚的独立运动从一开始就面临着强大的外部压力。从1729 年科西嘉反抗热那亚开始,欧洲各方势力先后参与到干涉科西嘉独立的活动中。一开始,"法国便支持热那亚对科西嘉的宣称,并希望奥地利与其站在同一立场。"③1737—1738 年间,"法国不断向科西嘉增兵,但法国民众普遍对科西嘉独立运动抱同情态度,军队作战热情不高。"④到了 1740 年,"法国则干脆邀请奥地利军队共同在科西嘉作战,这让萨伏伊和热那亚颇为欣喜。"⑤法国的宿敌英国人也始终关注着科西嘉独立的最新动向,并等待有利时机。

---

① "La Dieta Generale del Populo di Corsica, Lecitimamente Patrone di se medesimo …. Volendo, riaquistata la sua Libertà, dar forma durevole, e costante al suo governo riducendoli a costituzione tale, che da essa ne derivi la felicita della Nazione …", ADC Série F; referred to in text as "constitutional document" or "document of Nov.1755"; the source of all information on "the constitution of Nov. 1755" unless otherwise stated. The main clauses of the constitution are given by Rossi, x, BSSHNC (nos. 237—240, 1900),136—141, followed by Fontana, pp.163—164, with a slightly different wording of the preamble: "La Dieta generale rappresentil il popolo di Corsica, unico patrone di se medesimo. … 转引自 Dorothy Carrington. "The Corsican Constitution of Pasquale Paoli(1755—1769)", The English Historical Review, Vol.88, No.348(Jul., 1973), p.482.

② Ange Rovere. "Pasquale de Paoli(1725—1807). La Corse au cœur de l'Europe des Lumières". Annales historiques de la Révolution Francaise. 2010(No.359), pp.222—223.

③ The National Archives of the UK, SP 78; Secretaries of State; State Papers Foreign, France. Vol.215. Entry Number;[56] Page Number; 2 Document Ref.; SP 78/215 f.132 Date; June 29 1737.

④ The National Archives of the UK, SP 78; Secretaries of State; State Papers Foreign, France. Vol.215—220. Document Ref.; SP 78/215 f.211, SP 78/217 f.83, f.135, f.139, SP 78/220 f.26.

⑤ The National Archives of the UK, SP 78; Secretaries of State; State Papers Foreign, France. Vol.223. Entry Number;[28] Page Number; 1 Document Ref.; SP 78/223 f.66 Date; June 10 1740.

当"热那亚人愈发不满法国人在科西嘉的为所欲为和对热那亚人的两面派做法时,英国外交人员通过私人信件建议英国与哈布斯堡帝国和撒丁尼亚合作,趁机将法国人赶出热那亚"。①随着科西嘉的反抗愈演愈烈,热那亚的控制范围仅限于沿海地区,法国开始在科西嘉问题上扮演越来越重要的角色。法国一度建议"将科西嘉并入托斯卡纳大公国,并授予大公国王的头衔"。②但这一建议未能成功。1754年,热那亚与法国签订了一个条约,规定"法国以向科西嘉派兵的方式来偿还欠热那亚的债务"③,"当法国与他国交战时,法国在科西嘉的部队将接受热那亚指挥。"④1768年5月,法国与热那亚秘密签订《凡尔赛条约》,热那亚正式将已经失去控制的科西嘉让给法国人,"条件是法国保护热那亚的贸易不受巴巴里海盗的侵害"⑤。有资料表明,英国外交官向英国政府及时汇报了法国吞并科西嘉的企图,同时指出法国的行为违反《艾克斯·恰佩勒条约》,会损害英国的利益⑥。不过由于内阁决策的延误和对信息反应的迟钝,英国没能充分利用在七年战争后形成的战略优势和强大的海军实力来阻止法国这一扩张野心。这一外交失败直接导致了英国内阁的改组,同时也为日后英国干涉科西嘉问题埋下了伏笔。

面对热那亚和法国的政治交易,酷爱自由的科西嘉人并未选择妥协。正如卢梭在《科西嘉制宪意见书》中提到的,"如果科西嘉人想独立自主的话,他们应当做的第一件事情是使自己无比坚强起来"。⑦保利谴责法国的外交欺骗行为和对《艾克斯·恰佩勒条约》的公然违背,他表示,"法国无权要求对科西嘉拥有主权,热那亚无权将科西嘉移交给法国。科西嘉人是独立的,并呼吁所

---

① The National Archives of the UK,SP 78:Secretaries of State:State Papers Foreign,France.Vol. 240. Entry Number:[152] Page Number:6 Document Ref.:SP 78/240 f.429 Date:May 29[OS] 1751.

② The National Archives of the UK,SP 78:Secretaries of State:State Papers Foreign,France. Vol.258. Entry Number:[1] Page Number:1 Document Ref.:SP 75/258 f.1 Date:Sep.1 1763.

③ The National Archives of the UK,SP 78:Secretaries of State:State Papers Foreign,France. Vol.258. Entry Number:[9] Page Number:1 Document Ref.:SP 78/263 f.18 Date:Aug.5 1764.

④ The National Archives of the UK,SP 78:Secretaries of State:State Papers Foreign,France. Vol.263. Entry Number:[14] Page Number:1 Document Ref.:SP 78/263 f.30 Date:Aug.12 1764.

⑤ The National Archives of the UK,SP 78:Secretaries of State:State Papers Foreign,France. Vol.274. Entry Number:[85] Page Number:3 Document Ref.:SP 78/274 f.206 Date:Apr.21 1768.

⑥ 详见 The National Archives of the UK,SP 78:Secretaries of State:State Papers Foreign,France. Vol 274. Document Ref.:SP 78/274 f.123、f.210,SP 78/275 f.1、f.9、f.14、f.32.

⑦ [法]卢梭:《科西嘉制宪意见书》,李平沤译,商务印书馆2013年版,第4页。

有人武装起来。"①1769年，与法国作战失败的保利退往英国，"法国要求各国拒绝悬挂科西嘉旗帜的船只进入该国港口，并将其视为海盗"②，科西嘉彻底被法国征服。此后二十一年中，保利一直谋求在科西嘉建立独立自治的政府，反对法国在科西嘉建立专制政府的企图。在与法国关系方面，保利仅愿意接受法国提供的军事保护。为此，他拒绝了法国政府在1776年对他的赦免。事情的转机发生在法国大革命时期，1789年11月，"法国革命政府对科西嘉流亡者实施大赦，保利回到科西嘉，此时的他已经承认科西嘉作为法国的一部分并向法国宪法宣誓效忠。"③保利再次成为科西嘉政府首脑后，所面临的环境已经与二十年前大不相同。二十年间，法国将科西嘉作为新思想和新制度的试验田，将法国式的启蒙思想带入科西嘉岛。法国政府在科西嘉实施降低关税、保护商业自由的政策，积极改革岛内传统法律制度，努力改造以血缘和宗族为纽带的传统社会结构；对于岛内拥有特权的地方贵族，法国政府限制他们获得特殊经济利益的诉求，禁止他们垄断岛内的工业和贸易④。一位法国的科西嘉政策观察家指出："1768年后法国在科西嘉的行为更像是一位医生，他让病人在一天内采取了他在长期疾病过程中应该采取的所有治疗措施。"⑤这种剧变所带来的动荡使得路易十五和路易十六不得不通过警察来维持他们在科西嘉的统治，这也加剧了科西嘉与法国政府的矛盾。法国大革命爆发后，岛上年轻的革命者多持激进的政治立场，如议会副议长萨利赛迪(Saliceti)就曾投票支持处死路易十六。1792年科西嘉选举，雅各宾党人获胜，保利试图控制科西嘉议会的企图遭到挫败。1793年，由科西嘉人参与的远征撒丁岛的军事行动失利，岛内反对保利的呼声愈发高涨，部分民众甚至指控保利与英国人合谋导致了科西嘉的军事失败，保利被迫再次离开科西嘉寻求英国人的保护，岛内局势陷入一片混乱。

---

① The National Archives of the UK, SP 78: Secretaries of State: State Papers Foreign, France. Vol.276. Entry Number:[13] Page Number: 1 Document Ref.: SP 78/276 f.45 Date: Aug.28 1768.

② 详见 The National Archives of the UK, Document Ref.: SP 89/69 f.123, SP 78/278 f.233, SP 78/279 f.3。

③ Dorothy Carrington. "The Corsican Constitution of Pasquale Paoli(1755—1769)", The English Historical Review, Vol.88, No.348(Jul., 1973), p.502.

④ Thadd E. Hall ."Thought and Practice of Enlightened Government in French Corsica", The American Historical Review, Vol.74, No.3(Feb., 1969), p.903.

⑤ "Mémoires historiques sur la Corse," ed. Caraffa, p.72.

　　大革命期间,科西嘉被迫履行和法国大陆一样的战争义务,整个社会不堪重负。1793 年,英国人攻占法国土伦,随后占领科西嘉岛,并于次年在岛上建立科西嘉王国。在英国的科西嘉总督吉尔伯特·埃利奥特(Gilbert Elliot)看来,科西嘉具有极为重要的战略意义,"它方便英国从法国本土南部支持保皇党,也利于与较近的意大利和奥地利结成反法联盟"①。根据保利的建议,英国在科西嘉建立了类似于爱尔兰的半自治王国,并奉英国国王乔治三世为国王。科西嘉王国成为了法国大革命期间一个独特的现象:当法国以解放者的身份在意大利、荷兰等地建立革命共和国时,革命洪流中却出现了一颗不和谐的"楔子"。在王国内部,英国人仿照本国模式建立了议会,并根据财产标准选举议员②;通过了宪法,规定立法权归国王和议会共同享有,同时赋予总督否决权。由于科西嘉只有一个议院,为了保护宗教信仰,天主教的主教们充当了上议院议员的角色。英国人称其在科西嘉的统治是"保护自由和宗教不受现在法兰西共和国的暴虐无政府状态的影响"③。从科西嘉王国的宪法和所推行的政策看,它的基本原则是政府应当由具有独立土地收入的上层阶级妥善管理,这与法国大革命"主权在民"的共和主义思想是相悖的。然而,科西嘉的政策是英国和科西嘉人民共同作用的结果,绝不是英国人一厢情愿的选择,这也反映了法国二十年的统治未能赢得科西嘉实质性支持和认同的事实。虽然科西嘉王国仅维持到 1796 年,但却对科西嘉自我意识的塑造产生了深远影响。

　　自中世纪以来,热那亚、法国和英国人都试图按照自己的方式改造科西嘉社会,以实现对这一地区的同化,但无一例外都以失败告终。热那亚的商业殖民政策造成了科西嘉人与热那亚人严重的对立情绪,激起了科西嘉人维护自身权利、寻求独立的反抗运动,使得科西嘉开始希望以独立国家的身份参与欧洲事务。法国人对科西嘉人的歧视,以及二十年急功利近的社会改造,始终伴随着科西嘉风起云涌的独立运动和社会动荡,没能让科西嘉人从语言、法律、习俗等方面认同所谓"法国人"的身份,反而加剧了双方的敌对情绪。短命的

① Robert R. Palmer. "The Kingdom of Corsica and the Science of History", Proceedings of the American Philosophical Society, Vol.105, No.4(Aug.15, 1961), p.355.

② 议员参选的标准是每年至少有 6 000 里拉,相当于 200 英镑的土地收入。

③ The Italian text is in A. Aquarone et al., Le costituzioni italiane, 715—720, Milan, 1958. 转引自 Robert R. Palmer. "The Kingdom of Corsica and the Science of History", Proceedings of the American Philosophical Society, Vol.105, No.4(Aug.15, 1961), p.356。

科西嘉王国将英国传统带入这个孤岛,主要作用是消减了法国对科西嘉的影响,挑动了科西嘉传统与法国大革命之间的矛盾,但未能触动科西嘉社会的根本结构,更没有改变以宗族、家庭忠诚为核心,崇尚家族仇杀的社会传统。反观科西嘉,在独立运动与启蒙思想浸润下的自我意识反而愈发明晰,并在与大国的斗争过程中不断加强。

三、法国与意大利的博弈——科西嘉特殊岛屿城市文化的重塑与强化

20 世纪以来,沉寂一百多年的科西嘉独立运动开始复苏,这一运动一定程度上得到了意大利的支持和鼓励。1920 年,科西嘉的一份颇具影响力的杂志《岩羊》(A Muvra)创刊,这一刊物积极主张科西嘉独立,并从 1928 年开始得到意大利的资金支持。整个 20 世纪 20 年代,对法国统治的失望使科西嘉和意大利民族统一主义者(Italian irredentists[①])的关系愈发亲近[②]。一些科西嘉人认为科西嘉不是法国的一部分,她只是一个被征服的国家。"法国如同科西嘉的继母,正是她的忽视,而使得科西嘉成了一块被遗忘的土地。"[③]1922—1943 年,意大利出版了一百多种书籍和文章,试图证明科西嘉在历史、民族和文化上是意大利的一部分[④],并对科西嘉语和意大利语之间的关系进行了研究[⑤]。

就地缘关系和历史渊源而言,法国和意大利都与科西嘉有着千丝万缕的联系,三方关系极为复杂。在语言和文化上,法国和意大利更像是一对"拉丁姐妹",双方曾在一战期间并肩作战;截至 1939 年,法国东南部地区有数千名意大利移民获得法国国籍,并很好地融入了当地社会。但意大利对法国占有科西嘉,并于 1860 年吞并尼斯和萨伏伊心怀不满,加之一战没能满足意大利的领土要求,双方矛盾从 20 世纪 20 时代起开始逐步凸显。1938 年 11 月,法国驻意大利大使安德烈·普朗索瓦·庞塞特(André François-Poncet)对意大

①　Irredentists 特指在意大利统一过程中的民族统一主义者。

②　Karine Varley. "Between Vichy France and Fascist Italy: Redefining Identity and the Enemy in Corsica During the Second World War", Journal of Contemporary History, Vol.47, No.3(July 2012), p.510.

③　Francis Arzalier and Francette Nicoli, Jean Nicoli de la colonie à la Corse en rèsistance: L'itinéraire d'un homme libre(Ajaccio 2003), p.104.

④　Ibid., p.88.

⑤　Jean-Pierre Poli, Autonomistes corses et irrédentisme fasciste 1920—1939(Ajaccio 2007), pp.20—29.

利议会的访问因意大利国内对尼斯、萨伏伊、科西嘉和突尼斯的强大呼声而被迫中断。为此，法国总理达拉第挑衅式地于 1939 年 1 月访问了科西嘉和法属北非，双方关系骤然紧张。对科西嘉而言，意大利不仅在语言上与科西嘉语有相似性（科西嘉人可以轻易地理解意大利语，科西嘉的学校也说意大利语），意大利人还是岛上经济移民的主要来源。19 世纪末，意大利经济移民约占科西嘉总人口的 8％—10％，截至 1937 年意大利移民人数为 17 402 人①。同时，科西嘉还存在大量来自意大利的季节性工人从事农业劳动，科西嘉人轻蔑地称这些体力劳动者为"卢切斯人"（lucchesi），因为科西嘉人更看中在法国大陆和殖民地从事行政、军队和警察工作的人。这些工人在宗族和血缘关系网络盛行的科西嘉没有根基，往往只能季节性地迁徙，其中一些人通过婚姻、入籍或者参与当地社区活动而成功融入科西嘉。因此，科西嘉很多人精通意大利语，并具有法国和意大利双重国籍。

二战爆发后，对法国东南部的尼斯、萨伏伊和科西嘉来说，他们的敌人不是德国而是意大利。1940 年 5 月，墨索里尼向法国宣战，不过意大利军队在阿尔卑斯山脉地区表现不佳。当 6 月 24 日法国与协约国签订停战协议时，"意大利只占据了法国东南部约 800 平方公里的土地，俘虏了几百名法国战俘。由于在法国没有占领军，意大利没有获得任何补偿金。"②法国维希政府并不接受自己被意大利打败的说法，也不考虑对意大利做出过多让步。而对于德国，维希政府则希望通过与之合作来改善停战条件、维护主权和政治经济利益。科西嘉作为拿破仑的故乡，对法国和意大利都有着特殊意义，许多人相信希特勒在 1940 年归还拿破仑儿子的骨灰，是对科西嘉特殊地位的认可和反

---

① Sylvian Gregori, "Tra lucchese è nimicu: La représentation mentale de l'italien dans l'imaginaire corse 1938—1943", Etudes Corses 49(1997), pp.101—103.

② On the Italian armistice negotiations, see Henri Michel, "Les relations franco-italiennes (de l'armistice de juin 1940 à l'armistice de septembre 1943)", in M.H. Michel(ed.), La guerre en méditerranée 1939—1945. Actes du colloque international tenu à Paris du 8 au 11 avril 1969(Paris 1971), 485; Jean Baptiste Duroselle, "Le gouvernement de Vichy face à l'Italie(juillet 1940-septembre 1943)", in Jean Baptiste Duroselle and Enrico Serra(eds.), Italia e Francia(1939—1945) Vol.1(Milan 1984), 83; Davide Rodogno, Fascism's European Empire: Italian Occupation During the Second World War, trans. Adrian Belton(Cambridge 2006), 26. On French foreign policy, see Adrienne Doris Hytier, Two Years of French Foreign Policy: Vichy 1940—1942(Geneva 1958). 转引自 Karine Varley. "Between Vichy France and Fascist Italy: Redefining Identity and the Enemy in Corsica During the Second World War", Journal of Contemporary History, Vol.47, No.3(July 2012), p.508.

对意大利吞并科西嘉的明确信号①。1940—1941 年,科西嘉作为未被占领地区,根据法意停战协议归维希政府管辖。面对意大利咄咄逼人的领土诉求,法国分别于 1940 年 5 月和 11 月与意大利会谈,表示愿意在突尼斯甚至阿尔及利亚问题上做出让步,同时讨论吉布提和尼斯问题,但在科西嘉问题上的立场没有任何松动。意大利的军事威胁加剧了科西嘉人的恐惧,这些恐惧部分基于战争的残酷现实,部分源于对热那亚统治的悲惨记忆,对热那亚统治的憎恶已经融入科西嘉人的灵魂深处。很多科西嘉人选择支持任何意大利的潜在对手,他们支持英国与法国的戴高乐和皮特,甚至有人把戴高乐比喻为保护他们的利剑②。不过与法国大陆不同的是,科西嘉将戴高乐视为反对意大利法西斯侵略的英雄。为了不被意大利吞并,科西嘉人也不惜与德国合作。1940 年8 月,法国科西嘉行政长官保罗·巴里(Paul Balley)的一份报告指出:"与德国合作的观念比一个月之前更容易令人欣然接受,因为许多人认为这种合作对意大利不利,可以阻止意大利的领土野心。"③不过当盟国获胜的可能性大大增加时,科西嘉人与德国的合作意愿又迅速降低。从科西嘉人的战略考量来看,不被意大利吞并是其首要目标,法国的总体国家利益并不在其考虑范围内。

1940 年 7 月,意大利政府的意法停战委员会(CIAF,以下简称停战委员会)到达科西嘉岛。从理论上讲,这一委员会的职责仅仅是负责执行停战条款;而事实上,委员会的成员中包括多名意大利前驻科西嘉外交人员,他们积极利用原有的身份扩大对科西嘉社会的影响力,并通过给予意大利籍公民粮食和医疗援助的方式来分化科西嘉社会④。停战协议签订后,意大利官方宣传试图淡化其领土诉求,但在行动上却颇为积极,这一点在科西嘉问题上表现尤为明显。"科西嘉国家研究院"(Instituto Nazionale di Studi Corsi)建立起遍布意大利的网络,并通过对街道和广场重命名的方式来纪念科西嘉岛,约

---

① AN FlcIII 1147, Le Préfet de la Corse à Monsieur l'Ambassadeur de la France, Ministre Secrétaire d'Etat à l'Intérieur(Direction Générate de la Sùreté Nationale), 31 décembre 1940.

② 有关利剑的说法,详见 Robert Aron. Histoire de Vichy 1940—1944(Paris 1954)。

③ AN FlcIII 1147, Le Préfet de la Corse à M. l'Ambassadeur de la France, Ministre Secrétaire d'Etat à l'Interieur(Direction Générale de la Sùreté Nationale), 31 décembre 1940.

④ AN AJ41 2297, Le Capitaine de Frégate Renon Délégué près la Sous-Commission Italienne d'Armistice à Monsieur le Général de Division Commandant Supérieur de la Défense et du Secteur Maritime de la Corse, 14 juillet 1940.

7.2 万名意大利人加入了致力于研究科西嘉历史和文化的协会①。为了与法国争夺科西嘉民心,意大利还使 3 000 名被囚禁在德国的科西嘉人重获自由。

针对意大利在科西嘉的宣传攻势和停战委员会的"间谍"行为,维希政府采取了一系列应对措施。宣传上,维希政府利用各地的"地区宣传委员会"(regional propaganda commissions)来推动法国东南部和科西嘉的文化认同,驳斥意大利关于科西嘉岛的历史、文化和民族主张。科西嘉地区宣传委员会成功地重述了科西嘉并入法国的历史,谴责意大利强加在该岛的统治行为。委员会认为:"科西嘉人主要来自伊比利亚半岛和北非,与意大利人并无'同源'关系;科西嘉语和意大利语的相似不能作为民族身份认同的基础。"②地区宣传委员会表示,法国本土与科西嘉已经建立起相互尊重的牢固纽带,科西嘉人在法国国内与其人口数不成比例的影响力就是双方关系良好的有力证明③。从前,科西嘉经常因其以宗族为基础的社会与法国现代化观念格格不入而倍受谴责,但现在却被称为国民革命中重视家庭的典范④。行动上,法国采取拖延、不合作的方式来破坏意大利人控制科西嘉的企图,"以致意大利官员经常抱怨维希政府警惕地镇压反德活动,却对岛上反对意大利的抵抗运动和间谍活动不闻不问"⑤。1940 年开始,地区宣传委员会开始广泛关注科西嘉的经济、社会和文化问题,以提升科西嘉和法国本土的关系。他们主持建立了一所新的高等教育机构,以解决岛上教育资源匮乏问题,法国的科西嘉行政长官巴

---

① Karine Varley. "Between Vichy France and Fascist Italy: Redefining Identity and the Enemy in Corsica During the Second World War", Journal of Contemporary History, Vol.47, No.3(July 2012), p.515.

② ADCS 1W7, Le Préfet de la Corse à Monsieur l'Amiral de la Flotte, Vice-Président du Conseil; Ministre Secrétaire d'Etat aux Affaires Etrangères(Direction Bureau d'Etudes), 18 juillet 1941.

③ 20 世纪 30 年代,约 80 万—100 万科西嘉人生活在法国本土和法国殖民地。截至 1934 年,20% 的法国殖民地官员和 22% 的殖民地军人为科西嘉人。详见 Francis Arzalier and Francette Nicoli, Jean Nicoli de la colonie à la Corse en résistance: L'itinéraire d'un homme libre(Ajaccio 2003)。

④ AN AJ41 2314, Le Préfet de la Corse à Monsieur Charles Roux, Ambassadeur de France, Secrétaire Général du Ministère des Affaires Etrangères, 19 octobre 1940.

⑤ AN AJ40 1401, Commissione Italiana di Armistizio con la Francia, Sottocommissione per l'esercito. Storia dell' Armistizio 24 giugno 1942—31 gennaio 1943; ADCS 6W23, Le Commissaire Principal Chef du Service des Renseignements Généraux à Monsieur le Commissaire Divisionnaire, Chef du Service Régional des Renseignements Généraux, 3 octobre, 1941; Le Commissaire Principal de 1ère Classe Délégué à la Délégation Mixte Italienne d'Armistice pour la Corse à Monsieur le Préfet de la Corse (Cabinet), 1 décembre 1941; ADCS 6W22, Le Commissaire Principal Chef du Service des Renseignements Généraux à Monsieur le Préfet de la Corse, 16 octobre 1942.

里还计划修建一座水电站①。1941 年 9 月,维希政府出台了一项为期十年的科西嘉旅游和通信发展计划,旨在消除人们对忽视科西嘉发展的指责。除了已有拨款,政府另外拨款 50 万法郎用于发展农业。还有人提议改善岛上道路、桥梁和港口的糟糕状况,开发科西嘉自然资源(主要是修建水坝和开采石棉矿)②。法国虽然已经战败投降,但维希政府的一系列政策释放出一个明确信号——决不放弃科西嘉。

另一方面,针对停战委员会的间谍行为,法国以保护意大利官员安全的名义派警察对其日常活动进行严密监视,并搜集有关情报。但法国这一行动未能达到预期效果。很多意大利官员曾在科西嘉从事过外交工作,已一定程度融入当地社会。"当意大利官员于 1940 年 7 月到达阿雅克肖后,他们在当地的咖啡馆得到了科西嘉朋友的热烈欢迎。③"停战委员会中有很多人在阿雅克肖和巴斯蒂亚有自己的公寓,甚至在科西嘉有自己的家庭。"其中至少两名成员在战前娶了科西嘉女性为妻,CIFA 的负责人甚至有个侄女住在卡尔维,他和他的同事经常前往拜访。④"与意大利官员良好的私人关系为科西嘉人提供了可观的现实利益,也为意大利人获取信息提供了机会。法国警察很难甄别科西嘉人与意大利官员之间接触的目的和性质。不过,部分科西嘉女性随着岛内经济条件的恶化与意大利官员频繁接触的行为挑战了科西嘉社会的基本价值观,引发了当地人的愤怒。在一个以宗族和父权为主要特征的社会,与作为敌人的"卢切斯人"交往是为人所不齿的。"科西嘉人甚至使用恐吓手段来阻止意大利人和当地女性交往。⑤"

---

① ADCS 1W7,Le Vice-Recteur de la Corse à Monsieur le Préfet,3 novembre 1941.

② ADCS 6W23,Le Préfet de la Corse à Monsieur le Ministre Secrétaire d'Etat à l'intérieur,6 décembre 1941.

③ AN AJ41 2297,Le Général de Division Mollard Commandant Supérieur de la Défense,du Secteur Maritime de la Corse et de la Subdivision de Bastia à Monsieur le Vice-Amiral d'Escadre Commandant en Chef Préfet Maritime,15 juillet 1940.

④ ADCS 6W22,Le Commissaire Principal,Chef du Service des Renseignements Généraux à Monsieur le Sous-Préfet de Bastia,30 avril 1942;AN AJ41 2297,Le Capitaine de Frégate Renon Délégué près la Sous-Commission Italienne d'Armistice à Monsieur le Général de Division Commandant Supérieur de la Défense et du Secteur Maritime de la Corse,14 juillet 1940;ADCS6W21,L'Inspecteur Principal de la Police Nationale Cézard à Monsieur le Commissaire Divisionnaire,Chef de Service,3 septembre 1941.

⑤ ADCS 6W21,L'Inspecteur Principal de la Police Nationale Cézard à Monsieur le Commissaire Divisionnaire,Chef de Service,3 septembre 1941.有关科西嘉自我管束的社会传统,见 Stephen Wilson,Feuding,Conflict and Banditry in Nineteenth-Century Corsica(Cambridge 1988)。

　　科西嘉人开始陷入两难境地,他们反对作为侵略者的意大利人,但同时又对法国人长期以来忽视科西嘉发展心怀不满。在这样的困境中,科西嘉人的身份认同和自我意识不断得到加强。这一情况在意大利军事占领科西嘉后变得更为明显。

　　1942年11月,随着盟国在北非登陆,轴心国最终派兵控制了法国东南部地区。其中8万意大利军队占领科西嘉,直到1943年10月该岛被盟国解放。维希政府并不承认意大利对其领土占领的合法性,"在意大利军人看来,这一占领也只是出于战略和军事目的"①,而非吞并行动。意大利占领军起初将包括维持治安、提供食物等工作交给法国的科西嘉长官巴里,但意大利人很快发现法国人以程序困难为借口回避与意大利当局合作。意大利军队索性控制了科西嘉与法国本土的交通运输,进而将科西嘉岛彻底孤立起来。部分意大利裔科西嘉人在抵抗运动中认同了自己意大利人的身份,不过绝大多数人仍然坚持效忠法国②。当地人倾向于将意大利占领军分为"受法西斯主义影响的年轻一代和年长的、来自农村的、未受法西斯主义影响的广大士兵"③。他们以怜悯和同情的心态看待后者,而对前者充满蔑视和不信任。科西嘉人会和意大利士兵在酒馆聊天,分享对墨索里尼的不满和早日结束战争的期望。这种情感上的亲近也源于很多意大利士兵在参军前曾在科西嘉当过农业工人,他们来到岛上不像是占领军,而更像是"故地重游",甚至有些士兵会帮助当地人从事农业生产工作。许多科西嘉女性与意大利人建立了恋爱关系,即使受到法国警察和法国国民阵线的威胁,这些女性也没有放弃与意大利士兵的交往。与意大利军队关系相对亲密的特殊状态使得科西嘉与意大利占领军的矛盾更像是"家庭式的争吵"④。虽然1943年初,意大利秘密警察和黑衫军对岛

---

① ADCS 6W39, Le Préfet de la Corse à Monsieur le Chef du Gouvernement, Ministre Secrétaire d'Etat à l'intérieur, 18 novembre 1942; AN AJ41 2316, Rapport sur l'occupation de la Corse par les troupes italiennes, 28 novembre 1942.

② 1940年6月到1942年11月间,在科西嘉因从事反法运动而被逮捕的意大利人只有500人,而整个科西嘉有约1.1万名意大利人,更多意大利人选择加入了法国军队。见 Karine Varley. "Between Vichy France and Fascist Italy: Redefining Identity and the Enemy in Corsica During the Second World War", Journal of Contemporary History, Vol.47, No.3(July 2012), p.523。

③ ADCS 1W15, Le Commissaire Spécial de Bastia à Monsieur le Colonel Commandant la Subdivision Territoriale à Bastia, 17 juin 1940; ADCS 1W15, Jacques Fieschi, Chef de Bureau à la Sous-Préfecture de Sartène à Monsieur le Préfet de la Corse, 17 juin 1940.

④ AN F1a 3813, Le Commissaire à l'intérieur à Monsieur le Commissaire à la Guerre, 30 mai 1944.

内的反抗运动进行了一次残酷镇压,驱逐了约 800 名嫌疑人并监禁了更多人,
但岛上的意大利军队对岛上的抵抗运动更多选择"视而不见"。意大利投降
后,"1.6 万—1.8 万名意大利士兵从维希政府手中夺得了科西嘉的控制权,他
们与科西嘉抵抗军并肩作战,共同抵御 2 万德国军队对该岛的占领。在争取
科西嘉解放的战争中,意大利士兵的牺牲人数多过科西嘉人,这不仅仅是因为
他们反对墨索里尼的统治,更是由于他们对科西嘉命运的同情心理。"①同样,
1943 年 8—9 月期间科西嘉抵抗运动采用"拉丁兄弟会"的宣传口径也不仅仅
是出于机会主义的动机,而是科西嘉人对"意大利"这一敌人概念复杂心态的
真实反映。

    意大利的占领不仅让科西嘉与意大利的关系变得格外复杂,也让法国统
治下科西嘉的"自我意识"得到了有效重塑。科西嘉人将维希政府作为抵抗意
大利吞并的"保护盾","他们将每天谈话的语言从科西嘉语转向了法语,这既
表达了对法国的亲近,又增加了占领军对他们的理解难度。"②不过到 1943 年
1 月,有关科西嘉人对法国不再忠诚的声音开始传播。当时的一份调查报告
指出:"人们的一致意见是,科西嘉已经被意大利占领,他已经悲惨地被法国放
弃了。"③虽然岛上的法国官员宣称意大利并未建立足够的影响力,但当地人
与意大利士兵的融洽关系已经被认为是"科西嘉朝着去法国化的方向迈出了
危险的第一步"④。被法国忽视和抛弃的失落感、被意大利吞并的恐惧以及严
峻的生存环境使得科西嘉人越来越相信自己的力量,促进了科西嘉人对自我
身份的依赖和认同。

    总的来说,科西嘉人在二战期间的选择"与其说是对法国的忠诚,倒不如
说是对意大利吞并的抵制"⑤。战争期间,很多科西嘉传统政治领袖因为没有

---

① 参见 Charles T. O'Reilly, Forgotten Battles: Italy's War of Libération 1943—1945(New York and
   Oxford 2001), 90—92. 有关科西嘉解放问题,参见 Général Gambiez, Libération de la Corse(Paris
   1973); Hélène Chaubin, "Libération et pouvoirs: un modèle corse?", in Jean-Marie Guillon and Rob-
   ert Hencherini(eds.), La résistance et les Européens du sud(Paris 1999); Ange Rovere, "Résistance,
   libération et imaginaires", Etudes Corses 57(2004), pp.223—233。

② AN AJ41 2316, Rapport sur l'occupation de la Corse par les troupes italiennes, 28 novembre 1942.

③ AN F60 1692, Commissariat National à l'intérieur et au Travail (Orientation) France-politique
   situation de la Corse au mois d'avril 1943.

④ 详见 Marius Sarraz-Bournet, Témoignage d'un silencieux(Paris 1948), pp.148—157。

⑤ AN FlcⅢ 1147, Situation politique et administrative, département de la Corse, préfecture de la Corse,
   29 mars 1941.

将科西嘉利益放在至高无上的地位而失去了在科西嘉的影响力。科西嘉的宗族领袖富朗索瓦·皮特里（François piétri）在担任法国驻西班牙大使期间因为没有公开反对意大利对科西嘉的领土野心而在科西嘉政治中销声匿迹①，许多法国人民党的科西嘉籍党员宣布效忠科西嘉而非自己的政党。最具代表意义的是，法国殖民帝国的导师，科西嘉人让·尼科利（Jean Nicoli）的巨大转变。他曾在 1943 年春号召他的科西嘉同胞们成为"一个科西嘉和法国人"，而在 8 月 30 日被处死前，他不再以法国人的身份来看待自己的死亡，他宣称"他是为科西嘉和共产主义而死"②。这无疑标志着科西嘉和法国大陆关系的渐行渐远。

就动机而言，科西嘉选择效忠法国而不是意大利更多是基于一种互惠关系的考虑，而非身份认同。不过这种政策取向却在伤害科西嘉自身利益的同时，为科西嘉自我定位的构建留下了巨大隐患。1943 年 10 月，科西嘉成为法国境内被盟军解放的第一块领土，科西嘉人因此倍感自豪。1.5 万名科西嘉士兵参加了登陆法国本土的作战，科西嘉成为了盟军重要的军事基地。1944 年12 月，随着法国大陆的解放，科西嘉失去了原有的战略价值。"很多科西嘉的报纸和政治家认为法国已经把科西嘉放到了比殖民地强不了多少的地位。"③二战后，法国官方教科书长期将 1944 年 6 月获得解放的卡尔瓦多斯省视为法国光复的第一块国土。为此，科西嘉的二战老兵和政治家进行了长达 15 年的斗争，终于促使法国政府于 2008 年正式修改教科书，将 1943 年 10 月盟军解放科西嘉岛作为法国本土解放的开端④。这一问题再次作为法国政府忽视科西嘉的证据，成为科西嘉与法国政府关系恶化的催化剂。

四、结　语

一次次被忽略、被歧视的经历使得科西嘉在面对法国时怀有了一种"弃婴

---

① 详见 François Pietri, Mes années d'Espagne 1940—1948(Paris 1954), pp.155—160。

② Karine Varley. "Between Vichy France and Fascist Italy: Redefining Identity and the Enemy in Corsica During the Second World War", Journal of Contemporary History, Vol.47, No.3(July 2012), p.525.

③ 详见 Marcel Mirtil, "Infortunes Corses", Journal de la Corse, 20 novembre 1944; "La Corse n'est pas une colonie mais un département", Le Patriote, 22 novembre 1944; "La Corse n'est pas une colonie française", Le Patriote, pp.27—28 novembre 1944。

④ 法国政府于 2008 年 3 月承认修订后，新版本教科书于 2010 年出版。参见"Libération de la Corse: Enfin une place dans les manuels scolaires", Corse Matin, 9 septembre 2010。许多关于法国解放的历史记载也始于 1944 年 6 月，完全忽视了科西嘉。

心态"。在自身诉求始终无法得到满足,自身地位始终无法得到认可的反复失望中,科西嘉形成了独特的自我文化意识。这种意识在二战后期逐步演化为科西嘉民族主义和地方自治运动①,并最终使科西嘉在法国境内获得了极为特殊的政治地位②。

The Formation and Shaping of Special Island City Culture: The Game of Multiple Forces from the 18th to 20th Centuries in Corsica

Abstract: The movement of nationalism and autonomy in Corsica intensified during the period of the French Fifth Republic, and the essence of this problem is the contradiction between Corsican self-consciousness and French national identity. Corsican special ethnic cultural forms not only originates from its unique social and historical tradition, but also is the result of the constant game in Corsica of Genoa, France, England and Italy since modern times. The social structure based on clan and family, coupled with the colonial rule of Genoa business, forced assimilation of France, British institutional indoctrination and the long coveted influence of Italy, finally formed the unique special ethnic culture of Corsica. Understanding the formation and development process of Corsican consciousness is the premise and foundation to solve Corsica's problem.

Key words: Corsica; Island City Culture; Self-consciousness; Genoa; France

作者简介:王志航,博士研究生,成都航空职业技术学院高层次引进人才,马克思主义学院讲师。王畅,博士研究生,上海市浦东新区党校讲师,上海外国语大学丝路战略研究所特聘研究员,《新丝路学刊》编辑部主任。

---

① 有关二战以后的科西嘉民族主义和自治运动,国内学者已有研究,详见陈玉瑶:《法国的科西嘉民族问题》,发表于《世界民族》2013 年第 5 期;王助:《法国科西嘉民族主义问题的发展过程》,发表于《世界民族》2015 年第 1 期。

② 科西嘉作为法国本土的一部分,却享有高度自治权,并具有法国海外领土的某些权力。

中东城市外交:动力机制、表现、影响及前景[①]

谢立忱　张一帆　蔡成博

摘　要:近年来,中东城市尤其是一些国际化水平较高的城市在国际舞台上越来越活跃,成为主权国家之外一种不容忽视的外交行为体。从尺度角度讲,中东城市外交的兴起和发展主要缘于全球、国家和城市的尺度重构。尽管在全球城市网络这个"金字塔"式城市等级结构中,中东城市大多数处于底层,但特拉维夫、迪拜这种国际化水平较高的城市仍开展了十分活跃的外交活动。中东城市外交的不断发展,将进一步促进外交的分层化、多元化和立体化,推动国家央地关系的调整,助推国际冲突的缓和,以及提升城市国际地位和影响力。长远来看,为更好发挥城市外交对中央政府外交的补充功能和服务城市、国家经济发展的作用,中东国家需要把增大城市的资本凝聚力、加大地方分权改革力度、增强城市经济硬实力和文化软实力、实现城市外交和中央政府外交的相得益彰等作为主要抓手。

关键词:中东　城市外交　中央外交

自 20 世纪末 21 世纪初以来,伴随全球政治经济结构重组、国家权力尺度重构、外交去中心化和城际互动的加深,城市的外交功能日益凸显,城市外交作为一种独立的外交形态日趋成熟。作为一种现象,城市外交由来已久,可以追溯到古希腊城邦时代。但只是到 21 世纪之后,人们才视之为是一种"新的

① 本文为国家社会科学基金重大项目"丝绸之路城市史研究"(18ZDA213)的阶段性成果。

外交形态"而予以更多的关注,这一概念才被正式提出。根据荷兰著名学者
简·梅利森(Jan Melissen)与罗吉尔·范·德·普拉伊吉姆(Rogier van der
Pluijm)的界定,城市外交是城市为了促进自身及彼此共同利益,在国际政治
舞台上发展同其他行为体的关系的制度与过程。①按照清华大学赵可金教授
的理解,城市外交是在中央政府的授权和指导下,某一具有合法身份和代表能
力的城市当局及其附属机构,为执行一国对外政策和谋求城市安全、繁荣和价
值等利益,与其他国家的官方和非官方机构围绕非主权事务所开展的制度化
的沟通活动。②鉴于国内外学界对于城市外交的内涵已有较多讨论和研究,这
里不再一一赘述。整体上讲,尽管学界对于城市外交概念的认识和界定存在
分歧,但多数学者强调城市外交主体、目的和组织体制的地方性,外交行为的
半官方性,外交事务的"低政治性",以及外交形式和对象的多样性。相比之
下,国内外学界对于城市外交的类型研究较为薄弱。这方面较具代表性的是
洛伦佐·希尔格伦·格朗迪(Lorenzo Kihlgren Grandi)将城市外交大致划分
为七种类型,即援助外交、经济外交、和平主导型外交、智慧外交或数字外交、
生态或环境外交、文化外交、移民主导型外交。③另一较为典型的是简·梅利
森与罗吉尔·范·德·普拉伊吉姆按照城市外交的领域及手段,概括了城市
外交的安全、发展、经济、文化、网络与代表六个方面。④不可否认,这两种观点
对于城市外交类型研究均具有较大参考价值,但又存在一定不足。就前者来
讲,援助外交、环境外交、数字外交因其与经济问题的高度相关性,这三种外交
类型尤其是后两种均可归为经济外交的范畴。就后者来讲,强调城际组织与
合作的"网络"和参与决策进程的"代表"显然与安全、发展、经济和文化这四个
方面存在较大差别,前两个方面往往贯穿于后四个方面的具体实践中。而且,
正如作者本人所指出的,这种六个方面的划分是颇为武断的,因为很多城市外
交活动常常同时涉及其中的好几个方面。⑤尽管以上划分方法均存有不足,但

① Rogier van der Pluijm and Jan Melissen, "City Diplomacy: The Expanding Role of Cities in Interna-
tional Politics", *Clingendael Diplomacy Papers*, No.10, The Hague, Netherlands Institute of Inter-
national Relations Clingendael, 2007, p.11.
② 赵可金:《城市外交:探寻全球都市的外交角色》,《外交评论》2013 年第 6 期,第 69 页。
③ Lorenzo Kihlgren Grandi, *City diplomacy*, Cham: Palgrave Macmillan, 2020, pp.53—148.
④ Rogier van der Pluijm and Jan Melissen, "City Diplomacy: The Expanding Role of Cities in Interna-
tional Politics", pp.19—31.
⑤ Rogier van der Pluijm and Jan Melissen, "City Diplomacy: The Expanding Role of Cities in Interna-
tional Politics", p.19.

如果因此而不对城市外交进行类型划分,则不仅掩盖了城市外交内涵及类型的丰富性,而且也不利于正视城市在全球舞台上重要的多样化角色。有鉴于此,根据城市外交的目的,可以将城市外交大致划分为城市经济外交、城市和平外交和城市公共外交三大类型,三种类型分别以经济发展、和平构建与形象塑造为主要目的。当然,这种划分也并非毫无问题,仅有相对而言,因为城市外交活动有时并不单纯表现为某一类型或只追求某一目的,只不过侧重不同而已。

一、中东城市外交兴起和发展的动力机制

从尺度(Scale)角度讲,中东城市外交的兴起和发展主要缘于全球、国家和城市的尺度重构。尺度是人文地理学的一个关键概念,在引入公共管理学领域后渐渐成为度量地域、社会及治理空间的重要概念或维度,是表征空间规模、层次及其相互关系的量度①。在很长一段时间里,学者们对尺度的研究主要关注其静态形式。尺度或者被视为制图学中的"比例",或者是自然地理学中的时空等级尺度,或者被定义为景观生态学当中对某个研究对象或现象在空间或时间上的量度。但自20世纪70年代以后,伴随福特-凯恩斯主义的失灵和后福特主义及新自由主义的兴起,尺度研究的关注点转而由静态转向动态,即关注尺度重构的核心机制——尺度政治。尺度政治不仅体现为全球、国家、城市等纵向层级间地域组织或行动者之间的互动,而且表现为一种由穿越尺度的纵横交错的复杂关系网络中地域组织或行动者间的互动而驱动的政治进程②。所谓尺度重构,就是指权力与控制力在不同尺度层级间的变动,实质上表现为特定地域组织对全球资本的控制力在不同尺度层级的转化。同时,尺度重构将导致地理、社会、经济等多维空间体系的重构。这种多层次、多维度的尺度重构,为中东城市外交的兴起与发展提供了强大的拉力和推力。

(一)全球化。早自20世纪80年代以来,伴随经济全球化的迅猛发展,全球化生产组织方式日益发生重大转变,整个产品的生产制造过程逐渐被拆散在不同国家与区域空间展开,产业活动的分离与整合愈益在更大的空间尺

① Richard Howitt, "Scale and the Other: Levinas and Geography", *Geoforum*, Vol.33, No.3, 2002, p.306.
② Kevin R. Cox, "Spaces of Dependence, Spaces of Engagement and the Politics of Scale, or: Looking For Local Politics", *Political Geography*, Vol.17, No.1, 1998, p.21.

度上进行①,从而加强了全球与地方的联动,导致基于关系建构的、更加强调城市与国家等不同尺度关联及空间联系日趋紧密的全球尺度的建构。全球化重新塑造了全球生产、知识传播和国际关系等过程的空间结构,导致全球生产网络、全球创新网络和全球城市网络的产生。全球化进程被重新定义为一种不均衡的、竞争的、持续的尺度间关系重构。②在这种关系结构中,除了全球、国家、区域和城市尺度外,还包括大洲、超国家、大都市区与地方等尺度。因此,当今的全球化并不是尺度的简单垂直叠加,而表现为全球和地方间的复杂联系,全球化与地方化是彼此并存、相互联系的两个进程。在"全球地方化(Glocalization)"的尺度建构中,全球化的尺度变化具有双向特征,既有朝着全球尺度的扩展,也包括向个体、地方的细化③,从而造成所谓"流的空间"(Space of Flows)与"地方的空间"(Space of Places)的产生。以跨国公司为载体的要素流动越来越体现为地方和地方的对接,而不是国家和国家之间的直接联系。在这种情况下,新形式的制度组织、政治权威与经济协调转而在国家政权的国家尺度之上与之下激增。④不过,全球化并没有导致"地理的终结"和"国家的消弭",而只是动摇了将国家尺度作为现代政治–经济生活的"权力容器"的主导地位。

　　具体来讲,全球尺度重构主要从以下两个方面或尺度促进城市外交包括中东城市外交的兴起和发展。首先,伴随全球化的社会经济过程交织于不同的空间尺度上,致使国家尺度的首要地位相对化,同时增强了次国家与超国家尺度在全球化进程中的作用⑤,导致国家权力的尺度上移和下移,进而为城市外交的开展奠定了必要的权力与合法性基础。随着全球化的深入发展,由于生产要素的快速流动、产业活动的分离与整合须在更大的空间尺度上进行,单凭中央政府已很难继续有效组织与协调特定跨界生产活动,而必须求助于区域和地方政府的统筹与协调。于是,"全球接轨、地方执行"的理念逐渐成为欧

① 魏成、沈静、范建红:《尺度重组——全球化时代的国家角色转化与区域空间生产策略》,《城市规划》2011年第6期,第29页。
② [美]尼尔·博任纳:《新城市空间:城市理论与尺度问题》,王周杨译,江苏凤凰教育出版社2022年版,第7页。
③ 贺灿飞、毛熙彦:《尺度重构视角下的经济全球化研究》,《地理科学进展》2015年第9期,第3页。
④ [美]尼尔·博任纳:《新国家空间:城市治理与国家形态的尺度重构》,王晓阳译,江苏凤凰教育出版社2020年版,第8页。
⑤ [美]尼尔·博任纳:《新国家空间:城市治理与国家形态的尺度重构》,第56页。

美发达国家与诸多亚非拉发展中国家更好地把握全球化机遇和应对全球化挑战的不二法门。越来越多的国家为提高经济竞争力与积累财富,采取了更新或创新区域环境、促进区域经济发展的区域空间生产策略,对国家权力进行了尺度重构,即国家权力上移到超国家组织和下放到地方政府或次国家区域。随着国家权力尺度下移到城市,城市的自由裁量权增大,从而为城市外交的开展提供了关键的权力基础。其次,伴随全球经济空间的尺度重构,财富积累、城市化和国家调控逐渐由国家尺度向城市尺度转移,城市区域日益成为全球积累空间与全球化进程中最佳的空间尺度,导致全球城市区域或全球城市网络的涌现①,进而为城市外交的开展提供了平台条件和物质基础。全球化的生产组织方式超越了传统的国家与区域界线,增强了企业的空间集聚性和投资的区位选择性,引发城市体系与城市区域在全球的重组,促进城市的快速涌现和城市国际地位的迅速提升②。在这种情况下,城市和区域在条件创造与应对全球化挑战方面的优势日益凸显,不仅引起国家、区域与地方角色的转变,致使国家、区域与地方面临更加复杂的社会、环境和空间问题③,而且城市与区域凭借自身独特的发展基础和路径,通过嵌入全球城市网络,逐渐成为全球经济的枢纽和国际社会中的重要行为体,城际交往日益增多。

(二)中东国家权力的尺度重构。根据尼尔·博任纳的观点,国家尺度重构反映了全球化背景下中央政府权力向多维尺度空间转移的过程,具体体现为国家权力上移(Scaling Up)至全球尺度,或权力下移(Scaling Down)至地方政府、城市等尺度④。自现代民族国家独立以来,中东各国普遍确立了一种具有高度中央集权或威权主义色彩的行政层级体制或政府垂直系统,但央地间集权与分权的矛盾始终存在,国家的治乱兴衰往往与央地关系的处理密切相关。例如,在中东国家独立以前,殖民者为确保殖民统治在整体保持殖民地的

---

① Michael Keating, *The New Regionalism in Western Europe*: *Territorial Restructuring and Political Change*, Cheltenham: Edward Elgar, 1998, p.73.
② Allen J. Scott, "Regional Motors of the Global Economy", *Futures*, Vol.28, No.5, 1996, pp.398—408.
③ 晁恒、马学广、李贵才:《尺度重构视角下国家战略区域的空间生产策略——基于国家级新区的探讨》,《经济地理》2015年第5期,第2页。
④ Neil Brenner, "Globalisation as Reterritorialisation: The Re-scaling of Urban Governance in the European Union", *Urban Studies*, Vol.36, No.3, 1999, p.441.

中央集权体制的同时，也不时采用分权之术，以笼络和控制强大的地方势力①。即使中东国家独立后，统治精英出于保证对地方的有效统治等因素的考虑，也会诉诸地方分权策略。不过，在 20 世纪 80 年代以前，相对来讲，中东国家政权的集权特征是尤为明显的，各国极力通过高度的集权方式来确保中央政府对地方的统治，并倡导社会福利政策以获取民众的支持及增强政权合法性②。但到 20 世纪 80 年代以后，新的社会经济挑战使得以往的集权统治受到巨大冲击，地方分权改革逐渐提上了中东各国的政治议程。许多国家通过调整行政区划、扩大地方自由裁量权等方式进行中央权力下放，有些国家的权力下放到了中央政府在地方的代理机构——城镇甚至乡村委员会。③例如，1989 年的《塔伊夫协议》明确了黎巴嫩地方行政分权改革的具体指导方针④；1998 年之后黎巴嫩不仅举行了自 1975 年内战爆发以来的首次市政选举，而且许多市政府和市工会在城市公共服务和开发项目等事务中扮演越来越积极和重要的角色⑤；埃及在 1989 年赋予地方政府一定的财政自主权，用于地方基础设施及其他社会发展项目的支出⑥；2000 年也门颁布了《地方行政法》，基于行政分权和财政分权的原则赋予地方省级和区级的行政官员在辖区内依法制定区域计划、投资预算、监督及检查地方行政机构各项事务等权力⑦；沙特在停止地方选举长达 40 年之后，先后于 2005、2011、2015 年举行了三次市政委员选举活动。中东国家地方分权改革的一个重要特征就是城市与中央分权，叙利亚、约旦、阿联酋、以色列、土耳其等许多国家的城市尤其是一线城市具有不同程度的自治权包括对外交往权力，从而为中东城市外交的顺利开展奠定

---

① Mona Harb and Sami Atallah, *Local Governments and Public Goods : Assessing Decentralization in the Arab World* , Beirut: The Lebanese Center for Policy Studies, 2015, p.4.

② Mona Harb and Sami Atallah, *Local Governments and Public Goods : Assessing Decentralization in the Arab World* , p.4.

③ Economic and Social Commission for Western Asia, *Decentralization and the Emerging Role of Municipalities in the ESCWA Region* , New York: United Nations, 2001, p.4.

④ Mona Harb and Sami Atallah, *Local Governments and Public Goods : Assessing Decentralization in the Arab World* , p.191.

⑤ Mona Harb and Sami Atallah, *Local Governments and Public Goods : Assessing Decentralization in the Arab World* , p.191.

⑥ Economic and Social Commission for Western Asia, *Decentralization and the Emerging Role of Municipalities in the ESCWA Region* , p.5.

⑦ Katharina Mewes, *Decentralization on the Example of the Yemeni Water Sector* , Wiesbaden: VS Verlag, 2011, pp.92—94.

了基础。

（三）**中东城市化**。国家各种权力资源向城市尺度的集中是城市外交的关键推动力,而城市化被视为影响民主或威权国家地方分权的一种主要全球趋势。①具体来讲,中东城市化主要从以下几个方面促进国家的权力下放。首先,城市区位政策。在全球化深入发展的大背景下,城市与区域经济作为工业增长引擎的作用获得了日益广泛的认可,因而越来越多的中东国家开始实行旨在促进战略性城市在地区及全球经济竞争空间中的领域性竞争优势的城市区位政策。例如,在沙特"2030愿景"中,便着力将利雅得打造成中东的商业、文化中心和海湾地区崛起的新星,力图实现利雅得城市人口翻倍,并积极吸引更多跨国企业把地区总部迁到利雅得。再如,在阿联酋的大力支持下,迪拜和阿布扎比两城近年获得了显著发展,尤其迪拜被认为是通过融入全球经贸体系实现自身发展的成功典范。根据国际咨询公司科尔尼发布的2023年全球城市综合排名显示,迪拜位列全球第23名,继续保持中东北非地区领先地位,多哈、特拉维夫、利雅得和阿布扎比则分别位于该地区二至五名,全球排名分别为第50、57、61和66名。②当今城市在国家经济和全球经济中均扮演着重要的角色,尽管受到中央政府的权力限制,但城市有能力成为自治经济体,甚至有时起着比国家更大的经济作用,从而使地方自治和分权成为可能。伴随城市区位政策的推行,那些国际化程度日高的城市的自主能力和独立意识不断增强,因而为更好发挥这些城市的经济增长引擎作用,便需要进行相应的地方分权改革。其次,城市治理难题。二战后,中东成为世界城市化发展最快的地区之一,到2000年初,中东的城市人口已超过总人口的70%③。中东国家过度城市化因城市缺乏应对各种新变化、新问题的基本的行政、财政和政治权力,从而对国家经济产生较大的消极影响,且导致严峻的城市治理问题④。为提高城市管理效率,处理诸如贫困、失业、公共服务等"城市病",中东国家普遍采取了不同程度的地方分权改革,将权力下放到城市。最后,全球城市网络。

① Madina Junussova, *Cities and Local Governments in Central Asia：Administrative，Fiscal，and Political Urban Battles*, Abingdon, Oxon：Routledge, 2020, p.6.

② 中国政府网："迪拜在全球城市综合排名中位列第23位、中东北非地区首位", http://dubai. mofcom.gov.cn/article/jmxw/202310/20231003449509.shtml, 2023年10月27日。

③ 车效梅:《全球化与中东城市发展研究》,人民出版社2013年版,第211页。

④ Madina Junussova, *Cities and Local Governments in Central Asia：Administrative，Fiscal，and Political Urban Battles*, p.7.

在全球化深入发展的大背景下，伴随中东城市化的快速发展，中东城市日益国际化，城市尺度发生重构，越来越多的中东城市融入全球城市网络，不断摆脱传统国家机制的约束，变成国际舞台上积极的行动者，甚至代表国家独立开展一些外交活动。

二、中东城市外交的典型案例分析——迪拜和特拉维夫

尽管在全球城市网络这个"金字塔"式城市等级结构中，纽约、伦敦、东京等全球城市或世界城市处于显赫的顶端，但全球城市网络不是"全球城市"的网络，而是包括了区域、国家和全球不同层级城市的全球性的城市网络。因此，在这一网络中，自然也包括那些介入全球化进程并通过各种要素流与商品、服务流同世界其他城市发生联系的中东城市。相对来讲，特拉维夫、迪拜这种国际化水平非常高的城市，其外交活动更为活跃。具体来讲，迪拜和特拉维夫的城市外交主要体现为以下三个方面或类型。

（一）城市经济外交。 城市经济外交的主要目的是为城市在全球竞争中创造机会，以此来吸引投资、公司、游客、人才等。[1]近年来，特拉维夫、迪拜开展了多项经济外交措施，并取得相对丰厚的成果。第一，通过与其他城市或地区建立伙伴关系，进而促进彼此间的经济合作。例如，特拉维夫与北京在2006年正式建立友好城市关系后，双方在科创、旅游等领域开展了富有成效的合作，中关村管委会还在特拉维夫设立了联络处，并且定期举办"北京—特拉维夫创新大会"，前五届创新大会促成了99项合作。[2]迪拜也分别于2000、2012、2018年先后与上海、广州、深圳等城市结成友好城市。第二，通过签订谅解备忘录或协议，推动科技创新服务双方经济发展。例如，2018年，特拉维夫与伦敦就金融与科技领域的合作签订了具有里程碑意义的谅解备忘录，该备忘录旨在通过加强跨境合作为两国的行业带来互惠互利，弱化两个市场之间技术和专业知识交流的壁垒，加强对创新的支持，促进两城间的经济合作。[3]再如，

---

① Lorenzo Kihlgren Grandi, *City Diplomacy*, p.83.

② 北京市人民政府外事办公室，"友好城市：特拉维夫-雅法市"，https://wb.beijing.gov.cn/home/ yhcs/sjyhcs/sj_yz/sj_yz_tlwf/sj_yz_tlwf_csgk/201912/t20191227_1523002.htm，2020年1月29日。

③ The City UK, "UK and Israel forge closer links to foster fintech and cyber security innovation", 12 September 2018, https://www.finextra.com/pressarticle/75367/uk-and-israel-forge-closer-links-to-foster-fintech-and-cyber-security-innovation#:~:text = TheCityUK%20and%20City%20TLV% 20of%20Israel%20have%20signed，country%E2%80%99s%20sectors%20through%20enhanced% 20cross-border%20collaboration%20and%20initiatives.，2023-04-27.

特拉维夫交易所先后于 2016、2022 年分别同深交所、纽约证券交易所签署合作谅解备忘录,旨在促进彼此间创新资源共享、技术合作与市场互补。第三,制定优惠的招商引资政策和提供良好的营商环境,鼓励外国公司在特拉维夫创业落户及城际企业合作,吸引国际资本。得益于特拉维夫的创业生态,2010 年成立的、总部位于特拉维夫的 Gett 公司得到了大众汽车、俄罗斯联邦储蓄银行以及克瑞斯资本等财团的 12 轮的注资,累计注资金额达到 92.8 亿美金。[①]另外,总部设立于特拉维夫的以色列国内著名投资银行波林控股(Poalim Equity),其业务遍布全球,波林控股与美国威廉布莱尔(William Blair)一度达成了战略合作。[②]成立于 2004 年的迪拜国际金融中心(DIFC),是一个旨在促进中东地区经济发展与金融服务的全球金融枢纽,多年来凭借自身先进的基础设施和一流的金融服务,吸引了 19 家全球顶级银行和 2 000 多个金融机构入驻和落户,招揽了大量外商直接投资。据统计,截至 2021 年,迪拜国际金融中心的总资产达到 1 985 亿美元,占阿联酋金融部门银行业综合资产的 20%[③]。第四,设置代表处或代办处等海外机构,助推城际经济交往。据阿通社 2022 年 12 月 12 日报道,迪拜商会宣布在开罗、特拉维夫和伊斯坦布尔分别开设三个新的国际代表处,从而使迪拜商会在全球的代表处数量达到 15 个,此前该商会已在非洲、拉丁美洲、欧亚大陆、印度和中国一些重要城市设有代表处。[④]此举将大大有助于加强迪拜与对方城市的商业往来,并有利于实现迪拜商会的战略目标——吸引国际商业与投资到迪拜,同时也符合"迪拜全球"倡议,即到 2030 年在五大洲为迪拜设立 50 个代表处。[⑤]

(二) 城市和平外交。城市和平外交具体体现为城市对军备控制、地区冲突及战后重建等所谓"高政治"议程的参与。进入 21 世纪以后,越来越多的城市开始借助城市多边组织,参与地区冲突预防、缓解和解决等全球安全事务。

---

① 详见 crunchbase 官网:https://www.crunchbase.com/organization/get-taxi/company_financials,2023-04-28。

② 详见波林控股官网:https://www.poalimequity.com/en/advisory/investment-banking,2023-04-29。

③ Mary Sophia, DIFC in 2021 reports its highest annual revenue and record new memberships, *BUSINESS*,https://www.thenationalnews.com/business/economy/2022/02/16/difc-reports-its-highest-ever-annual-revenue-in-2021-amid-record-new-memberships/,2024 年 2 月 28 日。

④ 中国政府网,"迪拜国际商会在开罗、特拉维夫和伊斯坦布尔设立新的办事处,扩大全球影响力",http://dubai.mofcom.gov.cn/article/jmxw/202212/20221203374079.shtml,2022 年 12 月 16 日。

⑤ 中国政府网,"迪拜国际商会在开罗、特拉维夫和伊斯坦布尔设立新的办事处,扩大全球影响力"。

就特拉维夫来讲,其和平外交的一个重要表现就是在建构阿以和平方面的努力,具体表现为一度成功促成以色列与巴勒斯坦等邻国在环境、用水等低政治领域的合作。例如,在中东地球之友驻特拉维夫办事处的积极努力下,2001年以色列人与巴勒斯坦人和约旦人达成了"好邻里水工程"合作项目(Good Water Neighbours Project),增大了三方在共有水资源问题上的共识,相关城市的市长签订了一系列的"谅解协议书"。①同时,特拉维夫在巴以、阿以问题上也不时向外界发出和平之音,极力向国际社会传递一种热爱和平的自身形象。例如,在2020年以色列、阿拉伯联合酋长国和巴林等国达成《亚伯拉罕协议》后,特拉维夫市市政府大楼随即竖起用英语、希伯来语和阿拉伯语三种语言书写的"和平"标语②。

(三) 城市公共外交。公共外交主要表现为公关外交、媒体外交和文化外交三种形态③,这里主要关注后两种形态。早在20世纪90年代,特拉维夫便尤为重视城市形象建设。为扭转外界对特拉维夫市古老、拥挤的负面印象,重塑特拉维夫的城市形象,1994年由市长亲自牵头启动了城市品牌建设运动,由两家广告公司与公关公司进行相关方案设计,而市政府主要负责方案的具体实施。④两家公司对特拉维夫现有优势进行分析后,将特拉维夫定性为一个拥有"速度""海滨""文化中心"与"国家中心"的城市,随后进行相应的城市建设与营销步骤,尤其通过报纸等媒介将这些信息传递给外界。城市品牌建设运动给特拉维夫带来了"不夜城"的新形象,吸引了大量来自世界各地的游客。如果说这次的城市品牌建设运动是以特拉维夫市政府为主导、旨在扭转外界对特拉维夫市负面认知为目的的一次公共外交,那么2016年以色列旅游局发起的一场称为"两座城市,一次享受"(Two Cities, One Break)的、面向全球的城市品牌宣传运动,则是一次中央与地方合力执行的、为改善以色列国家形象

① https://ecopeaceme.org/wp-content/uploads/2022/03/environmental-peacebuilding-theory-and-practice-a-case-study-of-the-good-water-neighbours-projectand-in-depth-analysis-of-the-wadi-fukin-tzur-hadassah-communities.pdf, 2023-9-13.

② Daniel Nisinman, "Tel Aviv municipality lit up with 'peace' in Hebrew, Arabic and English", *The Jerus alem Post*, September 15, 2020, https://www.jpost.com/israel-news/tel-aviv-municipality-building-to-display-the-word-peace-ahead-of-signing-642384, 2023-9-16.

③ 赵可金:《公共外交的理论与实践》,上海辞书出版社2007年版,第250页。

④ Ram Herstein and Ron Berger, "Forever young: How can a branding destination strategy regenerate a city image? The case of Tel Aviv", *Journal of Urban Regeneration & Renewal*, Vol.3, No.7, 2014, p.215.

和提升国家软实力的城市品牌强国工程。这次活动共耗资 4 000 万新以色列谢克尔①,特拉维夫通过媒体积极向世界展示自己是阳光、沙滩、繁华以及开放包容的集聚地,而对以色列只字未提,竭尽全力地向外展示独立于国家的城市形象。作为中央与地方之间的"竞争性合作",特拉维夫此次进行的公共外交活动,其目的是通过在形象建设上与以色列保持竞争关系,来打造独立的城市形象,以此弥补负面国家形象对城市形象宣传的消极影响,并以特拉维夫的成功促进以色列国家形象的最终修复。国家或城市品牌与软实力之间是相互影响、相互促进的关系。此次活动后的第二年,到以色列旅游人数达到 360万,较上一年增加了 25%,特拉维夫、耶路撒冷的城市品牌得到了进一步的传播和完善,其软实力也获得一定提升②。《印度时报》也将特拉维夫与纽约、巴黎和香港等国际大都市一同列入了不眠之城的行列,称在特拉维夫可以拥有和曼哈顿媲美的夜生活。③

特拉维夫除了通过城市品牌建设改善城市、国家形象,积极开展媒体外交外,还充分利用自身丰富的历史文化遗产优势,实行文化外交。例如,特拉维夫基于丰富的历史人文资源,成功加入诸如"世界遗产城市组织"(OWHC)等多边文化交流网络,定期与成员城市就历史文化遗迹保护和开发等问题进行交流,不但使特拉维夫获得了必要的技术支持与资金帮助④,而且使白城⑤于2003 年被列入联合国教科文组织世界遗产名录。

长期以来,迪拜也非常注重自身国际形象的提升。迪拜开展公共外交的具体方式主要包括建立文化外交俱乐部、设立对外交流项目、举办文化与艺术活动、签署媒体合作协议等,积极发挥城市公共外交的形象宣传和塑造功能。其中,始创于 2004 年、以"让文化交流,让心灵沟通"为主旨、一年一届的迪拜

---

① Sohaela Amiti and Efe Sevin, *City Diplomacy: Current Trends and Future Prospects*, Cham: Palgrave Macmillan, 2020, p.146.

② Sohaela Amiti and Efe Sevin, *City Diplomacy: Current Trends and Future Prospects*, p.148.

③ "Cities That Never Sleep", *Times Of India*, Sep.26, 2017. https://timesofindia.indiatimes.com/travel/destinations/cities-that-never-sleep/photostory/38615832.cms#:~:text=Israel%E2%80%99s%20ever-growing%20metropolis%2C%20Tel%20Aviv%20is%20brimming%20with,and%20find%20crowded%20caf%C3%A9s%20and%20brightly%20lit%20streets. 2023-04-21.

④ See *Strategy 2021—2025*, https://www.ovpm.org/wp-content/uploads/2023/04/strategy-2021-2025eng.pdf. 2023-09-11.

⑤ 白城是位于特拉维夫市内的一群具有现代主义风格的建筑物或包豪斯建筑,因其外墙多是白色,故称"白城"。

国际电影节,吸引了世界各地的艺术家和文化爱好者参与,有力促进了迪拜与各国的文化交流。2021 年至 2022 年迪拜成功举行了原定于 2020 年举行的世博会,迪拜成为举行此活动的首个中东城市,借机向世界展示了迪拜的包容、开放、创新的城市形象。目前,迪拜已建立了多个国际文化合作网络,与全球众多城市签订了文化交流或媒体合作协议,并通过设立文化交流奖学金、支持本地艺术家出国学习和展出等文化对外交流项目,不断拓展迪拜的文化交流边界。①

三、中东城市外交的影响

伴随中东城市外交的不断发展,将进一步促进外交的分层化、多元化和立体化,推动国家央地关系的调整,助推国际冲突的缓和,以及提升城市国际影响力。

(一) 促进外交的分层化、多元化与立体化。全球政治经济转型重构了威斯特伐利亚式的国家领域,动摇了国家在国际外交领域的相对主导地位,激活了城市的外交动能,促进了国家的立体化外交和国际外交行为体的多元化,尽管在全球空间领域单一尺度取代国家尺度,成为国际关系主要行为体的现象并没有发生。事实上,由于各种因素的影响,在当代中东国际舞台上,从来都不只是民族国家在唱主角,同时属于次民族和超民族。因此,伴随中东城市外交的逐渐兴起和不断发展,必将对传统的中央政府外交构成一定冲击,虽然中央政府仍将主导外交事务尤其是涉及国家安全和其他战略性利益的事务,但不会垄断外交。在符合国家根本利益的前提下,中东城市外交可以成为国家外交的有益补充,进而推动外交的立体化和分层化。只要全球化不断深入、城市化继续发展,城市外交便是一个无法回避的事实。伴随城市日益成为全球联系与接触的重要节点,一个由有着不同利益和能力的国家、城市及其他行为体的频繁互动而形成的多层外交环境已应运而生。②因此学界流行的"平行外交"概念用于形容城市外交并不是十分准确的,因为国家和城市行为体并不必然遵循截然不同的外交运行轨道,而只是同一轨道上的不同列车。③一种较为

① Anima Puri and Vishal Sagar, "Diaspora Dynamics and Shared Values: Strengthening India-UAE Relations," *Boletin de Literatura Oral-The Literary Journal*, Vol.10, No.1, 2023, p.1447.

② Rogier van der Pluijm and Jan Melissen, "City Diplomacy: The Expanding Role of Cities in International Politics", p.9.

③ Rogier van der Pluijm and Jan Melissen, "City Diplomacy: The Expanding Role of Cities in International Politics", p.9.

可能且相对现实的前景是,各国中央政府会继续主导但并非垄断一国的外交事务,一种更为适应 21 世纪国际关系形态的外交应当是"中央主导下的共赢外交格局",它将成为世界各国(尤其是主要大国)中央与地方在处理对外关系方面的主流形态。①未来,城市外交这趟列车不仅不会停下来,反而会加速前行,其正在并将继续改变当今全球外交进程及格局。②

(二) 推动央地关系的调整乃至良性化。基于国际政治与国内政治的互动性,城市外交与国家外交的关系实际上很大程度上反映了国内中央与地方之间的关系。城市外交与国家外交之间良性关系的构建,依赖于中央政府和地方政府包括城市的统筹协调③。城市外交与央地关系二者之间是一种相互推动、彼此影响的关系,正如地方分权或国家权力向城市尺度的下移为城市外交提供了内部推力一样,城市外交的发展也会促进国家央地关系的进一步调整乃至良性央地关系的构建。长远来看,鉴于目前中东国家地方分权改革的有限性、城市分权的不足,为更好地适应外交分层化、多元化、社会化、网络化的发展大势,满足多样化的城市国际化客观需求,有效组织跨国生产活动及处理地方事务,中东各国必须对国家权力进行尺度重构,增强城市等次国家地域性组织的积极性和自主权。

(三) 助推国际冲突的缓和乃至解决。二战后,致力于预防冲突和战后和解的城市外交目标,有力促进了城市和平外交的兴起和发展。时至今日,城市是世界和平的坚定支持者,其开展的外交活动被反复证明是十分有益于促进冲突缓和与和解氛围的培育的。④实际上,无论是固守中央外交主导一切的传统派,还是夸大城市外交对中央外交的替代性的自由派,抑或是主张中央继续主导、城市外交补充的折中派,均不否认城市外交对于巴以冲突的积极意义⑤。长期以来,鉴于巴以冲突的持而不决,巴以及其他国家的很多城市不断

① 陈志敏:《次国家政府与对外事务》,长征出版社 2001 年版,第 172 页。
② Rogier van der Pluijm and Jan Melissen, "City Diplomacy: The Expanding Role of Cities in International Politics", pp.33—35.
③ Rogier van der Pluijm and Jan Melissen, "City Diplomacy: The Expanding Role of Cities in International Politics", p.34.
④ Lorenzo Kihlgren Grandi, *City diplomacy*, p.69.
⑤ Alexandra Sizoo and Arne Musch, *City Diplomacy: The Role of Local Governments in Conflict Prevention, Peace-Building, Post-Conflict Reconstruction*, The Hague: VNG International, 2008, p.188.

开展外交活动,积极为双方间的和解与协作创造有利条件。其中,由巴勒斯坦地方政府协会(APLA)和以色列地方政府联盟(ULAI)发起成立的中东促进和平城市联盟(MAP)便是这方面的一个典型例子。该联盟成立于 2005 年,得到巴以两国 33 位市长和来自 15 个国家的许多城市代表,以及世界城市和地方政府联盟(UCLG)、荷兰市政协会(VNG)等众多国际城市组织的支持和援助。①联盟成立初期,有力促进了巴以城市之间的交流与合作。例如,2007 年,涉及巴勒斯坦、以色列、荷兰三国 11 个城市的两个环保合作项目得以实施②。再如,2007 年末 2008 年初,巴以两国相关城市又就污水处理和公园开发等项目达成 3 个合作协议③。考虑到巴以冲突在国家和国际层面的谈判陷入僵局,通过地方政府层面的对话及市政合作项目助推巴以关系改善不失为一种良策,尤其是中东促进和平城市联盟的主要目标并不是直接促成巴以和解,而是力图改变人们的思维和行为方式。毕竟,当下的世界俨然是一个地球村,各个层级政府之间的联系空前密切,且今天的地方官员很可能就是明天的中央领导人。事实上,在中东地区,某种程度上讲,所谓地方和国家层面的区分并不具有实质意义,因为该地区各种冲突是如此的错综复杂,以至于大大模糊了地方与中央的界限。具体到巴以冲突而言,影响冲突的各种地方、国家和国际层面的因素纷杂地交织在一起。因此,巴以两国地方政府在思维和行为方式上的改变,将有可能逐渐反映到中央政府层面。当然,我们也不能夸大城市外交对巴以冲突的这种积极作用,这不仅在于城市外交相较于中央外交存在的诸多结构性缺陷,还同巴以冲突自身的高烈度有关,所有这些均削弱了城市外交的和平功能。

(四) 提升城市国际影响力和促进城市治理及发展。城市外交的一个重要影响就是将有力提升城市的国际地位和影响力。例如,得益于迪拜积极的城市外交,迪拜城享誉全球,成为阿联酋的代名词。同时,通过城际间关于经济、文化、环保、移民和地方治理等方面的务实合作与经验交流,将有助于提高城市治理能力,以及促进城市自身发展。

---

① Alexandra Sizoo and Arne Musch, *City Diplomacy: The Role of Local Governments in Conflict Prevention, Peace-Building, Post-Conflict Reconstruction*, p.166.

② Alexandra Sizoo and Arne Musch, *City Diplomacy: The Role of Local Governments in Conflict Prevention, Peace-Building, Post-Conflict Reconstruction*, p.181.

③ Alexandra Sizoo and Arne Musch, *City Diplomacy: The Role of Local Governments in Conflict Prevention, Peace-Building, Post-Conflict Reconstruction*, pp.181—182.

四、中东城市外交的前景

尽管城市外交的兴起并不意味着城际关系取代国际关系,但城市在全球政治中日益凸显的重要作用是不言而喻的。虽然中东城市包括国际化程度非常高的迪拜并未处在全球城市网络的顶部,但城市外交是当今中东国家适应全球本土化或在地化、提升国家领域竞争力和促进城市及国家经济发展的必然选择。长远来看,为更好发挥城市外交对国家外交的补充功能和对国民经济的促进作用,中东国家需要把以下几方面作为主要抓手:

(一) 增大城市的资本凝聚力。资本是有"地方黏性"的,非常依赖于相对固定的、本地化的以及在领域上嵌入的技术制度集成体,致使城市化地区正逐渐取代国民经济,成为全球经济的最基本地理单位。[①]通常来讲,地方与区域层级更适合同企业建立长期的互动关系,从而造成企业和投资在城市等次国家层级的凝聚。然而,对于中东来讲,紧张的国家间关系、动荡的地区局势和脆弱的国家政权,影响了域外资本在城市的凝聚,因而首要的是要努力改善城市和地区投资环境,加强中东城市的资本凝聚力。一个城市的资本凝聚力很大程度上决定了这个城市的国际地位和影响力以及外交能力。毋庸置疑,纽约、伦敦、东京、北京等全球城市之所以能够走在城市外交的前列,与这些城市在吸引和促进全球资本方面的强大能力是密不可分的。

(二) 加大地方分权改革力度。尽管近些年中东国家纷纷采取了地方分权改革,但绝大多数国家仍将财权牢牢掌握在中央政府手中,以此确保对地方政府的统治[②]。对于中东大多数国家而言,所谓地方分权更多表现为最温和的分权形式——职责委托,较少采取权力授予形式,至于更有实质意义的权力下放乃至权力取消几乎没有发生[③]。例如,尽管也门宪法和地方行政法中关于地方分权改革部分均强调了行政分权和财政分权的原则,但未涉及真正的政治分权,且地方财政严重依赖中央的转移支付,致使地方分权的程度尚停留在职责委托(deconcentration)或行政分权(administrative decentralization)的最

---

① [美]尼尔·博任纳:《新国家空间:城市治理与国家形态的尺度重构》,第 73 页。

② Mona Harb and Sami Atallah, *Local Governments and Public Goods*:*Assessing Decentralization in the Arab World*, pp.5—6.

③ Economic and Social Commission for Western Asia, *Decentralization and the Emerging Role of Municipalities in the ESCWA Region*, pp.6—7.

低分权层次上。①再如,经合组织国家的地方财政开支占国民生产总值的20%,而阿拉伯国家的地方财政支出平均仅占国民生产总值的5%左右。②这种情况不但严重影响了城市的治理和发展,而且大大制约了城市外交活动的独立开展。虽然地方分权不能完全等同于增强城市领域竞争力和外交力的议程,但却可视作启动城市区位政策的重要制度机制,并使得市政当局倾向于接受增加当地投资的战略,从而促进外企和财富在城市的空间集聚或积累,进而增强城市的整体实力和国际影响力。而且,更为重要的是,加大地方政府尤其是城市的权力能够为城市顺利开展外交活动提供必要的合法性基础与独立行为能力。

(三) 增强城市经济硬实力和文化软实力。如同在国际关系中国家实力很大程度上决定着一国的外交力,在城市外交中,城市的经济实力和文化影响力也对城市的外交活动有着举足轻重的影响。在全球舞台上,城市自身实力与城市外交力之间是一种正相关关系。如前所述,纽约、巴黎等全球一流城市之所以能够成为城市外交大潮的引领者,与其自身超强的经济硬实力和文化软实力密切相关。另外,近年来,特拉维夫、迪拜等中东城市在国际外交舞台上日益活跃,一定程度上便缘于其在加强经济发展的同时,也很注重提高自身的软实力。

(四) 实现城市外交和国家外交的相得益彰。从尺度视角看,在当今全球结构重组进程中,并没有哪个单一尺度占绝对主导地位,城市与国家之间并非简单的尺度替换关系,而是尺度互补。城市尤其是中东城市的次国家身份和各种权力资源的有限性以及城市外交的半官方性质,限制了其融入全球城市网络的程度和外交施展空间。一定意义上讲,一个城市能否成为更高层级的全球化城市,不是因为这个城市的规模,也不因为这个城市的性质,而是取决于这个城市融入全球网络的程度及其形成的协作效应。③作为大多处于全球城市网络底层的中东城市来讲,为更好地施展外交功能,提高自身国际地位和促进城市及国家经济发展,需要健全相关制度和机制,努力将城市外交纳入国家总体外交框架中,尽力实现城市外交与国家外交的相得益彰,减少乃至避免

---

① Katharina Mewes, *Decentralization on the Example of the Yemeni Water Sector*, pp.92—115.

② United Cities and Local Governments, *Decentralization and Local Democracy in the World: First Global Report by United Cities and Local Governments*, Washington, DC: World Bank, 2009, p.208.

③ 陈楠:《全球化时代的城市外交:动力机制与路径选择》,《国际观察》2017 年第 5 期,第 90 页。

城市外交的"碎片化"和其他负面效应。

五、结　语

当前,城市外交作为一种日益独立和成熟的外交形态,方兴未艾,城市已然并继续影响或冲击国际关系结构和中央政府外交。长远来看,对于中东国家来讲,如何更好地推动和规范城市外交,如何更好地发挥城市外交对中央外交的补充功能,是摆在各国面前一个无法回避的新课题。

City Diplomacy in the Middle East: Driving Mechanisms, Manifestations, Impacts, and Prospects

Abstract: In recent years, Middle Eastern cities, especially those with high levels of internationalization, have become increasingly active on the international stage, emerging as significant diplomatic actors outside of sovereign states. The rise and development of Middle Eastern city diplomacy can be attributed to the restructuring of global, national, and city scales. While most Middle Eastern cities are positioned at the lower end of the "pyramid" hierarchical structure of the global city network. But such highly internationalized cities as Tel Aviv and Dubai have engaged in vibrant diplomatic activities. With the continuous development of city diplomacy in the Middle East, it will further promote the stratification, diversification and trivialization of diplomacy, promote the adjustment of intra-nation central-local relations, promote the easing of international conflicts, and enhance the international status and influence of cities. In the long term, to better leverage the complementary function of city diplomacy to central government diplomacy and serve the city and national economic development, Middle Eastern countries need to focus on increasing the capital cohesion of cities, intensifying local decentralization reforms, strengthening city economic strength and cultural soft power, and achieving synergy between city diplomacy and central diplomacy.

Key words: Middle East; City Diplomacy; Central Diplomacy

作者简介:谢立忱,山西师范大学历史与旅游文化学院教授;张一帆、蔡成博,山西师范大学历史与旅游文化学院世界史专业硕士研究生。

中世纪晚期伦敦环境卫生治理研究

张翔景

摘　要：中世纪晚期，伦敦环境卫生受关注度不断上升，成为社会治理的焦点问题。无序处理的生产、生活垃圾干扰社会经济秩序与民众日常生活。瘴气论与公共妨害理念彼此呼应，使大众卫生观念被重塑，卫生治理依据也更为充分。中央层面，国王频繁发布诏令干预伦敦卫生治理。地方层面，市政与民众协作建立环卫系统以改善城市卫生。尽管受到制度自身缺陷及社会生产力水平的制约，卫生治理仍取得较大成效，卫生问题整体得到控制。长期来看，卫生治理不仅有助于伦敦城市环境的可持续发展，也为英国其他城市环卫制度的构建提供了借鉴。治理过程中，国王、教俗贵族、市民通过议会等渠道频繁互动、积极沟通，使地方事务在国家层面获得关注和解决。这体现了中世纪晚期英国央地关系的日益紧密及社会治理体系的日渐完备。

关键词：中世纪英国　伦敦　环境卫生　社会治理

　　现代观念认为社区及国家应肩负维护和改善国民健康的责任，该理念起源于第二次鼠疫大流行期间。[①]14 世纪下半叶，鼠疫在西欧大规模肆虐后并未立即消失，而是逐渐成为一种周期性爆发的传染病。受瘴气论影响，时人认为糟糕的环境卫生正是滋生疫病的温床。由此，改善环境卫生成为黑死病之后

---

① Joseph P. Byrne, *Encyclopedia of the Black Death*, Oxford: ABC-CLIO, 2012, p.298.

各国常态化疫病控制的主要举措。①在英格兰,伦敦率先建立市政环卫系统,开英国城市公共卫生治理之先河。不同于近代城市在人口压力驱动下出现的公共卫生进步,以伦敦为代表的中世纪英国城市,其卫生事业的显著发展出现于黑死病之后的人口危机时期。

伦敦作为中世纪英格兰城市之首(head town),其卫生治理实践长期受到西方学者的关注。从最开始,学者关注的重点便在于卫生治理的举措及成效。1904 年,怀特·贝森特在所著《中世纪伦敦》一书中指出市政历年颁布的卫生法规不仅内容趋近且大多效果不佳。②20 世纪 20、30 年代,中世纪城市卫生史的先驱厄内斯特·萨宾在其博士论文及随后发表的三篇学术论文中提出以贝特森为代表的研究者所涉时间跨度过大、所选论据过于分散,导致其结论模糊且笼统。在充分研读史料后,萨宾提出早在"乔叟时代"伦敦便已形成组织有效的卫生清洁系统,大部分市民都能完成其保洁义务,且卫生问题主要集中于城郊。③1958 年,生活史家米切尔与莱斯继承并发展萨宾的观点,认为中世纪伦敦人口数量有限,故而无需面对此后出现的诸多卫生问题,其卫生状况也优于罗马时代。④当代学者的研究视野更加广阔,研究路径也更多样化。2004年,伦敦史研究泰斗卡罗琳·巴伦指出至 1500 年伦敦便已形成较为复杂的市政系统,而环境控制即是市政职能的一部分。⑤2013 年,中世纪卫生史家卡罗尔·罗克里夫在中世纪晚期英格兰城市卫生事业发展的大背景下强调了伦敦卫生治理的首发性和典范性作用。⑥

---

① 环境卫生(sanitation):现有研究证明,早在 13 世纪,环境卫生实践便已广泛存在于意大利城邦,城邦政府制定法律以管理垃圾处理、街道清洁及制造污染物的手工业。伦敦的情形与之类似,环境卫生治理也围绕道路清洁、污水处理等问题展开。除此之外,伦敦人还关注饮水卫生、食品卫生,甚至噪音污染等广义的卫生问题。受篇幅所限,本文聚焦于当时环境卫生的核心问题即垃圾处理与街道清洁。关于中世纪及近代早期的环境卫生概念可参见 Joseph P. Byrne, *Encyclopedia of the Black Death*, 2012, pp.300—302。

② Sir Walter Besant, *Medieval London(Vol.1)*: *Historical & Social*, London: Adam & Charles Black, 1906.

③ E. L. Sabine, "City Health and City Utilities of Chaucer's London," PhD diss., University of Chicago, 1927; "Butchering in Mediaeval London," *Speculum*, 8, 1933, pp.335—353; "Latrines and Cesspools of Mediaeval London," *Speculum*, 9, 1934, pp.303—321; "City Cleaning in Mediaeval London," *Speculum*, 12, 1937, pp.19—43.

④ R. J. Mitchell and M. D. R. Leys, *A History of London Life*, Baltimore: Penguin Book, 1958.

⑤ Caroline M. Barron, *London in the Later Middle Ages: Government and People 1200—1500*, Oxford: Oxford University Press, 2004.

⑥ Carole Rawcliffe, *Urban Bodies: Communal Health in Late Medieval English Towns and Cities*, Woodbridge: The Boydell Press, 2013.

尽管中世纪伦敦城市卫生研究已取得丰硕成果,但仍有未尽之处值得讨论。目前,多莉·约根森、娜塔莉·切希涅斯基等学者业已证明中世纪英格兰人对于卫生的认知不只停留于个人层面,而是将其视为关乎社会和谐的重大关切。①卫生本质上是维护社会秩序的一环,是社会治理的一部分。那么,在社会治理的宏观视野下,卫生为何引发关注? 卫生治理在中央与地方分别通过何种政治议程得以实现? 治理的效果及影响又如何? 本文将基于原始文献,并结合现有研究对以上问题进行考察,同时注意两点:1.中央与地方的政治互动,特别是王室诏令、议会请愿在社会治理过程中发挥的重要作用;2.城市内部的政治互动,市政如何实施社会治理、规范民众的卫生行为,以及民众如何参与社会治理、表达自身的卫生关切。②

一、环境卫生的治理背景

在 13 世纪末,伦敦环境卫生问题已较为显著,此时出现了最早的卫生治理记录。1276(1277)年,时任伦敦市长乔治·罗克斯勒(Gregory de Rokesle)颁布旨在维护社会秩序的 38 款市政章程,其中直接涉及卫生者 7 款。③进入 14 世纪,官方对于城市卫生的关注度持续上升。据萨宾统计,1300 年至 1500 年,《伦敦市政文书》每 50 年所载卫生相关记录分别为 16 条、65 条、24 条及 9 条,14 世纪下半叶是上半叶的 4 倍还要多。④

卫生受关注度为何在 14 世纪骤然上升? 首先,这与黑死病之后伦敦环境卫生形势短期内的迅速恶化相关。

现有观点认为黑死病所引发的人口危机是中世纪晚期英国社会问题集中

---

① Dolly Jørgensen, "Private Need, Public Order: Urban Sanitation in Late Medieval England and Scandinavia," PhD diss., University of Virginia, 2008; Natalie J. Cieciezynski, "Defining a Community: Controlling Nuisance in Late-Medieval London," MSc diss., University of South Florida, 2009.

② 本文依据的原始资料主要有《中世纪英格兰议会档案》(*The Parliamentary Rolls of Medieval England,1272—1504*,CD Version 2005.后文简称为 *PROME*)、包含公函档案(*Calendar of Patent Rolls*,后文简称 *CPR*)和密封档案(*Calendar of Close Rolls*,后文简称 *CCR*)在内的政府档案(State Rolls),以及《伦敦市政文书》(*Calendar of Letter-Books*,后文简称 *CL-B*)和据此编成的《13、14、15 世纪伦敦的文书及生活》(*Memorials of London and London Life in the 13th,14th and 15th Centuries*,trans. and ed. by H. T. Riley,published by Longmans,Green,London,1868. 后文简称 *Memorials*)、《伦敦市长-长老法庭案卷》(*Calendar of the Plea and Memoranda Rolls*,后文简称 *CPMR*)、《伦敦白皮书》(*Liber Albus*,后文简称 *L. Albus*)等伦敦市政文书与习惯法汇编。

③ *CL-B*, A, pp.215—219.

④ E. L. Sabine, "City Cleaning in Mediaeval London," p.28.

爆发的导火索,人口因素同样适用于解释环境卫生形势的恶化。一般而言,环境卫生的治理难度与人口规模成正比,人口越密集所制造的生产生活垃圾相应越多。据挪威技术史学者约根森推算,一座 1 万人口的中世纪城市每年产生的人畜固液体排泄物约为 0.54 万立方米。①1300 年伦敦人口约为 8 万—10 万人,那么每年产生的排泄物便可能多达 4.31 万—5.39 万立方米。伦敦人口在黑死病爆发后的半个世纪内不断下滑,至 1400 年仅剩余不到 4 万人。相比考文垂、诺维奇等郡城,该数字依旧庞大,但理论上伦敦所面临的环境卫生压力应有所下降。然而,悖论正在于此,黑死病之后伦敦卫生状况并未获得明显改善,反而在短时间内急剧恶化。1349 年,爱德华三世要求伦敦市长将城市卫生恢复如前,并指出"民众不分昼夜将恶毒污秽倾倒于城市内外的街巷中,空气因此遭受污染、城市毒瘴弥漫、行人身陷危险之中,因疫病而亡的人口也与日俱增"。②

伦敦卫生状况的迅速恶化主要归于两层因素:其一,人口总量在短时间内迅速萎缩使旧有城市卫生机制难以维系。黑死病爆发之前,伦敦卫生清洁主要依靠民众的义务劳动,即由居民自觉维护家宅周围的卫生。但人口大规模死亡使许多住宅处于闲置状态,故而卫生清洁也无从谈起。据记载,在鼠疫首次爆发后的第 8 年,即 1357 年,伦敦尚有三分之一的房屋闲置。③其二,黑死病所引发的社会灾难使市政卫生监督出现松懈。鼠疫不仅使底层民众大量丧生,市政官员及行会领袖等社会精英同样未能幸免,仅在瘟疫爆发之初的 1348 年末至 1349 年便有多达 8 名长老(alderman)罹难。④在这种情形下,市政仅能勉强维持运转,甚至无法应付罹难者的埋葬事宜,卫生事务则更加鞭长莫及。

其次,人口减少并未解决中世纪晚期伦敦环境卫生的核心问题,垃圾处理依旧面临困难。

中世纪晚期伦敦环境卫生的核心问题是垃圾处理,即如何保障城市公共空间,尤其是街巷免受垃圾污秽之扰,同时将生产、生活垃圾以适宜方式加以

---

① Dolly Jørgensen, "Private Need, Public Order: Urban Sanitation in Late Medieval England and Scandinavia," pp.35—36.

② *CCR* A.D. 1349—1354, pp.65—66.

③ E. L. Sabine, "City Cleaning in Mediaeval London," p.27.

④ Caroline M. Barron, *London in the Later Middle Ages*, pp.240—241.

处置。对于市民而言,最便利的垃圾处理方式莫过于堆放在路面,其后果是堵塞交通。中世纪伦敦除齐普赛大街(Cheapside)等个例,其余街巷普遍狭窄且缺少规划,不乏一边笔直、一边弯曲的情况。[1]与此同时,伴随人口增长而来的空间需求上升,使道路侵占问题趋于频繁。垃圾与永久或半永久性的非法建筑物(房屋、围墙、畜栏)、私人财物(摊位、货物、车辆、家禽家畜)成为道路堵塞的主要原因。

为避免道路堵塞,市政鼓励市民将垃圾运输至城外或倒入河流加以处理。河流可以"消化"部分垃圾,但超过其承载能力,亦会淤积河道。自 13 世纪中叶起,英格兰的河道堵塞问题日益严峻。水力磨、鱼堰是引发河道堵塞的普遍原因。[2]在城市环境中,堵塞原因又多出一项,即垃圾淤积。这一时期,泰晤士河及其支流弗利特河(River Fleet)与沃尔布鲁克河(River Walbrook)都先后遭受不同程度的淤塞。1285 年,市政要求民众将沃尔布鲁克河中的垃圾污秽及其他障碍物清理干净,否则罚款 40 先令。[3]1307 年林肯伯爵在议会中就弗里特河堵塞问题发起请愿。[4]请愿书指出导致河道通航能力下降的首要原因是圣殿骑士团在河口处新建的码头及水磨,次要原因是制革匠倾倒于此的生产垃圾及其他污秽。至 1372 年,泰晤士河自身也因垃圾淤积而严重堵塞,"由于(民众)将灯心草、污秽、垃圾及其他有害物质倒入泰晤士河,引发水体、港口堵塞,航道变窄,大小船只皆难以通行"。[5]

水陆交通堵塞引发了严重后果。宏观层面,堵塞影响城市社会经济秩序的正常运转。中世纪晚期,伦敦不仅是英国最大的手工业城市、国内外贸易中心,也是水陆交通枢纽。伦敦的经济地位与交通地位相得益彰,几乎整个欧洲的商品由北海进入泰晤士河,然后在伦敦靠港卸货,并由这里分销至国内各大市集;来自各郡的商品也汇聚于此,经泰晤士河销往大陆。[6]河道堵塞严重影

---

[1] J. Schofield, *London: 1100—1600: The Archaeology of a Capital City*, Sheffield: Equinox Publishing, 2011, p.33.

[2] 沈琦:《中世纪晚期英格兰的水权之争、河道治理与议会政治》,《世界历史》2022 年第 6 期,第 64—68 页。

[3] *CL-B*, A, pp.212—213.

[4] *PROME* 1307, item 80.

[5] *Memorials*, pp.367—368.

[6] Cwyn A. Williams, *Medieval London from Commune to Capital*, London: The Athlone Press, 1963, pp.9—14.

响物资流通,如1307年弗利特河堵塞造成谷物、葡萄酒及燃料等生存必需品难以运输。微观层面,堵塞干扰民众的日常生活。中世纪泰晤士河兼具多种功能,尽管不同功能之间彼此相互冲突,如运输、取水、捕捞、娱乐、沐浴、垃圾处理、污水排放、处决罪犯等。①可以说,泰晤士河是伦敦人日常生活的中心。一旦连接城市与河流的通道发生堵塞,普通市民的生活即会受到干扰。1421年塔区(Tower ward)民众向市政反映,由于伦敦塔守卫的人为阻隔,他们无法前往泰晤士河取水、洗衣及捡拾柴火。②除此之外,河流、水道堵塞还可能诱发洪涝,进一步威胁民众的生命财产安全。③

再次,随着黑死病使社会卫生观念被重塑,大众对于垃圾污秽的观感更为负面。

自14世纪中叶以后,鼠疫在西欧逐渐演变为一种周期爆发的传染病。在意大利,鼠疫分别呈现出高死亡率、季节性(夏季5—9月集中爆发)、地方性(以城市为主)及儿童高死亡率(1400年及1430年儿童死亡人数分别占到死亡人口总数的50%—60%和70%—80%)等特点。④在英国,鼠疫也呈现出类似特征。据罗克里夫统计,14世纪下半叶鼠疫共出现5次大规模爆发。⑤与高爆发率并行的是高死亡率,尤以儿童、青少年受害最深。1361年鼠疫因导致大量儿童死亡而被称为"孩童之疫"。⑥同时,鼠疫很大程度上成为一种"城市现象"。1400—1530年,仅伦敦地区有记载的瘟疫(包括鼠疫在内)便多达24次,若加上全国性的13次,那么15世纪的伦敦可能长期笼罩在瘟疫阴影下。⑦总之,鼠疫在大规模流行后并未消失,而是成为一种困扰英格兰社会的顽疾。

在同鼠疫的较量中,英格兰社会的卫生观念随之进步,"瘴气论"成为环境卫生治理的指导思想。瘴气论(miasma theory)是19世纪以前盛行于西欧及中东世界的病原理论,认为人畜尸体、排泄物及其他有机物腐坏后会释放出致

① Barbara Rouse, "Environmental Management in Medieval London: Was London a 'Filthy City'?," MSc diss., Massey University, p.131.

② CPMR A.D. 1413—1437, p.141.

③ E. L. Sabine, "City Health and City Utilities of Chaucer's London," pp.5—7.

④ Ann G. Carmicbael, "Plague Legislation in the Italian Renaissance," *Bulletin of the History of Medicine*, Vol.57, No.4(Winter 1983), Baltimore: The Johns Hopkins University Press, pp.514—515.

⑤ Carole Rawcliffe, *Urban Bodies*, pp.362—371.

⑥ John Theilmann, Frances Cate, "A Plague of Plagues: The Problem of Plague Diagnosis in Medieval England," *The Journal of Interdisciplinary History*, 2007 37(3), pp.374—375.

⑦ Carole Rawcliffe, *Urban Bodies*, pp.67—78.

病物质——瘴气(miasma),瘴气经呼吸系统进入人体后即会诱发疾病。①在英格兰,瘴气论最初主要流行于社会上层及智识群体中。例如 1310 年牛津大学师生向国王控诉当地屠宰业制造恶臭,并使多人患病。②1349 年,黑死病爆发后,国王本人更是将瘟疫源头归咎于制造毒瘴的垃圾。鼠疫的反复来袭加之统治阶层的倡导,使瘴气论在英格兰快速普及。"至 14 世纪末,除社会最底层外的所有人都已了解瘴气的危害。"③受此影响,大众眼中垃圾污秽的危害不再限于制造堵塞,更在于产生瘴气、毒害人体健康,对于黑死病的恐惧延伸至瘴气及其源头。

最后,普通法"公共妨害"概念形成,卫生治理获得新依据。

在普通法中,堵塞公路、河流最初与破坏"王之和平"相关。"王之和平"(the King's Peace)是盎格鲁-撒克逊时代便存在的一种法律概念,诺曼征服后此概念进一步拓展至交通领域,对民众在道路、河流上的自由通行权予以保护,这类道路及河流也因此被称作"王之道路"与"王之河流"。爱德华一世时期,"王之道路"作为事关社会秩序及社会公益的重要事项受到关注。"如果人人共同使用某条道路,那么它便是公用的,国王作为公共福祉的捍卫者拥有对该道路的管辖权。"④13 世纪的伦敦卫生法规即建立在此原则之上,如 1276(1277)年市政章程,以及 1285 年之后制定的《和平习惯法》(*Custom of the Peace*)都将道路清洁视为维护"王之和平"的一部分予以规定。⑤

12 世纪下半叶,另一对涉及公共道路的重要法律概念发展起来,即"公共妨害"与"侵犯王土"。"妨害(nuisance)最初指对地役权及其他土地自由使用权的妨碍",之后逐渐衍生出"私人妨害"(private nuisance)与"公共妨害"(public/common nuisance)两种并行的概念。⑥布莱克斯通将前者定义为"任何

---

① Joseph P. Byrne, *Encyclopedia of the Black Death*, pp.234—235.

② Carole Rawcliffe, "A Breath of Fresh Air: Approaches to Environmental Health in Late Medieval Urban Communities," in D. Fuller, C. Saunders, J. Macnaughton, eds., *The Life of Breath in Literature, Culture and Medicine*(Palgrave Studies in Literature, Science and Medicine), Cham: Palgrave Macmillan, 2021, p.132.

③ Carole Rawcliffe, *Urban Bodies*, p.47.

④ Alan Ralph Cooper, "Obligation and Jurisdiction: Roads and Bridges in Medieval England(c. 700—1300)," PhD diss., Harvard University, 1998, p.260.

⑤ *L. Albus*, p.228.

⑥ W. Page Keeton(General Editor), *Prosser and Keeton on Torts*, 5th Edition, St. Paul, Minnesota: West Group, 1984, p.618.

对他人土地、房产或可继承财产造成损害或干扰的事物",将后者定义为"对公众,即国王全体臣民造成不便的事物"。①麦克雷认为 12 世纪甚至更早便已出现私人妨害与公共妨害的区分,这种分离与"侵犯王土"(purpresture)概念的形成有关。②格兰维尔将"侵犯王土"定义为"对国王陛下所有物的侵占",如"蚕食王家庄园、堵塞公路、改道公共河流,以及在王家城市中的王之道路上兴修建筑"等。③由于公路、河流、城市等空间单位关乎公共利益,所以对它们的侵占不再是一般意义上的妨害,而是一种"公共妨害"。

"公共妨害"概念的出现对于城市卫生治理意义重大。首先,相较于"王之道路",公共妨害的定义更为灵活,适用范围也更广。尽管"王之道路"与公共妨害都关注对公共权利的保护,但"王之道路"主要强调自由通行权,而公共妨害则不同,它强调的是作为集合的公共权利,而非某种具体权利。公共妨害并不仅限于对整个共同体的危害,只要该行为构成对公共权利行使的阻碍,即可被认定为"公共妨害"。④"公共妨害"还具有很强的延伸性,"因其不雅观性、妨碍性、气味而被认为是令人厌恶或有害的事物或行为者(即使不违反任何法律)"亦可被视为一种妨害。⑤这一点与瘴气观念不谋而合。其次,"公共妨害"与"私人妨害"的性质差异使其诉讼方式更为特殊。"私人妨害"的受害者是民众个体,原则上由受害者本人以自诉形式寻求救济,属于民事诉讼的范畴。但"公共妨害"的受害者并非具体个人,而是国王的"全体臣民",因此通过公诉形式寻求救济,属于刑事诉讼(轻罪)的范畴。中世纪伦敦,"公共妨害"主要由行政区法庭(Wardmote Court)负责处理。如行政区法庭难以解决,则可进一步呈送至市长普通法庭(Mayor's General Court),由市政裁定。最终,如果"公共妨害"无法在地方层面得到完美解决,受害者甚至可以在议会发起请愿,请求国王主持正义。

---

① Wilfrid Prest(General Editor), *The Oxford Edition of Blackstone's: Commentaries on the Laws of England: Book III*, Oxford: Oxford University Press, 2016, p.216.

② William A. McRae Jr., "The Development of Nuisance in the Early Common Law," *University of Florida Law Review* 1, no.1(Spring 1948), p.36.

③ Alan Ralph Cooper, "Obligation and Jurisdiction: Roads and Bridges in Medieval England(c. 700—1300)," p.254.

④ W. Page Keeton(General Editor), *Prosser and Keeton on Torts*, p.645.

⑤ Dolly Jørgensen, *Private Need, Public Order: Urban Sanitation in Late Medieval England and Scandinavia*, p.38.

二、中央政府的治理举措

现有研究认为,治理主体多元化是中世纪晚期英格兰社会治理的普遍特征。卫生治理亦是如此,罗克里夫指出:中世纪英国城市卫生治理同时受到上层(以国王为代表的中央政府)、中层(地方的教俗权威)、下层(市民大众)三方力量的影响。①在英格兰城市中,伦敦缘于其政治经济地位的特殊性,所受中央政府的关注也最多。

中世纪晚期,英王主要通过发布诏令干预伦敦卫生治理。"诏令"(Royal Proclamation)是一种要求公开其内容的特殊令状。②相比普通令状,诏令的宣传功能更为突出。国王以诏令为媒介,将军国大事向下传达,并借此宣扬官方意识形态、塑造社会共识。英国学界最初主要关注诏令在都铎王朝时期的作用,但近来学者逐渐将眼光移向更早的历史阶段。诏令涵盖事项丰富,詹姆斯·多伊格根据功能将其分为5种,即发布涉及公共利益的信息(如颁布法令、特许状、和约)、召集有关人员出庭控诉、召集有关人员出庭应诉、禁止某些行为(如向河流倾倒垃圾),以及鼓励某些行为等。③据笔者统计,1272—1399年间四代英王向伦敦颁布涉及卫生事项的令状约计38份,具备诏令性质者15份。参照多伊格的分类标准,这些诏令绝大部分属于法令或禁令。

爱德华一世至爱德华二世时期,王室主要从维护"王之和平"的角度对城市卫生加以规制。例如1297年诏令的主旨是街道治安。④1326年诏令更为独特,由伊莎贝拉王后发动政变后颁布。⑤伦敦社会秩序在政变期间遭受严重破坏,城市卫生也随之恶化。爱德华三世至理查二世时期,卫生问题开始更为精准地被定义为"公共妨害"。同时,道路堵塞依旧严重,但已不再是衡量垃圾危害的唯一尺度,瘴气关注度显著提高。甚至在许多情形下,垃圾污秽并未造成明显拥堵,仅因其释放的恶臭便被认定为妨害。例如1357年诏令如此描述垃圾污秽的危害:"当我们沿着泰晤士河前进,就会被河堤及周围地区的污秽所包围,刺鼻气味随之扑面而来;人们担心,如果继续容忍毒瘴存在,将给本地居

① Carole Rawcliffe, *Urban Bodies*, pp.36—53.
② J. A. Doig, "Political Propaganda and Royal Proclamations in Late Medieval England," *Historical Research*, Vol.71, 1998, p.255.
③ J. A. Doig, "Political Propaganda and Royal Proclamations in Late Medieval England," p.254.
④ *Memorials*, pp.34—35.
⑤ *CPMR* A.D. 1323—1364, p.xxvi.

民、溯河而上的贵族和其他人带来巨大危险。"①再如1372年诏令:"据可靠消息,塔丘(Tower Hill)的空气已严重污染……这被认为是对居民及行人的一种妨害。"②

维护公益是国王干预伦敦卫生治理的主要动机。中世纪晚期,英国城市糟糕的环境卫生状况会在国王亲临时暴露无遗。如1332年爱德华三世责令约克市长将街巷堆积的污秽、垃圾清理干净,以防恶臭损害本地居民及出席议会者的健康。③1388年,理查二世命令剑桥大学校长将城市清理干净,以备议会召开。④但通常,国王主要通过请愿获知相关信息并作出回应。这一时期,伦敦各阶层围绕卫生问题共发动请愿12次,其中大部分表达了对公共利益而非个人利害的关注。即使包含个人目的,请愿者也会以公益之名加以掩饰。1354年圣约翰骑士团以保护公众健康之名,寻机实现地产要求。⑤与之对应,尽管国王偶尔会因为"自身利益"(the king's benefit)受损而勒令相关人员停止侵害,但绝大多数情形下,国王都作为"公益"(the benefit of the commonwealth)的代表出面干预卫生治理。

宣传规训是国王干预伦敦卫生治理的潜在动机。法国感官史学家阿兰·科尔班指出"对恶臭的憎恶生产出它自身的社会权力形式。臭气熏天的垃圾似乎威胁到了社会秩序,而卫生和芳香的胜利则令人欣慰,且有望巩固(社会的)稳定性"。⑥在中世纪晚期瘴气论盛行的社会背景下,恶臭气体已成为一种符号,是疫病的有形化身。以国王为代表的统治阶层不仅以法律形式赋予这种观念官方权威,还有意借助诏令规训臣民的卫生观念及行为,调动大众维护卫生的积极性,并为惩戒卫生破坏者提供依据。1361年诏令指出"(屠夫)将动物下水倒入泰晤士河导致空气污染,令人作呕的恶臭由此产生并使市民及访客罹患疾病,只有采取补救措施方能抑制其危害……违令者将被关押一年"。⑦

---

① *CCR* A.D. 1350—1360,p.422.

② *CCR* A.D. 1369—1374,p.365.

③ *CCR* A.D. 1330—1333,p.610.

④ C. Cooper, *Annals of Cambridge Vol.1*, Cambridge: Cambridge University Press,1845,p.133.

⑤ *CL-B*, G, pp.31—32.

⑥ Alain Corbin, *The Foul and Fragrant: Odor and the French Social Imagination*, Miriam Kochan trans., Leamington Spa: Berg, 1986, p.5.

⑦ *CCR* A.D. 1360—1364,p.248.

　　但无论是维护公益,还是宣传规训,这些动机最终都服务于国王维护社会稳定的深层考量。对此,我们可以借助屠宰业卫生问题这一典型案例加以理解。中世纪晚期,在众多环境污染物中,屠宰垃圾被认为危害最大。屠宰垃圾主要指动物屠宰后产生的下水及血液。雅克·勒高夫指出受基督教"血液禁忌"的影响,屠宰业在中世纪西欧长期污名化。①黑死病使这种偏见进一步加深。1348 年,西班牙医生雅克姆·阿格拉蒙特(Jacme d'Agramont)在所著《瘟疫手册》中强调:"对于城镇而言,防止瘟疫流行的关键是避免将动物下水、粪便及尸体丢弃于城镇周围……这类物质将严重污染空气。"②受此类观念影响,屠宰业成为中世纪晚期英国城市卫生治理的焦点。③在伦敦,屠宰业卫生问题发端于 1354 年,至 1393 年方才告一段落,前后历经两代君主,耗时将近 40 年。国王一开始便牵扯其中,此后又有新的势力不断卷入。他们既包括兰开斯特公爵、林肯主教等高级教俗贵族,也包括伦敦及米德尔塞克斯郡的普通民众。围绕该案,各方普遍放弃寻常司法途径,转而前往议会寻求救济。期间,各方至少发动请愿 7 次。作为回应,国王共发布令状 16 次。屠宰业卫生问题延续时间之长、牵涉人员之广、消耗政治资源之多,可谓史无前例。关于该案产生、发展及解决的始末,前人已有详论,故此处不多赘言。④

　　在经过漫长曲折的议会拉锯后,案件的结果却相当出人意料。请愿者的核心诉求是将屠宰业迁出城外,并杜绝在泰晤士河处理下水,以此保障城市卫生。尽管屠夫群体对此颇有抵触,但国王在 1361—1392 年之间始终支持请愿者的诉求,前后数次勒令市政将屠宰业迁出城外。然而,1393 年国王态度骤然转变,《温切斯特法令》(the Statue of Winchester)的颁布使此前的所有努力

①　[法]雅克·勒高夫著,周莽译:《试谈另一个中世纪——西方的时间、劳动和文化》,商务印书馆2014 年版,第 110 页。

②　M. L. Duran-Reynals and C.-E. A. Winslow trans., "Regiment de Preserv Acio a Epidimia o Pestilencia e Mortaldats," *Bulletin of the History of Medicine*, Vol.23, No.1, Baltimore: The Johns Hopkins University Press, 1949, p.69.

③　David R. Carr, "Controlling the Butchers in Late Medieval English Towns," *The Historian*, 70:3 (2008), pp.450—461; C. Rawcliffe, "'Great Stenches, Horrible Sights and Deadly Abominations': Butchery and the Battle Against Plague in Late Medieval English Towns," in L. Engelmann, J. Henderson, and C. Lynteris eds., *Plague and the City*, London and New York: Routledge, 2018, pp.18—38.

④　E. L. Sabine, "Butchering in Mediaeval London," pp.335—353.

付诸东流,屠宰业不仅得以返回城内,且被允许利用泰晤士河处理下水。①导致此结果的直接原因是屠宰业迁出城后所引发的肉价上涨。1393 年伦敦民众在温切斯特议会中抱怨:"自法令实施至今(1392—1393 年),城内肉品供应严重短缺,且情况可能进一步恶化,对城市共同体及其他人员造成不可估量的损害。"②萨宾认为肉价上涨是两种原因叠加的结果:1.中世纪交通技术的落后导致运输成本高昂;2.黑死病之后平均工资的上升使运输成本进一步提高。③此解释虽确凿可信,但对于解读该案发展过程的曲折性及最终结果的戏剧性仍显单薄。罗克里夫认为此案之所以拖延良久而无法得到解决,很大程度上是因为无法找到一个令各方同时满意的解决方案。④如何实现各方利益的平衡正是此案症结所在。

表面看来,屠宰业卫生问题似乎仅是以教俗贵族为代表的请愿者与破坏城市卫生的屠宰业之间的纷争。但事实并非如此,根据立场不同,此案实际包含三方势力。三方利益诉求的差异不仅导致了其行为方式的不同,也间接影响了此案的结果。

第一方势力是屠宰垃圾的"受害者",主要由伦敦西部的教俗贵族及富裕居民构成。14 世纪下半叶,对于屠宰业的抱怨之声虽在不断扩大,但却始终局限于伦敦西部的法灵顿区,该区处于威斯敏斯特、米德尔塞克斯及伦敦交界地带,聚集有大量贵族宅邸及教会机构。⑤教会势力与世俗贵族在伦敦环境卫生治理中扮演重要角色,前者发起或参加了大部分议会请愿活动,并不断就相关问题与市政交涉。例如白袍修会先后发起 1290 年及 1375 年请愿,医院骑士团发起 1354 年请愿并参与 1391 年请愿。⑥尊贵的社会地位使贵族及上层市民更加关注自身健康及生活环境的舒适度,至于肉价上涨则不大在意。这种立场及所掌握的权威促使他们以近乎"咄咄逼人"的方式去实现自身诉求。在频繁发起请愿的同时,以夸张的修辞,如"巨大的""可怕的""致命的"等放大屠宰垃圾的危害,甚至声称恶臭已使其难以在此居住。

---

① *PROME* 1393,item 27;*CL-B*,H,pp.392,394.

② *PROME* 1393,item 27.

③ E. L. Sabine,"Butchering in Mediaeval London,"p.352.

④ Carole Rawcliffe,"'Great Stenches, Horrible Sights and Deadly Abominations': Butchery and the Battle Against Plague in Late Medieval English Towns,"p.27.

⑤ J. Schofield,*London:1100—1600:The Archaeology of a Capital City*,pp.65—66.

⑥ *PROME* 1290,item 231(197);*CL-B*,H,p.7;*CCR* A.D. 1389—1392,pp.409—410.

第二方势力是伦敦市政、市民,以及扮演"侵害者"的屠宰业。市政及普通市民并不否认屠宰垃圾所带来的危害,如 1368 年伯纳德堡(Castle Baynard)等四区陪审员一致认定"屠夫桥"(Butchers-bridge)的存在构成公共妨害。①但相较于此,他们更在意平价且充足的肉品供应,这一因素促使他们最终与屠宰业站在"同一阵营"。市政作为城市共同体利益的代表,他们既无法公然拒绝教俗权贵的诉求,也不敢违抗国王的命令,更担心肉价上涨引起的社会动荡,因此只能采取拖延策略。1368—1369 年,在国王发布 4 道令状后才最终将"屠夫桥"拆除;1391—1392 年又故技重施,连续两次请求延缓令状执行。

第三方势力是国王所代表的中央政府,在其中担任"仲裁者"而非"审判者"的角色。国王深谙双方利益诉求的合理性,因此并未彻底倒向其中任意一方,而是设法缓和双方矛盾。国王采取平衡策略,一方面积极回应贵族请愿者的诉求,责令市政改善城市卫生条件;另一方面刚柔并济,对胆敢挑战国王权威的激进屠夫予以严厉打击,对市民的生活需求则设法保障,如明确 1371 年诏令仅针对圣尼古拉肉市(the shambles of St. Nicholas)而非整个屠宰业。②

平衡策略背后所隐含的是国王干预卫生治理的深层考量,即实现王国及伦敦的长治久安。中世纪晚期,卫生仅是英王所代表的中央政府与伦敦市政互动的冰山一角。据笔者粗略统计,1275—1399 年英王共计向伦敦颁布诏令350 余份。③其中,爱德华一世及爱德华二世父子计 53 份;爱德华三世计 256份;理查二世计 45 份。这些诏令是英王作为国家最高统治者政治意志的集中体现。一方面,国王要求伦敦服务于国家大政方针,提供充足的财源(如征收羊毛、葡萄酒关税)与兵源,以满足这一时期频繁的战事需要;在具体事务上与中央保持一致,如根据外交形势适时调整出口政策及对待外国商人和使节的态度;在议会召开期间维持治安、保障平价的食物供给等。另一方面,首都自身的繁荣与稳定是其履行这些职能的根本保证。为此,国王也通过诏令对伦敦内政予以干预。在政治方面,要求市政维护"王之和平"、禁止秘密集会、禁止未被召集者出席市政选举;在经济方面,限定商品价格、限制劳工工资,禁止伦敦向外出口粮食、麦芽、葡萄酒等。从这个角度出发,英王干预伦敦社会治理实际是其整体国家战略的一环。

---

① *CPMR* A.D. 1364—1381, p.93.

② *CL-B*, G, p.288.

③ 根据 *CL-B* 统计。

中央政府的干预对于伦敦卫生治理具有重要影响,在某些情形下甚至起决定性作用。以国王为代表的中央政府如同保险机制,在伦敦卫生状况发生恶化甚至濒临崩溃时及时干预,使危局得以挽回。通过诏书的宣传,瘴气论、"公共妨害"这些原本流行于社会上层的理念渗透至社会基层,使普通民众的卫生观念获得提升。但总体而言,中央政府的干预主要在于宏观层面的政策指导,"卫生治理的相对成败主要取决于更具体的地方因素"①。

三、伦敦市政的治理实践

屠宰业争议证明根绝卫生问题的尝试在当时社会并不可行。严格规范民众垃圾处理行为的同时,有必要提供适当的清洁及垃圾收集服务。黑死病爆发之前,市政主要依靠强制维护义务实现街道清洁。但在黑死病之后,这种松散的机制逐渐难以满足社会大众日益高涨的卫生诉求。1357 年 8 月,爱德华三世发布诏令,要求市政将包括泰晤士河在内的整个城市彻底清理干净,使民众免于污染之苦。市政秉承王命,于同年 12 月出台新的卫生法规。以 1357 年为起点,市政开始建立制度化的环卫系统,同时包含监督、清洁、惩戒及反馈四方面机制。

伦敦环卫系统依托市政基层治理体系建立。在近代早期教区制形成之前,行政区(ward)是伦敦的基层行政单位。②截至 1422 年,伦敦共有 25 个行政区。行政区的长官是长老,其下又分设差役(beadle)、警吏(constable)等若干小吏辅佐其工作。行政区法庭作为行政区的司法行政机构,是广义上"民事法庭"(Court Leet)的一种。民事法庭在英国历史上长期承担基层社会治理的职能,有权管辖除重大刑事犯罪之外的所有社会问题,如执行《面包麦酒敕令》(*Assize of Bread and Ale*)、控制商品价格及质量、推行标准度量衡、执行《劳工法令》、纠正不当行为及管控公共妨害等。③伦敦行政区法庭亦包含这些职能,《白皮书》规定行政区法庭应"纠正错误,移除妨害,提升公共福利"。④

---

① Carole Rawcliffe, *Urban Bodies*, p.353.

② Caroline M. Barron, *London in the Later Middle Ages*, p.122.

③ 关于英国地区刑事法庭的详细历史参见 F. J. C. Hearnshaw, *Leet Jurisdiction in England: Especially as Illustrated by the Records of the Court Leet of Southampton*, Southampton: Cox & Sharland, 1908.

④ *L. Albus*, p.32.

　　至少在 13 世纪末,行政区便已成为伦敦卫生治理的最小单位。1293
年卫生章程规定各区长老选拔 4 名声誉良好的市民负责监督本区卫生。[①]此
时卫生监督者与总人口之比约为 1∶800—1∶1 000。[②]1357 年之后,卫生监
督开始固定由"巡道吏"(scavenger)负责。巡道吏在今天一般被译为"清道
夫",但最初其与卫生并无关联,而是一种税务官员。巡道吏的就职誓词规
定其职责主要有四项:1.保证本区道路铺砌良好并及时得到维修,避免路
面过高造成妨害;2.保证道路、街巷清洁,无粪便污秽之扰,以此维护城市
庄重;3.保证本区民宅烟囱、火炉等皆为石质,消除火灾隐患;4.及时将违
规行为上报长老,为之纠正。[③]1422 年伦敦共有 128 名巡道吏,平均每区 5 名
(内外克里波盖特区分别统计)。[④]15 世纪初伦敦人口大幅下降,但巡道吏与
总人口之比反而上升至 1∶310。据此,黑死病之后伦敦基层卫生监督力度
有明显提升。

　　市政在强化基层卫生监督力度的同时,开始建立高级别的卫生监督机制。
1385 年,街巷监督员(Surveyor of Streets and Lanes)制度正式被启用,其职责
为:巡察伦敦市政辖区内街巷卫生,遏止路面堆放垃圾、向窗外泼倒污水,以及
散养家畜家禽等不良行为,并对当事人处以罚金。[⑤]1421 年,该职位的管理范
围扩大至泰晤士河沿岸。[⑥]1461 年,市政委员会进一步规定"时任监督员约
翰·霍恩卡斯特尔协同各区警吏巡视城市街巷卫生"。[⑦]截至 1517 年,共有 13
人担任此职。[⑧]街巷监督员的创立是市政统筹卫生事务的结果。正如巴伦所
言:"自黑死病爆发以来,伦敦……越来越认识到卫生问题不可简单交予各区
负责,而应由市政统一筹划。"[⑨]14 世纪下半叶,部分市民为规避日渐严格的
市政卫生管控,而选择将垃圾倾倒于伦敦辖区之外,如城市附近的弗利特监
狱、塔丘、伦敦塔,以及稍远的萨瑟克、米德尔塞克斯、威斯敏斯特等地。这

①　*CL-B*,A,p.183.
②　Derek Keene,"London from the Post-Roman Period to 1300," in D. Palliser ed., *The Cambridge Urban History of Britain*,Vol.1600—1540,Cambridge:Cambridge University Press,2000,p.195.
③　*L. Albus*,p.272.
④　*CPMR* A.D. 1413—1437,p.116.
⑤　*CL-B*,H,pp.275,355.
⑥　*CL-B*,K,p.5.
⑦　*CL-B*,L,p.11.
⑧　Caroline M. Barron,*London in the Later Middle Ages*,p.369.
⑨　Caroline M. Barron,*London in the Later Middle Ages*,p.194.

些行为不断使城市卷入对外纠纷。如米德尔塞克斯郡分别于 1369 年、1395 年及 1400 年对伦敦人在该郡倾倒垃圾的行为发起诉讼。①在城市内部,各区之间也因为卫生问题产生嫌隙。一些清洁人员投机取巧,在雨天将垃圾清扫至水渠,使其流入其他区。②为此,1385 年市长向各区长老征求意见,以寻求更有效的卫生治理举措。③同年诞生的街巷监督员机制极有可能是此次讨论的结果。

清洁机制是环卫系统的核心,也是卫生治理最关键的转变。1357 年诏令颁布后,市政随即在 12 月出台新的卫生章程,并历史性地提出"迄今为止仍堆积于街巷之内的污秽,应由车辆运输至城外;或者由'耙夫'(raker)清扫至指定地点,最后再由运粪船(dung-boat)运走,而非直接倒入泰晤士河"。④耙夫与现今的环卫工人性质相近,由各区聘用专人担任,每区 1 名。耙夫的薪酬主要来自本区居民缴纳的税款,此外,他们还可通过变卖废弃物获得额外收入。⑤伦敦还为各区配备马车等工具,用于城市垃圾的收集和运输。1372 年,市政耗资 48 镑 46 先令 8 便士,购置 12 辆车、24 匹马及挽具若干,分配给法灵顿、奇普等中心城区使用。⑥

在专业环卫系统之外,伦敦仍存在其他辅助性的清洁机制。首先是征收通行费。中世纪英格兰,通行费(Toll)主要用于道路、桥梁的修建与维护。⑦但在伦敦,该措施也频繁用于港口清洁。市政在 1345—1379 年间先后 7 次下令征收通行费以清洁、清理港口。港口附近的商贩通常担任征收者,且时常兼顾清洁之责。通行费税率根据商品种类、船舶或车辆运载量划定,呈阶梯状。例如,1366 年道盖特港(Dowgate)通行费多达 7 个等级,其中尤以垃圾倾倒税率最高,达 2 先令。⑧其次是义务劳动。义务劳动是一种由习惯法规定的清洁机制。当地居民自主维护城市道路桥梁的习惯普遍存在

①　E. L. Sabine, "Butchering in Mediaeval London," p.346; "City Cleaning in Mediaeval London," p.41.

②　*CPMR* A.D. 1381—1412, p.71.

③　*CL-B*, H, p.256.

④　*Memorials*, pp.298—299.

⑤　C. Winter, "The Portsoken Presentments: An Analysis of a London Ward in the 15th Century," *Transactions of the London & Middlesex Archaeological Society Second Series Vol.56*. Vol 2.56, London and Middlesex Archaeological Society, 2005, p.101.

⑥　*CPMR* A.D. 1364—1381, p.147.

⑦　沈琦:《中世纪英国交通史稿(1150—1500)》,武汉大学出版社 2018 年版,第 97—103 页。

⑧　*CL-B*, G, p.206.

于中世纪西欧。①在伦敦,这类义务通常与地产占有相关。例如,市政于1291年、1318年和1320年分别将三处公有店铺租赁给民众用于谋生,根据契约租赁人需要保证附近两座城门的卫生清洁。②14世纪之后,义务劳动逐渐为效率更高的缴税-雇佣模式所取代,即由市政向市民征收税金后再雇佣人员进行清洁。这一变化趋势在护城河清理方面最为明显。③最后是慈善捐助。"慈善捐款有着强烈的宗教动因"。④但市民精神、共同体观念的影响也不容忽视。14世纪,市民慈善捐助成为伦敦基础设施建设的重要资金来源。1378年亚当·弗朗西斯的遗产执行人承诺为"大供水塔"的扩建捐献500马克,1389(1390)年内法灵顿区居民开始自费筹建"小供水塔"。⑤慈善捐助也常用于城市道路、桥梁的维修,是否广泛用于清洁我们无法获知。1375年托马斯·雷吉遗赠100镑给市政用于护城河清理,条件是为他和家人举行弥撒。⑥值得注意,弗朗西斯与雷吉二人都曾担任市长。

惩戒机制是保障伦敦环卫系统顺利运转的有力保障。中世纪晚期,市政对于卫生违规者主要采取两种惩戒措施:1.罚款并责令限期整改;2.监禁。14世纪中期以前,市政对于普通卫生违法行为(如在路面倾倒垃圾)的罚款额度并不固定。1293年为4便士;1297年提高至0.5马克;1309年又分为40便士与0.5马克两档。1357年之后,罚款数额固定为2先令。但若将垃圾堆放于他人门前或倒入泰晤士河,则会翻倍为4先令。对于拒不执行法规,甚至向执法人员施加语言或肢体暴力者,市政通常予以严厉惩罚,现存的惩戒记录也多为此类。1364年波坦哈尔与其学徒因向泰晤士河倾倒垃圾及殴打警吏而被拘禁;同一年,妇女巴塞特因辱骂制止其倾倒垃圾的长老亦被拘押。⑦1375年杂货商博尔不仅拒绝缴纳罚款且辱骂威胁官员,因此被从重处罚,罚款40镑。⑧

---

① Dolly Jørgensen, "Cooperative Sanitation: Managing Streets and Gutters in Late Medieval England and Scandinavia," *Technology and Culture*, vol.49, no.3, 2008, pp.554—557.

② *CL-B*, B, p.55; *CL-B*, E, p.8.

③ *CL-B*, E, p.146; *CL-B*, H, pp.127—128; *CL-B*, L, p.149.

④ 沈琦:《中世纪英国交通史稿(1150—1500)》,第92页。

⑤ *CL-B*, H, p.108; *Memorials*, p.521.

⑥ *Memorials*, pp.384—385.

⑦ *CPMR* A.D. 1364—1381, pp.1—2, 6, 15.

⑧ *CPMR* A.D. 1364—1381, p.265.

反馈机制是伦敦环卫系统"治理"属性的集中体现。尽管民众广泛参与卫生治理的各个环节,但唯独在该环节最具主动性。市民乃至不具备市民身份的底层民众以行政区法庭为起点,将自身的卫生关切逐级传递给上层统治者,从而自下而上使城市卫生获得改善。"犯罪调查"(Wardmote Inquest)是行政区法庭的关键职能,也是伦敦人参与社会治理的主要途径。包括破坏卫生在内的妨害行为及其他各类轻罪通过该程序反馈给长老。"犯罪调查"由四个步骤构成:1.宣读市长训令及中央与地方新颁布的法规、诏令。2.选举陪审团。陪审员由本区精英市民充任,人数为 12 名。3.宣读《行政区调查条例》(Articles of the Wardmote Inquest)。区条例是对当时基层社会常见违法行为的归纳总结,目的是指导陪审员检举揭发。4.犯罪调查。此环节实际在会后进行,经过一段时间调查后,陪审员须将控诉内容即"公诉书"(presentation)呈交长老。公诉书形似契据,由两部分构成,一部分由行政区保存,另一部分由长老保存。①

长老应初步纠正本区的控诉内容,无力解决者通过"市长普通法庭"提交市政处理。市长普通法庭固定于每年主显节(1 月 6 日)召开,其核心议题有两项:1.基层官吏宣誓就职;2.长老呈递本区公诉书。15 世纪以前,仅存残缺的 1356 年及 1373 年公诉书。前者涉及 3 区共 9 例案件,内容主要为侵犯王土、公共妨害及破坏公物。②后者包含 5 区,其中 4 区都提及卫生一类的公共妨害。③15 世纪保存有内容完整且前后衔接的 1422 年及 1423 年公诉书,以及波特索肯区 1465—1483 年间的 14 份公诉书(其中 4 年缺失)。④市政收到公诉书后可能不会即时做出回应。例如 1422 年道盖特区反映"格林威治"(Greenwich Lane)巷道已连续 8 年被垃圾、违规建筑所堵塞。⑤但市政直到 1422 年 12 月方才责令重新开放此巷道。⑥为有效排除妨害,市民也会通过其他两种途径寻求救济:1.由司法行政官(Common Serjeant at Law)代表公众在哈斯汀法庭

① L. Albus,p.33;Caroline M. Barron, London in the Later Middle Ages,p.123.
② London Assize of Nuisance,1301—1431:A Calendar,ed. Helena M. Chew and William Kellaway, London Record Society,1973,pp.ix—xxxiv.
③ CPMR A.D. 1364—1381,pp.156—157.
④ CPMR A.D. 1413—1437,pp.116—141,149—159;C. Winter,"The Portsoken Presentments:An Analysis of a London Ward in the 15th Century,"pp.110—144.
⑤ CPMR A.D. 1413—1437,p.134.
⑥ CL-B,K,p.5.

(Court of Hustings)提起公诉;2.在市政委员会法庭(the Court of Common Council)发起请愿。这两种方式往往立竿见影,但主要针对社会地位较高的妨害制造者或妨害迟迟得不到解决等少数情形。

四、环境卫生的治理成效

综上所述,14世纪中期以后,受卫生观念进步及法律思想发展的共同影响,王国中央及伦敦市政的卫生治理力度同时加强,制度化的城市环卫系统业已形成。根据行政区法庭公诉书所提供的数据,并结合相关史料,可知伦敦卫生治理在以下几个方面取得不俗成绩:

其一,通过治理,卫生妨害高发现象被限制在少数行政区,大部分区的卫生妨害数量都保持在较低水平。

1421—1423年各区的环境卫生"公共妨害"中位数仅为5条,且妨害数≥10条的区仅有6个,而这6个区中除面包街(Bread Street)外都处于城市边缘地带。萨宾认为造成这一结果的主要原因是"相比城郊,城内更严格地执行了卫生法规"。①妨害数量排在前三的区分别是主教门(56条)、外法灵顿(31条)及道盖特(15条)。主教门56条妨害中的21条都来自北部城郊的圣博图尔夫教区。更具代表性的是外法灵顿区,该区因人口密集而在1399年被划分为内外两部分,但内法灵顿区的妨害数量仅为6条,尚不到前者的五分之一。卫生观念的强弱以及卫生问题的危害程度也有助于解释该现象。外法灵顿区作为伦敦社会上层的聚居区,向来便是卫生请愿的主力,同时该区也是伦敦手工业聚集区。而以道盖特为代表的临河各区,则更关注道路堵塞问题,据该区反映有多达10条巷道都被垃圾等障碍物所堵塞,使民众难以前往泰晤士河。②

其二,重复制造妨害者仅是少数人,大部分民众都能遵守卫生法规。

1422年外法灵顿区圣墓教区(St. Sepulcher)的陪审员提到本教区霍斯普尔(Horsepool)堆积的垃圾污秽已长达16年无人问津。1465—1483年,波特索肯区共上报卫生妨害24起,但涉及相关责任人(或集体)仅10名,其中被指控次数≥2者多达7人。其中名为加德纳的杂货商曾前后10年受到指控;帕

①　E. L. Sabine, "City Cleaning in Mediaeval London," p.20.

②　*CPMR* A.D. 1413—1437, pp.133—134.

里斯连续 12 年拒绝清理一处垃圾堆。以加德纳为代表的"惯犯"是卫生妨害的主要制造者。温特认为这些人之所以宁愿接受罚款，也不愿移除妨害，是因为移除妨害的成本远高于罚款本身。①同时，罚款也可变相增加行政区财政收入。在这种情况下，一些妨害制造者长期逍遥法外，卫生罚款实际变异为一种"环境税"。

与少数"惯犯"形成鲜明对比的是民众卫生观念的普遍提升。1390 年，克里波盖特门外的一处地窖所储存的 11 筐咸鱼散发出阵阵恶臭，使路人遭受极大痛苦，这被认为是对全体伦敦市民，尤其是鱼贩名誉的极大损害。于是，鱼贩行会为自证清白而主动恳求市政对此予以调查。最终这些咸鱼被证明属于某个呢绒商，鱼贩的清誉得以维护。②此案证明，在瘴气论的影响下，当时社会已具备较强的卫生观念，这种观念甚至可以有力支配社会舆论，对卫生破坏者施加道德谴责并迫使其纠正自身错误。

其三，环卫系统长期稳定运行，取得官方及民众的一致认可。

评价一项制度是否成功的标准不应是其设计如何巧妙、如何领先于时代，而是该制度是否符合当时当地的实际需求，并在此条件下稳定发挥作用。在此角度，伦敦环卫系统无疑是一项成功的制度设计。14 世纪 70 年代之后，市长授意各区长老召开行政区法庭的"训令"（precept）开始稳定出现于市政记录中。至 15 世纪初，要求长老维护城市卫生、选拔卫生官吏的指令成为"训令"的固定内容。③此外，据琼斯统计，1421—1423 年 25 区共反映环境相关的公共妨害 217 条，占全部指控的 61.3%。④这些现象说明伦敦卫生机制在主观层面取得官方及民众的共同认可，他们相信该制度有助于缓解城市卫生问题。

然而，卫生治理所取得的成绩无法掩盖制度本身所存在的短板。伦敦环卫系统建立于行政区基础之上，这既是其优势所在但也造成其局限性。各区

① C. Winter, "The Portsoken Presentments: An Analysis of a London Ward in the 15th Century," p.105.

② *Memorials*, pp.516—518.

③ *CL-B*, I, pp.98, 109—110, 121, 131, 145, 175, 206, 264; *CL-B*, K, pp.5—6, 36, 48, 87, 105, 117, 128—129, 160, 189—190, 194, 215.

④ Sarah Rees Jones, "The Word on the Street: Chaucer and The Regulation of Nuisance in post-plague London," in Valerie Allen, Ruth Evans eds., *Roadworks: Medieval Britain, Medieval Roads*, Manchester Medieval Literature and Culture MUP(Manchester, 2016), pp.106—107.

自行选拔卫生官员、收支卫生费用,使市政无需扩大行政开支即可建立起规模庞大的环卫系统。但市政的缺位,或者说司法强制力的缺失,极大限制了伦敦环卫系统的运行效果。萨宾认为中世纪伦敦的"熟人社会"属性促使官员更偏向于对轻罪嫌犯采取道德规劝,而非法律制裁。[1]这种宽宥态度有利于社会和谐,但也可能导致卫生违法案件定罪率偏低。如上文所示,这一时期的卫生违法者多以暴力抗法而非卫生妨害本身遭受严惩。温特对于波特索肯区公诉书的分析也得出了一项有趣结论,即遭受控诉与担任基层官员之间并不矛盾。[2]卫生妨害"惯犯"加德纳曾先后或同时担任陪审员、警吏等职务,并连续三次当选市政委员(common councilman)。这说明卫生法规在面对富裕市民或执法者本身时可能形同虚设。

限制伦敦卫生治理能力的根本因素是社会生产力水平。肯尼斯·F.基普尔所编《剑桥世界人类疾病史》认为:"从本质上讲,公共卫生是由公众采取的举措……该举措的形式取决于公众认为什么对健康构成危险,政府的构成,当时的医学知识水平和各种社会、文化因素。"[3]在瘴气论指导下,伦敦以清理城市垃圾为核心的卫生治理举措或许有助于改善公共健康,但对于瘟疫防控,特别是鼠疫而言,无异于缘木求鱼。最终限制伦敦卫生治理能力的因素远非科学知识,而是当时社会的生产力水平。在中世纪晚期及近代早期,西欧人的卫生追求往往受挫于维系社会经济秩序运转的现实需要。在德国,官方及医学界担忧隔离政策可能造成城市对外物资、信息交流的中断,故而采纳瘴气论而非更加科学的传染论。[4]在意大利,商人寡头的短视也使公共卫生治理效果大打折扣,科学精神被迫让位于经济利益。[5]伦敦同样无法摆脱这种困境,中央及地方在处理屠宰业卫生问题时的游移不定即是其典型表现。

---

① E. L. Sabine, "City Cleaning in Mediaeval London," p.25.

② C. Winter, "The Portsoken Presentments: An Analysis of a London Ward in the 15th Century," p.101.

③ [美]肯尼斯·F.基普尔主编,张大庆主译:《剑桥世界人类疾病史》,上海科技教育出版社2007年版,第177页。

④ Annemarie Kinzelbach, "Infection, Contagion, and Public Health in Late Medieval and Early Modern German Imperial Towns," *Journal of the History of Medicine and Allied Sciences*, 61.3(2006), pp.382—384.

⑤ 向荣:《第二次鼠疫大流行与意大利和英国的社会应对》,《世界历史评论》2021第3期,第20—22页。

　　尽管存在上述不足,但长远来看伦敦社会各阶层所投身的这场卫生运动并非无用之功,其意义首先在于避免"公地悲剧",确保城市环境的可持续发展。德国经济史学家乌尔夫·埃沃特认为中世纪城市面临环境外部性问题的挑战,以街道、河流为代表的公共资源,如果不加限制地滥用,最终必然走向枯竭。①或许英王及伦敦市政并不了解这一理论,但当时流行的一些观念显然起到了类似作用,如"身体政治"(the body politic)隐喻。中世纪人将城市与人体相类比,认为水对于城市的重要性犹如血液对于人体一般,供水数量的多与少,以及供水质量的好与坏都关乎城市的兴衰。②另一方面又将社会与人体相类比,认为国家或城市是由不同器官构成的统一机体,部分不应以牺牲整体利益为代价去追求个人利益,公共利益应得到维护。③正是在这种隐喻及瘴气论、公共妨害等理念的共同作用下,卫生问题不断引发关注并得到治理。城市环境也因此保持最基本的宜居状态,而不是在资源过度利用、污染及破坏中走向崩溃。1393 年《温切斯特法令》要求屠夫在泰晤士河涨潮时利用小船将下水运输到河流中央处理,而非直接倾倒于河岸边。

　　其次,卫生治理为伦敦公共卫生事业的继续发展奠定基础。巴伦认为中世纪晚期伦敦市政与王室、教会、行会,乃至每一名市民共同承担起城市治理的职责,但责任的划分是习惯性和临时性的,而不是规范性的和具体性的。④本文以卫生为切入点,在考察伦敦社会治理后,似乎可以对该观点做出部分修正。从环卫系统的存续来看,伦敦社会治理在 14 世纪中期以后开始呈现出规范化、长期化的特征。以巡道吏与耙夫为例,这类基层官吏最初可能仅是应对城市卫生恶化而做出的权宜之计。但随着时间发展,他们的职责逐渐明晰且出现连续性的任命记录,即使在之后的数次社会转型中也未被淘汰,而是成为近代伦敦公共卫生体系的有机组成。宗教改革后,伴随教区取代行政区成为基层行政单位,巡道吏与耙夫也改由教区任选。1727 年,伦敦共拥有巡道吏

---

① Ulf Christian Ewert, "Water, Public Hygiene and Fire Control in Medieval Towns: Facing Collective Goods Problems while Ensuring the Quality of Life," *Historical Social Research/Historische Sozialforschung*, Vol.32, No.4(122), 2007, pp.222—251.

② Christopher A. Bonfield, "The Regimen Sanitatis and its Dissemination in England, c.1348—1550," PhD diss., University of East Anglia, 2006, p.140.

③ Christian D. Liddy, "Urban Communities and the Crown: Relations between Bristol, York, and the Royal Government, 1350—1400," PhD diss., University of York, 1999, pp.9—10.

④ Caroline M. Barron, *London in the Later Middle Ages*, p.238.

218 名,耙夫薪酬总开支达 3 466 镑 19 先令,是基层财政预算的重要构成。[①]工业革命时期,巡道吏与耙夫仍旧负责街道卫生。1817 年《都市铺路法》(*Metropolitan Paving Act*)仅规定教区官员应招募"巡道吏、耙夫、清扫夫"负责街道清洁,而未具体区分三者的职责。[②]

再次,卫生治理为中世纪晚期及近代早期英国其他城市环卫制度的构建提供了借鉴。在诺曼征服后的数百年间,伦敦市政自治制度始终走在英国城市前列,伦敦的特许状、政府组织框架不断成为其他城市的仿效对象。[③]伦敦的榜样作用同样体现于卫生领域。在《牛津英语大辞典》中,"巡道吏"与"耙夫"两个词汇最早都可追溯至中世纪伦敦。[④]15—16 世纪,这一对词汇连同它们所代表的制度本身逐渐由伦敦辐射至全国,包括威斯敏斯特、约克、考文垂、金斯林、索尔兹伯等在内的众多城市都依据自身财力及需求对其加以改造,建立起自己的卫生机制。[⑤]毗邻伦敦的威斯敏斯特较早受到影响,于 1508 年开始选拔巡道吏负责卫生清洁,但人数仅为 6 名。[⑥]诺里奇、约克两座大城市同样基于行政区建立环卫系统。16 世纪 50—70 年代,诺里奇先后设立"街道与河流检查委员会"(Surveyor of the River and Streat)、巡道吏两种机构和职务负责卫生清洁。[⑦]巡道吏的职能几乎与伦敦别无二致,同时兼顾道路清洁、路面铺设及火灾防控。约克也建立了类似的机制,但其规模略小。[⑧]1580 年,市政在 4 个行政区分别任命巡道吏,以保障街道卫生。[⑨]与之类似,1588 年莱斯特也设置巡道吏一名负责整个城镇的垃圾污秽清理,并将其运输至附近的田

①　William Maitland, *The History and Survey of London：From Its Foundation to the Present Time*, London：T. Osborne and J. Shipton, 1756, p.1187.

②　*An Act for Better Paving, Improving, and Regulating the Streets of the Metropolis and Removing and Preventing Nuisances and Obstructions*, London, 1833, pp.680—681.

③　Derek Keene, "London from the Post-Roman Period to 1300," pp.203—204.

④　https://www.oed.com/dictionary/raker_n1?tab＝meaning_and_use＃27006583[访问时间:2023 年12 月27 日]。https://www.oed.com/dictionary/scavager_n?tab＝meaning_and_use＃24171062[访问时间:2023 年12 月27 日]。

⑤　Carole Rawcliffe, *Urban Bodies*, pp.135—140.

⑥　Gervase Rosser, *Medieval Westminster, 1200—1540*, Oxford：Clarendon Press, 1989, p.237.

⑦　Dolly Jørgensen, *Private Need, Public Order：Urban Sanitation in Late Medieval England and Scandinavia*, pp.192—197.

⑧　Pamela. B. Hartshorne, "The Street and The Perception of Public Space in York, 1476—1586," PhD diss., University of York, 2004, p.232.

⑨　Angelo Raine ed., *York Civic Records Vol.VIII*, The Herald Printing Works, 1953, p.38.

庄(Grange)作为肥料使用。①

最后,卫生治理有助于中世纪晚期英国社会治理体系的完善。詹姆斯·坎贝尔指出中世纪伦敦在法制方面的引领作用不仅体现在为其他城市提供参照,更在于为整个国家的制度建设充当先行者。②在黑死病爆发之前,英国中央政府较少干预基层社会治理,诸如卫生、济贫等事务主要由当地政府及教会负责。但黑死病及其余波所引发的社会危机,促使中央及地方统治集团开始强化社会控制力度并逐步扩大社会干预范围。例如,经济领域颁布旨在限制工人工资的《劳工法令》;社会领域颁布《反流浪者诏令》,驱逐拥有劳动能力却依靠乞讨度日的流浪人员;司法领域强化市长及长老的治安法官权力。③在伦敦可找到这些政策的先例或原型。而在卫生领域,国家对于伦敦等城市环境卫生问题的长期关注最终推动了1388年《剑桥法令》(the Statue of Cambridge)的制定,法令以抑制妨害、保护空气及河流卫生为中心,责令伦敦为首的所有城市昭告并执行。④1388年《剑桥法令》被誉为英国公共卫生立法的开端。⑤法令极大丰富了中世纪晚期英国社会治理的内涵,它承认国家对于民众生命健康负有责任,且有权通过法律强制力迫使地方政府及相关人员排除卫生妨害,体现了社会危机背景下英国政府社会治理理念及治理政策的转型。危机过后,以议会立法形式干预社会卫生治理的方式方法被保留下来,最终成为英国永久性社会治理"武器库"的一员。

结 语

中世纪晚期,伦敦环境卫生状况在黑死病爆发后迅速走向恶化。瘟疫引发的人口减少不仅未能改变城市的固有卫生困局,反而使旧有卫生机制难以维系。堆积于路面或倾倒于河流中的生产、生活垃圾成为干扰社会经济秩序

① Mary Bateson ed., *Records of the Borough of Leicester, 1509—1603*, Cambridge: Cambridge University Press, 1905, p.246.
② James Campbell, "Power and Authority 600—1300," in D. Palliser ed., *The Cambridge Urban History of Britain*, Vol.1600—1540, pp.76—77.
③ *CPMR* A. D. 1323—1364, pp. xxix—xxxiii; *Statutes of the Realm*, Vol. 2, pp. 298—299; *Memorials*, pp.304—305.
④ *Statutes of the Realm*, Vol.2, p.59.
⑤ Michael Warren, "A Six-Hundredth Anniversary: The Beginning of Public Health and State Medical Legislation in England, 1388 and thenabouts," *Community Medicine* 10.4(1988), pp.269—272.

与民众日常生活的重要因素。瘴气论与公共妨害理念彼此呼应,不仅使大众卫生观念被重塑,也使卫生治理的依据更为充分。中央层面,以国王为代表频繁发布诏令干预伦敦卫生治理,以消除威胁王国稳定的潜在风险。地方层面,市政协同广大民众加强卫生治理,建立起城市环卫系统。

通过治理,伦敦卫生状况整体获得改善,但局部依旧严峻。卫生制度自身的缺陷是制约卫生治理效果的直接原因,但根本原因在于当时落后的社会生产力。长远来看,卫生治理并非无用之功,它有助于伦敦城市环境的可持续发展,为公共卫生事业的继续进步奠定了基础。同时,伦敦也为其他英国城市环卫制度的构建提供了范本,有利于英国社会治理体系的完善。

经由卫生问题还可管窥中世纪晚期英格兰社会治理所呈现出的一种新趋势,即日趋密切的央地联系及更多的大众政治参与。议会制度的发展有效打破了横在中央与地方之间的部分壁垒,使双方建立起相对直接且更加有效的沟通渠道。国王在通过诏令干预地方社会治理的同时,民众也反过来通过请愿表达自身的不满与困扰。在此过程中,卫生等社会问题得以在更高维度获得关注和解决。

The Governance of Sanitation in Late Medieval London

Abstract: Sanitation in London was a rising concern and became a focal point of social governance in the late Middle Ages. The uncontrolled disposal of productive and domestic waste interfered with the socio-economic order and the daily lives of the population. The miasma theory and the idea of public nuisance reshaping the public's conception of hygiene and providing a stronger basis for sanitary governance. At the central level, the king frequently intervened in London's sanitary governance by royal proclamation. At the local level, municipalities worked with the public to establish cleaning system to improve urban sanitation. Despite the constraints of the system's own weaknesses and the level of social productivity, the governance of sanitation was still effective, and sanitation problems were brought under control as a whole. In the long run, the governance of sanitation not only contributed to the sustainable development of London's urban environment, but also provided a reference for the construction of cleaning system in other English cities. In the process of governance, the king, the nobility, and the citizens interacted frequently and communicated positively through channels such as the parliament, so that local affairs gained attention and were resolved at the national level. This reflects the increasingly close relationship between the central and local governments and the growing sophistication of the social governance system in late medieval England.

Key words：Medieval England；London；sanitation；social governance

作者简介：张翔景,华中师范大学历史文化学院博士研究生。

时空废墟中的文图关系：
试论帕慕克的伊斯坦布尔书写

孙琪琪

摘　要：帕慕克的伊斯坦布尔书写制造了一个末日帝国土耳其的废墟形象，这废墟之景是一种折叠的时间感的表达，同样折叠的还有小说家的目光。从废墟与呼愁的外部视角看伊斯坦布尔，抑或是从记忆与情感的内部视角看向它，有两种情感浮现：一是包含了作者记忆的流连忘返之情感，一是西化目光内化成一种自我审视的生活方式。这种情感结构不拒斥作为土耳其第二本性的绵延的忧伤，甚至可以说忧伤规定了这种辩证结构的边界和风格。文图在此时便形成了一种互相掏空、互相否定的辩证关系。

关键词：伊斯坦布尔　帕慕克　时间　空间　文图

帕慕克在《伊斯坦布尔》新版序言中说，《伊斯坦布尔：一座城市的记忆》是一本基于文字的书籍；而这版"光影伊斯坦布尔"，则是一本基于视觉的书籍。①《伊斯坦布尔》土耳其语首版出版于 2003 年，简体中文版出版于 2007 年；土耳其语新版出版于 2016 年，简体中文版出版于 2018 年。相比初版文字没有改变，而是增加了 230 张照片和图片。普通的物体、街道和无名的瞬间成为这本影像之书的主题。可以说，帕慕克的文字塑造了我们看向这座千年之城的眼光，以至于当我们再去看书中的黑白影像时，会发现几乎每一张影像都表

---

① ［土耳其］奥尔罕·帕慕克：《伊斯坦布尔：一座城市的记忆》，何佩桦译，上海人民出版社 2018 年版，第 5 页。

征了昔日传奇梦的失落、甘苦与共的晦暗感以及废墟般的忧伤之气。文图关系在帕慕克伊斯坦布尔书写的废墟时空感中得到了辩证呈现:文图互相补充,提供着对方的不可能性,同时文图也否定彼此、掏空彼此。而互相摘取对方的意义则印证了一个锚定自我情感形态的过程。

一、如画之景:空间之远与时间之远的辩证

如画的风景是帕慕克等人为伊斯坦布尔造像的特征之一。无数的绘画、影像与文字作为书写伊斯坦布尔的方式,展现了这座以废墟为形式外衣的千年古都。伊斯坦布尔以藏污纳垢的方式缓慢得到呈现,它非常扎实地消耗着诸多异质性的文明形式,诸如奥斯曼土耳其传统,战火洗礼,现代化进程的冲击等。在帕慕克那里,我们看到了在一种时间与空间互为佐证的关系中去理解图文关系的可能。帕慕克的伊斯坦布尔书写既是为空间之景做形状描摹,又是在时间维度上为它的造像展示一种或亲近或疏远的心理距离。

帕慕克不仅将内容庞杂的城市影像一一呈现,还将他喜爱的细密画收录其中。安东尼·伊格纳斯·梅林曾出版《君士坦丁堡与博斯普鲁斯海峡沿岸风景之旅》一书,读者能够透过梅林的笔触窥见一个玲珑可感的博斯普鲁斯。他的画中没有紧张的时刻,没有焦点透视,无论是描摹自然风光还是展现人物建筑,画家均用细小笔触铺满整幅版画,决不让戏剧性冲突占据首位。梅林在近远的景致人物身上平均用力,帕慕克认为这种平铺的风光"给予我们某种水平的动感"①,读者可以将自身缩小,或手持放大镜,在这奇妙的建筑与风光间漫游。梅林的版画描绘了帕慕克居住一生的地点,画中的山丘是在任何建筑坐落之前就存在的,而因目睹焚毁的宅邸、倒塌的墙垣而痛心疾首,这种生活其间的迷失与热爱在他出生前的一百年根本不存在,帕慕克说这"感觉就像幽灵回顾自己的一生,在时间面前不寒而栗"。②实际上梅林的版画毫无倾颓之意,连云朵都像极了刺绣纺织品工艺,其内容却是帕慕克无比熟悉却又未曾见过的。当帕慕克个体的时间能指与某种久远的时间长链相遇,从幼年起便日日体会这种从摇篮至墓园的物是人非事事休之感,可以说,时间之远与空间之

---

① [土耳其]奥尔罕·帕慕克:《伊斯坦布尔:一座城市的记忆》,何佩桦译,上海人民出版社 2018 年版,第 111 页。
② [土耳其]奥尔罕·帕慕克:《伊斯坦布尔:一座城市的记忆》,何佩桦译,上海人民出版社 2018 年版,第 293 页。

远的辩证关系在废墟感的表达中被小说家重新激活了。

梅林的细致描摹在作者心中植入伊斯坦布尔的前世形象,自此帕慕克再看向它,便不再是单纯居住其间的地点,那些久远的图像始终与当下的景观碰撞、抵牾,这是一种时间上的相遇。帕慕克曾描述过一幅细密画所传达的深远意境:"枝条在风中上下起伏,花开花落,森林仿佛在波浪般蔓延,整个世界都颤抖起来。"①像画家通过一片片叶子的描绘,耐心地再现世界的一声叹息一样,帕慕克也用类似细密画法的方式堆叠出一个拥有无数细节的伊斯坦布尔形象,只要想起那些层峦叠嶂的废墟之景,伊斯坦布尔的时间团块便能一瞬间铺满作者与读者的脑海。

如画之景首先意味着如画般美丽的风景,其次是以看画的眼光呈现出来的风景。此外,如画之景潜在暗示了如画美学与时间性的亲和关系。如画美作为一种与时间范畴息息相关的美学,在风景理论家吉尔平、普赖斯等人那里都有所展演。普赖斯将"破屋、茅舍、破败的磨坊、旧谷仓的内部、古旧不堪、青苔斑斑、粗糙不平、参差不齐的林园栅栏"②等列为如画美(picturesque beauty)的材料,当时间缓慢而无情地摧毁景色与人造物的对称与整一感,粗粝感渗透进每一处细节,如画美才显露自身。而吉尔平的论述也区分了优美与如画美,如画美是"通过荒野和崎岖突显出来的,它们表现为一棵老树的轮廓和树皮,或者是山岚嶙峋的坡面"③。如画美学就是一种废墟的美学,废墟是如画感的形式外衣,而作为废墟意象出场的伊斯坦布尔是如画美展开的时空场域。

在帕慕克笔下,伊斯坦布尔既是风光独特的诗意之地,更是将时间折叠起来的老迈之都。时间感的折叠有遒劲、蜿蜒之意,其本身也是一种历史性时空结构的展演。时间感或许不是帕慕克思考的对象,却是其写作的边界。鲁迪·蒂森指出城市是特定历史经验的空间,对现代性都市的注视是古典时期目光的叠化。正如皮拉内西(Piranesi)的创造,"皮拉内西的古典时期是一切非永恒的美妙的共时。罗马是永恒的城市,因为一切都是重叠的,无一物被熄

① [土耳其]奥尔罕·帕慕克:《别样的色彩》,宗笑飞、林边水译,上海人民出版社2011年版,第337页。
② [英]马尔科姆·安德鲁斯:《寻找如画美:英国的风景美学与旅游,1760—1800》,张箭飞、韦照周译,译林出版社2014年版,第82页。
③ [英]马尔科姆·安德鲁斯:《寻找如画美:英国的风景美学与旅游,1760—1800》,张箭飞、韦照周译,译林出版社2014年版,第79页。

灭,亦无一物仅是眼前的存在。"①皮拉内西展现了 18 世纪叠化的罗马和威尼斯,古典时期始终楔入城市的当下时刻,当下总是被过去中和过的。帕慕克的伊斯坦布尔既有圆融可感的宗教建筑,平静的自然风光,故事感强烈的街道,也有后街的废墟和随处可见的断壁颓垣,这样的伊斯坦布尔亦体现出一种叠化的古典性。那些地点在文字中是串起作者生活的珠子,在影像中它们默契地传达出某种时间体验的普遍性。乔治·普莱曾对地点有过精妙的解析:地点是空间中的岛屿,是一些单子,"旁边的小宇宙"。这些地点中唯一重要的普遍性决不是那个无名的普遍性,即位于广度上所有各点的普遍性,而是一种同一性,即相似风景类型之间见到的同一性……风景向我们奉献了"一种特殊快乐的稳定性,几乎是一种存在环境的稳定性"。②帕慕克耕耘出一组文字的图像集,那些散落在伊斯坦布尔各处的衰颓之气如一阵物象之流,穿梭于各种纪实与想象的书写中。他展示的那种对空间来说真实的东西,对时间来说同样真实。

帕慕克极为仰慕的本雅明亦从画家笔下的巴黎获取了时间星丛的印象,本雅明对法国版画家查尔斯·麦里森(Charles Meryon)喜爱有加,他在其以巴黎景色为主题的版画中看到了"巴黎的古代性"③,麦里森画中近处的巴黎呈现出紧凑、阴暗之感,远处的云朵汹涌又压抑,仿佛是从画面中撕开的空间中流淌出的,正是这种远古神话色彩的云朵构成了画面的古意,近处桥梁或船坞则是新近工业产物,古典与现代性相遇并贯通。在本雅明眼中,巴黎是工业时期和古代重叠的史前史时期的舞台。依循同样的逻辑,帕慕克在梅林笔下看到的景致大多携带着古意,这既是城市的古典意味,又是存续至今的现代性的构成部分。那些远景,几乎处处都是回望。时间之远模仿了空间之远,这些遥远时间深处的图像与今日观者眼前的图景聚集在一起形成了图像的星丛。帕慕克与本雅明实际上都将注意力放到了观看城市的眼光与方式上,这便是绘画所表现的主题。

麦里森在古典时期与现代时期交叉的时间氛围中描摹激荡的云彩,画布

---

①　[德]西奥多·阿多诺等:《论瓦尔特·本雅明——现代性、寓言和语言的种子》,郭军、曹雷雨译,吉林人民出版社 2010 年版,第 292 页。

②　[比利时]乔治·普莱:《普鲁斯特的空间》,张新木译,华东师范大学出版社 2015 年版,第 36 页。

③　[法]乔万尼·卡内里、乔治·迪迪-于贝尔曼编:《瓦尔特·本雅明之后的艺术史》,田若男、杨国柱译,重庆大学出版社 2022 年版,第 29 页。

满疑惑和张力，"麦里森所表现的巴黎街道：在那些裂缝的深处，流淌出云彩"①，浮现出巴黎的壮丽与脆弱，巴黎因为这样的画作与思想家的阐释而拥有了古代形象与现代性的交叠，而梅林用细密画法垂直描绘博斯普鲁斯，他的目光聚焦于平缓悠长的风土人情，轰轰烈烈的革命、帝国的崩溃瓦解被一笔带过，仿佛重要的并非前景激荡人心的宏大事件，而是远景里看似一成不变的细微事物。他的绘画仿佛在强调，博斯普鲁斯的风景从来都不是空洞的，早在风景如画之前，它就被人物的活动占据着。

正如透纳的《英格兰与威尔士的如画美景》(*Picturesque Views in England and Wales*)，他并不理会当时风景印刷品的传统，其画作将那些废弃的教堂等如画美题材表现得非常大气，富有空气动感和玄虚缥缈色彩，而当地人物的行动则充满自然恣肆之感，使占有文化优势的旅行者眼光不再那么自然，仿佛这风光不是为他们的目光而备，它更属于土著者的在地生活。一言以蔽之，将风景视为如画美实际上暗示着一种地理意义上流动的特权，如画美在观赏者那里自然是引发崇高情感的对应物，而置身废墟感之中的劳动者则很少离开此地，他们在废墟之境中体会到的与观赏者也许大相径庭，时空高远不能使他们游目骋怀，废墟之境恰恰是他们生存的限度。帕慕克的伊斯坦布尔便是拥有这种信心的造物：作者无数次描写此地的凋零破败，正是由于他对忧伤的强调，人物活动、废墟细节都成了无法被忽视的远景。

由此能够看出，伊斯坦布尔作为绘画、影像的形象可以呈现为一种时间入口的空间，折叠的伊斯坦布尔有着古与今的不同内涵，这种交叠呈现出城市的独特形式感，同样折叠的还有小说家的目光。折叠的目光意味着它不仅来自生于斯之人的风习之见，更来自使小说家变为土耳其局外人的西方目光的浸润。帕慕克正是在两种异质性的文化冲突中日复一日体会西方眼光对土耳其的"修正"和伊斯坦布尔人独特老练的地域性经验。书中画面的辗转腾挪暗含着帕慕克个人时间的潜流，而个人的时间可以汇聚成一股时间感受的环流，成为集体的梦想时刻，抑或集体的忧伤时刻。时间不再是一条孤独的线性进程，它有了可以逡巡、回溯与展望的当口。如画之景的颓废风光让某种空间感得以停靠，亦潜藏了时间感的绵延，帕慕克力图复现的，就是这种一闪之间的记

---

① ［法］乔万尼·卡内里、乔治-迪迪-于贝尔曼编：《瓦尔特·本雅明之后的艺术史》，田若男、杨国柱译，重庆大学出版社2022年版，第28页。

忆印象。

二、废墟与呼愁:伊斯坦布尔的即时性邀约

伊斯坦布尔的城市形象与卡尔维诺《看不见的城市》中的那座虚构之城克拉莉切极为相似:克拉莉切是一座光荣的城市,在反复的衰落又复兴中,人们在星光暗淡时发出叹息,这叹息与伊斯坦布尔的"呼愁"具有同一性。"在几个世纪的衰败过程中,几度瘟疫闹得城空人尽,梁柱檐篷坍塌了,地势变化了,昔日的巍峨不见了,人们心灰意懒,人去街空"①,这是克拉莉切辉煌过后的破败,伊斯坦布尔的呼愁之景是"隆冬停泊在废弃渡口的博斯普鲁斯老渡船,挤满失业者的茶馆,驳船船身裹覆着青苔与贻贝,挺立在倾盆大雨下"②,呼愁作为一种数百万人共有的阴暗情绪,在伊斯坦布尔几乎能触摸得到,它像一层薄膜将居住于此地的居民均匀覆盖。值得注意的是,克拉莉切在衰落过后,人们一头扑进灾后重建工作中,新的富足出现了,快乐的时代来了,但是卡尔维诺狡黠的寓言洞察了真相:"新城越是在克拉莉切旧城的地址和名称上兴旺发达,就越发现自己在远离她,而且比老鼠和霉菌更迅速地摧毁她。人们虽然为新城的富丽感到骄傲,但内心深处却觉得自己成了不相称的外人,成了篡位者。"③也许土耳其人也有同样感受,无法复现自然而然的繁盛之气,任何再造都成了对西方亦步亦趋的模仿,这种古旧又新鲜的情绪也成为伊斯坦布尔人所共担的民族情感。

在帕慕克笔下,作为废墟意象的伊斯坦布尔有着两种独特的面貌:一是沦为废墟的建筑在时间侵蚀下缓慢呈现出回归自然的状态;二是废墟样貌并不萧瑟,而是以热气腾腾、古老又新鲜的形状呈现。生活于此的人们每日都在制造废墟,同时又在这废墟中生气勃勃地生活着,而这个城市的废墟性是通过呼愁透露出来的。呼愁是一种命定式的服丧般的氛围,它平等地侵入每个居民的心胸和意志。就像朱塞佩·托纳多雷《天堂电影院》中的意大利小镇,闪光的生气也蒙着尘埃,在人与世界间永远有这恼人的尘埃,把每一处漂亮宏伟染至沉重。呼愁与废墟之于伊斯坦布尔是一对同义反复的象征,与呼愁这一氛

① [意大利]伊塔洛·卡尔维诺:《看不见的城市》,张密译,译林出版社 2019 年版,第 106 页。
② [土耳其]奥尔罕·帕慕克:《伊斯坦布尔:一座城市的记忆》,何佩桦译,上海人民出版社 2018 年版,第 142—143 页。
③ [意大利]伊塔洛·卡尔维诺:《看不见的城市》,张密译,译林出版社 2019 年版,第 107 页。

围不同,废墟虽不是处处可得的景观,但它所制造的古老时间感也会均匀地作用于人们的日常生活,具有一种生于斯的本体论色彩。

　　在《伊斯坦布尔》的一页影像中,古老的建筑石块和易损坏木材搭建出一个形迹可疑的房屋。①

图 1

　　《伊斯坦布尔》书中的影像,阿拉·古勒拍摄。城墙的石块与现代材料被人们置放在一起用来修葺建筑,这种做法加重了伊斯坦布尔人民的"呼愁"意味。

　　这是令人意想不到的融合,时间的形状仿佛被固定了一下。在罗斯金看来,这种在建筑落成后慢慢出现的陈旧"装饰"是一种凝聚记忆的画面,"如画在这个意义上就是寄生性崇高(Parastical Sublimity)"②,当偶然的附加物与建

---

① 　[土耳其]奥尔罕·帕慕克:《伊斯坦布尔:一座城市的记忆》,何佩桦译,上海人民出版社 2018 年版,第 153 页。
② 　[英]约翰·罗斯金:《建筑的七盏明灯》,张璘译,山东画报出版社 2006 年版,第 159 页。

筑原有特征相抵触时,如画之感就出现了。罗斯金认为,"如画的特征需在废墟中寻找,通常认为是由腐败构成"①,如画之感对应的并不是美丽之物,因为寄生性崇高较之单纯的宏伟美丽更有时间和记忆之感。伊斯坦布尔人创造的簇新东西和古老建筑并置在一起,奇怪的结合使城市的没落更加突显,那些使新事物落地的努力看起来是螳臂当车之举,反而更令人唏嘘。这种创造恰恰是对古旧破败的另一种显扬,它不甘心一直处在破旧的虚荣不但没有得到掩盖,反而被尴尬地放到了令人瞩目之地。经过不满、愤恨、折腾,土耳其人逐渐接受了命定式的呼愁之气,呼愁也成为一种测量城市风格的尺度与边界。

在携带呼愁气息的意象外,帕慕克对烟雾之景格外着迷。博斯普鲁斯海上船只冒出的烟在作者笔下玲珑可感,弥漫着美妙的忧伤气息,甚至当烟雾颗粒扑面而来时,他不忌讳那污浊之感,骇人细节在他笔下变成一曲轻快的对烟雾的颂歌。"我想起的不是我曾看过轮渡本身冒出的烟影,而是我在莫奈、西斯莱、毕沙罗画中见过的烟雾——莫奈的《圣拉扎尔火车站》,或杜飞别有一番天地的冰淇淋勺快乐云朵——这就是我所画的。"②其原因不过是,他以西方人的眼光看待这"异域风情"对土著的"洗礼",从排气管喷涌而出的巨大烟雾团像一股奇特的势能席卷岸上的人物风光,甚至成为一道光晕。他既因为此地的景观颇像莫奈、透纳笔下的印象时刻而兴奋,也因为此地在前所未有的忧伤中仍蕴含着用之不竭的情感投射的可能性而慰藉。当一座城市不能再为她的居民提供自如的栖息时,她还能自我生发出无数喟叹,成为失败者、颓唐者、漫游者、拾荒者的情感容器。

同样地,帕慕克对雪景也满怀憧憬。在《伊斯坦布尔》开头几页影像中,有一幅定格在古老街道建筑物前飘洒的雪片上,人们感到舒心轻快,因为大雪暂时覆盖了藏污纳垢之处,使城市看上去圆融又壮观。新与旧的融合呈现出时间在此相遇的表征,过去的躯壳楔入了当下,与当下的目光在一瞬间交会。这便是伊斯坦布尔的时空隐喻,有一部分古意不由分说地流进当下的时间之河,伊斯坦布尔总是生活在记忆的搅动之中,在呱呱坠地之时就有了暮年之气。

日复一日品尝呵摸伊斯坦布尔的呼愁、给伊斯坦布尔作画、隐匿于后街废墟之中,这均是帕慕克度量伊斯坦布尔的方式。我们不难发现帕慕克对

---

① [英]约翰·罗斯金:《建筑的七盏明灯》,张璘译,山东画报出版社 2006 年版,第 172 页。

② [土耳其]奥尔罕·帕慕克:《伊斯坦布尔:一座城市的记忆》,何佩桦译,上海人民出版社 2018 年版,第 379 页。

伊斯坦布尔的观看,实际上是一种对风景画的观看。伊斯坦布尔的形象愈加成为一个整体,一种视角来发现它的壮丽忧伤,一种视角来发现它的不堪,还有一种视角独立于当地人视角外,最终,帕慕克将一种古老的时间引入这幅整体的画作,引入文字编织的感性对应物中。正如罗兰·巴特对埃菲尔铁塔的阐述:"从塔顶俯瞰时,心灵会幻想着眼前风景的变换,它会透过壮丽的空间景象沉浸入时间的神秘性之中,情不自禁地陶醉于过往之云烟。结果,时间绵延本身也成为全景式的了。"①伊斯坦布尔的时间感同样模仿了空间的辽远,每一处景象都历时久长,时间的绵延逐渐变成了宏阔又破旧的景象本身。

我们可以说,伊斯坦布尔不仅生产着帕慕克的目光,也在更广袤的时间之中消耗着这种情感。伊斯坦布尔空间—时间的母题不会褪色,它等待每一个身临其境的人感受、激活它。如罗斯金所言,建筑在经过四五百年之后才来到它的壮年时期,它能够激发出如此强烈的呼愁之气,与建筑中附加的、偶然的美丽息息相关,经由时间产生的裂隙、斑点、日晒雨淋痕迹与建筑初落地时的理想早已大相径庭。正是这种看似矛盾的锋利与腐烂的辩证景象,使建筑物拥有了比崭新时更大的力量。

如果说废墟与呼愁是伊斯坦布尔向居民发出的某种即时性邀约,则深埋人们心中返归辉煌的欲望在逃逸的时期会变得更加紧绷,在追寻的状态下慢慢演化至激烈。当人们在空间存在中与城市形成一种亲密关系时,往往是在与一种时间的历史性色彩相联系。这种关联不仅因为土耳其民族的悠久文化,更是其文化的衰老残破之态日益加固了这种根源性。每个人都生活在热烈的城市之中,实际上是在体会废墟的味道。呼愁便是这个城市心照不宣的废墟性表达。废墟的反面也许是帝国世界之都的繁华,它围绕着时间把美丽、欲望和颓废、遗憾通通捆绑在一起,有了眼前的废墟之景和呼愁之气,那些欲望与意志的形态才逐渐拥有完整的模样。

三、置身伊斯坦布尔:一种沉浸式结构的可能

如果说如画之景是帕慕克为伊斯坦布尔造像的整体性风格外衣,而废墟与呼愁依然是从外部视角去体会城市的荒芜与激烈,那么探究一种沉浸式结

---

① [法]罗兰·巴尔特:《埃菲尔铁塔》,李幼蒸译,中国人民大学出版社 2008 年版,第 11 页。

构的可能性则体现了置身伊斯坦布尔的内部视角。时间与空间的辩证互现之于伊斯坦布尔既是一种结构,也是一种关系。伊斯坦布尔空间和时间的多孔性可以使公共领域和私人经验领域相互融合,抵制城市现代化进程对城市个性的消解,克服困难保护特殊经验。踩在古旧的石板路上,便可推知这种道路还能历经几百年的涤荡而不改其古意。我们可以说,帕慕克就是那个等待着时间为他铺路走向空间的形象,记忆与时间让伊斯坦布尔的空间凝聚成纯粹时刻,辽阔的空间化成一个个时间切片,每一个时间切片都保存着整个土耳其的知觉结构。

时间与记忆便是观看伊斯坦布尔的克劳德镜。克劳德镜是游客能看见的"一种修改过的视镜"①,时间锤炼出伊斯坦布尔古朴如画的废墟外表,同时也构成着这种外观的核心势能。帕慕克在《纯真博物馆》和《天真的和感伤的小说家》中都提到了亚里士多德对物理时间的界定,"那条把一个一个的时刻连在一起的直线"②,时刻是原子般不可分割的东西。"我们所说的'客观时间',其作用是统一小说各种要素的一个画框,使它们看起来仿佛出现在一幅风景画里。"③在小说家眼中,客观时间是用来帮助读者想象小说的框架,这与主人公的主观时间并不接洽。那些无数令人唏嘘喟叹的时刻,帕慕克都将其确认为物质细节:古老的建筑实体、断壁残垣、暗淡的街道、清真寺圆顶、烟囱冒出的袅袅煤烟。正如巴什拉对阴性时间和阳性时间的划分:"在每个人身上,阳性时间的时钟及阴性时间的时钟,均不会服从于数字和测量。阴性的时钟不间断地行进在一种持续的平静流逝中。阳性的时钟具有跳动性的活力。"④伊斯坦布尔的"阴性时钟"是生锈的驳船、雾中传来的船笛声、清真寺不断遭窃的铅板和排雨槽、墓园里的柏树,这些物质细节作为人们主观时间的象征,不会被物理时间的测度所征服,被遗忘的过去可以突然进入现在。物质的老化是深入久远年代的一种目光,老化的物体可能集结了一连串的事件、已经发生的事情和尚未绽开的可能性。

无论是从外观还是置身情感结构内部来看,伊斯坦布尔没有受任于城

---

① [英]马尔科姆·安德鲁斯:《寻找如画美:英国的风景美学与旅游,1760—1800》,张箭飞、韦照周译,译林出版社 2014 年版,第 96 页。

② [土耳其]奥尔罕·帕慕克:《纯真博物馆》,陈竹冰译,上海人民出版社 2009 年版,第 304 页。

③ [土耳其]奥尔罕·帕慕克:《天真的和感伤的小说家》,彭发胜译,上海人民出版社 2012 年版,第 76 页。

④ [法]加斯东·巴什拉:《梦想的诗学》,刘自强译,生活·读书·新知三联书店 2017 年版,第 78 页。

市作为景观的都市现代性逻辑,它是一座将时间与空间和盘托出的城市。师从沃尔夫林的艺术史家西格弗里德·吉迪恩在谈及过去时说:"我总是把过去当作未死的东西,而且是现在存在的一部分。柏格森派(Bergsonian)认为过去是不断地楔入未来之中的。19世纪时即是这种做法,利用过去作为逃避其自身那一时期的手段,而以过去各时期作为自己那一时期的躯壳。"①过去时期的外壳在伊斯坦布尔尤为显著。尽管经历过西化政策的席卷,伊斯坦布尔依然保持了与同一化现代城市的不同面貌,百年前的伟大建筑与倾颓的一切并置在一起。可以说,古老的辉煌与颓废一直是它的生活形式外衣。

吉迪恩在谈及城市结构与生活形式的协调时指出:"只是在街道上一直地加装交通信号,或是消除贫民窟而在原址建盖新的房屋,不会有实际成就。即使是将现存的所有贫民窟全部消灭,亦不会使目前的城市之难处理问题减少。"②消除贫民窟、消灭不够体面的城市组成部分与19世纪豪斯曼的巴黎改造思路有着同一性。豪斯曼在城市改造时从便利交通运输和消除巷战的角度出发,将曲折幽深的道路一改成为通衢,路旁的复杂琐碎用统一的房屋立面解决,"一如一种橱柜的门,一切杂乱均可往门口一塞了事。"③豪斯曼改造时力图将巴黎作为现代化的景观呈现,牺牲了许多城市生活内容和形式。T. J. 克拉克曾对将巴黎分成中产阶级和工人的两座城市的做法表达遗憾:"几乎没有一个体面的共和党人不对那样的日子充满了缅想:那时工人和资本家住在同一个街区,甚至是同一所房子,一起做生意,互相问候,了解一下彼此的生活。"④温情脉脉的社区是不同时期生活痕迹的叠化,亦是目光的折叠。

在帕慕克笔下,伊斯坦布尔保存了不同时期的历史造像,从他出生百年前的山丘到恢宏的建筑,从坦诚的风景到如画的废墟,城市现代化要令一切焕然

---

① [瑞士]希格弗莱德·吉迪恩:《空间·时间·建筑——一个新传统的成长》,王锦堂、孙全文译,华中科技大学出版社2014年版,第8页。
② [瑞士]希格弗莱德·吉迪恩:《空间·时间·建筑——一个新传统的成长》,王锦堂、孙全文译,华中科技大学出版社2014年版,第565页。
③ [瑞士]希格弗莱德·吉迪恩:《空间·时间·建筑——一个新传统的成长》,王锦堂、孙全文译,华中科技大学出版社2014年版,第533页。
④ [英]T. J. 克拉克:《现代生活的画像:马奈及其追随者艺术中的巴黎》,沈语冰、诸葛沂译,江苏凤凰美术出版社2013年版,第77—78页。

一新的进程并没有席卷这座城市,人们会因它不够簇新而遗恨,也会因这折叠的时空结构和记忆褶皱而怡然自得。正如古希腊诸神的伟大塑像矮化成家庭院落的守护神一样,当人们看着小铜制雕像时会想起它曾经宏伟高大的过去时,消失的历史与命运就隐藏在眼前的造像中,而与无数人分享这种目光、共担此命运的记忆就逐渐沉积成一种生活的历史结构。层累的历史事件、重叠的目光、错综的今昔之感,都是这种沉浸式结构的形式外衣。它不断拉开时间和空间的距离,不断破坏当下生活的整体形式,不断将一切表面化,就像伊斯坦布尔人备好毛毯和水看热闹一样隔岸观火灾。这种浮夸举动恰恰暗示了一种沉浸于古都之中的可能性,之所以能够心安理得,是因为无论同情哀嚎还是无动于衷,都无法改变漫长的时间已几乎穷尽所有生活的可能性这一事实,而一次船上火灾能够暂时将人们从内心历史深处拉回至生活表面。表面则潜藏着穿梭在诸种生活方式与传统之间的可能性,在忧伤已演化至一种民族性本体论之余,于表面找到记忆褶皱、隐蔽之所和折叠的生活方式。这既是一种沉浸式结构,亦是对整体性废墟与呼愁之气的拒绝,因为在某种程度上,沉浸恰恰是因为拒绝。

帕慕克对豪斯曼化(Haussmannization)改造自然不会陌生,因为在他幼年时期,伊斯坦布尔便有许多街巷等待被改造成通衢大道。而在一个多世纪前,这里林立着宛若巴黎的街道。他在奈瓦尔的《东方之旅》中找到了曾经的商店和地标:"时装、洗衣店、珠宝店、亮晶晶的橱窗、糖果店、英法国饭店、咖啡馆、大使馆"①排列出令人震撼的气势。一个半世纪后,历经奥斯曼帝国崩溃、共和国初年的民族主义、西化政策的纷乱,伊斯坦布尔新人对古香古色的陈旧面目感到恼火,"他们渴望的,还不仅仅是宽敞的巴黎林荫大道,他们拒绝一切先于他们之物。"②帕慕克称自己在十六到十八岁间也染上这种心绪,像实用主义者一样梦想一个繁盛新城。而在新增的街道招牌上,他体会到的是另一种混乱不堪。事实上,从再版书的影像中见得,伊斯坦布尔并非像帕慕克笔下那般哀愁无望,相反,那些在异域人眼里辨识不清的文字招牌于远近错落中变成一种图像,与建筑物和车流一同属于图像的某种隐喻,它们并不是面目可憎

---

① [土耳其]奥尔罕·帕慕克:《伊斯坦布尔:一座城市的记忆》,何佩桦译,上海人民出版社 2018 年版,第 293 页。

② [土耳其]奥尔罕·帕慕克:《别样的色彩》,宗笑飞、林边水译,上海人民出版社 2011 年版,第 81 页。

的。这里显然不是不将自己想象成过客便很难忍受的地方,耸立的建筑物有其规整之处,高低错落,柯林斯式建筑直耸朝向天际的风格,人头攒动与络绎车流,无一不彰显着这里有着品味纯良、技艺完善的构筑生活的能量。在某些影像中也能辨识出不同于"呼愁"的神情:他们意外地是自信昂扬、快乐洋溢的。在帕慕克的声音外,伊斯坦布尔也有喜悦多彩的一面。此处绽出的文图关系恰如其分地表明了这一点:不管是文字说谎还是图像说谎,文字已不再是单纯的文字,图像也并非纯粹的存在,它们彼此的事实性信息互相作证、互相渐染,它们同时提供着对方的不可能性,以及向彼此世界逃避的可能性,也印证着彼此的缺憾。

　　帕慕克的碎片式叙述让前景的微小故事与作为背景的辉煌古都配合出现,这里面充溢的不仅仅是真实与虚构的内容,更是小说家在一个更远古历史中去锚定自己情感的努力。这个确定的点或许不是自己的家人,不是会带来真实痛感的家庭声音,而是历史中那个茫无际涯的虚空的核心,是前景的叙事被历史迅速掏空所形成的情感结构。这个情感结构不拒斥作为土耳其第二本性的绵延的忧伤,甚至可以说忧伤规定了这种辩证结构的边界和风格。文图在此时便形成了一种互相掏空、互相否定的辩证关系。帕慕克在《伊斯坦布尔》中两次谈到本雅明"漫步者归来"(The Return of the Flaneur)中的观点:"假使把现有的城市描写根据作者的出生地分成两组,我们肯定会发现,当地作家对相关城市的描述只占少数。"[1]"漫步者归来"是为弗朗茨·黑塞尔(Franz Hessel)《柏林漫步》一书所写的评论,本雅明与黑塞尔同为柏林生人,他提到:"《柏林漫步》是他孩提时代就听到的这座城市的故事之回声——一本彻头彻尾的史诗书,一个在闲逛时记忆的过程,在这本书中,记忆不是源头,而是缪斯女神。"[2]与城市的异乡人不同,黑塞尔的笔下没有旅行作家那种激动的印象主义,伟大的回忆录、历史学的战栗在黑塞尔这位"游荡者"眼中都是垃圾。本雅明将游荡者称为"精神场域的牧师","这个谦逊的过路人,有着牧师的尊严、侦探的直觉"[3],游荡者在城市里逡巡,他找寻的是城市引人入胜的过

---

① [土耳其]奥尔罕·帕慕克:《伊斯坦布尔:一座城市的记忆》,何佩桦译,上海人民出版社2018年版,第322页。

② Walter Benjamin, *Selected Writings*, Volume 2 part 1, edited by Michael Jennings, Howard Eiland, Gary Smith Boston: Harvard University Press, 2005, p.262.

③ Walter Benjamin, *Selected Writings*, Volume 2 part 1, edited by Michael Jennings, Howard Eiland, Gary Smith Boston: Harvard University Press, 2005, p.262.

去。本雅明不拒斥文与图掏空、否定彼此的狡黠关系,因为文图关系并不是非此即彼式的,其中的真实性内容也许会逐渐模糊,而互相摘取对方的意义印证了一个永远不会停止的锚定自我情感形态的过程。

帕慕克亦认同本雅明,异国情调是游客目光所发掘的城市风格,而当地人的城市印象总是与记忆缠绕在一起,对某处景观的瞥见可能意味着对个体与集体时间记忆的闯入。当本地人通过空间,在街角胡同里找到了童年时那些覆盖着灰尘和被遗忘的时刻,它们就像被放错了地方的珠宝镶嵌在人行道的石头中间。空间成了时间的入口。本雅明在《柏林纪事》中提到时间、记忆与空间的奇幻反应:"曾经笼罩在一个地区的想象往往给这个地区的边缘装饰以不可理解、荆棘丛生的褶子,因此,在几十年的过程中,直至今天,这幢房子附近的一家老牌杂货店(在马奇伯格街上)在以往的记忆里从未涉足;这个店成了早逝的祖父的纪念碑,只是因为店主的名字跟他的名字一样叫盖奥尔格。"[1]想象与记忆变成累加在地区之上的褶子,仿佛世界可以栖居在这些褶子里,褶子本身便是一个接一个的时空结构。德勒兹的单子论声称:"世界只存在于被包含进每个单子的它的代表之中。它们可以是咂嘴声,是喧哗,是雾,是飞舞的尘土。……就好像每个单子的深处是由无数个在各个方向不断自生又不断消亡的小褶子所构成的。"[2]记忆之于空间就像存放于褶子中的迟缓知觉,它借由空间的某条道路发出生息,记忆的时空结构在古老又洗练的道路上显现,等待着过路人将它识别、激活。记忆就像紫外线一样在生命之书中向每个人展示出一段看不见的文字,那是给全部生命之书提供注脚的预言。[3]记忆褶皱不单单存放着个人的时空沉积层,还是集体情感结构的容器。

如同归来的游荡者被视为可疑分子一样,帕慕克自身的形象也有一种典型的悖论色彩。《伊斯坦布尔》书中一页相片记录了一名男子在后街的场景。[4]

---

[1] 　[德]瓦尔特·本雅明:《莫斯科日记·柏林纪事》,潘小松译,东方出版社2001年版,第237—238页。

[2] 　[法]吉尔·德勒兹:《福柯·褶子》,于奇智、杨洁译,湖南文艺出版社2001年版,第279页。

[3] 　[德]瓦尔特·本雅明:《单向街》,王涌译,中信出版集团2021年版,第194页。

[4] 　[土耳其]奥尔罕·帕慕克:《伊斯坦布尔:一座城市的记忆》,何佩桦译,上海人民出版社2018年版,第330—331页。

图 2

《伊斯坦布尔》书内影像,均为阿拉·古勒拍摄。衣着考究的男子楔入后街的画面之中,身后是推水果车的男孩,他被置放在断壁残垣之中,仿佛被置放在时间的注视之中。

画面中的男子像是一位外来游客楔入这片残破的建筑群,他的背后是和父亲推着水果车在缓坡上前行的小孩子,相邻影像中有一位头戴围巾、面色沉郁的女人。他与画面中人物的风格迥然相异,对小孩子怯懦的眼神来说,他或许站得过于笔挺了。帕慕克亦如此,在故乡,他扮演的是游荡者的角色。当他以西方的目光看向故土时,有两种复杂的情感交错在一起,这实际上是两种情感结构的交织。一种是生于此地流连忘返的情感,包含了作者漫长的记忆;一种是西方的眼光内化成实际生活方式,以此来反观另一个自己的情感。这实际上是两种文化冲突与交融的产物,古老而又破败的中欧仿佛面临着西化国家的凝视,而生于斯长于斯的人们将这种目光内化为自我观看、自我审视的目光。

结　语

帕慕克的目光不仅是一种观看与被观看的关系,随着时间的挪移,它逐渐变成一种塑造民族性格的本体论。帕慕克既是观看的主体,又是被审视的对象。伊斯坦布尔既是故土,亦是当下;既是记忆中盛极一时的帝国,亦是现实中他无法逃避、不想逃避、深切拥抱、深情浸润其中的土耳其。每日生活在这种动态的文化与情感冲突之中,像梭罗日记中曾记录的一种"抵达":"毛茸茸的黑果现在就生长在这里,与印第安女酋长的时代及一千年前的情况完全一样。但我比她更关心它。我一点也不怀疑,有那么一刻我的感受就仿佛独自一人被困在鲁珀特王子领地的沼泽中的感受一样。"①栖息在自然之中的梭罗逶巡在荒野,如同游荡在时间的河流之中。我们能够说,无论是从外部视角的废墟与呼愁之感看伊斯坦布尔,还是从内部视角记忆与情感的不断锚定、编织看向这座城市,透过伊斯坦布尔表层的残圭断璧,已经失去的东西在一个始终延续的想象记忆空间中将今日的人们紧紧联系在一起。

The Relationship between Text and Image
in the Ruins of Time and Space
— On Pamuk's Istanbul Writing

Abstract: Pamuk's writing of Istanbul creates an image of an apocalyptic imperial Turkey, a ruined landscape that is an expression of a folded sense of time, as well as the novelist's eye. When we look at Istanbul from the external perspective of ruins and hüzün, or from the internal perspective of memory and emotion, two emotions emerge: the lingering emotion that contains the author's memory, and the Westernized vision internalized into a self-inspect way of life. This structure of emotion does not reject the continuous depression which had become the second nature of Turkey. It can even be said that the depression defines the boundary and the style of this kind of dialectical structure. At this time, the relation of text and image formed a dialectical relationship of mutual hollowing and mutual negation.

Key words: Istanbul; Pamuk; time; space; text and image

作者简介:孙琪琪,华东师范大学文学博士,上海大学文学院博士后,助理研究员。

---

① [英]西蒙·沙玛:《风景与记忆》,胡淑陈、冯樨迟译,译林出版社 2013 年版,第 676 页。

社会主义对城市公共空间的塑造与影响

——以法国鲁贝的视角考察（1892—1930）①

滕子辰

摘　要: 19世纪末期,随着社会主义运动的蓬勃兴起,法国涌现出一批社会主义市镇,其中被盖得盛赞为"社会主义圣城"的鲁贝,无疑是法国社会主义城市的典型代表。在鲁贝市政厅由社会主义者掌舵的数十年间,社会主义力量深刻影响到城市公共空间的重新布局与分配。这一过程主要体现在两个方面:一是传统上由教堂、市政厅及市政广场构成的宗教、行政与生活娱乐空间中心,逐渐让位于以工人合作社为核心的新兴公共空间;二是节日庆典活动及社会主义者主导建设的新建筑,作为次级公共空间,共同塑造出充满社会主义特色的城市空间风貌。因此,社会主义对城市公共空间的塑造,不仅彰显了社会主义者所倡导的社会公正与工人团结的价值观,也反映出社会主义思想在城市空间构建中的深远影响。

关键词: 法国社会主义运动　鲁贝　社会主义空间　社会公正

2009年,法国的《城市史杂志》以"重新审视社会主义城市"为主题发表一系列论文。其中一位历史学家从城市史的角度提出三种方式来阐释"城市与社会主义"之间的复杂关系:

第一种方法是解读社会主义思想的创始人所提出的城市思想;第二

---

①　本文系国家社会科学基金重大项目"欧洲近代社会主义思想史研究"(21&ZD247)的阶段性成果。

种是关注在社会主义思想影响下的市政计划,具体而言包括城市化和社会主义建筑的方法与价值,主要通过 1917 年或 1945 年之后出现的市政成果来论述;第三种则是不再局限于建筑层面,通过一种更全面的角度,使用社会科学的方法来重新审视社会主义城市的身份与功能。①

本文基于第三种方式,一方面是不再赘述城市的建筑或城市化层面,而是通过社会主义运动背景下城市管理者对公共空间的塑造来论述社会主义城市公共空间的转移;另一方面是借助列斐伏尔城市空间的三重属性和戴维·哈维的社会进程和空间形式的相关理论,探索城市空间和政治组织相互的联系。②

结合鲁贝的历史来看,自 19 世纪起,这座城市便被历史学家、文学家和记者称为"法国的曼彻斯特""法国的美国城市""死亡之城""企业家的天堂""比利时人的殖民地"以及"社会主义的圣城"。③其中"社会主义的圣城"之称源于 19 世纪末至第一次世界大战爆发前,鲁贝作为法国工人运动的中心之一,其地位显著。据法国政治学家雷米·列菲弗尔所言,该城见证了社会主义的辉煌,孕育了工人阶级的传奇。④因此,选择鲁贝作为研究社会主义对公共空间塑造的样本,不仅能反映出 19 世纪末期法国社会主义者在地方的实践,对于我们今天思考社会主义史的多种研究路径有一定的借鉴意义,也能从公共空间的历史维度出发,深入分析社会主义对城市空间的塑造及其影响。

---

① Lydia Coudroy de Lille,《Relire la ville socialiste》,*La revue Histoire Urbaine*,No.25,2009,p.6.

② 列斐伏尔强调了社会空间存在的社会关系生产与再生产的本质,历史地看,这既包括人自身血缘关系的生产,也包括人的"劳动及其组织的分化"的生产关系的生产,在他看来社会"空间里弥漫着社会关系;它不仅被社会关系支持,也生产社会关系和被社会关系所生产"。列斐伏尔:《空间:社会产物与使用价值》,王志弘译,载于《都市与文化》第二辑,上海教育出版社 2003 年版,第 47—50 页;国内近期关于列斐伏尔空间论述的研究可以参见张一兵:《列斐伏尔:一种改变日常生活本身的政治规划》,《山东社会科学》2024 年第 2 期。

③ Rémi Lefebvre,*50 ans de transformations urbaines et de mutations sociales*,Villeneuve d'Ascq:Presses universitaires du Septentrion,2006,p.11;Jean-Claude Daumas,*Les territoires de la laine*:*Histoire de l'industrie lainière en France au xixe siècle*,Villeneuve d'Ascq:Presses universitaires du Septentrion,2004,p.217.

④ Michel David,Bruno Duriez,Rémi Lefebvre et Georges Voix(dir.),*Roubaix*:*50 ans de transformations urbaines et de mutations sociales*,Villeneuve d'Ascq:Presses universitaires du Septentrion,2006,p.87.

一、鲁贝:"社会主义的圣城"

随着 1884 年《卢梭法》和《市镇选举法》的颁布以及社会主义运动的发展,法国曾出现一批社会主义市镇。在这些特殊的市镇中,通常由选举产生的社会主义者担任市长和市镇议会的议员,他们立足于市政厅来管理城市,实行一系列社会主义政策。在 1896 年的市镇选举中社会主义政党获得了新的胜利:社会主义者在 150 多个市镇议会中占据主导力量,[1]这种现象被法国的社会主义政党称为"红色浪潮",并且一直持续到 20 世纪初期。[2]虽然一部分社会主义市镇只是昙花一现,但是也有一些市镇的社会主义政党哪怕在选举中曾被共和党人击败,却能东山再起,甚至日后能"抵抗"法国共产主义者对市镇议会的介入,鲁贝就是其中的代表。

19 世纪末期的鲁贝是法国工人阶级重要的罢工中心之一,[3]这座城市依靠庞大的工人阶级人口、活跃的工会组织以及纪律严明的盖得派工人党支部,[4]在 1892 年的市政选举中鲁贝的工人党盖得派击败当地的共和党成为市镇议会多数派,并在之后的市镇议会中选举出一位社会主义者担任市长,这也是法国工人党成员第一次在人口超过十万的大城市中担任市长一职。对于这次胜利,法国社会主义运动的领袖盖得曾在写给选民的致谢信中把鲁贝称为"一座神圣的城市"。[5]

从 1892 年社会主义者开始执掌鲁贝市政厅一直到第二次世界大战结束

---

① David C. Wright, "Socialist municipal politics and twentieth century Limoges, France," PhD dissertation, University of Wisconsin-Madison, 1991, pp.20—21.

② «La Vague Rouge», *L'Humanité*, le 8 Mai 1914.

③ Michelle Perrot, *Les ouvriers en grève*, Paris: Mouton & Co et École Pratique des Hautes Études, 1994, pp.351—352.

④ 以 1900 年鲁贝的人口为例,此时人口总数为 10 余万,其中纺织工人数量大约为 3 万,而鲁贝的纺织工人工会和工人合作社则是整个诺尔省地区最活跃的工人组织,并且和盖得派联系密切。查尔斯·蒂利认为 20 世纪的鲁贝和巴黎一样走在法国罢工运动的前列,书写了法国工人阶级政治的历史。参见:Rémi Lefebvre, «Les socialistes, la question communale et l'institution municipale, Le cas de Roubaix à la fin du XIXe siècle», *Cahiers Jaurès*, No.177—178, 2005, pp.72—73;查尔斯·蒂利著,汪珍珠译:《法国人民:四个世纪、五个地区的历史》,北京大学出版社 2019 年版,第 530 页。

⑤ Jean-Numa Ducange, *Jules Guesde: The Birth of Socialism and Marxism in France*, trans. David Broder, Gewerbestrasse: Palgrave Macmillan, 2020, p.60. 楼均信选编:《沈炼之学术文选》,杭州大学出版社 1998 年版,第 201 页。

后的几十年里,除了 1902 年到 1912 年共和党人曾短暂地重回市政厅以及两次世界大战时期鲁贝作为沦陷区被德国人占领以外,这座城市的市长一职以及市镇议会的大多数议员都是社会主义者,他们以社会主义政党的市政纲领为指导,实施一系列改良活动,正如考茨基所言:

> 在某些工业城镇,无产阶级可以把这里的市政府控制在自己手中,通过这种方式他们至少可以限制无产阶级敌人的行动,并在一定程度上实行一些不能指望资产阶级政权来实行的个别改良……譬如在伦敦,在鲁贝,最近在德国的米尔豪森,都是如此。①

从鲁贝社会主义运动的历史来看,当 1892 年盖得派成员入驻市政厅时,他们认为自己继承并接受了 19 世纪巴黎公社的革命传统,并以革命的社会主义者自居,在他们的宣传中还经常出现一些革命术语。可是随着选举形势的变化和 1905 年工人国际法国支部的成立,1912 年入驻市政厅的社会主义者越来越多地参与到市政实践和管理中,他们的演讲和写作等公共活动却越来越少,尤其在第一次世界大战结束后,一部分社会主义者已经发现占领市政厅并不能推动革命事业,发展市政社会主义也不会让社会主义降临。即便如此,从 1892 年至 1930 年的这段时间里,鲁贝的社会主义者在有限的政治空间中创造了一段属于工人阶级的"神话":

一是鲁贝的社会主义市政厅在当时法律允许的框架内,废除入市税、新设富人奢侈品税等措施改革了市镇财政税收比例,在提高地方财政收入的基础上市镇议会努力制定有利于工人阶级的新政策以此改善工人阶级的生活;②二是在公共卫生方面,社会主义者的实践主要针对不卫生住房和街道的卫生,改善了当时鲁贝工人阶级住房的环境,让工人阶级住进了体面和舒适的房屋之中,并且提高了街道的清洁效率,改变了城市的面貌;三是在公共教育方面,

---

① 卡尔·考茨基著,何江、孙小青译:《社会革命》,人民出版社 1980 年版,第 52 页;Charles Rappoport, *Encyclopédie socialiste, syndicale et coopérative de l'Internationale ouvrière*: *La révolution sociale*, Paris: Aristide Quillet, 1912, p.478。

② 例如鲁贝社会主义市政厅规定内脏、杂碎、日用肥皂、罐头、某些特定地区生产的奶酪等底层大众消费的产品免收入市税,而对牡蛎、家禽、高档香皂、搽面香粉等资产阶级热衷的高档产品提高其税额。Gustave Siauve, *Roubaix socialiste ou Quatre ans de gestion municipale ouvrière*, 1892—1896, Lille, 1896, p.13。

户外校园和市政托儿所的建设不仅让学童的学业和健康得到了保障,免费丰盛的食物和分发的衣物也减轻了当地工人阶级的家庭负担;四是在市民日常生活领域,无论是建设市政游泳馆还是工人疗养院等福利机构,既缓解了社会矛盾又宣传了社会主义。

可以说鲁贝社会主义者的地方实践成效显著,这也吸引法国各地的社会主义市镇选派代表到鲁贝考察和学习,该活动被社会主义的官方宣传为"对无产阶级与资本主义抗争之地的一次朝圣之旅",鲁贝也被誉为"工人阶级管理市政厅的典范"。①在社会主义者以鲁贝为"据点"大刀阔斧地实施市政纲领的同时,他们的实践也对城市核心公共空间的转移产生了一定影响,社会主义者创建的工人合作社是其中的代表。

二、核心公共空间的转移:工人合作社

城市空间的演变离不开人类的活动,其本质则与影响人类实践的意识形态息息相关。城市的公共空间起着满足人们基本生存、交流和娱乐需求的作用,同时发挥着政治的、宗教的、商业的、市政的和社会的功能。具体而言,公共空间是公共生活的场所、不同社会群体聚集的场所、展示社会各种象征和意象的空间以及城市活动交流体系的一部分。而列斐伏尔则认为对社会空间和社会生活的需求并不仅仅是出于心理的和社会的需要,还是一种政治需要,②他指出"以历史性的或自然性的因素为出发点,人们对空间进行了政治性的加工、塑造。空间是政治性的、意识形态性的。它是一种完全充斥着意识形态的表现。"③

亨利·列斐伏尔的这一观点,深刻地影响了学界对城市公共空间的认识。通过他的理论,可以更深入地理解城市空间如何被不同的社会力量所塑造,以及这些空间如何反过来影响城市居民的行为和思想。在鲁贝,社会主义者通过工人合作社的建立,将公共空间的政治和意识形态功能推向了新的高度。工人合作社不仅为工人阶级提供了经济上的支持和保障,还成为了一个展示

---

①　《L'oeuvre socialiste de Roubaix》,*Le Populaire*,le 29 Avril 1929;《Voyages d'Etudes Municipales dans le Nord》,*Le Populaire*,le 5 Mars 1926.

②　维卡斯·梅赫塔著,金琼兰译:《街道:社会公共空间的典范》,电子工业出版社 2016 年版,第 21—23 页。

③　亨利·列斐伏尔著,李春译:《空间与政治》,上海人民出版社 2015 年版,第 37 页。

社会主义理念和实践的平台。在这里,空间的使用和管理体现了工人阶级的意志和需求,从而在城市中形成了一个与资本主义传统公共空间截然不同的社会主义公共空间。通过这样的空间转移,鲁贝的社会主义者不仅改变了城市的物质面貌,更在意识形态上对城市居民产生了深远的影响。19 世纪末期的鲁贝,由社会主义者创建的和平社(La Paix),不仅是当地极具影响力的工人合作社典范,还是一个充满政治与社会主义意识形态色彩的核心公共空间。

　　和平社最早于 1885 年在鲁贝由一个比利时社会主义团体创建,该团体以比利时社会主义者安塞勒(Edward Anseele)创建的前进社(Vooruit)为模板成立和平社,并在 1886 年曾获得由前进社提供的 1 000 法郎的启动资金。[1]1890年和平社和另一位鲁贝工人领袖卡雷特创建的未来社(L'Avenir)合并,之后比利时人把合作社的领导权移交给法国人,并保持成立之初“和平社”的名称。[2]和平社是法国的第一个“人民之家”(Maison du Peuple)模式合作社,[3]在《社会主义百科全书》中它被描述为“法兰西第一家社会主义合作社”。和平社成立之初的目的是向工人阶级出售物美价廉的面包和煤炭。1891 年只有1 000 多户工人家庭加入和平社,1893 年上升到 2 000 余户家庭,到了 1898 年已经有大约 5 000 户家庭加入和平社,影响到两万余鲁贝人的日常生活。[4]此后随着社会主义运动的发展,打着“联合、团结、互助和博爱”旗号的和平社成为法国北部地区规模和影响力最大的工人合作社之一。[5]

　　和平社的地址位于鲁贝市区的中心位置,这座和平社大楼建于 19 世纪末

①　Jean Puissant, *Relations socialistes sans frontière. Belgique et Nord de la France*, *Cent ans de social-isme septentrional*, Lille: Publications de l'Institut de recherches historiques du Septentrion, 1995, p.82; Robert Baker, “A Regional Study of Working-Class Organization in France: Socialism in the Nord, 1870—1924,” PhD dissertation, Stanford University, 1967, p.61.

②　Philippe Waret, *Deux lieux importants: la Paix et le Mont de Piété*, Bibliothèque Numérique de Roubaix: Dossiers thématiques, 2010. 具体参见鲁贝数字图书馆的 Document Ateliers Mémoire de Roubaix 主题项目,网址为:https://www.bn-r.fr/espace-thematique/le-quartier-edouard-anseele-par-les-ateliers-memoire. 访问时间:2024 年 9 月 25 日。

③　Louis Bertrand, *Histoire de la coopération en Belgique: les hommes, les idées, les faits*, Bruxelles: Dechenne, 1902, p.110; Sandrine Zaslawsky, *Maisons du Peuple: des origines à nos jours*, La Chaux-de-Fonds: Bibliothèque de la Ville, 2017—2018, pp.5—11;《国际共产主义运动史文献》编辑委员会编译:《第二国际第二、三次代表大会文件》,中国人民大学出版社 1991 年版,第 124—125 页。

④　Pierre Brizon, *Encyclopédie socialiste, syndicale et coopérative de l'Internationale ouvrière: La Coopération*, Paris: Aristide Quillet, 1913, p.218.

⑤　Médiathèque de Roubaix, *Chansons de la Médiathèque de Roubaix*, CHA_0145.

期,是一座专门为工人合作社设计的独立大楼,其设计理念主要是服务于工人阶级。这也是由鲁贝当地的工人阶级人口数量决定的:1900—1901年,鲁贝大约有12万人口,工人阶级占据城市人口的大多数,其中仅纺织工就有近35 000名。[1]在这样一座以工人群体占据显著多数的城市中,隶属于工人党盖得派的和平社自然而然地成为了鲁贝的核心空间,如果说鲁贝是法国的一块"社会主义飞地",那么和平社大楼便是这块"飞地"的核心,其重要性主要体现在以下三个层面:

第一,政治中心从原先的市政厅和市镇议会转移至和平社。和平社的大楼包含工人党在鲁贝的党支部、工人互助会以及鲁贝最大的工会——纺织工会的办公室。这些涉及社会主义运动和城市管理的部门一般选择在和平社大楼中的会议室讨论并制定相关政策。例如鲁贝的市长和市镇议会中的社会主义议员一样都是法国工人党鲁贝支部的党员,受到工人党的制约,只有在和平社的党支部会议中通过的提案和决议才能有机会拿到市镇议会中讨论,甚至有些提案会绕过市镇议会直接发布。可以说在和平社举行的党支部会议的重要性已经超过当地的市镇议会,和平社的大楼俨然成为鲁贝的行政中心。鲁贝的市政厅可以视为"和平社的分部"。[2]对此,当地工人党的政敌认为这种绕过市镇议会讨论就直接公布提案的行为是一种"独裁",让人联想到路易十四的那句"朕即国家"。[3]

第二,社会主义运动的重心开始向和平社集中。和平社举办面向公众的辩论会和讲座,这些与工人阶级有关的文化活动一般由社会主义运动领袖主讲。例如1903年11月6日,和平社就举办了一次面向公众的辩论会,参加人员有盖得、德洛里和桑松,讨论的主题是"社会主义与合作社"。[4]和平社举办的这些活动对于工人阶级起到了教化和动员作用,同时还向非社会主义人士

---

[1] Xavier de Planhol and Paul Claval, *An Historical Geography of France*, Cambridge: Cambridge University Press, 1994, p.402; Rémi Lefebvre, «Les socialistes, la question communale et l'institution municipale, Le cas de Roubaix à la fin du XIXe siècle», *Cahiers Jaurès*, No.177—178, 2005, pp. 72—73.

[2] Rémi Lefebvre, «Le conseil des buveurs de bière de Roubaix(1892—1902). Subversion et apprentissage des règles du jeu institutionnel», *Politix*, No.53, 2001, p.98.

[3] Ville de Roubaix, *Bulletin Communal 1901*, Roubaix: Imprimerie administrative et commerciale, 1901, p.189.

[4] «Réunion Publique», *Le Travailleur*, le Septembre 6, 1903.

宣传社会主义主张。因此在第七届工人国际法国支部全国大会上这种工人合作社被来自诺尔省的社会主义代表称为"社会主义者的小学",他们认为工人合作社可以让不熟悉组织和不了解社会主义学说的工人进入社会主义的世界。[1]

同时,和平社还有一座藏书量约 1 300 册的图书馆,涵盖了文学、科学及社会学等多个领域的著作。市民们在此不仅能自由借阅书籍,还能加入各类专注于社会主义研究的兴趣小组,与志同道合的伙伴们共同研读工人党的会议记录、报刊文章及书籍。以鲁贝的马克思主义小组(Groupe Socialiste Karl-Marx)为例,该小组在 1892 年 10 月便定期于和平社相聚,在晚上 7 点半开展活动,内容涵盖讨论会议记录、新成员的接纳仪式、市政问题的研究探讨以及集体阅读活动。另外诸如鲁贝自由思想小组、布朗基小组以及社会主义青年小组等一系列左翼团体,也纷纷选择和平社作为他们小组学习与交流的场所。[2]

第三,从市民日常生活的核心空间这一角度来看,一方面和平社是鲁贝铜管乐队、合唱团、小号手团队、体操舞蹈团体、击剑俱乐部及话剧团等多元化组织的坚实后盾,和平社不仅为各类团体提供了宽敞的排练空间,还积极策划并组织他们面向公众的表演活动,极大地丰富了市民的文化生活。值得一提的是,自 1914 年起,和平社大楼内部还增设了电影院,进一步成为市民享受文体活动的核心场所;[3]另一方面,和平社深度融入当地市民的日常生活,提供与食物、取暖及救助等紧密相关的服务:会员能在此处购得经济实惠的面包、煤炭等日常消费品,这些商品所得利润不仅用于援助生病或受伤的工人,更为罢工期间的工人提供必要的经济补助。例如在 1901 年爆发的一次大罢工中,和平社曾为罢工的工人提供了 5 000 千克的面包,并投票通过了 1 000 法郎的资

---

[1] Parti socialiste SFIO, *7e congrès national tenu à Paris les 15 et 16 juillet 1910*, compte-rendu sténographique, Paris: Au siège de Conseil National, 1910, p.170.

[2] 《鲁贝社会主义报》刊登的《活动通知》一栏中可以发现鲁贝各种小组的活动情况,通过这份刊物可以很好了解到鲁贝不同社会小组在和平社的活动情况。具体参见: «Convocation», *Roubaix socialiste*, Janvier 10, 1892; «Convocation», *Roubaix socialiste*, Octobre 29, 1892; «Convocation», Roubaix socialiste, Octobre 1, 1892。

[3] Paula Cossart, Julien Talpin, «Les Maisons du Peuple comme espaces de politisation Étude de la coopérative ouvrière la paix à Roubaix(1885—1914)», *Revue française de science politique*, Vol.62. No.4, 2012, pp.33—35; Philippe Waret, *Deux lieux importants: la Paix et le Mont de Piété*, Bibliothèque Numérique de Roubaix: Dossiers thématiques, 2010.

金援助以及每周 100 法郎直到罢工结束的救助金。①

此外,作为一座依靠比利时移民工人发展起来的工业城市,和平社对于当地的弗拉芒移民的日常生活也有着重要的影响。②这部分在政治和社会上处于一种边缘化状态的弗拉芒工人,一般会受到社会主义者的影响而积极加入和平社。他们选择在和平社中购买商品并且参加合作社的志愿者活动。除此之外,对于鲁贝的比利时人来说,和平社还扮演着一个类似"同乡互助会"的角色,不会法语的弗拉芒人可以在这里打听用工信息,当他们寻求帮助的时候,和平社中来自比利时的工作人员就会去市政厅帮助他们办理一些事务。③

和平社的创立,标志着传统以教堂、市政厅及市政广场为核心的公共空间正逐步向具有鲜明社会主义性质的公共空间过渡,以和平社为核心的新兴公共空间,成为城市生活的新焦点。和平社不仅跃升为城市的行政枢纽,还成为工人阶级的消费、文化与娱乐中心。作为社会主义运动蓬勃发展的结晶,和平社还肩负起工人阶级的救助重任,保障劳动者的权益,并成为推动当地民族团结和唤醒工人参与社会主义运动的公共空间典范。

19 世纪末,鲁贝的盖得派依靠和平社能够更好地宣传社会主义,并且动员工人阶级参与投票,鲁贝工人的选举参与率和动员率是全法国城市中最高的,分别在 83% 和 74% 左右,其中的大多数选民都是社会主义政党的支持者。④可以说和平社不仅促进了市民的阶级认同和团结意识,而且让他们了解

---

① Hubert Rouger, *Encyclopédie socialiste, syndicale et coopérative de l'Internationale ouvrière: La France socialiste. Tome 2*, Paris: Aristide Quillet, 1912, pp.410—411.

② 从 1814 年到 1891 年鲁贝的人口增长来看,比利时移民人数占城市人口总增长数的 52.7%,而在第二帝国时期占人口增长的四分之三,从 1870 年开始,鲁贝的人口中比利时人多于法国人,并在 1881 年达到了最大值:这一年鲁贝的法国人数量约为 40 637,比利时人的数量约为 49 238,占全市人口的 54.4%,因此在研究鲁贝人口的学者看来这种现象放在法国来说都是独一无二的。具体参见: Michel David, *Les Cahiers de Roubaix: L'intégration des Belges à Roubaix*, la Médiathèque de Roubaix et la Ville de Roubaix, 2000, p.23; Mathilde Wybo, *Cultures, patrimoines et migrations à Roubaix*, l'Architecture et du Patrimoine, 2009, p.24; Firmin Lentacker, «Les frontaliers belges travaillant en France: caractères et fluctuations d'un courant de main-d'œuvre», *Revue du Nord*, tome 32, No.126—127, 1950, p.134.

③ Jacques Landrecies, «Une configuration inédite: la triangulaire français-flamand-picard à Roubaix au début du XXe siècle», *Langage et société*, No.97, 2001, p.47.

④ Paula Cossart, Julien Talpin, «Les Maisons du Peuple comme espaces de politisation Étude de la coopérative ouvrière la paix à Roubaix(1885—1914)», *Revue française de science politique*, Vol.62. No.4, 2012, p.42.

到社会主义的本质,为当地的社会主义运动培养出一批积极分子,在一定程度上培养了社会主义的市民。对此法国一位历史学家认为当盖得派的成员们开始征服诺尔省的时候,主要是通过合作社、工会和歌舞厅的网络而实现。①

对比同时期法国各地工人合作社,和平社在社会主义政党的引领下,承载着特定的政治使命,其政治角色显著超越其社会职能,而其他法国工人合作社则多与社会主义政党维持着平等合作或互不干涉的平行状态。在此政治组织框架下构建的社会主义空间,不仅彰显了社会主义对市民的深刻教化,更成功打破了传统"有闲阶层"所垄断的空间界限。在这一空间里,工人阶级得以与"有闲阶层"共享文化生活的乐趣,工作之余亦可尽情欣赏戏剧、音乐与电影。这不仅极大地丰富了工人阶级的精神世界,也让他们在工作创造价值之余,能在闲暇时享受到与"有闲阶层"相同的文化娱乐体验,深刻体现了社会主义空间所倡导的平等精神。

三、社会主义者对公共空间的塑造

在城市的发展历程中,政治与意识形态对城市空间再分配的影响不仅体现在城市地理层面的变迁上,如标志性建筑的屹立、街道布局的精妙以及功能分区的明确划分,更深深植根于人文土壤之中,如市民价值观的塑造、街道命名的文化意蕴,乃至某一阶级独特文化习俗的展现。它们共同塑造了城市的独特定位与多元化功能。因此在城市化的过程中,空间的每一次重构与再分配,都是对特定时代生产关系与意识形态的反映,它们相互映照,共同绘制出城市发展画卷。

结合法国历史来看,早在大革命期间,巴黎的革命者们通过破坏或改变既存的建筑,消除旧建筑物的象征符号和铭文,或修造新建筑,并赋予新的雕刻或铭文等蕴含革命意识形态的象征符号,向社会大众传递着决裂与新生的观念。尤其是革命节庆期间对庆祝场所的空间安排和建筑设计,更是淋漓尽致地体现了革命者们教化新民的目标。②

在鲁贝也能发现这座城市空间的演变反映出社会主义对这座城市的影响

---

① Daniel Gaxie(ed.), *Explications du vote. Un bilan des études électorales en France*, Paris: Presses de Sciences Po, 1989, pp.169—170.

② 洪庆明、许珊珊:《巴黎城市公共空间的重构与革命意识形态宣教(1789—1794 年)》,《全球城市研究》2022 年第 3 期,第 63—64 页。

或某种程度的塑造。鲁贝的社会主义者希望让社会主义的思想融入城市的文化和市民的日常生活之中,他们通过对街道改名、对节日庆典的空间建构以及修建新的市政建筑作为次级空间,以此让这座"社会主义的圣城"变得实至名归,这种日常社会实践也揭示了空间本质和社会进程与空间形式关系的哲学奥秘。①

街道改名运动

自古以来,街道作为列斐伏尔提出的"空间的表征"以及"表征的空间",向来都是城市重要的空间。独裁者、政府、政策决定者、规划师、设计师和开发商们都会利用街道达到重塑、改造、控制城市的目的,街道还是市民表达社会和政治信仰、需求、见解的空间。②19 世纪末,鲁贝的社会主义者重视街道的管理,他们不仅将部分私人街道纳入市政厅的管理范畴,还启动了一系列以街道为中心的治理行动。同时鲁贝的社会主义者针对城市街道发起了改名运动,并在一些主干道附近为社会主义先驱设立雕像。③

1896 年,社会主义市镇议会做出了一个具有深远意义的决定,他们将位于市中心附近的马萨林街正式更名为布朗基街。布朗基作为法国社会主义的先驱和巴黎公社的传奇人物,以他的名字来命名街道也是一种宣传活动:马萨林这个名字在当时代表着旧制度和旧秩序,而布朗基则象征着新兴的社会主义思潮和工人阶级的斗争精神。通过将马萨林街更名为布朗基街,社会主义市镇议会不仅表达了对布朗基及其理念的支持,更是向整个社会传递了一个明确的信息:社会主义思想正在逐渐深入人心,成为推动社会进步的重要力量。这次更名不仅是对布朗基个人的纪念,更是对整个巴黎公社精神的传承和弘扬。这一举动在当时具有一定的象征意义,标志着社会主义思想在鲁贝的地位日益提升,同时也反映了工人阶级在政治和社会生活中的影响力逐渐增强。

1912 年,在社会主义者的推动下,市镇议会决定以鲁贝第一任社会主义市长卡雷特的名字命名一条街道。④在市政厅的会议上,勒巴斯作为当时的

---

① [英]戴维·哈维著,叶超、张林、张顺生译:《社会正义与城市》,商务印书馆 2022 年版,第 334—335、6 页。

② [美]维卡斯·梅赫塔著,金琼兰译:《街道:社会公共空间的典范》,电子工业出版社 2016 年版,第 13 页。

③ Archives municipales de Roubaix, *Rapport sur l'administration et la situation des affaires de la ville de Roubaix 1893*, Roubaix: Imprimerie Adminstrative et Commerciale, 1894, p.200.

④ L'abbé Th. Leuridan, *Les Rues de Roubaix*, Roubaix: Imprimerie du «Journal de Roubaix», 1914, pp.138, 186.

市长，表达了他对卡雷特的高度评价，他认为卡雷特不仅在第二国际中享有极高的声誉，而且对鲁贝市的社会主义事业产生了深远的积极影响，卡雷特的贡献不仅限于理论和宣传，更在于他实际推动了鲁贝市的社会进步和工人阶级的福祉。因此，勒巴斯认为这座城市应该对卡雷特表示深深的感激之情，承认他为鲁贝市所做出的巨大贡献，并且应该给予他应有的荣誉和尊重。①

20世纪20年代，社会主义者又分别以盖得和饶勒斯的名称命名了两条马路，并在火车站附近为盖得建造一座雕像。这座1925年完工的雕像不仅有盖得生平及其贡献介绍，将其称为"劳工群体中的教育家和组织者"，在雕像的背面还刻有一段盖得曾经在鲁贝发表的演讲词，直到今天这座雕像依然矗立在鲁贝的火车站附近，提醒市民不要忘记盖得为社会主义事业所做出的卓越贡献。②

到了20世纪30年代，为了纪念比利时社会主义者爱德华·安塞勒（Edouard Anseele）对鲁贝社会主义运动的贡献，市镇议会把曾经比利时移民的聚集地龙格海斯街改名为爱德华·安塞勒街。③一名议员认为鲁贝有着成千上万的比利时劳工，安塞勒作为这些"弗兰德斯人的启蒙者"和比利时社会主义运动的先驱理应得到鲁贝市政府的重视，尤其安塞勒曾经对鲁贝工人合作社和工会的建立影响巨大，这样一位为工人阶级服务的先驱值得鲁贝人纪念。④这也是社会主义者发起的改名运动中影响较大的一次：把城市人口最多的一个街区以外国人的名字命名，这在鲁贝的历史上比较罕见，尤其这名外国人还是比利时工人运动的领袖。

尽管鲁贝社会主义者发起的改名运动无论是规模还是影响上和大革命期间的巴黎改名运动相比差距较大，但是对于一座常年处在省长监视下的社会主义之城来说实属不易，在今天鲁贝依然存在以法国社会主义先驱命名的道路、街区和学校，侧面反映出社会主义曾经在这座城市的辉煌，也在一定程度折射出当时城市公共空间中的社会主义元素。

① Archives municipales de Roubaix, *Rapport sur l'administration et la situation des affaires de la ville de Roubaix 1912*, Roubaix：Imprimerie du «Journal de Roubaix»，1913，p.523.
② 鲁贝市政档案馆：PHO_DIA_DEL1_212。
③ Yves-Marie Hilaire, *Histoire de Roubaix*, Dunkerque：Beffrois，1984，p.223.
④ Archives municipales de Roubaix, *Ville de Roubaix*, *Conseil Municipal 1938*, Roubaix：Imprimerie Typographique et Lithographique Boittiaux，1938，pp.206—207.

节日庆典的空间建构

作为庆典和游行的场所,不同群体的人可以来到街道展现他们的风俗,表达自己的信仰,从而扩展公共空间的包容性。在维卡斯·梅赫塔看来:"庆典大街不仅是新兴庆祝方式的发源地,也是新鲜事件频发的场所,随着社区的不断发展壮大,新的表达形式和传统惯例正在逐渐形成。"①鲁贝的社会主义者除了发起街道改名的活动外,还以当时盛行的巴黎公社纪念日和五一劳动节为契机,利用对节日庆典的空间建构宣传社会主义。

从 19 世纪末期开始,法国的许多城市分别会在每年的 3 月和 5 月举行巴黎公社纪念日(Anniversaire de la Commune)和五一劳动节活动,这是工人阶级和社会主义者最重要的两个节日。作为"社会主义圣城"的鲁贝自然也是每年大力庆祝这两个节日的主要城市之一。以巴黎公社纪念日为例,在这一天鲁贝的社会主义者会邀请工人运动的领袖来到城市演讲,并组织游行和庆典活动,在 1903 年关于鲁贝举行巴黎公社纪念日的报道中这样写道:

> 游行活动于上午 10 点拉开序幕,工人们陆续聚集至社会主义合作社——和平社的宏伟建筑前,并组成浩浩荡荡的游行队伍,向车站进发以迎接即将来的演讲者。不久,和平社的大厅和餐厅庭院便人头攒动,一面巨大的红旗在和平社大楼上空飘扬,其上点缀着五彩缤纷的灯笼。游行队伍启程后,他们抵达了火车站,发现车站广场已经熙熙攘攘,人群在此静候来自巴黎的火车。当盖得、瓦扬和德洛里现身站台时,伴随着震耳欲聋的欢呼声,铜管乐队开始奏响歌曲。随后,由数千人组成的游行队伍沿着火车站大道行进,穿过热闹的大广场、莫特路以及拉努瓦路,朝着工人合作社的方向前进。在游行队伍中,人行道上聚集的市民为盖得等人喝彩,而其他人则高声唱响社会主义歌曲。②

通过报道可以发现,在巴黎公社纪念日的活动中,游行队伍的路线或许颇有讲究。游行的人群一般会选择火车站作为第一个目的地,在火车站迎接到领袖人物后,队伍会穿过鲁贝的市政广场,在那里矗立着鲁贝市最大的天主教

---

① ［美］维卡斯·梅赫塔著,金琼兰译:《街道:社会公共空间的典范》,电子工业出版社 2016 年版,第 19 页。

② «Grande Manifestation Socialiste», *Le Travailleur*, le Mars 17, 1902.

教堂和市政厅。在线路上一般会经过以莫特家族和拉努瓦家族命名的马路，莫特家族代表了资本家的利益，而拉努瓦家族则是弗兰德斯地区显赫的贵族世家。这两个家族的名称被用来命名街道，本身就反映了他们在当地社会和经济中的重要地位。鲁贝的社会主义者在选择游行路线时，显然有着更深的考虑。他们特意选择了这条充满象征意义的路线，其目的不仅仅是庆祝某个特定的节日或庆典活动，或许可以看出社会主义者们试图在庆典活动中创造出一种特殊的"革命节日空间"。这种空间不仅仅是一个物理上的存在，更是一种社会和政治上的象征。他们希望通过这种方式，向公众传达一种反抗资本家和统治阶级的信息。在这个空间里，游行者们可以展示他们的力量和团结，试图在日常生活中创造出一种反抗的氛围，通过建构一种反抗资本家或统治阶级的"革命节日空间"，以此来激发公众的意识，推动社会变革的进程。①

值得一提的是，不同于大革命期间"联盟节"完全忽视室内空间的安排，②作为主办巴黎公社纪念日庆典的和平社，其内部的装饰和社会主义息息相关，一篇关于和平社装修之后的文章这样写道：

> 当几个月之后再回到这里，一切都经过了修缮。咖啡厅粉刷得非常可爱，宴会厅非常华丽，在墙壁上挂着的肖像中，有盖得、饶勒斯、马克思、李卜克内西等人的画像。大厅还悬挂着用蓝色彩带装饰的社会主义格言。③

从当时的报道中不难看出，歌曲、红旗以及社会主义领袖的画像作为社会主义最主要的象征符号，遍布鲁贝的公共空间。这些象征不仅具有重要的政治功利目的，还象征着工人阶级在城市中的主导地位。它们不仅起到了团结和教化工人阶级的作用，还是一种有效的宣传手段，用以巩固自身的合法性，让这座"社会主义圣城"享誉全国。正如戴维·哈维所言："空间可以反映和影

---

① 笔者这里受到了莫娜·奥祖夫的启发，她在《革命节日》中认为从游行队伍在城市空间的路线可以发现城镇反抗理性专制的痕迹，因此结合本文来看，在社会主义者组织的节日庆典中，市民的游行路线或许也有其特殊的含义。具体参见：[法]莫娜·奥祖夫著，刘北成译：《革命节日》，商务印书馆 2017 年版，第 197—198 页。

② [法]莫娜·奥祖夫著，刘北成译：《革命节日》，商务印书馆 2017 年版，第 193 页。

③ «A La Coopérative La Paix», *L'Egalité Roubaix-Tourcoing*, le Août 9，1899.

响社会关系,它有某种意识形态的目的,它部分地反映了社会中统治制度和统治集团的主流意识形态……给城市文化中的日常生活赋予文化和意义。我们周遭城市环境的标志、符号和信号对我们影响巨大。"①

修建新建筑

在鲁贝市政厅推动落实的市政建筑中,社会主义者并未简单地复制巴黎革命家的足迹——通过摧毁旧有建筑或利用新建筑的装饰来宣扬革命思想。相反,他们为新兴的市政建筑注入了更为多元化的实用功能,其中市政游泳馆便是这一理念的典范。回溯至 1922 年的市镇会议,一位秉持社会主义理念的议员针对罗马路市政浴室楼现存的问题——淋浴设施简陋、浴室数量匮乏,提出了深刻见解。他站在保障市民公共卫生福祉的高度,力荐政府在市中心区域兴建一座设施完备、面向全民开放的游泳馆,以此作为改善市民生活质量的重要举措。②随后,在 1923 年与 1924 年,多位社会主义议员积极提交了关于建设市政游泳馆的提案,他们在议会报告中详尽阐述了游泳馆的设计风格、规划面积、所需设备以及预计的投资金额,这一详尽的计划最终获得了鲁贝市镇议会的批准。③

此后经过市镇议会数次的商讨,鲁贝的市政游泳馆项目从 1927 年开始施工,最终在 1932 年竣工并投入使用。游泳馆以当时风靡全球的装饰派艺术风格(Art deco)为主,大楼外观类似熙笃会修道院的形象,作为主体建筑出现的游泳池由象征着太阳升起和落下的彩色玻璃窗照亮,并且也符合奥林匹克的标准。④建成后的游泳馆曾被一家外地的报纸称为"欧洲最美丽的游泳池"。⑤

对于鲁贝的社会主义者来说,游泳馆的建成一方面向外界展示了工人阶级出身的社会主义团队在市政厅中卓越的管理能力,宣传了社会党在地方的执政水平;另一方面由社会主义市政府控制的游泳馆虽然没有提供免费的服

---

① [英]戴维·哈维著,叶超、张林、张顺生译:《社会正义与城市》,商务印书馆 2022 年版,第 334—335 页。

② Ville de Roubaix, *Bulletin Communal 1922*, Roubaix: Imprimerie administrative et commerciale, 1923, p.338.

③ Ville de Roubaix, *Bulletin Communal 1924*, Roubaix: Imprimerie administrative et commerciale, 1925, pp.335—342.

④ 游泳馆历史参见: https://www.roubaix-lapiscine.com/musee-la-piscine-pres-de-lille/la-piscine-roubaix/.

⑤ «Piscine et bains-douches», *Le Sud: journal républicain du matin*, le 6 Janvier 1933.

务,但是对比其他城市的公立或私人游泳馆,其低廉的票价和高质量的服务也让当地的市民感受到社会主义市政厅带来的福利。1935 年法国波尔多的市政游泳馆的票价是 3 法郎,1936 年巴黎一家游泳馆的票价 3.5 法郎,而根据 1936 年鲁贝的市政府档案来看,此时鲁贝市政游泳馆的票价没有上涨,仍保持 1932 年的 2.5 法郎。①在遭遇经济危机导致物价上涨的该时期,能够保持原先的价格也能说明鲁贝市政游泳馆在一定程度上代表着一种社会福利。②鲁贝的市政游泳馆还和当地的市政学校合作,为小学一年级的学生提供游泳课的服务,根据统计,从 1933 年到 1936 年,市政游泳馆为鲁贝一年级的小学生提供了 16 547 次免费的服务。③

对于鲁贝的市民而言,这座游泳馆不仅是体育健身与卫生清洁的场所,更成为了他们周末休憩与放松的优选之地。在这样一个社会阶层分明的城市中,游泳馆如同一座桥梁,连接了鲁贝社会各阶层,使之得以在此汇聚一堂。即便是工人阶级的子女,也能与工厂主的后代并肩,共同享受社会主义为他们带来的福祉。因此,市政游泳馆作为平等精神的象征性公共空间,不仅切实惠及了工人阶级,还积极传扬了社会主义者所倡导的平等理念。这一由社会主义市政厅精心打造的游泳馆,无疑承载着深远的社会与政治意义。

综上所述,社会主义对空间的塑造不仅体现在物质结构上,更深刻地影响了鲁贝的社会关系和文化认同。通过公共空间的更新与改造,工人阶级在城市中的地位得到了提升,他们不再是被边缘化的群体,而是成为了城市发展的积极参与者和受益者,每个人都有权利决定生产什么样的城市生活。④因此社会主义的公共空间促进了社会的团结与阶级间的平等,为鲁贝的社会主义实验奠定了坚实的社会基石。

---

① 鲁贝游泳馆的游泳价格和洗浴价格有所区分:游泳部门票为 2.5 法郎,需携带泳衣和毛巾;出租救生圈的费用为 1 法郎。洗浴部的门票最高为 5 法郎的套票,包含浴缸使用权和两条毛巾;浴室价格分为 3.5 法郎和 2.5 法郎,包含两条或 1 条毛巾;自带毛巾者价格为 2 法郎;寄存物品价格为 0.5 法郎,具体参见:Ville de Roubaix, *Bulletin Communal 1932*, Roubaix: Imprimerie administrative et commerciale, 1933, pp.1195—1196.

② «Piscines municipales et éducation physique», *La France de Bordeaux et du Sud-Ouest*, le 12 Avril 1935;«Le sport, les gens, les faits», Match, le 28 Janvier 1936.

③ Archives municipales de Roubaix, *Rapport sur l'administration et la situation des affaires de la ville de Roubaix 1936*, Lille: Imprimerie O. S. A. P., Administrative et Commerciale, 1937, pp.60, 96.

④ [英]戴维·哈维著,叶齐茂译:《叛逆的城市:从城市权利到城市革命》,商务印书馆 2014 年版,第 139 页。

结　语

　　从 20 世纪 80 年代开始,西方历史学家提出了历史研究的"空间转向",关注和研究城市、社区,还有一些微观的空间及其如何演进,开辟了历史研究的新领域。①例如帕特里克·乔易斯的《自由的法则——自由主义与现代城市》一书从城市空间的布局入手,着重探讨伦敦和曼彻斯特等市政府如何接受自由的法则并进行自由主义式的治理,从而塑造了自由的城市空间。②以书中提到的曼彻斯特公共图书馆为例,作为自由主义公共空间中的代表,公共图书馆通过培养市民自我认知(self knowledge)中的自立和自我文化要素,映射出道德上的自我认同,体现了自由主义治理方式的本质,为自由主义城市和地方的治理注入了新活力,并以此培养自由主义的市民。③

　　如果以这种研究视角来审视 19 世纪末期法国社会主义者在某一座城市所塑造的社会主义公共空间,是否存在类似曼彻斯特公共图书馆这种教化或培养自由主义市民的公共空间呢? 结合本文所述,从鲁贝的视角深入探讨社会主义对城市公共空间的塑造与影响,或许会遗憾地发现,这一进程并未能媲美伦敦、曼彻斯特等自由主义市政府在"培育自由主义市民"方面所取得的显著成就,城市管理者虽然运用了社会主义原则来构建公共空间,但实际效果未能充分实现他们的初衷。根本原因是当地的生产资料还是掌握在当地资本家手中,银行、工厂、铁路大多为私有制,部分市属企业则采取了承包制,警察局这种暴力机关也被代表中央意志的省长牢牢控制,即使存在工人合作社这种"社会主义空间的飞地",所谓的社会主义"圣城"依然是社会主义者构建的一段宣传"神话",在 20 世纪 80 年代鲁贝社会党被右翼政党击败,这座城市彻底失去了"社会主义圣城"这一称号。

　　然而,鲁贝的社会主义者开创了在社会党市政纲领指导下塑造"社会主义式公共空间"的先河,他们让"社会主义社会中的个人有接近一个空间的权利,以及拥有作为社会生活与所谓的文化活动等都市生活的权利"。④社会主义者

①　李宏图:《观念的视界》,商务印书馆 2020 年版,第 159 页。
②　李宏图:《重建西方思想史研究的历史视野》,《中华读书报》2014 年 6 月 18 日,第 18 版。
③　Patrick Joyce, *The Rule of Freedom*: *Liberalism and the Modern City*, New York: Verso, 2003, pp.128—130.
④　[法]列斐伏尔:《空间:社会产物与使用价值》,王志弘译,载于《都市与文化》第二辑,上海教育出版社 2003 年版,第 57 页。

的雕像、以革命者命名的街道、新修建的市政游泳馆以及具有代表性的工人合作社,意味着社会主义曾经来过,并推动了社会的进步和平等。对于研究者而言,审视社会主义如何塑造公共空间的身份与功能,意味着将城市视为一种特定的空间形态,通过分析社会主义对空间布局、建筑风格以及城市化进程的影响,研究者可以探讨社会主义者如何将他们的理念转化为实际的政策行动,并在实施过程中构建起社会主义的空间体系。因此,公共空间可被视为连接社会主义与城市的纽带,它有助于我们理解"社会主义城市"这一概念——"社会主义"与"城市"这两个词汇所共同构成的空间实体,以及它们之间在意识形态、政治、经济和社会制度方面的联系,对于这一主题的研究,显然还有广阔的空间等待探索。

The Shaping and Influence of Socialism on Urban Public Space

— A Perspective from Roubaix，France(1892—1930)

Abstract：At the end of the 19th century，with the vigorous rise of the socialist movement，a number of socialist cities emerged in France，among which Roubaix，which was praised by Guesde as "the holy city of socialism"，is undoubtedly a typical representative of socialist cities in France. During the decades when Roubaix's city hall was helmed by socialists，socialist forces profoundly influenced the rearranging and distribution of the city's public space. This process is mainly reflected in two aspects：firstly，the traditional religious，administrative and recreational space centres of churches，city halls and city squares gradually gave way to the new public space centred on workers' cooperatives；secondly，the festivals and new buildings led by the socialists，as secondary public spaces，jointly shaped the urban spatial landscape full of socialist characteristics. space style with socialist characteristics. Thus，the socialist shaping of urban public space not only highlights the values of social justice and workers' solidarity advocated by socialists，but also deeply reflects the far-reaching influence of socialist ideas in the construction of urban space.

Key words：French Socialist Movement；Roubaix；Socialist space；Social justice

作者简介:滕子辰,历史学博士,兰州交通大学马克思主义学院讲师。

近代香港的灾害与应对措施
(1840—1949)^①

杨　森

摘　要:近代以来香港经历了各式各样的灾害,这些灾害深刻地影响了香港社会的发展。华人居住区的火情、跑马地惨案、广九铁路火灾、西安轮大火等,火灾的频发一定程度说明近代香港依然处于前现代社会。台风侵扰也对香港造成了巨大的人员经济损失,尽管风灾也催生了天文台的成立,然而受限于技术与人们防灾意识的淡薄,"甲戌风灾""丙午风灾""丁丑风灾"三场台风还是造成了成千上万人的死伤。瘟疫是香港自开埠以来就无法逃离的噩梦,疟疾、天花、霍乱、鼠疫对香港社会造成了很大的冲击,尤其给华人带来了惨重的代价。瘟疫的爆发和港英政府实施的种族歧视政策,使得华人与殖民者之间的对立情绪严重,导致了谣言与恐慌的扩散,疫情的进一步恶化。并且殖民者以瘟疫为借口,通过"帝国医学主义"彻底改变了香港中西医的格局。

关键词:火灾　台风　天花　鼠疫

一、火灾与台风的肆虐

(一)火灾频发

自近代以来,火灾就频繁出现在香港。香港作为商埠,也是内地政局的避

---

①　本文为教育部社科基金"世界华文文学的生态灾难叙事研究"(24YJC751037)、广东省社科基金项目"自然灾害与华文文学书写研究"(GD23XZW03)的研究阶段性成果。

难所,因此移民人口极众,人烟密集但生活空间极为狭小,华人聚居屋宇多采用简单木结构构造,屋宇木梁上盖以瓦面,或覆茅草,户户相传,密集相连,杂乱无章,一旦发生火灾,往往容易一发不可收拾,稍有不慎便容易引起火灾。1884年《申报》记载了其中一场大火:"本月初下午香港近海处华人所设店铺,不戒于火,一时炎炎直上,势若燎原,加以海风其大施救无从至,该馆新闻纸发印时,火势尚未稍杀,究不知焚去铺户若干也。"①仅仅时隔数年又爆发了一场大火,1851年12月28日,在上环下街市(现今苏杭街)发生一场冲天大火灾,除烧死30人外,火场面积还达19万平方英尺,损坏房屋逾400间,火势更险些蔓延至政治经济核心区中环。当局为免影响中环一带,驻港英军决定采用100磅烈性炸药炸掉上环附近的房屋,为了尽快清理大量烧毁的瓦砾木石和垃圾,便顺势推向附近的皇后大道的海滩之中,这也意外地成为了香港历史上首次的填海工程。②面对日益严峻的火情,1868年港英政府颁布消防条例,组织第一支正规香港消防队③,此前的救火工作由驻港英军及警察负责。火灾频发与香港的城市形态有着密切的关系,作为前工业化时代的城市,火灾已经成为了最为严重的灾害之一。正如乔丹·桑德写道:"城市中到处都是易燃物,难以控制的火灾影响了城市的方方面面,包括城市本身形态的演变。到处都是木质建筑,这些建筑里通常含有酒精、动物脂肪,有时甚至存放着火药等易燃物质,这意味着一旦着火就无法控制,火烧到哪里就把哪里毁灭,会将附近所有的社区都置于危险之中。"④香港房屋资源十分有限,人口又高度聚集,为了生存华人只能以席等搭盖"席屋",同时缺乏防火意识,导致了火灾的频繁发生。⑤

① 《申报》,1884年11月28日。

② 刘蜀永:《简明香港史》,三联书店(香港)有限公司2009年版,第126页。

③ 依照法例,总督有权从警队及其他志愿人士中挑选合适者组成一支队伍,负责本港的灭火工作,以及在火警发生时,保障市民的生命财产,并为该队伍提供消防车、消防喉、消防装备、工具及其他必要设备。此举不但可使该队伍配备齐全,更有助于提高其工作效率。根据本条例成立的消防队伍命名为香港消防队,由香港消防队监督统领。(《香港政府宪报》,1868年5月9日)

④ 前现代社会都有此问题,美国建国初期同样深受火灾困扰,不仅在干旱的加利福尼亚时常发生火情,即使是在比较湿润多雨的东部海岸城市也是如此。"加州和纽约就像包围整个国家的大火炉,肆虐的大火似乎要将整个国家吞没。" Greg Bankoff, Uwe Lübken, and Jordan Sand, *Urban Conflagration and the Making of the Modern World*, Madison: University of Wisconsin Press, 2012, p.3.

⑤ "席屋"后来渐渐演变成"寮屋",同样充满了安全隐患。1953年石硖尾木屋区的一场大火,烧毁木屋两千五百多间,五万多居民失去了家园。这场大火是香港历史上,尤其是房屋史上的一个标志性事件,既展现了底层华人的苦难,也是香港公营房屋建设的开始。港英当局不得不直接干预房屋事务,把部分灾场夷平,兴建两层高的平房以临时安置灾民,并以钢筋混凝土建造更牢固的房屋,因此香港的公营房屋发展计划是由石硖尾大火作为契机开始的。

　　尽管火情如此严重,英国殖民者并没有引起足够的重视,依然举行大规模的群体活动,并忽视了活动中的火灾预防。港英时期政府引入赛马运动,1918年2月26日举行香港赛马"周年大赛",当时马棚上挤满观众,由于人数众多,马棚不胜负荷突然倒塌,引起马棚下层的熟食档发生大火,不少人因走避不及被烧死或被慌乱逃生的人群践踏,死难人数逾600人,成为香港历史上死伤最严重的灾害之一。此次火灾发生在农历戊午年,故又称"戊午惨案"。《香港华字日报》以"马棚浩劫"进行报道:"以人数太多,由第八号至第九号棚忽尔倾塌,牵连其余所有之马棚,概随之而倒,火势冲天。"①并且受害主体都是华人,因为殖民者实施的种族歧视政策,供非英国人观赏赛马的看台是以竹木搭成的简易马棚,而且又默许使用"葵棚"这种易燃的木棚,结果导致发生大火。这场大火也引起了海内外的关注,《申报》也以专版的形式进行长篇报道:"跑马场人数较诸去年多一半,约计有四五千人,其中以华人占十分之九八,而尤以妇孺为最多,故此役被压毙焚死者多男童、少女、妇人,次之男子,除葡人、日人一二十名外余皆华人。"②由此可见此次惨案中,死者多为华人,并且尤以妇女、儿童为主。随后港英政府对大火展开聆讯,陪审团指出工务司认知不足,没有就马棚的建造提供样式,更多地只是指出问题与批评,并没有太多实质的惩罚措施。这场火灾主要由东华医院负责救灾及殓葬工作,这也是当时香港比较受到华人认可的医院。东华也请求华民政务司转请政府拨地安葬罹难者,历经四年后终于获批,将遇难者遗骸约600具合葬于咖啡园坟场,名为"戊午马棚遇难中西士女之墓",并立碑文以志其难:"事后稽报册,得六百壹十四人,有举室焚无人报院及妇孺不知来报者,约又数百人。"同时也建立了"马棚先难友纪念碑",用来纪念及慰藉死者。公墓和纪念碑的设立,也是一个记忆之场(Realms of Memory)。"在某个事件发生地竖立纪念碑,并确定纪念日,定期在这个神圣化的空间举行纪念仪式,这个时间和空间的节点,就是记忆之场。这也是灾害语言叙事、民俗行为叙事的展演场所,同时不断重述着救灾减灾的记忆和经验,提醒人们对防治灾害的重视。"③这场火灾引发的惨案,也加剧了香港社会潜在的紧张情绪,反映出人们的担忧和华人对殖民者的不信任,其影响远超出了对个人和财产构成的物质威胁。麦剑影的兄长死于这场大火,作

---

① 《香港华字日报》,1918年2月26日。
② 《申报》,1918年2月28日。
③ 王晓葵:《记忆论与民俗学》,《民俗研究》2011年第2期,第11页。

者在 1924 年重访公墓时愤而写下《香港赛马棚遇难诸君墓并序》，矛头直指这场灾害中殖民政府的不作为与疏忽："香江赛马棚毁于火，遇难华侨男女大约千有余众，大兄朝元与焉，诚空前之惨劫也。其时赛马棚建筑简陋，火着，观众狼奔，至棚如釜覆，能生还者无几。劫后检视残骸，多莫辨厥貌，举葬于香港咖啡山之原，碑刻遇难者姓名，费约二十余万金，死者其能瞑目耶！"①

进入 20 世纪之后，香港的大型火灾有增无减。香港此时已经成为了远东重要的商埠，火车、航务频繁，交通事故带来的大火灾害同样十分严重。1937 年的广九铁路大火再次引发惨案，"广九路失慎案罹难者竟逾百人，今晨复在九广快车星期夜失事处之残堆中，检出焦烂之尸二十具、迄今罹难者之人数已达一百零五人。"②由于车内没有安装警报系统，火灾发生以后，无法第一时间告知司机停车，借助风势火灾蔓延到邻近的火车，造成了进一步的伤害。1947 年的"西安轮惨案"同样是由火灾所引起，距离开往广州前一个小时，船尾在早上五点突然起火，许多乘客仍在船舱里睡觉，有的乘客则跳水逃生，然而西安轮距离岸边仍有五十多米距离，能够登岸或被救起的乘客则并不多。"'西安轮毁了！'这个消息传播开去，港中居民纷纷跑到海傍'凭吊'这艘不幸的轮船。它是香港居民的'老朋友'，在香港和广州的水道上行走，已超过二十个年头。香港的居民除了极少数外，差不多没有一个不作过它的搭客。除了轮船和货物的损失共值港币五百万元以上，西安轮的火灾，且直接间接伤害了二三百人的生命。这个损失，实在太令人伤痛了！"③火灾的频繁发生，除了带来巨大经济损失，同时也折射了社会存在的问题。正如凯西·弗赖尔森指出："火灾是社会落后的标志，是迈向现代社会转型的一大障碍。换句话说，在推动现代化的进程中，火灾成为具有争议的文化意义的历史。"④火灾的不断

---

① 麦剑影还作诗一首："海外登临独怆情，苍凉凭吊更呼兄。云生石磴愁无色，风咽松涛恨有声。一炬竟遭秦殿劫，双碑空表汉人名。鹃啼似诵招魂赋，争奈长眠唤不醒。"以项羽焚烧秦宫室比喻，哀叹大火过后墓碑上只剩下冷冰冰的名字，亲人已逝却也招魂乏术。全诗充满了悲伤的笔调，使用文学笔法展现了作者的哀伤与无奈。（刘智鹏、刘蜀永编：《香港史——从远古到九七》，香港：香港城市大学出版社 2019 年版，第 68 页）

② "火灾起因是乘客不慎将火烛掉落至松香质之玩具，顿时延及各种行李，车客见火惊乱失措，纷纷逃往邻车，挤倒而踏死者多人。"（《申报》，1937 年 1 月 19 日）

③ 《申报》，1947 年 2 月 17 日。

④ Cathy A. Frierson, *All Russia Is Burning : A Cultural History of Fire and Arson in Late Imperial Russia*, University of Washington Press, 2002, p.265.

爆发也充分说明了,近代香港总体仍处于前现代社会,并未真正迈入现代化社会。

(二) 台风的危害

香港地处沿海亚热带地区,每逢夏季必受台风吹袭,台风也一直是香港社会的重要灾害之一,香港近代历史曾出现过三次伤亡惨重的台风。最早是1874年的"甲戌风灾",这场台风重创了香港经济,风暴潮令沿海地区被洪水淹盖,房屋损毁严重,货仓水浸,多艘远洋船及渔船沉没,死亡人数更达二千余人。《香港日报》最早记录了台风对香港的袭击:"我们有责任记录,这是香港发生过的最可怕的灾难之一。星期二晚上和星期三早晨,这场前所未有的暴力事件在这一地区肆虐。"①随后《申报》也进行了报道:"一时雨急风狂,全楼簸撼,船政官居于山岭屋亦被毁,戏院三所尽皆损坏,院中所建煤气灯已断,故暂行停止演剧。"②另一方面《申报》的《论风灾》中,将这场风灾视为上天对香港、澳门③的惩罚,因为近代香港、澳门的拐卖人口活动并没有得到官方的根本治理。由于存在着巨大的利益链条,这一畸形产业不断壮大。《中外新闻七日录》对香港的"拐卖猪仔"产业进行了揭露:"香港有唐船一只,泊于海面,载唐人百余名云,系往暹罗工作者,于船内偶有两人登岸。访友谈其事,友即谓之曰,此必拐卖人口无疑,遂奔告于大馆,即将船与人一概留住。时经巡理厅细讯明,然后释放。其船与人回省,只留拐卖人口六人在港,以待按察司开葛讯断定案。"④讽刺的是只有"逃税"行为的私下拐卖活动,港英当局才予以惩罚,香港殖民当局对拐卖人口问题采取了纵容默许的态度。1857年港商公布了所谓的《贩运工人出洋条例》使"猪仔馆"合法化,准予挂牌经营和缴纳"猪仔"税,港英政府由此获利巨大。⑤运营这样一种畸形不人道的暴利产业,这也使得香港的形象极其不佳。因此《申报》将这场风灾延伸到了对于港澳的道德批判:"今观香港、澳门两处之风灾,可以恍然于天恢恢疏而不漏矣,香港、澳门

① 《香港日报》,1874年9月25日。

② 《申报》,1874年9月27日。

③ 澳门当时在内地人心目中的形象甚至比香港还要糟糕,因为澳门除了进行人口贩卖以外,还同时在运营赌博业。(杨森:《澳门近代历史的灾害与应对(1840—1949)》,《都市文化研究》2021年第2期,第65页)

④ 《中外新闻七日录》,1866年3月15日。

⑤ 许锡挥、陈丽君、朱德新:《香港跨世纪的沧桑》,广东人民出版社1995年版,第94页。

两处自通商以来日新月盛,穷奢极欲天下莫比。"①借由《申报》对"甲戌风灾"发表的社论,则进一步揭示了香港当时在内地人民心中的地位。

由于这场台风缺乏预报,使得人们准备不及时,惨重的伤亡也给驻扎在香港的殖民者带来了强烈的震撼,英国人欧力德描述说:"该城看起来像是遭到了一场可怕的炮轰,成排成排的房屋被掀掉,上百栋欧洲人和华人的房屋损坏,大树被连根拔起。随处可见尸体漂浮在水上,散落在废墟中,35 艘外国船只淹没或严重受损。"②这场台风不但对香港,包括沿海东南亚地区都深受其害,这对英国的殖民统治也带来了很大程度的冲击。英国政府意识到天气预警的重要性,为了以后台风袭击前早作预报,1879 年英国皇家学会与殖民地国务卿之间的通信中提到一个建议,要在亚洲多个地点建立气象观测站,香港因其经常遭受台风而成为备选城市。1882 年香港通过了成立天文台的计划,并提出了三个意见:一是为大英帝国的气象观测进行服务;二是把香港作为殖民统治的时间服务系统;三是进行地磁观测。③香港天文台的创立显露了大英帝国的政治野心,因为天气警告系统是根据西方标准开发的,这套标准可以追溯到西方的现代性和工业化思想。英帝国希望借由殖民主义的扩张,通过天文台的创办将这套标准推广至全世界。

天文台的成立对于防范台风确实起了一定的作用,然而依然无法躲避1906 年 9 月 18 日丙午风灾的侵袭。一方面源于台风是在香港水域附近迅速形成而且直径不大,但它的强度及移动速度很快,香港的气象站未能及时侦察异常状况,在缺乏先进天气预报设备及技术的年代,香港天文台事前无法准确预报。另一方面在于香港天文台首任台长荷兰人杜柏克博士,他无视管理马尼拉和上海天文台的耶稣会士发出的预报,导致错过及时发出预警的最佳时机。丙午风灾虽然只维持短短几个小时,但由于当局未能及时做好防范和撤离措施,风灾造成的损失和伤害巨大,约 15 000 人罹难、1 349 人失踪、220 人受伤④。这也引起了中西方媒体的关注与报道,《华盛顿邮报》写道:"恶劣天气在令人炫目的狂怒中从西向东扫射时发出的噪声,就像一辆午夜快车驶过隧道时发出的震耳欲聋的噪声。这是一种奇妙的、可怕的、可

① 《申报》,1874 年 10 月 2 日。

② 弗兰克·韦尔什:《香港史》,王皖强、黄亚红译,中央编译出版社 2007 年版,第 255 页。

③ 何佩然:《风云可测——香港天文台与社会的变迁》,香港大学出版社 2003 年版,第 76 页。

④ 蔡思行、梁荣武:《香港台风故事》,中华书局(香港)有限公司 2014 年版,第 37 页。

悲的却又宏伟的自然的疯狂景象。风暴袭击香港的过程如此突然,估计有1万多人猝不及防地丧生,约1 000艘垃圾被毁。"①《南华早报》以"台风"为标题:"可怕的生命损失,轮船搁浅沉没,数百艘舢板和帆船失踪和巨大的破坏。"②当时香港居民多以打鱼为生,因此绝大部分罹难者为水上人家。这当中还有一位遇难者引起人们的关注,他就是维多利亚圣公会主教约瑟夫·霍尔。当时他正带着4位神学生贺道培、郑容枝、梁芹波、王挺生在乘船往屯门布道途中,天文台没有警号或预告,结果遭遇丙午风灾,布道船被打沉。最后全船仅有两位船员生还,包括主教在内的四位神学生悉数罹难,这个事件的纪念碑石至今仍放在香港的会督府内。主教约瑟夫·霍尔的死亡使得殖民地总督极其不满,包括《华盛顿邮报》和其他媒体对于天文台的台长杜柏克发起了口诛笔伐,最终迫使他退休辞去台长职务。直到此时香港才与邻近的天文台真正建立了桥梁,希望确保这种毁灭性的天气不会再突然袭击香港。

此后较长一段时间内,香港都没有再遭受大型台风侵扰。直到1937年9月2日的"丁丑风灾"再次给香港造成了重创。由于此次台风是在深夜来袭,加上事前并没有预警,对新界造成特别严重的伤亡。大埔一带的渔村被夷为平地,很多村民被大浪卷走,成为这次风灾中最主要的受害者。"整个村庄都被夷为平地,许多居民逃避不及被冲下床最终死亡。约11 000人罹难,80余人受伤,180余人失踪,遇难者中有许多妇女和儿童。"③当时香港总人口约100万,此次风灾造成的遇难者占全港人口的1%。风灾也给香港交通带来了很大的冲击,广九铁路接近两公里的路基被冲走,使铁路服务受阻10天。维多利亚港内的轮船损伤也十分严重,28艘共92 000吨远洋轮船在台风中搁浅或沉没。除了缺乏预警以外,也因华人的防灾意识普遍匮乏。何佩然教授分析:"许多牺牲的都是浮家泛宅水上人、渔民,而不少依山而建的平民房屋亦因不坚固,被台风造成的泥石流活埋。同时当年香港市民防风意识较薄弱,令台风对香港社会损害较大。"④

---

①　Washington Post,《华盛顿邮报》,1906年9月20日。

②　South China Morning Post,《南华早报》,1906年9月19日。

③　South China Morning Post,《南华早报》,1937年9月4日。

④　何佩然:《风云可测——香港天文台与社会的变迁》,香港大学出版社2003年版,第165页。

二、瘟疫的爆发

（一）疟疾

自 1842 年开埠起,瘟疫就一直是严重困扰香港社会多年的灾害,疟疾如今几乎在香港绝迹,但这种由疟蚊传播的热带疾病,开埠初期曾对香港带来了深远的影响。人们甚至将其以香港来命名,称之为"香港热"（Hong Kong Fever）。疟疾的起源与香港的开埠史有着密切的联系,英国人 1841 年占领香港岛后建立了维多利亚城,然而不少建筑物都是在匆忙间建好。当时香港作为英国永久性的殖民地存在不确定性,因此英国政府没有真心实意建设香港,以致当时的财政部长罗伯特·蒙哥马利·马丁拒绝对香港进行投资,导致建设军营的资金十分短缺。西角军营正是由于造价低廉,不得不兴建在耕地上。贫瘠干旱的耕地,为军事营地提供了充足的空间。初夏季节性降雨的突然到来,士兵营地的侵占阻碍了自然排水通道,导致谷底洪水泛滥,积水积聚成为蚊虫滋生的温床。同时 1842 年"南京条约"签署后,双方仍等待确认换约,期间英方要求重新厘清土地所有权,因此在 1843 年下令所有工程暂停,皇后大道两旁的多个地盘变成水坑,成为疟蚊滋长的理想环境。

维多利亚城中贫苦华人劳工聚居的太平山区卫生更是恶劣不堪,皇家医生丹士达对此进行了描述:"我想道出数个认为极其重要的课题,即排污、排水、通风及清洁。对于香港如此肮脏恶心,实在非常遗憾。巷里的状况令人难以忍受,几乎大都有牛棚及猪栏,还有一潭潭死水,藏污纳垢。此区有两条大型露天明渠,总是臭气熏天。附近民居将所有垃圾都丢进渠里,以致整条渠道散发有害气体。本地人的住所建筑不合规格,明显是要以最小的空间供最多人居住,罔顾通风及排水。"[1]丹士达总结区内卫生情况堪忧,最终肯定会爆发疾病。果不其然,疟疾疫情也开始爆发,第一波疫情发生在 1843 年 5 月至 7 月,当局察觉发烧病人不断激增,更接连有患者病逝,病例主要集中西角军营及城东的黄泥涌,即是如今的跑马地。官方曾以为中环地区可以幸免,但第二波疫情由 8 月开始蔓延全城。截至 11 月疫情退却为止,疟疾夺去军方24％人员性命,有 10％洋人居民染疫死亡,估计华人死亡比例相当,但官方

---

[1]　Christopher. Cowell, *The Hong Kong Fever of 1843*: *Collective Trauma and the Reconfiguring of Colonial Space*, Modern Asian Studies, Volume 47, Issue 2, March 2013, pp.329—364.

却没有统计数据。①这场疟疫由于死者众多，原来位于湾仔山边的坟地不够用，当局不得不在黄泥涌的西侧开辟新坟场，也就是如今的跑马地坟场。这场瘟疫背后折射了香港中西方的文化冲突已经开始突显，许多华人即使患有疟疾，也不愿意去西方的医院治疗，直到用药物救治为时已晚。这也为后来1894年爆发的鼠疫中，华人与殖民者的强烈冲突埋下了伏笔。此外将这场疟疾命名为香港热，也展现了西方社会的东方主义立场。正如苏珊·桑塔格在《疾病的隐喻》中指出："对瘟疫的通常描述有这样一个特点，即瘟疫一律来自他处。梅毒，对英国人来说是'法国花柳病'，对巴黎人来说是'日耳曼病'，对日本人来说是'支那病'（Chinese disease）。在对疾病的想象与对异邦的想象之间存在着某种联系，它或许就隐藏在有关邪恶的概念中，即不合时宜地把邪恶与非我（non-us）、异族等同起来，污染者总是邪恶的。"②香港作为西方世界的"他者"成了罪恶的代表，也正是当时欧美殖民者口中所谓的"黄祸"。这场疟疾的爆发也见证了香港开埠初年的艰苦岁月，并且瘟疫也如同梦魇一般，伴随着香港社会的发展。

（二）天花

天花也曾在香港大规模肆虐，从1850年到1870年，香港已出现天花感染个案。自此之后，每隔一段时间便会再爆发天花疫症，据当地总医官菲利普·艾尔斯博士的报告，天花在香港是"每年一小爆，三年一大爆"。为了应对天花疫情，1871年殖民政府将昂船洲（Stonecutters Island）上的监狱的一部分改建为天花医院，集中收治来自驻港英军在内的所有天花和霍乱等传染病患者。因为该院远离城区，给患者治疗带来许多不便之处，于是在1877年再次将一个华人学校改建为天花医院。③应对天花疫情最为有效的方式则是接种疫苗，然而香港的疫苗接种率一直很不理想，这导致了1886年天花疫情再次大规模爆发。当时旧金山以天花为由拒绝香港华商上岸，《申报》以"华商被阻"进行了报道："船中有患天花者，及正月初七日行抵旧金山，因天花之故，商人乃由港而来不准上岸。"④1887年疫情到达了高峰，此时已经有204宗个案，其中有

① Ria Sinha, *Fatal Island: Malaria in Hong Kong*, *Journal of the Royal Asiatic Society Hong Kong Branch* Vol.58(2018), pp.55—80.

② ［美］苏珊·桑塔格：《疾病的隐喻》，程巍译，上海译文出版社2003年版，第69页。

③ 杨祥银、王鹏：《19世纪末20世纪初香港的医院体系》，《社会科学战线》2013年第6期，第28页。

④ 《申报》，1886年4月16日。

84 人住院,另有 106 人死亡。直到 1888 年才平息下来,最终 499 人死亡,入院个案死亡率高达 20.7%。[1]这次疫情的平息源于殖民政府执行的强制疫苗注射政策,英国政府推出了香港历史中首个疫苗法例《1888 年接种疫苗条例》,规定所有父母必须让婴儿在出生,或由外地初到香港半年后接种牛痘,并到注册总署登记。家长如果在限期内没有照办,将被罚款最多 5 元或监禁 10 日,若情况继续更可被罚最多 50 元或监禁 3 个月。东华医院、雅丽氏医院及官立学校则负责为婴儿免费接种疫苗,这才成功遏止了疫情。

透过香港天花疫苗的强制注射条例,也可看到华人对于英国殖民政府的不信任。相比之下被葡萄牙统治下的澳门,牛痘接种则十分顺利。并且琴纳牛痘接种术(Jennerian vaccination)正是经由澳门传入中国,根据皮尔逊的说法:"在巴尔米斯医疗队由马尼拉到来之前,澳门(牛痘接种)极普遍,这是由葡萄牙接种员所做的,我自己也在当地居民以及中国人中种痘。"[2]英国殖民统治下的香港,对于牛痘的接纳则十分缓慢,在香港推广种痘的努力并不成功,因此也导致了香港的天花疫情不断反复。20 世纪天花仍持续困扰香港社会,每次大爆发均造成八九成患者死亡,1916—1917 年、1923—1924 年和 1929—1930 年分别有 1 091 人、1 936 人和 1 371 人死亡。[3]尤其是在 1937 年战争爆发以后,大量难民流入香港,使得天花疫情 1938 年到达高峰,3 月就有 236 宗新个案,192 人死亡。[4]对此情形,殖民政府再次采用行政强制手段,要求所有难民接种牛痘,并将广州来的人隔离检疫,在来港的火车和轮船上为难民接种疫苗。香港社会内部则主要由志愿团体逐家逐户上门免费接种,并透过立法强制所有可能感染天花的市民接种牛痘。全港超过 103 万人接种本地制造的牛痘,通过软硬兼施的策略,最终才令疫情逐渐舒缓。

(三) 霍乱

霍乱在香港的瘟疫史中占据了十分重要的地位,这是过往研究中较为忽视的一点。霍乱最早始发于 1817 年,成为 19 世纪危及人类社会最严重的疫病之一。1819 年第一次世界性霍乱在印度爆发,并随之扩散到了全世界,当时的医学界对于此种疾疫了解甚少,西方派到中国的第一位基督教传教士马

---

① 刘智鹏、刘蜀永编:《香港史——从远古到九七》,香港城市大学出版社 2019 年版,第 258 页。
② 梁其姿:《面对疾病:传统中国社会的医疗观念与组织》,中国人民大学出版社 2012 年版,第 85 页。
③ 王赓武主编:《香港史新编》,三联书店(香港)有限公司 1997 年版,第 62 页。
④ 王赓武主编:《香港史新编》,三联书店(香港)有限公司 1997 年版,第 70 页。

礼逊,他的第一任妻子就是在香港因感染霍乱而去世。霍乱在香港的爆发与恶劣的卫生环境有着密切的关系,新任总医官菲尼亚斯·埃尔斯博士视察了华人区,发现卫生情况极其糟糕:"我常常忍不住从房子里跑到街上呕吐,倘若情况得不到改善,将发生可怕的流行病。"①自开埠以来这样的情形仍没有改善,霍乱的感染源主要来自水源,由于缺乏有效的治理,这时候香港的水资源被大肆污染:"香港没有任何可用的下水道或排水沟,不管什么样的污水都顺着雨水管直接沉淀在整个港口的海滨,污染了本应是宜人的环境。"②这导致了 1858 年霍乱在香港的爆发,最终约 1 400 人死于霍乱。③殖民者将霍乱发生的矛头指向华人缺乏公共卫生观念:"他们可以在最不卫生的环境中挤作一团,自然也会在床底下养猪。不能卖钱的东西被扔进水沟,排水沟因此成了公用下水道。"④这样的指责明显是片面的,华人固然在当时缺乏一定的卫生理念,然而更重要的原因在于,华人不得不面对殖民者的残酷剥削。殖民政府曾经发布了一份《欧人区保留条例》,原因在于居港的外国居民递交了请愿书"要求立即消除一个显著的不幸,众多当地人竟然获准聚集在离欧洲裔居民如此近的地方"。⑤保留条例则规定保留地势较高的中心地区用于建造欧式房屋。欧洲人普遍拥有相当宽敞的住宅,反观华人区一英亩大小的地皮则要住 1 000 多人,极度拥挤的居住环境让华人很难兼顾公共卫生。英国检疫官员瞿域也为华人进行了辩护:"华裔工人阶级的住处极为不便、肮脏、有害身心。他们的住处垃圾遍地,最重要的是供水状况十分糟糕。除非为他们提供适合的清洁手段,否则把他们指责为不洁的民族是不公正的。"⑥对此殖民政府一定程度采纳了瞿域的意见,兴建了自来水厂,并对污水做了处理,重建了垃圾处理工程,然而人口密度问题却始终无法解决,这也为后来的鼠疫爆发埋下了隐患。然而不管怎样,透过上述措施霍乱在香港还是得到了控制。1919 年由于第一次世界大战中的商品流通和人口流动扩大,各地区人口集中于都市。随着铁路等交通体系日益完善,英国帆船进出亚洲贸易圈,并将霍乱带来了东亚地区。这场霍乱给上海带来了较大的冲击,反之香港、上海(租界内)、横滨由于

---

① [英]弗兰克·韦尔什:《香港史》,王皖强、黄亚红译,中央编译出版社 2015 年版,第 197 页。
② [英]弗兰克·韦尔什:《香港史》,王皖强、黄亚红译,中央编译出版社 2015 年版,第 231 页。
③ 余绳武、刘存宽:《十九世纪的香港》,中华书局 1994 年版,第 349 页。
④ [英]弗兰克·韦尔什:《香港史》,王皖强、黄亚红译,中央编译出版社 2015 年版,第 255 页。
⑤ [英]弗兰克·韦尔什:《香港史》,王皖强、黄亚红译,中央编译出版社 2015 年版,第 267 页。
⑥ [英]弗兰克·韦尔什:《香港史》,王皖强、黄亚红译,中央编译出版社 2015 年版,第 365 页。

已经建立了公共卫生制度,受害程度较小。香港建立了防疫系统,有效地阻止了霍乱的严重流行。然而1937年战争全面爆发,约50万难民涌向香港,包括上文提及的天花疫症已经持续困扰香港多时,最终使得香港防疫系统不堪重负,香港爆发开埠以来最严重的霍乱疫情,7月初海口市爆发疫情,7月22日一艘由海口来港的轮船,带来了一个染上霍乱的苦力尸体,香港开始陆续出现零星个案。首宗霍乱个案在九龙城出现,随后蔓延至旺角、深水埗等地区,最终造成1 690人染病,1 082人死亡。①政府立法禁止出售容易带菌的食物、饮料,又将荔枝角拘留营改装成临时医院收治病人,大力清洁街道,推广个人卫生意识,同时鼓励市民接种免费的霍乱疫苗,才令疫情慢慢消退。

然而战况持续发展,这些应对措施都在1941年因香港被日军占领而摧毁殆尽,三年零八个月的日占时期,香港公共医疗卫生等方面全面倒退,瘟疫横行,甚至连疫苗接种也成为日本殖民者的统治手段。日军粗制滥造的霍乱疫苗参差不齐,许多都被污染,导致不少人注射后出现严重副作用,或是因为疫苗针头未经消毒便使用,反而更容易感染霍乱。并且日本殖民政府为了鼓励市民接种疫苗,采取了打疫苗可以获得更多的米粮配给证出售政策,一些香港市民为此重复注射,却因为注射过量而死亡。同时部分富人为了避免接种疫苗,以现金贿赂日军卫生官员。日军看到其中有利可图,便索性加强推行全民注射,以便可以收受更多贿赂。②日本殖民统治下的香港,霍乱疫情非但没有减退反而愈演愈烈,这也是近代香港的无奈之处。

(四) 鼠疫

1894年的鼠疫是目前学界讨论较多,也是较为人熟知的瘟疫。鼠疫最先于1850年在云南省发生,其后1860年大规模爆发成为风土病。1893年疫症向东蔓延至广西,不久攻陷广州,最后在1894年袭港,并经由香港传到了世界各地。鼠疫在香港造成了极其深远的影响,并引发了社会的动荡,进一步加剧了华人与英国殖民者之间的隔阂。鼠疫的发生绝不是偶然,透过上文讨论的疟疾、天花、霍乱等瘟疫,就可以发现香港早已埋下了鼠疫爆发的种子。首先是华人的居住与公共卫生问题,这是香港开埠以来都没有解决的问题。究其原因依然在于殖民政府对香港没有真心实意进行管治,英国人看中的是香港

① 赖文、李永宸:《岭南瘟疫史》,广东人民出版社2004年版,第125页。
② 李威成:《日占时期香港医疗卫生的管理模式:以〈香港日报〉为主要参考》,《台大文史哲学报》2017年第2期,第89页。

背后的内地,希望透过香港打开物质丰富的内地,香港只是一个中转站。因此历届总督听任华人自生自灭甚少过问,对于华人糟糕的生活状态也视而不见。并且在殖民者的压榨下,占人口总数百分之九十的华人,只能被迫搬到最差的地区生活,"面积全部加起来为半平方英里,却兼具华人的商业区、娱乐区、住宅区。如此湫溢之地,早已人满为患,加上走避太平天国兵灾战乱,不少人从内地带妻拿财南逃,而远走北美洲、南洋谋生的沿海农夫渔民,又取道香港,在弹丸之地挤插,人口密度,占当时世界第一。"①尽管历经痎疾、霍乱以后,殖民政府早已清楚华人住宅区生活条件恶劣,空气不流通,缺乏洁净的饮用水,没有完善的地下道排水系统,卫生条件极为简陋,是酝酿瘟疫的温床。自 1843 年起历任皇家医生曾多次警告,却只有少数人关注这些潜在危险。其实英国人对鼠疫并不陌生,早在 1722 年出版的笛福作品《瘟疫年纪事》,就记载了 1665 年发生在英国的大规模鼠疫,当时有近十万人死亡,超过当时伦敦总人口的五分之一。笛福细致地描述了鼠疫的发生与传播过程,以及人们为了逃避瘟疫的惨状,这场瘟疫在英国社会引起了巨大的恐慌。然而殖民政府依然没有从中学到教训。更深层的原因在于英国人占领香港以后,实行严格的殖民统治,白人对于华人有着高高在上的优越感。正是源于深入骨髓的种族主义偏见,因此殖民者将鼠疫的爆发归咎于华人身上,认为华人糟糕的习惯和聚居区卫生条件是鼠疫发生的主要原因,并没有对自身的管制措施进行认真的检讨,将鼠疫视为具有"华人性"(Chinese origin and nature of plague)。②

英国殖民者不但缺乏自我反思,而且借由鼠疫继续对华人实施歧视政策,也导致了疫情的进一步恶化。出于对殖民者的不信任,当局施行的抗疫措施遭到华人强烈的反抗,英国当局强制将病患送上医疗船"海之家"(Hygeia)隔离时,香港华人夹杂了恐惧与愤怒,从而产生了强烈的恐慌情绪,甚至发生了数次暴动,华人与殖民者的关系前所未有地紧张。许多香港华人纷纷乘船逃离至广州,《申报》进行了跟踪报道:"刻下旅居香港之华人多往他处避之,每日迁徙者纷纷不绝。"③并且不愿意前往西方医院接受救治。因为有关外国医生和政府邪恶意图的谣言在香港广泛流传,例如谣传说鼠疫医院的外国医生将

① 施叔青:《香港三部曲》,江苏文艺出版社 2010 年版,第 98 页。
② 杨祥银:《公共卫生与 1894 年香港鼠疫研究》,《华中师范大学学报》2010 年第 4 期,第 76 页。
③ 《申报》,1874 年 5 月 28 日。

孕妇的胎儿取出,并将孩子的眼睛挖出来用于制作治疗鼠疫的药物。更有谣言指政府决定强制将西药灌入所有华人的喉咙中,以蓄意毒害整个华人社会,还将搜查鼠疫患者队伍的活动描述为掠夺和偷窃行为。①这些谣言在殖民者角度来看似乎非常的荒诞不经,背后反映了华人对殖民者的不信任。另一方面和当时香港大众媒体较为发达有关。大英帝国早在19世纪就将无线电引入了香港,因此鼠疫期间《香港电讯报》一直都在进行消息的播报,然而电报虽然为人们提供了更多消息,但消息的传播也导致了恐慌谣言的加剧。此外,这时候香港的报业也已经较为兴盛,每日都有大量关于疫情的报道,读者知道死亡人数不断增加。正如学者白锦文讨论大众媒介与疫情恐慌之间的关系时所言:"恐慌是新型传染病的症状,这是一场因接触大众媒介而爆发的传染病。大众媒介原本旨在让公众了解有关传染病的真实信息,并预先警告公众,然而最终其自身反倒催生了另一种形式的疾病:恐慌。"②正是由于华人与殖民者之间的极度不信任,以及大众媒体的过度渲染,这场瘟疫造成了强烈的社会动荡,其危害程度并不亚于疫情本身。

此外在鼠疫的医疗过程中,出现了由殖民者开设的西式医院和华人为主的东华三院争夺救治权的问题,进一步突显了殖民者的"医学帝国主义"。鼠疫初始阶段港英政府并不太愿意介入华人的救治之中,因为香港的情况与其他被英国殖民统治的地方,例如非洲或印度有着非常不一样的地方。英国占领香港主要的目的在于贸易,想利用香港的地理优势,在中国及东南亚地区经商。因此港英政府大部分的管制方针是以保护居港的欧洲人为主,对于华人的管制介于强硬和被动之间,殖民政府对华人主要实行"不干涉"的整体管理政策。③然而鼠疫爆发后导致社会动荡,对于英国的贸易产生了很大的影响。同时大量的华人死亡,有损于殖民政府文明的形象,管制的成果以及资源运用

---

① 杨祥银:《殖民权力与医疗空间:香港东华三院中西医服务变迁(1894—1945)》,《历史研究》2016年第2期,第97页。

② 这种谣言恐慌不仅发生在香港,包括英国殖民的印度同样时有发生。1817年的印度霍乱就盛传这是英国政府制造出来的,作为控制印度的手段。包括1894年的鼠疫使印度同样深受其害,面对英国的强制隔离手段,谣传当局为了降低难民数量而将他们杀死,并诱导他们犯下种姓制度的禁忌。并将感染者送至医院,将他们进行肢解。孟买由此发生了逃离浪潮,人们纷纷从孟买逃跑,导致了鼠疫的进一步扩散。(白锦文(Robert Peckham)编:《恐慌帝国》,何文忠、蔡思慧、郑文慧译,杭州:浙江大学出版社2021年版,第169页)

③ Janet George, *Moving with Chinese Opinion: Hong Kong's Maternity Service, 1881—1941*, Ph.D. dissertation, Sydney: University of Sydney, 1992, p.31.

的能力,这也威胁到了殖民者的统治。正如福柯指出:"生命政治所关切的,是和群体生命与健康相关的'出生率、死亡率、平均寿命'等问题,以及会对这些生命数值造成影响的各类环境因素。主体权力负责矫正、改善社会身体,并保持其永恒健康。确保集体生命维持在某种'平衡'、'平均'等'常态'(normality),这也是生命政治机制的重要要求。面对偏离常态的'偶发'(aleatory)或'变异'(variation)状态,如出生率过低、死亡率过高等现象,则须加以管制,采取对应措施,让生命回到原本的稳定常态。"①本质而言,殖民政府并不是真心实意地在意华人的生死存亡,而是出于维护殖民统治的需要。当华人日益增长的死亡人数和遍布社会的谣言恐慌已经严重影响了社会稳定时,英国殖民者就必须介入其中,以确保香港重新回到正常的轨道。

然而救治过程中却发生了殖民者始料未及的情形。由于此时香港华人和殖民者已经形成了对立的态势,同时前期的恐慌和谣言让华人对西式医院敬而远之,所以华人即使染疫,也大都选择由华人营运的东华医院,采用传统的中医治疗手法,使得东华医院与殖民政府形成了竞争关系。这也让港英政府颜面扫地,港督以东华医院妨碍抗疫为由,曾一度下令炮艇特威德号停泊在东华医院对面以示警告。②对此殖民政府开始借由权力的方式进行介入,此时香港依然是中西医共存的时期,然而政府却私自打破了与东华医院的协议,并以鼠疫爆发和救治为理由,强制规定病人必须接受西医治疗。尽管东华三院董事仍试图维持中医原则,但是医务委员会中西医占据绝对优势,并且政府采用财政补助西医等措施,彻底改变了东华三院的格局。通过强迫华人接触西医的政策下,港英政府强化了西医的霸权,并且结合了日常的话语建构,不断地污名化中医。"东华医院经常遭受来自香港欧人社会与殖民政府医官的尖锐批评与指责,甚至怀疑它是否可以称之为医院。显然,在西方人或殖民政府医官眼中,东华医院已经成为维护和助长被西医视为迷信、落后与愚昧的中医的顽固堡垒。在他们看来,如果要彻底根除东华医院的'医疗暴行与弊端',唯有向其渗透和扩张西方医学。"③这种殖民医学正是赛义德提出的

---

① [法]米歇尔·福柯:《必须保卫社会:法兰西学院演讲系列1976》,钱翰译,上海人民出版社2010年版,第76页。

② Hong Kong Museum of Medical Sciences Society, *Plague, Sars and the Story of Medicine in Hong Kong*, Hong Kong University Press, 2006, p.6.

③ 杨祥银:《殖民权力与医疗空间:香港东华三院中西医服务变迁(1894—1945)》,《历史研究》2016年第2期,第97页。

"东方主义",东方主义的核心本质正是西方对东方的权力关系,通过形塑关于东方的话语系统,以此来定义有利于西方的东西方关系。"东方主义是对权力的声明,是对相对绝对权威的要求。"①殖民者(欧洲医生)通过建构一套将本土医学污名化和迷信化的论述,从而论证西方医学干预的合理性与有效性。

中医在鼠疫救治中是否真的如殖民者所说的那么不堪,恐怕事实并不是如此。以后的鼠疫疫情中,华人多次争辩中医的疗效,对此香港总督卜力(Henry Blake)决定在 1903 年举行一场对照实验,比较接受西医与中医治疗的病患死亡率。令他感到意外的是,两群病患死亡率的差异仅有 1.83%。卜力也提到有一名鼠疫病患在接受中医治疗后痊愈,是一个获得首席医务官的认证的成功案例。卜力总结指出:"就目前看来,中国医师开立的处方确实有效。"②谢永光编著的《香港中医药史话》中也歌颂了三位在疫情期间不顾个人安危,为香港华人服务的著名中医师,并认为中医是香港鼠疫的救星。③因此在鼠疫救治过程中,东华医院这个特殊的医疗空间成为了西方医学与中国医学角逐的竞技场。其本质依然是权力的争夺,阿诺德指出:"身体作为彰显殖民力量的'地址'(site),是殖民者与被殖民者间的必争之地,而医学自然就成为了欧洲殖民者试图'垄断'身体管理权的手段。殖民主义通过垄断身体管理权,其目的在于正式建立独占定义健康、疾病与治疗疾病等权的医学体系。"④殖民活动仍盛行的年代,医学是欧洲各国扩展殖民地的坚实后盾,帝国威权也帮助西方医学在欧洲以外的土地壮大。借由帝国主义把"西方医学"定位为"现代医学",在现代化浪潮下,西医便轻易地进驻了香港的医学体系之中。因此西方医学最终在现代医学中占据了上风,但这个趋势并非西方医学较"先进"的自然结果,而是在帝国主义权力下刻意制造出的结果。正如艾里斯·博罗威所指出:"医药和健康是一种维护政治主权的有

---

① ［美］萨义德:《东方学》,王宇根译,北京三联书店 1999 年版,第 62 页。

② Henry Blake, *Bubonic Plague in Hong Kong. Memorandum: On the Result of the Treatment of Patients in Their Own Houses and in Local Hospitals, During the Epidemic of 1903*, Hong Kong, Noronha & Co. p.8.

③ 谢永光:《香港中医药史话》,香港三联书店 1998 年版,第 297 页。

④ David Arnold, *Colonizing the Body: State Medicine and Epidemic Disease in Nineteenth-Century India*, Berkeley: University of California Press, 1993, p.7.

效手段。"①正是帝国主义强势的权力介入,使得西方医学在鼠疫救治中占据了上风,从而将香港的中医击败。1894 年的鼠疫也成为了香港中西医的重要转折点,香港中医的没落也成为了这场不对等权力斗争的必然结果:"东华三院中医服务难逃不断萎缩和被淘汰的历史厄运。至此,西医开始在原本以中医药为唯一治疗方法的华人医院中确立其主导地位,这个医疗空间的'华人性'也因为西医的绝对霸权地位而日益呈现'西方性'。第二次世界大战结束后不久,就其留医服务来说,东华三院已经从最初的中医医院完全转变为西医医院。"②

三、结　语

本文主要对近代以来的香港灾害进行了探讨,华人居住地的人口拥挤与木屋结构,稍有不慎就会引发火灾。1918 年的跑马场大火造成了数百名华人的死亡,这场大火主要源于马棚设计缺陷引发的惨案,事后却也缺乏相应的问责机制。此时香港已经成为远东重要的贸易港,交通往来十分频繁,随之出现了 1937 年的广九铁路大火和 1947 年的西安轮大火。火灾的频繁发生,一定程度上说明了近代香港依然是前现代社会,防火意识和手段仍较为落后。此外,台风灾害也给近代香港带来了巨大的损失。1874 年的"甲戌风灾"造成了数千人死亡,并且当时的英国殖民者默许香港进行人口贩卖,这些人口主要来自中国内地,这也使得香港在内地的形象较差。《申报》在社论《论风灾》中,借由这场台风对香港进行了道德上的批判。甲戌风灾对东南亚各地区都产生了较大的伤害,英国因此在香港设立了天文台,以此预防台风的危害。然而由于此时技术仍比较不成熟,并且香港天文台首任台长荷兰人杜柏克无视马尼拉和上海天文台的警告,所以没有及时播报 1906 年的"丙午台风"。应对不足导致上万人死亡,包括当时的圣公会主教约瑟夫·霍尔遇难,这也使得港督极其不满,杜柏克不得不辞任台长一职。这也促使了港英政府从中吸取教训,香港与邻近地区的天文台建立了更紧密的合作。因此一段时间内香港没有再遭受台风侵袭,然而 1937 年的"丁丑风灾"由于是深夜来袭,事前预报也并不及时,

---

①　Iris Borowy, *Uneasy Encounters: The Politics of Medicine and Health in China, 1900—1937*, New York: Peter Lang, 2009, p.28.

②　杨祥银:《殖民权力与医疗空间:香港东华三院中西医服务变迁(1894—1945)》,《历史研究》2016 年第 2 期,第 97 页。

造成了上万人死亡,广九铁路被冲断,交通受阻。受限于技术与人们防灾意识淡薄等原因,台风灾害对近代香港在人员死伤、交通损坏、经济损失等方面都造成了较大的伤害。

香港自1842年开埠起,瘟疫就如同梦魇一般挥之不去。建设军营的资金短缺,以及《南京条约》的签署等原因,使得工期延长,许多工地变成了水坑,成为疟蚊滋长的理想环境。太平山的华人生活条件极其恶劣,糟糕的卫生环境导致疟疾的爆发,并最终蔓延全城,疫症更得名"香港热"(Hong Kong Fever)。这种对地理空间的污名化,背后展现了香港作为他者,西方将对瘟疫的恐惧投射到具体的地理空间上,"那便是排拒(exclusion)措施本身的意义,这个顽固不去、令人生畏的形象在社会群体中的重要性,人们在排除它的同时,亦必定在它四周划上一道圣圈。"①天花也曾困扰香港社会许久,相比于澳门天花疫苗接种的普及,香港的疫苗接种一直不理想。面对天花疫情的反复,港英政府通过了香港首个强制疫苗接种法例。1937年战争爆发,大量内地难民的涌入使得天花疫情再次严峻,政府透过软硬兼施的手段才遏制住了疫情。霍乱在香港造成的伤害同样不可小觑:华人极其不堪的生存环境,以及水源的污染,导致了霍乱的发生。对此殖民政府透过修建自来水厂、清理水源等方式应对霍乱,然而随着1941年香港被日军占领,日本殖民者生产的低劣疫苗,以及透过疫苗注射赚取金钱的方式,使得霍乱疫情愈演愈烈。在香港经历过的所有瘟疫灾害中,鼠疫影响范围最广,造成的伤害最大。同时早在疟疾、天花、霍乱等瘟疫中,就已经埋下了伏笔。几乎每次疫情的发生,都与华人的居住问题与糟糕的公共卫生有着密切的关系,最终酿成了鼠疫的爆发。歧视性的种族政策,使得华人长期对港英政府持不信任态度,这也导致了鼠疫中形成的谣言与恐慌扩散,让疫情进一步恶化。港英政府不得不采用强制措施将染疫的华人送去医院,这也激起了民愤,导致暴动的发生。同时面对华人大多选择中医疗法,西医借助帝国主义的权力介入对中医进行打压。在这场实力悬殊的对抗之下,中医最终败下阵来。东华医院也从华人为主导的中医医院,最后变成了西医为主流的医院,鼠疫也改变了香港的中西医格局。

---

① 福柯:《古典时代疯狂史》,林志明译,时报出版社1998年版,第152页。

Disasters and Response Measures in Modern Hong Kong (1840—1949)

Abstract: Since modern times, Hong Kong has experienced various disasters, which have profoundly affected the development of Hong Kong society. The frequent occurrence of fires in Chinese residential areas, the Happy Valley tragedy, the Guangzhou Kowloon Railway fire, the Xi'an Wheel fire, etc., to a certain extent, indicates that modern Hong Kong is still in a pre modern society. The typhoon also caused huge personnel and economic losses to Hong Kong. Although the typhoon disaster also gave rise to the establishment of the observatory, due to the lack of technology and people's awareness of disaster prevention, the three typhoons of "Jiaxu Wind Disaster", "Bingwu Wind Disaster" and "Dingchou Wind Disaster" still caused thousands of deaths and injuries. Plague is a nightmare that Hong Kong has been unable to escape since its inception. Malaria, smallpox, cholera and pestis have had a great impact on Hong Kong society, especially for Chinese. The outbreak of the epidemic and the racial discrimination policies implemented by the British Hong Kong government led to a serious confrontation between the Chinese and colonizers, resulting in the spread of rumors and panic, and further deterioration of the epidemic. And the colonizers used the plague as an excuse to completely change the pattern of traditional Chinese and Western medicine in Hong Kong through "imperial medicalism".

Key words: fire; typhoon; Smallpox; Pestis

作者简介: 杨森,广东财经大学湾区影视产业学院副教授。

文本视阈下的中外都城书写比较研究

——以唐长安和波斯波利斯为中心

杜元元

　　摘　要：长安和波斯波利斯分别是李唐王朝和波斯阿契美尼德王朝的都城，两者在国情和文本体量上存在一定的相似性，对相关都城文献进行比较研究具有可行性。都城形象塑造方式的不同是两个文本的差异所在：长安文本客观平实，主要通过规整的空间布局和建筑形制表现帝都的威严；波斯波利斯文本分散琐碎，以王权建构和历史事件为叙事焦点，政治性明显。两种都城文本虽然风格形式迥异，但深层来看都是官方意识形态下王权思想衍化的产物，旨在运用都城书写宣示王室血统的正当性和王朝统治的正统性。

　　关键词：长安　波斯波利斯　都城文本　王权思想

　　都城作为国家权力象征和政治中心，素来是历史研究的热点。都城的发展模式和空间形态是中外学界共同致力的方向。目前国内都城研究基本延续传统路径，以都城建置布局的复原考证为主要方向，将建筑学、文学、经济学等学科方法引入都城研究当中。国外古代都城研究聚焦于城市职能结构和运作机制，尤其是对都城内在特质的探讨。

　　中外都城比较始于 20 世纪 90 年代，类比对象的范围主要包括古代欧洲都城和中华文明圈内的东亚、东南亚都城，其中中日古代都城因两者在都城制度上较高的相似性，研究成果最为丰硕，典型案例是唐长安与日本藤原京、平城京等都城的类比分析。不过，就研究现状而言，中外都城比较更多立足于两个具体都城形制的横向剖析，研究范式较为单一。另外，在选取对象时，通常以罗马帝国、古代日本和越南的代表性都城为例证,这样一来诸多其他古代文明都城无法纳入比较体系之中,因此深入完善都城对比机制、努力拓展都城有效样本是目前中外都城比较中亟需关注的方向。在都城研究中,中外学者普遍认为都城形象可以从都城文献中得到描摹和塑造。因此,都城文献作为了解古代都城形制的基础资料,为我们进行都城的比较分析提供了一种较为客观的研究路径。

都城文献是围绕城市空间要素展开叙述的一类书籍,内容丰富且形式多样。如果按照中国古代传统的文献四分法,都城文献可以是经部的书类,史部的正史和地理书,子部的小说,集部的诗歌和文集等。以传世文献引入都城研究并非近年来的学科新趋势。进入 21 世纪,越来越多的学者提出应以历史文献为研究对象,而不是单纯作为研究工具使用。[①]经过笔者整理,国内对于都城文献的研究可分三大板块:其一是利用文献学方法对都城文献进行整理和校注,包括校勘、辑佚、版本目录、价值等,[②]也有一些历史地理文献汇编专著。[③]其二是以都城文献为基础史料解决相关历史地理问题。其三是针对文本的研究,如文献的写作背景、内在结构以及文本背后的社会文化因素等。[④]唐代都城长安无疑是上述三大板块研究的集中体现。其中,第三板块是都城文献研究的新方向,成果较少但前景利好。

不同于中国古代深厚久远的叙事传统,国外都城文献数量较少且资料分散。从中外都城比较角度来看,地处欧亚大陆腹地不同时期的古代帝国都城尚未付诸笔端,尤其是世界上地跨欧亚非的古波斯帝国,国内专论几乎没有涉及中华文明王朝都城与波斯帝国首都的异同辨析。纵观古代波斯都城文献,

① 华林甫:《中国历史地理学》,山东教育出版社 2009 年版,第 428—500 页。

② 典型例子有:1985—2019 年中华书局点校的《中国古代都城资料选刊》丛书;2006 年三秦出版社点校的《长安史迹丛刊》;杨晓春:《〈建康实录〉中的〈两京新记〉佚文》,《中国地方志》2008 年第 1 期,第 40 页;边质洁、万叶:《关于〈类编长安志〉一处校勘的商榷》,《中国历史地理论丛》1999 年第 4 期,第 239—240 页。成果众多,此不赘述。

③ 靳生禾:《中国历史地理文献概论》,山西人民出版社 1987 年版;杨正泰:《中国历史地理要籍介绍》,四川人民出版社 1987 年版;萧樾:《中国历代的地理学和要籍》,广西师范大学出版社 2002 年版;侯仁之:《中国古代地理名著选读》,学苑出版社 2005 年版;杨光华、马强:《中国历史地理文献导读》,西南师范大学出版社 2006 年版。

④ 向岚麟:《历史地理文献中的城市景观表征——以三部有关长安城的文献为例》,《建筑与文化》2015 年第 9 期,第 136—137 页;孙新飞:《叙事分析与图像分析视角下古代文献文本初探——以隋唐长安城有关历史著作为例》,《建筑史》2019 年第 1 期,第 101—116 页;徐畅:《白居易与新昌杨家——兼论唐中后期都城官僚交往中的同坊之谊》,《中华文史论丛》2021 年第 4 期,第 141—164 页。

古典作家的记述和王室铭文是主要呈现方式。较中国古代都城文献而言,它们种类颇少且记述分散,但是文献内容却与中国存在差异化的表达:多专注于还原具体历史事件或评判某一人物。

综览中外城市文献,都不约而同地存在对文本的忽略。文本是空间的物化载体和表现形式,诸如作者身份和立场不同所形成的写作心态差异,以及文本隐藏的思想观念和文化取向,都能从文本中寻得蛛丝马迹。都城文献在都城叙述体系中发挥着最基础且可靠的实证作用。本文选取唐都长安和波斯都城波斯波利斯相关文献为典型个案,分析总结文献视阈下都城记述的差异和趋同,进而窥见知识分子与文献双向互动过程中所建构的不同国家形象。

一、长安与波斯波利斯文本类比的可行性

选取唐都长安和波斯帝国都城波斯波利斯作为典型进行类比并非随意为之。两座都城虽在时空上差别甚大,但是在某些宏观且具体的方面如实际国情和文献存佚情况上等存有相似性和共通性,因而以两者为类比对象具有一定的必要性和说服力。

从王朝存续时间和疆域面积来看,唐朝统治延续将近三百年未有中断,幅员辽阔。据统计,高宗李治时疆域面积已达 1 076 万平方公里,[①]超过以往时期任何时期的王朝政权,而都城长安亦是当时世界上规模最大的城市。唐王朝当之无愧是中古盛世的代表。从中央与地方关系来看,中央集权制在此时达到高峰,各项制度也趋于定型。尽管王朝内部偶有分裂势力和割据倾向,例如若干藩镇具有较为独立的行政任命权和军权,但是在总体形式上国家仍维持着对地方管理的掌控力。长安作为王朝政治中心和国家权力象征,是连接中央和地方的核心枢纽,军国大事在此决断,政令法律由此颁发。长安与王朝发展基本保持着高度的趋同性。虽然唐王朝在皇位传递过程中时常伴随宫廷政变和禁军骚乱,但整体来看是由李唐宗室掌权执政,家族血脉的连续性得以维持。而这种连续性对于都城叙事至关重要,诸多大政方针很少会因政权的频繁更替而朝令夕改,因此都城文献记录也会相对稳定客观。从传世文献体量来看,长安因其巨大的影响力和向心力,深受当时以及后世文人士子青睐,相关文献种类众多为都城文献的解读分析提供了基数保障。

---

① 宋岩:《中国历史上几个朝代的疆域面积估算》,《史学理论研究》1994 年第 3 期,第 149—150 页。

反观国外唐之前的大型帝国,与唐朝体量相符合的有位于两河流域的亚述帝国、核心区在西亚一带的波斯帝国、环地中海沿岸的罗马帝国以及继承古代波斯帝国疆域的帕提亚帝国和萨珊帝国。这些帝国与唐王朝具有一些表层共性,即存续时间长且疆域辽阔。不过落实到帝国都城比较上,一些帝国的发展理路与唐王朝千差万别,因此选择比较对象须审慎对待,以下笔者将针对不同帝国的实际状况进行分析筛选。

时间最早的亚述帝国虽然持续了三百余年,疆域也一度延伸至西亚北非,但是它本身军事扩张的特性使得它在经营管理帝国时不甚熟稔,对征服之地基本实行残暴镇压的恐怖政策,多年征战持续消耗了帝国本不牢固的经济基础。待到帝国陷入内讧,国家再次成为周围大国的附庸。此外,亚述帝国的首都尼尼微多数情况下只充当了政令传达和军事动员的角色,并没有和帝国运转产生过多密切的缠结。如此国情与唐王朝的稳定发展状态大相径庭,更遑论两者都城的分析比较。

由希腊化时代的塞琉古王国衍生而来的帕提亚帝国,从最初的部落发展到强大的帝国经历了漫长的过程。虽然它地域广阔,控制着诸多族群和地区,但是很多边远地带属于半自治状态,军事头领也多由当地推举。换言之,在庞大帝国之中充斥着多个拥兵自重的小王国,帝国国王也只是类似于邦联制度的主政者。至于首都泰西封,它最开始的职能是作为军事前线,而后政局稳固,泰西封成为东西方陆上经济文化交流的重要支点,其都城政治属性的变化依赖于军事政策和经济发展。该都城较为特殊的发展特点被后来萨珊帝国所继承,虽然萨珊帝国基本恢复了强有力的中央集权体制,但是帝国的整体运作无法在首都的职能或建筑布局上得到合理体现。除此之外还有一个重要原因是,无论帕提亚帝国还是萨珊帝国,自身留下的文献资料严重匮乏,不少历史发展的构架和脉络需要异族他者的角度进行传递和还原,这种缺陷无疑使都城文献蒙上了主观片面的色彩。

罗马帝国和中华帝国作为古代欧亚大陆两端极具代表性的大帝国,因体量相当、影响力大、文献资料丰富多样等共同特征,吸引诸多学者进行过比较探讨。他们大多选取两大方面进行剖析:其一是两者的国家治理和发展模式,其二是汉唐都城长安和罗马帝国都城罗马的多角度类比。诸上研究已涌现出大量论文和专著。不过值得注意的是,尽管长安与罗马的比较已然深入诸多方面,例如城市职能和空间布局,研究成果斐然,但是真正落实到都城比较上,不单单是局限于单个都城的具象探讨,还须细致考量两者所属帝国的宏观历史发展脉络。就罗马帝国来说,虽然绝大多数历史时段保持了疆域完整,皇帝依然象征着帝国的最高统治者,但是帝国的发展历程是由若干个短暂王朝和多个军阀混战空白期构成的。这种状况意味着国家在实施政令和推行政策上缺乏强有力的持续性,每当新王朝建立便会有不同于以往的管理模式和行政方针。其次,罗马城所具有的元老院和执政官等特色制度,尽管在王朝更迭时未被废除,但是这些政府机构职能很大程度上与帝国本身所赋予的中央集权产生了较大脱节。最后,关于罗马城与罗马帝国的关系,纵然罗马是罗马帝国的多重中心,但本质上罗马城的发展与繁荣并非帝国运用行政力量推动起来的,而是基于深厚的传统文化基础和地理位置优势。从这一点说,罗马与长安的成长环境是截然不同的。因此长安与罗马的比较研究不仅仅落实于具体城市的分析,还要结合历史背景和国家发展脉络。

通过上述简要分析,我们可知亚述帝国、帕提亚帝国、萨珊帝国和罗马帝国因实际国情和发展路径与唐王朝相距甚大,故而都城比较不具有较为显著的代表意义。在这些大帝国中,文中未提及的地跨亚欧非三洲的波斯帝国与欧亚大陆最东端的中华帝国可以构成分析比较。首先,除去体量相似,持续时间相当之外,波斯帝国的阿契美尼德王朝与唐王朝同为高度的中央集权专制国家,皇帝权力至高无上,并赋予了相对应的神性光环。其次,阿契美尼德王朝和唐王朝尽管中间经过多次宫廷内讧,但是并没有改变王朝家族的独有统治,在贯彻王朝政策上没有遭到大规模的变更。最后,波斯帝国都城波斯波利斯在建筑形制上与长安类似,它们皆有皇宫、办公机构、神庙和陵寝等专有职能建筑群,且首都与王朝的兴衰有着密不可分的关系。由此,两者的都城文献可以互补比较,构建出各自独具特色的都城形象。

二、长安文本的客观严谨性

唐代长安城规划严整,对当时和后世影响深远,即便宋以后废不为都,也是文人笔下竞相记录的重点对象。有关唐代长安城的文本十分丰富,除专门记述长安的都城文献之外,还囊括了图经、传奇、诗歌和文集等多种体裁。与传统的都城文献不同,图经、传奇等文体通常只是将长安视作故事发生地,而不以长安尤其是空间格局为主要书写对象。另一方面,这类著作多追求文章工整和辞藻华美,历史叙事不甚明显,因此我们很难通过文献内容直接俯察出时人眼中的长安形象。鉴于此,我们从传世典籍中有针对性地筛选出一些比重和内容上偏于以长安形制为描述对象的专门文献。

唐长安都城文献大体分以下几种:一为当时人记当时事,在记述长安建置的同时夹杂一些奇闻轶事,追求生动地描绘生活图景,以唐人韦述《两京新记》等纪实类文献为代表;二为文人出游时自发撰写的游记文本,实地考察并记录沿途所观所感,借以缅忆前朝,表达沧海桑田、今非昔比之叹,以宋人张礼《游城南记》等行记类文献为代表;三为方志文献,旨在全面叙述长安城市发展沿革,除了沿袭前代惯有的宫室宅第、山川道里之外,还记载四至辖县、风俗物产和地理沿革,以宋敏求《长安志》等方志类文献为代表;四为后代学者鉴于先贤文献疏漏讹误,勾稽排比史料,增补相关信息,考订文本源流,以清人徐松《唐两京城坊考》等考据类文献为代表。

唐长安城以形制森严、规划齐整著称,整体呈现出的是街巷纵横相交,里坊错落有致的封闭式棋盘对称格局。宫城靠北居中,中轴线贯穿全城,皇家与平民生活区严格区分,是中国古代礼制都城的代表。文人士子生活在驿馆商肆,游走于寺观园林,自然对长安形制有着切身体会。这种大国都城的宏伟氛围势必影响长安文献的叙事风格。长安文献最突出的特点是文本呈现的内在客观写实倾向。虽然长安都城叙事的四类文献体例不同,但皆对长安的形制规模展开了大量且具体的描写。

《两京新记》是长安都城文本的开端,最早对唐长安城进行记录。同时,《两京新记》又是现存唯一一部唐代人系统记述两京建置兴废的典籍,赵彦若称此书是至宋"求诸故志,唯韦氏所记,为一时见书"。①从文本看,《两京新记》处处表达着极强的方向感,文献总体自北向南、由东及西依次叙述,城门则依照北—东—西—南的次序,在述及宫城、皇城、外郭城以及禁苑、园林、里坊等建筑时,不仅在开头标明所处方位,还将周长精确到步。此外,《两京新记》对于各建筑内的行政机构、管理模式也有详细记录。这些记载可以较为清晰全面地表现长安城内部结构和坊巷的规模和分布情况,宛如一幅立体图画鲜活地展现眼前。也正是《两京新记》的记载,才使得后代文献如《长安志》《唐两京城坊考》能够在此基础上加以考订。《两京新记》另外一个鲜明的特点是传闻逸事的收录,长安作为都城是全国人口集中之地,各类人群鱼龙混杂,一些发

---

① (宋)宋敏求撰,辛德勇辑校:《长安志·赵彦若序》,三秦出版社 2013 年版,第 4 页。

生于里坊的趣事经过口耳相传被演绎成怪诞、夸张的奇闻记录下来,譬如法海寺内英禅师与秦庄襄王鬼魂对话之事。①作为一部纪实性文献竟然将道听途说的鬼怪之事收录在内,未免有欠妥之处,这也是《两京新记》为人诟病的地方。

进入宋代,随着市民生活空间的相对扩大和自由,文化重心下移,帝都意识和观念减弱,②这种社会动向反映在文献上便是民间文本的种类增多。游记类文本是民间文本的典型,是作者经过实地踏查书写的真实记录,叙事性和可读性较强。前朝的《两京新记》为后世缅怀前朝旧都提供了脚本。宋代士人张礼循着韦述的笔墨对长安城南旧址的重要景观进行了游览。张礼所书《游城南记》详细记录了游玩路线:自安上门一路向南,历经崇义、安仁、永乐、晋昌几坊,沿途参观了荐福寺、慈恩寺、曲江、芙蓉园和终南山等重要景观,最终到达城南。在张礼的游玩计划中,领略唐代文人中举场景,瞻仰先贤题名是必要步骤,这对张礼这样怀揣科举梦的士人来说无疑是十分重要的。张礼的士人身份决定了他所记录的景观,旧都长安在张礼笔下呈现出一种萧条破败之感。另一方面,《游城南记》详细书写了所观园林陂池,目之所及、心之所想,作者都一一展示,并以自注形式讲述景点历史,使读者对来龙去脉一目了然。因此,张礼此书可以说是一部导览式的旅游指南。虽然《游城南记》不像《两京新记》那样严谨客观地记载长安城形制布局,但此书是张礼将实地调查和亲身经历以文本形式记录下来,真实性不容忽视。

方志的兴盛是宋代文献的另一个突出特点。宋代方志体例已经完备,在数量和内容上都趋于定型,"举凡舆图、疆域、山川、名胜、建置、职官、赋税、物产、乡里、风俗、人物、方技、金石、艺文、灾异无不汇于一编。"③宋敏求《长安志》首次开创长安方志,不同于《两京新记》和《游城南记》专注长安某一时期的描述,《长安志》偏好记录历史沿革,例如汉至宋管县,周秦汉唐宫室,将长安置于长时段考量。书中并未过多宣扬唐代长安城的宏伟壮丽,而是冷静客观地将其视作过往历史发展的一个阶段。与以往陷于程式化的建置布局相比,都城文化反而成为叙述的重心。

---

① (唐)韦述撰,辛德勇辑校:《两京新记辑校》,三秦出版社 2006 年版,第 33—34 页。
② 葛永海:《长安—临安:唐宋"都城故事"叙事转向》,《陕西师范大学学报(哲学社会科学版)》2022 年第 5 期,第 73 页。
③ 张国淦:《中国古方志考》,中华书局 1963 年版,第 2 页。

  唐长安城至清代已过去 700 余年,其间经历了多次兵燹之灾,文人们自然无法目睹昔日长安整齐划一的形制,只能在典籍中探寻踪迹。清人徐松《唐两京城坊考》是唐代都城考据的集大成之作,此书针对唐人文献中的错漏舛误进行考证,补入了大量史料,尽管其中有言过其实的推理成分。徐松自述"吟咏唐贤篇什之助"。[①]可能强调了此书的实用价值和写作初衷。

  从发展视角看,由唐至清,伴随时间推移,唐长安城在文人笔中的形象发生了一系列变化。在早期唐人心中,长安城象征富庶繁华和大国气象,无论在当时国内抑或是世界范围都声名远扬,时人尤其士大夫热衷描述长安城的建筑布局和空前规模,企图借帝都的雄伟庄严抒发内心深处的优越感和自豪感。唐代以降,长安失去王朝都城的地位,经岁月洗礼的大国都城一去不返成为过去时,曾经宏伟壮观的格局不再重现,慢慢隐没于历史长河中,长安的都城形象也在后世文人的追忆中逐渐被淡化。

三、波斯波利斯文本的政治属性

  与唐长安文本关注都城形制不同,波斯波利斯的都城文献多以侧面描写为主。这些文献主要包括西方古典著作和当地出土的古波斯语铭文,从数量来看铭文占大部分。铭文又分王室铭文(宫殿)和地点铭文。这两种铭文因功用和地位不同,书写内容也存在差异。

  王室铭文顾名思义是某位国王授意镌刻的铭文,内容以宣扬自身功德和君权神授为要旨,根本目的是驯化臣民,重王权轻叙事,故而政治属性较为凸显,彰显统治地位和合法性是其终极目标。王室铭文通常刻勒某些标志性建筑物上,代表有王宫、多柱厅以及万邦之门。这些铭文在建筑上一般刻勒国王名称,譬如万邦之门的东北部阶梯外墙写道:"我是薛西斯,波斯大王,万王之王,掌管所有的国家和全部的族群,寰宇之王,大流士之子,阿契美尼德家族成员。薛西斯诏曰:在阿胡拉·马兹达的恩惠下修筑了万邦之门。"[②]由这则铭文可知薛西斯极力渲染国王的政治权威,强调他即当时世界的统治者,最后的落脚点旨在阐释王朝统治的家族纯正血统。回归到具体建筑上,国王在此表达主权的同时还特意宣示神性光辉。

---

① (清)徐松:《唐两京城坊考》,中华书局 1985 年版,见徐松自序。

② Pierre Lecoq, *Les Inscriptions de la Perse achéménide*, Paris, 1997, pp.251—252.

　　君权神授是王室铭文的精神内核，至少自大流士一世开始，帝王权力承自神明这一理念已弥漫在帝国的各个角落。刻勒主神名称和绘制宗教符号是这种思想的集中体现。阿契美尼德王朝执政后，为适应中央集权需要，将一神教琐罗亚斯德教奉为主流教派，独尊主神阿胡拉·马兹达，这从王室铭文中可以找到印证。帝国缔造者居鲁士在位时期，王室铭文主要弘扬阿契美尼德王朝家族的至上性和优越性，而自己是高贵家族中的一员，同时强调自己作为伟大帝国开创者的独特魅力。颇负盛名的滚筒柱铭文曰："我是居鲁士，寰宇之王，伟大之王，强盛之王，巴比伦之王，苏美尔和阿卡德之王，世界四方之王。"①连续的尊贵称号不难看出帝国建立伊始早期王室铭文对王权过分崇拜的夸张意味。大流士一世继位后，王室铭文的叙事风向发生了微妙的变化。琐罗亚斯德教主神阿胡拉·马兹达开始频繁地出现在铭文当中。在波斯波利斯的梯地外墙上刻勒着："一个伟大的神是阿胡拉·马兹达，他是万神之神，他创造了国王大流士和他的帝国，并赋予了广袤帝国，正是他的恩惠使得大流士成为了国王。大流士国王诏曰：阿胡拉·马兹达赐给我的国家波斯，它是一个富足优良的国家，盛产良马和勇士。正是阿胡拉·马兹达和我大流士的恩惠，这个国家不惧怕任何其他国家。大流士国王诏曰：愿阿胡拉·马兹达和王室诸神来帮助我。愿阿胡拉·马兹达护佑这个国家不受侵略者、饥荒和谎言之害！愿这个国家永远没有军队、饥荒和谎言！这是我向阿胡拉·马兹达和王室诸神祈求的恩惠。愿阿胡拉·马兹达和王室诸神为我祈福。"②从上述材料可得，大流士正式将君权和神权结合在一起，营造神权崇拜，构建君、神统一体。国王是神明旨意的传达者，而他的权力来自神明。之后的几任国王也延续了大流士的神权思想，阿胡拉·马兹达一如既往的是铭文当中的"常客"。

　　此外，一些刻有宗教符号的建筑浮雕也从侧面印证了这一思想。波斯波利斯始建于大流士一世，正处于王权变革和舆论转向的风口，亟需崭新的王权理念来诠释和实践天神与君王合一的意旨。在波斯波利斯现存建筑的壁画浮雕上，出现了大量代表琐罗亚斯德教宗教符号的神鸟沙赫巴兹(Shahbaz)。典型形象是一只展翅翱翔的雄鹰头顶日轮，两爪各擒一轮太阳，象征权力中心的国王站立于雄鹰之上，其寓意引导臣民进入宗教中的个人世界。此符号是国

---

①　Irving Finkel，*The Cyrus Cylinder. The King of Persia's Proclamation from Ancient Babylon*，New York，2013，p.6.

②　Pierre Lecoq，*Les Inscriptions de la Perse achéménide*，Paris，1997，pp.227—228.

王权力的具象表达,通过神化国王形象,强调统治的正统性和合法性。这种符号几乎散布波斯波利斯的各个角落,在多柱谒见厅和珍宝阁都能发现踪影。宗教对帝国的渗透程度可见一斑,这也从侧面印证了波斯波利斯是一座具有强烈政治意味的都城。

波斯波利斯地点铭文与王室铭文的格式有较大出入。地点铭文一般指代铭文的出土之地。其中,建筑工程前期的准备工作和修建人员相关信息是地点铭文重点关注的部分。据记载,珍宝阁、多柱厅和防御工事在修建时征集了大量来自埃及和周边地区的工匠、画家和祭司。他们的职责五花八门,包括处理石料、刻录铭文、绘制图画以及确保建筑质量。工匠的数量、职责、工钱和刻勒者名字构成了铭文的主体内容。例如在一则防御工事铭文中记载着:"有一批从埃及来到波斯波利斯的工匠,负责为防御工事切割石头和刻印铭文,财政官巴拉卡玛(Baradkama)为每位工匠发放工钱,这些埃及人不收金钱,而以羊代替。抄工希皮鲁卡(Hipirukka)将这一过程记录存档,努达努亚(Nudannuia)负责将工钱下发,伊达卡亚(Irdakaia)负责保管收据。"①短短一则铭文交代了防御工事的人员安排和生产程序。珍宝阁铭文多数也依照上述格式,并收录不同类别工人的职能和薪资发放,比如其中一则依例记载:"薛西斯三年三月至七月,珍宝阁浮雕刻勒完成,财政官巴拉卡玛(Baradkama)为 37 位工匠发放奴隶作为工资。"②由此可知,珍宝阁浮雕应完成于公元前 521 年。总的来说,波斯波利斯地点铭文围绕不同工种的协作劳动展开记述,责任划分和薪酬体系是其核心内容。显而易见,地点铭文企图从营造都城的账目清单和任务派单等细节来侧面反映都城映像。

西方古典著作里对波斯波利斯的描写不多,主要见于古希腊史家狄奥多鲁斯(Diodorus of Sicily)和罗马史家鲁弗斯(Quintus Curtius Rufus)笔下。作为异域的他者,这些古典作家与铭文刻勒者因立场、身份和社会背景不同,关注点也千差万别。狄奥多鲁斯和鲁弗斯对波斯波利斯的记载皆以公元前 330 年亚历山大大帝屠城这一事件为中心,或许是讶异于波斯波利斯的毁灭程度。关于屠城原因,书中言明这些疯狂行径是希腊人为报波斯帝国入侵希腊世界

---

① George Glenn Cameron, *Persepolis Treasury Tablets*, Chicago: University of Chicago Press, 1948, pp.95—96.

② George Glenn Cameron, *Persepolis Treasury Tablets*, Chicago: University of Chicago Press, 1948, p.105.

并烧毁雅典卫城之仇，"劝诫并惩罚他们对希腊圣所犯下的罪行。"①虽然记述的是同一历史事件，但两位作家所记细节却不尽相同。狄奥多鲁斯首先对波斯波利斯所藏财富着墨较多，极力渲染波斯波利斯的奢华程度："它是最富有的地方，城内各种金银财宝堆积成山，有大量白银、黄金和许多绣有紫色或金色的昂贵衣服……亚历山大进入了城池，掠走了那里的宝藏。他们装满了黄金和白银……派去一群骡子和3 000只单峰骆驼，把所有的财宝运到了指定地方。"②言语之间流露出骄傲的炫耀意味，似乎以希腊人能征服如此宏大富有的帝国都城为荣。其次，他所著的《历史文库》还着重描写亚历山大及其军队烧毁波斯波利斯的过程始末。文末最后，狄奥多鲁斯对这一毁城行为作出了总结："最值得注意的是，波斯国王薛西斯对雅典卫城所犯的亵渎罪，由一位单身女性为之复仇，她是受害者的同胞。多年后，在运动中她对波斯人施加了同样的待遇。"这种强调使波斯人所遭受的侮辱在这一刻达到了极端，嘲讽侮辱色彩倾之欲出，仿佛波斯波利斯今日的境遇是咎由自取，是往日不敬行为的报应。

鲁弗斯在记述波斯波利斯巨额财富的同时，对亚历山大放纵士兵掠夺财富、瓜分赃物时的残暴行径也有较为完整的具象描写："他们撕开了王室的袍子，并用锄头打碎了价值连城的花瓶，没有一件完好无损，或者被完整地带走。每个人都像以前一样，把扯下来的雕像的断肢带走。在被占领的城市里，不仅是贪婪，还有残忍：他们满载金银，因犯被当作毫无价值的人宰杀，而那些希腊士兵也因分赃不均而自相残杀。四面八方的人，他们一进来就被砍倒了。那些波斯上层人士，趁敌人还没有下手的时候，宁愿穿上漂亮衣服，带着妻儿从城墙跳下或在家中自焚，也不愿被敌人所俘虏。"③从这些描述我们能明显地感觉到，鲁弗斯是站在一个"第三者"立场来看待两个国家之间的战争，尤其凸显在波斯人作为战败者的反抗，宁愿跳下高台也不投降这一书写。与此同时，他在塑造波斯波利斯帝国都城时，对亚历山大及希腊士兵的残忍形象也直言不讳。因此，相比狄奥多鲁斯，鲁弗斯的描写基本无所偏倚，相对冷静客观，更具批判性。

---

① Diodorus of Sicily, *Library of History*，17.70—71.
② Diodorus of Sicily, *Library of History*，17.70—71.
③ Quintus Curtius Rufus, History of Alexander, 5.6.

我们发现狄奥多鲁斯和鲁弗斯在记载波斯波利斯时存有较大差异,究其原因,两者的族群特性可能是导致这一现象发生的主要原因。从《历史文库》来看,狄奥多鲁斯意欲表达他所认知的世界群像,比如族群分布、地理状况、历史事件等方面。狄奥多鲁斯常年客居在外,族群认同感和归属感的欠缺促使罗马治下的希腊族裔有意追忆先祖的光辉事迹,以此渲染本族的优越性和蛮族的落后性。鲁弗斯作为罗马人,他完全可以旁观者的身份思考以前希腊人如何残暴,更偏向以批判的眼光看待过往事迹,来吸取经验,进一步审视族群关系和世界认知。因此,从族群记忆的角度解读两位作家著述存在差异的原因,不失为一种新的尝试。这些分析也为波斯波利斯都城文献的深度发掘提供了不同角度的思考。

四、结　语

都城是统治阶级治国理念的物化和实践,都城文本作为传播媒介间接将这种思想记录下来,而皇帝或国王是维持这一系列运转的关键力量。因此,两类都城文本的背后,政治思想是毫无疑问的主导者。通观唐都长安和波斯国都波斯波利斯的都城书写,虽然各自文献种类迥异,但皆集中于表现皇权的至高性和神圣性,着重凸显都城在整个帝国的权力中枢和核心地位。无论是长安文本对于皇室空间的大量描写,还是波斯波利斯铭文的神权内核,都在表达皇家和国王独尊这一主旨。不过,双方都隶属时空不同的古代文明圈层,其辐射向心力和实际发展状况无法同日而语,这些不同点映射到文献上,则可以从都城书写的侧重点得以体现。

长安都城文献讲究面面俱到,城市空间的不同具象可由较为平实的客观数据和连续不断的布局方位充分彰显。大到宫城、皇城和外郭城,小到河湖沟渠,都能从文献中寻得。力求客观描述建筑布局和区域样貌,注重空间排序和方位转换是长安文本的显著特征。这些文本通常由大空间引出小空间,似乎格外强调建筑的功用性和延续性。尽管随着朝代更迭,后世长安文本蒙上了时代印迹,但长安空间描写始终是不变的主旋律。

不同于长安文本通过空间描写刻画都城形象,波斯波利斯都城文本力求从分散有限的史料中竭力构建历史场景和帝国想象。王室铭文往往和宗教缠结于一体,意在为国王之正当性和唯一性谋求合法缘由和思想依据,在造神活动中树立权威,维护家族统治,神化王权的人间映照投射于以国王命名的王宫和功能性建筑上。地点铭文着力记载某一建筑的营造过程和运转细节,尤为表现各类工匠在具体建筑中所扮演的角色。国王的礼仪建构和底层民众的辛苦劳作构成了都城文献叙事的主体,虚实结合的记述方式描绘出都城时空变迁的政治底色。此外,作为他者的西方古典作家记述,多侧重于记录帝国倾覆之下的都城余晖,立足于具体事件的梳理和评判,都城的建置布局显然不是关注重点。

总之,长安文本与波斯波利斯文本最大的区别在于都城形象的塑造方式上。在长安文本中,都城的外观更为重要,空间布局和建筑形制是塑造帝都宏伟森严的主要方式。而波斯波利斯文本则将都城视为历史事件发生地,通过神化王权显示都城的与众不同。但是从深层来看,两种文本都是王权统治思想下的时代映射,只是在程度上波斯波利斯文本更为直接而已。

A Comparative Study on the Writing of Chinese and Foreign Capital Cities in the Threshold of Texts

— Centred on Chang'an in the Tang Dynasty and Persepolis

Abstract: Chang'an and Persepolis were the capitals of the Tang Dynasty and the Achaemenid Dynasty of Persia, respectively, and there are certain similarities between the two in terms of national conditions and textual volume, which makes it feasible to carry out a comparative study of the relevant capital city literature. The difference in the way the capital cities are portrayed is the difference between the two texts. The Chang'an texts are objective and plain, mainly expressing the majesty of the imperial capital through spatial layout and architectural form. The Persepolis text is fragmented and trivial, focusing on the construction of kingship and historical events, and is obviously political. Although the two capital texts have very different forms and styles, from a deeper point of view, they are both the products of the idea of kingship under the official ideology, aiming to use the writing of the capital city to declare the legitimacy of the royal lineage and the orthodoxy of the dynastic rule.

Key words: Chang'an; Persepolis; Capital Texts; Ideology of Kingship

作者简介:杜元元,东北师范大学历史文化学院博士研究生。

空间生产理论视域下澳门历史文化街区的空间结构演变与文化意义建构

——以十月初五日街为案例

施瑞婷　白婧婷　李鑫宇

摘　要:本研究以空间生产理论为底层逻辑与分析框架,以澳门十月初五日街为范例,通过史料分析、参与式观察、深度访谈等方法获取一手资料,探究澳门历史文化街区独特的空间结构与演变逻辑,发现其背后蕴藏的多民族、跨文化意义。另外,也将聚焦粤港澳大湾区文化建设议题,剖析澳门历史文化街区在空间生产多元主体下的可持续发展路径。

关键词:空间生产理论　历史文化街区　澳门　十月初五日街

引　言

由于澳门历史文化街区融合性的历史形成脉络和活态化的现实呈现状态,其特征以及其所承担的社会功能放眼整个世界来看都具有一定的独特性。2005 年,澳门历史城区被评为中国第 31 处世界文化遗产,与之具有相似地区历史文化属性的澳门历史文化街区的价值也日益提升。一直以来,特区政府都期望能够通过发掘澳门历史文化找寻出新的旅游经济增长点,摆脱固有形象中"赌城"的单一经济主导问题。[①]

---

① 姚敏峰、林楷宸、阳裕等:《基于锚泊地追忆的澳门特区氹仔历史街区活化再生研究》,《建筑与文化》2022 年第 10 期,第 160—163 页。

　　十月初五日街(Rua de Cinco de Outubro)位于澳门半岛的历史中心,北起爹美刁施拿地大马路与沙梨头海边马路交界处,南端接火船头街(如图1)。其命名源自1910年的葡萄牙十月革命,该事件标志着葡萄牙君主制的终结与共和制的建立。街道自葡萄牙殖民时期便已存在,是澳门最具历史价值的街区之一,承载着城市从殖民地到现代特别行政区的复杂历史。在当代,该街道沿线的建筑大多保留了19世纪至20世纪初的葡萄牙建筑风格,其作用也由原住民住宅生活区转变为一个繁忙的商业街区,街道两侧的商家和餐厅提供了丰富的澳门传统美食和商品,使得这条历史街道在保持其文化遗产的同时,也展现了现代城市的活力和多样性。十月初五日街不仅是澳门的历史象征,也是现代澳门社会经济和文化活动的缩影,体现了澳门作为一个历史深厚且充满活力的国际城市的双重特性。

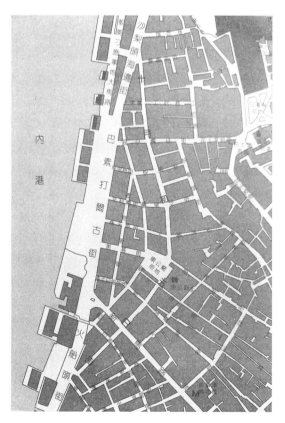

图1　十月初五日街地形图
(图源:《十月初五街五十忆》)

一、历史溯源：时间维度中的澳门历史文化街区

与"澳门历史城区"有所不同，"澳门历史文化街区"的范畴更为广泛。"澳门历史城区"是一个已被界定的概念，2005 年由我国独家申报并成功入选了第 29 届世界遗产大会的世界文化遗产项目。其地理范围以澳门的旧城区即"澳门半岛"为中心，通过相邻的广场和街道散开，串联了约 15 个历史建筑[①]，各建筑建成时间从明代至民国，时间跨度长达 400 多年。[②]"澳门历史文化街区"则还未有既定的概念，但在前人关于澳门街区的研究中，一般将具有史学依据、文化价值的现存"老街"都包括于"澳门历史文化街区"的范畴内。现有关于"澳门历史文化街区"的研究成果包括：与文旅有关的如基于澳门某街区展开的旅游模式探讨（黄梓卫，2021），城市规划方面的如澳门老城街道规划研究（邓如井，2024），涉及社会学、人类学理论的如澳门街道中的物质性意象研究（周兰兰，2022），以及街区的文化建构研究（王泽猛等，2023）等。

"十月初五日街"在葡萄牙政府管辖之前也曾被叫做"泗孟街"，"泗孟"一词的来源有两种说法。一是源自此街道中的香料铺。清同治年间，泗孟街初开辟，原是一条热闹的买卖街道，因在街的中段有几家从南洋泗孟来澳门居住的天主教徒开设的香料铺，故得此街名。还有一种说法是源自近沙栏仔处的泗孟码头，清朝末年以及民国初年，这个码头为一群南洋商人所拥有，专门泊靠南洋货船，而这些船又是专门驳运从香港往来澳门的南洋货品。其实，这个码头更多的是出货去南洋"泗孟"，即将鸦片烟由此装船运去香港，再转船运去南洋泗孟，故得此名。[③]图 2 和图 3 为十月初五日街的今昔对比。

人是地区文化、文明的经历者、参与者，亦是永恒的铸造者。十月初五日街的原住民们在时光变迁中不断塑造着属于该地独有的集体记忆，不论是鲜活的口述史还是珍贵的影像资料，对目前学者们关于澳门历史文化街区乃至澳门区域文化都具有重要的价值。早在 2011 年，澳门民政总署就开始筹备，并于 2012 年正式展开了"街道研究计划"，通过研究成果的总结向公众展示澳门街道的文化百态。澳门励群校友会、澳门发展促进会、澳门街坊联合会等

---

① 邵甬、周俭：《世界遗产在中国》，上海东方出版社 2021 年版，第 11 页。

② 澳门历史城区，https://www.xuexi.cn/4ea711143decc93d87fc8c7987b30502/e43e220633a65f9b6d8b-53712cba9caa.html。

③ 林发钦、胡雅琳、郭妹伶：《澳门街道的故事（上）》，广东经济出版社 2019 年版，第 83 页。

图 2　20 世纪 50—60 年代的十月初五日街
(图源:黄建成《澳门街说古今》,文化公社,澳门:2019)

图 3　十月初五日街现状
(作者自摄)

组织曾于2011年、2012年两度编著《十月初五街十一忆》，对或世代居住或经营店铺或就读此街学校的近50人进行采访整理、邀文写作，试图还原最朴素、最具原真性的十月初五日街历史。在他们的口中、笔下，十月初五日街是连接水路、繁忙客运码头；短短斜路也让学生走得汗流浃背；是拥有最多娱乐项目的康乐馆所在地，孩童们打乒乓球，成年人象棋对弈，在没有电视甚至收音机的年代，每晚的文艺表演亦有毛主席语录歌曲（黄秀卿，谭子均，2011）。除了口述史、深度访谈及参与式观察所得资料与本研究内容相辅相成之外，一些该街道的珍贵照片、绘图、文物收藏等的留存与呈现也能够较为客观地作为空间演变的分析样本。如图4为藏于澳门艺术博物馆的20世纪60年代十月初五日街康乐馆门前景观照片。以小贩为主体，对面是贴有中英文标识的牙医诊所，其旁边则是男用公厕。行人皆为亚洲面孔，自行车整齐摆放一处，街道人员较为密集，年龄层次从婴儿到老人均有。还有如图5为基于1963年出

图4　20世纪60年代十月初五日街康乐馆门前景观
（李超宏摄，澳门艺术博物馆藏）

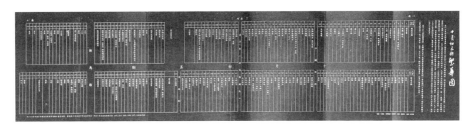

图5 《十月初五日街繁华图》

(图源:《十月初五街五十忆》,绘制:郝元春 排版:施明坤 美术策划:施援程 监制:三余堂)

版的《澳门工商年鉴》绘制的《十月初五日街繁华图》。该图几经实地调查审核,将 20 世纪 60 年代前期十月初五日街各商铺陈设情况一一整理,并依照当时的门牌位置进行了平面化呈现。通过对人、物、图的分析,可见当时的十月初五日街商业气息已然浓厚,公共设施较为齐全,居民生活水平也相对较高。

澳门历史文化街区所呈现的特殊性是由澳门地区的历史演绎决定的,即融合中西方文化精髓,并将二者平衡得当。以澳门十月初五日街为例,其街道建筑特点如路牌、地面、栏杆等均保持统一的葡式特点,而深入其中的文化内核如原住民生活习惯、传承百年的店铺属性、文化宗教设施特性等则均与中国广东、福建等地相近。因此,聚焦澳门街区独特的本土文化——深邃的华人文化发掘与保育,并积极融合当中多元文化的亮点,以历史文化街区独有的特色为基石,全面推动澳门地区文化产业资源的创新开发与综合利用必然是目前特区政府携手各界共建共创的着眼点。①

二、概念界定:从"空间生产"到历史文化街区

法国思想家列斐伏尔于 20 世纪 80 年代提出了"空间生产"理论,主要强调空间与社会关系的密切联系,认为二者相互作用且能够相互影响。在这一概念中,空间不仅是生产的资料和手段,还能够融入生产模式中,被用来创造剩余价值。由于国家(权力机构)和资本的关键作用,空间的生产也带有一定的意识形态色彩②。另外,列斐伏尔还提出了包括"空间的实践""空间的表征"以及"表征的空间"三个互相关联的维度来构建空间生产的理论框架。

① 林广志、吕志鹏、叶农等:《澳门旧街往事(中文版)》,澳门民政总署 2013 年版,第 92—95 页。
② 郭文:《空间的生产与分析:旅游空间实践和研究的新视角》,《旅游学刊》2016 年第 8 期,第 29—39 页。

在这个框架中,"空间的实践"指的是感知的层面,涉及具体的空间活动;"空间的表征"指的是构想的层面,涉及生产关系及其秩序,与维护统治阶级利益的知识、意识形态和权力结构相关;而"表征的空间"则是居民经历和体验的空间,通过符号和隐喻的系统感知空间的象征意义。①之后,该理论被逐渐延伸并应用于各个学科和领域,尤其是传入我国学术界之后,对我国的马克思主义理论及哲学、社会学、文化及地理学、旅游等领域都产生了重要发展性影响。

历史文化街区是多文化重叠构建的城市空间,也是一个鲜活的、有生命力的"地方空间"。在这里,不同属性的个体、群体交织生活,不断为历史文化街区倾注新内容、新生命。而现如今,空间生产者尤其是原住民们也愈加有意识地保留当中的"原真性",防止原初地方文化的改变。在文化与历史的互动中,从历史文化街区可以窥见其空间生产的意义与动力,同时,它所实现的跨时空互动也使其贮藏了社会发展的记忆,是集体记忆的空间。20 世纪 80 年代,空间研究逐渐成为国内外研究的显学,空间成为一种解读社会关系和文化形态的一种思考途径,我国历史文化街区空间的研究成果不多,大多涉及地理、建筑和文化保护领域。②"空间生产"和"历史文化街区"存在互塑关系,历史文化街区影响生产多维空间,而空间又影响历史文化街区的发展③。因此,基于空间生产的理论框架和历史文化街区空间生产的关系要素,本文借鉴郑九良(2023)的观点将历史文化街区空间形态分为三个维度,并结合澳门十月初五日街的实际形态,绘制历史文化街区空间形态分析维度(如表 1):

表 1　历史文化街区空间形态分析维度表

空间生产的维度	构建主体	形态	内容	性质
空间的实践	本地或外地商户及本地或外地工作者、游客	地理性的空间	历史文化街区实体	进行空间生产和再生产

① 吴莉萍、张镱宸、周尚意:《城市商业文化空间的生产与再生产:对近 10 年北京城区商业文化空间演替的研究》,东南大学出版社 2016 年版,第 18 页。
② 艾文婧:《西安北院门历史文化街区及其空间建构研究》,陕西师范大学,2021 年,博士论文。
③ 侯兵、黄震方、徐海军:《文化旅游的空间形态研究——基于文化空间的综述与启示》,《旅游学刊》2011 年第 3 期,第 70—77 页。

空间生产的维度	构建主体	形态	内容	性质
空间的表征	政府机构规划、维护者	消费化的空间	依靠资本、权力和知识力量实现文化街区元素符号文化意义的生成	规范化秩序空间及其中的社会关系
表征的空间	原住民	精神性的空间	通过体验和感知而形成的意向空间	隐喻特征的象征空间

由上表可以看到，以空间三元论为基础，结合前人的研究成果，在本文所研究的范例中可以做出如下分析呈现：1.地理性空间由本地或外地商户及本地或外地工作者、游客共同建构，指可进入、可体验、可沉浸的实体场所，即街区本身的布局，历史文化街区当中原住民的生活居所、建筑群落及更新的旅游景观等，它们共同呈现了该空间的社会关系及空间建构过程。2.消费化的空间由政府机构的规划人员以及公共维护者们共同参与，它是社会属性的概念，主要依靠资本、权力和知识力量实现文化街区元素符号文化意义的生成。3.精神性的空间是原住民和涉足者通过自己的日常生活体验和外在感知而形成在头脑中的意象空间，它是一种带有隐喻特征的象征性空间。①

三、形态演变：澳门十月初五日街的空间结构演变

澳门十月初五日街作为悠久历史的见证，是澳门中西方文化交融共生共续的缩影。其物质空间的功能已从居民生活与以贩卖蔬菜、水果、生活用品为主的小商业集散地演变为融合居住、旅游观光和商业于一体的综合功能区，具备特色旅游服务功能，构筑了多元化的文化旅游景观。基于当地独特的建筑风貌、历史传承和人文精神，佐以影视传播、政府引导、公众参与和品牌推广等多方合力，成功实现了历史传承的保护、文化旅游的推动以及现代消费的和谐融合。街区空间的文化与商品属性在结构演变中逐渐显现，实现了空间再塑的有益过程。这一转型不仅丰富了街区的文化内涵，更是历史文化与当代发

---

① 黄梓卫：《澳门文化遗产"怀旧旅游"保护模式探讨——以澳门十月初五日街为例》，《中国文化遗产》2021年第3期，第70—75页。

展的有机融合的典范,体现出了空间的持续演变与社会需求的动态变迁。

(一) 物质空间转变:从"历史性生活空间"到"文旅融合性消费空间"

澳门十月初五日街位于澳门半岛主城区中心,距离标志性建筑"大三巴"牌坊仅数百米之遥。该街区地理位置优越,功能性空间布局多元,自建成之初即融合了居住、商业和社会活动等多重功能,形成了以居民生活和商业活动为主线的空间结构。在这一区域内,空间布局呈现出清晰而直观的印象,沿街巷和传统建筑呈现线性分布,空间社会关系相对简单而明确。通过历史文献和原住民口述历史的考察,可观察到这一地区呈现出一种"生活化的本体空间"的特质,这种特质反映了社会空间的内在联系和生活实践的深刻影响。

在澳门旅游业极速发展的背景下,澳门十月初五日街这一历史文化街区的物质空间已经呈现出景观化的特征。这一街区的规划和实践创造出生活空间、商业空间和公共空间多元类型的交汇模式,相应地在功能、建筑和样式上也发生了一些重要变化。这种"顺应之变"打破了该街区过去相对封闭、静态的空间区域模式,将其打造成了拥有地方文化特色的"景点",形成了一个动态变化、开放包容的"文旅融合式消费空间"。①例如位于街中段、始创于 1966 年的茶餐厅"南屏雅叙",40—50 年代该址为"宝章文具公司"(陈耀容:《十月初五街琐忆》,2011),"南屏雅叙"面向原住民售卖日常早餐糕点,现已扩大店面、丰富餐食,并成为澳门著名的"网红打卡餐厅"。在面向更多游客的同时,其依旧保留着原始的计价收银方式,外部装潢也只翻新不改造,延续昔日风格。街中其他餐饮类如梁庆记、沧州咖啡小食、英记茶庄等,生活类如报刊亭、旧货铺等,娱乐类如茶馆戏楼等也是如此,这种融合性的转变不仅丰富了街区的文化内涵,同时也展示了空间的多元性和发展的开放性,体现了城市空间的演化与社会需求的变迁。

(二) 精神空间转变:从"地方文化的场所"到"集体记忆的表征"

城市空间中所体现的精神内涵主要通过文化表现,历史文化街区等城市物质空间作为文化传承的载体,具有承载地方文化的职能。文化作为一种现象,体现了民族的特质,而城市空间的精神则通过影响、限制或支配一个民族或地域的物质空间,延续着久远的宇宙观和价值判断,具有生物遗传的特性,

---

① 郑九良:《空间生产视角下非遗旅游街区空间结构演化与动力机制——基于屯溪老街的案例分析》,《人文地理》2023 年第 5 期,第 62—70、106 页。

因此可以追溯空间精神的根源。澳门地区人种繁多,多种宗教并存,形成了多元民族和谐发展的精神文明景观。十月初五日街中的康公庙便是澳门最重要的道教庙宇之一(如图6)。相传在一百多年前,有一个木头康王神像从海上漂浮而来搁置于此,后来被附近的居民拾起,大为惊叹,于是在附近建祠奉祀。清朝咸丰年间,由一位木业商人发起,并和坊众合资在原地建庙,即现在的康公庙。疫情之前,康公庙几乎都会搭棚请戏班上演澳门活动类非遗——神功戏,而现在也"借地"开发了"康公夜市"等文化休闲项目供居民及游客参与。康公庙是当地居民举行宗教文化活动的固定场所,寄托了沿海人民对生活的愿景,他们敬爱海洋、热爱生活,在倡导健康、积极的活动中延续文明。

图6　康公庙
(作者自摄)

随着大众传播的影响力辐射扩大,地区的精神文化内涵也在不断丰富。社会需要记忆,因为记忆赋予了社会的"过去"一种历史魅力,它将最美好、最神圣的事物贮存在与现在相对的另一个维度里。实体建筑、物质、作品,活态技艺、活动本身都是意义的载体,"物"与"意"表达的共通体,它们的形成是技术构成与文化结合的产物。通过时间沉淀,地区内人类的传承所产生的集体记忆内容成为地方精神文化中最重要的部分,它是独一无二的,更是永远无法被复制的。由香港TVB制作的时装爱情电视剧《十月初五的月光》(又名《澳门街》于 2000 年 7 月 10 日中国香港 TVB 翡翠台首播，首周播映就刷新香港电视收视纪录。继而 2015 年后又上演了同名电影，让当时的很多大湾区民众熟知了十月初五日街并慕名前往。市井生活百态、宗教精神文明、浪漫情感象征……十月初五日街被赋予了越来越丰富的记忆印象。

（三）文化空间转变：从"城市意象中的文化标志"到"商业变革中的文化内驱"

在城市意象的建构中，"标志"被视作城市景观中的关键点状参照物。这些参照物在个体对城市进行空间感知和认知时，作为外部实体参考点，发挥着不可或缺的作用。它们通常不直接供人进入，而是更多地通过地图、示意图等平面资料呈现，为观察者构建和识别城市形象提供重要依据。这样的定义使得"标志"在城市意象理论中占据了举足轻重的地位。

标志物在城市景观中具有重要意义，因为它们有助于人们在空间中定位和导航，构建对城市的整体认知和记忆。在历史文化街区中，标志物则更多指那些蕴含深远历史文化底蕴和重要历史意义的建筑。这些建筑不仅是物理空间中的地标，更是文化和历史的象征。澳门十月初五日街区中的德成按、大龙凤茶楼、上文提到的康公庙等建筑就是著名的历史遗产，它们见证了该地区的发展历程，承载着丰富的历史文化内涵，成为该地区文化标志的重要组成部分。这些历史文化标志在当代城市规划和保护中具有重要的学术研究价值，有助于深入理解城市的历史发展脉络，促进文化传承的延续。

将区域文化作为内核而打造的商品品牌有温度、有内涵，更能被当地原住民所共情，也更能吸引外来群体如游客等的关注。十月初五日街中有许多根植该历史文化街区的老字号品牌如英记茶庄、喜临门面家等，也有新品牌如十月初五饼家、O-moon 文创连锁商店等入驻。十月初五日街是它们的"方位"，而街中的文化地标则是它们的"招牌"。一方面，历史文化街区带给了这些商业品牌一定热度，另一方面，这些商业品牌亦是街区持续动能的文化内驱力，促使街区在商业变革中稳步发展。

四、澳门十月初五日街的文化意义构建

历史文化街区蕴含着丰富的社会意义与文化内涵，尤其是澳门十月初五日街这样置于旅游业版图中的典型案例，其与当地人民的生活、内外地商户经营的状态以及游客们的常态化进入等相互勾连影响，塑造着城市的微观文化

脉络。在现代化和旅游业的驱动下,历史文化街区更新重构的社会现实在本质上也是空间本体的文化表征和符号构建历程。作为城市居民生产与生活的重要空间,澳门十月初五日街同时也是不断进行符号化生产的媒介空间,展现着完整的符号空间生产过程和丰富的空间建构意义象征。澳门多元文化融合的传承和演进附着于该历史文化街区空间,成为全国乃至全世界极具有文化价值的城市空间代表。

(一)由建筑指示符号表征中西文化交融

澳门十月初五日街,曾称"泗孟街",其命名源于葡萄牙人对 1910 年 10 月 5 日民主革命胜利的纪念。该街道历史悠久,文化底蕴深厚,史料记载最早可追溯至清代,是澳门地区文化交融的生动体现。街道上的建筑符号,融合了中西方文化的精髓,成为澳门独特文化的具象化展现。在目的地符号系统中,标识牌和解说牌占据重要地位,它们拥有清晰的双层表意结构。第一层结构下,标识牌作为实物载体,直接指向某一街区,如十月初五日街,为人们提供明确的空间定位。这些统一的葡国样式街牌,不仅方便人们识别,还成为城市中一道独特的风景线。进一步分析,空间活动为自在景观符号系统赋予了新的意义。[1]特别是在旅游研究领域中,自在景观符号系统作为整体,成为景观符号系统的"能指",进而衍生出新的"所指"。这种转变不仅丰富了符号系统的内涵,也进一步彰显了澳门街道文化的多样性和复杂性。

澳门地区的街牌由蓝白色瓷砖贴面,牌上绘有中葡两种语言文字的街名。街牌样式自 20 世纪 50 年代就开始使用,之前由水泥制作,是较为简单的白底黑字与蓝边框组合,中葡文字横向书写,于澳门基本法纪念馆有收藏。[2]后改为瓷砖材质,中葡文字也分框隔开书写,澳门回归之后,文字更为中文在上、葡文在下书写(如图 7)。瓷砖是葡萄牙的一大特色,该国的城市街牌也皆使用瓷砖样式,但在色彩方面则使用黄色、咖啡色、蓝色等组合,澳门地区使用蓝白色则是希望与中国青花瓷相联系,形成融汇中西的城市文化特色符号。如今,这些独具特色的街牌已成为著名"打卡点",许多文创品牌也推出了缩小版的街牌摆件、冰箱贴、钥匙扣等作为旅游纪念品售卖,尤其是在十月初五日街这样较为著名的街区周边非常受欢迎。

---

[1] 武欣蕊、戴湘毅:《旅游利用下历史街区文化景观符号意义与建构——以北京前门大街为例》,《中国生态旅游》2023 年第 1 期,第 111—127 页。

[2] www.macaumemory.mo,"澳门记忆"文史网。

图 7　"十月初五日街"路牌
(作者自摄)

(二) 由街道建设符号表征澳门文化记忆

澳门十月初五日街的建筑风格中西合璧,但主要还是以澳门本土化的"广式"风格为主,除了一些店面内部的个体性装潢之外,现代化改造的痕迹较弱,基本延续了澳门老城区的活态韵味。其独特的街道形态呈微曲的 L 形,全长约 625 米,宽度适中,约为 9 米。南侧与亚美打利庇庐大马路相连,主要服务于旅游业,沿途分布着诸如德成按等历史遗迹和钜记饼家等澳门特色手信店。亚美打利庇庐大马路进一步与营地大街交汇,为前往议事厅前地的游客提供了有效的分流路径。街北侧则与沙梨头海边大马路相接,该马路以工业与零售业为主,承载着十月初五日街居民的日常活动需求。这种独特的街道布局和设计,使得街道内的建筑风格得以划分为两大类型:一类是传统的延续,另一类则是现代的重塑。这种分类不仅体现了澳门历史的厚重,也展现了城市发展的现代步伐。①

传统延续的风格表现为街道中的一些历史遗迹依旧保存着原始的牌匾、装潢符号,这是中国古典建筑常见的建设、装饰方法。例如德成按作为 1917年就在澳门开设的当铺,其旧址外墙小至砖瓦,大到题名均保存完好,其中甚

① 黄梓卫:《澳门文化遗产"怀旧旅游"保护模式探讨——以澳门十月初五日街为例》,《中国文化遗产》2021 年第 3 期,第 70—75 页。

至仍保留着当年遗留下来的保险柜等文物。手写字体的牌匾、精致的古董等彰显着厚重的中华文化,砖雕、琉璃瓦窗等装饰性或功能性符号也展现着澳门地区传统商业建筑的特点。现代重塑的建筑符号也有许多呈现。澳门地区作为旅游城市的面貌特征,不可避免地需要在时间变化中适配人们的审美旨趣。"重构"的外放点一方面体现在建筑本体,例如大型连锁商超的入驻(来来超市等)、面对年轻市场的商店(如韩式服装店、化妆品、香薰店、咖啡厅等),另一方面也辅以电子商标、广告、玻璃橱窗等来增强现代时尚的气氛的现代化装潢符号。澳门十月初五日街中的这些建筑符号诉说历史、演绎今朝,共同塑造和丰满了澳门文化记忆。

(三) 由商业衍生符号表征文化消费变迁

在过去,澳门十月初五日街主要由本地居民经营,销售蔬菜、水果和日用品,服务对象也局限于相对封闭的本区居民。随着现代商业环境的演变,地方政府期望将澳门十月初五日街等具有历史文化底蕴的街区打造成独特的文化场所,吸引游客进行深度文化消费。

在这些历史文化街区中,一些具有悠久历史、产品经久不衰、服务体系完备、技艺精湛的"老字号"商铺,早在旅游开发之前就因其重要价值而成为商业象征。这些老字号商铺不仅是街区的重要历史象征,而且在旅游开发过程中通过保留原址和原貌等方式展现了其真实性。通过保留或修复传统建筑和匾额,展示了传统街区和商铺的原汁原味,延续了历史记忆,呈现了丰富的文化内涵,彰显了商业文化的价值,吸引了许多寻求深度文化体验的游客并促使其进行消费,成为街区文化消费开发的核心动力。①

此外,通过有针对性的优惠政策,澳门十月初五日街还引入了像钜记饼家等知名"老字号",加强了地区的传统商业特色,为游客打造了独特的消费氛围。这些老字号商铺不仅仅是澳门的地区商业符号,更是文化内涵的重要承载者,它们以传统工艺、独特产品和卓越服务吸引着游客深入了解当地历史和文化,为游客提供了独特的消费氛围。

五、未来探讨:由文化历史街区筑大湾区文化产业可持续发展

将历史文化街区建设作为粤港澳大湾区文化产业发展中的一条路径既不

---

① 业祖润:《前门地区保护、整治与发展规划》,《建筑创作》2007 年第 12 期,第 34—55 页。

乏设施与受众基础又具有可持续发展前景。2024 年 6 月，澳门特别行政区当选为中国 2025 年"东亚文化之都"。此举是激励澳门持续发挥中西文化荟萃、国际交流广泛的优势，向世界讲好中国故事。其中，澳门地区在利用历史文化符号构造历史文化街区场域以及区位方面拥有非常大的发展潜力。当前，我国对于历史文化街区的保护与开发尚处于探索和发展阶段，其中，对历史文化街区价值的深入研究是工作的核心。要准确把握街区的特色，必须全面理解其内在文化内涵，为后续的规划与实施提供有力支撑。因此，当前的首要任务是全面、系统地认识并挖掘历史文化街区的价值。[①]

鉴于历史文化街的特质，在具体的建设实践中，坚守街区本体，尤其是街区中的历史瑰宝、非物质文化遗产的活态化和原真性原则非常重要。比如避免过度商业化的开发、打击商品或衍生品的夸大宣传、虚假包装，有助于确保历史文化街区的文化传承和历史连续性，为文化产业的可持续发展奠定基础。

同时，调动决策者的创意、科学和哲学思维，丰富产业内涵也是历史文化街区发展的关键。创意是推动文化产业创新发展的动力，科学指在规划和管理历史文化街区时要依靠科学方法和技术手段，哲学思维则有助于深入思考历史文化街区的文化意义和社会功能。通过调动这些多元思维，能够为历史文化街区注入新的活力和内涵，推动文化产业的多元发展。

另外，进一步增加亲近性、强化群体互动也是历史文化街区发展的有效策略。通过增加亲近性，即拉近历史文化街区与居民和游客之间的距离，促进情感共鸣和互动，可以提升街区的吸引力和亲和力。同时，强化群体互动，鼓励居民和游客参与到历史文化街区的活动和体验中，可以促进文化交流与互动，丰富街区的文化内涵，增强其社会功能和文化影响力。

最终，打造粤港澳大湾区文化区位版图需要综合利用各个历史文化街区的独特魅力和资源优势，形成一个完整的文化网络和产业链条。通过整合和联动各个历史文化街区，建立文化产业合作机制，促进跨区域文化交流与合作，共同打造粤港澳大湾区的文化地标和文化名片，推动文化产业的融合发展，提升大湾区文化软实力和国际影响力。这样的努力将为粤港澳大湾区的文化产业带来新的发展机遇和动力，实现文化产业的跨越式发展和繁荣。

---

① 　张杰、牛泽文：《历史街区的主体构成及其价值内涵》，《城市建筑》2017 年第 18 期，第 6—13 页。

The evolution of spatial structure and construction
of cultural significance of historical and cultural districts
in Macao from the perspective of spatial production theory
— Take Rua de Cinco de Outubro as a case study

Abstract：This study takes the theory of spatial production as the underlying logic and analysis framework, and takes Rua de Cinco de Outubro as an example. Through historical data analysis, participatory observation, in-depth interview and other methods, this study explores the unique spatial structure and evolution logic of Macao's historical districts, and finds out the multi-ethnic and cross-cultural significance behind it. In addition, it will also focus on the cultural construction of the Guangdong-Hong Kong-Macao Greater Bay Area, and analyze the sustainable development path of Macao's historical and cultural districts under the diversified main body of spatial production.

Key words：spatial production theory; Historic district; Macau; Five Days Street in early October

作者简介：施瑞婷，澳门城市大学人文社会学院副教授，博士生导师；白婧婷，澳门城市大学人文社会学院文化产业研究专业博士研究生(通讯作者)；李鑫宇，澳门城市大学人文社会学院文化产业研究专业博士研究生。

城市与社会

城市咖啡文化变迁背后的科技变革探究
——以上海市为例

李　欢

　　摘　要:本文从技术史视角,探讨了科技对上海咖啡文化变迁的核心推动作用。上海的咖啡文化始于 19 世纪中叶,咖啡最初为外籍人士和租界区航海人员所专享,随后在民国时期逐渐成为知识分子和文艺青年的社交聚集地。新中国成立初期,这种文化一度衰落,但在改革开放后逐步复苏,并在 21 世纪迎来蓬勃发展,其消费群体覆盖了各年龄层和社会阶层。新中国成立后,在原材料端,现代种植和加工技术提高了国内咖啡豆的质量和产量,同时降低了咖啡原料的成本,促进了咖啡的普及;在零售端,咖啡制作的自动化技术和咖啡消费大数据的应用提升了咖啡制作效率和品质一致性,改善了消费者的用户体验。原材料端和零售端的技术创新使咖啡消费更加大众化和个性化,推动了咖啡文化在上海的广泛传播,使咖啡文化成为都市生活中不可或缺的一部分。

　　关键词:城市咖啡文化　科技变革　技术史　咖啡种植与加工　零售端技术

　　咖啡,最初作为一种遥远的舶来品,从阿拉伯半岛传入欧洲,再跨越重洋来到中国,携带着异国的香气和浓郁的文化气息,逐渐渗透进了东方这片土地。在中国,上海率先拥抱了咖啡的到来;作为东西方文化交汇的窗口,这座城市对咖啡的接受、转化与再创造,塑造了其独特的都市文化。从最早的 1866 年第一家独立营业的"虹口咖啡馆"到 20 世纪的文人雅集的咖啡沙龙,①直至今天坐拥全球数量最多的咖啡店。据统计,截至 2023 年 5 月,上海共有 8 530 家咖啡馆,数量远超纽约、伦敦、东京等,是全球咖啡馆最多的城市。②上海的咖啡文化不断演变,咖啡的消费群体也经历了显著变化,从最初的外籍人士和知识分子逐渐扩展到中产阶级乃至普通市民。与此同时,咖啡馆的功能也从最初附设于餐厅内的饮品吧台演变为多元化的社交、办公和文化创意空间,成为都市生活中不可或缺的社交场所。

在探讨这种文化变迁背后的原因时,我们需要深入思考:究竟哪些因素促成了上海咖啡文化的变迁? 对于上海咖啡文化的研究,过往的学者多从以下视角展开。例如,彭丽君的《民国时期上海中国知识分子的集体主体性及他们的咖啡文化》从上海摩登、文学现代性和殖民主义的角度来探讨上海咖啡文化,尤其聚焦于知识分子与咖啡馆的复杂关系;③陈文文的《1920—1940 年代上海咖啡馆研究》围绕着公共空间理论探究近代上海咖啡馆的发展、分布特点、行业管理和社会功能;④柯伶蓁的《咖啡与近代上海》探究了近代上海咖啡消费与上海咖啡文化的含义;⑤陈德新的《中国咖啡史》从编年史研究的角度考察了上海早期咖啡文化的形成,并将 1843 年上海口岸开埠到 1949 年划分为三个阶段;⑥然而,这些研究相对缺乏对科技变革在这一过程中的作用的系统性分析,忽视了科技作为社会文化变迁关键驱动力的影响。

本文立足于科技史的视角,深入探究科技在上海咖啡文化变迁中的核心推动作用。文章聚焦于消费群体和咖啡馆的功能,考察新中国成立前后上海咖啡文化的特征,分析影响其形成的原材料端和销售端的科技因素。

一、新中国成立前上海的咖啡文化与科技因素

1. 新中国成立前上海的咖啡文化

第一次鸦片战争后,1843 年上海正式开埠,成为对外贸易的通商口岸,上海的咖啡文化逐渐萌芽。"20 世纪 60 年代外国人开设的一些饭店、总会、夜

①　上海市档案馆编:《工部局董事会会议记录》(第八册),上海古籍出版社 2003 年版,第 709 页。

②　上海市人民政府办公室、上海市统计局编:《上海概览 2023》,人民出版社 2023 年版,第 4 页。

③　彭丽君:《民国时期上海中国知识分子的集体主体性及他们的咖啡文化》,《励耘学刊(文学卷)》,2007 年,第 193—216 页。

④　陈文文:《1920—1940 年代上海咖啡馆研究》,上海师范大学硕士学位论文,2010 年,第 62—78 页。

⑤　柯伶蓁:《咖啡与近代上海》,台湾师范大学硕士学位毕业论文,2011 年,第 55—120 页。

⑥　陈德新:《中国咖啡史》,科学出版社 2016 年版,第 152—171 页。

总会、俱乐部等场所中设有咖啡馆，如1861年的理查饭店，还设有咖啡厅。"①
"1886年，公共租界虹口区出现了第一家独立营业的咖啡馆，即'虹口咖啡馆'，主要对航海人员开放。这家咖啡馆不仅供应咖啡，还出售黄啤酒及黑啤酒，但不卖烈性酒或其他含有酒精的饮料。"②由于清末大多数外国人开设的消费场所多禁止中国人入内，该时期上海咖啡文化的主要消费群体是上海的外国人，尤其是在租界区的航海人员和外籍社交圈成员。加之当时上海独立经营的咖啡馆较为少见，其往往以饮品吧台的形式依附于一些饭店和夜总会的内部。即使到20世纪初期，独立经营的咖啡馆还是很少。根据1918年《上海指南》的记载："上海有西餐馆35家，而咖啡馆只登录了一家。"③

民国时期，上海的咖啡文化进一步发展，咖啡馆不仅是社交场所，还成为文化交流和思潮传播的重要空间。1928年8月《申报》刊登了《咖啡座·上海咖啡》一文，作者署名"慎之"，说上海有一家"革命咖啡店"，是文艺界名人理想的乐园，出入者有鲁迅、郁达夫、孟超等，他们在那里不是高谈自己的主张，就是沉思哲学问题。④此时，上海咖啡文化的消费群体扩展至受过良好教育的中产阶级与文艺青年，许多知名作家和艺术家也常光顾咖啡。正如海派作家张若谷在他的《俄商复兴馆》中写道："坐在咖啡馆里的确是都会摩登生活的一种象征，单就我们的上海而言，有几位作家们，不是常在提倡'咖啡座谈'的生活吗？大家一到黄昏，便会不约而同踏进他们走惯的几家咖啡馆。"⑤著名作家张爱玲也曾多次描写她与朋友、家人在咖啡馆的休闲时光。⑥此后这些地方还成为社会思潮的重要孕育地。20世纪30年代初的"公咖"是左翼文化运动的发源地。中国左翼作家联盟及中国左翼剧家的第一次筹备会议，都是在"公咖"举行的，而鲁迅也多次主持了这些对形成整个左翼文化运动的发展起着指导作用的会议。⑦

---

① 参见薛理勇：《消逝的上海风景线》，福建美术出版社2006年版，第69页。
② 参见上海市档案馆编：《工部局董事会会议记录》（第八册），上海古籍出版社2003年版，第709页。
③ 熊月之：《上海通识：民国社会》（第9卷），上海人民出版社1999年版，第176页。
④ 慎之：《上海咖啡》，《申报》1928年8月8日。
⑤ 陈子善编：《夜上海》，经济日报出版社2003年版，第217—220页。
⑥ 张爱玲：《张爱玲自选集》，海南国际新闻出版中心1995年版，第54页。
⑦ 彭丽君：《民国时期上海中国知识分子的集体主体性及他们的咖啡文化》，《励耘学刊（文学卷）》，2007年，第194页。

在新中国成立前,上海的咖啡文化从最初的萌芽阶段逐步发展壮大,咖啡馆不仅是人们社交的场所,更成为文化交流和思想传播的重要平台。然而,这一文化繁荣的背后,与当时咖啡种植、加工技术的发展以及零售端技术水平的提高密切相关。尽管中国早期已经开始尝试咖啡的种植和加工,但由于技术限制,产量和质量都难以满足市场需求,上海的咖啡供应主要依赖进口。同时,咖啡制作和销售方式的演变也反映了当时科技条件和社会风貌的变化。为此,我们将进一步探讨早期咖啡种植与加工技术,以及零售端技术的发展,深入理解科技因素对上海咖啡文化形成和发展的影响。

2. 早期咖啡种植与加工技术

公元 4 世纪,埃塞俄比亚人发现了咖啡植物并开始栽种。到了 15 世纪,咖啡通过阿拉伯世界传播到欧洲,成为风靡一时的饮品。[1]随着欧洲殖民扩张,荷兰人在 17 世纪将咖啡引入东南亚,并在印度尼西亚的爪哇岛建立了最早的种植园。[2]中国何时何地开始引种和栽培咖啡?据《中国大百科全书·农业卷》咖啡词条及《中国农业百科全书·农业卷》咖啡词条,皆说咖啡 1884 年引种到台湾地区,1908 年引种到海南省,以后相继引入云南、广西、福建等地种植。[3]再据 20 世纪 10 年代法国传教士将咖啡带至云南种植[4]及 1926—1936 年的台湾在日本统治下已有种植咖啡的记载,[5]因此推论民国前夕和民国时代中国应有咖啡种植。

但早期的咖啡种植技术较为原始,主要依赖于人工劳作,缺乏机械化和科学管理,种植效率低下。咖啡的产量受到天气、病虫害等诸多因素的制约,导致市场供应不稳定。据陈植《海南岛新志》[6]中提到,根据日本总督府调查指出,咖啡种植面积总计 400 余公顷,株数 30 万余株;另外据琼崖实业局调查,咖啡共计 7 000 余亩,33.9 万余株,咖啡每株每年产约 10 斤;根据海南热带作物报告,海南岛全年总产量不足 1 000 担,根据琼崖实业局调查,则为

① 有关咖啡的非洲及其传播,请参见 W. Ukers:All About Coffee, New York: The Tea and Coffee Trade Journal Company, 1922, pp.1—25.
② 有关荷兰在爪哇岛建立咖啡种植园的历史,请参见 R. Wild, Coffee: A Dark History, London: Fourth Estate, 2005, pp.118—140.
③ 张箭:《咖啡的起源、发展、传播及饮料文化初探》,《中国农史》2006 年第 2 期,第 22—29 页。
④ 成都良木缘咖啡连锁店办:《阿拉比卡 Arabica》2005 年第 1 期,第 15 页。
⑤ 吴田泉:《台湾农业史》,自立晚报出版社 1993 年版,第 370 页。
⑥ 陈植:《海南岛新志》,海南出版社 2004 年版,第 175—176 页。

16 900 斤,而此产量仍旧不敷岛内需要;《海南岛的热带作物》亦提到,"豆价为每担 50 元,虽中国有土产咖啡豆,但实则不足以供应本国之需求;咖啡年来已成为国人嗜好,每年由南洋各地输入之为数实繁。"①

虽在民国前后,咖啡在中国已有种植的迹象,但其产出仍不能应对国内市场的需要,上海的咖啡豆供应仍依赖进口。咖啡输入首次出现在 1863 年的宁波和厦门,其进口量分别为 89.5 担和 63.51 担;1868 年上海咖啡进口数量为729.4 担,然而 1863—1909 年则仅有零星的进口数据,咖啡在 1910 年才正式出现在统计表中,此时对于咖啡的进口才有较为准确的数据。直至 20 世纪初期,海关才认为咖啡进口数据有列入全国统计资料之必备。②在 1910—1942年的统计中,平均年度进口量为 4 925.86 担,除 1916—1919 年和 1939—1941年的两波进口峰值,其余年份多在稳定状态下呈上升趋势。③另外在进口来源国方面,1908—1931 年主要进口国家集中在西方国家,其将所属殖民地的咖啡通过本国出口至中国;而 1932—1948 年主要进口地区转变为东南亚及中南美洲等咖啡生产国,由生产地直接出口至中国。④

在传统的加工技术方面,人工通过日晒、干燥方式和翻炒研磨的方法,将咖啡作物加工为咖啡豆或咖啡粉。简单的方法为"择其成熟者,随时摘下,投入木捼,去其皮肉,洗净晒干,以麻布等装之,即可出售"。⑤将摘下的咖啡浆果人工除去外部的果肉,取出咖啡豆,咖啡外有一层胶质物,可以使其发酵十二至二十四小时或以水浸泡一天,将胶质物去除外,用水洗涤,然后再晒干。晒干的方式又可分为日光暴晒法和干燥法,前者将咖啡豆置于日光下进行暴晒,称作羊皮咖啡(Parchment Coffee);后者使用大灶不时翻炒,利用高温在短时间内使咖啡干燥。后来中国也逐步发展咖啡制造业进行初步加工以出售,其制造方式为"摘来红熟之咖啡子,入木头研研之,晒干再之舂之,用莴簸之,使其壳飞出,所剩子仁,混牛乳茶由白糖各少量,炒至略焦,磨碎至,即成咖啡粉"。⑥

①　林永昕:《海南岛的热带作物》,1937 年版,第 46 页。
②　中国第二历史档案馆:《中国旧海关史料》(第 1 册),京华出版社 2001 年版,第 287—315 页。
③　1910—1942 年中国咖啡进口年度统计表,参见柯伶蓁:《咖啡与近代上海》,台湾师范大学硕士学位毕业论文,2011 年,第 44—45 页。
④　中国第二历史档案馆:《中国旧海关史料》(第 1 册),京华出版社 2001 年版。
⑤　中山大学农学院推广部编:《琼崖各县农业概况调查》,第 46 页。
⑥　中山大学农学院推广部编:《琼崖各县农业概况调查》,第 46 页。

3. 早期咖啡的零售端技术

在早期,咖啡制作主要依赖手工冲泡技术。1866年,中国早期西餐烹饪书中已有咖啡制作工艺的描写。由美国传教士高丕第编写,上海美华书馆首版印行《造洋饭书》是为来华的外国人吃西餐和培训中国厨师而著。书中详细叙述制作和煮咖啡的方法,"猛火烘磕肥①,勤铲动,勿令其焦黑。烘好,乘热加牛奶一点,装于有盖之瓶内封好,要用时先轧。两大勺磕肥,一个鸡蛋,连皮注入于磕肥内,调和起来,炖十分钟,再加热水二杯,一离火,加凉水半杯,稳放不要动。"②咖啡师的技能对最终产品的质量有着决定性影响,因此不同咖啡店之间的咖啡质量差异较大,消费者无法获得稳定的咖啡体验。除了制作工艺,煮咖啡的工具也影响着咖啡体验。当时煮咖啡较为常规的设备是铝制水壶,"一只立式铝壶,壶里套有滤芯,上有布满小孔的盒,咖啡粉按客人人数增减纳入,小罐盒伸出一根管子到壶底,水沸之后随压力升到盒面,喷洒而入。咖啡淋出汁到壶底,三分钟即可。"③有些人则不懂咖啡烹煮的诀窍,使得咖啡烹煮时间过长,失去咖啡原有的香醇之味,只剩苦水一杯。

早期人们除了可以在高档的西餐厅与咖啡馆享受美味的咖啡外,具有中式特色的商贩小摊也是平民百姓首选。随着西方饮食文化逐渐融入中国生活,街头开始出现售卖面包和咖啡的摊位。这些摊贩不同于精致的西式面包店和具有独特氛围的咖啡馆,而是以更为亲民的方式将这些饮食文化带入普通市民的日常生活。在抗日战争胜利后,上海各马路街道上出现了许多咖啡摊,"一条长桌子,上面铺着洁白的桌布,透明的玻璃杯,放在白瓷的碟子上;熏人的咖啡,在大号的咖啡壶中吐着氤氲的热气,这种咖啡摊的数量也相当的多。"④虽咖啡摊提供的价格较为低廉,但仍有部分人士坚持喝咖啡仍得上咖啡馆去感受其中的气氛,"喝咖啡主要恐怕就是喝气氛,喝情调吧,否则在西磨路(今陕西北路)小菜场旁边路边摊喝一杯所谓的牛奶咖啡不就得了。"⑤

早期上海关于咖啡的宣传与咖啡文化交流平台,多集中于报刊和文学作

---

① 书中将"coffee"音译成"磕肥"。
② 高丕第:《造洋饭书》(杂类二五一),第52页。
③ 周海婴:《鲁迅与我七十年》,联经2002年版,第156页。
④ 屠诗聘主编:《上海春秋》(下册),中国图书编译馆1968年版,第10—11页。
⑤ 陈子善编:《夜上海》,经济日报出版社2003年版,第229页。

品之中。在 20 世纪 20 年代末期,咖啡店成为一股文化热潮。在 1928 年 8 月 6 日《申报》出现的新专栏"咖啡座",更在象征意义上巩固了这股潮流。当时的主编明确地表示这个专栏如现实中的咖啡座,人们可以在其中自由地就任何议题交换意见。《咖啡座》只维持了一段相当短的时间(至 1928 年 12 月停刊),但它可以说是后来《申报·自由谈》的前身。上海作家张若谷是《咖啡座》的主要撰稿人,其作品包括了一些围绕咖啡文化的杂文和短篇小说。①著名作家张资平在虹口区开了一家名为上海咖啡的咖啡馆,②田汉在其经营的南国书店旁边也开设了"拉米迪咖啡馆"(Cafe La Midi),并在报纸上登广告集资。③田汉在其 1921 年的作品《咖啡店之一夜》及 1926 年未完成的电影作品《到民间去》中都有咖啡店的出现。当时的知名作家林徽因、张爱玲等,都曾写下不少以咖啡为题的作品。④此外,名画家徐悲鸿、著名导演史东山及蔡楚生也是咖啡店的常客。

二、新中国成立后上海的咖啡文化与科技因素

1. 新中国成立后上海咖啡文化

在建国初期到改革开放前,由于政治与经济环境的制约,咖啡馆被赋予"小资"的含义,对此咖啡馆也顺应时趋,由资产阶级转向大众消费文化,调低其价格并调整其营业项目,但咖啡馆最终因经营及政策干预而走向衰微,其消费群体仅限于少数与外交活动相关的人士,咖啡文化在大众生活中的影响力大幅减弱。⑤陈丹燕写道:

> "咖啡馆在 1950 年代以后,成为过气的场所……于是,在淮海中路上,不少原来的咖啡馆改行卖早点,火车座里袅袅向上的,是热腾腾的小馄饨的香,放咖啡杯子的小白碟子废物利用,放鲜肉大包和香菇菜包。……谁都以为上海的咖啡馆是一去不复返了,只留下国际饭店的二

---

① 《开幕词》,《申报》1928 年 8 月 6 日。
② 陈子善:《上海的咖啡香》,《新民晚报》2004 年 9 月 19 日。
③ 青亭:《咖啡店的一席话》,《申报》1928 年 9 月 6 日。
④ 许道名、冯金牛选编:《林徽因散文集》,汉语大字典出版社 1995 年版。
⑤ 章斯睿:《从情调消费到大众消费——1949 年前后上海咖啡馆的命运》(收录入复旦大学新史学系编:《新文化史与中国近代史研究》),上海古籍出版社 2009 年版,第 70—102 页。

楼,和平饭店的底楼,还有铜仁路附近的上海咖啡馆,那么几家在苟延残喘。"[1]

直到改革开放初期,咖啡才重新进入人们的视野。随着外资咖啡品牌的进入,外企员工和白领阶层成为主要消费群体,咖啡逐渐成为年轻一代追求时尚生活方式的象征。进入 21 世纪后,上海的咖啡文化迎来了爆发式增长。消费群体进一步扩大,几乎涵盖所有年龄层与社会阶层,从年轻人、学生到自由职业者,咖啡逐渐成为大众生活中的一部分。尤其是在互联网经济的推动下,外卖咖啡和精品咖啡迅速普及,使咖啡成为上海人日常生活中不可或缺的元素。预计到 2025 年,中国咖啡产业规模可达 3 693 亿元,从消费量角度来看,已相当于咖啡消费成熟国家。中国作为咖啡消费的新兴力量,咖啡豆消费量快速增加,复合增长率高达 12.5%,与发达国家的差距不断缩小,未来发展潜力巨大。

上海的咖啡文化在新中国成立后的数十年间经历了从衰微到复兴的过程。建国初期,由于政治和经济环境的限制,咖啡文化在大众生活中的影响力大幅减弱。然而,改革开放后,随着外资品牌的进入和消费群体的扩大,咖啡逐渐成为上海人日常生活的重要元素。这一转变不仅反映了社会文化的变迁,更是得益于现代种植和加工技术的进步,以及咖啡零售端技术的革新。以下将详细探讨现代种植和加工技术的发展,以及咖啡零售端的技术变革,如何共同推动了上海咖啡文化的新一轮繁荣。

2. 现代咖啡种植和加工技术

1949 年前后,由于战争和技术原因,我国的咖啡种植和加工还处于落后状态。根据 20 世纪 50 年代初期调查,海南岛澄迈县福山地区留下的咖啡数量共计 7 万株,大吉村有 4 万多株,福山农村 1 万多株。到 1954 年再调查,全岛也才仅有 29 万多株咖啡树。[2]而 1950 年云南全省仅存咖啡树 5 000 余株。[3]新中国成立后,海南岛和云南西部残存的咖啡农种资源成为我国发展咖啡农业生产的种苗来源,并起着试种和示范作用。

---

[1] 陈丹燕:《上海色拉》,作家出版社 2001 年版,第 31 页。

[2] 广东省海南热带资源开发委员会:《广东省海南岛热带亚热带资源勘查资料汇集》,1956 年版,第 141—156 页。

[3] 云南省方志编纂委员会:《云南省志·第三十九 农垦志》,云南人民出版社 1998 年版,第 150 页。

近年来，随着全球咖啡种植技术的进步，优良咖啡农种的引入和高效农业机械及精准灌溉技术的广泛应用，显著提升了咖啡豆的品质和产量。1951—1960年是中国咖啡种植业发展的第一个高潮时期。全国咖啡种植区主要以海南岛、云南省农垦为主，总面积为5 066.67公顷；其中海南岛为1 426.67公顷，引进栽培的良种为罗布斯塔（Robusta）；云南产区为3 644公顷，引进栽培良种为阿拉比卡（Arabica）。[①]其中最引人瞩目的成绩是1958年云南德宏州在芒市建立了咖啡生产基地，开展咖啡种植技术和病虫害防治技术研究，并攻克了咖啡选种、丰产栽培、防治病虫等技术难题，使科学种植技术在当地得到普及。1958年保山的潞江小粒咖啡进入英国伦敦市场被评为一级品，获"潞江一号"的美称。[②]

改革开放后，在外资公司帮助下，中国的咖啡种植与加工技术又得到了进一步的发展。1979年，雀巢公司开始在华总投资，雀巢公司的大卫·苏丹先生说："这是雀巢一贯的原则。如果条件允许，我们会在每一个国家做到原料、生产、管理、销售等整个供应链的本土化。"[③]1986年，国家商贸部会同海口市政府一起向银行贷款5 000万元，筹建了海口力神速溶咖啡厂，同时从丹麦尼鲁公司引进了中国第一条速溶咖啡生产线，1987年下半年开始安装调试，1988年投入生产。[④]产品质量达到国家先进标准，是中国咖啡率先实现引进、消化、吸收国外先进设备的成功案例。现代技术如精准农业和可控温室技术的运用，使得咖啡种植变得更加可控且高效。通过选择更优质的咖啡品种以及采取更加环保的种植方法，咖啡豆的质量和产量都得到了显著的提升。

在加工技术方面，1992年，云南咖啡厂作为中国政府与联合国开发计划署（UNDP）合作的咖啡项目成立。该厂引进了全球领先的技术，包括德国诺伊豪斯（NEUHAUS）公司全自动旋转溜滑床式咖啡焙炒生产线、意大利欧波姆（OPEM）公司真空整型咖啡粉全自动包装机以及伊卡（ICA）公司焙炒咖啡豆单向阀自动化包装机，实现了全封闭的自动化生产，年产能达1 000吨，成为当时国内规模最大、设备最完善的烘焙咖啡生产厂商。

现代种植和加工技术的变革显著影响了上海咖啡文化的变迁。高效的农

---

① 陈德新：《中国咖啡史》，科学出版社2016年版，第211—212页。
② 《德宏农垦志》编纂委员会：《德宏农垦志1951—2010》，云南人民出版社2011年版，第14页。
③ 陈德新：《中国咖啡史》，科学出版社2016年版，第218页。
④ 《咖啡在中国的传播》，http://www.lisun.com.cn/about/show.php?id=10/。

业技术和优良品种的引入提升了国内咖啡豆的质量和产量,尤其在海南和云南等地的提升,使上海不再完全依赖进口咖啡豆,降低了咖啡原材料的成本,促进了咖啡的普及。先进加工技术和外资企业的参与,如雀巢公司引入完整的产业链和国内公司引进德国、意大利的全自动设备,丰富了咖啡产品的多样性和品质。这些技术的发展推动了本土咖啡行业的兴起,满足了消费者多元化的需求,使咖啡成为上海市民生活的一部分,提升了城市的国际形象,深化了咖啡文化在上海的影响力。

3. 现代咖啡零售端的技术变革

咖啡品质的稳定提升和消费人群的不断增长,离不开咖啡制作过程中自动化水平的显著提高。19 世纪末期,伴随着工业革命,人类开始对咖啡机进行了初步的探索,1884 年意大利人安吉洛·莫里昂多(Angelo Moriondo)在都灵世博会上展示了第一台意式浓缩咖啡机,①这台机器利用蒸汽压力加速咖啡的萃取过程,但未实现量产。随着后续如活塞装置、水泵驱动和热交换器技术的出现,咖啡萃取的稳定性和效率以及温度控制的精确性得到了提升。近年来,智能咖啡机的普及与制作工艺的标准化,使得咖啡制作流程更加精确与高效,减少了人为误差。自动化咖啡机的使用不仅使得制作速度大幅提升,还保证了每一杯咖啡的质量一致性。例如,雀巢公司的维塔(Vertuo)咖啡机采用革新的离心萃取技术和胶囊自动识别功能,可一键匹配萃取参数,提供五种杯量选择,满足不同咖啡需求。这使得高质量的咖啡体验不再是少数精品咖啡店的专属,而成为大众消费的普遍选项。

在咖啡师的技能培训方面,2022 年 6 月人社部继 2016 年暂停咖啡师职业资格后,重新发布了《国家职业技能标准——咖啡师(2022 版)》,将咖啡师分为五级。全国咖啡师职业资格认定考评委员会已经完成该体系教材、考务办法、国家题库的建设工作。它确保咖啡师具备扎实的专业技能和知识,包括咖啡豆的选择与处理、冲煮技术和拉花技巧等,从而提升了咖啡的整体品质。此外,这类认证体系推动咖啡师不断了解咖啡行业的最新趋势和技术,使他们能在实践中精进技能,采用更科学的冲煮方法和先进设备来确保咖啡的品质。职业资格认定还强调严格的卫生标准和客户服务,这保障了咖啡的安全性和

---

① Stamp, Jimmy: The Long History of the Espresso machine,/https://www.smithsonianmag.com/arts-culture/the-long-history-of-the-espresso-machine-126012814/? no-ist/,[19 June 2012].

消费者的体验,从而进一步提升了整体品质。

咖啡店在新技术的加持下提升了便捷性和舒适度,许多咖啡店都开发了移动应用程序,允许客户线上点单和支付,并实时跟踪订单状态。在节奏快速的繁忙上海,这种便利性有利于顾客满意度的提高。咖啡店也非常重视营造独特而有吸引力的氛围,许多咖啡店都以时尚的装潢、舒适的桌椅和独特的设计元素为特色,旨在为顾客提供舒适时尚的店铺环境,让顾客可以放松、社交和享用咖啡。除了专注于氛围,许多咖啡店还提供各种温馨的服务和便利的设施。例如,大部分连锁店会提供免费的 Wi-Fi、充电设施和大量舒适的座椅,使其成为城市中人们办公学习和商务洽谈的重要场所。

此外,消费大数据的应用开始渗透到咖啡零售的各个方面。通过对消费者偏好和购买行为的数据分析,咖啡店能够更好地调整其产品策略,以满足不同消费群体的需求。例如,由"虹桥国际咖啡港"联合"第一财经商业数据中心"(CBNDate)"美团""上海交通大学文化创新与青年发展研究院"发布的《2023 中国城市咖啡发展报告》,利用大数据分析,围绕中国咖啡产业现状、中国咖啡产业消费者、中国线上咖啡市场需求及咖啡品牌发展现状、中国线下咖啡市场需求等几个维度进行分析。该报告对上海咖啡社交媒体内容进行分析,"上海人民对于咖啡的关注延伸至咖啡产业,'咖啡店''咖啡机'等成为热门讨论话题。通过相关高频词共现,喝一杯咖啡享受着充盈'咖啡香气'的氛围,成为上海人民独特的咖啡文化,展现出上海这座咖啡文化之城浓厚的海派气息。"[1]通过分析消费者的消费习惯,咖啡品牌可以在不同时间段推出相应特色的饮品,这种策略显著提升了顾客的消费体验和品牌忠诚度,同时也促进了咖啡品类的繁荣。

自动化设备与大数据分析的结合,使得咖啡消费在上海变得更加大众化和个性化。自动化设备降低了享受咖啡的门槛,消费者能够在更多的场合以更便捷的方式享受咖啡,这推动了咖啡文化的普及。同时,大数据的应用帮助咖啡品牌在激烈的市场竞争中精准定位顾客需求,使得消费者可以体验到更加个性化的产品选择。这些变革使得咖啡逐渐成为上海人日常生活的重要组成部分,推动了咖啡文化在城市中的广泛传播。

---

[1] 虹桥国际咖啡港口、CBNDate、美团、上海交通大学文化创新与青年发展研究院:《2023 中国城市咖啡发展报告》,第 35 页。

三、结　语

上海咖啡文化的变迁是科技进步、社会发展与多元消费需求相互交织的结果。在这一变迁过程中，科技的推动作用显得尤为突出。从 19 世纪咖啡作为少数外籍人士享用的舶来品，到 21 世纪成为大众生活的日常消费饮品，这一历程背后是咖啡种植、加工、制作及零售等环节的技术革新和应用不断深化的体现。在原材料端，现代种植技术和加工工艺的应用提升了国内咖啡豆的质量和产量，降低了咖啡原材料的成本，从而为咖啡在大众市场的普及创造了有利条件。这使得咖啡不再局限于少数人群的消费享受，而逐渐成为普通市民生活中的日常饮品。在零售端，自动化咖啡制作设备的普及极大提升了咖啡制作的效率和品质一致性，使得高质量咖啡体验在各类消费场景中更加普及。同时，伴随大数据分析等技术的应用，咖啡品牌能够更加精准地把握不同消费群体的需求，提供个性化的产品和服务，从而增强了消费者的参与感和品牌忠诚度。

从咖啡文化的传播与转变来看，科技创新促成了消费体验的升级和多元化，推动了咖啡文化从精英消费向大众消费的转变。咖啡馆功能也从单纯的饮品供应场所，演变为集社交、办公、文化创意于一体的多功能空间，体现了都市生活方式的丰富性和多样性。

综上所述，上海咖啡文化的形成与演变，既是科技与文化双向交融的结果，也反映了上海作为国际大都市在面对全球化浪潮中的独特适应力和创新力。通过科技手段的引入与应用，咖啡在上海得以从一种外来文化的象征，演变为城市日常的重要元素，成为城市精神与生活方式不可分割的一部分。这种演变不仅展现了科技进步在推动社会文化变迁中的巨大潜力，也为其他城市的文化创新与发展提供了有益的借鉴。

An Investigation into the Technological Transformations Behind the Changes in Urban Coffee Culture
— A Case Study of Shanghai

Abstract：From the perspective of technological determinism, this paper explores the core driving role of technology in the transformation of Shanghai's coffee culture. Shanghai's coffee culture began in the mid-19th century，initially exclusive to foreigners and sailors in concession areas. Subsequently，during the Republic of China period，it gradually became a social gathering place for intellectuals and young artists. In the early years after the founding of the People's Republic of China，this culture declined but gradually revived following the reform and opening-up policies，experiencing vigorous development in the 21st century with consumer groups covering all ages and social strata. After the founding of New China，on the raw material side，modern planting and processing technologies improved the quality and yield of domestic coffee beans while reducing the cost of coffee raw materials，promoting the popularization of coffee. On the retail side，the automation technology in coffee making and the application of big data in coffee consumption have enhanced production efficiency and quality consistency，improving the user experience for consumers. Technological innovations in both the raw material and retail sectors have made coffee consumption more widespread and personalized，promoting the extensive dissemination of coffee culture in Shanghai and making it an indispensable part of urban life.

Key words：Urban Coffee Culture；Technological Transformations；Technological Determinism

作者简介：李欢，上海师范大学研究生。

《图画日报》与近代上海：
20世纪初上海日常生活的视觉再现

王　慧

内容摘要:《图画日报》是20世纪初上海最早的画报日刊,通过丰富的图像资料,直观地记录了这一时期上海社会生活的细节。作为历史研究的重要视觉材料,这些图像提供了探索社会变迁的微观视角,有助于深化对现代性与日常生活之间关系的理解。本文通过分析《图画日报》中的图像,揭示了衣、食、住、行等方面日常生活方式的变化及其背后的价值观演变,呈现了上海从传统向现代社会过渡的多层次图景。这些图像不仅是研究近代上海社会的重要史料,也是理解晚清至民国时期上海现代化进程和都市文化形成的重要途径。

关键词:《图画日报》　上海日常生活　社会变迁

画报是产生于晚清时期的一种独特出版物,它以图为主,随图附有通俗易懂之文字,生动直观地向读者传达信息,广泛传播于不同文化程度和社会阶层之间。通俗易懂、简单直观这两点,在广播电视发明之前,在大众文化水平普遍不高的情况下,对于丰富市民大众文化生活,加速都市文化的整合,都具有重要意义[①]。熊月之主编的《上海通史》第六卷里,根据编著者初步统计,在1875—1911年之间,中国共出版过89种画报,其中绝大部分在上海出版。同时把晚清上海画报划分为三个时期:萌芽期(1875—1884)、成型期(1884—

[①]　熊月之、张敏:《上海通史》,第六卷,上海人民出版社1999年版,第482页。

1900)、繁盛期(1900—1911)①。《图画日报》创刊于 1909 年 8 月 16 日,正值晚清时期上海画报的繁盛阶段,是最早的画报类日刊之一。该刊由位于上海四马路中和里的环球社编辑和发行,采用油光纸石印的印刷方式,每日出版一期,每期 12 页共 24 面。至 1910 年 8 月停刊,共出版了 404 期。作为在上海出版发行的画报,其内容涵盖了上海社会生活的方方面面,并在各个栏目中对这些内容进行了细致的呈现。(表 1)

表 1　《图画日报》各栏目内容统计

栏目名称	篇幅数量	刊载期数
上海之建筑	147	1—148
上海著名之商场	18	1—21
营业写真	456	1—228
上海社会之现象	154	18—172
上海新年之现象	25	173—198

此外还有"上海曲院之现象"以及分散在"时事新闻画"、"本埠新闻画"等栏目之中关于上海社会生活各个方面的图画。

《图画日报》出版发行的 1909—1910 年,正是辛亥革命的前夕,同时上海开埠已逾半个世纪,在这样的时间交汇点上诞生的《图画日报》由于形象、直观、一目了然的图像,可以让我们更加生动地"想象"过去,是后世了解当时上海的大众生活状态不可替代的史料。"图像如同文本和口述证词一样,也是历史证据的一种重要形式。它们记载了目击者所看到的行动,可以让我们这些后代人共享未经用语言表达出来的过去文化的经历和知识。它们能带回给我们一些以前也许已经知道但并未认真看待的东西。简言之,图像可以让我们更加生动地'想象'过去。"②

一、衣:服饰的自由化与崇洋奢靡之风

中国古代服制是礼制的外显,所谓"饮食有量,衣服有制,宫室有度",通过服制来实现"差序区隔"与"礼制模式"。而在"古今一大变局"的时候,动荡不安的政治局面,西方思潮和生活方式的传入以及资本主义经济的发展,推动传

---

① 熊月之、张敏:《上海通史》,第六卷,上海人民出版社 1999 年版,第 479 页。
② 〔英〕彼得·伯克:《图像证史》,杨豫译,北京大学出版社 2008 年版,第 9 页。

承深厚的社会观念和价值取向嬗变,社会风俗习气也随之转移。表面上看,晚清与晚明时期的服饰都呈现出一定的混乱状态,但两者背后的原因却有所不同。晚明时期,由于商品经济的发展和商人阶层的崛起,商人和平民阶层逐渐打破了传统服制的限制,穿戴起原本只有士绅阶层甚至有品级的官员才能穿着的服饰,呈现一种"僭越"。而到了晚清,随着清廷对社会生活的控制力减弱,在西式服饰和生活方式的冲击下,服饰逐渐呈现出"自由化"的趋势,开始打破服饰在阶层、民族以及中西文化之间的界限。

上海开埠最早,"繁华甲于全国,一衣一服,莫不矜奇斗巧。"①。1869 年,《教会新报》(即《万国公报》)上就刊载有"衣翻新式"栏目,传播西方妇女讲究服饰的讯息。北京、南京等地"妇女衣服,好时髦者,每追踪于上海式样"。长三书寓中的妓女以及新式学堂中的女学生,则是引领时尚的潮流人群。譬如《妇女竞穿滚边马甲之耀眼》(图 1:《图画日报》第 92 号)图上所附文字评论,说明当时流行穿着滚边马甲。"古时妇女之服此者,阙惟婢女",在前些年上海穿着此类衣服的,也大都是娘姨大姐辈。而"自从妓院中一二婢学夫人者出,巧制艳色马甲,饰以外国黑白各色花边,标新立异,于是妓女等亦尤而效之。近则公馆宅堂亦几染此恶习"。穿马甲成为时尚,不分主婢贵贱装束相同,在当时看似乎还是不合规矩的。但是因为当时妓女可以出入各种由男性主导的公共场所,而实际上成了女性时尚的引领者。正如鲁迅所言,"妓女的装束,是闺秀们的大成至圣先师。"②清末妓女主导时尚的局面在上海已经蔚然成风,"在二十年前,良家与妓女犹有分别,今则一衣一饰,妓女任意畅率,花样翻新,良家即从而步其后尘,惟恐稍有不合。必使一肌一容,尽态极妍,使见者莫辨其为良为妓而后已。"③而在《图画日报》第 27 号上,则刊载有"冒充女学生之荒诞"的图画。图上有文字评论:"沪上近来有种似妓非妓之荡妇,伪作女学生装束,招摇过市,惹花拈草,最为女学界前途之害。"这种"妓女效女学生,女学生似妓女"④本是嘲讽清末社会动荡变革之下服饰的混乱与无序,但也是当时社会的真实情状。

---

① 徐珂编撰:《清稗类钞》,第十三册,中华书局 2010 年版,第 6149 页。

② 鲁迅:《由女人的脚,推定中国人之非中庸,又由此推定孔夫子有胃病——"学匪"派考古学之一》,《鲁迅全集》第 4 卷,人民文学出版社 1995 年版,第 505 页。

③ 《与友人谈上海居大不易》,《申报》1898 年 4 月 24 日。

④ 劣僧:《改良》,《申报》1912 年 3 月 20 日。

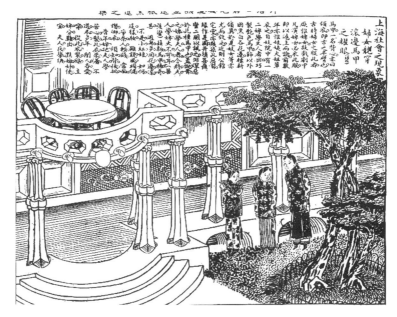

图 1　妇女竞穿滚边马甲之耀眼

　　不惟如此，女性也开始模仿并穿用男性之服装与配饰。第 88 号《妇女竞戴金丝眼镜之时趋》中说："眼镜一物，向惟男子之有目疾者用之。……自金丝眼镜出，而闺阁中乃有藉此以为美观者，近则上自官眷下至娼妓，几于数见不鲜。"除了眼镜，还有皮靴。第 133 号《妇女冬令亦穿靴子之矫健》中说"男子冬令喜穿靴子。……乃妇女近来自十月后起，亦有竞喜穿靴者"，而之所以会出现这种时尚潮流，"良以天足盛行之故"。衣服鞋帽之间点滴细微之处，看似波澜不惊，却隐伏着时代的风起云涌。

　　伴随着大众对西式服饰"接受—模仿—普及"的过程，崇洋奢靡之风随之而起。《申报》中曾刊登过《论服色宜正》一文，其中提到："于是学业之子弟，游冶之少年，虽每年所入无多，亦必煜耀其衣履，修饰其仪容，翩翩然顾影自怜，一若非此即不足以夸耀于人。其始通商大埠有此风气，继而沿及内地各处。凡曩时所称朴陋，至此而尽变其旧。……然近今风俗之侈靡日甚一日，较之三十年前已有天壤之别。"①《图画日报》第 128 号刊载《外国大衣与雪衣之比较》："御寒之具，沪地向以雪衣为最。乃自外国大衣盛行后，而雪衣服者日鲜。"而

① 　《论服色宜正》，《申报》1894 年 3 月 16 日。

之所以出现这种情况，乃是"以此衣为西人所衣，故趋时者纷纷效尤也"。爱美的妇人们对西方时尚潮流更加亦步亦趋，第 130 号《寒天妇女俱用臂笼之矫情》中嘲讽："自泰西妇女于办事之暇，每届冬令，或以皮制臂笼御寒后，中国妇女尤而效之。"第 135 号《妇女冬令喜用围颈之飘逸》同样也是在说明上海服饰时尚的流行"女界之用围颈御寒，自西女始，近则中国妇女纷纷效之"。服饰本身对人的区分度逐渐丧失，那就只能在华丽的程度上下功夫了。妓女们穿着华贵艳丽的斗篷外出，女性佩戴珠项圈以相夸饰，不分男女都想方设法买到金刚钻戒指戴之，"取其一举手异常耀目"互相标榜，"竟有以手无此戒为羞者"。这些图画报导中的"俱用""竞带""喜用""亦穿"，本身就是一种接受的态度表达，同时也表明了这些服饰普及的程度。近代上海在这样的风气推动下，形成了崇尚新颖、竞逐潮流的风气，并且以奢华生活为尚，将洋化视为身份的象征与荣耀。

二、食：中西并存与新的空间和形式

自古"民以食为天"，所以《图画日报》在"营业写真"中记录了商贩们售卖的种类繁多的各种食物。据统计，小吃类有凉粉、汤水园、糖芋艿、炉熟藕、碗裹糕、糍饭糕、茶叶蛋、拌面、馄饨、糖炒栗子、热白果、糖糕、糖粥、新米大白糖、重阳糕等等。蔬果类有茨菇、莲蓬、水红菱、文旦、白蒲枣、沙角菱、芦粟、鲜鸡头米等等。肉禽类有熏臟熏肚子、牛肉、羊肉担、猪头肉担等。这些食品商贩走街串巷无处不在，于是上海成了一处便利的美食世界，以致 1935 年，一位美国记者到达上海不久，就发现"这里在一天中的任何时候有着各种各样的食品"。[①]

除传统商贩外，西式餐饮日渐流行，《图画日报》第 10 号特别刊载介绍了当时上海最著名的西餐厅——一品香。（图 2）

> "上海番菜馆林立，福州路一带，如海天邨、富贵春、三台阁、普天香、海国春、海国春新号、一家春、岭南楼、一枝香、金谷香、四海邨、玉楼春、浦南春、旅泰等，计十四五家。以上各家均开设于光绪二十年后，独一品香最早。该号坐落英租界四马路老巡捕房东首第二十二号，坐南朝北，二层

---

① 卢汉超：《霓虹灯外——20 世纪初日常生活中的上海》，上海古籍出版社 2004 年版，第 182 页。

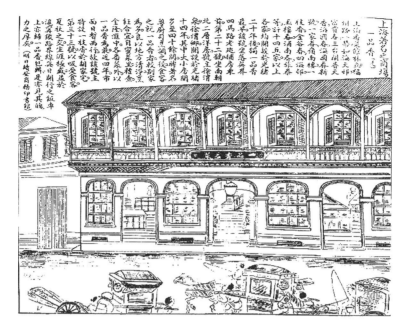

图 2　上海著名之酒楼——一品香

洋房。号主徐渭泉卿,开设于光绪十四年,其中大小房间多至四十余间,聘著名粤厨司烹调之役。食客之就一品香者,较别家为多,良以地方清静、烹饪合宜。自蜜菜里、礼查、金隆、汇中各番菜外,以一品香为最。近四年,市面暂西行,故该号主特设一枝香于胡家宅第三十三号,以吸受食客,夏秋之交,生涯极盛,并于沪宁铁路界线每日开行之饭车上,亦归一品香包办。是亦见其魄力之厚矣。"①

　　图上文字解说先简述了上海西菜馆的基本情况,再介绍了一品香的体量规模、历史沿革、行业地位、特色亮点、营业现状,并赞誉一品香是上海西餐厅之中翘楚。因此,《图画日报》把一品香放入"上海著名之酒楼"中刊载。西餐与西餐厅传入中国,不仅为民众带来了前所未有的饮食方式和体验,更是民众了解体验西方的物质文明与生活方式的窗口。19世纪末20世纪初,上海的番菜馆已经与传统的中国菜馆大为不同,"铺台单之洁净,花草增妍,看壁画之鲜明,禽鱼欲活新,藤椅坐来适意,何致背痛腰疾,而风扇之招凉,电灯之焕彩,

---

① 《一品香》,《图画日报》第10号。

犹其小焉者也,而安得不引人入胜哉。携宝而登大厦之楼,白炙纷来滋味,非不鲜美,而一较之大餐馆之酒菜,其新旧已大相悬殊矣,鱼奸汤格外鲜胁,加以胡椒之,辣椒猪牛排,非常松脆,佐以番薯之甜,勃澜地小饮,开怀之觉,心清神爽而加,非茶之解渴锡,加烟之消闲,犹其后焉者也,而安得不令我怡情哉。"①可见番菜馆环境明亮优雅,桌椅干净舒适,菜色鲜美可口,还能体验到电灯、风扇等新式电器带来的方便,令客人十分惬意。

番菜在夏天大受欢迎,"沪上番菜馆生意,宜于夏而不宜于冬,以夏令惟番菜最为清洁,且客座人极豪敞之故"。②但是到了冬天,因天气寒冷,人们更愿意去的是"京徽各菜馆与广东宵夜馆等",番菜馆则"须至明年开正以后,始渐转机"。上海在冬天生意异常兴隆的是"广东宵夜馆","冬夜有边炉菜,炽炭于炉,沸汤于锅,任客自取鱼片、菠菜之属,烹饪自食,并醉以酒,客皆好之,食竟,既饱且暖,其趣有甚于围炉夜话者。"③这已与现代上海都市生活如出一辙。

上海人把大餐厅里的菜品称之为"大菜",把去大餐厅吃饭称为"吃大菜",而把日常生活所需的除米面主食之外的菜蔬、肉蛋禽鱼、豆制品称为"小菜",在家做饭说成"买点小菜烧烧",那买"小菜"的地方就是"小菜场"。上海在开埠之前,老城厢区域面积不足 4 平方公里。城外的农民每日挑着生鲜蔬果担子进城,沿街叫卖。后来才有商贩选择底层商铺,前店后厂,形成各种特色街弄。上海原南市区老城厢一带有很多以小菜命名的街弄,如外咸瓜弄、面筋弄、火腿弄、豆市街、萨珠弄(杀猪)等。开埠之后,随着上海人口的持续增多,关于"吃饭"与"食品"的一种新的空间出现了。

"各国市会之区,必有多数之菜场,以应居家日用所必需。断无若吾国鱼肉菜蔬之小贩沿街设摊,踵门叫卖者。上海有租界以来,即有小菜场,聚百物于一处,以应购者,法美意良,于卫生亦大有裨益。英界大马路议事厅后,有铁制之菜场,梁柱屋顶,悉以钢铁制成。构造之精工,建筑之壮丽,为上海菜市杰出之区。场分二层,楼上售干燥物品之所,楼下为售卖鲜鱼鲜肉之所,两不相淆。有扶梯四道,曲屈以通上下。自晨至午,货物山积,人声嘈杂,攘往熙来,无不各挟所得而去。向午市散,则用自来水

---

① 《大菜间请客之热闹》,《图画日报》第 46 号。
② 《冬令番菜馆之冷落》,《图画日报》第 111 号。
③ 《冬夜广东馆吃边炉之暖热》,《图画日报》第 110 号。

冲洗,务使清洁。大摊月租每月六元至八元,小摊每月二元数角,肩挑负贩者,每月五角。有监督巡捕监视,故人虽众多,向无肇事之虞,亦地方行政应行整顿效法之一也。"①(图3上方文字)

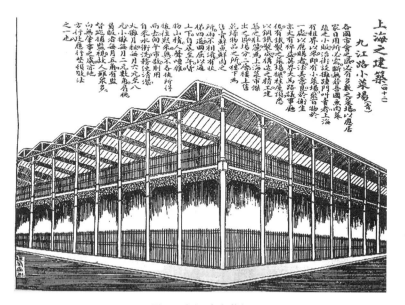

图3　九江路小菜场

　　从上述文字可知,当时九江路菜场构造精美,物品丰富,干净卫生,管理有序,大大方便了上海市民的生活。菜场的出现,使得生鲜食品的贩卖方式从农业社会迈入了近代商业社会,是上海商业经济繁荣的结果,同时也与租界的发展密不可分。英国人托马斯·汉璧礼(Thomas Hanbury, 1832—1907)为了增值自己投资的房地产事业,向法租界公董局申请设立菜场并得到许可。1865年1月,公董局告示所有菜贩必须到"中央菜场"(宁兴街菜场)里去卖菜。虽然宁兴街菜场不久就倒闭了,但是紧随其后,公共租界和法租界的其他地方也陆续建立了类似的菜场。1871年,八仙桥菜场开张,1872年靠近南京路的五福路菜场开张,还有著名的虹口三角地小菜场在1893年开张(一说1916年)。这些菜场由上海工部局负责管理,并向菜场里的商户征税。小菜场的建立和规范的管理,极大地方便了居民的日常生活,改善了城市的卫生状况,菜场这

① 《九江路小菜场》,《图画日报》第42号。

一现代化的商业空间和生活方式也从租界渐渐蔓延至华界，"沪上自租界中创设小菜场后，近则华界西城一带亦俱设立。每早居民买物，环集场中，甚形拥挤。"[①]到1930年，上海华界当局公布了菜场的相关法规，这表明菜场已经正式成为了上海这个城市现代化生活的组成部分。

　　如果没有条件自己烧菜做饭，上海民众该如何解决吃饭问题呢？《图画日报》第155号《包饭作挑送饭食之便当》就展示了这一问题的答案(图4)，"上海北市以地狭人稠，房租昂贵之故，各店铺类食包饭，不设厨房。而包饭作乃偏处皆有，每于午刻及傍晚时，纷纷挑送。虽肴馔断不能精，而其便当有足取者。"即有专人挑来做好的饭菜，送饭上门。这已经与今日吃外卖相差无几。而且作者还饶有兴趣地写作了两首打油诗来嘲讽"包饭作"的菜色"汤冷菜焦，鸡瘦鸭老"，"只余豆腐可堪吃"，这样的牢骚与现代的我们抱怨外卖时何其相似。

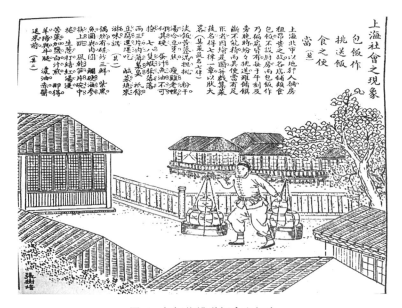

图4　包饭作挑送饭食之便当

三、住：居大不易与新式住宅

　　鸦片战争之后，清廷与英国签订《南京条约》，开放上海通商并准许英国商人与家眷在上海口岸居住。1843 年上海开埠建立上海英租界,租界内部自治管理。1853 年上海小刀会起义,城内及周边郊区的华商和平民逃入租界避难。到 1854 年,英租界内的中国居民从一年前的 500 人猛增至 20 000 人。[①]随后,由于太平天国定都南京,大量人口涌入租界。上海租界创纪录地达到了 50 万人,通常认为此时租界人口增加了 20 万左右。[②]随着上海人口激增,"华洋分居"的局面被打破,住房需求急剧上升,为解决住房问题,上海的洋商洋行开始在南京路两侧大规模建造房屋,掀起了上海房地产的开发热潮。

随后,如图所示(图 5),一种迥异于中国传统民居的住宅形式产生了,这就是"弄堂"与"石库门"房子。石库门房屋主体是砖木结构,一般是两层,包括底楼的客堂间和二楼的主卧室,两侧有厢房,厢房与客堂间围合成一个天井。客堂间后方是被称为"灶披间"的厨房及后出入口。"石库门"内部空间规划深受江南水乡传统民居之影响,既保留了那份古朴韵味,又巧妙融入了欧洲联排别墅的排列方式。得益于其合理的布局、经济实惠的造价以及稳固耐用的特

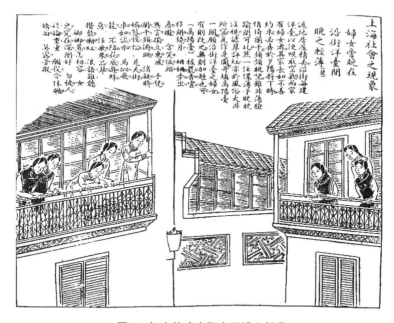

图 5　妇女傍晚在阳台闲眺之轻薄

① 刘惠吾:《上海近代史》,华东师范大学出版社 1985 年版,第 121 页。
② 朱剑城:《旧上海房地产业的兴起》,《上海文史资料选辑》第 64 辑,上海人民出版社 1990 年版,第 11 页。

性,这种石库门里弄住宅迅速在上海建造起来,成为上海住宅的主要形式。从图5画面中,我们可以直接而清晰地领略到这种独特建筑风格的精髓所在。里弄房子最早出现南京路地区,很快就在市区各处建造起来。到20世纪40年代末,七成以上的上海住宅都是这种形式。①

新式房屋被大量建造出来,自来水、自来火(煤气灯)、电灯、电话等西方住宅所配备的生活设施此时在上海也渐渐普及。如《图画日报》第143号的"营业写真"是《装自来火》,第195号的"营业写真"是《装水管》,正是对应着上海自来水厂和上海煤气公司的建立和投入运营。上海第一盏电灯在1878年亮起,1882年时上海电光公司获准为广东路上的一些华人房屋架设电线。②现代化的水电设施大大提升了普通民众生活的安全性和便利性。当时上海永利栈在《图画日报》上连续刊载广告,在广告中着重介绍说明了旅馆房间内有泰西铁床、洋式柜台、电灯、电话、风扇等一应西式家具和设施。这已经与中国传统客栈驿馆截然不同,而与如今的旅馆相去无几。新的居住形式,配合着现代化的给排水系统,房屋内又装设有电器,现代化生活气息扑面而来。

"长安居大不易",在上海也如此。在上海讨生活的人,必然要有个住处,买不起房就只能租房。《图画日报》第50号《挂名洋商收房租人之严厉》中展示了这样一幅图景:"租界房屋大都为洋人之产。即系华人产业,亦必借洋商出名。向以月底为归束,收租人到时,立即给付,不得稍有拖延。苟非然者,或唤巡捕钉门,或扭捕房追办,风行雷厉,更急于官家之赋税焉。"在第82号《私门头冒称公馆之混账》中也提到"沪北一隅,房租甚贵"。这两幅图像都展示了当时上海房租之昂贵,房租支付不容拖延,否则会有巡捕干预。这让现代生活在上海的人民不禁感叹古今一同,"环球同此凉热"。

四、行:近代化的交通工具的出现

中国传统农业社会的城市面积普遍较小,商业并不发达,加之人口的绝大多数从事农业生产,形成了"安土重迁"的民族心理,不管是人口流动的需求还是人口流动的频度都很低,亦无公共交通可言。上海开埠以来,人口大量涌入,经济不断发展,城市面积也持续增长。以租界为例,公共租界和法租界在

---

① 卢汉超:《霓虹灯外——20世纪初日常生活中的上海》,上海古籍出版社2004年版,第134页。
② [英]库寿龄:《上海史》第二卷,朱华译,上海书店出版社2020年版,第308页。

最初设立时仅有 3.19 平方公里,通过越界筑路等方式不断扩张,到 1930 年时,已达到 32.82 平方公里,较之初设时扩大了十倍还多。①其时上海县城的"街道极为狭隘,阔只六尺左右,因而行人往来非常混杂拥挤"②,租界开辟以后,"在冲积土上建造道路是一门艰难的艺术",据库寿龄的记载,租界道路开始是使用碎砖块铺设,后来改用鹅卵石和煤渣炉灰,"但是要到 1856 年才在布道路(福州路)首次使用了花岗岩碎块,这种铺设使用了很多年。"③而且后续修建的道路都使用石块铺设,为此工部局还在周边市镇开辟了采石场。道路平坦了,宽度也进行了扩展。"主干道有的 18—21 米","一般在 10—15 米上下"。④上海作为中国现代化发展最快的城市,道路与市政设施的不断完善为新的交通工具的普及发展提供了外在的物质环境。

《图画日报》"营业写真"栏目,第 10 号《东洋车夫》《小车夫》、第 150 号《电车司机人》《马车夫》分别向我们展示了清末民初上海主要的交通工具、从业人员以及主要搭乘人群。其中东洋车、电车以及西式马车都是清末出现的新式交通工具。(图 6、图 7)

1855 年在上海出现了首辆西式的马车,与传统中式马车相比,西式马车更华丽舒适,所以这种西式马车主要流行在上层社会,"营业写真"《马车夫》中就表明这种西式马车"中西官场一概用得着,还有富绅与巨商"。上海电车的进入则较晚,但却发展迅速。1881 年,英商怡和洋行向法租界公董局倡议在租界内行驶有轨电车,法租界公董局采纳了倡议,并开始研究在法租界内行驶有轨电车交通的计划,这是上海第一次筹办有轨电车工程。1908 年 1 月 21 日,英商上海电车公司的有轨电车从静安寺车栈驶出,在爱文义路(今北京西路)上试行。二月初三日(1908 年 3 月 5 日)上海第一条有轨电车线路正式通车,由外洋泾桥上海总会(今广东路外滩)到静安寺,线路全长 6.04 公里。也就是说,在《图画日报》诞生之前不久,电车也才刚刚在上海通车。所以在第 150 号《电车司机人》中才有"电车做个司机人,营业之中最算新"这样的话语。这条有轨电车线路的开通标志着上海公共交通系统的现代化起步。在 20 世纪 30 年代任上海市公用局局长的徐佩璜曾评论过:"上海的交通史,从 1874

① 胡焕庸、张善余:《中国人口地理》下册,华东师范大学出版社 1986 年版,第 109 页。
② [日]峰源藏:《清国上海闻见录》,《上海公共租界史稿》,上海人民出版社 1980 年版,第 623 页。
③ [英]库寿龄:《上海史》第二卷,上海书店出版社 2020 年版,第 177 页。
④ 上海市交通运输局:《上海公路史》,人民交通出版社 1989 年版,第 24 页。

 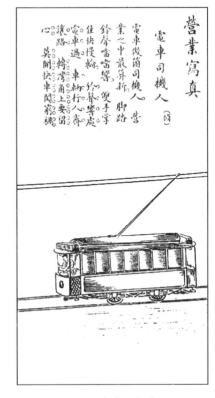

图 6　东洋车夫　　　　　　　图 7　电车司机人

至 1908 年仅为发展个人之交通器具时期,自 1908 年起,始有公众的乘物。"[1] 1908—1926 年上海租界有轨电车共开通了 20 条线路。上海英商电车公司有轨电车的年客运量"在 1912 年猛增到了 4 073 万人次,1920 年突破 1 亿人次"。[2]有轨电车的开通,便利市民出行,扩大了市民的活动范围,更带动了电车线路周边地区的发展。公共交通不仅是衡量城市现代化程度的一个重要指标,而且是推动城市向现代化迈进不可或缺的物质基础与重要驱动力。

　　相较于马车和电车,东洋车才是近代上海数量最多的交通工具。东洋车也即是"人力车""黄包车"。1873 年,法国商人米拉(Menard)从日本来到上海,筹划开办一家人力车公司。同年 8 月 18 日,《申报》就对这则消息进行了

---

①　周源和:《上海交通话当年》,上海:华东师范大学出版社 1992 年版,第 54 页。

②　张松、丁亮:《上海租界公共交通发展演进的历史分析》,《城市规划》2014 年第 38 卷第 1 期,第 52 页。

报导,这篇标题为《拟购东洋小双轮车》的短文提到有西方人计划花费 2 万元从日本购入 90 辆双轮人力车,投入上海租界作为代步工具,并指出这种人力车有些类似马车,但体积较小因此更为灵便。①因为这类车的营运,既能改善交通状况又能增加税收,之后法租界公董局共发放了 20 张牌照,每张为 25 辆,米拉得到 12 张,经营 300 辆人力车。②1874 年 3 月,米拉注册了上海第一家人力车公司,年底,就已经有 10 家公司近千辆人力车在街头营业。随着上海人口的快速增长,人力车和人力车夫也在增加,1907 年间,人力车数量增加到 8 204 辆。③《图画日报》中也说到"沪地东洋车之多,以数千记"。④19 世纪末,人力车已经成为上海最常用的交通工具。东洋车很好适应了上海的城市街道、弄堂环境,比马车、汽车更加灵活,为市民的出行带来了极大的便利。1890 年《申报》中就写道"即出门,一里二里之地,往往坐东洋车。若在他处虽十里八里不过安步当车尔"⑤,更为重要的是,人力车始终是上海服务于各阶层市民的大众交通工具,"乘坐人力车者,尽属普通人士。"⑥

东洋车带来方便的同时,也引发出一些当时独特的社会问题。在《图画日报》中,编绘者对此进行了客观的描绘,也有嘲讽、劝谕。如第 20 号《包车出风头》中提到上海包车盛行,所谓"包车"即是私家人力车,"凡住居租界者,无不家置一辆",侧面说明人力车之普遍,而现今妓女也开始包车,并且把车辆装饰精美招摇过市,画报编辑者认为此举实在有败坏上海社会风气之嫌,大加嘲讽。东洋车夫主要是破产的苏北农民,做东洋车夫不需本钱或技术,有体力即可,所以成为他们的主要谋生手段。随着东洋车数量的增加和车夫竞争的加剧,城市的交通秩序和治安状况面临越来越大的挑战。第 115 号《东洋车拦路揽客之讨厌》中就提到东洋车夫为竞争生意而时有斗殴事件发生,"遇有一客唤车,各车如蜂屯蚁聚而至,令客几于无所适从。甚至有争揽之余,酿成斗殴等事者。"第 99 号《巡捕驱逐东洋车之威力》中提到因东洋车数量多而有碍道路交通时,巡捕就会前往驱赶,"然威力所及,有令车夫奔避不遑,而途人为之震惊者。"尽管巡捕采取了驱逐措施以维护道路通畅,但这种治标不治本的手

① 《拟购东洋小双轮车》,《申报》1873 年 8 月 18 日。
② 卢汉超:《霓虹灯外——20 世纪初日常生活中的上海》,上海古籍出版社 2004 年版,第 63 页。
③ 上海市交通运输局:《上海公路交通史》,上海古籍出版社 1984 年版,第 32 页。
④ 《东洋车拦路揽客之讨厌》,《图画日报》第 115 号。
⑤ 《申报》,1890 年 8 月 12 日。
⑥ 《申报》,1934 年 3 月 8 日。

段确实难以从根本上解决问题,这其实也对当时的上海城市管理者提出了更高的要求。为了解决新的交通工具和方式引发的问题,1921 年工部局颁布了《交通规则》,对各式车辆和行人做出了交通行为规范,上海的交通总体上得到了较好的协调。

五、结　语

1840 年以来,西方殖民者所带来的不管是坚船利炮,还是科技人文以及生活方式,都迥异于古老中国。在西方文明强势的冲击侵蚀下,传统中国开始了艰难的近代化转变。作为中国近代史上最早出版的画报类日刊,《图画日报》是时代发展的产物。在晚清新旧矛盾、中西冲突不可避免的社会现实下,它记录下中国尤其是上海,由传统社会向现代化城市转变的模样,直观展示了当时的场景、服饰、建筑风貌以及人心的浮动变革。这种社会形态与社会心理的转变过程是漫长的,刊行时间只有一年多的《图画日报》恰是把上海这个城市做了一次横截面的解剖,以绘制精美的图画和详细的文字说明,为后人呈现了近代上海城市社会生活史。我们考察发行在这个时间交汇点上的《图画日报》所为我们呈现出来的上海社会生活的各个方面,就可以回望到在它之前的历史——中国传统农业社会是什么样的,也可以预见在以后的 20、30 年代,社会生活又进一步会发生什么样的变化。正如批评家斯蒂芬·巴恩(Stephen Bann)所说的,"我们与图像面对面而立,将会使我们直面历史。"①

Picture Daily and modern Shanghai: A visual representation of daily life in Shanghai in the early 20th century

Abstract: *Picture Daily* was the earliest pictorial daily in Shanghai in the early 20th century. Through rich image materials, it intuitively recorded the details of Shanghai's social life during this period. As important visual materials for historical research, these images provide a microscopic perspective for exploring social changes and help deepen the understanding of the relationship between modernity and daily life. By analyzing the images in 《Picture Daily》, this article reveals the changes in daily life styles in terms of clothing, food, housing, and trans-

---

① ［英］彼得·伯克:《图像证史》,杨豫译,北京大学出版社 2008 年版,第 9 页。

portation, as well as the evolution of values behind them, and presents a multi-layered picture of Shanghai's transition from traditional to modern society. These images are not only important historical materials for studying modern Shanghai society, but also an important way to understand the modernization process and the formation of urban culture in Shanghai from the late Qing Dynasty to the Republic of China.

Key words: *Picture Daily*; daily life in Shanghai; social change

作者简介：王慧，台湾政治大学中国文学系博士研究生。

近代报刊视域下晚清前期津沪文学与文化交流及影响(1850—1886)①

李 云

摘　要:近代报刊是沟通城市之间文化交流的重要纽带,在报刊构成的开放共享的文化空间中,津派与海派文化在晚清前期就建立起密切联系。津门文士以积极心态阅读上海创办的《上海新报》《中国教会新报》《申报》等近代报刊,并在其中刊发诗文等。以近代报刊为中心的津沪文学与文化交流,为近代天津文学带来新的思想内容、体裁形式等,涌现出《海国妙喻》《津门杂记》《津门竹枝词》等优秀作品。

关键词:近代报刊　空白阶段　文学

　　近几年,从近代报刊出发对城市文学与文化进行研究,取得了开拓性的新成果。但是,一些研究的视角还没有完全打开,局限于从本城市出版的报刊谈起,忽略了本城市报刊出现之前对其他城市报刊的接受,未能对重要的渊源部分深入勘查,从而使城市文学与文化研究呈现出孤立性,丢失了与其他城市之间的丰富联系,拓展方法就是打破传统思路,把报刊这一视角全部打开,不留盲区。

　　近代天津是北方报刊业的领军城市,天津第一份近代报刊《时报》始于1886 年。在此之前,天津虽然没有自己的报刊,却已经有多种报刊在天津传播,并且对天津文学与文化产生多方面影响,可惜一直未被学界关注。如《天

---

①　本文为教育部人文社会科学研究项目"近代天津报刊文学研究"(23YJA751010)的阶段性成果。

津新闻史》说:"近代意义的新闻事业出现以前,天津唯一的信息报道印刷物是《京报》。清代嘉庆道光年间的天津卫,是以《京报》作为唯一的新闻来源……天津近代新闻业开始于 19 世纪 80 年代……"①只有深入挖掘近代天津新闻史前"空白阶段",才能还原并展现近代天津文化发展的渊源,以及与上海等城市文化之间的关系。

一、近代报刊与津沪文化交流

现代性的开端始于开放,埃德蒙·雅贝斯曾说:"没有开放,何来现代性?现代性即在于此。"②1860 年之前,近代报刊在天津流通很少。中国最早的几种报刊,《东西洋考每月统记传》(1833 年创办于广州)、《六合丛谈》(1857 年创办于上海)等,发行范围并未至天津,报刊中也少有与天津相关的信息。1860 年,天津开埠之后,才开始有多种报刊在天津传播流通,此时正值上海等城市报刊业初兴之时。

首先,在天津传播较早的一种报纸是《上海新报》,该报由北华捷报馆创办于 1861 年 11 月 19 日,字林洋行发行,是上海最早的一种中文报纸。《上海新报》属于商业性报纸,有明显的流通观念,如《本馆谨启》中说:"大凡商贾贸易,贵乎信息流通,本行印此新报,所有一切国政、军情、市俗利弊、生意价值、船货往来,无所不载,类如上海地方,五方杂处,为商贾者或以言语莫辨,或以音信无闻,以致买卖常有阻滞,观此间报即可知某行现有某货,定于某日出售,届期亲赴看货面议,可免经手辗转宕延,以及架买空盘之误……"③从商业角度强调信息流通的重要性。《上海新报》是部分天津人,尤其是官商界人士最早关注的中文报纸之一。各种新闻外,其中颇具吸引力的内容是从上海开往天津的轮船信息,从中可见 1862 年即有太丰洋行从上海开往天津的火轮船。津沪之间相距遥远,在传统木帆船的时代来往不便,交流较少。先进火轮船的出现改变了交通条件,促进了津沪之间商业、文化的密切交往。轮船源源不断将上海最新出版的书刊运送到天津,成为津沪文化交流不可缺少的硬件条件。值得注意的是,火轮船运载乘客与货物外,还有传播新闻的额外功能,乘坐火轮船来往于津沪之间的人往往互相传播最新的新闻消息。笔者在《上海新报》中

---

① 马艺:《天津新闻史》,天津人民出版社 2015 年版,第 19 页。
② [法]埃德蒙·雅贝斯:《界限之书》,刘楠祺译,广西师范大学出版社 2021 年版,第 269 页。
③ 字林主人:《本馆谨启》,《上海新报》1862 年 6 月 24 日,第 1 版。

发现多条由轮船带来的消息,比如 1862 年 7 月一则消息中写:"今有轮船一只名索得儿,自天津来,言及津地虽无西兵驻守,亦甚安靖……津地亦有瘟疫,死亡甚多。"①另一则消息写道:"昨日有轮船由天津来,并无甚新闻,惟云北京地方极为平静,英法两国钦差大臣俱往京都之名山闲往游玩。"②可见轮船上相关人员对传递新闻颇为留意。再如 1864 年 8 月一则消息中写:"天津火船来信……"③这种由轮船传递信息的情况一直延续至 1870 年,如《天津急紧新闻》中写:"昨日得拉根轮船由天津到沪带来紧急信息据云……俟下次轮船来信再行细报。"④报馆还没有大力发展自己的专职采访员,有着较为开放宽松的用稿政策,希望大家广泛提供新闻。如《上海新报》告白说:"华人如有切要时事,或得之传闻,或得之目击,无论何事,但取其有益于华人,有益于同好者,均可携至本馆刻刷,分文不取。"⑤报纸上的新闻消息多由西人或华人自愿提供,如《译天津信》说"西人由天津寄来信云"⑥。《上海新报》在很长时间内都以传播新闻消息为主,有时也刊载一些志怪类新闻故事,但整体上则更加注重商业信息。

其二,晚清前期在天津传播的另一种上海中文报纸是《中国教会新报》⑦,该报由传教士林乐知 1868 年在上海创办,其首要目的是宣传教会思想,使教友共相亲爱,但报纸上所刊并不限于教会中事,也会论及各种学问,丰富并开阔了人们的见闻,在一定程度上可以说是宣传新知识的载体。《中国教会新报》也向教友征集文稿,无形中促进了教友的写作行为。因不以营利为目的,读报售价相当低廉,全年仅需一元钱,而且还有订十份赠一份的优惠活动,作为送报人的酬劳。关注《中国教会新报》的天津读者主要是教会相关人员,天津教友对这份报纸颇为欢迎,如王光启在《天津王教友来书》中说:"昨阅今岁新报,裁制精详,征引博洽,一珠一字,焕然改观。伏谂乐知林牧师遐方俊杰,不惮梯航,天路置邮,不拘方域,宣传耶稣圣教,创立新报,俾普天下信士见闻

---

① 《上海新报》1862 年 7 月 5 日,第 1 版。
② 《上海新报》1862 年 7 月 22 日,第 1 版。
③ 《上海新报》1864 年 8 月 4 日,第 1 版。
④ 《天津急紧新闻》,《上海新报》1870 年 6 月 28 日,第 1 版。
⑤ 《本馆谨启》,《上海新报》1865 年 7 月 6 日,第 1 版。
⑥ 《译天津信》,《上海新报》1871 年 11 月 9 日,第 2 版。
⑦ 此报多次更名,1868 年至 1872 年为《中国教会新报》;1872—1874 年更名为《教会新报》;1874 年更名为《万国公报》,1883 年停刊;1889 年复刊,改名为《中外纪闻》,1907 年停刊。本节主要考察1886 年以前该报在天津的传播和接受情况。

所及,公会血脉流通,其功不在路加马可诸人下。"①从《中国教会新报》中可以看到 1868 年天津信奉基督教人员情况②:

外国教师	中国教师	男女教友	会堂	乡城讲书处	义学(全给衣食)	学堂(只给师俸)
六人	五人	二十九人	三所	三处	一堂六人	四堂五十五人

　　王光启、张焘等是天津最早的一批信教人员,他们在《寄英国大牧师书》中曾说,1860 年天津有两三人信教,1869 年有 50 余人信教③,《中国教会新报》传播的基督教思想对这些人影响较大。如 1869 年第 28 期、29 期、30 期、31 期连载《天津逸华子王教友答劫余子》的信件,其思想不再是中国传统的儒释道,而是将耶稣教义与孔门儒教的思想进行对比,发现二者的相通之处。如逸华子(按:王光启)所说:"我主耶稣圣教想亦儒家者流,姑苏台畔隐君子乎。""儒教实疱牺一脉真传,有君新师之大纲,智仁勇之天德,与救主福音以信托为立志之始,一本分枝,信即勇,智即光,爱即仁,以独尊天父为功用之终,亲为首,君次之,师次之,同柯异叶,相为表里……"④他还认为信神、祷告、重施洗等都能在儒家思想中找到与之相对应的依据。津门福音堂项开农也在《天津来信》中说明对耶教的认识,讨论灵魂永生问题,与中国传统儒、释、道思想大为不同。教友们在讨论教会之事外,也会讨论科学之事,如 1872 年《答天津唐锡五先生问像皮书》连载十次,使天津读者了解到西方文化。

　　其三,晚清前期在天津流通的报纸中,最值得注意的是上海《申报》。《申报》创刊于同治壬申 3 月 23 日(1872 年 4 月 30 日),是近代中国创办历时最久、影响最大的一种中文报纸。《申报》不仅传播信息,还向人们开放性征稿。如《本馆条例》所言:"骚人韵士有愿以短什长篇惠教者,如天下各名区竹枝词及长歌纪事之类,概不取值。"⑤《申报》还规定:"如有名言党论,实有系乎国计民生,地利水源之类者,上关皇朝经济之需,下知小民稼穑之苦,附登斯报,概不取酬。"⑥华人和西人在《申报》刊发广告都要缴费,但西人广告费明显高于

①　王光启:《天津王教友来书》,《中国教会新报》1870 年第 89 期,第 6—7 页。
②　林乐知:《中国教会新报》1868 年第 1 期,第 4 页。
③　王光启、张焘:《寄英国大牧师书》,《中国教会新报》1869 年第 38 期,第 3—4 页。
④　王光启:《天津逸华子王教友答劫余子》,《中国教会新报》1869 年第 28 期,第 121 页。
⑤　《本馆条例》,《申报》1872 年 4 月 30 日,第 1 版。
⑥　《本馆条例》,《申报》1872 年 4 月 30 日,第 1 版。

中国人,免费刊发文学作品对于文人而言是一种鼓励。《申报》售价低廉,主要以广告赢利,在创刊之始销量才几十张,开办半个月,入不敷出,每天仅能得240文钱①。其最早的发行区是距上海较近的苏州、杭州等城市,并没有发行至北京、天津一带,主要原因是路途遥远,交通不便,另一重要原因是没有合适的代理人。申报馆曾连日刊登启事,寻觅代理者:"本馆欲请华人在各埠设立代售申报,现镇江、宁波、苏州、杭州、扬州、嘉兴、湖州均已延定前去,其北京、燕台、天津、清江、仙女庙、南京等处须人前去,如有愿作此生理者,请保协同来馆,面订可也。"②之后又刊发启事:"本馆欲请华人于各埠设立代售申报,现镇江、苏州、杭州、扬州、嘉兴、湖州、天津均已延定前去,其北京、燕台、清江、仙女庙、南京、宁波等处须人前去……"③约自1872年6月,天津有了《申报》代理者,促进了该报在天津的传播与流通。随着全国销路打开,《申报》销量大增,"每日所印四千五百张之数,上海各士商无不按日买阅。"④同时,《申报》也越来越被天津文化阶层所知。

19世纪70、80年代,上海报刊种类逐渐增多,申报馆相继创办《瀛寰琐纪》(1872—1875)、《四溟琐纪》(1875—1876)、《寰宇琐纪》(1876—1877)等文艺报刊受到津门文士的关注,并将作品刊发其中。此外,上海的《中西闻见录》(1872)、《小孩月报》(1875)、《格致汇编》(1876)、《字林沪报》(1882)等报刊,也刊载大量与天津相关的信息和文艺作品,得到一些天津读者的关注。林乐知曾说:"圣书云,光不能藏于斗底,光须发亮。若发亮光,不由新报中发出,还有何物可以远近发亮矣?"⑤借用圣书中的说法,以比喻形容报纸的作用和意义。近代上海报刊为天津带来新的商业、科技、文化等知识,是近代天津输入新学的重要途径,为读者打开一扇了解世界的窗口。

二、近代上海报刊传播对天津文学的影响

近代上海报刊在天津不仅传播了新知识、新思想,开阔了读者的见闻,而且因为各种报纸都有用稿需求,为天津文士提供了展示写作才华的机会,促使

---

① 《本馆告白》,《申报》1872年5月16日,第1版。

② 《申报》1872年5月27日,第7版。

③ 《申报》1872年6月11日,第8版。

④ 《申报》1872年6月22日,第1版。

⑤ 林乐知:《中国教会新报》1868年第1期,第8页。

近代天津文学表现出不同于传统文学的新素质。

(一) 为近代天津文学注入新思想

近代报刊带来的西方文化,为近代天津文学注入不同于传统的新思想,其中较为明显的是产生了一批反映基督教思想的诗文。教徒与牧师之间往往以诗歌互相赠答,为古典诗歌增加了新的题材内容和文化思想。如天津王光启(按:自称"天津救主堂公会教末逸华子")曾在《教会新报》刊发《天津王光启送教师回国诗》等多篇诗歌,从中既可以看到他受基督教思想影响而产生的变化,也可以看到以往天津诗歌中所没有的新思想。如《本公会殷纳森牧师回国时在中三月下澣赋此赠行即申别绪》中写:"我本羔羊咏素丝,久缠魔俗满腔私。救灵圣水施神火,宿垢汤盘沐浴时。无形天国灿心花,挪亚方舟以诺车。身入华胥还是梦,天衢醒后到君家。"[1]诗中运用"挪亚方舟""羔羊素丝"等西方典故,表现对圣教思想的接受和领悟。王光启还有悼念亡妻之诗《感恩行戊辰秋季信士王光启作为葬亡室张氏》:"暗府明宫各返魂,鹣鹣比翼半身存。卅年埋骨方埋罪,端赖耶稣救主恩。"[2]他们夫妻二人都是虔诚的耶稣教徒,诗中对生死、魔圣和灵魂的探讨,表现出一种宗教哲思,不同于传统悼亡诗歌。

教友之间往往以诗歌交流唱和,探讨对教义的理解。如王光启的《和汉口教友俞君福田全韵诗元韵即请教正》,此诗是和俞福田的"重生词"30 首,规模较大。诗中表现作者对耶稣的诚笃信仰之情,如其二:"圣道精微主变容,三间茅屋远山重。白云游子思亲泪,即是耶稣真信从。"[3]以及作者在信道中的"重生"体会与感受,如其四:"棘火还丹未得医,请缨输粟总猜疑。天恩感动重生后,富贵浮云旧性移。"[4]说自己信奉基督之后改变了旧性情,不再执念于人生现世的富贵功名。对基督的信奉改变了他对生死的看法,如其十二:"父母生身永感存,终天空抱报深恩。果随基督超升福,也救亡灵列祖魂。"[5]基督有死后灵魂升天堂的思想,与儒家只有现世一生的思想不同,他对死亡持有一种平静欢娱的态度。同时,他所理解的基督教义也有传统文化的影子,如其十四:"风俗遗传各等闲,真修真道显尘寰。天堂本在吾心内,超海岂同比挟山。"[6]

---

① 王光启:《天津王光启送教师回国诗》,《中国教会新报》1869 年第 39 期,第 3 页。
② 王光启:《天津王光启送教师回国诗》,《中国教会新报》1869 年第 39 期,第 3 页。
③ 王光启:《和汉口教友俞君福田全韵诗元韵即请教正》,《教会新报》1873 年第 253 期,第 16 页。
④ 王光启:《和汉口教友俞君福田全韵诗元韵即请教正》,《教会新报》1873 年第 253 期,第 16 页。
⑤ 王光启:《和汉口教友俞君福田全韵诗元韵即请教正》,《教会新报》1873 年第 253 期,第 16 页。
⑥ 王光启:《和汉口教友俞君福田全韵诗元韵即请教正》,《教会新报》1873 年第 253 期,第 16 页。

认为天堂在我心中。王光启在诗中描写自己修道过程中的经历颇为生动,能看到对自我心灵和心理的展现,如其二十:"道理高明障若何,人心动辄有群魔。非从圣架修阴德,交战谁能奏凯歌。"①对修道的描写使诗歌具有对心的探讨,增加了诗歌的哲理性。而他写得道时的情景也具有一种新境,如其二十五:"毕竟耶稣道服膺,夜行黑暗剔明灯。超超灼见言无讳,活信堪邀通义称。"②

另外,还有教徒以诗歌抒发个人对教义的理解。如 1877 年《万国公报》(按:《教会新报》1874 年改为《万国公报》)中刊载天津张逢源的《呼亡羊歌》:

> 亡羊亡羊,逃往何方? 尔牧寻尔,尔勿匿藏。自尔走向歧途去,尔牧何时不忧虑。恐尔遭逢凶恶徒,恐尔陷入危亡处。尔不闻四山豺狼相叫嚎,双睛睒睒齿如刀。各处寻羊充伊腹,尔若遇之何能逃。又不见遍野尽是贼踪迹,时时注目伺尔隙。巧偷豪夺计千般,尔若遇之必遭获。吁噫嘻,歧途何危哉。盗贼豺狼四面来,左有深渊石巨礐,当前怪石争崔嵬。上有万仞危峰势欲隤,下有百丈深潭鸣惊雷。险也如此,嗟尔亡羊……亡羊亡羊休烦恼,歧途回首即大道。亡羊亡羊尔试听,尔牧今尚呼尔名。③

这首诗运用象征手法表现对教义的体悟和对人生的思索,在语言和意境上有学李白《蜀道难》之处,如"吁噫嘻"、"上有"、"下有"等句,也有对杜甫《茅屋为秋风所破歌》的化用,如"广厦千间堪休息"等句,以中西文学与文化思想相互融合,令人称奇。1899 年梁启超提倡诗界革命,强调诗歌要具有新意境、新语句。天津文士受基督思想影响的诗歌,在一定程度上表现出新语言、新风格与新意境,虽然不同于梁启超所提倡的诗界革命,但也不同于中国古典诗歌,是近代天津文学中产生的新类型。

(二)为近代天津文学带来新的传播渠道

近代报刊兴起之前,文学作品主要是通过书籍等传统方式传播,传播范围与影响相对较小。近代报刊兴起之后,不仅为文学提供了新素材、新思想,也为文学提供了新的传播渠道,促进了津沪文学交流。上海《申报》馆对文艺颇

---

① 王光启:《和汉口教友俞君福田全韵诗元韵即请教正》,《教会新报》1873 年第 253 期,第 16 页。
② 王光启:《和汉口教友俞君福田全韵诗元韵即请教正》,《教会新报》1873 年第 253 期,第 16 页。
③ 张逢源:《呼亡羊歌》,《万国公报》1877 年第 448 期,第 28 页。

为提倡,创办的几种报刊都刊载了津门文士的多篇诗文,可见津门文士是其忠实的读者和供稿者。如《寰宇琐纪》1876 年第 7 期,开篇即为津门杨慎恭醉六的《天津县谢忠愍公云舫先生哀词并序》,第二篇为献陵牛元恺芸阶的《天津县忠愍公谢诔(并序)》,第三篇为津门梅宝熊瀛山的《祭天津县谢忠愍公文》,第五、六、七、八篇都是津门梅宝璐、沈兆沄(云巢)等人的诗文;1876 年第 8 期也刊载梅宝璐多篇诗文;1876 年第 9 期刊载天津杨培之心斋的作品;1876 年第 10 期中亦刊载了天津梅宝璐的诗文等。梅宝璐、沈兆沄、杨恭六等都是天津著名文士,可见他们不仅关注上海申报馆报刊,还经常为其投稿,有着先进的文化传播意识,以及对新文化新事物开放的接受态度。

近代报刊是天津文人对外交流的重要渠道,从中往往可以看到他们交游的痕迹。如梅宝璐(1816—1891)有《闻妙香馆诗文集》,《寰宇琐纪》1876 年第 7 期刊载张景沂为其所作《闻妙香馆诗文集序》[1]。序文中提到梅宝璐的《梦游香国记》亦刊载在《寰宇琐纪》1876 年第 8 期中。在第 8 期中,梅宝璐以闻妙香馆主人为名刊载多篇作品:《保阳题壁忆韵仙校书》是记其艳游之诗作,《梦游香国记》则是一篇小说,该刊此期共 35 页,梅宝璐的作品占去 14 页,可见天津作家是 1870 年代申报馆文艺刊物的重要撰稿人,梅宝璐也是活跃于申报馆报刊中的一位津门作家,更新了我们对他的认知。

(三) 促进近代天津翻译文学发展

近代天津在翻译文学史上占有一席之地,缘于张赤山(又名张焘)的《海国妙喻》,这是近代文学史上伊索寓言的一个重要译本。而深入探究张赤山《海国妙喻》产生的背景渊源,则会发现与近代报刊密不可分。对于张赤山其人,我们向来所知甚少,近来在《中国教会新报》《申报》等报刊中进一步发现其生平资料及诗文。从中可知,张焘又名张赤山、张持三,约出生于 1843 年,1863 年受洗,是天津较早一批基督教徒。他自幼学习中国传统文化,1867 年开始在圣道堂教会义塾担任中国教师,讲授四书五经。该堂在天津成都道,创始于1861 年,创办人为花膝廉牧师。张焘曾跟随花膝廉学习英文,也曾到过上海:"去岁仲秋过上海,知蓝柏牧师有教英文之学馆,予曾趋而视之……"[2]后来他开始尝试翻译,"自觉不自觉地肩负起晚清口岸中西文学交流的使命"[3]。《中

---

① 张景沂鲁泉:《闻妙香馆诗文全集序》,《寰宇琐纪》1876 年第 7 期,第 8—9 页。
② 张持三:《拾金不昧》,《中国教会新报》1869 年第 35 期,第 4—6 页。
③ [韩]吴淳邦:《张赤山与海国妙喻辑录之研究》,《社会科学辑刊》2017 年第 3 期,第 182—189 页。

国教会新报》曾刊载张焘的多篇译作,如《拾金不昧》,讲述一个穷人不贪财的故事,表明"务须靠赖上主,凡事必期合宜,将永不蒙羞"的道理。报刊评论说:"本书院主人见张教友自翻此则,而于中国人中译英文者可为佳矣。"①再如《星星安在》,颇有诗意;还有《记泰西诚实幼童》《拾刀还刀谢之以刀》等。张焘是近代天津文学史中第一位文学翻译家,他辑录的《海国妙喻》,成书于 1888年,由天津时报馆刊印,该书包含 70 则寓言故事,其中 56 则来自《中西闻见录》与《万国公报》,另外 14 则可能是他独立翻译②,由此可以说近代报刊的传播促使天津产生了自己的翻译文学和翻译家。

近代报刊的出现为津沪城市建立了一个新型开放的文化场域,张焘等则是此津沪文化圈中的活跃者,梅宝璐曾称赞他"留心津门民物""旁搜远绍"。张焘的几种作品都与近代报刊有着密切联系,也都是近代天津文学与文化中的亮点,其另一本著作《津门杂记》完成于 1886 年,据其自序"其风俗人物有抄于志书者,有采诸新报者"可知,该书也有辑录成分,来源之一即是报刊。比如书中的吴惠元《天津剿寇纪略》,刊载于上海《中西闻见录》1874 年第 28 期;书中杨慎恭的《天津县谢忠愍公哀词并序》、牛元恺的《天津县谢忠愍公诔》,刊载于上海《寰宇琐纪》1876 年第 7 期,梅宝璐的《直隶天津河间兵备道丁乐山观察(寿昌)政绩去思碑记》等文,刊载于《寰宇琐纪》1876 年第 8 期等。

张焘很重视报刊的传播作用,《津门杂记》刊印之后,曾经在天津《时报》刊载广告,也曾在《申报》刊登广告:"天津乃京都之门户,为北洋通商要地,一切风俗人情事物,雅俗巨细,是书无所不载……"③《津门杂记》是人们了解天津文化的一本重要著述,受到时人重视,日本人稻叶岩吉(1876—1940),1900 年左右来天津,就提到"现有《津门杂记》的小册子","能够充分熟悉津门之另一面"④。现在,《津门杂记》更是人们了解晚清天津的必备史料之一。

三、近代报刊视阈下津沪文学与文化交流的意义

麦克卢汉曾说"媒介即人的延伸",近代报刊兴起改变了津沪作家传统的

---

① 张持三:《拾金不昧》,《中国教会新报》1869 年第 35 期,第 4—6 页。
② [韩]吴淳邦:《张赤山与海国妙喻辑录之研究》,《社会科学辑刊》2017 年第 3 期,第 182—189 页。
③ 《津门杂记》,《申报》1885 年 10 月 28 日,第 5 版。
④ 万鲁健:《津沽漫记:日本人笔下的天津》,天津古籍出版社 2015 年版,第 61 页。

交流方式,促进了以报刊为中心的津沪文化圈的形成,使津沪文士之间的往来唱和更为便捷频繁,进而影响到津沪文学风气与文化发展,产生出诸多优秀作品。

(一) 促进以报刊为中心的津沪文化圈形成

我们可以勾勒一下以申报馆为中心所建立起来的津沪文化圈。因申报馆报刊的发行受到津门文士的关注,遂投稿给申报馆,使津沪文士互相有所闻名,又因沪上文士来津任职较多,遂进一步促进了津沪文人的交流唱和。从《申报》等报刊中的诗词可以看到,上海文人姚芷芳、吕增祥、王绶云、倪鸿、高莹、蔡锡龄等,与津门文士张焘、梅小树、杨光吟、华昕桥等多有交往,可见津沪文人之间的互相来往与影响,形成一个以报刊为中心的互相关联的文化圈。其中,值得注意的一位人物是赋秋生(按:姚芷芳),姚芷芳曾随马观察(按:马建忠)出使高丽。姚芷芳在津时,往往以诗抒发自己的不乐之情,寄往《申报》,如《十六夜与少云茗话感赋》等①,而上海友人也会怀念他,如瘦鹤词人(按:邹弢)的《十忆词寄怀赋秋生津门》等②。经常与姚芷芳唱和的诗友中,散花禅吕增祥,悔迟生王绶云等也曾任职天津。王绶云与吕增祥在津来往密切,二人曾经有一组同作之诗刊发《申报》上。吕增祥曾在李鸿章幕府担任文案③,与严复、吴汝纶、丁汝昌等关系密切,曾寓居天津严宅,帮助严复翻译、校对《天演论》。王绶云曾为马建忠的文案④,也曾在李鸿章幕府工作,1890年与严复在河南修武投资创办煤矿。由此可以窥得津沪文士与李鸿章、盛怀宣、马建忠等洋务派大有关系,《申报》等报刊成为他们交流唱和的重要渠道。

另一位值得注意的是倪鸿。倪鸿(1829—1892)字延年,号耘劬、云癯,广西临桂(今桂林)人,曾官广东番禺县丞。倪鸿1886年离津之时有诗《将去津门慨然有作》刊于《申报》,离津之后,有诗作《烟台旅次寄怀津门梅小树杨香吟孟筱藩王云清吕秋樵朱蓼阁罗芸舫诸君子》等,天津诗人华昕桥(号羊城旧客)同作一首《烟台舟次和江湖载酒人寄怀津门诸友原

---

① 姚芷芳:《十六夜与少云茗话感赋》,《申报》1881年12月1日,第3版。
② 瘦鹤词人:《十忆词寄怀赋秋生津门》,《申报》1882年2月3日,第3版。
③ 滁州市地方志编纂委员会编:《安徽省地方志丛书 滁州市志》下,方志出版社2013年版,第1982页。
④ 陈旭麓、顾廷龙、汪熙主编:《盛宣怀档案资料第8卷 轮船招商局》,上海人民出版社2016年版,第149页。

韵录呈郢政》①刊发于《申报》中。可见,倪鸿与天津梅小树(宝璐)、杨香吟(光仪)、孟筱藩、华听桥等诸位文士都较为熟悉。由此,近代报刊兴起之后,晚清前期津沪文人的朋友圈较之以前已大为不同,因为交通便捷以及报刊交流,津沪文人来往更密切频繁。

(二) 促进津沪文学融合发展

在近代天津文学史中,有一组颇为重要的《津门竹枝词》,往往被人们所引用。作者唐尊恒却来自上海,他于 1882 年由申赴津,至津后即作《津门竹枝词三十首即请雾里看花客、武峰旧樵、仓山旧主、龙湫旧隐同正》,刊发在《申报》中。最末一首诗中说:"故人索我北来诗,为向津门唱竹枝。愿待采风周遍后,补遗一一再寻思。"②《申报》从 1872 年至 1874 年刊载了大量洋场竹枝词,掀起了上海文坛第一次唱酬的高潮③,唐尊恒由沪到津,承继了上海竹枝词的热潮,为天津增添了一组生动有趣的竹枝。如:"初登海舶到天津,土语模糊听不真。紫竹林边多客馆,名缰利锁两般人","街道宽平店铺齐,洋场新辟竹林西。红尘十丈因风起,不是驴蹄便马蹄"④等等,描写了天津中西文化碰撞下的城市风貌。

深挖《津门竹枝词三十首即请雾里看花客、武峰旧樵、仓山旧主、龙湫旧隐同正》中透露的消息就会发现,诗题中所提到的几位友人都是近代上海报刊文化圈中的知名人士。雾里看花客为钱昕伯(1832—?),自 1874 年任《申报》总编纂,主持《申报》编辑部"尊闻阁"二十余年⑤。仓山旧主,为袁祖志(1827—1898),字翔甫,为清代大诗人袁枚之孙,1876—1882 年曾主编《新报》,1893—1896 年任《新闻报》总编辑⑥,也是上海的一位资深报人。湫旧隐,即葛其龙,自《申报》创刊之年起便刊发诗词,主持海上文坛,被誉为"一代文豪"。《津门竹枝三十首》既有写实意义,展现了天津城市的风景、民俗等,也有与朋友们

①　羊城旧客华听桥:《烟台舟次和江湖载酒人寄怀津门诸友原韵录呈郢政》,《申报》1886 年 8 月 29 日,第 9 版。
②　唐尊恒:《津门竹枝词三十首即请雾里看花客、武峰旧樵、仓山旧主、龙湫旧隐同正》,《申报》1882 年 12 月 23 日,第 3 版。
③　花宏艳:《申报的文人群体与文学谱系》,商务印书馆 2021 年版,第 269 页。
④　唐尊恒:《津门竹枝词三十首即请雾里看花客、武峰旧樵、仓山旧主、龙湫旧隐同正》,《申报》1882 年 12 月 23 日,第 3 版。
⑤　贾树枚主编:《上海新闻志》,上海社会科学院出版社 2000 年版,第 668 页。
⑥　贾树枚主编:《上海新闻志》,上海社会科学院出版社 2000 年版,第 668 页。

交流的意义,相较于传统的书信交流,此诗在《申报》中刊发的意义更为丰富:一是广泛传播了天津的风土人情,无形中宣传了天津的旅游、饮食等文化;二是使朋友及读者对天津有所了解,并有所向往;三是具有历史文献的价值,使人们从诗中了解晚清天津的市容市貌及世相,至今仍常常被引用。

唐尊恒来津之后,与津门文士建立起联系,他曾为天津诗人杨光仪《碧琅玕诗馆钞》题赠[①]。杨光仪为津门诗坛盟主,其《碧琅玕馆诗钞》中有《谢沪上唐芝九茂才尊恒惠墨兰》《柬芝九》等写给唐尊恒,可见他们的深情雅谊。唐尊恒由沪到津,不仅为津城增添了生动有趣的竹枝词,承继了上海竹枝词的热潮,还在一定程度上促进津沪诗人的交流以及诗歌发展,有利于南北诗风融合。

(三) 促进津沪人才流动与报刊文化建设

1886 年,活跃在沪上《申报》馆的几位文人蔡锡龄、盐参孙、顽石明经、太痴生等同来津门,此次来津蔡宠九受聘任职于新成立的天津时报馆,成为天津第一份中文报纸《时报》的首任主笔。天津《时报》创刊于 1886 年,不仅是晚清天津的第一种中文报纸,亦是晚清北方的第一种商业性日报。学界向来认为《时报》主笔明湖子是英国传教士李提摩太,但其真实身份却是来自《申报》馆的报人蔡锡龄。[②]蔡锡龄怀用世之志,曾在江南机器局翻译馆任职,与金楷理、林乐知编译《西国近事汇编》,又曾在上海《申报》馆任职,被天津《时报》馆聘为首任主笔。蔡锡龄主笔《时报》时,介绍西学,推介新书,反对制艺,提倡变革,开北方报刊风气之先。通过对《时报》主笔明湖子即是蔡锡龄真实身份的考证,可见天津《时报》从上海聘任资深报人为主笔这一历史事实,说明天津《时报》与上海《申报》之间存在着密切联系,津门文化对海派文化有一定吸收,同时又保持着自身的特色。

综上所述,在晚清前期,津沪文化之间就通过近代报刊传播产生了密切关系,建立起多方面联系。近代报刊开启并加强了津沪文学与文化之间的密切交流,上海报刊为近代天津文学提供新的传播渠道,注入新的思想,促进近代天津翻译文学的产生与发展。以近代报刊为中心的津沪文化圈的形成,有利于津沪文学与文化融合发展,推动津沪人才流动与文化建设。

---

① 杨光仪:《碧琅玕馆诗钞》,天津古籍出版社 2017 年版,第 141 页。
② 参见李云:《明湖子并非李提摩太——晚清天津〈时报〉第一任主笔明湖子身份考证》,《河北民族师范学院学报》2025 年第 1 期。

Literary and Cultural Exchange and Influence in the Early Late Qing Dynasty from the Perspective of Modern Newspapers(1850—1886)

Abstract: Modern newspapers and magazines were an important link for cultural exchanges between cities. In the open and shared cultural space formed by newspapers and magazines, the Tianjin and the Shanghai culture established close ties in the early stage of the late Qing Dynasty. The Tianjin scribes read the Shanghai Newspaper, the China Church Newspaper, the Shenbao and other modern newspapers and magazines founded in Shanghai with a positive attitude, and published poems in them. Tianjin-Shanghai culture and literature exchanges centered on modern newspapers and magazines had brought new ideological content and genre forms to modern Tianjin literature, and excellent literary works such as "Hai Guo Miao Yu", "Jinmen Zaji" and "Jinmen Bamboo Words" have emerged.

Key words: Modern Newspapers; Tianjin and Shanghai; Literature

作者简介:李云,天津科技大学文法学院汉语国际教育系副教授。

女性意识的觉醒与社会空间的拓展^①

——南社女社员社会交往研究

吴强华　曾美霖

摘　要:南社是近代规模最大的士人结社,南社女性社员多出身书香门第,受江南文化的熏陶,自幼便接受良好的教育,她们读女学、求新知,为女性意识的觉醒奠定了基础。加入南社后,她们走出家门,广交文人志士,传播新思想,凭借丰富的教育及人脉资源,入读女学与社会交游,成为近代女性意识的觉悟者和引领者。南社女社员的社会交往反映了这一时期知识女性寻求妇女解放的理想,在当时的社会背景下,展现了觉醒的女性意识。

关键词:南社　女社员　社会交往

一、南社女社员的家庭背景

早在明清之际,江南地区的部分女性就已接受良好的教育。她们多出身文化世家,擅长诗作、通晓文史;又组织结社,经常举办雅集、吟咏诗文。至近代,南社女社员也在书香门第的文化传承下,自年少起接受教育,学习诗文经典。与此同时,女社员还在开明家庭成员的影响下加入南社,接受了新思想的启蒙。

作为晚清最大文学团体的成员,南社女社员群体的形成离不开近代转型时期的社会背景。时代背景突出了她们"新"的形象,然而追根溯源,原生家庭才是她们能够重新审视自我,进而从事社会活动的首因。地域的文化沃土为

---

①　本文为国家社科基金项目"南社士人结社交往研究"(19BZS085)的阶段性成果。

女社员家族的繁荣提供了良好的环境,同时女社员能够在书香门第重教的传统中,形成良好的文辞素养,为女性意识的觉醒奠定基础。

早在明清之际,江南地区的部分女性就在文化世家的培养和浓厚文化风气的影响下接受教育,展现出精通诗词的才女形象。江南女性诗人精通文墨、代表诗作丰富,造就了当地的才女文化。这些女性文人展现出了群体化的特点,通过血缘、姻亲等关系进行结社,经常举行诗会交流文作,或组织出门游玩。这种"家居式"结社以家族为中心展开,成员身份有女儿、姐妹、侄女、儿媳等,在明清时期的江南地区并不罕见,主要情况见下表:

表 1　明清江南主要"家居式"女性结社情况表

家族名称	主要人物	其他成员组成
吴江叶氏	沈宜修	张倩倩、叶纨纨、叶小纨、叶小鸾、叶小繁、沈宪英、沈华鬘、沈蕙端、沈树荣等
海盐彭氏	彭琬	彭琰、彭孙婧等
嘉兴黄氏	沈纫兰	黄双蕙、黄淑德、项兰贞等
华亭张氏	王凤娴	张引元、张引庆
华亭章氏	章有湘	章有淑、章有涧、章有渭、章有澄、章有泓
钱塘顾氏	顾若璞	顾之琼、顾长任、顾启姬等

资料来源:丁辉、陈新蓉:《明清嘉兴科举家族姻亲谱系整理与研究》,第 21—28、156—158 页;凌郁之:《苏州文化世家与清代文学》,第 136—188 页;柳素平:《追求与抗争——晚明知识女性的社会交往》,第 144—147 页等。

除"家居式"女性结社外,"交际式"和"公众式"的女性结社也在明清的江南地区兴起。"交际式"与"公众式"的结社不再局限于家族内的交往,"超越了三类界线:地理的、时间和社交的"[①],这些女性诗人走出闺门,进行社会交游。其中比较有代表性的是清初钱塘"公众式"女性结社蕉园诗社。蕉园诗社主要成员有顾之琼、徐灿、顾姒、柴静仪、林以宁、钱凤纶、朱柔则等。蕉园女性基于血缘姻亲、地域等关系聚集到一起,通过宴集、雅集等方式进行诗社活动。例如举行蕉园集会、诗文唱和,或组织宴集,携手交游,正如她们"在公众领地内——在杭州的水道上,在出版的世界中,或在地方志的纸页上——这些女性打造出了一个超出家族纽带的群体身份。"[②]

---

① ［美］高彦颐:《闺塾师明末清初江南的才女文化》,江苏人民出版社 2005 年版,第 219 页。

② ［美］高彦颐:《闺塾师明末清初江南的才女文化》,第 250 页。

表 2　蕉园诗社主要成员简介

姓　名	籍　贯	诗文作品	备　注
顾之琼	仁和	《亦政堂集》	蕉园诗社骨干
徐　灿	茂苑	《拙政园诗余》	蕉园诗社骨干
顾　姒	钱塘	《静如堂集》《翠园集》	顾之琼侄女
林以宁	钱塘	《墨庄诗钞》《凤箫楼集》	顾之琼儿媳
钱凤纶	钱塘	《古香楼集》	顾之琼女儿
柴静仪	钱塘	《凝香室诗》《北堂集》	林以宁、钱凤纶、顾姒好友
朱柔则	钱塘	《嗣音轩诗钞》	柴静仪儿媳

资料来源:邓妙慈:《"蕉园诗社"首倡顾之琼考论》,南京大学中国语言文学系全清词编纂研究室:《全清词顺康卷》;胡小林:《清初"蕉园诗社"考正》。

　　江南地区的才女文化由来已久,至近代得以延续。因此女社员也受到家族和江南等地文化的影响,擅长诗词、通晓文史,自幼接受良好的教育。从南社女社员的籍贯中,我们可以窥见其家族分布的特点,并能够探寻与区域文化之间的深刻联系。据《南社社友录》统计,南社女社员共 85 人,籍贯主要隶属于江苏、广东、浙江以及湖南四省,①其中江苏籍贯人数最多,共 33 人,①所占比例约为 38.8%;广东次之,共 17 人,所占比例为 20.0%;浙江、湖南紧跟其后,比例分别约为 16.4% 和 11.7%。

表 3　南社女社员籍贯人数统计

籍贯	人数	籍贯	人数	籍贯	人数
江苏	33	湖南	10	福建	2
广东	17	四川	4	天津	1
浙江	14	安徽	4	共计:85 人	

资料来源:根据《南社社友录》整理而成。

　　由此可见,南社女社员主要出生在东部、南部特定几省,同时探寻具体的地理位置,不难发现多属于江南等范围之内,②受到区域文化的深远影响。以

---

① 此处将上海的女社员统归入籍贯江苏,不再单独统计。

② 关于江南的划分,其合理范围应是明清的苏、松、常、镇、宁、杭、嘉、湖八府以及苏州府划出的沧州,参见李伯重:《简论"江南地区"的界定》,《中国社会经济史研究》1991 年第 1 期,第 101 页。

江苏籍和浙江籍的 47 位女社员为例,其中江苏籍共有 30 位籍贯属于江南,浙江籍则有 13 位属于江南,总体所占比例高达 91.4％,仅有 4 位在此之外。①其中籍贯隶属松江府、嘉兴府、苏州府的女社员人数最多,共计 30 位,同时她们也多出身于江南颇具盛名的书香门第。例如女社员高杏出身于金山张堰高氏,何昭出身于金山张堰何氏,徐自华、徐蕴华姐妹出身语溪徐氏,以及凌蕙纕出身莘塔凌氏等。籍贯所属地一定程度上反映了女社员群体及家族与江南文化之间的密切联系,南社女社员也在江南文化的浸润下,耳濡目染传统家学,形成良好的文学素养,为日后女性意识的觉醒打下基础。

表 4　江苏、浙江籍女社员所属江南府州情况统计②

隶属	所属府州	共计人数	姓名(所属地)
江南	嘉兴府	10	裘明溥、沈琬华、朱颖(嘉善) 徐自华、徐蕴华(桐乡) 沈右揆、岳雪、范慕蔺(嘉兴) 郑詠梅、张佚凡(平湖)
	湖州府	3	张𫖮、纪国振、莫怀珠(南浔)
	太仓州	6	顾璲、顾瑛、许湘、许慎微(太仓) 倪清如(崇明)俞栋(宝山)
	松江府	13	何昭、高杏、林好修(金山) 宣剑花、刘曾玲、陆灵素(青浦) 周铸青(南汇)余铭(奉贤) 王燦(吴县)顾保瑢(华亭) 孙世雄、李钟瑶、蔡瑢(上海)
	苏州府	7	朱汝玉(吴县)徐蕴贞(常熟) 凌蕙纕、赵君达、郑瑛、陈绵祥(吴江) 吴震中(昆山)
	常州府	1	周佩珍(无锡)
	镇江府	3	王漱芳(丹徒)林素瑛(丹阳) 吴絮(不详)

资料来源:根据《南社社友录》整理而成。

---

① 分别是:陆梅,籍贯浙江镇海,入社书编号 548;周芷生,籍贯江苏淮安,入社书编号 148;魏电岩、周道芬,籍贯江苏睢宁,入社书编号分别为 924、925。

② 女社员籍贯中没有属于杭州府与江宁府者,表格不再展示。

书香门第的形成与延续离不开所深植的历史底蕴,并在长年累月的积累中,逐渐发展成为颇具名望的家族。南社女社员虽与近代广大传统女性一样,长于尚未完全开化的时代,但能尝试冲破阻碍,争取女性应有之权利,探究其原因,离不开其家庭背景。如表3所示,女社员出身的家族在当地具有一定的影响,这些家族世代读书求仕,注重文化传承,逐渐成为远近闻名的书香门第。

表5 南社女社员出身主要门第情况统计①

姓　名	家　族	姓　名	家　族	姓　名	家　族
高　杏	金山高氏	凌蕙纕	莘塔凌氏	李敬婉	合肥李氏
陆灵素	珠溪陆氏	郑　瑛	盛泽郑氏	张昭汉	湘乡张氏
顾保瑢	华亭顾氏	沈右揆	师桥沈氏	唐群英	新桥唐氏
周道芬	睢宁周氏	徐氏姐妹	浯溪徐氏	陈氏姐妹	宁乡陈氏

资料来源:根据《南社社友录》整理而成。

在家族文化传承和长辈重视教育的影响下,女社员自年少时便获得了颇深的文辞功底,并很好地展现出来。徐自华光绪八年壬午十岁时"是年,已能作五言八韵诗",②十五岁"随父赴广东顺德。在粤时,作《偕兰湘姊登署后凤凰台晚眺》诗,时与堂姊徐蕙贞(字兰湘)切磋诗艺,互相唱酬"。③唐群英十四岁作《晓起》,写下"清流依拢曲,绿树接丹崖。晨烟连雾起,山鸟趁晴来"的诗句;后又修改族人唐耀廷和二姐希范的赠诗,表现出良好的诗文素养。女社员们吟咏诗文的才能来自自身的勤勉与天赋,更源于书香门第的重教传统和文化氛围。

综上,南社女社员多出身书香门第,深植于江南等区域文化的女社员家族以人才辈出而著称。女社员家族成员在家学与文化传承的影响下自幼启蒙,且擅长诗文、才学不凡。与此同时,家族长辈也极为重视女社员的教育,致力于书香门第的文化传承,不仅令她们幼年即学,且严厉敦促。因而南社女社员自年少起就展现出良好的文辞素养,这也为她们在青年时期走出家门,在新旧交替的时代中重新审视自我、服务女界,逐步实现女性意识的觉醒奠定了基础。

----

① 徐氏姐妹指徐自华、徐蕴华姐妹,陈氏姐妹指陈家英、陈家杰、陈家庆三姐妹。
② 郭长海、郭君兮编校:《徐自华年谱》,《徐自华集》,浙江古籍出版社2014年版,第274页。
③ 郭长海、郭君兮编校:《徐自华年谱》,《徐自华集》,浙江古籍出版社2014年版,第275页。

二、开明家庭的新思想影响

南社女社员在书香门第的文化传承中习得书史、善于吟咏,积累了深厚的文学功底。然而在传统的日常诵读经典、吟咏闺秀诗作外,值得注意的是,在近代转型、新思潮兴起的社会环境中,南社女社员还从原生及婚姻家庭中受到新思想的启蒙与影响,并进而获得女性意识的觉醒。在新旧交织的社会环境中,即使出身书香门第,自幼就读于家塾,通晓文史的知识女性,也不能轻易走出家门,从事社会活动。因而在当时背景下,对女社员群体来说,仅加入南社就已表现出她们别于同辈其他女性的前卫与果敢,同时这也成为女社员女性意识觉醒的重要一步。

如前文所述书香门第为女社员提供了良好的文化氛围,使她们得以具备优秀的文辞素养。然而原生家庭的亲属不仅以文化传承的方式影响女社员,更在接受新思想后,以亲身所从事的社会活动来影响她们。除原生家庭的亲属外,婚姻家庭的配偶也同样对女社员起到引导作用。因此探究女社员加入南社的原因,不难发现与她们的家庭有十分密切的联系。

表6　南社女社员与男性社员亲属关系统计

姓　名	入社号	入社时间	入社介绍人	备　注
陈家英	143	1911.4	陈家鼎	陈家鼎之妹
陈家杰	144	1911.4	陈家鼎	陈家鼎之妹
周芷生	148	1911.5	周　实	周实之妹
张昭汉	200	1911.12	陈去病、傅熊湘、柳亚子	张通典之女配偶邵庸舒
林好修	506	1915.5	高燮、姚光	林棠之女
吴其英	869	1917.4	吴　幹	吴幹之妹
周道芬	925	1917.6	周公权	周公权之妹
陈家庆	1072	1919.7	陈家英、傅熊湘	陈家鼎之妹
陈绵祥	1100	1921.8	柳亚子、余十眉	陈去病之女
沈右揆	无	不详	不详(未填入社书)	沈钧儒之妹
何　昭	4	1909	高旭	配偶高旭
郑　瑛	5	1909	柳亚子	配偶柳亚子

姓 名	入社号	入社时间	入社介绍人	备 注
岳 雪	7	1909	朱少屏	配偶朱少屏
徐蕴华	12	1909	陈去病	配偶林景行
王 燦	27	1909	高 旭	配偶姚光
吴震中	71	1910	冯 泰	配偶冯泰
黄亚君	262	1912.4	费公直、李大钧、 杨元伯、郑佩宜	配偶黄喃喃
周湘兰	270	1912.5	郑佩宜	配偶叶楚伧
范慕蕳	355	1912.10	陈其美、章木良、杨谱笙	配偶张传琨
蔡璿	419	1914.6	郑佩宜、柳亚子、朱少屏	配偶朱少屏①
顾保瑢	502	1915.5	柳亚子、姚光、高燮	配偶高燮
高 杏	505	1915.5	柳亚子、姚光	配偶林棠
许 湘	509	1915.5	狄君武、俞锷、陆毅、 金翼谋、冯心侠	配偶冯心侠
周佩珍	528	1915.5	郑佩宜	配偶陈光誉
陈贞慧	529	1915.5	郑佩宜	配偶林之夏
陆 梅	548	1915.7	刘筠、柳亚子、郑佩宜	配偶刘筠
李锦襄	564	1915.10	缪鸿若、蔡哲夫、孙仲瑛	配偶刘超武
郑詠梅	623	1916.6	柳亚子、郑佩宜	配偶张翀
陆灵素	641	1916.7	无	配偶刘三
凌蕙纕	754	1916.12	郑佩宜	配偶王德钟
裘明溥	785	1917.1	郁佐梅	配偶郁佐梅
张 洛	800	1917.2	郑佩秋、郑佩宜	配偶蔡哲夫
顾璿	818	1917.2	柳亚子、郑佩宜	配偶张花魂
沈琬华	837	1917.3	余十眉、周芷畦	配偶余十眉
陈珮章	853	1917.4	仲 中	配偶仲中
曾 兰	868	1917.4	吴虞、柳亚子	配偶吴虞

---

① 蔡璿为朱少屏继室。

续　表

姓　名	入社号	入社时间	入社介绍人	备　注
魏电岩	924	1917.6	周公权	配偶周公权
王漱芳	928	1916.7	姜可生、王立佛、刘国瑛	配偶赵逸贤
李钟瑶	934	1917.7	费龙丁	配偶费龙丁
余　铭	963	1917.9	柳亚子	配偶吴修源
朱络英	999	1917.11	黄忏华、柳亚子	配偶黄忏华
赵君达	1034	1918.10	吴抗云、柳亚子	配偶吴抗云
苏燕翩	1040	1917.10	陆丹林	配偶陆丹林
谈溶	1085	1920.10	蔡哲夫	配偶蔡哲夫①
唐家伟	无	不详	不详(未填入社书)	配偶陈家鼐
朱静宜	无	不详	不详(未填入社书)	配偶李德群

资料来源：根据《南社社友录》整理而成。

　　从总体上来看，在表6中，南社女社员与南社男性社员有直接亲属关系的为46人，占南社女社员总人数的一半左右。其中与原生家庭有亲属关系的为10人，与婚姻家庭有关即配偶为南社成员的为37人（张昭汉的父亲、丈夫皆为南社社员），一半以上的占比表明了南社女社员们与南社诸子之间有密切而直接的联系。通过血缘和姻亲关系的影响，女社员更容易充分地了解南社，并为正式加入做出准备。

　　从总体的数量统计中可以看出南社女社员群体与其他社员确有关联，从表6的情况统计中，还可对女社员的入社进行更为细致的探析。从南社女社员原生家庭亲属的角度出发进行人员统计，在介绍人一栏，除张昭汉、林好修、沈右揆三位，其他女社员都直接由父辈或兄长引荐入社。而女社员林好修，父兄虽非介绍人，但其父亲林棠，母亲高杏皆为南社社员，引荐她入社的南社骨干高燮，为其母亲高杏之从父，同出身于金山高氏家族。同样的，女社员高杏入社介绍人姚光，为高燮之外甥，也与高杏具有亲属之间的联系。②因此虽不是由父兄作为直接介绍人，但是通过对血缘关系的梳理，也可看出开明的原生

---

① 谈溶为蔡哲夫副室。
② 参见邱睿、罗时进：《金山高氏家族与前南社时代》，《南京师大学报》2013年第6期，第103页。

家庭亲属对女社员加入南社具有一定的影响。

除了原生家庭的亲属外,婚姻家庭的配偶同样影响着女社员们的入社,且较之人数更多,占比更大。从表6来看,入社介绍人为配偶的女社员人数最多,其他女社员虽是由他人介绍入社,但将她们与配偶的入社号、入社时间进行对比,亦可发现女社员多在配偶加入之后入社,或与配偶同时入社。女社员在配偶之后入社的,如女社员余铭1917年入社,丈夫吴修源1912年入社,时间相差5年;张洛1917年入社,丈夫蔡哲夫1909年入社,相差8年。南社女社员与配偶同时入社的,如徐蕴华、林景行,王燦、姚光,黄亚君、黄喃喃,李锦襄、刘超武等。总之,在当时的社会环境中,仅加入南社就已是女社员们女性意识觉醒的表现,女社员受配偶的影响,因此对南社有更加深刻的了解,进而正式加入南社。

三、南社女社员对社会交往的寻求

南社女社员入读国内外女学,寻求新知,参与学生活动;社会交游,结交南社内外人士,拓展自身的关系网络。女社员走出家门、走入社会,接触到丰富的教育和人脉资源,在更为广阔的空间中从事社会活动,逐渐实现女性意识的觉醒。

南社女社员在家族重教传统及文化传承的影响下,自幼学习文辞,擅长闺秀诗作。受传统文化浸润的南社女性群体,已经具有一定的文学功底和素养,然而在女权思潮的影响下,她们不愿仅通过传统家塾获取知识,更青睐走出家庭,入读新式女学。女社员们走出家门,寻求新的教育资源,学习女学中宣传的新思想,增强了对新事物的感知,展现出觉醒的女性意识。

对女学的追求意味着南社女性群体在原有的家塾之外,开始寻求更加丰富、新式的教育机会,因此她们首先将目光放至海外,赴海外留学。其实早在南社女社员之前,就已有中国女子游学日本。日本时人评论曰:"有中国女子数人,航海来日本……中国女子留学海外者,由此发轫。"①因留学生举止娴雅、志趣高尚,为人处世也颇受好评。先前留学生为南社女社员的求学之路奠定了良好的基础,使她们能够赴日本留学,寻求新知,结交好友,参与各项学生活动。例如女社员唐群英经胞弟唐乾一、姨侄赵恒惕帮助,受挚友秋瑾影响,

---

① 《中国女学生留学于日本者之声价》,《大陆报》1902年第1期,第5—6页。

赴日留学。初到日本,唐群英立即投身到日语学习中,在语言补习后,就读于东京的青山实践女子学校,成为中国留学生中的一员。同为南社女社员的张汉英,后也在湖南首批官费资助下,进入此校学习。除唐、张二人外,女社员陈家英陈家杰姐妹、吴其英也赴日留学,开阔眼界、学习新思想。对新知的渴望促使南社女社员们漂洋过海,东渡日本学习女子师范教育,参与学生组织及社会活动,获得更优质的教育资源及更广阔的活动空间。

南社女社员除了留学日本外,也曾远赴欧美游学。游学欧美的女社员们学习外语、艺术等科目,积极接受新式教育。例如女社员吕碧城"游学哥伦比亚大学,研习美术,进修英语"。①女社员张昭汉游历欧洲,到英、法、比、瑞士等国实地考察,后也赴美哥伦比亚大学留学。除此之外,女社员李敬婉亦留学美国,接受高等教育;陈家英留学北美,曾写下"家远常来信,时危好爱身。吾将游北美,躬谒自由神"的诗句。

海外留学经历使女社员们认识到女子教育的重要性,因此南社女社员除了在学业上孜孜以求,还注重对国外女子教育进行探究,分析日本、欧美地区的教育情况,宣传女学思想。例如女社员唐群英在 1907 年毕业后发表纪念文章,"今者成女学校校长山根正次暨水谷直孝、宫回修诸先生等学识渊懿,道德深厚,洵可谓日本教育家之翘楚。"②同时她也意识到中国女学的薄弱,希望教育的光芒能够照亮社会,即"普照于神州众生沉醉之混沌身前"。③与此同时,女社员张昭汉也在游学回国后,根据自己的访问,写下《战后之欧美女子教育》一文,对欧美教育进行了全面的剖析,"欧美于教育制度,大都男女平等……然于女子方面,亦有特别注重之点,如力破旧时限制,使与男子同趋上乘,而益开拓其将来在社会上种种机遇是也。"④南社女社员介绍了国外的女子教育,强调了值得借鉴之处,同时也分析了国内女子教育的不足。由此可见,女社员不仅主动向海外寻求新的教育资源,拓展活动空间,而且还寄希望于通过自身的留学经历,进而提高国内女界对女学的重视程度。

女社员在追求新知,探究国外女子教育之余,面对国内外复杂的局势,也

---

① 李保民:《吕碧城年谱》,《吕碧城集》,第 813 页。
② 唐群英:《日本东京成女高等学校师范科毕业纪念文并歌》,李天化、唐存正编:《唐群英年谱》,香港天马图书有限公司,第 64 页。
③ 唐群英:《日本东京成女高等学校师范科毕业纪念文并歌》,《唐群英年谱》,第 65 页。
④ 张默君:《战后之欧美女子教育》,《江苏省立第一女子师范学校校友会杂志》1923 年第 2 卷第 1 期,第 26 页。

注重学习宣传革命思想,从事革命实践,此外还在留学生群体中组织参与各项活动。例如女社员唐群英和张汉英在日留学期间结识孙中山、黄兴等革命人士,进而加入同盟会,进行革命活动。除此之外,面对日本颁布的《清国留学生取缔规则》,唐、张二人立即表示反对,积极考虑相应对策,与留日学生一道实行总罢课。为了联合、团结留日女同胞,唐群英还组织参与"中国留日女学生会",并担任书记,旨在为女权兴盛、中华振兴而贡献力量。由此可见,南社女社员虽然身在异乡,但也始终保持爱国之心,结交革命志士,不仅获得了教育资源,还积累了一定人脉,并在更广阔的社交空间中主动承担起责任,身体力行地参与到学生活动中来,为回国后的各项实践积累了经验。

　　除了远赴海外留学的女社员外,部分女社员也在国内接受了教育。就读国内女校的女社员同样以追求新知为目的,走出家门,接触到更加丰富的教育资源。女社员在增长智识的同时,也被女校所倡导的废除缠足、女性独立等观念所影响,逐渐从女性主体出发,实现女性意识的觉醒。值得一提的是,这些女学还多注重培养学生的爱国情怀,因此女社员在就读期间,主动承担起国民的责任与义务,积极参与各项爱国运动。

表7　南社女社员主要就读国内女学统计

姓　名	入读女学	姓　名	入读女学
何　昭	上海务本女塾	陈家英	湖北江汉高等女学
岳　雪	江苏松江景贤女校	陈家庆	周南女学、天津直隶第一女子师范学校、北京女子高等师范学校
陆灵素	城东女学		
张昭汉	上海务本女塾 上海圣约翰女子书院	陈绵祥	上海竞雄女校
李敬婉	上海爱国女学	纪国振	浔溪女学
张汉英	长沙女子学堂	徐蕴华	浔溪女学

资料来源:根据《南社史料辑存南社社友录》整理而成。

　　以女社员何昭、张昭汉就读的上海务本女塾为例,上海务本女塾重视教育本身,在一开始的命名中就提及"颜曰务本,谓女学乃教育之基本也",[1]表明办学的主旨与含义。此后,在1905年的《务本女学校第二次改良规则》中也提

---

① 吴馨:《务本女学史略》,朱有瓛:《中国近代学制史料》第二辑下册,第589页。

到"本学堂以改良家庭习惯,研究普通知识,养成女子教育儿童之资格为宗旨",①声明了办学的重点。与此同时,务本女学还设有严格的课堂程约和规则设置,"学生天足者不得复行缠足,已缠足者应逐渐放宽";②举行运动会,加强对体育锻炼的重视。③在此教育下,南社女社员不仅增长智识,还习得戒缠足、加强锻炼等身体解放的思想,逐渐从女性主体出发,实现女性意识的觉醒。

与此同时,南社女社员还在女学的影响下,关注女界及国家前途,以国民身份自居,主动承担社会责任,参与反帝活动,颇具爱国情怀和责任心。例如上海爱国女学校在开学之时,蒋智由发表演说:"国家之事,为男子与女子所当共任。"④即无论男女,皆能为国家做贡献,成为英雄人物。除了蒋智由的开学演说外,1904 年《爱国女学校补订章程》中的宗旨第一条也表达了对女子爱国的希冀。

第一条　本校以增进女子之智、德、体力,使有以副其爱国心为宗旨。⑤

除此之外,务本女塾也注意培养学生的爱国情怀,学生吴若安回忆:"务本女塾虽受封建教育的影响,灌输温良恭俭让的旧礼教、旧道德,但也有爱国教员,学生爱国热情很高,渴望妇女解放之心情也强烈……在女塾读书时,同学们还有一个共同理想,希望中国妇女有朝一日,得到解放,能与男子平等,同为社会服务,为国家工作。"⑥由此可见,女校不仅能够培养南社女社员的爱国心,还在无形之中影响她们女性观的改变,这种环境及氛围为她们自觉承担国民义务,参加爱国运动奠定了良好的基础。

因此南社女社员在女学的影响下,有意识地将自身的女性意识与爱国情怀结合起来,以国民身份投身到爱国的实践中来。但囿于社会中传统的男尊女卑思想,女社员特地指明女子亦为国民,同样可向国家尽力。例如女社员张昭汉在上海务本女塾就读时,曾以务本女学生身份在《女子世界》上发表见解,

① 《务本女学校第二次改良规则》,朱有瓛:《中国近代学制史料》第二辑下册,第 590 页。
② 《务本女学校第二次改良规则》,朱有瓛:《中国近代学制史料》第二辑下册,第 594 页。
③ 《务本女塾及幼稚舍运动会记》,朱有瓛:《中国近代学制史料》第二辑下册,第 600 页。
④ 蒋智由:《爱国女学校开学演说》,朱有瓛:《中国近代学制史料》第二辑下册,第 614 页。
⑤ 《秋季爱国女学校补订章程》,朱有瓛:《中国近代学制史料》第二辑下册,第 618 页。
⑥ 吴若安:《回忆上海务本女塾》,朱有瓛:《中国近代学制史料》第二辑下册,第 605—606 页。

强调男女同为人,皆为国民,应共同履行国民之责任与义务,"无男女一也,立于天地间而为人,则皆当勤学好问以自强,造成高尚之资格以自尊,乃能保其固有之天职,尽其国民之义务。"①在此基础上,也表达了对国家的担忧,"民气与国权,那堪日靡……谁为真国民,崛起雪耻心。"②此外,张昭汉还以国民身份积极到参与爱国运动中,以自身实践倡导爱国,"上海施兰英女士为抵制美约,借广西路榕庐开会,到会者百余人。务本女学生张昭汉、王湘龄、廖斌在会上演说,号召抵制美货。"③南社女社员通过教育不仅增长了智识,而且还受到新思想的影响。她们密切关注妇女解放及国家前途,走向社会宣传爱国思想,以国民的勇气和担当从事爱国运动,展现出了女性意识的觉醒。

总而言之,南社女社员走出家门、入读国内外女学,积极寻求新知,接触到丰富且新式的教育资源。与此同时,女社员还受到新思想的影响,结识各界人士,积极参与各项学生活动。对女社员而言,女校不仅教导她们学习实用知识,更培养了她们男女平等的意识和爱国的精神,使她们能够从女性主体出发,面向社会,以国民身份进行爱国实践,逐步实现女性意识的觉醒。

南社女社员女性意识的觉醒不仅表现在入读女学,参与学生活动方面,还表现在社会交游,拓展人脉方面。女社员在与南社社员交往之余,还积极与其他社会人士交往,拓宽了自身的社交范围,获得了更多的活动空间。

女社员于南社内部的社交网络主要以柳亚子、郑佩宜、蔡哲夫、朱少屏为中心展开,见图1。在地缘关系的影响下,女社员大多由相同地域、籍贯的南社骨干介绍入社,因此形成了图中近似圆形的关系网。在85位南社女社员中,有18位由柳亚子介绍入社(包括郑佩宜),13位由郑佩宜介绍入社,13位由蔡哲夫介绍入社,9位由朱少屏介绍入社。由柳亚子、郑佩宜、朱少屏介绍入社的女社员,大多出身江南地区,而由蔡哲夫介绍入社的女社员,大多为广东籍,出身岭南地区。由此可见,地缘在女社员的南社内部关系网络中发挥着重要的作用。与此同时,以柳、郑、蔡、朱为中心形成的女社员入社网络也非割裂的,部分女社员有2—3位介绍人,例如女社员吴粲、蔡璠,同时由柳亚子、郑佩宜和朱少屏三人介绍入社,宣剑花、陆梅、郑咏梅、顾璿则由柳、郑二人介绍

---

① 张昭汉:《班昭论》,《女子世界》1907年第二卷第4期,第113页。
② 张昭汉:《大陆将沉作此自励兼以勉某某诸同志》1905年第二卷第3期,第34页。
③ 《〈女子世界〉记务本女学生参加抵制美约活动》,朱有瓛:《中国近代学制史料》第二辑下册,第602页。

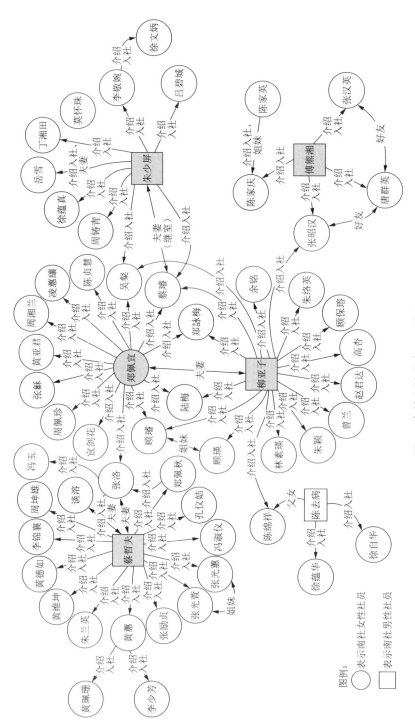

图 1 南社女社员主要入社关系图

入社。此外,女社员张洛,虽然出身广东合浦,配偶为蔡哲夫,但她也由江苏籍的郑佩宜介绍入社,充分表现了不同地域和籍贯的女社员之间仍存在较密切的联系。

女社员走出家门,走入社会,旨在寻求更多的教育资源与社交空间,展现出了对理想的寻求。但如图1所示,在以柳亚子、郑佩宜、蔡哲夫和朱少屏为中心形成的南社女社员入社关系网络中,只有郑佩宜为女性,其他三人皆为男性。柳亚子、蔡哲夫、朱少屏作为南社骨干,成为介绍女社员们入社的主要人物,但这也表现出,女社员在社会交往的过程中所面临的现实。

南社女社员加入南社后,积极参与雅集与临时雅集,与南社诸子交往,诗文唱和、来往书信,拓展了自身的社交网络。从表8中可以看出,张佚凡、陈家英、陈家杰、张昭汉、郑佩宜、王燦等女社员都曾多次参加雅集,例如女社员张昭汉一共参加过三次雅集,分别是1914年3月29日在上海愚园举办的第十次雅集,1914年8月在上海徐园举办的临时雅集,以及1917年4月15日举行的第十六次雅集。雅集到场人员也多为南社骨干,如柳亚子、陈去病、朱少屏、胡朴安、胡寄尘、俞剑华等。由此可见,女社员群体能够通过雅集活动,与南社诸子结交相识,进行诗文交流,拓展自身的人脉。

表8 南社女社员主要参与雅集、临时雅集情况表

时间	地点	雅集次序/临时雅集	到场女社员	到场社员总人数
1910.8.16	上海张家花园	第三次	张佚凡	19
1911.2.13	上海愚园	第四次	张佚凡	34
1911.9.17	上海愚园	第五次	郑佩宜	35
1912.3.13	上海愚园	第六次	陈家英、陈家杰	40
1912.10.27	上海愚园	第七次	郑佩宜、陈家英、陈家杰、王燦	35
1914.3.29	上海愚园	第十次	张昭汉	18
1915.5.9	上海愚园	第十二次	郑佩宜、徐自华、徐蕴华、周湘兰、蔡璿	42
1915.10.17	上海愚园	第十三次	王燦	27
1916.6.4	上海愚园	第十四次	郑佩宜	56

时间	地点	雅集次序/临时雅集	到场女社员	到场社员总人数
1916.9.24	上海愚园	第十五次	郑佩宜、丁湘田、蔡璿	34
1917.4.15	上海徐园	第十六次	郑佩宜、张昭汉、沈琬华、蔡璿、吕碧城	39
1922.6.11	上海半淞园	第十八次	徐自华、许慎微、陈绵祥	23
1912.9.25	长沙烈士祠	临时雅集	唐家伟	19
1914.5.24	上海愚园	临时雅集	徐自华	30
1914.8	上海徐园	临时雅集	张昭汉、吕碧城	16
1934.3.4	上海	临时雅集	郑佩宜、徐自华、徐蕴华、纪国振	109
1935.11.10	苏州中央饭店	临时雅集	郑佩宜	18

资料来源:根据《南社社友录》整理而成。

　　南社骨干柳亚子在女社员社交网络中扮演着重要的角色,除了介绍多位女社员加入南社,还与她们进行诗文、信函往来,建立起良好的人际关系。例如女社员徐自华作《秋怀和柳亚卢君原韵》等诗词,又为柳亚子参与创办的《复报》写作祝词,支持柳亚子的革命活动。在徐自华去世后,柳亚子也作《忏慧词人墓表》《忏慧词人复葬孤山第二碑》等文,以表悼念。女社员唐群英也曾给柳亚子写信,在信中表达了对柳的贡献和文采表示赞赏和钦佩,"先生热心毅力,提倡宗风……先生文章巨手,海内人师,忝附同社,尤切景行。拟乞椽笔,一光丹素。"①此外,陈绵祥也作《谢亚子送行》,从侧面反映了与柳亚子的交往。又如柳亚子有作图寄意的喜好,请人作《分湖旧隐图》,顾保瑢、何昭、徐自华等女社员纷纷为此题词,反映出柳亚子在女社员社交网络中的重要性。

　　与此同时,南社女社员还常与陈去病交往,其中与陈去病交往最为密切的非女社员徐自华、徐蕴华姐妹莫属。徐自华与陈去病因秋瑾之事相识,一同从事结社等革命活动。1908 年,徐自华与陈去病按照秋瑾生前的意愿,将她葬

---

① 唐群英:《与柳亚子书》,《唐群英年谱》,第 94—95 页。

于杭州西泠桥畔,后组织发起成立秋社,"宁特吾辈,结悲秋之社,庶来吊屈之人",①以纪念秋瑾。在组织结社外,徐自华也与陈去病友谊深厚,多作诗文唱酬,例如在陈去病的《浩歌堂诗钞》中收录了《和忏慧瘦西湖作》《和忏慧赠翼谋韵》等一系列诗作;②徐自华在附和作外,还有《瘦西湖》《游扬州瘦西湖归,再游杭州西湖赋寄佩忍翼谋乞和》《和佩忍广州寄怀原韵》等诗作,③表明二人情谊深厚。此外,陈去病还为徐自华刻《忏慧词》,徐自华也为陈去病的《笠泽词征》作序。④多年的情谊也表现在陈去病对徐自华的评价中,"生平行修于家,慕尚风谊,慈悲慷慨……少承家学,笃好典籍,为诗文词特工。"⑤与此同时,徐蕴华与陈去病的关系也十分密切。二人为师徒关系,徐蕴华曾多次写作如《中秋对月寄佩忍师粤东》《和佩忍师韵却寄》《竹素园诸同人——和陈去病师韵》⑥等诗文赠予陈去病,反映了二人之间的深情厚谊。

除柳亚子、陈去病外,女社员们也与社员高旭、陈家鼎、傅熊湘有密切的往来。例如高旭作《次韵,和陈秀元》《次韵,赠别陈定元、秀元两女士,兼示其兄汉元》《赠陈家杰》《又赠陈家庆一首步原韵律》赠予陈家英、陈家杰、陈家庆三姐妹,陈家庆也作《送天梅先生南旋并柬亚希社姊》⑦回应高旭。此外,女社员何昭还作《题高天梅先生所得冯柳东太史〈晓风残月图〉》,为高旭题诗。陈家鼎在与陈氏三姐妹交往之余,也与女社员唐群英进行诗词互动。唐群英写下"百战归来剩此身,同舟犹话劫余尘。老陈不是寻常客,曾率诸侯讨暴秦",⑧表达了对陈家鼎钦佩之情,他也在《洞庭湖舟中感唐希陶见赠原韵律酬之》⑨中赞扬了唐群英为女权所做出的贡献。作为介绍张昭汉、唐群英、张汉英、陈

---

① 陈去病:《秋社启》,郭延礼编:《秋瑾研究资料》,山东教育出版社 1987 年版,第 598 页。
② 殷安如、刘颖白编:《陈去病诗文集》补编,社会科学文献出版社 2009 年版,第 1156—1157 页。
③ 对陈去病的《和忏慧瘦西湖作》《和忏慧赠翼谋韵》《和忏慧湖上见寄之作,并示翼翁》,徐自华皆有附和作,此外文中所提及徐自华的诗作,参见徐自华:《徐自华集》,浙江古籍出版社 2014 年版,第 103—111 页。
④ "戊申岁暮,曾为余刻《忏慧词》,明年又为其乡袁节妇刻《寄尘词》,今岁又暮矣,吾师方从塞外归,乃甫卸装,即尽刊其所撰《笠泽词征》如干卷。"参见徐自华:《笠泽词征》,郭延礼:《徐自华诗文集》,北京:中华书局 1990 年版,第 17 页。
⑤ 陈去病:《忏慧词序》,殷安如、刘颖白编:《陈去病诗文集》上编,第 435 页。
⑥ 徐蕴华、林寒碧:《徐蕴华、林寒碧诗文合集》,社会科学文献出版社 1999 年版,第 9、12 页。
⑦ 陈家庆:《送天梅先生南旋并柬亚希社姊》,《南社诗选》,第 41 页。
⑧ 唐群英:《归舟遇陈汉元有赠》,《中国历代妇女文学作品精选》,第 825 页。
⑨ 陈家鼎:《洞庭湖舟中感唐希陶见赠原韵律酬之》,《南社丛选》,第 533 页。

家庆入社的南社成员,傅熊湘①与女社员的交往也十分广泛。例如与同属湖南籍,共同主笔、编纂《江苏大汉报》的女社员张昭汉的交往。张昭汉曾在《南社丛刻》第十三集中发表《辛亥仲冬赠别钝根先生返湘》②一诗,赠予友人傅熊湘:

> 人海浮沉岁月侵,无端哀乐且长吟。洞庭波绿神交远,沧浪亭高道契深。
> 酒癖诗魂皆佛性,珠光剑气证禅心。中原莽莽正多事,遁隐何堪慰众黔。
> 漫天风雪催归思,故土梅花瘦不禁。铁笔纵横血泪在,尘缘淡泊道根深。
> 平权参透如来偈,忧国时为正则吟。明日飘然任所适,白云沧海共无心。

诗文中提及傅熊湘数年前于上海兴办《洞庭波》杂志时,张昭汉阅读其文章后心生钦佩之事,即"先生数年前创洞庭波杂志于沪,读其文心焉即慕";此外她也回忆到与傅熊湘"同办大汉报于沧浪亭畔可园"。③张昭汉对傅熊湘关心国家前途,以铁笔书写"慷慨沉痛之作"表示感叹,同时又透露出惋惜之情。

由此可见,女社员多通过革命活动、诗文唱酬等方式,与男性社员进行交往,开阔了眼界,丰富了在南社内部的人脉资源,展现出了女性意识的觉醒。除了与男性社员进行交往外,南社女社员之间也来往频繁。从入社的角度看,女社员郑佩宜作为较早入社的女社员,利用自身的社交网络,积极介绍其他女社员入社。如图1所示,郑佩宜作为介绍人,介绍十余位女社员入社。其中多数为籍贯江南地区的女社员,例如籍贯青浦的宣剑花、上海的蔡璩、浙江平湖

---

① 傅熊湘,字文渠,一字钝根,别署钝安、屯安、红薇生,湖南醴陵人。1909 年由高旭介绍入社,入社书编号 35。1905 年与宁调元、陈家鼎、秋瑾、姚勇忱等一起从事反清革命,加入中国同盟会;同年与宁调元等创办《洞庭波》杂志。参见郭建鹏、陈颖编:《南社史料辑存南社社友录》,第 68 页。

② 张昭汉:《辛亥仲冬赠别钝根先生返湘》,柳亚子等:《南社丛刻》,江苏广陵古籍刻印社 1996 年版,第 13 集诗录,第 2789 页。

③ 张昭汉:《辛亥仲冬赠别钝根先生返湘》,柳亚子等:《南社丛刻》,江苏广陵古籍刻印社 1996 年版,第 13 集诗录,第 2789 页。

的郑詠梅、江苏吴江的凌蕙纕等。除郑佩宜外,黄蕙、李敬婉、张洛也分别介绍女社员入社,如李敬婉介绍徐文炳入社,黄蕙介绍李少芳、黄珮珊入社,张洛介绍冯玉入社等。其中黄蕙与黄佩珊同为广东鹤山人,张洛与冯玉也同属广东籍。由此来看,同一地域的女社员交往更为密切。与此同时,南社女社员也通过共同参与女权运动,互通诗文信函等方式,成为挚友,结下深情厚谊。

表9 南社女社员之间主要交往情况统计

女社员姓名	女社员姓名	共同活动/诗文往来
唐群英	张汉英	同为留日学生、同盟会成员,共同筹组女子后援会、北伐军救济队、女子参政同盟会等组织
唐群英	张昭汉	任《神州女报》经理、编辑
郑佩宜	顾保瑢	《与郑佩宜书》《再与郑佩宜书》
徐自华	陈家庆	《陈家庆女士示碧湘阁词并其外子徐澄宇近作却寄》
徐自华	吴其英	《柬寄尘老姊》
徐蕴华	陈绵祥	《赠陈绵祥一律》《春暮怀人·陈绵祥女士》
张洛	谈溶	合作《梅石双清》《寒灯课子》图
陈家庆	何昭	《送天梅先生南旋并柬亚希社姊》

资料来源:根据《中国妇女运动通史》《高燮集》《高旭集》等整理而成。

女社员除了与南社诸子广泛交往,拓展人脉资源外,还积极同社外人士交游,其中比较有代表性的是与秋瑾的交往。秋瑾早年留学海外,又积极从事革命活动,被南社女社员视为挚友和榜样。徐自华、徐蕴华、唐群英、吕碧城、纪国振等女社员都与她有密切的联系。徐自华、徐蕴华姐妹与秋瑾的关系甚密,首先表现在诗文往来中,如徐自华曾作《赠秋璿卿女士二章》,记录了两人相交之时,一拍即合的场景,并且表达了对秋瑾的赞赏之情:"多少蛾眉雌伏久,仗君收复自由权。"[1]此后,二人多诗文唱酬,徐自华作《晚窗同璿卿妹小酌叠前韵》,对秋瑾的《叠前韵戏寄尘》,又作《再叠前韵答璿卿戏赠之作》,表达对秋瑾的钦佩与期望:"儿女情怀嗤我怯,英雄事业望君奢。"[2]而徐蕴华与秋瑾亦师亦友,曾作《逊清丙午春日呈鉴湖女侠秋瑾吾师》《冬夜偕诸同人小饮赋呈秋侠

---

[1] 徐自华:《赠秋璿卿女士二章》,《徐自华集》,浙江古籍出版社2014年版,第58页。

[2] 徐自华:《再叠前韵答璿卿戏赠之作》,《徐自华集》,浙江古籍出版社2014年版,第59页。

吾师》,秋瑾也有《赠女弟子徐小淑和韵》《病起谢徐寄尘、小淑姊妹》《读徐寄尘、小淑诗稿》《致徐小淑书》等诗文,反映了她与徐氏姐妹的深情厚谊。与此同时,徐自华、徐蕴华也深受秋瑾影响,多展现出对革命、女权问题的重视与关注,如秋瑾主办《中国女报》,徐自华甚为关注,并对募股困难问题作《问〈女报〉入股未见踊跃感而于作》,写下"医国谁谋补救方,提倡女报费周章。划除奴性成团体,此后蛾眉当自强……我劝红闺诸姊妹,添妆略省买珠钱",为秋瑾及《中国女报》发声。①秋瑾就义后,徐自华颇为感伤,"余因恸成疾,近始小瘥嗟夫。余疾能瘳,芳魂难返。悲不能已,作文祭之,并哭以诗聊鸣余哀。"②并且多作诗文悼念,如《八月二十二日重游西湖感悼璿卿怆》《十一月二十七日为璿卿葬事风雪》《戊申正月二十四日葬璿卿于西泠》等,写下"噩耗惊闻党祸诬,填胸冤愤只天呼。不求明证忘公论,偏听流言竟屈诛! 昭雪纵然他日有,相逢争此生无"③的诗句。徐蕴华在秋瑾就义后也作《秋瑾烈士史略》《题鉴湖女侠秋瑾遗像》《吊璇卿先生》等一系列诗文,尽显悲痛之情。

除徐氏姐妹外,女社员唐群英、吕碧城也与秋瑾相交相识、关系密切。秋瑾嫁到湘乡后不久,即与唐群英相识相交,成为挚友,二人常常聚会,探讨时事、交流见解、诗文唱和。④此后秋瑾留学日本,唐群英受其影响也动身东渡,赴日留学。在日本之时,经过秋瑾介绍加入同盟会,结识孙中山、黄兴等人,致力于革命事业。秋瑾就义后,唐群英与张昭汉等人投身于《神州女报》的复刊工作,旨在延续秋瑾之精神。此外,唐群英还资助秋瑾子女读书,以尽对挚友的责任。女社员吕碧城与秋瑾亦有交往。1904 年秋瑾造访天津,吕碧城早在给英淑仲的信函中就表达了对她的期待:

> 所云秋碧城女史,同时而同字,事亦甚奇。惟伊生于名地,阅历必深,自是新学中之矫矫者。若妹则幼无父兄指授,僻处乡隅,见闻狭隘,安能望其肩背。然既属同志,亦顾仰瞻风范,但未识其性情能与我同辈相合否? 伊到津时,望即函示。⑤

---

① 徐自华:《问〈女报〉入股未见踊跃感而于作》,《徐自华集》,第 65 页。
② 寄尘:《祭秋女士文》,《神州女报》1907 年第 1 卷第 1 期,第 137—139 页。
③ 徐自华:《哭鉴湖女侠》,《徐自华集》,第 67 页。
④ 二人在荷叶之时,曾诗文唱和,留下咏莲和诗两首。参见《唐群英与秋瑾》,《唐群英年谱》,第 121—122 页。
⑤ 吕碧城:《致英淑仲书》,《吕碧城集》,第 455 页。

出于同志的缘分和对女权话题的共识,吕碧城与秋瑾相谈甚欢,结下了深情厚谊。然而双方在革命问题上却持有不同的看法和主张,这也使得她们此后从事了不同的实践。秋瑾就义后,吕碧城路过秋瑾墓前,感慨曾经的交往,将对秋瑾的悼念之情倾诉于《西泠过秋女侠祠次寒云韵》中:

> 松篁交籁和鸣泉,合向仙源泛舸眠。负郭有山皆见寺,绕堤无水不生莲。残钟断鼓今何世,翠羽明珰又一天。尘劫未销惭后死,俊游愁过墓门前。[1]

南社女社员在社会交游的过程中,积极从事革命活动,也结交了孙中山等其他革命人士,唐群英、张汉英、徐自华等女社员,都与孙中山有所交往。女社员唐群英于日本留学期间,受黄兴引荐结识孙中山,后又受其影响加入同盟会。民国建立后,孙中山作为临时大总统,也对唐群英组织率领女子进行革命的行为表示钦佩,并给予她较高的赞誉。女社员徐自华则致电孙中山,申请在秋瑾墓旁建造纪念秋瑾的风雨亭,"革命功成,中原有主,敬贺万岁。然追维义烈,则侠女秋瑾断头流血,实与有力。前华为营墓西湖,卒遭虏廷毁灭,心实痛之。今拟就原址建风雨亭,并改亭旁刘祠为秋社。特闻。"[2]

综上,南社女社员除了入读女学,寻求教育资源外,还积极进行社会交游,结交南社内外人士,拓展社交网络。女社员们积极参与南社雅集,与南社诸子、秋瑾、孙中山等社会人士互动交往,寻求更广阔的发展空间,逐步实现女性意识的觉醒。

四、结　语

南社女社员作为近代知识女性群体,在社会转型的时代背景中,逐渐觉醒。女社员多出身书香门第,受到江南文化的熏陶,在家族重教传统和文化传承的影响下,自幼便接受教育,展现出良好的文学素养。开明的家庭成员引导女社员加入南社,接触新思想,培养了她们的爱国之心与责任意识。

南社女社员的社会交往,主要体现在对社交空间和人脉资源的寻求。女

---

[1]　吕碧城:《西泠过秋女侠祠次寒云韵》,《吕碧城集》,第283页。
[2]　徐自华:《致孙大总统电》,《徐自华集》,第182页。

社员入读国内外女学,增长智识,接触到更为丰富的教育和人脉资源。在此基础上,女社员们积极拓展人脉,与南社内外的诸位人士进行了广泛的社会交游。

南社女社员的社会交往带有明显的时代特征,反映了这一时期知识女性寻求妇女解放的理想,以及所面临的现实困境。虽然社会交往受到时代限制,在当时的社会背景下已是弥足珍贵的尝试。

The Awakening of Female Consciousness
and the Expansion of Social Space
— A Study of the Social Interactions
of Female Members of the South Society(Nanshe)

Abstract：The South Society (Nanshe) was the largest literary society in modern times. The female members of the South Society mostly came from scholarly families and were deeply influenced by the culture of Jiangnan. They received a good education from a young age, reading women's schools and seeking new knowledge, which laid the foundation for the awakening of women's consciousness. After joining the South China Association, they ventured out from their homes, broadly interacted with literary figures, spread new ideas. With their rich educational and social resources, they attended women's schools and engaged in social interactions, becoming the pioneers and leaders of modern female consciousness. The social interactions of the female members of the South Society reflect the ideals of educated women in that period seeking women's liberation and demonstrate the awakening of female consciousness in the social context of the time.

Key words：South Society (Nanshe)；Female Members；Social Interactions

作者简介：吴强华,上海师范大学人文学院历史系副教授;曾美霖,上海师范大学人文学院历史系研究生。

唐五代江南的阿拉伯商人

彭　婷　张剑光

摘　要：唐五代时期，阿拉伯商人利用海上便利的交通条件，经海上丝绸之路到达广州等地，再由岭南的交通线自南向北深入江南，在钱塘江、长江沿线一带和江南沿海地区进行商业贸易。阿拉伯商人的主要经营范围为珠宝、香药，此类商品体积小、便于运输且价值高，交易量大，经营者能从中获取高额利润。阿拉伯商人的贸易活动丰富了江南市场的商品种类，有利于江南地区的商业贸易发展。江南文化与阿拉伯文化的良性互动，促进了江南文化的对外传播与交流。

关键词：唐五代　江南　阿拉伯商人　海上丝绸之路　商业贸易

诗人寒山有诗云："昔日极贫苦，夜夜数他宝。今日审思量，自家须营造。掘得一宝藏，纯是水精珠。大有碧眼胡，密拟买将去。余即报渠言，此珠无价数。"①这位在浙江台州地区活动的碧眼胡，从长相上看，应该指的是阿拉伯商人，想买走"水精珠"。

诗人施肩吾经过桐庐，写了一首诗："荥阳郑君游说余，偶因榷茗来桐庐。……胡商大鼻左右趋，赵妾细眉前后直。醉来引客上红楼，面前一道桐溪流。"②这位郑君在桐庐做茶叶生意，看到一些大鼻子胡商，边上拥着"赵妾"，打扮得很漂亮，走进了红楼。不管这个胡商是否在桐庐经营茶叶，但深入江南

---

① （清）彭定求等编：《全唐诗》卷806，寒山《诗三百三首》，中华书局1960年版，第9093—9094页。

② 童养年辑：《全唐诗续补遗》卷6，施肩吾《过桐庐场郑判官》，载陈尚君辑校《全唐诗补编》外编第三编，中华书局1992年版，第406页。

经商是显而易见的。

从"碧眼"和"大鼻"的形象来看,这两首诗指的阿拉伯人大体是可以肯定的。那么,江南的阿拉伯商人是如何活动的?[①]

我们这里的江南主要是指唐五代的浙西和浙东地区。本文提到的商人,除阿拉伯地区的,还包括从海路来到大唐的波斯和西域商人。

一、海上丝路的延伸段:从岭南到江南

《唐国史补》卷下谈到唐代南方有大量的阿拉伯商人贸易:"南海舶,外国船也。每岁至安南、广州。师子国舶最大,梯而上下数丈,皆积宝货。至则本道奏报,郡邑为之喧阗。有蕃长为主领,市舶使籍其名物,纳舶脚,禁珍异,蕃商有以欺诈入牢狱者。舶发之后,海路必养白鸽为信。舶没,则鸽虽数千里亦能归也。"[②]也就是说,许多阿拉伯商人来到了安南和广州,政府也有很多具体的管理措施。

问题是,来到安南和广州的商人有没有可能往北到江南? 我们认为完全是有可能的,当时岭南到江南的交通路线十分畅通,而且岭南与江南的交通,既有内部的水路和陆路相结合的交通,又有海路交通。

1. 内部水陆相结合的交通

江南与岭南的交通线,主要是由衢州经信州进入江西,向西南经吉州、虔州越大庾岭到岭南。由于浙江横穿江南西南部地区,乘船可直达衢州常山县,陆行数十里后至玉山,顺信江而下可到达信州,因此这条通道在当时常常作为北方经江南进入南方的主干道在使用。

---

① 关于唐五代的阿拉伯商人,以往都是对其某个侧面进行研究,如赖存理《唐代"住唐"阿拉伯、波斯商人的待遇和生活》(《史学月刊》1988 年第 2 期)、吕变庭《〈太平广记〉与唐代阿拉伯商人的科技生活(上)——以早期伊斯兰商人为中心的考察》(《青海民族研究》2012 年 4 月第 23 卷第 2 期)《〈太平广记〉与唐代阿拉伯商人的科技生活(下)——以早期伊斯兰商人为中心的考察》(《青海民族研究》2012 年 7 月第 23 卷第 3 期),或者作为胡商的一部分进行讨论,如薛平拴《论唐代的胡商》(《唐朝学刊》1994 年第 3 期)。近年来,陈烨轩对唐宋时期阿拉伯商人进行了整体研究,如《东来西往:8—13 世纪初期海上丝绸之路贸易史研究》(社会科学文献出版社 2023 年版)、《中世纪文书所见阿拉伯东方远航贸易的商品与经营》(《国家航海》第十三辑),重点在航路、商船组织和货物管理。阿拉伯商人的区域性活动研究,以往主要集中于长安、广州、扬州等地,进入江南地区的阿拉伯商人经营,关注的学者并不多。我们曾以《唐五代江南的外商》(《史林》2006 年第 3 期)为题对进入江南的外商经营进行过探讨,但并没有对阿拉伯商人进行专题关注。

② (唐)李肇:《唐国史补》卷下,上海古籍出版社 1979 年版,第 63 页。

《元和郡县图志》卷 26 云及衢州"西至信州二百五十里",卷 28 谈到信州"东至衢州二百五十里,西北至饶州五百里"。信州的交通地位十分重要,从衢州到达信州再转向其他地区就特别方便。当时走这条线路的人特别多,官方人员中的很多人从这条线路上来往。

如贞元五年(789),顾况贬授饶州司户参军,夏天,他由苏、杭到达睦州,有刘太真《顾十二况左迁过韦苏州房杭州韦睦州三使君皆有郡中燕集诗辞章高丽鄙夫之所仰慕顾生即至留连笑语因亦成篇以继三君子之风焉》为证。①秋天,他经衢、信到达饶州,在信州作《酬信州刘侍郎兄》诗。②可知,时人常从衢州进入信州,然后往西北转道饶州和洪州。

因此,从江南进入江西的信州,其实是江南与岭南的必经之路。我们可以看李翱从中原来到江南再到岭南的路线。

元和四年(809),李翱从东都洛阳出发到岭南,沿途经汴州、宋州、泗州、楚州、扬州来到江南,他从润州沿运河到杭州,进入浙江后上溯至衢州常山县,但"自常山上岭至玉山"走的是陆路。接着到了信州、洪州、吉州、虔州,翻越大庾岭后到达韶州,再到达目的地广州。他对所走的路程有过统计:"自东京至广州,水道出衢、信七千六百里,……自杭州至常山六百九十有五里,逆流多惊滩,以竹索引船乃可上。自常山至玉山八十里,陆道谓之玉山岭。自玉山至湖七百有一十里,顺流谓之高溪。自湖至洪州一百有一十八里,逆流。自洪州至大庾岭一千有八百里,逆流谓之漳江。自大庾岭至浈昌一百有一十里,陆道谓之大庾岭。自浈昌至广州九百有四十里,顺流谓之浈江,出韶州谓之韶江。"③显然,从衢州至信州是中原到岭南重要交通线上的一段,是当时的必经之路。

2. 海上的交通

江南沿东海南下至福建、广州等地的海上交通线路是十分畅通的,从当时的船只技术和海上交通的技术来看,是人们经常采用的路线,货物的运输和人

① (清)彭定求等编:《全唐诗》卷 252,刘太真《顾十二况左迁过韦苏州房杭州韦睦州三使君皆有郡中燕集诗辞章高丽鄙夫之所仰慕顾生即至留连笑语因亦成篇以继三君子之风焉》,中华书局 1960 年版,第 2841 页。

② (清)彭定求等编:《全唐诗》卷 264,顾况《酬信州刘侍郎兄》,中华书局 1960 年版,第 2936 页。权德舆、顾况被贬路线的考证,可参傅璇琮主编:《唐五代文学编年史》中唐卷,辽海出版社 1998 年版,第 415—417、458—460 页。

③ (唐)李翱撰,郝润华、杜学林校注:《李翱文集校注》卷 18《来南录》,中华书局 2021 年版,第 316—317 页。

员来往,这条路线绝不亚于内部的交通线。

《元和郡县图志》卷 26 温州条云:"西南至福州水陆路相兼一千八百里。"从温州出发,沿海岸线航行可至福州。

裴甫起义时,有人对他说:"遣刘从简以万人循海而南,袭取福建。如此,则国家贡赋之地尽入于我矣。"①时裴甫占据有明、台地区,可知明、台等浙东地区通过海道与福建紧密相连。《丁卯集》卷十许浑《送林处士自闽中道越由雪抵两川》云:"高枕海天暝,落帆江雨秋。"②这位林处士从福建经海路到达越州,再转而到达湖州,并继续沿长江到达两川。

不只是浙东沿海地区,江南北部地区与福建和广东地区,交通也十分方便。《吴郡图经续记》卷上云:"吴郡,东至于海,北至于江,傍青龙、福山,皆海道也。……自朝家承平,总一海内,闽粤之贾乘风航海不以为险,故珍货远物毕集于吴之市。"③江南北部与福建及岭南地区也有航线相通,并一直沿长江进入江南腹地,这里朱长文所谈的北宋情况其实在唐五代基本上已是如此。

唐代中期,泾源裨将严怀志随浑瑊与吐蕃会盟。由于吐蕃背弃盟约,严怀志陷没吐蕃十数年。后往西逃"至天竺占波国,泛海而归。贞元十四年,始至温州,征诣京师"。④严怀志乘船从印度逃到温州,说明两地之间必定有时人熟知的航路。由于印度次大陆是中国和阿拉伯、非洲地区双方海上来往的支点,能从印度到温州,说明江南与阿拉伯的交通线路十分畅通。吴越国时,印度仍有海船来到江南:"钱氏时,有西竺僧转智者,附海舶归。"⑤

唐懿宗咸通三年(862),南蛮攻陷交趾,朝廷征发南方各道兵赴岭南,部队的军需自湘江经灵渠运往前线,但所运有限,前线缺粮严重。润州人陈磻石向朝廷献上奇计:"臣弟听思曾任雷州刺史,家人随海船至福建,往来大船一只,可致千石。自福建装船,不一月至广州。得船数十艘,便可致三五万石至广州矣。"磻石"又引刘裕海路进军破卢循故事。执政是之,磻石为盐铁巡官,往杨子院专督海运。于是康承训之军皆不阙供"。⑥从陈磻石的话看,唐代私人船

① (宋)司马光:《资治通鉴》卷 250"唐懿宗咸通元年三月"条,中华书局 1956 年版,第 8083 页。

② (唐)许浑撰,罗时进笺证:《丁卯集笺证》卷 10《送林处士自闽中道越由雪抵两川》,中华书局 2012 年版,第 672 页。

③ (宋)朱长文:《吴郡图经续记》卷上《海道》,江苏古籍出版社 1999 年版,第 17—18 页。

④ (宋)王钦若等:《册府元龟》卷 181《帝王部·疑忌》,凤凰出版社 2006 年版,第 2010 页。

⑤ (明)田汝成:《西湖游览志》卷 6,浙江人民出版社 1980 年版,第 61 页。

⑥ (宋)王钦若等:《册府元龟》卷 498《邦计部·漕运》,凤凰出版社 2006 年版,第 5664 页。

只是江南至岭南间海上交通的主力,至咸通间,官方运粮成了这条海道上的主要力量。咸通五年(864),唐懿宗制云:"淮南、两浙海运,房隔舟船,访闻商徒,失业颇甚,所由纵舍,为弊实深。亦有搬货财委于水次,无人看守,多至散亡,嗟怨之声,盈于道路。宜令三道据所搬米石数,牒报所在盐铁巡院,令和雇入海舸船,分付所司。通计载米数足外,辄不更有隔夺,妄称贮备。其小舸短船到江口,使司自有船,不在更取商人舟船之限。"①政府往安南运粮,是雇了商船来进行的,所以在海面上行走的其实大部分都是商船。虽然咸通年间江南对岭南的运粮是暂时的,但至少说明这条海道为人们所熟知。

二、丝路延伸段上的阿拉伯商人

岭南和江南,商业联系是十分紧密的,不但有中国商人的来往,更有很多国外商人,有很多学者探讨过。薛平拴先生在《论唐代的胡商》一文中认为唐代扬州等地的商人主要是大食、波斯商人,而来到广州的"主要是南方诸少数民族商人及外国商人,外商则主要有波斯、大食、阿拉伯、狮子国、室利佛逝、诃陵、林邑等商人"。他认为,外商来自何处,与各地的交通状况直接相关。波斯、大食等阿拉伯商人从海路来到唐朝的广州以及长江北岸的扬州,那么,这些阿拉伯商人会否从广州到江南,或从江南到广州?

伊本·胡尔达兹比赫《道里邦国志》谈到阿拉伯船只来到达江南的情景:"从汉府(即广州)至汉久(即杭州)为8日程,汉久的物产与汉府同。从汉久至刚突(即江都郡)为20日程,刚突的物产与汉府、汉久相同。中国的这几个港口,各临一条大河,海船能在这大河中航行。"②阿拉伯商人在东南地区的主要聚集地是广州和扬州,但到达江南的杭州,肯定会有一些人下船活动,当然也会有人从扬州南下江南,出现他们的踪影。

阿拉伯商人和波斯商人应该先到明州。由于明州的波斯商人特别多,主要活动在东渡门内,人们后来把这些商人居住区称为波斯巷。其次他们来到杭州。吴越国忠懿王妃孙氏"常以一物施龙兴寺,形如朽木箸,偶出示船上,波斯人曰:'此日本龙惢簪。'遽以万二千缗易去"。③波斯商人从明州进入浙东运

---

① (后晋)刘昫:《旧唐书》卷19上《懿宗本纪》,中华书局1975年版,第657页。《全唐文》卷83将懿宗的这段制文题为《以南蛮用兵特恩优恤制》。

② [阿拉伯]伊本·胡尔达兹比赫:《道里邦国志》,宋岘译注,华文出版社2017年版,第62页。

③ (清)吴任臣:《十国春秋》卷83《忠懿王妃孙氏传》,中华书局1983年版,第1191页。

河,来到杭州,再转入江南运河,过润州来到扬州。《旧唐书》卷110《邓景山传》讲到田神功掠夺扬州居民财产,"商胡大食、波斯等商旅死者数千人"。

这样的交通路线,使杭州往往比其他地区更先有阿拉伯商品。吴越国与吴国曾在狼山江面发生激战,吴越军用火油焚烧吴军战舰,《吴越备史》卷2《文穆王》是这样解释的:"火油得之海南大食国,以铁筒发之,水沃其焰弥盛。"可知火油必定是阿拉伯商人从海上运来的。从目前的资料记载来看,猛火油首先出现在吴越国的军队中,这和岭南来的阿拉伯商人首先到达杭州是相一致的。之后,我们看到吴国和南唐的军队里也有了猛火油,而且还送给北方的契丹国。神册二年(917),契丹和后梁在幽州交战,吴王派人送猛火油给契丹主,并说:"攻城,以此油然火焚楼橹,敌以水沃之,火愈炽。"胡注引《南蕃志》云:"猛火油出占城国,蛮人水战,用之以焚敌舟。"[1]猛火油是来自占城还是大食国,虽然说法不一,但在江南传播的路线,是自南向北的。这是阿拉伯商人在江南经商常走的路线。

除这里说的明州、杭州、扬州的路线上有众多的阿拉伯商人以外,我们前面谈到同样是沿海的台州、温州,以及深入钱塘江桐庐,都有商人的踪迹。而长江沿线的一些地区,如金陵、润州、常州,也有商人的活动。当然,我们也不排除一些商人是到了扬州后再过江到江南腹地的。

三、阿拉伯商人的经营活动

来到江南的阿拉伯商人,他们是怎样经营的? 或者说他们主要经营的是什么商品?

从目前史书的记载来看,一是香药。李璟保大七年(949),宫内出"外夷"所贡和合煎饮佩带粉囊,共九十二种,都是江南本地不生产的。这里说的"外夷"不太可能全是阿拉伯商人,但有一部分是,应该是确实的。再比如《清异录》又云:"海舶来有一沉香翁,剜镂若鬼工,高尺余。舶酋以上吴越王,王目为'清门处士'。"[2]这位经营沉香的商人,是通过"海舶"来的,是个外国人是可以肯定的,虽然无法断定是西亚还是东南亚的商人。

南唐金陵城内有不少外国人,他们带来的龙脑油,南唐元宗爱惜异常。后

---

① (宋)司马光:《资治通鉴》卷269"后梁均王贞明三年二月"条,中华书局1956年版,第8814页。
② (宋)陶谷:《清异录》卷下《薰燎门》"清门处士"条,《全宋笔记》第一编第二册,大象出版社2003年版,第111页。

人指出："大食国进龙脑油,上所秘惜。"①郑文宝《耿先生传》云:"南海常贡奇物,有蔷薇水、龙脑浆。上实宝之,以龙脑调酒服,香气连日,亦以赐近臣。"②当然这里是说贡物,不一定是商品。王贞白《娟楼行》云:"龙脑香调水,教人染退红。"③娟楼中大量使用龙脑香,说明使用量很大。

阿拉伯商人贩卖的都是比较难求的香药,物以稀为贵,价格较高,有不菲的利润。沉香亦称沉水香,"林邑国产沉水木,岁久树身朽腐,剥落殆尽,其坚实不变者,劲如金石,是为沉水香"。④唐人认为沉香产于林邑、天竺、单于,但至宋人认为沉香国内产自于"南海琼、管、黎母之地",国外是"占城、真腊、三佛齐、大食等国"。沉香产地有一部分是来自大食的。

再如苏合香。这种香"如坚木,赤色。又有苏合油,如稠胶,今多用此为苏合香"。刘禹锡的《传信方》,说苏合香"皮薄,子如金色,按之即少,放之即起,良久不定如虫动烈者佳也"⑤。苏合香是一种坚硬的红色木头,树上产苏合油。树结籽,金色,亦有强烈的香味。

蔷薇水是一种香水。后唐皇宫龙辉殿中,"安假山水一铺,沉香为山阜,蔷薇水、苏合油为江池,零藿、丁香为林树,薰陆为城郭,黄紫檀为屋宇,白檀为人物,方围一丈三尺,城门小牌曰'灵芳国'。或云平蜀得之者"⑥。关于这种香水,宋人说:"旧说蔷薇水,乃外国采蔷薇花上露水,殆不然。实用白金为甑,采蔷薇花蒸气成水,则屡采屡蒸,积而为香,此所以不败。但异域蔷薇花气,馨烈非常,故大食国蔷薇水虽贮琉璃缶中,蜡密封其外,然香犹透彻,闻数十步,洒着人衣袂,经十数日不歇也。"⑦这种香水应是从大食国传进来,是通过将植物加热蒸馏的方法提取,提取出来的香是放在玻璃瓶中。

全汉昇《唐宋时代扬州经济景况的繁荣与衰落》一文对当时外商来中国经营珠宝和香药进行了探讨,认为"这些商品无论是由外国输入,或是向外输出,

① (宋)李石:《续博物志》卷3,《全宋笔记》第四编第四册,大象出版社2008年版,第181页。
② (清)吴任臣:《十国春秋》卷34《耿先生传》,中华书局1983年版,第479页。
③ 童养年辑:《全唐诗续补遗》卷11,王贞白《娟楼行》,载陈尚君辑校《全唐诗补编》外编第三编,中华书局1992年版,第465页。
④ (宋)沈作喆:《寓简》卷10,《全宋笔记》第四编第五册,大象出版社2008年版,第88页。
⑤ (宋)沈括:《梦溪笔谈》卷26,《全宋笔记》第二编第三册,大象出版社2006年版,第204页。
⑥ (宋)陶谷:《清异录》卷下《薰燎门》"灵芳国"条,《全宋笔记》第一编第二册,大象出版社2003年版,第108—109页。
⑦ (宋)蔡絛:《铁围山丛谈》卷5,《全宋笔记》第三编第九册,大象出版社2008年版,第239页。

都须远涉重洋，从而须负担一笔巨额的运费，而这一大笔运费只有价值大而体积重量小的奢侈品才能负担得起"①。体积小，便于运输，对江南来说也同样是如此。外商的这一经营特色以后各代也都继承，珍宝和香药成为外商经营最主要的商品。②一些学者将丝绸之路称为香药之路，③从各种史书的记载来，这种说法即使对海上丝路来说，也是完全能够成立的。香药类商品带来的利润，应该是很大的，激起了阿拉伯商人一浪接一浪的贸易热情。

珠宝是阿拉伯商人在江南经营的又一种重要商品。本文开始时说到的寒山诗云："昔日极贫苦，夜夜数他宝。今日审思量，自家须营造。掘得一宝藏，纯是水精珠。大有碧眼胡，密拟买将去。余即报渠言，此珠无价数。"④明显说是碧眼胡商对宝藏特别感兴趣，而且认为这水精珠的价格很高，应该是有很大的利润空间。

类似的例子还有《刘宾客嘉话录》，云："李约尝江行，与一商胡舟楫相次。商胡病，固邀与约相见，以二女托之，皆异色也。又遗一大珠，约悉唯唯。及商胡死，财宝数万，约皆籍送官，而以二女求配。始殓商胡时，自以夜光含之，人莫知之也。后死胡亲属来理资财，约请官司发掘验之，夜光在焉。"⑤经营珠宝业，能聚财至数万，证明利润丰厚。即使商人死后，其亲属还是紧盯住这大珠，闹到官府最后掘墓来寻找下落。

再如《金华子杂编》卷下云："徐太尉彦若之赴广南，将渡小海，亲随军将忽于浅濑中，得一小琉璃瓶子，大如婴儿之拳。其内有一小龟子，可长一寸许，旋转其间，略无暂已。瓶口极小，不知所入之由也，因取而藏之。……既而话于海舶之胡人，胡人曰：'此所谓龟宝也。希世之灵物，……苟或得而藏于家，何虑宝藏之不丰哉！'胡客叹惋不已。"⑥这个故事里东南沿海的外国商人同样是精通鉴别珠宝，他们依靠经营珠宝来赚钱。

谈到珠宝，笔记小说里的记载总是带有一点神话的色彩，把故事说得很玄乎。《太平广记》卷 220 引《广异记》"句容佐史"条云："句容县佐史能唅鲙至数十斤。……久之，吐出一物，……令小吏持往杨州卖之，冀有识者。诚之：'若

① 全汉昇：《中国经济史论丛》第一册，中华书局 2012 年版，第 12 页。

② 孟彭兴：《论两宋进口香药对宋人社会生活的影响》，《史林》1997 年第 1 期，第 18—26、70 页。

③ 姜伯勤：《敦煌吐鲁番文书与丝绸之路》，文物出版社 1994 年版，第 130—141 页。

④ （清）彭定求等编：《全唐诗》卷 806，寒山《诗三百三首》，中华书局 1960 年版，第 9093—9094 页。

⑤ （唐）韦绚：《刘宾客嘉话录》，中华书局 2019 年版，第 147—148 页。

⑥ （南唐）刘崇远：《金华子杂编》卷下，中华书局 2014 年版，第 284—285 页。

有买者,但高举其价,看至几钱。'其人至扬州,四五日,有胡求买,初起一千,累
增其价,至三百贯文,胡辄还之,初无酬酢。人谓胡曰:'是句容县令家物,君必
买之,当相随去。'胡因随至句容。县令问:'此是何物?'胡云:'此是销鱼之精,
亦能销人腹中块病。……我本国太子,少患此病,父求愈病者,赏之千金。君
若见卖,当获大利。'令竟卖半与之。"①扬州聚居了大量的阿拉伯商人,内中的
一部分追逐商利,常会过江经营。这里谈到的鱼精有点神化,不过是块珠宝大
体上是可信的。差不多的故事还有一个。杜光庭《录异记》卷 2 云:"宣州节度
使赵锽,额上亦有肉隐起,时人疑其有珠。既为淮南攻夺其县郡,锽为乱兵所
害,有卒访其首级,剖额得珠而去。货与商胡,胡云:'此人珠既死矣,不可复
用。'乃售与塑画之人,为佛额珠而已。"②这里的"人珠"和前述吐出的"鱼精",
都是与人相关的珠宝,但最后来买卖的都是胡商。

　　此外,还有一些商人经营一般日常生活用品。《太平广记》卷 337 引《广异
记》"萧审"条云:"萧审者,工部尚书旻之子,永泰中为长洲令。……又云:'安
胡者,将吾米二百石,绢八十匹经纪求利。今幸我死,此胡辜恩,已走矣。明日
食时,为物色捉之。'……宇具以白刺史常元甫,元甫令押衙候捉,果得安胡,米
绢具在。初又云:'米是己钱,绢是枉法物,可施之。'宇竟施绢。"③安胡,当是
指安国胡人,即西域昭武九姓之一。这位商人主要经营米和绢。而我们在文
章一开始用的施肩吾在桐庐的诗中提及胡商在钱塘江流域的活动,似乎与茶
叶是有关系的。④

　　前面谈到的猛火油,显然是阿拉伯商人在五代时运输过来的一种新商品,
因为威力较大,作为一种有效的武器,得到江南几个政权的青睐。《江南野史》
卷 10《朱令赟传》谈到宋军进攻南唐时,南唐军在朱令赟的率领下,"使火油机
以御之,属北风势紧,回焰迸星,倏忽自焚,燎及大筏,于是水陆诸军不战自
溃"。⑤火油来自大食国,作为一种新式武器,南唐军队装备了火油。不过由于
使用不当,将火烧到了自己的头上。这些火油,肯定是通过商人之手,卖给了

①　(宋)李昉等:《太平广记》卷 220"句容佐史"条,中华书局 1961 年版,第 1688—1689 页。
②　(唐)杜光庭:《录异记》卷 2,中华书局 2013 年版,第 37 页。
③　(宋)李昉等:《太平广记》卷 337"萧审"条,中华书局 1961 年版,第 2679 页。
④　童养年辑:《全唐诗续补遗》卷 6,施肩吾《过桐庐场郑判官》,载陈尚君辑校《全唐诗补编》外编第三
　　编,中华书局 1992 年版,第 406 页。
⑤　(宋)龙衮:《江南野史》卷 10《朱令赟传》,《全宋笔记》第一编第三册,大象出版社 2003 年版,第
　　221 页。

了几个江南小政权。

四、结　语

阿拉伯商人的到来,给江南社会的经济生活和社会生活方式带来了一定的影响。

比如商人带来的商品,丰富了江南市场的商品种类。《唐大和上东征传》中的一些记载可以从侧面提供这方面的信息。如天宝二年(743),鉴真和尚再一次打算东渡日本,准备工作做得相对比较充分。路上众人的吃喝需在扬州采办。在他从市场上购买的物品中,和香药有关的有“麝香甘[剂],沉香、甲香、甘松香、龙脑香、胆唐香、安息香、栈香、零陵香、青木香、薰陆香都有六百余斤”①。这么大一宗外来药材的交易,作为鉴真方面的人来说可能主要是用来作药材。说明波斯胡商的药材,在扬州市场上占有很大的份额,而人们的生活中,已离不开波斯胡商的经营活动。五年以后,天宝七载,鉴真再一次“造舟、买香药,备办百物,一如天宝二载所备”②。当然,扬州由于阿拉伯和波斯商人数量较多,对市场的影响比较大,其他城市的情况可能会稍有不同。

外商对江南人的社会生活也会带来一定的影响。李德裕在润州甘露寺致祭僧守亮,“适有南海使送西国异香,公于龛前焚之”③。西国的异香,当然是指阿拉伯或波斯地区的,虽不是商人贸易来的,但可以看到江南地区的人们是十分感兴趣的。南唐徐铉月夜时“露坐中庭”,点“佳香一炷”④,感觉特别风雅。而袁象先判衢州,有位幕客谢平子“癖于焚香,至忘形废事”。过分热衷于焚香,同事看不下去了,写了一诗嘲讽他,文中称呼他为“鼎炷郎守馥州百和参军谢平子”。⑤

以上我们从几个方面对江南的阿拉伯商人的活动进行了探索,由于史料的关系,我们无法看出阿拉伯商人在江南的全貌,只是在一些细节上作一些探讨。相信随着更多新资料的发现,对唐五代江南阿拉伯商人的研究会推向深入。

---

① ［日］真人元开:《唐大和上东征传》,中华书局 2000 年版,第 47 页。
② ［日］真人元开:《唐大和上东征传》,中华书局 2000 年版,第 62 页。
③ (宋)王谠:《唐语林》卷 2《文学》,《全宋笔记》第三编第二册,大象出版社 2008 年版,第 66 页。
④ (宋)陶谷:《清异录》卷下《薰燎门》“伴月香”条,《全宋笔记》第一编第二册,大象出版社 2003 年版,第 110 页。
⑤ (宋)陶谷:《清异录》卷上《官志门》“百和参军”条,《全宋笔记》第一编第二册,大象出版社 2003 年版,第 20 页。

The Arab Merchants in the South of Yangtze River in Tang and Five Dynasties

Abstract: During the Tang and Five Dynasties period, Arab merchants took advantage of the convenient transportation situation in the coastal areas to reach Guangzhou and other places through the Maritime Silk Road, and then penetrated into the south of the Yangtze River from the south to the north from the Lingnan communication line, and carried out commercial trade along the Qiantang River, the Yangtze River and the coastal areas of the south of the Yangtze River. The main business scope of Arab merchants is jewelry and incense. These commodities are small in size, easy to transport, high in value and large in transaction volume, from which operators can make high profits. The trade activities of Arab merchants have enriched the types of goods in market, which is conducive to the development of commercial trade in the south of the Yangtze River. The positive interaction between Jiangnan culture and Arabic culture has promoted the external communication and exchange of Jiangnan culture.

Key words: Tang and Five Dynasties; south of the Yangtze River; Arab merchants; Maritime Silk Road; commercial trade

作者简介：彭婷，上海师范大学人文学院博士研究生；张剑光，上海师范大学人文学院教授。

老子思想的"英伦旅行":中华文化国际传播的历史文本考察①

——以《泰晤士报》的报道与影响为例

刘子潇

摘　要: 构建新时代中国对外传播话语体系应以文明交流互鉴为逻辑起点,根植于中华优秀传统文化深厚的历史积淀和文化底蕴。作为中华优秀传统文化典范,老子思想经过现代化转化成为具有包容性与向心力的世界性智慧,为全人类发展提供滋养。本研究遵循萨义德"理论旅行"所开创的跨文化传播研究范式,勘察二百余年来老子思想在《泰晤士报》中的呈现及其在英国社会中的流转、传播与演变,并从中汲取中华文化国际传播之经验。这对于构建新时代中国对外传播话语体系、践行中华文化国际传播的时代课题有着重要的借鉴价值与启示意义。

关键词: 老子思想　《泰晤士报》　理论旅行　国际传播　文本考察

一、研究缘起

(一) 构建新时代中国对外传播话语体系的迫切性

如今,世界进入"乌卡"(VUCA)时代,不稳定性、不确定性、复杂性和模糊性共存。在云谲波诡的国际局势面前,西方话语仍居主导地位,"西强我弱"的

①　本文为上海市哲学社会科学规划课题"《泰晤士报》涉老报道的新闻话语图示研究(20 世纪 70 年代至今)"(2024EXW001)的阶段性成果。

国际舆论格局并未发生根本性扭转。再加之对外话语阐释能力不足、议题创设机制不完善、传播媒介实力不够等原因,我国"有理说不清""有理说不出""有理说不响"的对外传播窘境被进一步放大,提升国际传播能力任重道远。国际传播能力直接表现为一定国际话语权的掌控,话语权的基础则在于一套特定的话语体系。话语体系是一定时代经济社会发展状态和文化传统的综合表达,是反映民族传统、时代精神的思想理论体系的外在表达形式,蕴含着一个国家的文化密码、价值取向、核心理论,决定其国际话语权的强弱。①党的二十大以来,习近平总书记强调坚守中华文化立场,提炼展示中华文明的精神标识和文化精髓,加快构建中国话语和中国叙事体系,讲好中国故事、传播好中国声音,展现可信、可爱、可敬的中国形象。②作为中华文明最根本的精华之一,中华优秀传统文化是中华民族特有的精神标识和对外话语体系的鲜明底色,从根本上塑造与约束着中国人的思想观念与行为规范,照亮并引领着中国的前进道路与发展方向。构建新时代中国对外传播话语体系应以坚守中华文化立场与坚持文明交流互鉴为逻辑起点,根植于中华优秀传统文化深厚的历史积淀,从本土文化的国际传播历程中汲取经验。③

老子思想作为中华优秀传统文化典范,从"物"的世界中建立起"道"论并构建起"修身—齐家—治国—平天下"的完备话语框架。在家庭教育层面,"不言之教"谓之"道";在为人处世层面,"上善若水""千里之行,始于足下"即为"道";在治国理政层面,"无为而治""以无事取天下"则是"道"所致力的理想图景。同"个体—家庭—社会—国家"这一人类社会普遍性结构的契合性,促使老子思想获得融入其他文化的感召力,能够较好地适应和融摄其他文化。④老子思想经过现代化转化,成为更能展现中华文化精髓、具有包容性和向心力的世界性智慧,拓展着全球伦理思维的视界,为全人类发展提供滋养,进而为自身赢得走向外界的可能性。本文以 1785 年《泰晤士报》创刊至今刊布的涉及老子思想的报道文本为锚点,勘察其在异国文化语境中的流转、传播与演变,并汲取中华文化国际传播之经验,为建设新时代中国对外传播话语体系这项具有

---

① 袁军:《提升中国核心术语国际影响 加快构建中国话语体系》,《光明日报》2022 年 4 月 19 日。
② 张垚等:《增强实现中华民族伟大复兴的精神力量》,《人民日报》2022 年 10 月 21 日。
③ 谷田:《理论旅行与作为方法的海外汉学——以中国现代悲剧观为例》,《文学与文化》2023 年第 3 期。
④ 王凡:《中国对外话语体系建设的现实困境、经验借鉴与优化策略——以传承和发展中华优秀传统文化为中心》,《理论建设》2022 年第 6 期。

现实必要性和时代应然性的课题提供借鉴价值与启示意义。

（二）"理论旅行"的研究视角与分析路径

爱德华·萨义德（Edward Wadie Said）在《世界、文本与批评家》中写道："各种理论（theory）在人与人、境域与境域，以及时代与时代之间旅行……观念和理论由一地到另一地的运动，既是活生生的事实，又是使智识活动成为可能的一个不无用途的条件……在此过程中，它的说服力不仅会出现变化，内涵或许也将随着时间或境域的改变而变得迥然不同。"①从词源学的角度考古"theory"发现，萨义德笔下的"theory"并非"理论"一词的全部指代，它实质上代表了一种观念的产物，可以被翻译为"观念""思想""文化"等。在萨义德看来，观念和理论向新环境的运动并非畅通无阻，它必然涉及区别于源点（point of origin）的表征和体制化过程，使得关于理论和观念的移植（transplantation）、传递（transference）、流通和交流（commerce）变得复杂化。②由此，萨义德归纳出理论旅行所经历的四个阶段，而这恰好可以用来关照老子思想在英国长达二百余年的传播历程。

首先，起始阶段。萨义德认为，需要有一个源点或者类似于源点的东西，即观念得以在其中生发并进入话语的一系列发轫的境况。③在理论旅行的过程中，源点代表一种关键性的助推力量，常常根植于社会、文化等环境之中。结合老子思想在英国的旅程，此"源点"代表老子思想生发、行至英国的社会文化语境，它可以为思想文化提供一个传播和对话的平台。其次，横向距离阶段。萨义德指出，当观念从此前某一点移向另一时空时，需要有一段横向距离，一条穿过各种语境压力的途径。④此"横向距离"即指老子思想进入大洋彼岸的英国的"旅行通道"与旅行途中所经历的时空跨度。其既是理论得以从起始地向接受地传播的充分必要条件，也是理论不断发展与完善的关键所在。再次，接受阶段。此阶段重点探讨的是理论新的栖息地对理论接受与否的问题。当面对移植过来的理论或观念时，处于新环境中的接受主体会携带接受或抵抗的条件，促使看似异样而疏隔的理论和观念尽可能地与新环境相适

①　Edward Said，*The world*，*the Text and the Critic*，Harvard University Press，1983，p.400.
②　Edward Said，*The world*，*the Text and the Critic*，Harvard University Press，1983，p.400.
③　Edward Said，*The world*，*the Text and the Critic*，Harvard University Press，1983，p.401.
④　Edward Said，*The world*，*the Text and the Critic*，Harvard University Press，1983，p.401.

应。①换言之,进入新语境的老子思想将会经历一系列或被排斥或被有目的地接受的情形。最后,改造融合阶段。当一种思想或理论进入新的时空之后,它的位置和用途出现更新,从而为人们完全或部分地接受。②这里的"改变融合"实际上指老子思想在适应新环境后所拥有的意义增殖的可能与更加广泛的阐释空间。

在萨义德看来,任何理论的传播与发展都与当时的历史情境密切相关,应当关注理论所处的具体环境的变化情况。但需要指出的是,萨义德的"理论旅行"缺乏一种追踪意识,即该理论未能对某一观念上的产物在同一文化语境中的历时性旅行情况进行持续关注。显然,思想或理论在不同时代背景中旅行的最终归宿具有明显差异,只有展开历时性考察才能对它们的旅行过程进行全面把握。在实证研究中,理论的作用在于提供一种方法、视角、工具或框架。本文对"理论旅行"的辩证性认识与整体性思考,为洞悉老子思想这一本土文化自东向西的知识扩散与演变提供了一个参照视野与分析路径。而彼时的《泰晤士报》则充当着时代"记录者",将老子思想西渡英国长达两个多世纪的旅程相对完整地呈现于世。

二、老子思想"英伦旅行"的历程

观念和理论与人和批评流派一样,从一个情境向另一个情境旅行,与本土文化产生对话、碰撞与融合。③历史的距离与目的地语境的转化使得带有想象成分的认知掺杂其中,并且发挥着比真实更重要的影响作用。④考察 18 世纪以来《泰晤士报》刊登的相关历史文本发现,老子思想在西行英国的旅途中被赋予了西方世界主观想象的色彩,侧面展现着不同历史时期的英国社会关于中国以及中华文化的认知观念与话语体系。

(一) 1785 年—19 世纪:现代殖民霸权论调下的知识"在地化"重塑

资产阶级革命的胜利与第一次工业革命的开展,推动英国政治、经济的现代化进程。为满足现代工业社会的原材料获取以及成品生产与销售需要,英

---

① Edward Said, *The world*, *the Text and the Critic*, Harvard University Press, 1983, p.401.
② Edward Said, *The world*, *the Text and the Critic*, Harvard University Press, 1983, p.401.
③ Edward Said, *The world*, *the Text and the Critic*, Harvard University Press, 1983, p.400.
④ [美]史景迁:《文化类同与文化利用——世界文化总体对话中的中国形象》,廖世奇等译,北京大学出版社 1990 年版,第 16 页。

国对内取消贸易保护措施,建立起自由贸易制度,不断巩固本国的工业垄断地位。①对外,英国殖民扩张与掠夺的步伐日渐加快,并于 19 世纪达到巅峰,开启"不列颠治下的百年和平"。自此,海军、殖民地和海外贸易构成了英国手中一柄日渐牢固的"三叉戟",②本国文化精神也由资本主义上升时期开放、向上、内省的价值取向,转变为根植于西方中心主义的现代殖民霸权论调。面对日渐沦落至世界边缘、陷入"失语"窘境的中国,占据主导地位的英国以"援助""慈善"等看似温柔的方式,将自身的宗教信仰、意识形态悄无声息地嵌入媒介文本,使得来自东方的老子思想被重塑为符合帝国主义与殖民主义话语体系的"文化他者",协调着西方现代性世界观念秩序中的文化霸权与帝国主义世界体系中的物质霸权。③

　　19 世纪下半叶,传教士逐渐与英国帝国主义阴谋紧密联系在一起,④成为英国殖民扩张的"马前卒"以及了解中国的最高权威。⑤其著述则是英国社会探究中国主要的、可靠的资料和依据,为大众舆论提供观念的核心与价值尺度。⑥正如时任《泰晤士报》国外新闻编辑主任瓦伦丁·姬乐尔(Sir Valentine Chirol)所言:"我们所要求的一般报道和启示必须符合大英帝国的长远利益和政策。"⑦1881 年 8 月 26 日,题为 *Confucianism and Taouism* 的报道引用汉学家道格拉斯(Robert K. Douglas)"老子思想是心灵和宇宙的神秘主义,它的本质更为深刻,通常被认为是西方的"这一论述,佐证"老子思想的诞生归因于西方文明"的观点,并认为老子之"道"与基督教信仰渊源甚久、存在一定契合,可以通过"上帝"一词来概括或理解。⑧在业已确立的西方宗教传统下,《泰晤士报》对老子思想展开比附式解读(即以英国民众熟悉的"上帝"等基督教术语为阶梯,嫁接老子思想中"道"等难以直接用语言叙述的内容),将老子思想神学化为充满宗教色彩的"基督教教义附属品",以彰显英国的帝国殖民主

---

① [德]马克思、恩格斯:《马克思恩格斯全集》(第 21 卷),中共中央马克思恩格斯列宁斯大林著作编译局译,人民出版社 1956 年版,第 416 页。
② 计秋枫、冯梁:《英国文化与外交》,世界知识出版社 2002 年版,第 19 页。
③ 周宁:《世界之中国:域外中国形象研究》,南京大学出版社 2007 年版,第 36 页。
④ 赖德烈:《基督教在华传教史》,雷立柏等译,道风书社 2009 年版,第 261 页。
⑤ 利奇温:《十八世纪中国与欧洲文化的接触》,朱杰勤译,商务印书馆 1962 年版,第 78 页。
⑥ 周宁:《世界之中国:域外中国形象研究》,南京大学出版社 2007 年版,第 127 页。
⑦ 骆惠敏:《清末民初政情内幕——莫理循书信集》,刘桂梁等译,知识出版社 1986 年版,第 46 页。
⑧ "Confucianism and Taouism." *The Times.* 26 Aug. 1881.

义意识。

1861 年 4 月 16 日，《泰晤士报》在报道 *Ethnological Society* 中谈及中国社会的一个奇怪现象——儒、道、佛三教并驾齐驱、和谐共存。"这三个系统的信条通常被同一个中国人持有，他会在不同的紧急情况下轮流调用不同的神。"[①]在中国，王权始终压制着神权，神权往往为王权服务。对于中国当权者而言，他们自然希望多种宗教相容共存，更好地为自身所用。[②]明清以来，儒、释、道在中国汉地形成三足鼎立的局面，成为传统中国社会运行的基本准则与民众深信不疑的价值观念。对于这种完全根植于中国本土的宗教信仰模式，《泰晤士报》认为是"奇怪且不可理喻"[③]的。这个中缘由是因为基督教作为一个与现代殖民霸权论调相称相合的宗教，其文化先天具有排他性的狂热。[④]中国人同时遵奉三种教派的做法，在基督教的基本信条中是不被认可的。差异的辨识推动着"他者"的再现与"非我族类"意义的书写。[⑤]作者基于挪亚时代传统、坚定的信念与世界上只能存有基督教一种评判标准的观点，以一神信仰的基督宗教体系作为绝对正确的基准，将作为"他者"的中国多神信仰体系置于对立面，既表明中国人是没有统一、虔诚的宗教信仰的异教徒，又将道家塑造为信仰低劣、繁杂无矩的异教，老子思想则是背离一神论的异教"教义"。

（二）20 世纪初—20 世纪 70 年代：英国文化结构性变动下的有目的地接受

在两次世界大战与世界金融危机的冲击下，国际秩序出现重大调整。以欧洲为中心的旧的世界格局被以美苏为中心的新的世界格局所取代，英国失去了"引领"的优势。战争年代所引发的社会、经济和政治变化，令英国社会开始对曾经尊崇的理性主义与引以为傲的基督教文明失去信心与信任。当接受方的文化处于结构性变动、内部增长着要求变革的活跃因素时，其对外来文化往往采取积极主动的态度，而非保守的意识。[⑥]于英国而言，中国是一个存在于遥远东方的"他者"国度，象征着一种与其长期遵循和践行的价值观念、道德

---

① "Ethnological Society." *The Times*. 16 Apr. 1862.
② 岳峰：《架设东西方的桥梁——英国汉学家理雅各研究》，福建人民出版社 2004 年版，第 97 页。
③ "Ethnological Society." *The Times*. 16 Apr. 1862.
④ 俞强：《鸦片战争前传教士眼中的中国》，山东大学出版社 2010 年版，第 132—133 页。
⑤ 倪炎元：《再现的政治：台湾报纸媒体对"他者"建构的论述分析》，韦伯文化 2003 年，第 9—16 页。
⑥ 武斌：《中华文化海外传播的历史规律》，《光明日报》2008 年 8 月 21 日。

准则、行为方式等相距甚远或完全相反的另一种可能。当身处黑暗的人们无法从现实中获得满足，并且难以寻找到出路和出口时，"他者"无疑提供了一个价值向往的彼岸，为其带来一丝希望的曙光，成为其心中应对、解决危机的一剂精神良药。伴随时代语境、文化结构上的变动，英国社会逐渐改变对老子思想的"凝视"态度和基督教本位主义的诠释立场，开始相对理性地思考、吸纳蕴含其中的精髓要义和智慧哲理。自此，老子思想被重新塑造与书写为一种智慧、哲学思想，救赎的潜力也随之被挖掘出来。

1920 年，英国哲学家伯兰特·罗素（Bertrand Russell）接受中国燕京大学的邀请，前往中国去寻求解决战争与恢复和平的可能。在为期一年的考察过程中，他用自己的脚步仔细丈量这个古老的国家，用心感知华夏五千年文明的深厚魅力。1922 年，归国之后的罗素著写完成《中国问题》(*Problem of China*)，毫不吝啬对中国的赞美之词。他认为中国人更爱好和平，更少干涉别国内政。如果各国能够采纳"以和为贵"的儒家思想和"无为而治"的道家思想，世界将会拥有更多的和平与欢乐。①1922 年 10 月 23 日，《泰晤士报》发表题为 The Peace of Cathay 的书评称赞道："正如伯兰特·罗素先生所言，中国文明在某些方面确实优于我们自己的文明……它凭本能知道我们无法从经验中学到的生活秘密……中国人比我们更会享受生活，具有更深层次的知识兴趣。"②《泰晤士报》在描述与中国有关的事物时，开始调整曾经不合理的"前见"，相对理性客观地看待作为"文化他者"的中国，使用"superior to""deeper intellectual interests""praise of"等具有比较含义的正面词组，承认中华文明的优越性。面对一战带来的断壁残垣与动荡的国际形势，报道展开深刻反思。同罗素一样，它认为这是大国之间强行武装干涉的结果，与老子提倡的"无为而治"思想相悖。"之所以会造成今天这个局面，与那些刻意制造矛盾、挑起冲突的国家有关……老子坚持认为，我们不应该互相干涉……在他看来，那些坚持治理他人的人是令人讨厌的……需要减少到最低限度。"③

受 20 世纪两次世界大战以及资本主义的商业文化、消费文化的侵扰，英国宗教遭受信仰危机，国内教派林立，教徒虔诚度下降，参与宗教活动的人数

① 姜智芹:《非我与他者:英国文人视野中的中国形象》,《东岳论丛》2005 年第 5 期。
② "The Peace of Cathay." *The Times*. 23 Oct. 1922.
③ "The Peace of Cathay." *The Times*. 23 Oct. 1922.

明显减少。①基督教的统一性与神圣性受到强烈冲击,洗礼等基督教仪式也被视为一种繁琐、陈腐的神格仪式。当不再直接面对本土宗教时,人们开始相信真理操各种语言,而智慧不只限于基督教。②此时,老子非人格化的"道"体世界以及对人的主体性的强调,与西方式的上帝救赎观之间形成的反差,为建立新的信仰旨归提供了可能空间。③英国社会对老子思想的接受出现了一种新的转变,即从前一阶段的神学化比附基督教,到站在学术与文化价值层面,发现老子哲学中"道"作为宗教源泉的新意义。这种研究思想与方式的变化,影响并反映在《泰晤士报》的涉老报道中。1901 年 12 月 26 日,《泰晤士报》围绕比较宗教学的奠基人之一麦克斯·缪勒(Friedrich Max Müller)的著作发表书评,称"我们不否认在世界不同宗教中有进步,有所谓的进化,或者更准确地说,有历史的连续性……正是宗教之间的差异性与平行性,促使我们在比较研究中收获更加宝贵的成果……不同宗教的信徒或是研究者应当正确看待宗教间的异质性,以平等、包容的视角去研究和检验它们。如此一来,或许就能够像麦克斯·缪勒理解老子的宗教思想那样,从中挖掘出更多有价值的内容"。④

(三) 20 世纪 70 年代至今:文明互鉴视域下的意义空间增殖

20 世纪下半叶,现代电子信息技术的高速发展引发了一场新的技术革命,全球化浪潮以更加迅猛的态势向纵深推进。当全球化成为一种渗透到人类生活领域乃至无意识世界的一种文化强力时,文化自然呈现出丰富、多样的特征。该特征的本质在于以平等、尊重的态度对待各国、各民族文化,深切感知与体会世界不同文明的独特之处,强调多元共存、交流互鉴。作为一种新型文明观,文明互鉴论超越了传统的文明中心论,提倡在互相尊重、开放包容的基础上,实现人类文明的互惠共赢。再加上此时期中英友好合作新局面的开启,以及全球全面战略伙伴关系的逐步建立,英伦文明对老子思想展开程度更深、范围更广的体认与涵化,其形象在原先"智慧、哲学"的基础上逐渐丰满,朝着更加贴合当代英国语境、需求的方向延伸。

---

① 张伟伟、杨光:《二战后英国宗教的世俗化》,《深圳大学学报(人文社会科学版)》2008 年第 2 期。

② J. J. 克拉克:《东方启蒙:东西方思想的遭遇》,于闽梅等译,上海人民出版社 2011 年版,第 130 页。

③ 李艳:《20 世纪老子的英语译介及其在美国文学中的接受变异研究》,湖北人民出版社 2009 年版,第16页。

④ "Reviews of Books:Max Müller's Last Essays." *The Times*. 26 Dec. 1901.

正如英国汉学家葛瑞汉(Angus Charles Graham)所说:"我们和中国人一样,仅仅当自己将他者思想重置于我们自己的问题之中时,才会充分地与之交接。"①此时期《泰晤士报》以当代英国现实问题为指向,以治世修身为旨归,对老子思想展开深入且具有拓展性的阐释与演绎,为英国的生态文明、消费主义文化等提供反思、借鉴与发展的养料。1985 年 2 月 11 日,题为 *Grey patches amid the green* 的报道对曾任英国绿党以及"地球之友"领导人的乔纳森·波里特(Jonathon Porritt)的作品《看见绿色》(*Seeing Green*)中"抵制工业化所带来的肮脏习俗""世界上的自然资源是有限的",以及"无限的财富并不一定能够买到幸福"的观点表示认同,并给予该书较高评价,称"这是一本有趣的书,充满了罕见且吸引人的语句"。②面对工业文明引发的种种环境危机,报道展开深刻的反思:"我们荒谬的选举制度将这样的人(指乔纳森·波里特这类环境保护者)置于政治辩论的边缘,导致其立场与观念难以被民众了解。"③同时,报道认为这些问题违背了老子的劝诫:"道法自然、和谐共生是万物的本原状态。但是,那些强制征服、攫取自然的举动,完全违反了这一点。"④

消费主义自 18 世纪兴起后,经过两个多世纪的发展,逐渐由英国社会的中上阶层蔓延至大众层面,塑造出现代大众消费社会这一社会形态。在物质洪流的冲击与裹挟之下,英国民众仿佛脱缰的野马,互相攀比,肆意消费,尽情追求被制造、被刺激的欲望以实现对自身身份的建构。在彼时物欲横流的英国社会,倡导减少私欲、关注内心的"道世代"的出现自然引人关注。同二战后的"婴儿潮"一代、20 世纪 60 及 70 年代的"X 一代"一样,"道世代"是 20 世纪末新出现的社会群体。"'道'这个词来自老子的经典著作《道德经》……观察发现,'道世代'与当前大部分英国民众的消费观、世界观存在较大差异。他们虽然获得较高的成就,但不世俗、不物质;他们虽然买得起宝马这种豪车,却更倾向于选择大众的甲壳虫系列。他们更愿意看到内在的自我成长,而不是银行存款余额。对于他们而言,'知足者富'是首要的修身原则,内心的富足与平静更值得关注。"⑤"道世代"是对消费主义的反叛,他们不甘于沦落为被异化

---

① Graham, A.C. *Disputers of the Tao*:*Philosophical Argument in Ancient China*, Open Court, 1989, p.ix.

② Anne Sofer. "Grey Patches Amid the Green." *The Times*. 11 Feb. 1985.

③ Anne Sofer. "Grey Patches Amid the Green." *The Times*. 11 Feb. 1985.

④ Anne Sofer. "Grey Patches Amid the Green." *The Times*. 11 Feb. 1985.

⑤ Jane Shilling. "The Tao Generation." *The Times*. 7 Feb. 1998.

了的个体,试图通过老子"少私寡欲""知足常足""知足者富"的真理来救赎自己。对此,报道认为虽然"'道世代'的人数只占成年人口的 8%,却是态度转变的先驱者",①正在对整个英国社会产生深远的影响。不难看出,在"自我"与异质性"他者"文化主体相互联结的过程中,英国的生态文明、消费主义文化等反思并弥补着自身的缺失,老子思想内蕴的丰富价值与新的生机活力被进一步展露,彼此间的交流互鉴随之朝向更深层次、更高水平迈进。

三、老子思想"理论旅行"的生发动力与文本传播的视角变迁

爱德华·萨义德虽然使用了"旅行"一词,肯定了理论来去的自主性,却无法充分解释理论在新时地产生的"翻译行为"与译者的主动性。②事实上,理论从一地向另一地行旅往往被框定于特殊的主体结构与历史条件之中。作为一项复杂的文化政治实践,老子思想行至英国的过程同样受到政治、文化、经济等多重力量的影响与制约。鉴于不同历史时期下占据主导地位的生发动力各不相同,《泰晤士报》的文本传播视角亦发生着转变,使得身处异国语境的老子思想受到不同侧面的价值诠释。

(一) 1785 年—19 世纪:政治力量主导下的功利性传播视角

政治意识形态是支配经济的阶级、阶层和利益集团的政治思想体系,是政党的政治信仰和政治观点的表达。③19 世纪,一个帝国的世界正在逐渐形成:英国垄断了全球的金融事业,英镑成为"世界性货币",米字旗在世界三分之一以上的商船上飘扬,"帝国主义"文化也随之走向成熟。④可以说,在 19 世纪的英国,几乎没有一个生活的层面不被帝国主义触及。⑤不论是代表中小资产阶级和企业主利益的保守党还是代表中等工业资产阶级以及商业阶级利益的自由党,几乎都支持帝国主义。帝国主义成为此时期英国的主导政治意识形态。⑥对

---

① Jane Shilling. "The Tao Generation." *The Times*. 7 Feb. 1998.
② 刘禾:《跨语际实践——文学、民族文化与被译介的现代性(1900—1937)》,三联书店 2014 年版,第 28 页。
③ 童世骏:《意识形态新论》,上海人民出版社 2006 年版,第 6—7 页。
④ [美]计秋枫、冯梁:《英国文化与外交》,世界知识出版社 2002 年版,第 177—181 页。
⑤ 爱德华·W. 萨义德:《文化与帝国主义》,李琨译,生活·读书·新知三联书店 2016 年版,第 43—147 页。
⑥ Duncan Bell. *The Cambridge History of Nineteenth Century Political Thought*, Cambridge University Press, 1961, p.865.

于占据主导地位的资产阶级而言，拥有信息才能实现利益。控制了信息的流动也便在一定程度上控制了观念的流动、思想的流动、利益的流动。政治逻辑往往需要与媒介逻辑寻求协商与合作，才能实现真正意义上的和谐一致。受此时期政治场域中主流的帝国主义意识形态的支配与影响，《泰晤士报》在传播老子思想时呈现出浓厚的殖民扩张色彩，并与此时期占据主导地位的社会阶层形成默契。

功利，即功效和利益。功利性传播是指以实际功效或利益为行为准则的传播行为。这种功利性总是借助物化的形式得以呈现。换言之，它是可以把握的，而不是随意的。其中，占据社会主导地位的阶级的政治和经济利益，是传者首先要考虑的因素。他们报道的事件、发表的评论，要有利于执政党和占据主导地位的社会阶层的政治经济利益，至少不要造成过多的伤害。[①]具体到《泰晤士报》老子思想传播实践中，这种功利性一方面体现为对老子思想的他者化想象。它倾向于根据英国占据主导地位的资产阶级的实际利益对信息进行有目的地筛选和过滤，并将其建构为与统治主体根本意图相符合的"事实景象"，展现了新闻媒体落实资产阶级意识形态与主流社会价值观念的整个过程。另一方面，《泰晤士报》积极展开同半殖民地人民的术语抗争，在以征服和控制为特征的帝国主义文化和精神的指引下，对老子思想展开殖民性的选择、利用。这主要表现为《泰晤士报》的涉老报道借助上帝福音和基督教文化对老子思想的核心概念"道"作出一些"宗教信仰的改变"，进而实现殖民者言辞的意识形态向中国的巧渡，[②]达到帝国意识形态教化、规训的目的。

（二）20 世纪初—20 世纪 70 年代：文化力量主导下的实用性传播视角

就具有高度他律性的新闻场而言，其对于自身所处的外部环境的变化保持着高度敏感性。当社会经济体制、政治权力运行方式、精神文明等出现不同于以往的变化时，新闻生产传播活动随之发生相应改变。[③]对于英国而言，20世纪上半叶是一个可深刻感受到身份危机的时代。[④]伴随战争的结束，大英帝国往日的辉煌烟消云散，经济、政治体制、科技文化等优势不再。政治力量在新闻传播实践中的主导地位，需要借助持续稳定的主流政治意识形态得以实

---

① 童兵：《传播的功利性和新闻的选择性》，《新闻与写作》1989 年第 4 期。
② 辛红娟：《〈道德经〉在英语世界：文本行旅与世界想象》，上海译文出版社 2008 年版，第 93 页。
③ 杨保军：《新闻规律论》，中国人民大学出版社 2019 年版，第 197 页。
④ ［英］艾瑞克·霍布斯鲍姆：《帝国的年代》，贾士蘅译，中信出版社 2014 年版，第 11 页。

现。然而,此时期英国世界霸主地位的终结与殖民体系的崩溃,威胁、动摇着其主流的政治意识形态,导致帝国主义渐趋衰败,[①]其在新闻生产实践中的引导力、控制力与影响力有所减弱。

媒体即使不再受控于政治权力,也无法带来绝对的新闻表达自由。[②]新闻活动始终在一定的社会文化系统中展开,总会被社会文化传统、环境、特征、信念所影响。[③]20世纪上半叶,英国基督教神学基础与传统的文化价值观念体系在后现代化反思的浪潮中陷入危机。在破解精神危机、找寻心灵慰藉的过程中,英国社会发现东方国家在后殖民主义现代化进程中,很少陷入利己主义与身份破裂的窘境,并逐渐发展为一个充满活力的"他者"文化身份。因此,它将目光投向东方的老子之道,试图从中获得新的精神慰藉与寄托。英国社会所形成的刻有鲜明时代印记的文化环境、文化追求和精神信念,促使文化力量的主导性地位在与此时期各种外部力量的激烈博弈中逐渐凸显,成为影响《泰晤士报》老子思想传播视角转变的关键外部因素。

此时期《泰晤士报》从实用性的角度出发向受众传播老子思想。作为一个具有公共性的媒介组织,报刊的实用价值取向不应单纯地着眼于传播内容是否具有实际使用价值,而是应当以整个社会的实际需求与整体利益为根本落脚点。概而言之,实用性传播是一种以具有实用价值的信息为传播内容,对新闻价值接受主体的思维与行为活动,甚至对整个社会产生一定作用的传播实践。结合此时期《泰晤士报》老子思想传播活动,这种实用性具体表现在以下两个方面:其一,老子思想的实用价值与意义在传播中得以释放与彰显。从此时期《泰晤士报》刊登的涉老报道来看,老子思想被广泛运用于文学、精神等多个领域,不仅为作家、作曲家等精英阶层专业人士的文艺创作提供灵感,同时规约着英国民众的言行举止。其二,传播的老子思想能够引导受众理性思考。此时期《泰晤士报》结合英国社会质疑基督真理、渴望和平与自由等现状,多角度地挖掘老子睿智的哲学思想,引导受众理性看待现实问题与寻找解决问题的实践路径,展现出英伦文明对老子思想的儒化或跨文化适应过程。

---

① Kenneth O. Morgan. *The Oxford Illustrated History of Britain*, Oxford University Press, 2007, p.856.

② [美]罗德尼·本森:《布尔迪厄与新闻场域》,张斌译,浙江大学出版社2017年版,第52页。

③ 杨保军:《论新闻规律的形成机制》,《西安交通大学学报(社会科学版)》2019年第1期。

（三）20 世纪 70 年代至今：经济、政治、文化力量互动交织下的开放、包容传播视角

20 世纪 70 年代以来，全球形势总体向好，和平与发展逐渐成为当代世界的主旋律。在这一时代潮流与趋势的推动下，国际经济、政治、文化环境发生深刻变化。跨国生产、国际分工、全球投资和全球市场形成，持续驱动着经济全球化走向纵深。伴随国际经济相互联系与依存的程度不断深化，各国政治交往的范围与空间日益扩展，若干个政治经济力量中心开始形成，世界政治格局的多极化趋势随之出现。作为一种新的社会变化的范式，政治经济全球化逐渐渗透至文化领域，促使多元文化共存的理念渐渐取代西方传统的二元对立的思维方式。世界各国日益感受到多元文化的精妙魅力，努力尝试在尊重文化差异的前提下积极同他国文化进行交流，以期从中汲取持久前进与长远发展的精神文化力量。总之，此时期经济全球化、政治多极化、文化多元化三者间的联结不断紧密，形成相互促进、相互制约的深层关系。这意味着经济、政治、文化力量在与彼此的博弈中难分伯仲，共同影响着世界发展的总体进程。

在经济、政治、文化力量互动交织的作用下，《泰晤士报》老子思想传播形成愈发开放、包容的传播视角。这主要表现在以下三个方面。首先，立足纯粹、理性的传播动机。此时期《泰晤士报》在面对"他者"文化的老子思想时表现出尊重与接纳。这些报道将老子思想的精髓呈现给英国民众，令其相对客观地看待自身的优缺点，并从中汲取精华，弥补自身不足。其次，发布具有包容性的报道内容。此时期《泰晤士报》将老子思想置于不同的新闻主题中进行阐释，其中便涉及消费主义、绿色发展等价值观念或社会思潮。这样做既反映了英国社会各个阶层、群体的实际动态与呼声，也客观上扩大与深化着老子思想的覆盖面与影响力。第三，建立灵活、开放的网络信息传播渠道。1997 年《泰晤士报》创建官方网站，并将刊登在纸质版上的部分涉老报道发布于网页版。鉴于互联网本身具有的开放性特征，《泰晤士报》建立报网互动模式为传统、封闭的信息传播方式注入新鲜活力，助力老子思想在英国社会的传播与接受。

四、余论："未竟的事业"：中华优秀传统文化的跨国行旅

作为"观察分析全球化时代跨越不同时空地域知识生产的过程的方法"，

"理论旅行"促使我们思考如何成为积极主动的知识生产者,①夯实本土理论既坚定又开放的思想话语主体性。②老子思想西行至英国 200 余年的历程,为世人呈现出一个跨越时间、地域与文化的多元现代性景观。我们可以从中清楚地窥探到老子思想是如何在西方文化土壤中一步步摆脱被异化与吞噬的泥沼重新焕发新生。重返这一文化交流活动的具体现场并汲取经验与启迪,能够为助力以老子思想为代表的中华优秀传统文化"走出去",构建具有中国特色的对外传播话语体系贡献绵薄之力。

首先,建立对话思维,树立文化间性意识。主体间性为文化间性提供了重要的理论基础与概念框架。哈贝马斯(Jürgen Habermas)认为,把主体、客体分离开来而造成工具理性的泛滥是康德主体性哲学最大的问题之一,批判和纠正这一问题的关键在于统一主客体,并将它们之间的工具认知关系转变为话语交往关系。③由此可见,主体间性(inter-subjectivity)实质是指交互主体性或主体间的交互关系。它摒弃了传统哲学的主客二元论,更加强调主体双方的相互理解、包容与信任。作为主体间性在文化领域的延伸与应用,文化间性旨在实现不同文化之间的相互开放和永恒对话。20 世纪 70 年代以降,《泰晤士报》基于理性、平等的视角对老子思想展开当代阐释与本土化传播,在一定程度上体现出文化间性意识,扩大着老子思想在英国社会的传播速度与覆盖范围。未来,将文化间性意识落实到以老子思想为代表的中华优秀传统文化的对外传播实践中去,需要"自我"与"他者"的共同努力。于中国而言,应增强文化主体意识,巩固文化主体性。习近平总书记在文化传承发展座谈会上强调:"任何文化要立得住、行得远,要有引领力、凝聚力、塑造力、辐射力,就必须有自己的主体性。"④文化主体性是对自身文化价值及传统的自觉意识,是一个民族现代文化生命的根本维系。⑤回顾老子思想在英国旅行的历程,不论是为推动殖民扩张展开的神学化比附式误读还是因文化语境的高低差异、语言表述习惯的不同而产生的无意性误读,均为文化主体意识缺失的具体体现。

---

① 闵冬潮:《理论旅行再出发》,《浙江学刊》2014 年第 4 期。
② 袁靖华、邓洁:《"华莱坞电影"的理论旅行——本土学术概念国际传播的知识社会学考察》,《浙江大学学报(人文社会科学版)》2022 年第 9 期。
③ 曹卫东:《交往理性与诗学话语》,天津社会科学院出版社 2001 年版,第 171 页。
④ 中国政府网:《习近平:在文化传承发展座谈会上的讲话》,引自 https://www.gov.cn/yaowen/liebiao/202308/content_6901250.htm。
⑤ 邹广文、王璇:《培育全球化时代的中华文化主体性》,《中国社会科学报》2023 年 12 月 7 日。

因此,为避免沦入被同化、被侵蚀、被殖民的境地,我国应坚守文化主体意识,在守护文化底线的基础之上对中华优秀传统文化展开再表达、再传播。于他国而言,其应在承认"他者"文化主体地位的基础上,克服自身潜在的尊卑意识与喜好偏向,以开放包容的心胸和平等尊重的态度接纳异国优秀文化,并在与其交流、对话的过程中,洞察、理解、体悟其中的内涵精髓与当代价值,进而提高、增强中华优秀传统文化的海外传播声量与实效。

其次,培育多元主体协同意识,建强国际传播人才队伍。中华传统文化对外传播离不开翻译,二者形成了一种"你中有我、我中有你"的包容并存关系。翻译质量的优劣是解决"有理说不出""说了传不开""传开叫不响"问题的关键,很大程度上影响着中华文化国际传播效能。在《道德经》西行之路的历史上,西方传教士和汉学家占据《道德经》英译工作的主导地位,刘殿爵等中国译者的身影直至 20 世纪 70 年代之后才逐渐显现。中国译协常务副会长黄友义认为:"现阶段中华典籍的翻译工作必须以中国人为主,外国人为辅。中国译者应有时代的担当,勇担对外传播中国的重任。"① 因此,为加快以老子思想为代表的中华优秀传统文化对外传播步伐,建设一支业务精良的翻译队伍十分关键。对于素质过硬的翻译人才而言,精湛的语言能力是最基本的要求,拥有良好的文化修养与跨文化意识同样重要。在译写有代表性的中华典籍著作的过程中,中国译者应占据翻译主动权,根据目标国的风土人情、文化背景、语言习惯等以通俗易懂的方式"翻译中国",打造融通中外的新概念、新范畴、新表述,更加充分与鲜明地展现其背后的思想力量和精神力量。② 同时,积极整合国际资源,培育异域文化的"文化代理"和"意见领袖"。③ 在老子思想传入英国的历史进程中,英国汉学家的重要性不言而喻。不论是 19 世纪的理雅各(James Legge)、罗伯特·道格拉斯(Robert K.Douglas),抑或是 20 世纪的翟林奈(Lionel Giles)、亚瑟·韦利(Arthur Waley),他们通过译著《道德经》、撰写相关著作的方式,为英国读者构筑起关于老子文化以及中国的认知与想象空间,客观上赋能、助力老子思想在英国的传播。未来,我国应积极利用好作为文化

---

① 中国新闻网:《黄友义:如何突破中外文化差异让世界更了解中国?》,引自 https://www.chinanews.com.cn/gn/2021/11-04/9601886.shtml.

② 习近平:《加强和改进国际传播工作,展示真实立体全面的中国》,《人民日报》2021 年 6 月 2 日。

③ 陶友兰:《中华文化对外传播与翻译策略构建——解读黄友义〈从"翻译世界"到"翻译中国":对外传播与翻译实践文集〉》,《外语电化教学》2023 年第 2 期。

边缘人的汉学家的跨文化属性,继续发挥他们在文化交流与传播中的桥梁作用,为中华优秀传统文化对外传播谋求更多机会与实践空间。教育专家艾哈德博士(Peter Alex Ehrhard)认为:"中国文化走向世界,相当程度上依靠的是每位出国的中国人将中国的文化种子带到世界各地。"①对于长期身处海外的华人华侨而言,其内心深处关于母国文化与身份的认同感难以被轻易磨灭,内化于日常生活并发生着共时性与历时性的交融。②作为"第三文化人",华人华侨在母国文化与居住国文化之间构筑起一道和谐、稳定、认同的桥梁,中国应开发好这一资源优势,鼓励其在华文学校中设立中华传统文化特色课程,在华人餐馆的名称、装修中融入中国传统文化元素等等,以拓宽、提升中华优秀传统文化海外传播的广度与效度。

最后,挖掘中华传统文化的现代化元素,探索生活化价值内蕴。英国学者伯兰特·罗素曾言:"中国至高无上的一些伦理品质是现代世界所急需的。它们若能够被世界采纳,地球上肯定会出现更多的欢乐祥和。"③老子思想行至英国的中后期,英国先后陷入经济萧条和价值观念危机的困境,面临着消费主义、环境污染事件、生态危机等一系列后现代社会问题。基于不断变化的时代背景与社会文化语境,英国社会开始关注老子思想的价值与意义,试图从中寻求精神自救与当代社会难题的解决之道,相应地老子思想与英国社会及其文化的互动和交流也有所加强。这一传播实践表明跨文化传播涉及不同文化、民族和社会之间复杂的社会关系与交往。尽管传播主体与目标群体的社会背景、生活方式、哲学思想与政治制度各具差异,但双方仍然会在情感、思想以及文化等诸多方面寻求甚至创造共同、相通之处,或者将目光聚焦于对自身社会更具价值与意义的内容上,以确保传播有效开展。由此可见,挖掘、传播中华传统文化中具有共通价值和当代价值的文化内容,贡献更多中国智慧和中国方案,是推动中华文化"走出去"的关键所在。此种与受众群体建立深度情感链接的做法,既满足外国受众对中国传统文化的期待视野,开拓着更广阔的老子思想对外传播的可能性空间,也为破解社会难题、构建和谐社会提供新的方

---

① 中共中央宣传部《党建》杂志社:《印象中国——43位外国文化名人谈中国文化》,红旗出版社 2012 年版,第 72 页。

② 曾少聪、陈慧萍:《海外华人传播中国形象的理论探析与实践启示》,《学术探索》2021 年第 9 期。

③ Steven E. Miler. "The End of Unilateralism or Unilateralism Redux." *The Washington Quarterly*, 25. 1(2002):15—29.

法路径。中华优秀传统文化对外传播并非一蹴而就,而是一个与受众长期磨合、循序渐进的过程。中华文化若想走进他国并落地生根,关键要做到大众化、常态化、具体化,不断贴近并渗入目标地受众的日常生活实践,从认知和情感两方面激发与夯实跨文化共情效应。①因此,对外传播中华优秀传统文化,应当注重、挖掘与微观个体日常生活、工作、为人处世等息息相关的具体性思想内蕴,唤起目标国受众的共情心理,减少与其的陌生感和距离感,激发、提高中华优秀传统文化在接受方心中的接受度、好感度、认可度,以此深化中华文明与世界文明之间的跨域联通、互融互鉴。

The "British Journey" of Laozi's Thoughts: A Study of Historical Texts on the International Communication of Chinese Culture

— Take the reports and influence of *The Times* as an example

Abstract: The construction of China's external communication discourse in the new era must take exchanges and mutual learning among civilizations as the logical starting point, and be rooted in the historical accumulation and cultural heritage of China's excellent traditional cultural system. Worldwide wisdom provides nourishment for the development of all mankind. This study follows the cross-cultural communication research paradigm pioneered by Said's "theoretical travel", investigates the circulation, spread and growth of Laozi's thoughts in British society over the past 200 years as reflected in "The Journal of Taiyu Conference", and draws on Chinese culture International communication experience. This has important event value and enlightenment significance for building China's external communication discourse system in the new era and practicing the contemporary issues of international communication of Chinese culture.

Key words: Laozi's thoughts; "The Times"; theoretical travel; international communication; text inspection

作者简介:刘子潇,华东理工大学艺术设计与传媒学院讲师,社会学博士后。

---

① 史安斌、刘长宇:《解码"乌卡时代"国际传播的中国问题——基于 ACGT 模式的分析》,《当代传播》2022 年第 3 期。

受众体验视角下网络文学改编剧的改编策略研究

方　睿　朱雪婷　张莎莎

摘　要:网络文学 IP 剧具有原著粉丝群体的天然优势,然而文学和影视两种表意系统的差异使原著必然面临改编。因此,如何在跨媒介改编中保持"原著气质",从而延续"原著粉"群体的黏性,是网络文学 IP 剧改编一个值得研究的问题。本文从受众体验的角度出发,运用扎根理论研究,梳理出了场域体验、延展体验、生成体验、浸入体验、反身观照和价值认同六个"原著气质"范畴和关系结构,进而探索在跨媒介叙事中如何保持"原著气质"的改编策略。

关键词:跨媒介改编　原著气质　受众体验

网络文学 IP 剧是指基于网络文学作品改编而来的影视剧,具备粉丝效益和媒介融合的双重特征。2011 年网络文学 IP 剧陡然升温,《甄嬛传》《步步惊心》等影视作品获得巨大成功;2014 年网络 IP 剧井喷式爆发,出现了《琅琊榜》《盗墓笔记》等影视作品;发展至今,网络文学 IP 剧已成为影视剧的重要组成部分。改编网络小说也成为影视公司重要的剧本来源。然而,尽管原著小说拥有天然的粉丝群体和高关注度,是改编 IP 剧的先天优势,但网络文学 IP 剧意味着从文学模式到影视模式的跨媒介转向。不同的媒介以不同的方式作用于受众意识,"文学的讲述模式需要受众进行概念性工作,而影视的展示模式呼唤观众的感性解码"①。两种媒介表意系统的差异使"原著"必然面临改编,

① 琳达·哈林:《改编理论》,任传霞译,清华大学出版社 2019 年版,第 88 页。

从而在一定程度上消解了对原著的绝对"忠实性",这使得"原著"成为一柄双刃剑,使网络 IP 剧诞生伊始就面临着粉丝接受和媒介融合的双重考验,比如《风起霓裳》和《斗破苍穹》的改编均遭遇了"原著粉"质疑。因此如何使跨媒介改编能够保持原著精髓,从而延续并深化"原著粉"群体的黏性,是网络文学 IP 剧改编值得研究的问题。

一、"忠实性":受众对跨媒介改编的期待

原著作为最初叙事,在电影与文学关系研究的理论探索早期,往往被视为具有超越任何改编的不言自明的权威性。因此,"忠实性"往往作为判断"改编"优劣的价值核心。后结构主义理论出现后,"忠实性"的主导地位逐渐受到挑战。一部改编作品与原著之间的接近度和忠实性不再被多数学者认为是改编理论框架的评价标准和分析焦点。正如本雅明的观点,改编有自己的"灵韵"[1],是在时间和空间上的独特存在。罗伯特·斯塔姆进一步指出,"忠实性"是一个伪命题,"本义"和"始源"并不存在。事实上,小说和影视作品的互文性和嵌入性从一开始就动摇了"忠实性"[2],并使改编植根于其所属的历史和文化语境。

然而,在对网络文学 IP 剧的受众研究中,多数学者却注意到受众对"忠实性"的强烈需求。黄雯等[3]、李育菁等[4]、张晶等[5]、赵智敏等[6]的实证研究均发现了"改编忠实度"是受众("原著粉")最关切的内容,"剧情、人设、场景与原著吻合是受众认可的重要原因"。同时,黄雯等的进一步访谈又显示,半数以上受众接受"考虑影视化效果的情节变动""但不接受删减原著精华";李育菁等的问卷研究也显示 40% 的受众能够接受不影响主线剧情的部分改编;张晶等通过比较网络 IP 剧的成败也认为,改编的"差异应限制在故事主要脉络空间

---

① Benjamin Walter, *Illuminations*, *Harcourt*, *Brace and World*, 1968, pp.71—92.

② [美]罗伯特·斯塔姆:《文学和电影:电影改编理论与实践指南》,北京大学出版社 2006 年版,第 24 页。

③ 黄雯、宋玉洁、林爱兵:《知情受众的视听体验——中国网络小说改编电视剧的受众使用与满足研究》,《中国电视》2018 年第 7 期。

④ 李育菁、孙颖、朱常华:《小说 IP 及其影视改编作品受众市场调查与反思》,《电视研究》2019 年第 5 期。

⑤ 张晶、李晓彩:《文本构型与故事时空:网络文学 IP 剧的"跨媒介"衍生叙事》,《现代传播》2019 年第 5 期。

⑥ 赵智敏、高萱萱:《倾向性·交互性·娱乐性:网络小说改编剧受众特征分析》,《新闻爱好者》2020 年第 1 期。

内",不能出现"原著精华的丧失或人物性格的大改动"。可见受众所指的"忠实度"并非绝对的还原,而是符合其想象的差异控制。然而,后续研究并未涉及什么是"原著精华"以及哪些改动差异属于"不丧失原著精华"的深入讨论。

编剧白一骢提出"原著气质"的概念作为改编的核心点,认为"原著气质"并不要求影视剧与原著一字不差,而是要把影视剧改编得和"想的一样"①。这一概念强调了改编和受众体验的关联。因此,本文从受众体验出发,以豆瓣评论文本为分析单位,进行扎根理论研究,试图探究"原著粉"在跨媒介互文中生成了哪些体验,这些体验和"原著气质"范畴的对应关系,从而识别出"原著粉"体验中符合"原著气质"的改编。

二、受众视域下的"原著气质":豆瓣短评的扎根理论分析

1. 研究方法

本文以受众评论的发帖内容作为资料来源和研究对象,采用扎根理论提取"原著气质"的范畴,并构建层次模型。扎根理论(grounded theory)是由巴尼·格拉泽(Barney Glaser)和安瑟姆·施特劳斯(Anselm Strauss)1967 年共同提出并完善的一种质性研究方法,对访谈、评论等文本类数据进行分析,适用于社会科学领域的探索性研究。通过"编码"的方式自下而上地抽象出概念、范畴,并通过它们之间积累的相互关系构建综合的中心理论模型。本研究采用"程序化扎根理论",通过开放性编码(Open Coding)、主轴编码(Axial Coding)、选择性编码(Selective Coding)"三级编码"模式,对相应概念和范畴修正、完善,建立关系结构模型。

2. 数据来源

本文选取《知否知否,应是绿肥红瘦》(下文简称《知否》)2018—2023 年之间豆瓣短评作为数据分析来源。《知否知否,应是绿肥红瘦》改编自"关心则乱"同名小说,2010 年首发于晋江文学城。作为早期"种田文"的代表,经历了三次出版,拥有较为深厚的粉丝基础。2018 年由"正午阳光"制作搬上荧幕,播出期间双网收视率破 2,微博话题讨论度高,至今仍具有长尾效应。选取较长时间跨度内的评论,有助于识别随着时间语境的变化而引起的受众价值认

---

① 白一骢:《"精绝古城"背后的"搭建"秘诀》,详见 https://mp.weixin.qq.com/s/4HYZls86Hxewfzn-TZFm2bQ。

同的变化。

通过 Python 软件对《知否》豆瓣热门短评进行数据爬取。"豆瓣"作为国内主流的影评集合网站,收录主流影片较多,且贯穿了一部影视剧从筹备、播出中、播出后的全阶段评论。研究选取豆瓣热门评论,优势在于豆瓣的热门评论的排序标准由"有用数"进行控制,具有一定阶段的稳定性。其次,按照好中坏的标准筛选,既可保证数据唯一,且有助于研究者对不同评价态度的人进行探究。因此研究选用热门评论作为数据库,共爬取了"好评""中评""差评"各600 条,总计 1 800 条数据作为分析库。原著粉是指"知情观众",即阅读过原著、对原著有基本了解的人群,通过"原著粉"这一自称与普通观众进行区分。研究在数据采集部分,广泛纳入了"知情观众"与"狂热粉丝"评论作为原始文本库。对于原著粉评论的筛选,主要采用关键词法,以"原著""原作""小说""书粉""淑芬"等词进行第一轮筛选。在此基础上,对数据进行回顾,手动筛选出原著粉有关评论,最终得到 284 条评论。其中重点关注积极参与实践的原著粉,在网络文学 IP 剧的实践中如何建构起关于"原著气质"的想象。

3. 扎根理论分析

（1）开放性编码

首先使用开放性编码进行概念化。本文运用 Nvivo11 分析软件对资料进行编码。按照筛选原则,将原始评论按照"热门-好评""热门-中评""热门-差评"进行了三轮编码。在编码过程中,通过原始文本的逐句阅读和分析,对评论内容进行归纳整合和比较修正,最终形成 110 个基本概念。根据语义间的逻辑关系最终形成 16 个范畴:还原原著场景氛围、符合原著时空的审美想象、延展的角色形象想象、延展的角色表现想象、延展的角色情感想象、叙事节奏、叙事合理性、叙事戏剧性、多感官参与、变化的重复、角色真实感、角色认同感、自身共鸣、哲理隐喻、价值观还原、价值观植入。开放性编码部分概念示例见表 1。

表 1 开放性编码概念示例（部分）

编码	原始语句	概念	范畴
A3	本剧所有夜晚的戏份都是点蜡烛拍摄的,没有打光的,这个可是非常贴近古代的。	灯光贴近古代特征	还原原著场景氛围
A35	服饰场景和光影效果都透着古韵。布料的质感、夜晚昏黄的烛光、极具生活气息的古代街景,就像一幅宋明时期的浮世绘。	表现古代生活氛围	

续　表

编码	原始语句	概念	范畴
B82	盛大娘子、老太太外其余的人都没有立起来，尤其是康姨妈坏得莫名其妙。	人设浮夸，没有支撑	角色真实感
C15	格局小，人物形象单薄，反派就是蠢且自负，主角就是聪明且藏拙，跟看样板戏似的。	角色塑造扁平、脸谱化	
C72	盛老爹智商着急，连自家女人在自己面前闹都摆不平，是怎么在官场上混下去的？	改编人设逻辑不合理	

（2）主轴编码

本阶段在开放性编码概念范畴提取的基础上，对资料进行二次分析和比较，按照并列、因果等逻辑关系综合比较各范畴间的相似性和差异性，进一步归类并命名主范畴。通过分析，15 个范畴被进一步归纳为 6 个主范畴，分别是场域体验、延展体验、生成体验、浸入体验、反身观照和价值认同。各主范畴与下位范畴的逻辑关系以及释义如表 2 所示。

表 2　主轴编码形成的主范畴

主范畴	范畴	释义	包含概念
场域体验	还原原著场景氛围、符合原著时空的审美想象	影视的展示模式中的环境，是否能使受众体验到记忆中原文学作品的熟悉感。	场景符合原著特征、表现出原著生活氛围、画面符合原著的时代审美特征等。
延展体验	延展的角色形象想象、延展的角色表现想象、延展的角色情感想象	从文学讲述模式的想象转移到影像展示模式的直接感知，角色形象和表演是否能够契合受众想象，完成从文学到影视的情感迁移和延展。	选角和表演是否满足想象、受众能否与之共情等。
生成体验	叙事节奏、叙事合理性、叙事戏剧性、多感官参与、变化的重复	受众在影像展示模式中，再次生成叙事，并在二者的变化重复中体验跨文本的互文。	改编情节的逻辑合理性、声音、画面和叙事的契合度等。
浸入体验	角色真实感、角色认同感	叙事的再次生成是否能够使受众对角色性格行为再次形成内在认同，并产生对角色的深度代入。	角色塑造是否饱满、是否能体会和理解角色处境等。

续　表

主范畴	范畴	释义	包含概念
反身观照	自身共鸣、哲理隐喻	叙事能否与受众产生共鸣和隐喻意义。	和受众生活有共鸣,人生智慧、生活道理等。
价值认同	价值观还原、价值观植入	叙事背后的价值观和原著的关系,是否还原原著价值观或植入新的价值观。	内核价值观是否还原原著,是否符合当代价值判断等。

（3）选择性编码

根据主范畴的基本涵义,本阶段对主轴编码内容进行了再一次的整合。并依据受众观影的心理机制,可以整理出各个范畴间存在的层次关系结构(如图1),并能够梳理出"原著粉"对影视作品"原著气质"的识别和体验脉络。

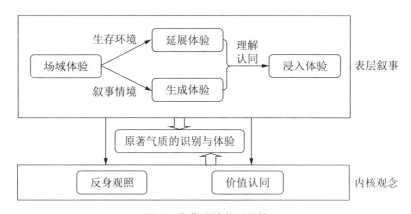

图 1　主范畴的关系结构

三、基于受众体验的"原著气质"范畴讨论

1. 表层叙事的"原著气质"识别

（1）场域体验

从文学讲述模式的想象转移到影像展示模式的直接感知的过程中,受众最先识别的就是叙事发生的场域,即影像复原的物质时空。受众通过比较原著场景氛围、验证影像空间是否满足对原著时空的审美想象,从而完成这一阶段的感性解码。诸多学者的研究均指出了受众对叙事空间还原的关注。

《知否》原著中限定了叙事空间(泉州和汴京官宦家宅)和时间(架空,参照明代)。在改编电视剧中,叙事场景改为了宋代的扬州和汴京。然而,在所有评论中仅有 1 人指出时代变化(仍给出好评),高达 62 处的评论认为影片场景是"宋代生活浮世绘""贴合原著",另有 56 处评论认为"画面有质感""符合古典审美"。分析评论不难发现,给出好评的评论倾向于认为场景还原了"生活气息";给出中评和差评的评论并未有对时空置换的质疑,仅有 2 条指出不喜欢场景和色调。而事实上,《知否》原著和电视剧情节展开的空间均是较为局域的家宅环境和生活氛围,两个朝代家宅建筑和空间的造型差异并不易被外行人识别。因此在这里,影像复原的物质时空还原了"原著粉"对古代官宦家长里短生活场景的想象建构和审美判断,从而被"原著粉"高度接受。

由此可见,"原著粉"在场域体验中关注的"原著气质"是自身认知条件下原著叙事发生场域和影视剧场景的契合度,主要是对原著中熟悉的场景氛围的识别,而非评论中"原著粉"自己强调的希望"全按原著拍"的绝对忠实度。

(2)延展体验

延展体验就是"原著粉"在进入影像场域后,延展出自己对原著角色的想象,并与影视角色的视听形象和表现进行比较。随后以角色代入为基础,体验角色多种情感和情绪的交织变换,从而完成从文学到影视的情感迁移和延展。

本文发现,角色形象与表演是否满足受众想象和受众对影片的整体评价表现出强相关性;和受众对角色的共情程度也表现出强相关性。例如认为"选角符合想象"的 92 名受众中,90 名给出了好评,2 名给出中评;而认为"能与角色情绪共鸣"的受众与"选角符合想象"受众重合度高,并同时全部给出好评;反之认为"女主台词功底差"的受众均给出中评或差评。特别的一点是,有 45 条评论均指出"选角年龄过大"这一客观表现。可见,在"原著气质"的跨媒介转译中,视觉和听觉表达能够唤起受众丰富复杂的联想,这种叙事要素成了"原著粉"检视"原著气质"的重要内容,虽然有较强的主观性,但是原著中对于角色年龄、长相、特征等具体描述需要直观展现。这也是"原著粉"对跨媒体改编"忠实度"需求最严苛的部分。

(3)生成体验

生成体验是指"原著粉"在影像展示模式中,通过叙事情节的视听铺陈,再次生成叙事,并在文本和影像二者的"熟悉和变化"中体验跨媒介的互文。

首先,文本讲述模式和影像展示模式的媒介特性决定了二者在叙事上的差异。这在《知否》原著和电视剧中表现得非常明显。比如原著本来就是"种田文",节奏舒缓,家长里短,但吊诡的是有近 1/3 的"原著粉"却认为电视剧"节奏慢,拖沓冗长"。再次分析评论文本发现,有部分受众同时表示"对白太多""几个人在屋里说说就是一集"。由于影视作品直观的视听处理与文学作品的想象处理不同,受众的观影和阅读的不同习惯决定了体验的差异。因此,在还原"原著气质"时,重要的是"家长里短"叙事气氛的再现,而非原著中"对白"这种叙事形式的重演。

其次,在受众的生成体验中,叙事逻辑的合理性是改编能否被"原著粉"接受的前提。由于《知否》影像叙事并未在故事整体的脉络走向上进行改编,所以批评"改动大"的评论仅有 3 条。认为改编不好的"原著粉"评论集中于"改编剧本逻辑不合理"(42 次),远多于"改动原著情节"评论(9 次)。比如,对于改编的朝堂戏份,有 34 名受众指出"朝堂权谋简单浮夸"的合理性问题,而并非是否可以改编;对于新增的女主男二感情线,有 18 名受众明确表示喜欢,6名表示"不喜欢"的受众中,有 4 名紧接着又指出"不符合男二前面的人设""把男二改得窝囊妈宝""明兰的性格不会这样"等人设逻辑一致性问题,可见在保持故事整体的脉络走向的前提下,"原著粉"对"原著气质"的识别重点在于能否保持叙事逻辑的合理性和原著人设的一致性。

(4)浸入体验

浸入体验是指在"原著粉"认可改编叙事的合理性后,在影像故事的情境中,以延展体验的感性认知和生成体验的理性认知为基础,重新审视角色的真实性,以自我为主体深度体验、理解、认同角色,获得内在的补偿性情感满足。

在这个阶段,受众重点关注角色塑造是否真实。一方面是与现实观照的真实感,在研究中,受众评论集中于"玛丽苏""脸谱化""金手指"等关键词。虽然受众指出的情节在叙事逻辑上能够自洽,但是过分美好或扁平的角色未能契合现实生活中受众对于复杂人性的理解和心理预期。反观众配角的群像塑造却受到了受众的好评,认为这才是"生活的常态"。另一方面是饱满鲜活的真情实感,比如有 37 名受众指出,"喜欢王大娘子""她是每天的搞笑源泉"。事实上王大娘子在原著中较为平淡,影视改编中夸张化了这个角色的搞笑、小愚蠢、小自私却不乏善良的多层次人格,这种富有生命力的情感表现满足了观众对真实感的表达需求。反观对女主角的评论,受众指出其"像上班""没有感情、信念和追求",所以即使是含蓄内敛的角色,仍需要表现出内心真实情绪和精神内核对其外在行为的支撑。

2. 内核观念的"原著气质"识别

(1) 反身观照

反身性(reflexivity)是指人能够反思并检视自身行为的能力。在这里,反身观照是指影像展示模式下的叙事特征或角色特征能否使受众产生共鸣或生成隐喻意义。这是从外部体验到内部自省的迁移过程,具有审美和观念的双重意义。

在本研究中,受众会从对角色的生存环境和行为模式的凝视转向对自身生活的追问,以联想的方式推及自身,比如表示"像我上班""希望自己也能像明兰那样活得通透"等;或引发对人生哲理的体悟,并产生一定的认知意义,比如喜欢"祖母的人生智慧"、学习到"古代礼仪文化"等。形成了反身观照的 37 名受众仅有 2 位给出中评,其余均为好评。因此在跨媒介改编中,这种反身观照再次达成了受众与叙事的现实连接,最终完成受众体验后的观念内化和认同。

(2) 价值认同

价值认同是指从"原著粉"对角色行为性格的认同进一步深化,厘清影像叙事背后的价值观和原著价值观之间的关系,是否对其延续认同,抑或是在改编故事中植入新的价值观,这是"原著气质"内在核心。

研究发现,价值认同和受众对影片的整体评价表现出强相关性,指出了《知否》内核价值观问题的受众均给出了中评或差评的评价。评论主要集中于两个方面,一是对封建思想遗存的排斥,比如"封建糟粕,嫡庶神教""矮化女性"等;二是对当代某些价值观的质疑,比如"利己主义对理想主义的嘲讽""努力争取的女性没有好结果,反而不思进取却有好结果"等。亦有评论进一步指出:"即使故事发生在古代,也可以通过故事情节批判古代的封建价值观""小说底子差,价值观有问题理应改编"等。可见改编传递的内核价值只有被受众接受并内化才能够获得受众对影片改编的认可。但对受众评论的分析不难看出,"原著粉"接受在跨媒介改编中批判原著错误价值观或植入新价值观完成修正,以契合当下语境中的价值判断,从而最终完成跨媒介内容的意义生产。

四、结　语

本研究探讨了网络文学 IP 改编剧在跨媒介改编过程中如何保持原著气质,以及这一过程对原著粉丝群体黏性的影响。研究发现,原著气质的保持并非依赖于对原著的绝对忠实,而是通过受众体验的相对忠实性来实现。改编作品的"忠实性"并非指对原著的逐字逐句复制,而是指在受众体验中的相对忠实性,包括场景还原、叙事合理性、角色真实感以及价值观的现代转译。场域体验、延展体验、生成体验和浸入体验构成了受众对改编作品表层叙事的感知,而反身观照和价值认同则是受众对作品内核观念的深入理解和认同。为了在改编过程中保持原著气质,应深入理解并尊重原著的精神内核,同时创造性地适应新媒介的特性,以实现情感和价值观的有效传递。通过上述改编策略,改编作品能够在受众心中建立起与原著的深刻联系,从而形成持久且深刻的受众黏性。

总而言之,网络文学 IP 改编剧的成功改编需要在尊重原著的同时,充分考虑受众的多维度体验,以及新媒介的表达潜力,以创造出既忠实原著又具有新意的作品,满足"原著粉"的期待并吸引更广泛的观众群体。

Research on Adaptation Strategies of Online Literature Adaptation Drama from the Perspective of Audience Experience

Abstract:Online literature IP dramas have a natural advantage in having a fan base from the original work,however,the differences between literature and film as two different expressive systems make adaptation of the original work inevitable. Therefore,how to maintain the "original essence" in cross-media adaptations in order to sustain the loyalty of the "original work fans" is a research question worth exploring in the adaptation of online literature IP dramas. This article starts from the perspective of audience experience,using grounded theory research,and identifies six categories and relationship structures of "original essence" such as situational experience, extended experience, generative experience, immersive experience, self-reflection, and value identification, and then explores adaptation strategies to maintain the "original essence" in cross-media storytelling.

Key words:cross-media adaptation; original temperament; Audience experience

作者简介:方睿,上海理工大学出版学院副教授;朱雪婷,上海理工大学出版学院 2022 级硕士研究生;张莎莎,上海理工大学出版学院讲师。

团中央在上海组织发展沿革
（1920—1933）

王鑫鹏　张如意

摘　要:1920—1933 年团中央在沪期间,组织建设经历了从无到有,再到形成一套严密系统的转变。1920 年 8 月 22 日,上海社会主义青年团在共产国际与中共早期组织的指导下成立,为中国的青年运动翻开了新的篇章,但由于组织建设不健全,不久后停止了活动。1922 年 2 月 12 日,团临时中央局成立,标志着青年团有了全国性的领导机关,团中央组织建设就此起步。此后,团中央在实践中因时制宜地调整自身组织设置,逐步建立了成熟的组织体系,为其顺利开展革命活动提供了保障,也为日后党团建设积累了丰富的历史经验。

关键词:团中央　上海　组织建设

1920—1933 年在沪期间,青年团的组织工作从稚嫩走向成熟。作为中共的助手和后备军,团中央成立后,通过不断完善组织体系,因时制宜地改革组织机构,使得中共的意志、政策、指示以及青年团的工作方向得以贯彻,为革命活动的顺利开展奠定了组织基础。团中央组织机构的调整变化,是研究青年团在沪活动不可忽视的重要因素。本文以 1920—1933 年团中央在沪期间组织沿革为线索,对其组织建立、机构变迁等情况进行系统梳理,为青年团研究尽绵薄之力。

一、上海社会主义青年团的成立

上海社会主义青年团成立的动力既来自多难频仍的近代中国的内生动

力,又来自十月革命成功后苏俄的外在助力。马克思主义传入中国,给四处求索的中国知识分子指出了一条新道路,五四运动的爆发是中国知识青年一次勇敢的实践。在此背景下,共产国际派维经斯基来华与信仰马克思主义的知识青年接触,两相作用下,促成了上海社会主义青年团的成立。

1920 年 3 月,维经斯基一行被俄共(布)远东州委符拉迪沃斯托克分局外国处派遣前往中国,他们此次来华的目的是了解中国的政治情况,并"同中国的革命组织建立联系"①。维经斯基一行到达中国后,在北京接触到了李大钊。李大钊积极宣传马克思主义,公开赞扬十月革命,并在北京组建了中国的第一个马克思学说研究会,对于马克思主义革命理论有较深的研习。在北大红楼,维经斯基与李大钊就建立中国共产党的问题,进行了多次会谈,向李大钊等北京的马克思主义者进行建党的启示,为北京成立早期党组织奠定了思想和组织基础。②之后,维经斯基一行前往上海。

维经斯基在上海期间,时任《新青年》杂志主编的陈独秀是其主要接触的人物,他在给俄共(布)远东局的信上写道:"现在实际上我们同中国革命运动的所有领袖都建立了联系""享有很高声望和有很大影响的教授(陈独秀)是中心人物,正共同进行工作"③,可见其在沪活动取得了一定成效。基于中国的革命形势,维经斯基认为中国革命者当前的重要任务,一是"把各种革命团体联合起来组成一个中心组织"④,二是"把各种革命学生团体组织起来,建立一个总的社会主义青年团"⑤。在此情形下,成立中国共产党及社会主义青年团一事被提上日程。

1920 年 5 月,上海马克思主义研究会在陈独秀等人的组建下成立,共产党组织在此基础上加快了建立的步伐。据施存统回忆:"一九二〇年六月底,陈独秀、陈公培、俞秀松、李汉俊和我五个人,在上海建立了革命组织,拟出十

① 中国社会科学院现代史研究室编译:《维经斯基在中国的有关资料》,中国社会科学出版社 1982 年版,第 460 页。
② 《罗章龙谈维经斯基》,中国社会科学院现代史研究室编译:《维经斯基在中国的有关资料》,第 444—445 页。
③ 《魏金斯基致佚名者的信》(1920 年 6 月),李玉贞译:《中共成立前后的一些情况》(一),《党的文献》1996 年第 4 期,第 94 页。
④ 《维经斯基给某人的信》(1920 年 6 月),中共中央党史研究室第一研究部编译:《联共(布)、共产国际与中国国民革命运动(1920—1925)》(第 1 卷),中共党史出版社 2020 年版,第 25 页。
⑤ 《维经斯基给俄共(布)中央西伯利亚局东方民族处的信》(1920 年 8 月 17 日),中共中央党史研究室第一研究部编译:《联共(布)、共产国际与中国国民革命运动(1920—1925)》(第 1 卷),第 30 页。

条纲领"①,这次会议明确建立的是信仰共产主义的政党,并以马克思主义为指导起草了具有党纲、党章性质的条文,中国共产党发起组就此成立。②陈独秀在组建共产党的同时,对创立社会主义青年团一事进行了酝酿,他提出的上海建党 4 项实际工作中,第 3 项工作就是关于青年工作,即"需要用各种形式来组织广泛的青年,使他们参加多方面的工作"③。中共发起组与维经斯基等苏俄代表在建立青年团方面的想法是一致的。

　　1920 年 8 月 17 日,维经斯基致信俄共(布)西伯利亚州局东方民族处时写道:"希望在这个月内把倾向革命的大学生组织起来,建立一个集中的社会主义青年团。"④五四运动使得共产国际认识到了中国学生的革命性,将他们视为重要的革命力量,因此试图通过建立青年团来统一领导中国的学生运动。维经斯基根据苏俄青年团的组织形式和革命经验,指导了中国的建团活动。8 月 22 日,上海社会主义青年团成立。

　　在莫斯科出席青年共产国际"二大"的俞秀松曾对上海社会主义青年团的组织情况进行了汇报:"原先在上海青年团仅有一个常委会,由 4 人组成,他们主持青年团的整个工作。至今年 1 月,增加了常委,并成立了执行委员会。"⑤随着团员人数的增长,团组织规模逐渐扩大,1921 年 1 月,上海青年团成立了执行委员会,委员会由秘书、宣传等 8 处组成,俞秀松出任书记,上海青年团的组织机构初步形成,但未形成全国性的领导机关。

　　上海社会主义青年团成立后,在苏俄和中共早期组织的指导下,以外国语学社为中心,践行马克思主义者的理想,展开了创办进步刊物、指导工人运动、协助各地建团等活动,为日后党团领导的青年运动积累了历史经验。1921 年 5 月,上海社会主义青年团因自身组织建设不健全,包括指导思想不统一、缺乏领导骨干、无固定经费等原因,停止了活动。

---

①　施复亮:《中国社会主义青年团成立前后的一些情况》,中国社会科学院现代史研究室、中国革命博物馆党史研究室选编:《中国共产党第一次全国代表大会前后资料选编》(二),人民出版社 1980 年版,第 71 页。

②　中共上海市委党史研究室著:《中国共产党上海历史(1921—1949)》(第 1 卷)上册,中共党史出版社 2022 年版,第 18 页。

③　李玉琦主编:《中国共青团史稿(精编)》,中国青年出版社 2012 年版,第 29 页。

④　中共"一大"会址纪念馆编:《中共首次亮相国际政治舞台资料选集》,上海人民出版社 2016 年版,第 31 页。

⑤　《中国社会主义青年团代表的报告》(1921 年 7 月),共青团中央青运史研究室、中国社会科学院现代史研究室编:《青年共产国际与中国青年运动》,中国青年出版社 1985 年版,第 53—54 页。

二、中国社会主义青年团临时中央局的设立

1920 年 8 月,上海社会主义青年团建立后,接着北京、广州、长沙、武昌等地纷纷响应建团,但这一时期团内并未形成全国性统一领导。在不到 1 年时间内,各地青年团陆续停止了活动,直到青年团"一大"召开,各地团组织才正式恢复。

在青年团"一大"召开前,有一个被多数地方团承认的临时"中央"机构,即"临时中央局"。团临时中央局设于上海,由上海青年团兼任,负责人为施存统。对于团临时中央局成立的时间,学界观点不一,总体有 1920 年 11 月[①]、1921 年 4 月[②]、1921 年 11 月[③]、1922 年 2 月上旬[④]以及 1922 年 4 月[⑤]等 5 种说法,论者认为其应当成立于 1922 年 2 月 12 日。

1921 年 3 月,青年共产国际东方部书记格林谈道:"我知道上海的青年团是中国青年团中最好的一个。因为没有全中国的同盟。"[⑥]此外,上海青年团书记俞秀松于 1921 年 7 月出席青年共产国际"二大"时,未曾提到青年团已有全国性的领导机关。若 1920 年 11 月团临时中央局已建立,格林与俞秀松应当不会同时忽略此具有中央性质的领导机关。因此,论者认为团临时中央局在上海社会主义青年团停止活动前未成立。

青年共产国际"二大"后,中共中央召张太雷回国工作,他带来了青年共产国际"二大"的指示,即筹备建立共产主义青年团。关于青年共产国际的指示,至今并未发现直接相关的档案记录。一般认为,张太雷所带来的命令体现于 1921 年 7 月 20 日,在共产国际远东书记处主席团与中国支部联席会上,共产

---

① 中共中央党史研究室编:《中国共产党历史大事记(1919.5—2005.12)》,中共党史出版社 2006 年版,第 6 页。

② 舍维廖夫:《中国共产党成立史》,译自(苏)《远东问题》1980 年第 4 期,中国社会科学院现代史研究室、中国革命博物馆党史研究室选编:《中国共产党第一次全国代表大会前后资料选编》(三),人民出版社 1984 年版,第 164 页。

③ 郑洸:《"团先于党而诞生"辨析》,《党的文献》2010 年第 5 期,第 102 页。

④ 冯铁金:《有关团一大召开前后五个问题的考辨》,共青团中央青运史档案馆编,李静主编:《青运春秋》,中国青年出版社 2021 年版,第 150 页。

⑤ 中共中央组织部、中共中央党史研究室、中央档案馆编:《中国共产党组织史资料(1921—1997)》(第 1 卷),中共党史出版社 2000 年版,第 53 页。

⑥ 《青年共产国际执行委员会东方书记处致中国上海社会主义青年团书》(1921 年 3 月),共青团中央青运史研究室、中国社会科学院现代史研究室编:《青年共产国际与中国青年运动》,第 38 页。

国际远东书记处负责人舒米亚茨基对与会者说："我们必须在社会主义青年团中工作,抓住青年团的领导权,逐渐吸引和集聚无产阶级分子和马克思主义知识分子,将社会主义青年团转变为共产主义青年团。"① 8月,张太雷在青年共产国际和中共中央局的指导下展开了青年团的整顿与恢复工作。11月,中共中央局书记陈独秀发出通知,要求1年后"全国社会主义青年团"必须发展到"超过两千团员",并告诉各地"'青年团'及'女界联合会'改造宣言及章程日内即寄上,望依新章从速进行"。② 根据此通告,迟至11月,上海青年团的恢复工作已在进行,新的章程正在制定或已制定完成,上海青年团准备帮助各地进行建立或恢复青年团的活动。但中共中央的通知中并未声明上海青年团是具有中央性质的机构,无法证明团临时中央局此时已成立。

有学者认为,张太雷在返回上海后,并未全力开展青年团的整顿工作,而是把大量精力投入在组织远东各国参加远东大会代表团及安排代表从中国出境赴俄的工作。张太雷在返沪当年的10月初,作为共产国际密使前往日本选派出席远东大会的代表,并会见了施存统。10月中旬,张太雷回到上海后,恰逢陈独秀被捕入狱,又将精力投入营救陈独秀一事中,直至10月26日陈独秀获释。此后,张太雷作为马林的翻译和助手,11月21日陪同马林在上海会见孙中山,12月10日随马林南下考察,直至隔年3月7日返回上海。③ 因此,张太雷在1921年11月组建团临时中央局的可能性较低。

1922年1月21日—2月2日,在莫斯科的任弼时等11名中国青年团的代表,与中国共产党、国民党、无党派人士共同组成的中国代表团出席了远东各国共产党及民族革命团体第一次代表大会。④ 针对中国青年团组织涣散的情况,会议要求中国"少年团体应当组织坚固的全国总部及各地分部,来替代旧日各自独立而须互相报告的组织形式",即"每省应有个大会举出一个全省委员会;各省应再举出委员来组织一个中央委员会。各地方分部须服从中央

① 《【共产国际】远东书记处主席团与中国支部及杨好德同志联席会会议记录第1号》(1921年7月20日),瞿秋白、张太雷、恽代英研究会,张太雷纪念馆编:《张太雷研究史料集》,中央文献出版社2007年版,第160页。
② 《中国共产党中央局通告——关于建立与发展党团工会组织及宣传工作等》(1921年11月),中央档案馆编:《中共中央文件选集(一九二一——一九二五)》,中共中央党校出版社1989年版,第26—27页。
③ 李玉琦:《张太雷与团一大》,共青团广州市委员会、广州青年运动史研究委员会编:《寻档与研究——中国共青团创建时期研究文选》,中共党史出版社2017年版,第271页。
④ 印红标:《青年共产国际与中国社会主义青年团建立》,《史学集刊》1986年第1期,第37页。

委员会的指示"。①上述内容说明,此时中国青年团仍未形成全国总部,情况应当属实。若 1921 年 11 月国内已成立团临时中央局,这一消息理应向在莫斯科的代表们转达。上海与莫斯科之间的通信时间较长,但 11 月至隔年 2 月初,代表们仍有相当时间可以获取信息,实际上他们并未收到任何相关通知。因此论者认为从 1921 年 11 月至 1922 年 2 月也未成立团临时中央局。

团临时中央局成立于 1922 年 4 月的说法也不成立。这一时期上海青年团由 1921 年年底从日本归来的施存统负责。谭平山于 3 月 6 日给施存统的信中提道:"大会地点,如能够改在广州更好,因为比较的自由。粤区预算非成立会后不能开出。"②他在信中向施存统建议更改大会地址,上报广东青年团的预算情况,此外信中还说明了广东团的组织机关、人员等情况,内容形式更多呈现的是向上级领导机构进行工作汇报。此外,1922 年 3 月 27 日,唐山青年团《给代理团中央的信报告建团情况》中对上海青年团的称呼为"上海青年团总部代理中央机关诸君",信件还提到:"函悉一切,派代表赴广出席,本团常会尚未决议。"③根据此内容可推测,该信应当是上海青年团代理的团临时中央局收到谭平山的建议后,向唐山等地方青年团通知大会地点更改为广州,而后所收到的唐山青年团的回信。如此一来,唐山青年团收到团临时中央局信件的时间不会超过 3 月中旬,因此团临时中央局成立于 4 月的说法不成立。

论者认为,团临时中央局成立于 1922 年 2 月 12 日,理由如下。1922 年 2 月 22 日,上海青年团以"代理书记"的名义向各地团组织发布通讯:"于二月十二日开会,决议团全国大会。"④可见,上海青年团曾在 2 月 12 日商讨召开青年团全国大会。按照青年团临时章程规定:"有五个地方团成立时,即召集全国大会,通过正式章程及组织中央机关。正式机关未组成时,以上海机关代理中央职权。"⑤因此,在形成 5 个地方团后,至召集全国大会期间,上海青年团将

---

①　《关于中国少年运动的纲要》(1922 年 1 月),中国新民主主义青年团中央委员会办公厅编:《中国青年运动历史资料(1915—1924)》,中国青年出版社 1957 年版,第 107 页。

②　《谭平山关于广东团的工作情况致方国昌信》(1922 年 3 月 6 日),中国社会科学院青少年研究所青运史研究室编:《青运史资料与研究》(第 2 集),内部资料,1983 年版,第 150 页。

③　中共唐山市委党史办公室编:《唐山革命史资料汇编》(第 6 辑),内部资料,1987 年版,第 55 页。

④　《中国社会主义青年团的重要通讯》(1922 年 2 月 22 日),中国社会科学院青少年研究所青运史研究室编:《青运史资料与研究》(第 2 集),第 87 页。

⑤　《中国社会主义青年团临时章程》,中国社会科学院青少年研究所青运史研究室编:《青运史资料与研究》(第 1 集),内部资料,1982 年版,第 72 页。

履行团临时中央局的职能。

上海青年团商议召集全国大会的时间为 2 月 12 日,此时已经达到了召开全国大会的前提条件,即地方团的数量超过 5 个。鉴于此章程可能是在 1921 年 11 月前后制定,而那时的地方团数量可能不足 5 个。事实上,青年团"一大"召开时全国已有 17 个地方建有青年团,全国大会时有 15 个地方团派出代表出席。1921 年 12 月,张太雷随马林南下后,上海青年团的领导位置出现空缺,即使这时全国已成立足够数量的地方团,可能也无法按章程规定按时召开大会,直到隔年 1 月初,施存统开始负责相关事务,这一空缺才被补上。但这一时期上海青年团并未决定召集全国大会,因而上海青年团代理临时中央局的条件不足。按照章程规定,只有发起召集全国大会后,至正式机关成立期间,上海青年团才会履行临时中央的职能。

由此可见,中国社会主义青年团临时中央局应当成立于 1922 年 2 月 12 日,即上海青年团开会商议召集全国大会之时。这一天同时符合临时章程所规定的"有五个地方团成立时,即召集全国大会"和"正式机关未组成时"两种情形。

三、团中央组织的发展与完善

团临时中央局的成立标志着全国性领导机构的形成,改变了此前各地方团群龙无首的旧貌,特别是为青年团"一大"的召开奠定了组织基础。团中央的组织建设工作也以此起点,逐步形成规范且严密的体系。

1922 年 5 月 5 日,青年团"一大"在广州开幕。大会共开了 6 天,举行了 8 次会议,通过了《中国社会主义青年团纲领》《中国社会主义青年团章程》等 7 个决议文件。大会决定让中国社会主义青年团加入青年共产国际,组成它的一个支部。[1]对此,青年共产国际表明这次大会最大意义就是"肃清内部的复杂分子",通过了中国青年团作为其支部成员的申请。[2]5 月 10 日晚,施存统、张太雷、蔡和森、俞秀松、高尚德被推选为团中央执行委员会委员,施存统担任

① 郑洸、罗成全:《中国社会主义青年团的创建(综述)》,共青团中央青运史研究室编:《中国社会主义青年团创建问题论文集》,内部资料,1984 年版,第 20—21 页。

② 《青年共产国际给中国社会主义青年团书》(1922 年 12 月),中共中央党史研究室第一研究部编,黄修荣主编:《共产国际、联共(布)与中国革命文献资料选辑(1917—1925)》(第 2 卷),北京图书馆出版社 1997 年版,第 389—390 页。

书记,团中央正式成立。随后在 5 月 12 日召开团中央执委会第二次会议,制定了《中国社会主义青年团中央执行委员会细则》,规定:"本委员会主要工作分为三部:书记部——掌理组织、财政、搜集报告,发给通告等事;经济部——掌理关于改良青年工人农人经济状况等事;宣传部——掌理教育及政治的工作,主义宣传及出版等事。"①会议最终决定施存统任书记,俞秀松任经济部主任,蔡和森任宣传部主任,团中央入驻上海。

团中央设立上述 3 个部门后,在处理团务中仍感无力。事实上,各级团组织在青年团"一大"之后的各项政治斗争中,基本上都是根据中共的领导和安排开展,在人员调动上也服从中共的决定。中共对于青年团领导人的择优调用在一定程度上影响了团中央的工作效率,如 1922 年 10 月 30 日,蔡和森、俞秀松、高君宇 3 人"因任 C.P.中央委员,不能兼顾 S.Y.事,提出辞职"②。团中央的 3 位执行委员同时辞职,对团组织工作产生的影响不言而喻。马林在工作记录中对此批评道:"青年一片混乱。情况很糟……中央委员会已解散,应建立新的。"③这种情况急需得到更正。在此背景下,1923 年 8 月,青年团"二大"召开,对团中央执行委员会的组织结构进行调整。

青年团"二大"决定,在团中央执行委员会的基础上设立中央局,并由执行委员会选举委员长、秘书、编辑及会计,由委员长总理团务。另将原有的 5 位中央执行委员增加为 7 位,并对候补委员进行了巩固,防止中央委员缺职时工作无人负责。根据上述规定,大会在 8 月 25 日选举邓中夏等 7 人组成中央执行委员,并选出候补委员恽代英等 4 人,有委员离职时替补。会后,施存统因病向大会提出辞职,恽代英被替补为中央执行委员。由于大会所选举的 7 名委员,到会者只有邓中夏、刘仁静、卜世畸、林育南 4 人,不能召开中央执行委员会第一次全体会议,遂决定暂时组织临时中央局,分配职务如下:委员长——邓中夏;秘书——卜世畸;编辑——刘仁静;会计——林育南。④邓中夏担任团中央委员长的时间较短,因其担负中共党内重要工作,无力兼顾团的事

---

①　赵朴:《青年团的组织史资料》,中国社会科学院青少年研究所青运史研究室编:《青运史资料与研究》(第 1 集),第 40 页。

②　李永春编:《蔡和森年谱》,湘潭大学出版社 2008 年版,第 118 页。

③　《马林工作记录》(1922 年 10 月 14 日—11 月 1 日),中共中央党史研究室第一研究室部编,黄修荣主编:《共产国际、联共(布)与中国革命文献资料选辑(1917—1925)》(第 2 卷),第 331 页。

④　赵朴:《青年团的组织史资料(之二)》,中国社会科学院青少年研究所青运史研究室编:《青运史资料与研究》(第 2 集),第 52 页。

务,所以在 9 月 29 日辞去委员长一职,改由刘仁静担任。这次组织机构的调整仍存在不足,比如出现了工作全部由委员长与秘书负责,其余委员除了开会外不承担工作的情况。①鉴于存在上述问题,1924 年 3 月 22 日,团中央执行委员会在上海召开了第二次中央扩大执行委员会会议,对团中央组织机构再度进行调整。会议决定取消二次大会设置的"委员长"一职,并对中央局工作进行修改和补充,将其分为"秘书、组织部、宣传部、农工部、学生部",规定"以上四部,各设主任一人,合秘书组织中央局,于中央局常会时应互相报告其工作情形"。此外,还说明"此后中央局的工作应分配适宜,各有专责,以免事权集于一人之弊"。这次调整使得团中央机构的设置更加专业化,工作内容得到细化,并避免了工作集中于个别职位的问题,提高了团中央运作的效率。4 月 23 日,团中央局以秘书刘仁静、组织部中夏署名通告各地:依照扩大执行委员会通过之修正中央局组织法决议案,中央执行委员会决定重新组织,分配工作如下:秘书——刘仁静;组织部——邓中夏;宣传部——恽代英;农工部——梁鹏云;学生部——卜世畸,此时仍是刘仁静总理团务。②

大约 5 月中上旬,团中央局秘书刘仁静因与上海青年团负责人施存统发生矛盾而赌气离开团中央。③刘仁静走后,秘书一职由中央局成员互相代理。其间,农工委员梁鹏云一直未到职任事,而卜士畸因泄漏留俄消息,被撤去中央委员资格,留团察看。④为了健全组织以利于工作,团中央于 1924 年 7 月 10 日发出通告,对组织机构领导人进行调整,规定秘书一职由林育南代理;农工部在卜世畸离职后,由李求实代理,团中央的负责人为林育南。

1925 年 1 月,中共"四大"在沪召开,大会制定并通过《对于青年运动的决议案》,强调社会主义青年团在青年运动中的领导作用,要求青年工作加强对青年工人、农民、学生的领导,并使学生运动与工人、农民运动相结合。随后,为了在团内贯彻中共"四大"的精神,青年团"三大"于 1 月 26 日在上海召开,

---

① 刘庆宇:《共青团组织机构变迁史研究》,《中国青年研究》2019 年第 6 期,第 12 页。
② 赵朴:《青年团的组织史资料(之二)》,中国社会科学院青少年研究所青运史研究室编:《青运史资料与研究》(第 2 集),第 65—71 页。
③ 《刘仁静谈社会主义青年团早期情况》(1980 年 2 月 2 日),中国社会科学院青少年研究所青运史研究室编:《青运史资料与研究》(第 1 集),第 159 页。
④ 《团上海地委报告第五号——关于卜士畸同志泄漏留俄消息》(1924 年 6 月 29 日),中央档案馆、上海市档案馆编:《上海革命历史文件汇集(青年团上海地委文件)一九二二年七月——一九二七年一月》,上海市档案馆 1986 年版,第 67 页。

这次大会决定将"中国社会主义青年团"更名为"中国共产主义青年团"。

关于青年团的名称问题,1921 年 7 月,青年共产国际"二大"通过的《青年共产国际章程》指出:"凡属于青年共产国际的组织,一律用共产主义青年团命名。"①青年团"一大"已决议加入青年共产国际,但仍沿用旧称,没有按章改名。青年团"二大"上,旅欧及长沙代表提出应将团名改为"中国共产主义青年团",终遭否决。不改旧名的原因,一是为了免遭当局迫害;另外则是考虑到不少无政府主义者愿意接受"社会主义"却不愿接受"共产主义"。因此"社会主义青年团"的名称一直延续到青年团"三大"召开前。青年团"三大"对于改名一事宣称:"我们相信要促成中国的革命运动,必须引导中国的青年认识而且信赖无产阶级的力量,所以我们用不着隐讳我们代表无产阶级利益的主张"②,遂决定将中国社会主义青年团改名为中国共产主义青年团,由此确立了"共青团"这一名称。此次大会除变更团组织的名称外,还通过了新的组织方案,将中央局的职务设置更改为总书记、组织及训练、宣传及出版、工农、学生、妇女、非基督教等部。最终,依据大会通过的相关决议,任命张太雷等 9 人担任中央委员,林育南等 5 人为候补委员,张太雷任总书记。③1925 年 5 月 6 日,中共中央和团中央召开联席会议,决定免去张太雷团中央局书记职务,任候补委员林育南为总书记,林育南未到任之前,由任弼时代理。大约 7 月,经团中央开会决议,正式任命任弼时为团中央总书记,任弼时担任团中央书记一职直到 1927 年 5 月。

1925 年 9 月,团中央执行委员会扩大会议在北京召开,会议决定取消工农部,改设经济斗争委员会;明确宣传部和组织部的职能;取消学生部、妇女部、非基督教部,均设相应的委员会。1926 年 7 月,又在此基础上增设儿童运动委员会。团中央局形成了总书记、宣传部、组织部、经济斗争委员会、非基督教委员会、学生运动委员会、妇女运动委员会、儿童运动委员会 8 个部门共同协作的结构。至此,团中央的组织建设已相当成熟,但由于国民党发动反革命政变及团中央工作路线发生变更,这一结构未能持续太久。

---

① 《青年共产国际章程》,中共中央党史研究室第一研究室部编,黄修荣主编:《共产国际、联共(布)与中国革命文献资料选辑(1917—1925)》(第 2 卷),第 209 页。

② 程玉海、田保国、林建华、张维克:《青年共产国际史》,中国人民大学出版社 1992 年版,第 136 页。

③ 中共中央组织部、中共中央党史研究室、中央档案馆:《中国共产党组织史资料——党的创建和大革命时期(1921.7—1927.7)》(第 1 卷),中共党史出版社 2000 年版,第 60 页。

1927年5月10日,青年团"四大"在国民党右派发动反革命政变,全国被白色恐怖所笼罩的背景下召开。大会坚持继续领导一切革命青年为中国革命而奋斗的方针政策,选出了7名委员和3位候补委员组成中央局,总书记为任弼时,由肖子暲代理。由于革命形势的突变,中央局所设机关简化为组织部、宣传部、劳动部3部。"八七"会议后,青年团中央委员会召开会议,决定在团中央局下成立南方局和北方局,任弼时调至中共中央工作,兼任团中央书记,11月后,由肖子暲任书记一职。

1928年7月,青年团在莫斯科召开第五次全国代表大会,大会选举关向应为团中央书记,华少峰为宣传部长,李子芬为组织部长。大会规定团中央局下设工作机构包括秘书处、组织部、宣传部、经济斗争委员会、农村工作委员会、军队工作委员会、妇女运动委员会和儿童工作委员会,在过去已有机构的基础上增加了农村工作委员会和军队工作委员会,取消了非基督教委员会。上述机构的调整体现出青年团工作方向的转变,开始将在农村地区和军队中建设青年团组织视为重要任务。1929年9月27日,中共中央政治局决定,由温裕成出任团中央书记。此人事安排未经青年团执委大会讨论,中共中央仍可直接安排团中央的人事任免。

1930年8月,在李立三的领导下成立了中共中央总行动委员会,各级党团组织合并为行动委员会,团中央机关改为中央总行委青年秘书处,由袁炳辉负责,实际上取消了青年团组织。9月19日,中共中央与团中央联合发出第89号通告,要求立即恢复团的组织。10月,青年团恢复后,中共中央政治局常委决定仍由温裕成出任团中央书记。12月16日,秦邦宪被选为团中央委员,进入团中央局工作。①1931年1月,中共召开六届四中全会,王明等人取得中共中央领导地位。3月,团中央书记温裕成因不遵守秘密工作纪律及贪污等问题,先后受到严重警告和撤职处分并被派往鄂豫皖苏区。②3月11日,青年团召开五届四中全会,秦邦宪在会上当选为团中央书记。9月,中共中央在上海成立临时中央政治局,团中央工作机构也随之作出调整,由胡均鹤担任团中央书记。

---

① 中共中央组织部、中共中央党史研究室、中央档案馆编:《中国共产党组织史资料第二卷土地革命战争时期(1927.8—1937.7)》上册,中共党史出版社2000年版,第169—172页。

② 刘金田、沈学明主编,王琦等撰:《历届中共中央委员人名辞典(1921—1987)》,中共党史出版社1992年版,第359页。

　　胡均鹤在担任团中央书记时被国民党特务逮捕入狱后叛变。关于胡均鹤的被捕时间,学界有不同看法,论者认为胡均鹤是在 1932 年 10 月间被捕。中共临时中央政治局于 1932 年 10 月 27 日发表了关于开除胡均鹤党籍的决议①,胡均鹤应是在此之前便已被捕入狱,因此其担任团中央书记的时间应当为 1931 年 9 月—1932 年 10 月。胡均鹤被国民党特务逮捕后,王云程接替出任团中央书记,至 1933 年初也被捕入狱。1933 年初,团中央机关再次遭遇重大破坏,无法继续在上海立足,不得已随中共临时中央政治局迁入中央苏区,团中央在上海的工作也告一段落。

　　综上所述,青年团作为中共领导青年力量的桥梁与纽带,在中国革命史上做出了不可磨灭的贡献。青年团建立至今已逾百年,团的工作并非一帆风顺,其 1920—1933 年在沪工作的实践见证了青年团从幼稚走向成熟的历史转变。回顾团中央在沪期间组织发展脉络,这一时期,青年团逐步建立了完善的组织机构、工作方法、规章制度,为青年运动的顺利开展奠定了基础,也为日后青年团的发展积蓄了力量。虽然在组织建设中,仍然存在诸如"党团不分"这样的缺陷,但总体而言青年团能够以较高的效率完成组织调整,进行自我修复、自我塑造。青年团在组织建设方面所取得的成果为推动中共和青年团自身建设提供了丰富的历史经验。如今,青年团依然作为中共的助手和后备军,主动承担责任与使命,在历史赋予它的定位中发光发热。

The Development of the Youth League Central Committee in Shanghai(1920—1933)

Abstract:During the period from 1920 to 1933 when the Central Committee of the League was in Shanghai, the organizational construction experienced a transformation from scratch to the formation of a strict system. On August 22, 1920, the Shanghai Socialist Youth League was founded under the guidance of the Communist International and earlier organizations of the Communist Party of China, opening a new chapter for the youth

---

① 　党中央委员会:《开除胡均鹤胡大海的党籍团籍的决议》(1932 年 10 月 27 日),《斗争》1932 年第 32 期,第 44 页。

movement in China, but its activities were soon discontinued due to inadequate organizational construction. On February 12, 1922, the temporary Central Bureau of the Youth League was established, marking that the Youth League had a national leading organ, and the organization construction of the central Committee of the Youth League began. Since then, the Central Committee of the League adjusted its organizational Settings according to the time and conditions in practice, and gradually established a mature organizational system, which provided a guarantee for its smooth revolutionary activities and accumulated rich historical experience for the future construction of the Party and the league.

Key words: Central Committee of the Communist Youth League of China; Shanghai; Organization construction

作者简介:王鑫鹏,上海师范大学人文学院中国史博士研究生;张如意,上海师范大学人文学院中国史博士研究生。

文化符号与意象的重构：
《神秘的笛音》中的诗歌与文化互动

冯诚纯

　　摘　要：安东·韦伯恩《神秘的笛音》不仅是一首无调性艺术歌曲，更是一次东西方文化符号的重构与对话。这部作品通过采用李白的《春夜洛城闻笛》作为歌词文本，结合无调性音乐的现代手法，展示了东方诗歌意象在西方语境中的文化再创造。本文探讨了李白诗歌的意境、汉斯的德语改编及其在韦伯恩音乐创作中的跨文化流动，分析了符号学理论在这一跨文化重构中的应用。本文通过解读韦伯恩如何将李白的诗歌意象与西方浪漫主义及现代音乐思潮相结合，揭示音乐作为文化媒介在符号重构与文化认同中的重要作用。

　　关键词：无调性　文化符号　诗歌意象　跨文化交流　符号重构

　　早期的德奥艺术歌曲以民间歌曲的收集、整理和创作为主，直至 19 世纪初，工业革命后城市现代化的迅速发展和社会变革，致使人们更加渴望自由与民主权利，对自然、道德伦理和个人情感的寻求也更为强烈。此时，文学界涌现了众多充斥着人文情感、社会现实和个性表达的浪漫主义诗作，这在时代的碰撞下也即刻影响了当时许多作曲家，他们将这些诗歌谱写成曲，来展示其对个人主义、自然主义的内心世界探索，对之后音乐与文学的结合创作产生了深远的影响。这一时期，浪漫主义传统调性的艺术歌曲在世纪之交的时代动荡影响下被打破，音乐家思维上的传统调性逐渐弱化，反浪漫主义的美学思想开始萌芽。多种原因导致旋律的听觉色彩相较晚期浪漫主义更为戏剧化，音高组织从半音性逐渐发展为无调性。安东·韦伯恩,受其老师勋伯格音乐思想及作曲技法影响,打破传统调性思维,"以其特有的碎片式无调性特质,并通过柔和音乐力度的偏爱,成了帮助并引发这场世纪之交的短暂音乐革命的青年作曲家之一"①,为 20 世纪的新音乐艺术歌曲作出了重要贡献。

在这种背景影响下,安东·韦伯恩的《神秘的笛音》(*Die geheimnisvolle flöte*)(Op.12,No.2)②不仅仅作为一首无调性艺术歌曲,更是跨越时空与文化的对话。歌曲以德语改编的唐代诗人李白的《春夜洛城闻笛》为文本,将东方诗意与西方现代音乐思潮相融合,形成了一种独特的文化符号重构。李白的诗歌以简约却富有情感张力的语言描绘了听到笛声的瞬间,这种带有象征意义的意象被引入西方语境中,通过汉斯的德语翻译,使得这一诗歌的文化符号在新的文化背景下得以重生和再现。

这种文化互动不仅仅局限于语言的转换,而是包含了深层的文化符号学意义。诗歌中的笛声象征着思乡之情,而笛子作为中国传统文化中的重要符号,在翻译和音乐的跨文化表达中,逐渐被赋予了新的文化内涵。韦伯恩通过这种中西文化符号的融合与再造,使诗歌中的意象在无调性音乐的背景下焕发出新的活力。这不仅仅是一次简单的文学翻译,而是一种文化符号与意象的重构,展示了东方诗歌与西方文化之间的深层次联系。

在跨文化交流中,诗歌成了传递文化价值与情感的媒介。通过《神秘的笛音》,韦伯恩成功地将李白的诗歌意境与西方现代音乐的实验性结合在一起,重新构建了东西方文化符号的对话。这种对话不仅突显了诗歌作为文化符号的跨文化流动性,也揭示了在不同历史背景下,不同文化如何通过艺术创造出新的表达方式。正是这种特殊的符号互动,使得《神秘的笛音》不仅仅是一首音乐作品,更是一种文化融合的象征,展示了东西方文化在诗歌与艺术中的深层互动。

一、文化符号的跨文化重构

韦伯恩作品 Op.12,No.2 的歌词运用了德国诗人汉斯·贝奇所翻译的中国诗集《中国长笛》中唐代诗人李白的诗词,原名为"春夜洛城闻笛"。李白一

---

① Heinrich Isaac, "Denkmaeler der Tonkunst in Oesterreich", *Choralis Constantinus*, 1909, p.8.
② 歌曲《神秘的笛音》,选自作品号 Op.12,是由 4 首歌曲组成,但其相互的关联性并不强,No.1 和 No.3 创作于 1915 年 1 月,而 No.2 和 No.4 则是在 1917 年的 3 月和 4 月。

直以来被多数西方人描绘成一位自由奔放、热爱自然、不拘一格的艺术家形象,这与西方文化中的浪漫主义和反传统思潮相契合,也因为这些特点使得他的诗歌在西方文化中得到了广泛的欣赏和共鸣。在王丽娜 1986 年发表的《李白诗在西方》①中,归纳对李白诗词进行翻译并改编的西方诗人、作家就有 147人,其中德语作家 24 人,这进一步证明了李白在西方文化中的影响力。"这样一个来自远方、藉赋诗以远离尘嚣、超脱世事的诗人,他诗中呈现的精神境界,也正好是新旧世纪更替时,许多读者内心的向往渴慕。"②因此,通过汉斯的翻译改编后,借鉴了中国文学的独特艺术魅力,德文题目更名为《Die ge-heimnisvolle flöte》,即《神秘的笛音》。

符号学理论认为,"文化符号是某一特定文化中的象征,具有特定的意义和历史根源。"③笛声作为一种文化符号,代表了中国传统文化中的离愁别绪,笛子的声音与家国情怀紧密相连。笛声本身的空灵与悠远,在中国文化中也象征着人与自然的和谐共生。这种符号的意义在中国文化背景下是自然生成的,与社会集体经验和历史文化息息相关。然而,当这一文化符号跨越文化边界,被引入西方语境时,其符号意义不可避免地发生了变化。

汉斯将李白的诗歌《春夜洛城闻笛》翻译为德语,正是一次文化符号的重构过程。符号学家皮尔斯的符号三元论指出,符号的意义是由"能指""所指"和"解释者"三者共同作用产生的。④在跨文化交流的背景下,李白诗歌中的笛声作为"能指"被引入德语文化后,尽管保持了其基本的意象和象征,但在无调性音乐中,传统旋律和音程的缺失使得这一符号不再通过明确的音响体现具体情感,而是变得更为抽象。韦伯恩通过不稳定的音高和复杂的节奏设计,模糊了笛声的具体象征,使其成为一种多义的情感符号,象征漂泊、孤独甚至时间与空间的跨越。音乐在此充当了文化符号的载体,扩展了原诗的情感表达,赋予了其更多层次的内涵。

在西方文化语境下,汉斯通过德语改编赋予了了李白诗歌新的文化符号意义。"西方文学传统中,笛声往往被视为大自然的呼唤,与田园诗、浪漫主义密

---

①　王丽娜:《李白诗在西方(上)》,《文献》1986 年第 2 期,第 238 页。

②　吕福克:《西方人眼中的李白,中国李白研究(1998—1999 年集)——李白与天姥国际会议论文集》,安徽文艺出版社 1999 年版,第 358 页。

③　翟丽霞、梁爱民:《解读现代符号学的三大理论来源》,《外语与外语教学》2004 年第 11 期,第 12—14 页。

④　贾中恒、朱亚军:《Peirce 的符号学三元观》,《外语研究》2002 年第 3 期,第 6—9 页。

切相关。"①尤其是在 19 世纪的德国,浪漫主义诗歌对自然与人类情感的描绘高度融合,自然中的声音,如鸟鸣、流水或笛声,常常象征着内心情感的外化。这种背景下,李白诗歌中的笛声被重新解读为大自然神秘力量的一部分,符号的意义逐渐向西方文化中的田园诗意倾斜,远离了原本的思乡情感。

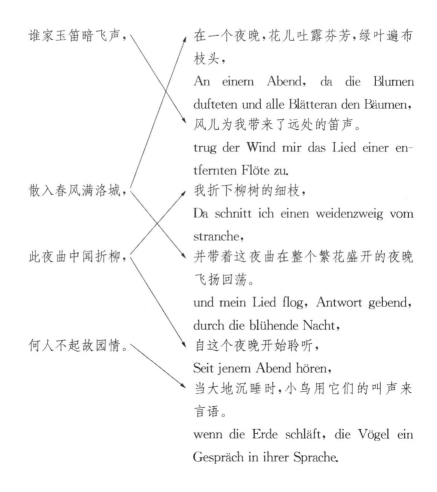

谁家玉笛暗飞声,

在一个夜晚,花儿吐露芬芳,绿叶遍布枝头,

An einem Abend, da die Blumen dufteten und alle Blätteran den Bäumen,

风儿为我带来了远处的笛声。

trug der Wind mir das Lied einer entfernten Flöte zu.

散入春风满洛城,

我折下柳树的细枝,

Da schnitt ich einen weidenzweig vom stranche,

此夜曲中闻折柳,

并带着这夜曲在整个繁花盛开的夜晚飞扬回荡。

und mein Lied flog, Antwort gebend, durch die blühende Nacht,

何人不起故园情。

自这个夜晚开始聆听,

Seit jenem Abend hören,

当大地沉睡时,小鸟用它们的叫声来言语。

wenn die Erde schläft, die Vögel ein Gespräch in ihrer Sprache.

"翻译的终极目标是实现文化的转换和传递。"②韦伯恩在《神秘的笛音》

---

① 陈伟、郑璐:《牧童归去横牛背,短笛无腔信口吹——从"牧童短笛"看中西田园音画的不同意境》,《上海师范大学学报(哲学社会科学版)》2010 年第 3 期,第 73 页。

② 许世英:《文化差异视角下中国古诗词中的典故英译研究——以李白诗歌的英译为例》,《汉字文化》2021 年第 24 期,第 140 页。

中采用了汉斯的改编诗歌,进一步将这一符号重构带入了无调性音乐的创作中。在这种创作中,音乐与诗歌共同作用,诗歌中的符号与意象通过音乐得到了进一步的扩展与转化。李白诗歌中的笛声象征在韦伯恩的音乐中经历了一次深刻的重构。无调性音乐打破了传统的音响符号,使笛声从一个具体的声音符号转化为一种复杂的情感象征。通过对音高、节奏和力度的精细设计,韦伯恩将笛声这一文化符号与情感表达的模糊性结合,创造了一种漂浮、难以捉摸的情感空间。这一符号重构不仅保留了笛声原有的乡愁象征,也使其在西方的文化语境中成为现代情感的不确定性与复杂性的象征,进一步强化了其跨文化流动性。

二、东西方文化的诗歌意象解读

李白的《春夜洛城闻笛》作为中国古代诗歌中的经典之作,以其简约的语言和深厚的情感意象描绘了一幅听闻笛声的场景。这首诗不仅展现了诗人细腻的感知和对自然的深刻体悟,也蕴含着丰富的情感层次,特别是其中的乡愁与思乡之情。诗中的意象——笛声、春夜、洛城、折柳,构成了一个典型的唐代诗歌"意境",以简洁的笔触表达出深远的情感。这种"意境"在中国古代诗歌美学中,被认为是"超越具体物象的审美体验,强调自然与人心的和谐,是中国文化中的核心美学观念之一"。①

在《春夜洛城闻笛》中,李白通过寥寥数语营造出"此夜曲中闻折柳,何人不起故园情"的意境,笛声与折柳的意象紧密相连,形成了一个共通的文化符号。"折柳"在中国文化中有着送别与怀旧的象征意义,尤其在诗歌中,它常常与离别、思乡的主题相结合。笛声在这首诗中则进一步强化了这种情感,通过听觉意象引发了游子思乡的情怀,展现了诗人身处异乡的孤独与惆怅。

中国的"意境"理论与西方诗歌中的象征主义虽然在表面上有相似之处,但两者在文化背景和美学追求上存在差异。西方象征主义诗歌通常通过具体物象来指向更为抽象的思想或情感,而中国诗歌中的意境则更注重通过自然景物的描绘来引发读者的联想,达到物我交融的审美体验。当《春夜洛城闻笛》被翻译为德语,并引入西方语境时,李白诗歌中的意象也发生了重要的变化。汉斯在翻译这首诗时,虽然保留了原诗的基本意象——笛声、春夜和折

---

① 张德民:《中国古典诗词中的文化意韵(二)思乡之情》,《大连干部学刊》2006 年第 4 期,第 3 页。

柳,但在西方文化背景下,这些意象的象征意义被重新解读。西方诗歌美学中的象征主义倾向,往往将自然意象视为内心情感的外化和人类经验的象征。在19世纪德国浪漫主义诗歌中,自然中的笛声、鸟鸣、风声等往往被赋予了超越物质世界的精神象征,代表人类与自然之间的神秘联系。这与李白诗歌中通过意象传达思乡情感的方式有所不同。

在跨文化语境中,笛声的符号意义从一种抒发乡愁的象征转化为一种更为普遍的浪漫主义情感表达。汉斯的德语翻译将李白诗中的"折柳"改编为"柳树的细枝",并赋予其一种更为自然主义的意象化表达,使得这一意象与西方诗歌中的田园情怀相呼应,而不是原诗中的离别和思乡之情。在西方文化中,笛声被重新解读为一种自然的象征,通过音调与旋律的抽象设计,赋予了这一意象更为广泛的意义,打破了其仅作为乡愁载体的局限。这种意象在中西文化中的不同解读,反映了文化符号在跨文化交流中的复杂性。符号学理论认为,符号的意义并非固定不变,而是在不同的文化语境中随着解释者的不同而发生变化。李白诗中的笛声作为一个文化符号,在中国文化中象征着思乡与离别,具有强烈的个人情感色彩,而当这一符号被引入德语世界时,笛声的象征意义则被重新赋予了自然与情感的普遍象征,成为一种跨文化语境中的诗意表达。

韦伯恩在其无调性音乐作品《神秘的笛音》中,进一步将这些诗歌意象转化为音响符号。无调性音乐打破了传统音乐的调性结构,提供了一种更加开放和自由的情感表达形式。在作品中,笛声的意象不仅是诗歌中的文化符号,它还成为音乐中情感的象征。这种象征既保留了李白诗歌中的情感张力,也融入了西方现代音乐中的抽象美学,使得这一符号在跨文化语境中得到了新的诠释。

三、文化互动中的诗歌翻译与改编

汉斯改编的诗词因为德语本身的倒装习惯,将原诗启、承两句进行了对调,但基本保持了原有的韵味,并且在句尾的押韵上做了一定的结构处理,使诵读起来朗朗上口。更为巧合的是,德语诗词先于韦伯恩的创作,但从拼读的韵律来看,诗词已经拥有了歌曲ABA的结构,这仿佛是一种预知,抑或者是德语诗词的结构呈现,使得韦伯恩选择《神秘的笛音》这首蕴含东方魅力的诗作。

在跨文化交流中,翻译不仅仅是语言的转换,更是文化符号的再创造和意义的重构。作为跨文化交流的重要桥梁，"翻译在不同文化之间传递信息的过程中，往往会对原文本中的文化意象进行调整和再创造，以适应新的文化语境。"①然而，文化符号在被重新解读时并不总是能够完全被目标文化接受。李白的《春夜洛城闻笛》在德语改编后，虽然保留了笛声这一核心象征，但由于西方读者的文化背景与李白诗中的情感体验存在差异，翻译后的符号可能无法唤起原诗中那样深刻的乡愁之情。符号重构的成功与否，部分依赖于读者的文化敏感性和对原诗背景的理解，因此，跨文化互动中的符号转换并非一成不变，而是充满了复杂性与不确定性。汉斯的德语改编体现了翻译在跨文化传播中的重要作用，而这一过程中的文化意象的转换和再创造，揭示了翻译如何在保持原作意境的同时，赋予其新的文化内涵。

在翻译理论中，尤金·奈达提出的"动态对等"理论强调，"翻译应在保持原文本信息的同时，使目标语读者能够获得与原语读者相近的理解和体验。"②汉斯的翻译正是遵循了这一原则，通过再创造李白诗歌中的意象，努力在德语读者中营造出与原诗相似的情感共鸣。然而，奈达的动态对等也提醒我们，翻译不仅是语言的转换，还涉及文化符号的调适。在翻译过程中，翻译者常常需要在原文的文化符号和目标文化的理解之间做出权衡，既要保持原文的文化特质，又要确保译文能够在目标文化中被接受和理解。

在李白的《春夜洛城闻笛》一诗中，笛声和折柳是两个关键的文化意象，代表着中国传统文化中的思乡情怀与离别之痛。笛声在中国文化中，常常被视为寄托乡愁的象征，而折柳则是古代送别诗中的典型意象，表达对远行者的留恋与不舍。然而，汉斯在将这些文化意象翻译成德语时，不仅仅是对语言的字面翻译，而是结合了德语诗歌的审美和文化习惯，对这些意象进行了创造性的调整。例如，汉斯将李白诗中的"此夜曲中闻折柳"翻译为"我折下柳树的细枝"，虽然保持了"柳"这一意象，但将其具体化为一个动作"折下柳树的细枝"，赋予其更为具体和形象化的表达。这一改编迎合了西方诗歌中对自然景象的重视，将原诗的隐喻情感转化为一种更为直观的象征。

这种翻译策略可以归入安东尼·皮姆提出的"翻译创造性"的范畴，皮姆

---

① Bedeker, L., Feinauer, I, "The Translator as Cultural Mediator", *Southern African Linguistics and Applied Language Studies*, 2006, p.133.

② 陈亚丽、超越:《"直译"、"意译"之争——论奈达的"动态对等"理论在英汉互译中的意义》,《北京第二外国语学院学报》2000 年第 2 期,第 46—50 页。

认为,"翻译不仅仅是语言形式的转化,更是文化信息的再创造。"①汉斯在改编李白诗歌时,不仅忠实于原诗的意境,还结合了德语诗歌的结构和韵律特征,使其更加适应西方读者的阅读习惯。例如,汉斯在德语诗中使用了更加明显的音韵结构,以增强诗歌的音乐性,这与德语诗歌的传统相契合,也使李白诗歌中的抒情意象能够在德语世界中得到新的诠释。

此外,汉斯的改编体现了沃尔特·本雅明的"译者的任务"理论。本雅明认为,"翻译不仅仅是为了再现原文的意义,而是通过对语言和文化符号的重新解释,将原作带入一种'更高的语言'中。"②在汉斯的德语翻译中,李白的诗歌不仅仅是被动的转化,而是在翻译过程中获得了一种新的文化生命。通过将中国诗歌中的意象转化为西方文化语境中的象征,他不仅传播了李白的诗歌美学,也为这些意象赋予了新的象征意义。例如,在德语翻译中,笛声从原诗中象征游子的思乡之情,转化为西方文化中自然的呼声,象征着人与自然的共鸣。这种象征意义的变化,展示了翻译作为跨文化交流的创造性力量。

汉斯的德语翻译还涉及一种文化中的隐喻如何在另一种文化中重新解释的过程。正如乔治·斯坦纳在《巴别之后》中提到的,"翻译是一种文化意义的'再生命',即原文本的意义在新的文化语境中重新获得生命。"③德语翻译通过将李白的诗歌意象重新解释,使其在西方读者中产生了新的文化共鸣。例如,笛声在德语诗歌中不再仅仅是中国传统文化中的思乡象征,而是与西方浪漫主义中的自然声音相联系,象征着一种更为普遍的人类情感。汉斯通过这一文化意象的转换,成功地将李白的诗歌嵌入了西方文化的审美体系中,展示了翻译作为文化互动的双向性。

韦伯恩以汉斯的诗词为龙骨,对诗词的不同押韵进行了歌曲曲式结构的梳理。根据对诗句念白和韵律的结合分析得出,韦伯恩不仅对旋律线条精心布局,在诗词的节奏、力度、色彩以及情感的设计上都做到了一丝不苟和精益求精。这种细腻处理不仅展现了作曲家对音乐语言的敏锐把握,同时也为歌唱者以及听众提供了表达情感和意境的丰富想象空间。

德奥艺术歌曲作品的深度和复杂程度并非与时长相关。尽管歌曲《神秘

---

① 管兴忠:《安东尼·皮姆翻译思想研究》,《解放军外国语学院学报》2012 年第 2 期,第 86—91 页。
② Walter Bendix Schoenflies Benjamin, *The Task of the Translator*, 1923.
③ Lewis D. After Babel, "Aspects of Language and Translation, by George Steiner", *The Ecumenical Review*, 1975.

的笛音》的时间仅 1 分 35 秒左右,在传统的德奥艺术歌曲中显得非常短小,但韦伯恩通过对每一个音符的精确考量设计,使得作品在节奏型、音线轮廓、歌词构建以及音高轮廓等方面形成了环环相扣且密不可分的结构,体现了作曲家对作品短而精的创作技艺。

在歌曲中,韦伯恩没有破坏诗句的句型和大致框架,整体的曲式结构依照诗句呈现为"品"字形 ABA 的形式,曲式为单三部曲式。各个乐段主要按照诗句来划分,并在每一句诗句的前中后加上长短大致为两小节的钢琴前奏、间奏和尾声,起到引入、连接和收束作用。诗句的起句为 A 段的主要部分,第二句承句作为 A 段补充乐句,以增加音乐的未满足感和延续感,第三句转句为 B 段的主要内容,第四句合句则是作为最后的"再现"。独特的节奏性特征是这首作品的重要结构特点。歌曲没有明确重复的动机和中心音,通过对作品节奏和旋律线轮廓的分析可发现,在 A 段与再现段中,乐句开始均为弱起节奏,每一句诗句的停顿处不仅使用了押韵的韵脚,而且句尾都结束在大或小的三连音最后一拍上。这样的设计弱化了乐句的停顿感,产生一种消逝般的节奏动态。

韦伯恩的改编使得李白诗歌中的意象在西方文化中产生了新的象征意义。例如,李白诗中的笛声在中国文化中代表着游子的思乡情怀,而在韦伯恩的音乐中,这一意象被赋予了更加抽象的情感象征。韦伯恩的无调性音乐摒弃了传统的和声与旋律结构,而是通过不规则的音高、断裂的节奏和碎片化的音响设计,营造出一种情感的游离感。音乐的非调性特质使得情感表达不再依赖具体的音符或乐句,而是通过一种不可预知的音响效果,让情感体验变得更加多义化。这种处理方式为李白诗歌中的笛声注入了新的象征维度,笛声不仅象征着乡愁,还包含着对时间流逝和空间隔阂的感知。通过这种抽象化的处理,听众的情感不再局限于具体的乡愁,而是被引导进入一个更广阔的情感空间。

韦伯恩的作曲策略可以借助安东尼·皮姆提出的"翻译创造性"理论来解释。翻译是一种文化符号的再创造,它不仅仅是对原文本的忠实再现,还应根据目标文化的需求进行适当的改编。韦伯恩在创作《春夜洛城闻笛》时,利用了无调性音乐的特质,重构了原诗的情感表达方式。他并没有直接再现李白诗中的具体意象,而是通过音乐的模糊性和抽象性,创造出了一种超越具体文化背景的普遍情感体验。比如,笛声这一意象在韦伯恩的音乐中被转化为一种不确定的音响符号,它通过音乐的无调性结构,表现出一种游离与不安的情感状态。这种情感虽然不同于李白诗中的乡愁,却同样表达了人类在面对广袤自然和复杂情感时的无奈与渴望。

韦伯恩在创作李白诗歌的过程中,还展示了如何通过音乐的手段进一步深化文化意象的表达。通过无调性音乐,他打破了传统的和声与旋律结构,使笛声这一意象不再局限于具体的乡愁,而成为一种更加抽象的情感体验。这种改编不仅是对诗歌文本的再创造,也是对音乐与文化互动的深刻探索。

四、符号、意象与文化认同的交织

"一部音乐作品,有其独特的情感意蕴、独特的音响结构、独特的表达方式和独特的创作个性,其总体美本身就是一个完满的系统。"①《神秘的笛音》就是集独特与精致为一体的创新性小型音乐作品,由此,作品在演绎上需要更多音乐表现力来丰富诗词风格的深层次内涵。歌唱者除了需要在没有中心音高的情况下准确演唱出无调性旋律外,还须运用熟练的声乐技术达到歌曲中特有的高低音快速上下转换的音质平衡,并与钢琴从节奏、旋律、强弱独立变化中所形成的两声部进行自由对位,以及对神秘东方魅力背景下的音乐风格进行思考,从而"构成一种精致的富于诗意的互动关系,共同刻画音乐意象"②。

安东·韦伯恩在《神秘的笛音》中,通过音乐和李白《春夜洛城闻笛》诗歌的结合,展现了东西方文化符号之间的复杂对话。这一对话不仅仅是简单的文化借鉴或模仿,而是一种深刻的文化符号重构。韦伯恩利用音乐作为文化表达的媒介,使原本属于东方文化的诗歌符号在西方文化背景下被重新定义与诠释。这种跨文化的交流与重构,不仅是对东西方文化符号的再创造,也是对不同文化之间认同感的重新审视与反思。

李白的《春夜洛城闻笛》代表了中国传统诗歌中的典型意象,它通过简单的自然景象表达出丰富的情感层次。在中国文化中,"笛声"与"折柳"是具有深厚文化象征意义的符号,代表着游子的思乡情怀和离别的惆怅。这些意象

---

① 居其宏:《论音乐价值的构成与判断——兼与傅沉坦同志讨论》,《中国音乐学》1986 年第 1 期,第 96 页。
② 龙涛:《德奥艺术歌曲中声乐部分与器乐部分互动关系的历史发展潮流》,《人民音乐》2006 年第 12 期,第 70 页。

不仅具有个人情感的色彩,还带有集体文化记忆的特质,是中国人文情感的重要体现。然而,当这些符号被引入西方语境时,它们的象征意义发生了变化。韦伯恩通过音乐与诗歌的结合,重新解读了这些文化符号,使它们在西方文化中获得了新的诠释。

在韦伯恩的创作中,音乐作为文化交流的媒介,赋予了这些东方意象一种普遍的、超越文化界限的表达方式。音乐具有一种独特的跨文化传递能力,它不依赖于具体的语言和文化符号,而是通过声音的情感表达,超越了语言和文化的界限。韦伯恩正是通过音乐的抽象性,将李白诗歌中的笛声和折柳等意象转化为一种能够被西方听众接受和理解的情感符号。这种符号的重构,使得笛声不再仅仅是中国文化中的乡愁象征,而是成了西方浪漫主义中自然与心灵对话的象征。韦伯恩通过无调性音乐,打破了传统的文化认知框架,使得这些东方符号不再仅仅属于中国文化,而成为全球性的情感象征。

在对李白和汉斯改编后的诗词进行对比后,可从中揭示从原始文本到达抽象诗词,最后通过音乐来叙述李白、汉斯和韦伯恩三人内心"难以言说的情感"①表述。这三个阶段就好似一种发展或者是进化的过程,当歌唱者进行演绎时,对其风格的把握又可追溯到李白作诗时的历史和政治背景下。当我们在表达作品过程中,"每一音符都必须以音乐和歌词中的'诗意'为中心,极其敏感地体验和捕捉诗意中情绪的基调和变化,通过丰富多彩的声音手段来塑造音乐形象,呈现出诗意的跳跃、逻辑发展和戏剧因素。"②歌曲《神秘的笛音》没有极端的高音,也没有华丽炫彩的乐段,歌曲似乎全然浸润在一种起起伏伏的情境中,宛如聆听到远处传来的忽远忽近的缥缈歌声,勾起听者的思乡和难以言说的爱国之情。在这仅仅一分多钟的短暂演绎中浸润了丰富的音乐色彩,这也就是韦伯恩新音乐艺术歌曲所带来的跨越文化的奇妙之处。

这种符号、意象与文化认同的交织,不仅反映了韦伯恩作为作曲家在跨文化创作中的敏锐洞察力,也揭示了音乐在跨文化交流中的独特作用。通过音乐,韦伯恩不仅重构了东西方文化符号之间的对话,还推动了不同文化之间的理解与认同。这种文化认同的重构过程表明,符号并非固定不变的,而是在不同文化语境中可以被重新解读和再创造。《神秘的笛音》正是这一跨文化符号

---

① 　[美]布里安·K.艾特:《从古典主义到现代主义:西方音乐文化与秩序的形而上学》,李晓冬译,中央音乐学院出版社 2012 年版,第 190 页。
② 　王娅:《德奥艺术歌曲在我国高师声乐教学中的定位研究》,《艺术百家》2010 年第 6 期,第 237 页。

重构的典型例证,它展示了音乐作为文化表达工具的强大力量,如何推动了东西方文化符号之间的交流与融合。

韦伯恩的创作从晚期浪漫主义到无调性,最后至十二音序列主义音乐而画上圆满的句号。其中,歌曲《神秘的笛音》作为他突破性的无调性作品,在自身漫漫创作生涯中,展现出韦伯恩从青涩到成熟的蜕变。通过对李白《春夜洛城闻笛》的文化意象进行再创造,并结合西方现代音乐的实验性,韦伯恩赋予了这首作品独特的东方色彩。本文通过深入分析李白诗歌的意象、汉斯的翻译改编以及韦伯恩的音乐诠释,揭示了三者之间的跨文化对话和符号重构的内在联系。希望这一探索能够为当代艺术创作提供新的启发,并为歌唱者和音乐爱好者在表演与理解此类作品时提供更为全面的理论依据与实践指导。

The Reconstruction of Cultural Symbols and Imagery: The Interaction between Poetry and Culture in "The Mysterious Flute Sound"

Abstract: Anton Webern's "Mysterious Flute Sound" is not only an atonal art song, but also a reconstruction and dialogue of cultural symbols between the East and the West. This work uses Li Bai's "Listening to the Flute in Luocheng on a Spring Night" as the lyrics text, combined with modern techniques of atonal music, to showcase the cultural recreation of Eastern poetic imagery in the Western context. This article explores the artistic conception of Li Bai's poetry, Hans' German adaptation, and its cross-cultural flow in Webern's music creation, and analyzes the application of semiotic theory in this cross-cultural reconstruction. By interpreting how Weber combined Li Bai's poetic imagery with Western romanticism and modern music trends, the important role of music as a cultural medium in symbol reconstruction and cultural identity is revealed.

Key words: Atonality; cultural symbols; poetic imagery; cross-cultural communication; symbol reconstruction

作者简介:冯诚纯,上海师范大学音乐学院声乐系讲师,上海音乐学院声乐表演艺术研究(美声)博士研究生。

新见天目山樵与爱湘共评本
《儒林外史》考论

石璐洁

　　摘　要:在新发现的《儒林外史》评本中,有两色手书眉批。经考辨,墨色眉批的评者为张文虎,而朱色眉批的评者为"爱湘"。此评本中的张文虎评语不仅早于光绪七年(1881)申报馆第二次排印本中的天目山樵评点(天一评)与光绪十一年(1885)宝文阁所刊《儒林外史评》(天二评),也早于徐允临于光绪五年(1879)第一次过录的天目山樵评点,是张文虎的早期评本。而此评本中的"爱湘"评语与天目山樵评点、卧闲草堂本评点、齐省堂本评点构成对话,影响了天目山樵评点的后续发展。因此,此评本是《儒林外史》评点发展脉络中的重要环节,可为天目山樵评点的形成、发展提供新的认识。据现有文献判断,"爱湘"是张文虎的友人仇炳台。

　　关键词:天目山樵　爱湘　《儒林外史》　评点

　　在《儒林外史》评点史上,出自南汇文人张文虎①(1808—1885)之手的天目山樵评点(以下简称"天评"),是继卧闲草堂本评点(以下简称"卧评")、黄小田评点(以下简称"黄评")、齐省堂本评点(以下简称"齐评")之后的又一大评点。一般认为,天评主要有以下三种:第一,光绪七年(1881)申报馆第二次排印本《儒林外史》中的天目山樵评点(以下简称"天一评");第二,光绪十一年

---

①　张文虎,字孟彪,又字啸山,号天目山樵,江苏南汇周浦(今属上海浦东)人,由诸生保举训导,长于校勘,曾任金陵书局雠校主事多年,后参与编纂《华亭县志》《奉贤县志》等,有《舒艺室随笔》等著述问世,以评点《儒林外史》而闻名。

(1885)宝文阁所刊《儒林外史评》(以下简称"天二评"),该评本一般被视作张文虎的定评;第三,徐允临(石史)先后于光绪五年(1879)、光绪十年(1884)过录的天评,见于从好斋辑校本。①就评点的衍递情况而言,天评在借鉴卧评、黄评、齐评的基础上自成一家的事实,也是学界既有之共识。但据笔者近来新发现,天评尚不限于上述三种。天目山樵所借鉴的对象,也不限于卧评、黄评、齐评。这一未被李汉秋《儒林外史汇校汇评》收入的评本,或许能对天评的形成、发展提供新的认识,故而首先进行讨论。

一、新见《儒林外史》评本为天目山樵早期评本

近日,笔者在上海图书馆所藏的一部同治甲戌十月(同治十三年,1874)齐省堂增订本《儒林外史》中,发现两色手书眉批。经统计,相关眉批凡 97 条,其中墨色眉批 38 条,朱色眉批 59 条。以墨笔评点者在该本例言第 4b 叶天头处写道:"丁丑九月共爱湘评阅。"②这表明,以墨笔评点者即此言述者,而以朱笔评点者为"爱湘"。

除却这一记述,评者没有透露更多关于其本人与"爱湘"身份的信息。但从评点内容上看,部分墨色眉批与天一评、天二评存在相似性。这主要体现为以下两种情况:

第一,墨色眉批与天一评、天二评在评点对象、文字表述上相近,兹举数例如下:

1. 第 1 回中,危素询问花卉图是古人所画还是今人的作品,墨色眉批作:"危素新旧看不出,尚说什么赏鉴。"③而天一评与之相类:"新旧不辨,眼色平常。"④

2. 第 1 回中,王冕向翟买办表明,时知县既然发帖邀请自己,便是给了自己决定是否赴约的自由,墨色眉批作:"此等意思危素尚未梦见,何况时知县,

---

① 从好斋辑校本是晚清书画家徐允临(名大有,字石史,号从好斋主人)所过录的《儒林外史》天目山樵评点本。据笔者所见,今存从好斋辑校本有两份,一份藏于上海师范大学图书馆(有当代藏书家黄裳钤印),另一份藏于上海图书馆。上海图书馆藏本现已破损,长期处于善本修复阶段,故文中所参考的从好斋辑校本为上海师范大学图书馆藏本。

② 《(齐省堂增订)儒林外史》例言,清同治十三年(1874)齐省堂藏板,上海图书馆藏,第 4b 叶。

③ 《(齐省堂增订)儒林外史》第 1 回,清同治十三年(1874)齐省堂藏板,上海图书馆藏,第 7b 叶。

④ (清)吴敬梓著;李汉秋辑校:《儒林外史汇校汇评》,上海古籍出版社 2010 年版,第 6 页。另,本文所引天一评、天二评、黄小田评语、卧闲草堂本评语,如无特别说明,均出自该本。

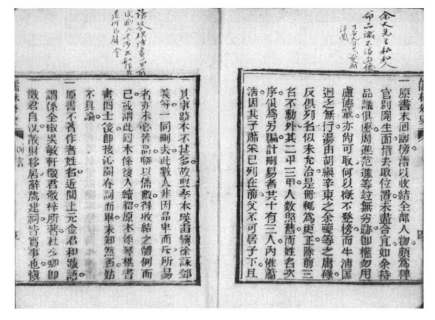

图 1　上海图书馆藏《(齐省堂增订)儒林外史》例言第 4b 叶至第 5a 叶

何况翟买办?"①天一评在文字上略有差异,但表意大抵相同:"此等说话,危老先生、时知县尚不懂,无怪翟买办发急。"②

3. 第 3 回写到周进将范进定为第一名,将魏好古定为第二十名,墨色眉批作:"先定首尾,衡文创格。"③而天一评表达了同样看法:"先限定首尾二名,如此阅卷亦觉新样。"④

4. 第 6 回中,汤知县见了复呈道:"律设大法,理顺人情",墨色眉批作:"汤父母偏不'心照'了。"⑤而天二评与之几乎一致:"汤父母不'心照'。"⑥

5. 第 25 回末,卧评论倪霜峰所言:"可恨读了几句死书。'死书'二字,奇妙得未曾有",墨色眉批作:"书何尝死,读者自死之。"⑦天二评与之基本相同:

① 《(齐省堂增订)儒林外史》第 1 回,清同治十三年(1874)齐省堂藏板,上海图书馆藏,第 8b 叶。
② (清)吴敬梓著;李汉秋辑校:《儒林外史汇校汇评》,上海古籍出版社 2010 年版,第 7 页。
③ 《(齐省堂增订)儒林外史》第 3 回,清同治十三年(1874)齐省堂藏板,上海图书馆藏,第 6b 叶。
④ (清)吴敬梓著;李汉秋辑校:《儒林外史汇校汇评》,上海古籍出版社 2010 年版,第 36 页。
⑤ 《(齐省堂增订)儒林外史》第 6 回,清同治十三年(1874)齐省堂藏板,上海图书馆藏,第 16b 叶。
⑥ (清)吴敬梓著;李汉秋辑校:《儒林外史汇校汇评》,上海古籍出版社 2010 年版,第 87 页。
⑦ 《(齐省堂增订)儒林外史》第 25 回,清同治十三年(1874)齐省堂藏板,上海图书馆藏,第 15b 叶。

"书固不死,读者自死之。"①

从重合程度上看,墨色眉批与天一评、天二评的相似不是偶然。

第二,部分墨色眉批与天一评、天二评存在前后沿递的关系。

例如,墨色眉批中,出现了两处初具考证意识的评点。第一处见于第 12 回,杨执中道:"我有一个朋友,姓权,名勿用",墨色眉批作:"武进是镜,字仲明。"②第二处见于第 20 回,牛布衣云:"鄙姓牛,草字布衣",墨色眉批作:"朱草衣,名卉。"③事实上,在《儒林外史》问世后的百余年时间内,读者并不知晓这部作品存在人物原型,故而卧评、黄评对此未有涉及。直到同治八年(1869),金和提出《外史》中人历历可考后,④这一问题才受到关注。但齐省堂增订本例言认为,金和所言失之穿凿,仍宜将《儒林外史》"作镜花水月观"。⑤而张文虎根据金和提示的部分信息,率先对相关原型进行了探索。因此,这是天评不同于其他评点的一大特色。

但天一评、天二评中的此类考证是有限的,主要涉及权勿用为是镜、牛布衣为朱草衣、迟衡山为樊明征、庄绍光为程廷祚、汤奏为杨凯等例。而墨色眉批中的这两处评语,恰能与天一评、天二评中有关权勿用、朱草衣的考证相对应。这进一步说明,二者之间的相似并非偶然。其中的区别在于,墨色眉批仅根据金和在《儒林外史·跋》中提供的信息,点出了人物原型。而天一评、天二评在此基础上,进一步引入《茶馀客话》《东皋杂钞》与《江宁府志》中的相关记述,提示了是镜、朱草衣生平与权勿用牵涉奸拐案、牛布衣客死甘露庵等情节

① (清)吴敬梓著;李汉秋辑校:《儒林外史汇校汇评》,上海古籍出版社 2010 年版,第 320 页。此外,尚有数条批语在表述上与天一评或天二评相近。例如齐省堂本例言中提及:"原书末回'幽榜',藉以收结全部人物,颇为稗官别开生面。惜去取位置未尽合宜,如余持品识俱优……何以概不登榜?"墨色眉批作:"余大先生私和人命,品识不得勿忧。"而在 46 回,虞华轩说自己希望儿子学余大品行时,天一评作"只不要学他私和人命"。又如第 4 回写到一和尚向僧官道:"方才走进去的,就是张大房里静斋老爷,你和他是田邻,你也该过去问讯一声才是。"墨色批语作:"此挑逗之言,可见僧官舆情不洽。"而天一评与之相似:"和尚岂不知,故意问及,可知僧官之见恶于众。"再如,第 40 回沈琼枝说:"我家又不曾写立文书,得他身价……",墨色批语作:"此处谬。"而天一评、天二评与之相似,天一评作"谬甚",天二评作:"如此便无人议论邪? 荒谬。"诸如此类,均可证明墨色眉批与天一评、天二评的相似性。相关天目山樵评参见吴敬梓著;李汉秋辑校:《儒林外史汇校汇评》,上海古籍出版社 2010 年版,第 564、52、500 页。
② 《(齐省堂增订)儒林外史》第 12 回,清同治十三年(1874)齐省堂板,上海图书馆藏,第 1a 叶。
③ 《(齐省堂增订)儒林外史》第 20 回,清同治十三年(1874)齐省堂板,上海图书馆藏,第 9a 叶。
④ 李汉秋:《儒林外史研究资料集成》,上海古籍出版社 2017 年版,第 301—302 页。
⑤ 《(齐省堂增订)儒林外史》例言,清同治十三年(1874)齐省堂藏板,上海图书馆藏,第 6b 叶。

之间的关联性,从而更显完善。

又如,第 4 回写到汤知县起先因为范进居丧不茹荤,担心自己考虑不周,失了"礼数",直到看见范进吃了虾丸,"方才放心",墨色眉批作:"刻毒。"①而天一评、天二评在借鉴黄小田评语的基础上,阐释了作者这样讥刺范进的意图:"谑而虐矣,盖作者其恶此辈。"②可见,尽管墨色眉批与天一评、天二评的所论对象一致,但稍显偏颇。而天一评、天二评的态度相对缓和,看法也更为全面。再如,第 3 回写到范进母亲"大笑一声,往后便跌倒,忽然痰涌上来",墨色眉批作:"与范进同病。"③而天一评、天二评在点明二者"不同而同"之处的基础上,"杂以诙谐",④作:"与乃郎病症相同,何不用原方治之?"⑤

由此可见,这部分墨色眉批似为天一评、天二评的雏形。

更特殊的是,有一处墨色眉批与徐允临过录的天评相近,与天一评差异较大,与天二评差异更大。在分析这一现象前,我们首先须对徐允临过录的天评与天一评、天二评的先后关系进行说明。李汉秋先生认为,从时间上看,徐允临于光绪五年(1879)第一次过录的天目山樵评点,应是天一评;于光绪十年(1884)过录的天评"定本",应是天二评。⑥然而,孙逊先生将天一评、天二评与上师大所藏从好斋辑校本进行粗略比对后认为,徐允临过录的评点基本同于光绪七年(1881)印行的天一评,而与光绪十一年(1885)印行的天二评有所不同。⑦

笔者经仔细比对发现,这种不同主要体现为:第一,徐允临没有过录到少部分天二评。第二,在天二评中,张文虎删去了部分评语。但在徐允临第二次过录天评时,这部分评语仍然存在。对于这一点,我们的判断依据是:据徐允

① 《(齐省堂增订)儒林外史》第 4 回,清同治十三年(1874)齐省堂藏板,上海图书馆藏,第 13a 叶。
② (清)吴敬梓著;李汉秋辑校:《儒林外史汇校汇评》,上海古籍出版社 2010 年版,第 57 页。
③ 《(齐省堂增订)儒林外史》第 3 回,清同治十三年(1874)齐省堂藏板,上海图书馆藏,第 19b 叶。
④ 李汉秋:《儒林外史研究资料集成》,上海古籍出版社 2017 年版,第 307 页。
⑤ (清)吴敬梓著;李汉秋辑校:《儒林外史汇校汇评》,上海古籍出版社 2010 年版,第 45 页。
⑥ 原文为:"(徐允临)第一次(过录天目山樵评)在光绪己卯(五年)秋,从艾补园处借来评本,天目山樵光绪辛巳季春春识语说'旧批本昔年以赠艾补园',可见那应是天一评。第二次在光绪甲申(十年)秋,用天目山樵的'评语定本''重过录',可见应是天二评。"参见李汉秋:《〈儒林外史〉的评点及其衍递》,收录于(清)吴敬梓著;李汉秋辑校:《儒林外史汇校汇评》(前言),上海古籍出版社 2010 年版,第 20 页。
⑦ 孙逊:《明清小说论稿》,上海古籍出版社 1986 年版,第 235 页。

临在光绪十年(1884)自述,他"加硃笔尖角圈"标记的批语,是张文虎删去的内容。在上师大藏本中,作此标记的评语,大多出现于天一评,而未见于天二评。可见,在天一评定稿后到徐允临第二次过录前,张文虎就删去了这部分评点。但在从好斋辑校本中,还有 183 条与天一评相同或相近,且没有加"硃笔尖角圈"的评语,同样没有在天二评中出现。这说明,这些内容在徐允临第二次过录所据的评本中,尚未被删。从上述两点判断,徐允临第二次过录天评时,所据底本不是作为定评的天二评,而是略早于天二评的评本。这也印证了张文虎所谓"随时增减",因而评本及过录本各不相同的说法。①

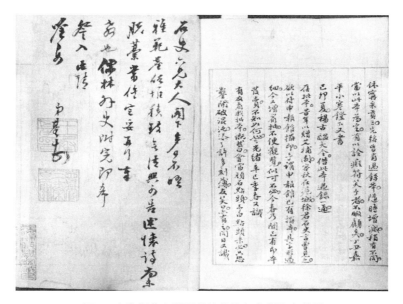

图 2　上海师范大学图书馆藏从好斋辑校本书影

同时,笔者发现的另一现象是,徐允临第一次过录的天评与天一评也不尽相同。最明显的体现是,在一些情形中,天一评、天二评对相同的文本内容进行了评论,但评语有所差异。而徐允临直接过录了与天二评相同或相近的评语,没有过录天一评。这表明,徐允临在第一次过录时,尚未见到相关天一评。这说明,徐允临第一次过录所据底本,要早于天一评。此外,从好斋辑校本中还存在少部分天一评、天二评均未出现的评语。例如,第 1 回写到王冕善于画

① 李汉秋:《儒林外史研究资料集成》,上海古籍出版社 2017 年版,第 309 页。

荷,有评语作:"元章以画梅名,此不过借用耳";①同回中写到危素被贬一事,有评语作"危素在当时颇有文名,乃元亡之后,既不能尽节,又不能预先行遁,靴声索索,脑满肠肥,盖负其文望,妄希大用,明祖此举,布置甚得体"等。②值得注意的是,前者加上了"硃笔尖角圈",类似情形凡 9 处;而后者未作标识,类似情形有 11 处。前者表明,这些评语早于天一、二评。而且,在天一评中,张文虎就已删之。但徐允临到第二次过录时才发现,并加上了标记。这同样证明,徐允临第一次过录时所据的评本,要早于天一评。而后者则再度印证,这是徐允临在天一评印行之后,天二评尚未定稿之前所过录的内容。其第二次过录所据底本早于天二评。

因此,徐允临过录的天评与天一评、天二评的先后关系依次是:

徐允临第一次过录的天评——天一评——徐允临第二次过录的天评——天二评。

下面我们来看新见评本中这条与徐允临过录的评语相似的墨色眉批。第 2 回中,夏总甲向众人吹嘘黄老爹请自己吃酒,引来亲家申祥甫有关黄老爹不在家中的疑问。由此,夏总甲嗔怪申祥甫:"你又不知道了",并继续扯谎:"今日的酒,是快班李老爹请。"对此,墨色眉批作:"亲家真不知趣。"紧随其后,评者又抄录了"你又不知道了"一句。③而在上师大藏从好斋辑校本中,徐允临过录的评语是:"亲家偏要捉白撰",随后是:"你又不知道了,深怪之词"。④在"深怪之词"后,钤有"石史"印,说明此句为徐允临所评,应是徐允临在抄录"你又不知道了"一句后,感觉突兀,对此进行了补充。而在天一评中,仅出现了"亲家偏要捉白撰"一句,"你又不知道了"并未出现。⑤天二评中则没有出现对此处文本内容的相关评论。值得注意的是,在从好斋辑校本中,"亲家偏要捉白撰"一句被加上了"硃笔尖角圈"。可见,在天一评定稿后,张文虎删去了这条批语,故而这未再出现于天二评。

从好斋辑校本中的这处评语与天一评、天二评的亲疏关系来看,这是徐允临在光绪五年(1879)第一次过录的内容,其底本是张文虎赠予艾补园的"旧批

①　(清)吴敬梓著;张文虎评点;徐允临过录:《儒林外史》(从好斋辑校本),上海师范大学图书馆藏。
②　(清)吴敬梓著;张文虎评点;徐允临过录:《儒林外史》(从好斋辑校本),上海师范大学图书馆藏。
③　《(齐省堂增订)儒林外史》第 2 回,清同治十三年(1874)齐省堂藏板,上海图书馆藏,第 3a 叶。
④　(清)吴敬梓著;张文虎评点;徐允临过录:《儒林外史》(从好斋辑校本),上海师范大学图书馆藏。
⑤　(清)吴敬梓著;李汉秋辑校:《儒林外史汇校汇评》,上海古籍出版社 2010 年版,第 19 页。

本"。而在墨色眉批与天一评、天二评存在诸多相似的前提下,这处墨色眉批与徐允临第一次过录天评接近的现象进一步证明,这是早于天一评的天目山樵评点。从齐省堂增订本印行(同治十三年,1874)后到天一评印行(光绪七年,1881)前的时间范围判断,评者所谓"丁丑九月共爱湘评阅"中的"丁丑"年,即指光绪三年(1877)。

这里存在四种可能:第一,墨色眉批是他人有意模仿、伪造的天目山樵评点。第二,墨色眉批出自他人之手,而后为张文虎所借鉴。第三,墨色眉批出自他人之手,是他人过录、借鉴了张文虎的早期评点。第四,墨色眉批出自张文虎之手,是张文虎的早期评本。

结合内证与外证来看,前三种可能无法成立。

第一,尽管在中国古代小说评点中,存在"移花接木""改头换面"的现象,如假托李卓吾评点、金圣叹评点的情况确有发生。但张文虎的评点与之不同的是,其评点虽然为申报馆第二次排印本所收入,但假托其名的现象并未发生。由此可知,其名号在小说评点市场上没有产生商业效益,书商难以借用其名号获利。而新见评本为抄本,并未刊刻,实际上也无法产生盈利。这都说明,该评点的主人没有移花接木的动机。更何况,该评本根本没有署上天目山樵的名号,当不存在伪造的情形。

第二,墨色眉批中出现了与黄小田评语相近的情况。如第 3 回写到周进中试,薛家集上众人来贺,荀老爹所送贺礼颇多,墨色眉批作:"梅三相不知曾否送贺礼?"①此即借鉴黄小田评语:"不知梅三相、王大爷闻之如何?"②又如,第 15 回写到马二按照洪憨仙的方法,将"黑煤"变成了白银,称重后发现"足有八九十两重",墨色眉批作:"足以偿蘧公孙之款。"③事实上,卧评、齐评均未注意到这一细节,而黄小田则提示了这在数目上与马二为蘧公孙垫款相近:"恰合嘉兴所用之数,将毋仙人能前知耶?"④由于黄评并未付梓,而是由黄小田本人示诸张文虎,故而上述存在化用黄评痕迹的评语,当直接出自张文虎之手。

第三,由于天目山樵评点《儒林外史》在张文虎周边的文人圈内颇受重视,

① 《(齐省堂增订)儒林外史》第 3 回,清同治十三年(1874)齐省堂藏板,上海图书馆藏,第 4a 叶。
② (清)吴敬梓著;李汉秋辑校:《儒林外史汇校汇评》,上海古籍出版社 2010 年版,第 34 页。
③ 《(齐省堂增订)儒林外史》第 15 回,清同治十三年(1874)齐省堂藏板,上海图书馆藏,第 4b 叶。
④ (清)吴敬梓著;李汉秋辑校:《儒林外史汇校汇评》,上海古籍出版社 2010 年版,第 194 页。

因此过录者往往署明"张啸山先生"或"天目山樵"所评。上师大藏从好斋辑校本与李汉秋先生发现的"则仙"评批即为证明。①而以墨笔评点者既然自云"丁丑九月共爱湘评阅",②就表明该本是自评本而非过录本。

同时,张文虎写于光绪三年(1877)的识语中提及:"去年,黄子眷太守又示我常熟刊本,提纲及下场语幽榜均有改窜,仍未妥恰,因重为批阅,间附农部旧评。"③从"提纲及下场语幽榜均有改窜"可知,这里所说的常熟刊本即齐省堂增订本。这说明,在光绪二年(1876),张文虎已从黄安谨处见到齐省堂增订本,并可能由此获得该本。而且,光绪三年(1877)也确为张文虎集中评点《儒林外史》的一年。在这一年,张文虎先后多次写下识语,记述评点《儒林外史》的过程。④这与"丁丑九月评阅"的时间也相符。

据此判断,该本中的墨色批语即出自张文虎之手,是张文虎的早期评本。该评本不仅早于光绪七年(1881)申报馆第二次排印本中的评语(天一评)与光绪十一年(1885)宝文阁所刊《儒林外史评》(天二评),也早于徐允临于光绪五年(1879)第一次过录的天评。此外,天目山樵写于"光绪三年七月下弦"的识语表明,其彼时"偶购得苏州聚珍大字印本,重录旧时所批一过"。⑤可见,在光绪三年(1877)秋,张文虎与爱湘共评齐省堂增订本《儒林外史》之前,已另有较为完整的评本。因此,在该评本中,张文虎的评语在数量上虽然不多,但这是在"旧时所批"的基础上新增的内容。因此,这一评本的发现,使天目山樵评点的形成、发展呈现出更完整的轨迹。

二、爱湘评点的特色与对话意识

该评本的又一特色为共评本。而且,有意思的是,尽管从张文虎自云"丁丑九月共爱湘评阅"来看,⑥其本人是这一评本的主人,但实际上,该本中朱色眉批(爱湘评语)的数量是墨色眉批(天目山樵评语)的 1.6 倍,且评点更为细致。因此,在该评本中,爱湘是更主要的评者。

---

① 李汉秋:《增补"则仙评批"说明》,参见(清)吴敬梓著;李汉秋辑校:《儒林外史汇校汇评》,上海古籍出版社 2010 年版,第 744 页。
② 《(齐省堂增订)儒林外史》,清同治十三年(1874)齐省堂藏板,上海图书馆藏,例言第 4b 叶。
③ 李汉秋:《儒林外史研究资料集成》,上海古籍出版社 2017 年版,第 308 页。
④ 李汉秋:《儒林外史研究资料集成》,上海古籍出版社 2017 年版,第 308—309 页。
⑤ 李汉秋:《儒林外史研究资料集成》,上海古籍出版社 2017 年版,第 309 页。
⑥ 《(齐省堂增订)儒林外史》例言,清同治十三年(1874)齐省堂藏板,上海图书馆藏,第 4b 叶。

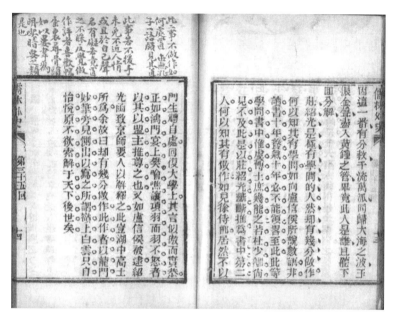

图3　上海图书馆藏《(齐省堂增订)儒林外史》朱色眉批(爱湘评点)局部

　　从内容上看,爱湘评点在人物品评方面颇有见地。同时,爱湘往往能在与其他评者对话的基础上发表灼见。这主要体现在两个方面。第一,与天评之间的对话。第二,与齐省堂增订本原刻卧评、齐评之间的对话。其实,在该评本中,张文虎的墨色眉批,也表露出这样的意识。但这在爱湘评点中,体现得更为明显。以下对爱湘评点的特色及其对话意识进行分析。

　　第一,爱湘注重从细处见人,发前人所未发之见。例如,在第7回中,作者借梅玖、荀玫的视角,补写了周进寓在观音庵时写的一联:"正身以俟时,守己而律物。"对此,爱湘评道:"周进能写此联,其平日之律身可知,至有今日,不为过也。"①在这里,爱湘触及了《儒林外史》在叙事上的一大妙处。一方面,作者往往在人物本传中表现其人的主要特点。另一方面,作者时而又于不经意处,插入一补笔,使人物形象在主基调外又增添一种色彩。爱湘通过这一细节的把握,发掘了周进昔日除了热心于功名外,尚未摒弃对品行的追求,从而使得这一形象更富有立体感。同时,这一评语也与第2回中爱湘对周进"功名心热"的批评互为对照,体现爱湘既不避讳周进之可笑,也未掩盖周进之可敬的

① 《(齐省堂增订)儒林外史》第7回,清同治十三年(1874)齐省堂藏板,上海图书馆藏,第8a叶。

公允态度。

　　而在一些评语中,爱湘从细节上的相似性入手,对人物进行横向的比较。例如第 9 回中,娄公子没有惩罚冒用娄府之名的船家,而是用平和的口吻,劝诫他们不要再犯,以免"坏了我家的声名"。爱湘注意到第 9 回"刘守备冒姓打船家"与第 6 回"乡绅发病闹船家"在情节上的相似,也注意到娄公子提及"我家"与严贡生以"乡绅人家"自诩的相似,评道:"应与严贡生语对看。"①又如第 21 回写到牛浦郎唯恐郭铁笔"走到庵里,看出爻象",爱湘评道:"与匡超人同是聪明绝顶人。"②

　　这同样触及了《儒林外史》在叙事上的重要特点。尽管小说中的人物不断更迭,但相似的事件、话语却频繁见于不同人物身上。这使一些反差较大乃至没有交集的人物之间产生了关联。在这层比较关系中,人物的高下优劣自现。一方面,作者通过人物"同而不同"的表现,对"不尽如人意"的文人进行了差异化的区分。如在对待船家的态度上,娄公子的和善与严贡生的跋扈,存在天壤之别。更何况,娄公子面对的船家确有过错。而严贡生面对的船家所犯"过错",也是他的刻意捏造。这就更反衬出前者的过人之处。这在丰富人物形象的同时,也使"儒林"呈现出更为多元的样态。另一方面,作者通过点明人物"不同而同"的言行,提示了身份、地位、学识不同的人物,在品行上的同质性。如牛浦郎与匡超人之间的"同",就使二者的低劣之处相互映衬。这便深化了读者对此等败类于"儒林"中层出不穷的印象,强化了讽世意味。因此,在这里,爱湘对相关人物之"同而不同""不同而同"的揭示,是切合文本的。

　　同时,爱湘时而将细节描写与人物纵向的性格发展相勾连,揭示其中的内在逻辑。例如,第 2 回中,王惠声称周进的东家顾氏是自己的"户下册书,又是拜盟的好弟兄"。爱湘评道:"与户下册书拜盟,王惠之所以降宁王也。"③又如,第 15 回中,匡超人对马二的慷慨相助表达感激,提出想与马二结拜为兄弟。对此,爱湘评作:"拜为师拜为父执可也,乃欲拜为盟兄,匡超人之无良于斯已露。好在马二先生无纤毫芥蒂,真是人所难能。"④在小说中,王惠从能员到贰臣,匡超人由孝子到无耻之徒的发展似有突变性。而爱湘从细节入手,以

①　《(齐省堂增订)儒林外史》第 9 回,清同治十三年(1874)齐省堂藏板,上海图书馆藏,第 11b 叶。
②　《(齐省堂增订)儒林外史》第 21 回,清同治十三年(1874)齐省堂藏板,上海图书馆藏,第 4b 叶。
③　《(齐省堂增订)儒林外史》第 2 回,清同治十三年(1874)齐省堂藏板,上海图书馆藏,第 11b 叶。
④　《(齐省堂增订)儒林外史》第 15 回,清同治十三年(1874)齐省堂藏板,上海图书馆藏,第 12b 叶。

儒家倡导的"子臣弟友"之道,恰如其分地阐释了其人在不同身份、境遇中一贯的行为逻辑。其实,在后一例中,爱湘在阐发"拜盟"一事对匡超人形象的塑造意义时,也注意到这对马二形象的反衬作用,揭示了作者以"同而不同"的行为,表现二人的用意。

第二,爱湘往往以诙谐之言,点明人物在言行上的悖反。如第 5 回写到严贡生因顾忌汤知县审讯而逃往省城,爱湘谐谑道:"凡事'心照'。"①这就是前文中,严贡生在范进、张静斋面前吹嘘汤父母和自己是"最好的相与"时所说的原话。又如,第 7 回中,范进听信梅玖冒称自己是周进学生,说道:"你原来是我周老师的门生,也罢,权且免打。"爱湘以梅玖昔日蔑视周进为"小友",不愿与之同席一事谐谑道:"幸亏小友,免此出丑。"②再如,第 30 回中,杜慎卿道:"只怕而今敝年伯也不要这一个潦倒的兄弟。"爱湘切中了杜慎卿以"境遇"论"兄弟"的纰漏,讥讽其失德道:"若是兄弟,岂能以潦倒而不要之。"③

关于《儒林外史》的这一特点,卧评中已有提及。在第 4 回回末,卧评道:"才说'不占人寸丝半粟便宜',家中已经关了人一口猪,令阅者不繁言而已解。使拙笔为之,必且曰:看官听说,原来严贡生为人是何等样,文字便索然无味矣。"④这揭示了《儒林外史》不下断语、"婉而多讽"的妙处。对此,爱湘是认同的。因而,当文本中涉及此类笔法时,爱湘同样不直斥其人,而是通过重提旧事或点明其人言语中的纰漏,对人物加以嘲谑。用卧评的话来说,爱湘的相关评语也非"拙笔"。这是深得《儒林外史》讽刺笔法的体现。由此,爱湘对人物的嘲谑与《儒林外史》对人物的讥讽,构成了文本内外的互动。

在一定程度上,爱湘的上述评语对天评有所呼应。例如,第 2 回中,申祥甫向他人说起荀家奉承周进,多次送他素斋,该本中的墨色眉批作:"可见荀家尚知敬重师长,荀玫之为盐运使,其父积德所致也。"⑤张文虎在此从细处入手,将荀家家风与荀玫他日的发迹相勾连。而第 7 回中,爱湘也将周进昔日所写"正身以俟时,守己而律物"与他此时的发迹相联系。这与张文虎的看法很接近,当是受后者启发的产物。同时,一般认为,注重人物对比⑥与"旁见侧

---

① 《(齐省堂增订)儒林外史》第 5 回,清同治十三年(1874)齐省堂藏板,上海图书馆藏,第 4a 叶。
② 《(齐省堂增订)儒林外史》第 7 回,清同治十三年(1874)齐省堂藏板,上海图书馆藏,第 5a 叶。
③ 《(齐省堂增订)儒林外史》第 30 回,清同治十三年(1874)齐省堂藏板,上海图书馆藏,第 2a 叶。
④ (清)吴敬梓著;李汉秋辑校:《儒林外史汇校汇评》,上海古籍出版社 2010 年版,第 60 页。
⑤ 《(齐省堂增订)儒林外史》第 2 回,清同治十三年(1874)齐省堂藏板,上海图书馆藏,第 15a 叶。
⑥ 孙逊:《明清小说论稿》,上海古籍出版社 1986 年版,第 249 页。

出，杂以诙谐"，①是天评的重要特色。在该评本中，张文虎的评语虽然有限，但也体现了这一特色，如评范母中脏，"与范进同病"，即为体现。而爱湘对人物"同而不同"、"不同而同"之处的发掘，以谐谑语讥讽人物的做法，也与天评的风格构成了呼应。但对于文本，爱湘也有独到的体悟。

第三，有十余条爱湘评点，就评于齐省堂增订本原刻卧评所对应的天头处，或者齐省堂增订本的眉批旁。这些评点与卧评、齐评构成了直接的对话，且所论往往比较贴切。这主要分为几种情形：

（一）呼应

对于其他评者的灼见，爱湘进行了呼应。例如第 10 回中，鲁编修论及王惠请陈和甫扶乩一事时，娄四公子评论道："'几者，动之微，吉之先见。'这就是那扶乩的人一时动乎其机。说是有神仙，又说有灵魂的，都不相干。"②对此，爱湘赞誉道："明理。"此即来自齐评："确论。"这同样是《儒林外史》中的一处精妙补笔。尽管前文讥讽了娄氏兄弟在科举落第后的愤懑，但作者也通过这一细节，表现了娄四公子的过人之见。齐评对此细节的发掘是敏锐的。而爱湘的回应，也体现了他对其他评点的择善而从。

（二）质疑

对其他评者的谬论，爱湘提出了不同意见。如第 31 回末，卧评对娄太爷、韦四太爷进行了否定："娄太爷是暗要，韦太爷是明吃，至裁缝、王胡子，各各有算计少卿之法。"卧评在此仅就杜少卿的耗财情况，对娄太爷、韦太爷、裁缝、王胡子做出了同质化的评判。但爱湘反驳道："娄、韦未见坏处，夸者太苛，赣州之交，似皆靠得住。"③又，第 35 回末，卧评以"湖中高士"为标准，批评庄绍光道："又如卢信侯被逮，绍光函致京师要人以解释之，此岂湖中高士所为？余故曰：却有几分做作。"但爱湘并未预设一个"高士"的标准来要求庄绍光，而是置身于庄绍光的处境，替其辩解道："此二事不做如何处置，世无孔子，一语颇见其道。此事若不援手，未免不近人情，或且于自己声名有碍。若竟置之不睬，反觉做作。评者喜欢鸭蛋里寻骨头，如以娄韦为明吃暗要之类是也。"④在上述两处文字上，爱湘的看法都更贴合文本，也切中了卧评的失当之处。

---

① 李汉秋：《儒林外史研究资料集成》，上海古籍出版社 2017 年版，第 307 页。
② 《（齐省堂增订）儒林外史》第 10 回，清同治十三年（1874）齐省堂藏板，上海图书馆藏，第 7a 叶。
③ 《（齐省堂增订）儒林外史》第 31 回，清同治十三年（1874）齐省堂藏板，上海图书馆藏，第 17a 叶。
④ 《（齐省堂增订）儒林外史》第 35 回，清同治十三年（1874）齐省堂藏板，上海图书馆藏，第 14a 叶。

（三）补充

对其他评者未尽完善的看法，爱湘也进行了补充。例如第1回中，王冕对翟买办说，时知县如果因他犯法，传他进衙，他必然要去；但既然发帖邀请，他就有了决定赴约与否的自由。对此，齐评作："真是闻所未闻。"张文虎的墨色眉批在延续齐评的看法上，进一步结合文本，揭示了听者翟买办及其上司与言述者王冕之间的品行差异："此等意思危素尚未梦见，何况时知县，何况翟买办？"但爱湘认为，此等意思古已有之："此即往役义也，往见不义也之说。"①此言出自《孟子·万章下》："万章曰：'庶人，君召之役，则往役，君欲见之，召之则不往见之也，何也？'曰：'往役，义也。往见，不义也。'"②这提示了吴敬梓笔下的王冕形象，与先秦儒家思想之间的精神联系，也阐释了《儒林外史》的"尚古情怀"。③

但爱湘评语中，也存在一些欠妥之处。一方面，爱湘能够宽容马二、周进乃至杨执中等迂腐者，但这种宽容有时未免太过。他对马二无一贬词的态度，就偏离了实际。另一方面，爱湘对杜慎卿、季苇萧等风流名士尤为反感，甚至对蘧景玉、虞华轩等正面形象也颇有微词。这同样不符合作者本意。如第7回中，蘧景玉用"苏轼临场规避"的笑话打趣范进，爱湘对此评论道："少年刻薄，所以短命。"④但在《儒林外史》中，蘧景玉确是淡泊荣利、谈吐风雅的真名士。黄小田也认为，蘧景玉"谈笑蕴藉，是嘉兴朋友"。⑤因此，爱湘的此类看法并不允当。

三、天目山樵对爱湘评点的选择性接受

爱湘评点对天评产生了一定影响。这在该评本中已有所体现。如第5回写到严贡生担忧汤父母审讯一处，爱湘讥讽道："凡事'心照'。"⑥而第6回中，汤知县以为严贡生"多事"时，墨色眉批作："汤父母偏不'心照'了。"⑦这是对爱湘评点的直接回应。但总体而言，该评本中的类似回应尚为少见。但天一

---

① 《（齐省堂增订）儒林外史》第1回，清同治十三年(1874)齐省堂藏板，上海图书馆藏，第8b叶。

② 《孟子》，中华书局2006年版，第233页。

③ 刘勇强：《〈儒林外史〉文本特性与接受障碍》，《文艺理论研究》2013年第4期，第122页。

④ 《（齐省堂增订）儒林外史》第7回，清同治十三年(1874)齐省堂藏板，上海图书馆藏，第4a叶。

⑤ （清）吴敬梓著；李汉秋辑校：《儒林外史汇校汇评》，上海古籍出版社2010年版，第93页。

⑥ 《（齐省堂增订）儒林外史》第5回，清同治十三年(1874)齐省堂藏板，上海图书馆藏，第4a叶。

⑦ 《（齐省堂增订）儒林外史》第6回，清同治十三年(1874)齐省堂藏板，上海图书馆藏，第16b叶。

评、天二评中，就出现了较多借鉴、化用爱湘评点的情形。据笔者统计，在爱湘的59条评语中，有30条最终融入了天一评、天二评。这主要分为以下几种情形：

第一，有13条天一评、天二评几乎直接承袭了爱湘的评语。这主要包含爱湘以儒家道德观念讽刺人物的言论。例如第2回中，天一评、天二评论王惠拜盟："顾二哥是老先生户下册书，又是拜盟好弟兄，然则老先生之为人我知之矣。"①这就出自爱湘所谓"与户下册书拜盟，王惠之所以降宁王也"。②第7回中，天一评、天二评论梅玖扯谎："梅三相此番出丑，亏得周长兄救急。"③这就从爱湘所谓"幸亏小友，免此出丑"中，化用而来。④第30回中，天二评论杜慎卿："兄弟亦不论潦倒不潦倒"。⑤这也化用了爱湘所谓"若是兄弟，岂能以潦倒而不要之"。⑥其中反映了二人共同的价值取向。

此外，有一处例子更为直观地体现张文虎对爱湘评语的接受。那就是前述第1回中，王冕表明，知县拿票子传自己才去见，用帖子请就不见一处文字，张文虎的墨色眉批是："此等意思危素尚未梦见，何况时知县，何况翟买办？"⑦天一评与之相近。但天二评却发生了改变，作："君召之役，则往役；君欲见之，则不往见之。"⑧这明显借鉴了爱湘所谓"此即往役义也，往见不义也之说"。⑨可见，在天二评中，张文虎用爱湘的评语，替代了自己原有的评语。这体现了张文虎对爱湘此评的高度赞赏。

第二，张文虎在借鉴爱湘评语的基础上，对爱湘的观点加以充实。

例如第8回中，爱湘对齐评赞誉蘧太守"大有麦舟之风"的看法，表示了反对："未免太过。"⑩而天二评对此进行了细化，揭示了循吏蘧太守有悖义理之处："前后任一面之识，不得为故交；以财济从逆之犯，不得为仗义。蘧太守潇

---

① （清）吴敬梓著；李汉秋辑校：《儒林外史汇校汇评》，上海古籍出版社2010年版，第25页。
② 《（齐省堂增订）儒林外史》第2回，清同治十三年(1874)齐省堂藏板，上海图书馆藏，第11b叶。
③ （清）吴敬梓著；李汉秋辑校：《儒林外史汇校汇评》，上海古籍出版社2010年版，第93页。
④ 《（齐省堂增订）儒林外史》第7回，清同治十三年(1874)齐省堂藏板，上海图书馆藏，第5a叶。
⑤ （清）吴敬梓著；李汉秋辑校：《儒林外史汇校汇评》，上海古籍出版社2010年版，第368页。
⑥ 《（齐省堂增订）儒林外史》第30回，清同治十三年(1874)齐省堂藏板，上海图书馆藏，第2a叶。
⑦ 《（齐省堂增订）儒林外史》第1回，清同治十三年(1874)齐省堂藏板，上海图书馆藏，第9a叶。
⑧ （清）吴敬梓著；李汉秋辑校：《儒林外史汇校汇评》，上海古籍出版社2010年版，第7页。
⑨ 《（齐省堂增订）儒林外史》第1回，清同治十三年(1874)齐省堂藏板，上海图书馆藏，第9a叶。
⑩ 《（齐省堂增订）儒林外史》第8回，清同治十三年(1874)齐省堂藏板，上海图书馆藏，第10a叶。

洒有之,义方之训则未,以致公孙他日几罹大祸。"①而在一些情形中,张文虎同时借鉴了爱湘与黄小田的评点,对文本的分析更为详尽。如第 15 回写到匡超人想拜马二为盟兄一事,黄小田认为"马二先生不止年长一倍,公然欲拜为兄,心本不厚"。②而爱湘以此揭示匡超人"无良"的同时,还注意到马二"无纤毫芥蒂"的可贵。一方面,张文虎借鉴了黄评,并在揭示二人年龄差距的基础上,考虑到二人在学问、恩人与受恩者身份上的差距。这进一步说明了匡超人此举的冒犯性及其伏笔意味。另一方面,张文虎也借鉴了爱湘的看法,但更准确地揭示,马二的宽厚在于"毫无德色",而不仅是一般意义上的"无纤毫芥蒂"。③

再如,第 21 回中,爱湘注意到牛浦郎与匡超人"同是聪明绝顶人"。④对此,张文虎也做了进一步阐发,揭示了从匡超人递入牛浦郎的章法以及这一设计的讽世意蕴:"写过匡超人,接手便写牛浦郎,俾人知世上下流日出不穷,伊于何底。"⑤此前提及,"旁见侧出,杂以诙谐"与注重行文中"同而不同""不同而同"之处,是张文虎评点的特色。爱湘的部分评语也是受此影响而形成的。因此,当张文虎将爱湘的相关评语融入天一评、天二评时,也与天目山樵的整体评点风格拼接无缝。

第三,张文虎对爱湘评点中,一些有失妥当的看法进行了调整。

此前提及,爱湘在评点中,偏爱马二一类的人物,而对"名士"论之过苛。但张文虎在借鉴相关评语时,避免了这一问题。如第 30 回写到季苇萧语:"才子佳人,正宜及时行乐",爱湘斥责道:"假。二语是苇萧口头语。"⑥但天二评对此的评价是:"开口便是才子佳人,彼以为雅,我厌其俗。"⑦一方面,在对季苇萧话语的否定态度上,张文虎与爱湘的看法是一致的。但二者的评价标准有所差异。爱湘的标准为"真假",而张文虎的标准是"雅俗"。前者关乎道德,而后者关乎格调。事实上,在《儒林外史》中,季苇萧并非下品,因而张文虎的

---

① (清)吴敬梓著;李汉秋辑校:《儒林外史汇校汇评》,上海古籍出版社 2010 年版,第 110 页。
② (清)吴敬梓著;李汉秋辑校:《儒林外史汇校汇评》,上海古籍出版社 2010 年版,第 200 页。
③ (清)吴敬梓著;李汉秋辑校:《儒林外史汇校汇评》,上海古籍出版社 2010 年版,第 200 页。
④ 《(齐省堂增订)儒林外史》第 21 回,清同治十三年(1874)齐省堂藏板,上海图书馆藏,第 4b 叶。
⑤ (清)吴敬梓著;李汉秋辑校:《儒林外史汇校汇评》,上海古籍出版社 2010 年版,第 272 页。
⑥ 《(齐省堂增订)儒林外史》第 30 回,清同治十三年(1874)齐省堂藏板,上海图书馆藏,第 3a 叶。
⑦ 天一评末句作"我以为其俗也",(清)吴敬梓著;李汉秋辑校:《儒林外史汇校汇评》,上海古籍出版社 2010 年版,第 369 页。

评判更切合实际。

又如，第 30 回中还提及，"杜慎卿同季苇萧相交起来，极其投合"，爱湘否定二人道："二人渔色、乖刻相同，故能投合，微有异者，慎卿偏僻而苇萧滑取，友之法，皆不可与交也。"①但张文虎的看法有所不同："见慎卿是有心的人，与少卿相反"；"苇萧亦俗物耳，然狡黠灵动胜于诸人，慎卿入其觳中。"②张文虎与爱湘对人物特点的认识基本一致，但二者的用词色彩有所差异。爱湘认为杜慎卿"乖刻""偏僻"，而张文虎认为其"有心"。爱湘认为季苇萧"滑取"，而张文虎认为其"狡黠灵动"。这再次反映了二者在评价标准上的不同。爱湘的标准仍然是儒家道德观念，所以他对人物偏离这一标准的做法尤为反感，否定得也尤为彻底。而在张文虎看来，杜慎卿和杜少卿的差异，不是品行上的差异，而是为人处世风格上的差异。同时，张文虎对季苇萧的此处评价，也反映出其品评人物的又一标准——意趣。因此，其频频以"狗头"、"应伯爵声口"来形容季苇萧，实则表露出对这一形象之意趣的喜爱。③

张文虎之所以能以较为多元的标准来品评人物，取决于他与爱湘对文本的态度不同。爱湘时而会在评点中，混淆小说与现实的界限。例如第 11 回中，杨执中称权勿用"有经天纬地之才，空古绝今之学，真乃'处则不失为真儒，出则可以为王佐'"，爱湘评道："是镜确当得此四句。"④而第 12 回中写到一人贬抑权勿用时，爱湘就驳斥道："此等俗物恶乎知之。"⑤在这里，爱湘直接采用对人物原型是镜的看法，来评价人物形象权勿用，从而偏离了作者讽刺权勿用的基本态度。在很大程度上，爱湘受到金和所谓"某人（形象）即某人（原型）"的索隐式思维干扰。⑥正因如此，他会将小说人物视作"真人"，并完全以道德论之。但天一评、天二评却提出"此书非少卿者所作"；⑦"盖文木聊以少卿自托，非谓少卿即文木也。"⑧这都在突显小说的虚构性。在这种意识下，张文虎即便在对人物原型进行考证时，也并未混淆二者之间的界限。同时，他对小说

① 《（齐省堂增订）儒林外史》第 30 回，清同治十三年（1874）齐省堂藏板，上海图书馆藏，第 1a 叶。
② （清）吴敬梓著；李汉秋辑校：《儒林外史汇校汇评》，上海古籍出版社 2010 年版，第 368 页。
③ （清）吴敬梓著；李汉秋辑校：《儒林外史汇校汇评》，上海古籍出版社 2010 年版，第 408 页。
④ 《（齐省堂增订）儒林外史》第 11 回，清同治十三年（1874）齐省堂藏板，上海图书馆藏，第 15a 叶。
⑤ 《（齐省堂增订）儒林外史》第 12 回，清同治十三年（1874）齐省堂藏板，上海图书馆藏，第 5a 叶。
⑥ 李汉秋：《儒林外史研究资料集成》，上海古籍出版社 2017 年版，第 301 页。
⑦ （清）吴敬梓著；李汉秋辑校：《儒林外史汇校汇评》，上海古籍出版社 2010 年版，第 381 页。
⑧ （清）吴敬梓著；李汉秋辑校：《儒林外史汇校汇评》，上海古籍出版社 2010 年版，第 685 页。

形象的认识,也更合乎实际。因此,相比之下,爱湘评点尚有未尽与欠妥之处,而天目山樵在借鉴爱湘评点基础上的阐发、调整,则更显完善。但总体而言,爱湘评语对天目山樵的启示意义,是不容忽视的。

四、关于"爱湘"其人的考证

李汉秋先生指出,清末上海周边地区存在一个"评点和传播《儒林外史》"的文人群体。①但张文虎与他人共评本却很少见。这一评本的发现,更直接地体现了以张文虎为核心的文人群体品评《儒林外史》的样态。而探索"爱湘"其人,或能进一步充实我们对这一群体的认识。然而,在张文虎的友人中,未见名、字、号直接为"爱湘"者,这为探索其人增添了障碍。但爱湘既然能在"丁丑九月"与张文虎共评《儒林外史》,说明在光绪三年(1877)前后,二人交往甚密。此外,从字面上看,"爱湘"与"天目山樵"的命名方式,也是一致的。据闵萃祥记述,张文虎曾"西游天目,南登会稽,尤爱天目之胜,因自号曰'天目山樵'"。②而"爱湘"之名也遵循了这一原则。这同样证明二人关系非同一般。

可能有效的信息是,在《儒林外史评》收入的天目山樵识语中,张文虎对一些评点《儒林外史》及过录其评者进行了记录。其中有黄小田、雷谔卿、闵颐生、沈锐卿、朱贡三、艾补园、杨古酝、徐允临等人。③那么,"爱湘"是否可能就在其中?但据笔者目前所见文献来看,这种可能并不成立。首先,从时间上看,光绪三年(1877)距黄小田(1795—1867)逝世已过了将近十年。而据徐允临自述,他迟至光绪五年(1879)才知晓天评以及张文虎其人。因此,首先可以排除二人。

第二,从张文虎在光绪三年(1877)的活动轨迹来看,杨葆光、沈锐卿、朱贡三、艾补园也没有与之共评的可能。据闵萃祥所言:"丁丑,子馨家属迁回金山,以复园邀先生居,遂迁家焉。"④这里提及的复园,是金山绅士钱培荪在松

① 李汉秋:《〈儒林外史〉的评点及其衍递》,参见吴敬梓著;李汉秋辑校:《儒林外史汇校汇评》(前言),上海古籍出版社 2010 年版,第 15 页。
② (清)闵萃祥:《州判衔候选训导张先生行状》,参见(清)张文虎:《舒艺室杂著甲编二卷、剩稿一卷、续笔一卷、余笔三卷、诗存七卷、索笑词二卷》(跋),清刻本,上海图书馆藏。
③ 李汉秋:《儒林外史研究资料集成》,上海古籍出版社 2017 年版,第 309—310 页。
④ (清)闵萃祥:《州判衔候选训导张先生行状》,参见(清)张文虎:《舒艺室杂著甲编二卷、剩稿一卷、续笔一卷、余笔三卷、诗存七卷、索笑词二卷》(跋),清刻本,上海图书馆藏。

江所置的私人花园。张文虎《诗存》中的记述，也印证了他在光绪三年（1877）四月迁居复园的事实。①此外，张文虎在其编年诗集《诗存》中，较为详细地记述了具有纪念意义的游历、交往经历。②而在光绪三年（1877）的诗作中，仅有《晚泊新场》，记述了他在新场（今属上海浦东）的短暂停留。可见这一年，张文虎基本活动于松江。同时，他的主要工作是应华亭令杨开弟之邀，担任《（光绪）重修华亭县志》的总纂。③

而从杨葆光的日记《订顽日程》来看，光绪三年（1877）九月，他身处浙江，仅在九月初三日这一天"致啸山信"。④张文虎作于光绪四年（1878）的《尺牍·与刘融斋山长（戊寅）》则表明，艾补园"向馆沪上"，即上海城区，直到光绪四年（1878）始得"赋闲"。⑤另据《张文虎日记》与《诗存》，朱贡三主要活动于南市一带（今属上海黄浦）。在张文虎移居松江后，二人之间来往较少。⑥而在《绿梅花龛词·序》中，张文虎记述了自己在光绪戊寅（光绪四年，1878）孟秋与沈锐卿之间的通信："青浦沈锐卿上舍以其友金陵黄君石瓢《绿梅花龛词》寄视属序。"⑦这表明，沈锐卿此时居于青浦，与张文虎之间仅有书信交往。可见，在光绪三年（1877）九月，他们基本不具备与张文虎共评《儒林外史》的空间条件。此外，在张文虎作于光绪三年（1877）的交游诗文中，亦未提及与杨葆光、沈锐卿、朱贡三、艾补园之间的直接交往。这也印证了上

---

① 张文虎《诗存》中有诗题为：《乙亥、丙子两年并在复园度夏，子馨尝助予视宅未就，去秋子馨病故，家属皆迁回金山，即招予住复园，今夏四月始来，赋此为纪》，参见（清）张文虎：《舒艺室杂著甲编二卷、剩稿一卷、续笔一卷、余笔三卷、诗存七卷、索笑词二卷》，清刻本，上海图书馆藏。

② 参见（清）张文虎：《舒艺室杂著甲编二卷、剩稿一卷、续笔一卷、余笔三卷、诗存七卷、索笑词二卷》，清刻本，上海图书馆藏。

③ （清）杨开弟修；姚光发纂：《（光绪）重修华亭县志》，清光绪四年（1878）刊本。

④ （清）杨葆光：《订顽日程》（第二册），上海古籍出版社 2010 年版，第 818 页。

⑤ （清）张文虎著；浦东新区周浦镇人民政府等编：《舒艺室尺牍偶存　鼠壤馀蔬》（影印本），2018 年，第 94 页。

⑥ 据《张文虎日记》，同治八年农历三月十八、十九、二十日（1869 年 4 月 29、30 日，5 月 1 日），张文虎详细记录了在老北门、小南门（今属上海黄浦）一带的活动轨迹，而朱贡三连续三日与之相会，参见张文虎著；陈大康整理：《张文虎日记》，上海书店出版社 2009 年版，第 174—175 页。另据张文虎《诗存》，张文虎在作于光绪五年的《送朱贡三归休宁》中，记述了自己与朱贡三相识二十年来的经历："忆当咸丰末，避寇浦江边。邂逅如故知，下榻欣相谈。……君言江城久客今已耄，正似舍己芸人田。"这里提及的"浦江边""江城久客"与上述地域范围相应，可知朱贡三即活动于这一带。或因如此，张文虎迁居松江后，与朱贡三之间的走动不甚频繁，仅有《送朱贡三归休宁》记录了二人间的往来，参见（清）张文虎：《舒艺室杂著甲编二卷、剩稿一卷、续笔一卷、余笔三卷、诗存七卷、索笑词二卷》，清刻本，上海图书馆藏。

⑦ 孙克强、杨传庆、裴哲编著：《清人词话》（下），南开大学出版社 2012 年版，第 1807 页。

述判断。

第三,从评点内容及评者口吻来看,爱湘的评点同样不可能出自闵颐生、雷谔卿之手。光绪三年(1877),张文虎(1808—1885)已年近七旬,而闵颐生(1849—1904)年仅二十八岁,二人以师生相处。闵颐生以"先生"称之,并以"门人闵萃祥"自称。①而雷谔卿也是闵颐生的同辈人。在光绪二年(1876)刊刻的钱铭圭所著《蕉鹿居遗稿》中,有一篇闵萃祥的跋,其中提及自己与钱铭圭、雷谔卿之间的同窗情谊:"己巳春,偕雷君谔卿来约,读书周太仆祠,相得益欢,课诵之余,喜谈古人……"②事实上,前述艾补园③也是张文虎的学生,彼此间有长幼尊卑之别。

但爱湘在评点中往往直言其意,无所顾忌。在第 29 回与第 33 回中,爱湘先后痛斥鲍廷玺插科打诨的丑态道:"贱相!文卿决不为此"④;"下流!文卿断不肯为"。⑤而张文虎的墨色眉批中,也有随意而发之语。如第 6 回写到严贡生抵赖船钱一事时,墨色眉批作:"摇船人每每可恶,恨不遇严贡生。"⑥这种密友之间的戏言,在后来徐允临过录的天评以及天一评、天二评中,均未出现。同时,在该评本中,爱湘评点多于天评的现象或也表明,爱湘与张文虎是平辈的密友,因此张文虎持有自谦的态度。

同时,爱湘的一些评点,反映出其人颇具阅历,深谙官场风气。例如第 19 回写到王知县将轮奸使女的光棍施以杖刑后释放,爱湘评道:"轮奸是何等罪名,仅打几十板子,衙门无原告,往往如此。"⑦又如,第 34 回高翰林说杜少卿的父亲一味亲民,"惹的上司不喜欢,把个官弄掉了",爱湘评道:"痛骂当时以帖括进身者,然真有此等人,并非作者形容刻毒。"⑧此等言论与闵颐生、雷谔卿、艾补园当时的身份也不相符。

① (清)闵萃祥:《州判衔候选训导张先生行状》,参见(清)张文虎:《舒艺室杂著甲编二卷、剩稿一卷、续笔一卷、余笔三卷、诗存七卷、索笑词二卷》(跋),清刻本,上海图书馆藏。
② (清)闵萃祥:《蕉鹿居遗稿·跋》,参见(清)钱熙辅、钱铭圭:《勤有书堂剩稿 蕉鹿居遗稿》,清光绪二年(1876)刊本,南京图书馆藏。
③ 张文虎在《尺牍·与刘融斋山长(戊寅)》中,称艾补园为"及门艾承禧",参见(清)张文虎著;浦东新区周浦镇人民政府等编:《舒艺室尺牍偶存 鼠壤馀蔬》(影印本),2018 年,第 94 页。
④ 《(齐省堂增订)儒林外史》第 29 回,清同治十三年(1874)齐省堂藏板,上海图书馆藏,第 14a 叶。
⑤ 《(齐省堂增订)儒林外史》第 33 回,清同治十三年(1874)齐省堂藏板,上海图书馆藏,第 6b 叶。
⑥ 《(齐省堂增订)儒林外史》第 6 回,清同治十三年(1874)齐省堂藏板,上海图书馆藏,第 11b 叶。
⑦ 《(齐省堂增订)儒林外史》第 19 回,清同治十三年(1874)齐省堂藏板,上海图书馆藏,第 4a 叶。
⑧ 《(齐省堂增订)儒林外史》第 34 回,清同治十三年(1874)齐省堂藏板,上海图书馆藏,第 5b 叶。

此外,雷谔卿(名葆祥)、闵颐生(名萃祥,号八指生)、沈锐卿(名树锋)、朱贡三(名鎔)、艾补园(名承禧)、杨古酝(名葆光,号苏庵,别号红豆词人)的名、字、号与"爱湘"之间也没有关联。

综上,张文虎在识语中提到的这些人均无可能为"爱湘"。而与之共评者须满足以下条件:第一,光绪三年(1877),其人的行动轨迹在松江,与张文虎之间存在密切交往,在时空上具备与张文虎共评《儒林外史》的条件。第二,其人当是张文虎的同辈人,并有一定的身份及官场、科场阅历,与"爱湘"评点的口吻相符。此外,其人的姓名或字号与"爱湘"这一名号存在关联。据我们所见,在张文虎的友人中,松江府娄县(今属江苏省昆山市)人仇炳台①(1820—1895)最符合这些条件,理由如下:

第一,光绪三年(1877)至四年(1878)期间,仇炳台是张文虎交往最为密切的朋友。事实上,在光绪二年(1876)前,张文虎与仇炳台之间似乎并无交集。最早提及二人关系的是姚光发《(光绪)重修华亭县志·序》:"丙子秋,邑侯襄阳杨公迺属光发偕张啸山(文虎)、仇竹屏(炳台)总其事……期年而稿成。"②由此可知,仇炳台与张文虎曾于光绪二年(1876)至三年(1877)期间,共同担任《(光绪)重修华亭县志》的总纂,这为二人之间的交往提供了契机。同时,仇炳台的居所位于松江西郭外的"笏溪之上",故名其庐为"笏东草堂"。③在地理位置上,这与张文虎所居住的复园相距不远。这为二人的交往创造了便利。因此,在光绪三年(1877)四月夏,张文虎迁居复园后,"仇竹坪太史"开始频繁见于张文虎的诗文。

据《诗存》,在张文虎写于光绪三年(1877)至四年(1878)的诗作中,除《酬华约渔(孟玉)》记述了光绪三年(1877)四月,其旧友华约渔曾造访复园外,④

---

① 仇炳台,原名治泰,字竹坪,一字竹屏,松江府娄县人,同治元年(1862)壬戌科进士,诗人、云间知名书画家。

② (清)杨开弟修;姚光发纂:《(光绪)重修华亭县志》,清光绪四年(1878)刊本,第1a—1b叶。

③ 据仇竹坪:《笏东草堂诗录》与张文虎的酬酢诗,仇竹坪寓所名为"笏东草堂"。据《寒松阁谈艺琐录》记载,其庐又名"笏溪草堂",参见(清)张鸣珂撰《寒松阁谈艺琐录》卷二,民国十年(1921)铅印本,上海图书馆藏。而据(清)徐世昌辑《晚晴簃诗汇》卷一百六十七,笏溪位于"松江西郭外",参见《续修四库全书·集》(影印本),上海古籍出版社1996年版,第1633册,第19页。

④ (清)张文虎:《诗存·酬华约渔(孟玉)》[原作"训华约渔(孟玉)","训"为"酬"之误],参见(清)张文虎:《舒艺室杂著甲编二卷、剩稿一卷、续笔一卷、余笔三卷、诗存七卷、索笑词二卷》,清刻本,上海图书馆藏。

其他记述基本围绕仇炳台展开。①尽管诗中大多记述诸友雅集，但张文虎提到的核心人物多是仇炳台，他在诗题中也将"竹坪"置于首位，或即以"竹坪招集"为题。而张文虎作于光绪四年（1878）的《次韵酬竹坪》，则抒写了他与仇炳台之间的知己之情："柏叶樽开集胜流，新诗老去愧难酬。岳云小寄差安夏（予迁复园为避暑计耳），春雪频霏冀有秋。高会南皮思往事。谈兵北府慨前游。主宾豪饮饶清兴，不羡山阴访戴舟。"②而且，在这首诗中，张文虎表达了在秋日与仇炳台重聚的期望。从张文虎与仇炳台自光绪三年（1877）夏开始频繁交往的情况来看，他在诗中所说的"往事""前游"，当指光绪三年（1877）秋与仇炳台的交往。这与"丁丑九月共爱湘评阅"的时间吻合。

第二，仇炳台的身份地位、人格追求与爱湘评点时的口吻相符。

仇炳台是同治元年壬戌（1862）科进士，改庶吉士，但他对官场非常厌倦。他在诗作《士辱叹》中描绘了试期临近，太守因接待上级官员而不得不推延考试，而应考书生则因表达不满而被责罚的处境："云间试院门初开，太守入院罗群才……岂知江上大官临，潜向吴淞迓旛隼……太守亦是读书人，昔年场屋同苦辛……呜呼锻炼成斯狱，堂上色喜堂下哭……"③从中表达了他对官场的失望，这也是他"不乐仕进"的原因。据平步青所言，其进士同年仇炳台"馆选后，长假不出"，以书画为业，令诸多同年"愧为不如"。④张文虎在作于光绪四年（1878）的《笋东草堂人日雅集诗序》中也提及："太史淡于膴仕，用风雅提倡后进。"⑤这与爱湘在评点中深知官场恶习，而鄙夷官场作风的口吻相符。另据张鸣珂《寒松阁谈艺琐录》记述，仇竹坪"性和蔼而谦谨"。张鸣珂居住在松江时，曾约同张文虎、沈约斋同饮。席散后，年过六十岁的仇竹坪并不乘坐笋舆

① 相关诗作有《坡公生日招仇竹坪太史（炳台）、郭友松孝廉、吴吉卿（震）、章次柯（末）、沈跃斋（祥龙）、三明经尹子铭署正（銎意）、钱义泉中书（廉）、闵颐生上舍（萃祥）小集复园》《人日竹坪招集笋东草堂即事》《次韵酬竹坪》《沈慎斋文学（铦）约同志十二人为书画以润笔资助振，竹坪纪以长歌，索和赋此训之》《竹坪太史约为消寒之集，大风不得往，以诗见怀，有主盟老将之语，戏酬一律，并示诸同人》等。须说明的是，"次韵酬竹坪"原作："次韵训竹坪"，"训"为"酬"之误，参见（清）张文虎：《舒艺室杂著甲编二卷、剩稿一卷、续笔一卷、余笔三卷、诗存七卷、索笑词二卷》，清刻本，上海图书馆藏。
② "新诗老去愧难酬"原作："新诗老去愧难训"，"训"均为"酬"之误，参见（清）张文虎：《舒艺室杂著甲编二卷、剩稿一卷、续笔一卷、余笔三卷、诗存七卷、索笑词二卷》，清刻本，上海图书馆藏。
③ （清）仇炳台：《笋东草堂诗录》，清光绪二十六年（1900）抄本，上海图书馆藏。
④ （清）平步青：《霞外攟屑》卷八下，民国六年（1917）刻本，上海图书馆藏，第43b—44a叶。
⑤ 松江区档案局、松江区档案馆编：《笋东草堂人日雅集图咏》，2019年，第7页。

离开，而是"缓步而行"。他这样做的原因是，张鸣珂有老母在堂，须以此表示尊敬。张鸣珂因此赞叹仇竹坪道："古道自持，真不可及。世有敦礼让者，宜遵奉之，为乡里矜式焉。"①可见，其"古道自持"的追求，也与张文虎无意于功名的人生态度乃至《儒林外史》的精神相契。

同时，在年龄上，张文虎虽然比仇炳台年长十二岁，但仍属同辈，二人又共同担任《(光绪)重修华亭县志》总纂。这与天目山樵同爱湘之间的平辈之谈相符。而张文虎在《笏东草堂人日雅集诗序》中表明"予老矣，无能为役，抑随太史后附庸风雅，不敢辞也"的态度，②同样和他与爱湘共评《儒林外史》时的自谦相合。此外，仇炳台的字、号与"爱湘"之间存在联系。仇炳台字竹坪，一字竹屏，其字与"竹"相关，又自号"苏竹"，③以示对竹之爱。这在以《焦山僧雪舫画竹歌》为代表的诗作中也有体现："山僧画竹如画人，脱略形似传其神。怒目金刚气拂拂，一枝直出一枝横"；"不知胸中有竹几千亩，须臾纸上皆秋声"。④诗中所咏刚劲挺立的竹之精神，亦是仇竹坪本人的精神写照。而"潇湘"与"竹"，正是中国古代诗歌中常见的关联意象，诗中也存在以"潇湘"指代"竹林"的用法，如李之仪《次东坡韵四首·其三》："画图展尽潇湘绿，窈窕新词写题竹"⑤；郑燮题画竹诗中有："秋风昨夜渡潇湘，触石穿林惯作狂。惟有竹枝浑不怕，挺然相斗一千场。"⑥从中可见"爱湘"与仇竹坪的字、号有所关联。据现有材料判断，我们认为，该评本中的"爱湘"为仇竹坪。

综上所述，天目山樵与爱湘共评本《儒林外史》的发现，为天目山樵评点的形成、发展提供了新的认识。该评本中包含了一些处于初创阶段的天评。这使天评的发展轨迹，得到了相对完整的呈现。更重要的是，这一评本呈现了天评与其他评点之间复杂的互动过程，并由此构成《儒林外史》评点发展脉络中的重要环节。一方面，作为该本中更主要的评者，爱湘在与天评、卧评、齐评的对话中，表达了自己的见解。其评在人物品评方面体现出一定的价值。另一方面，天目山樵对爱湘评点的接受也表明，他所借鉴的对象不仅限于卧评、齐

① (清)张鸣珂：《寒松阁谈艺琐录》卷二，民国十年(1921)铅印本，上海图书馆藏，第6a叶。
② 松江区档案局、松江区档案馆编：《笏东草堂人日雅集图咏》，2019年，第7页。
③ (清)平步青：《霞外攟屑》卷八下，民国六年(1917)刻本，上海图书馆藏，第43b叶。
④ (清)仇炳台：《笏东草堂诗录》，清光绪二十六年(1900)抄本，上海图书馆藏。
⑤ (宋)苏轼撰；查慎行注：《补注东坡编年诗》卷二十一，台湾商务印书馆，1986，景印文渊阁四库全书第1111册，第423页。
⑥ (清)郑燮著；卞孝萱编：《郑板桥全集》，齐鲁书社1985年版，第371页。

评、黄评。而且,天评与卧评、齐评的部分对话,也是在爱湘评点的基础上演化而来的。在此过程中,天评得到了进一步发展与完善。而对"爱湘"其人的探索,或有助于进一步认识清末上海周边地区"评点和传播《儒林外史》"的文人群体及其在《儒林外史》近代传播进程中起到的作用。①

A Study on the Newly Discovered Tianmu Mountain Woodcutter and Ai Xiang's Comments on *The Scholars*

Abstract: In the newly discovered commentary of *The Scholars*, there are two colored hand written comments. After examination, the ink colored comments were written by Zhang Wenhu, and the red colored comments were written by Ai Xiang. The comments of Zhang Wenhu were not only earlier than the Tianmu Mountain Woodcutter's comments(Tianyi comments) in the second reprint of *The Scholars* of the SHENG BAO Office in the seventh year of Guangxu(1881) and the *Commentary of The Scholars*(Tianyi comments) published in the Baowen Pavilion in the eleventh year of Guangxu(1885), but also earlier than the Tianmu Mountain Woodcutter's comments first recorded by Xu Yunlin in the fifth year of Guangxu (1879), making it an early commentary of Zhang Wenhu. Meanwhile, the comment of Ai Xiang formed a dialogue with the comments of Tianmu Mountain Woodcutter, Woxiancaotang, and Qishengtang, which influenced the subsequent development of Tianmu Mountain Woodcutter's commentary. Therefore, the commentary was an important link in the development of the commentary of *The Scholars*, which provided new understanding of the formation and development of the Tianmu Mountain Woodcutter's comments. According to existing literature, Ai Xiang was a friend of Zhang Wenhu, named Qiu Bingtai.

Key words: Tianmu Mountain Woodcutter; Ai Xiang; Comment; *The Scholars*

作者简介:石璐洁,上海师范大学人文学院博士后。

---

① 李汉秋:《〈儒林外史〉的评点及其衍递》,参见(清)吴敬梓著;李汉秋辑校:《儒林外史汇校汇评》(前言),上海古籍出版社 2010 年版,第 15 页。

城市空间意象的符号化:大运会期间视觉社交媒体对成都城市形象的塑造①

王耀宗　王　菁

摘　要:大型体育赛事是提升主办地城市形象的重要机遇,数字媒介逐渐转向视觉化,城市在视觉社交媒体中调动各种象征性资源塑造自身形象。成都在大运会期间运用城市空间意象的符号化,在国际视觉社交媒体中完成了城市形象的塑造。以"视觉文本资源—符号呈现组合—幻想主题—幻想类型—修辞视野"为研究路径,对"照片墙(Instagram)"中的成都城市形象展开分析,发现其基于离身和具身的融合叙事生成了"运动之都与赛事名城""现代化的烟火蓉城""千年文明之都"和"雪山下的公园城市"四种城市形象幻想类型,形成"以大运之名,在雪山下的公园城市感受历史与现代交融"的整体修辞视野,蕴含了成都的运动文化精神、城市价值理念和城市建设目标等内容。成都城市形象在"照片墙"中得到了有效传播,丰富了世界对成都经济、政治、文化和社会等多方位的积极想象,对后大运时代提升城市形象具有启示意义。

关键词:成都大运会　城市形象　城市空间意象　视觉社交媒体　符号

国际大型体育赛事不仅是各国各地区运动员竞技"比武"的大舞台,也是对话交流的大平台,具有建构和传播主办地形象的巨大潜力。作为全球性媒介事件,国际大型体育赛事具有全球化和地方性的双重特征,其常被主办地塑

① 本文为"研究阐释习近平总书记来川视察重要指示精神"成都市哲学社会科学规划专项重点项目"'最具活力和幸福感的成都故事'在国际社交媒体中的传播效能提升研究"(编号:2023A14)的阶段性成果。

造为带有地方历史特性的本土事件,①是主办国对内凝聚民族合力与对外传播软实力的关键机遇,因此,其展演涉及自我与他者、民族与世界。②成都第 31 届世界大学生夏季运动会(以下简称"成都大运会")的成功举办,势必会成为对成都城市形象建构产生深远影响的国际传播事件。

在移动互联网和智能手机的加持下,社交媒体中的信息逐渐走向视觉化,以"照片墙(Instagram)"为代表的视觉社交媒体在全球范围内流行开来,平台内的城市快照不断建构着城市形象,其广泛传播也影响着用户对该城市的认知。平台内所分享的城市快照往往经过传播者的精心塑造和挑选,其目的是向大众展示城市的某些特质。③"成都大运会"作为中国西部地区首次举办的世界综合性运动会,在视觉社交媒体中引发传播者的广泛关注。从普通大众到官方媒体,均充分发挥自身传播优势,积极投身成都大运会议题的传播实践。官方主体作为国际传播的核心要素,更是吸引了大批关注者。截至 2023 年 8 月,仅成都大运会官方账号在"照片墙"发布的帖文就已超过 1 500 条,粉丝量突破 35 万,成都市政府等主体也在持续更新相关信息。凭借较高的关注度,官方账号内视觉信息的呈现与引导,对城市形象的塑造传播和用户的认知图景构建都具有深远影响。成都大运会是塑造和传播成都城市形象的重要机遇,在此期间,成都利用视觉媒体塑造了哪些城市形象类型?其视觉符号体系与叙事策略如何实现形象建构?相关内容在国际视觉社交媒体中的传播效果如何?本研究从上述问题出发,通过解构成都官方账号在视觉社交媒体中的符号体系与形象建构机制,完善大型体育赛事与城市形象的理论关联,为其他城市提升国际传播效能提供实践参考。

一、文献回顾与理论基础

(一)解码城市形象:城市符号与城市空间意象

城市形象的塑造传播究其根本而言,是城市空间意象的符号化过程,也是

① Alan Tomlinson,"Olympic Spectacle: Opening Ceremonies and Some Paradoxes of Globalization," *Media, Culture & Society*, Vol.18, No.4(Oct., 1996), pp.583—602.

② Jongsoo Lee, Hyunsun Yoon,"Narratives of the Nation in the Olympic Opening Ceremonies: Comparative Analysis of Beijing 2008 and London 2012,"*Nations and Nationalism*, Vol.23, No.4(Mar., 2017), pp.952—969.

③ John D. Boy, Justus Uitermark,"Reassembling the City through Instagram,"*Transactions of the Institute of British Geographers*, Vol.42, No.4(Jun., 2017), pp.612—624.

城市空间意象在公众认知层面生成意义并传播意义的过程,[①]因此,公众感知城市空间意象的过程受到城市符号的影响。"城市"这个术语本身具有符号的作用。[②]从符号学的角度解读城市形象,它是城市作为认知客体被符号化的结果,这一过程是对个体感知进行的意义阐释。[③]城市符号不仅限于媒体所提供的文本符号,城市实体空间中的街道、景观、标志建筑物以及市民游客的活动等一系列对城市进行再现的元素,都属于城市符号的范畴。[④]这些元素以符号的形式呈现和重组,共同构建出城市独特的空间意象,并向外传达城市的形象。例如,上海外滩和浦东陆家嘴的建筑景观作为符号,其所指的是"摩登上海"的城市空间意象。[⑤]因此,城市形象的塑造传播正经历着"空间转向",生动形象的物质空间能够形成清晰的意象,而城市实体空间则通过符号化转换为象征意义空间。

符号学对空间转向视角下城市形象塑造传播具有理论指导价值。符号学之父费尔迪南·德·索绪尔(Ferdinand de Saussure)认为,符号本身无固定意义,当符号以系谱轴和毗邻轴的形式组成符码,意义才得以诞生。[⑥]系谱轴呈现的是一种聚合关系,即符号因其共有特质聚合为一个系谱轴,符号之间存在可替换关系;毗邻轴则是符号的在场,即系谱轴中各种元素的组合。"影像语言"虽不同于通常意义上的"语言",但其仍旧是由符号组成的表意系统,通过转喻、隐喻和象征等修辞,符号在影像中的呈现与组合可以转化为表达意识的内涵因子。[⑦]因此,如何通过符号的选取与组合,使其产生和表达意识层面的意义与内涵,这对探究视觉信息的深层结构及类型具有关键作用。范红等学者就曾基于符号分析法对南宁城市形象宣传片中符号系谱轴和毗邻轴进行分

① 张雪、杨向荣:《符号化:空间媒介视阈下的城市形象建构》,《湖南科技大学学报》(社会科学版)2023年第1期,第156—163页。
② [美]戴维·哈维:《叛逆的城市:从城市权利到城市革命》,叶齐茂、倪晓晖译,商务印书馆2014年版,前言,第X页。
③ 吴惠凡:《表意与叙事:城市文化传播的符号学解读》,《当代传播》2018年第3期,第31—34页。
④ 徐雅琴:《"西湖时代"到"钱塘江时代":杭州城市符号生产与变迁》,《浙江树人大学学报》(人文社会科学)2021年第6期,第64—71页。
⑤ 张雪、杨向荣:《符号化:空间媒介视阈下的城市形象建构》,《湖南科技大学学报》(社会科学版)2023年第1期,第156—163页。
⑥ [瑞士]费尔迪南·德·索绪尔:《普通语言学教程》,高名凯译,商务印书馆1980年版,第328页。
⑦ 范红、胡钰:《国家形象:文化自信与国家形象》,清华大学出版社2019年版,第328—338页。

析,探讨了城市宣传片选取的城市符号与宏观符码的组合方式。[①]当下,社交媒体已成为城市形象建构传播的有效策略。[②]新媒介与新技术正推动着城市形象的新构筑,符号化的图像、色彩等视觉元素能传递一座城市的文化精神。[③]可见,符号化的城市虚拟空间中的视觉元素与城市形象存在紧密关联,媒体不仅能间接地为公众建构出虚拟城市空间,也在以较为隐蔽的方式塑造着城市形象。[④]例如,冯德正等学者在探讨西安如何利用社交媒体建构数字化城市想象时指出,在抖音平台中,作为符号展示的大唐芙蓉园等建筑景观,其所指向的是"繁华长安"的城市形象。[⑤]因此,城市形象的视觉多媒体叙事展现了叙事主体有意识地挑选并组合城市符号,旨在构建城市想象的意图。个体的城市形象感知过程深受视觉媒体的参与和影响,视觉媒体正加速城市形象的符号化进程。现有研究多通过符号的呈现组合阐明其所代表的城市形象,这对城市形象的塑造具有一定的参考价值,但对于符号呈现组合后城市空间意象的完整生成过程却探讨不足。当前复杂的传播实践为城市形象塑造提出新问题:在视觉社交媒体中,城市形象,即城市空间意象的符号化过程,是如何生成的?

(二) 城市空间意象的生成:符号趋同下幻想主题的视角

修辞实践可以影响公众对某一特定事件的认知与想象。[⑥]因此,探讨视觉社交媒体如何生成城市空间意象的符号化过程,可以从符号修辞的角度切入。作为修辞批判研究的重要范式,符号趋同理论认为由小规模的符号互动所建构的故事能够引导人脑中的形象感知,由语言塑造的关于现实生活的幻想将人们聚集到一起,形成修辞视野,进而推动群体的协同。[⑦]这一理论进一步表

---

① 范红、胡钰:《国家形象:文化自信与国家形象》,清华大学出版社 2019 年版,第 328—338 页。

② Lijun Zhou, Tao Wang, "Social Media: a New Vehicle for City Marketing in China," *Cities*, Vol. 37 (Apr., 2014), pp.27—32.

③ 孙湘明、成宝平:《城市符号的视觉语义探析》,《中南大学学报》(社会科学版)2009 年第 6 期,第 795—800 页。

④ 张雪、杨向荣:《符号化:空间媒介视阈下的城市形象建构》,《湖南科技大学学报》(社会科学版) 2023 年第 1 期,第 156—163 页。

⑤ Wang Yilei, William Dezheng Feng, "History, Modernity, and City Branding in China: a Multimodal Critical Discourse Analysis of Xi'an's Promotional Videos on Social Media," *Social Semiotics*, Vol.33, No.4(Jan., 2021), pp.402—425.

⑥ 薛文婷、张麟、王迪:《后冬奥时代主流媒体体育对外报道的议程设置与修辞实践——基于〈中国日报〉北京冬奥会报道的分析》,《北京体育大学学报》2022 年第 5 期,第 79—90 页。

⑦ [美]斯蒂芬·李特约翰、凯伦·福斯:《人类传播理论》,史安斌译,清华大学出版社 2009 年版,第 186—187 页。

明城市符号的修辞会影响公众感知城市空间意象的过程。而幻想主题分析作为符号趋同理论的修辞批判方法,能够阐释传播活动如何建构符号现实以及形塑认同与团结。①幻想主题分析包括幻想主题、幻想类型和修辞视野三个核心概念,以及戏剧人物、场景、情节和结构概念四大要素。②因而,这一分析方法在探究城市符号的修辞如何影响城市空间意象的生成方面具有可行性,过往研究也已证明该方法在探讨城市形象的塑造中具有指导意义。例如,韩健和孙飞指出,幻想主题分析法可应用于城市形象建构,公众号文章中关于上海建筑等方面的文本营造出一个朝气昂扬的国际大都市形象,凸显了幻想主题修辞在城市形象建构中的特殊作用。③而这一方法不仅可应用于文本叙事话语分析,④在影像的修辞分析中也有较好表现。⑤因此,符号趋同理论和幻想主题分析适用于视觉内容研究,通过分解释义视觉信息建构的符码,可以深入了解在城市形象塑造传播的空间转向背景下,符号化视觉资源如何在视觉社交媒体中通过修辞构建城市空间意象。

二、研究设计

(一) 研究思路

成都大运会的参赛规模庞大,使成都成为世界体育界的焦点,这为成都全面展现其城市形象提供了宝贵契机。视觉社交媒体建构的虚拟城市空间蕴含着大量的视觉符号资源,其因此成为研究城市空间意象生成的重要场域。本研究选取成都大运会期间视觉社交媒体中的信息作为案例,依照"视觉文本资源—符号呈现组合—幻想主题—幻想类型—修辞视野"的研究路径,剖析在视觉社交媒体中符号语言如何构建城市空间意象。研究过程如下:首先,在数据收集完成后,采用符号分析法对视觉文本资源进行解析,重

① Ernest G. Bormann,"Fantasy and Rhetorical Criticism of Social Reality,"*Quarterly Journal of Speech*, Vol.58, No.4(Jun., 2009), pp.396—407.
② 董天策、杨龙梦珏:《国族的想象:作为修辞实践的网络民族主义——对B站〈中国历代疆域变化〉弹幕的幻想主题分析》,《国际新闻界》2021年第4卷,第6—29页。
③ 韩健、孙飞:《微信公众平台上我国城市形象修辞策略探究》,《湖湘论坛》2018年第3期,第124—131页。
④ Mike Allen, *The SAGE Encyclopedia of Communication Research Methods*, SAGE Publications, 2017, p.550.
⑤ 吕宇翔、方格格:《全球竞争修辞中的中国叙事:对冬奥影像的幻想主题分析》,《北京体育大学学报》2022年第2期,第39—51页。

点探讨符号的组合与排列方式,揭示其如何通过结构化组织构建出蕴含特定意义与指向性的符号系统;其次,运用幻想主题分析法挖掘符号系统所隐含的幻想主题类型,揭示其如何激发受众的想象与共鸣,从而塑造出独特的城市空间意象。基于符号系统与意象建构,本研究将进一步分析大运会期间成都城市形象的传播效果,总结、提出相关塑造策略,既为成都后大运时期的形象传播提供依据,也为其他城市借助大型体育赛事构建形象、提升影响力提供参考。

(二) 样本选取与数据收集

"照片墙"是一款以图片视频分享为核心的社交平台,用户可即时拍摄并发布内容,凭借便捷的趣味性传播模式积累超 20 亿月活用户,[①]其内容呈现弱化文字描述,强调视觉信息主导。[②]视觉内容的高可信度促使更多用户选择"照片墙"开展营销,其图像视频形式能有效传播城市形象及产品信息。[③]鉴于此,本研究将"照片墙"作为数据采集平台。

官方主体是城市形象塑造传播的主导力量。[④]成都市政府官方账号(@chengdu_china)、成都市委宣传部与成都传媒集团合作创立的双语城市杂志《你好成都 HELLO Chengdu》的官方账号(@hellochengdu)以及成都大运会的官方账号(@chengdu2021)在"照片墙"内拥有大量粉丝,其在大运会期间致力于塑造和传播成都城市形象,账号内有着丰富的数据资源。因此,本研究聚焦上述账号在大运会期间发布的成都形象视觉内容及互动数据。数据筛选标准为:账号@chengdu_china 与账号@hellochengdu 内选取标注"成都大运会"且含城市形象的博文,账号@chengdu2021 中选取所有呈现成都城市形象的博文,采集博文的文案、视觉素材及点赞评论等数据。考虑到收集赛后互动数据的需求,本研究将检索时间截至 2023 年 8 月 10 日,经清洗后得到样本数据集

① Jacqueline Zote, *Instagram Statistics You Need to Know for 2023*, https://sproutsocial.com/insights/instagram-stats/[accessed 5 August 2023].

② Alice E. Marwick,"Instafame: Luxury Selfies in the Attention Economy," *Public culture*, Vol.27, No.1(., 2015), pp.137—160.

③ Eunji Lee, Jung-Ah Lee, Jang Ho Moon, et al.,"Pictures Speak Louder Than Words: Motivations for Using Instagram," *Cyberpsychology, Behavior, and Social Networking*, Vol. 18, No. 9 (Sep., 2015), pp.552—556.

④ 《从网红地标出圈看城市形象营销》,网址来源:http://hnrb.hinews.cn/html/2023-07/26/content_58469_16359281.htm,访问日期:2023 年 8 月 5 日。

（$n=2\,739$），包括博文 783 条，评论 1 956 条。

（三）研究方法与分析步骤

在视觉信息层面，本研究基于符号分析法，提取多媒体素材中的显性符号，将其与文案材料共同组成凭据（evidence），再进一步考察凭据材料中符号的组合方式。传统定性的符号语言分析法常被认为存在片面性和主观性的缺憾，[①②]随着数字技术和跨学科思维的发展，符号分析法的实践外延正不断拓展。[③]计算机技术能够高效聚类庞大的符号数据，通过数据分析可以识别出数据集中的符号特征，并揭示其话语结构。此外，大规模的样本材料与客观的数据呈现也有助于提升符号分析的科学性。因此，本研究在探究符号组合时，采用基于机器学习算法的主题模型进行聚类。隐含狄利克雷分布（Latent Dirichlet Allocation，LDA）算法是一个典型的聚类模型，该模型在输出聚类数量时需要人为设定，而困惑度则是确定聚类数量的重要依据。通过"手肘法"，可以识别出最优的主题聚类数量，[④]本研究最终确定的最佳聚类数值为 4。

聚类模型仅能呈现符号的组合，实现系谱轴与毗邻轴的提取，对结果背后的符码及语义视野的解读仍离不开人的主观能动性。[⑤]因此，本研究采用幻想主题分析法阐释聚类结果中的符号语义关系，探究符号组合背后所蕴含的修辞视野，从而理解在成都大运会期间，城市如何通过符号修辞促进城市空间意象的意义生成。

在评估传播效果时，本研究以 ABC 模型作为理论基础，该模型涵盖情感（Affect）、行为（Behavior tendency）和认知（Cognition）三大维度，将这三个维度作为衡量传播效果的关键指标，同时参考信息传播有效性公式来计算各维度

① Debbie Orpin，"Corpus Linguistics and Critical Discourse Analysis：Examining the Ideology of Sleaze，" *International Journal of Corpus Linguistics*，Vol.10，No.1（Jan.，2005），pp.37—61.

② Pail Baker，"Acceptable Bias? Using Corpus Linguistics Methods with Critical Discourse Analysis，" *Critical Discourse Studies*，Vol.9，No.3（May.，2012），pp.247—256.

③ 严承希、王军：《数字人文视角：基于符号分析法的宋代政治网络可视化研究》，《中国图书馆学报》2018 年第 5 期，第 87—103 页。

④ 张柳、王晞巍、黄博、刘婷艳：《基于 LDA 模型的新冠肺炎疫情微博用户主题聚类图谱及主题传播路径研究》，《情报学报》2021 年第 3 期，第 234—244 页。

⑤ 徐明华、李丹妮、王中宇：《"有别的他者"：西方视野下的东方国家环境形象建构差异——基于 Google News 中印雾霾议题呈现的比较视野》，《新闻与传播研究》2020 年第 3 期，第 68—85 页。

的具体数值。[1]在认知维度的评估中,本研究采用中国科学院心理所计算网络实验室研发的"文心(TextMind)"工具,该工具中的认知历程词、洞察词、因果词、差距词和相对词与"认知"相关,加和上述指标的数值,得到第 i 条博文的认知度 $Congitive_i$,该城市形象类型的认知值为

$$COG_{value} = \sum\nolimits_{i=1}^{n} Congitive_i \tag{1}$$

其中,n 表示此条博文的评论总数。在情感维度的评估中,本研究利用情感分析探究评论者的情绪倾向,得到评论的情感倾向后计算情感值,公式为

$$E_{tendency} = \frac{E_{positive} + E_{netural}}{E_{positive} + E_{negative} + E_{netural}} \tag{2}$$

表示评论中积极与中性情感数之和与所有情感总数之比。在行为维度的评估中,本研究选取评论数(REP)和点赞数(LK)作为衡量指标。根据上述三大维度的指标数值可得到集合

$$INS_{effect} = \left[\sum\nolimits_{j=1}^{m} COG_{value(j)}, \ \sum\nolimits_{j=1}^{m} E_{tendency(j)}, \ \sum\nolimits_{j=1}^{m} REP_j, \ \sum\nolimits_{j=1}^{m} LK_j \right] \tag{3}$$

其中,m 是某一城市形象类型的博文总数。基于这一集合,本研究采用数据包络分析(Data envelopment analysis, DEA)方法评估各城市形象类型的传播有效性。

三、城市空间意象的符号化:大运会期间成都城市形象的塑造

(一) 城市符号的选取:聚类模型下成都城市符号的呈现与组合

每座城市都拥有其专属的城市符号,这些符号作为城市的独特名片,是城市文化的重要展现形式。在视觉社交媒体的赋能下,城市符号开始作为影像背景或核心元素参与到叙事之中,构建出一个虚拟城市空间,全方位、立体地向大众展示着城市的文化特色。成都在大运会期间积极挖掘并可视化其丰富的城市文化特色符号,以此塑造和展现成都的城市形象。本研究将数据集中的凭据导入 LDA 聚类模型,输出结果中的 20 个特征词,结果见表 1。

---

① 安璐、陈苗苗:《突发事件情境下政务微博信息发布有效性评估》,《情报学报》2022 年第 7 期,第 692—706 页。

表1　成都城市符号聚类结果

编号	系谱轴
毗邻轴	
1	成都大运会、东安湖体育公园、体育馆、比赛、滑板、运动员、场馆、乒乓球、训练场地、凤凰山体育公园、排球、体育赛事、绿道、新都香城体育公园、篮球、高新区体育中心、大运村、青白江体育中心、简阳文化体育中心、郫都体育中心、天府鹿溪国际网球公园
2	灯光秀、夜景、建筑、高楼大厦、车流、太古里、成都露天音乐公园、天府绿道、环球中心、金融城双子塔、春熙路、成都国金中心、天府国际机场、夜生活、大熊猫艺术雕塑、茶馆、交子之环、集市、中国—欧洲中心、夜市
3	蓉宝、熊猫、川剧、都江堰水利工程、文化旅游、武侯祠、汉服、古建筑、太阳神鸟、外国人、安顺廊桥、火锅、杜甫草堂、川菜、金沙遗址博物馆、四川大学、青城山、锦江、宽窄巷子、蜀绣
4	蓝天白云、雪山、公园、四姑娘山、湖泊、云海、草地、树木、龙泉山、天府熊猫塔、成都绿地中心、兴隆湖湿地公园、桃花、西岭雪山、东安阁、交子公园、划船、跑步、骑行、桂溪生态公园

由表1可知,成都城市符号的选取展现出立足本土而又丰富多彩的特征,几乎覆盖了成都具有代表性的空间场景元素。四个独立的主题共同构建出一个修辞框架,对成都进行了全方位呈现。这四个主题在所占比例上较为均衡,每个主题内的符号都围绕一个核心概念进行展开。具体而言,主题1占24.00%,其符号紧扣"成都大运会"议题,核心概念聚焦于"运动与赛事";主题2占25.10%,其主要围绕"城市现代建筑"这一核心概念展开;主题3占22.20%,整体以"传统文化与历史遗产"为核心;主题4占比最高,达到28.40%,其核心概念为"生态与自然"。[①]

(二) 城市空间意象的生成:幻想主题框架中的成都城市形象塑造

基于符号聚类结果,本研究遵循着"幻想主题—幻想类型—修辞视野"的递进逻辑来阐释城市空间意象的生成过程,运用幻想主题法识别戏剧人物、场景等各类幻想主题,在归纳主题概念后,提炼出城市形象的幻想类型。修辞视野是由"符号"作为传播载体所建构而成的象征性现实,[②]在人们无法直接体

[①] 为保证数据呈现的可读性,文中涉及的百分比数据在统计处理过程中均保留至小数点后两位。由于这种数值处理方式,各百分比值在加总时可能产生细微的偏差,导致总和不完全等于100%。因小数位保留而产生的偏差仅影响数据的表象呈现,不会影响结论的有效性。

[②] Margaret E. Duff, "Web Of Hate: A Fantasy Theme Analysis of the Rhetorical Vision of Hate Groups Online," *Journal of Communication Inquiry*, Vol.27, No.3(Jul., 2003), pp.291—312.

验的事物或领域中,可通过"符号"的再现,帮助人们建构对该事物的认知和形象,这能成为群体知识的基础和群体共享的愿景。①因此,本研究在提炼成都城市形象幻想类型后,将进一步结合具体语境和社会背景分析其修辞视野。

1. 类型一:运动赛事符号建构下的"运动之都与赛事名城"形象

归纳主题 1 内的符号元素,本研究提炼出戏剧人物、场景、情节及结构概念维度的内容。戏剧人物主题包括中外各国的参赛运动员、成都大运会志愿者团体、大运会组委会、保赛突击队等;场景主题涵盖了比赛场景、大运村场景和城市体育公园场景等;情节主题则有各国运动员在运动赛场的训练与表现、志愿服务和赛事后勤保障等。这些主题元素的结构概念深受成都大运会所秉持的"绿色、智慧、活力、共享"办赛理念的影响。成都借由承办大运会赛事这一契机,向世界彰显其活力与魅力,此举也与《成都世界赛事名城建设纲要》等政策的规划目标相契合。这些结构概念为上述主题所塑造的修辞话语提供了合法性。基于此,本研究归纳出大运会期间成都城市形象的幻想类型一:运动之都与赛事名城。

依托大运会赛事进程、赛事经济、大运遗产与城市运动文化等丰富视觉信息(见图 1),成都在"照片墙"中构建起以赛事内外的效能叙事、发展红利的可持续话语、运动文化的本地认同为内核的三重交互意义系统。具体而言:其一,策略性调用赛场内外的视觉符号,建构双向效能修辞。一方面,通过运动员竞技瞬间、团队协作等视觉信息,强化赛事本体的专业性与人文价值;另一方面,聚焦志愿者、安保服务等外围保障系统的可视化叙事,将城市治理效能转化为可感知的媒介事件。这种内外互文的叙事架构,使成都大运会超越单一体育赛事范畴,成为彰显成都组织能力与城市精神的综合性展演。其二,整合赛事经济活动与大运遗产的视觉表征,建构边际增值与公共福祉的双重叙事框架。赛事经济红利通过纪念品消费、场景营销等视觉载体,凸显成都大运会对城市经济增长的边际效应。体育场馆等实体遗产则通过"赛后惠民"的视觉与文字叙事,完成从赛事设施到公共空间的符号转译,这种转化使得成都大运会的溢出效应突破即时性消费景观,成为驱动成都可持续发展的话语资源。其三,通过市民日常运动的视觉图景,将城市运动文化建构为成都本地生活方

---

① 〔美〕斯蒂芬·李特约翰、凯伦·福斯:《人类传播理论》,史安斌译,清华大学出版社 2009 年版,第 186—187 页。

式的生动表达。例如,通过体育公园、城市绿道等空间符号与青年滑板、绿道骑行等场景活动的视觉融合,具象化成都的运动文化。这种叙事策略消解了大型赛事的瞬时性局限,将"运动之都"的城市标签嵌入市民的常态化实践。综上所述,成都通过三层符号聚合策略,确证了赛事举办的成功性,由此建构起"成都大运会与城市发展同频共振"的修辞视野。

图 1　成都城市形象类型一的视觉表现(部分)

2. 类型二:城市建筑符号建构下的"现代化的烟火蓉城"形象

归纳主题 2 的符号及其文本后,本研究发现其戏剧人物主题主要以成都市民、游客和成都大运会吉祥物蓉宝为主;场景主题包含春熙路和成都国金中心等商圈,交子大道和天府大道等现代化都市街道,以及休闲茶馆和城区老街旧巷等风貌;情节主题则聚焦城市的夜景灯光秀、茶馆中的品茶聊天、老街巷的闲逛以及摆摊售卖商品等市井活动。这部分的结构概念受成都"建设一个兼容时尚潮流现代化与传统市井烟火气的蓉城"①的城市精神所影响,这种城市精神使上述主题的修辞话语得以合理化。成都作为正加速发展成为全国重

---

① 《成都潮前|于城市漫游,探寻商业中心里的时尚美学》,网址来源:https://baijiahao.baidu.com/s?id=1767237416507714470&wfr=spider&for=pc,访问日期:2023 年 8 月 12 日。

要的经济中心、西部金融中心和国际消费中心,其现代化形象得到了充分展现。同时,成都人千百年来形成的乐观包容与开放创新精神,则赋予了这座城市传统市井生活的烟火气。据此,本研究提炼出成都城市形象的幻想类型二:现代化的烟火蓉城。

国际化是中国城市调整和重塑经济、社会、政治和文化结构的关键战略。①作为中国西部中心城市,成都在视觉社交媒体中通过塑造"现代国际化大都市"的意象,构建了独具特色的城市形象传播范式,其形象建构呈现出以下特征:一是在经济发展维度,成都集中选取高新技术产业开发区等经济外向度最高、城市形态最具现代性的空间载体进行意象建构。以"中国—欧洲中心"(图2中第二行第三张)为代表的标志性建筑群为例,其通过现代感的建筑视觉语言,构筑起国际都会的现代化象征体系。二是在人文维度,成都创新性地将传统"市井烟火"纳入现代国际化大都市的叙事框架。以图2中第三行的第二张图像为例,在成都太古里大慈寺的茶馆场景中,悠闲品茗的市民与玻璃幕墙构筑的成都国际金融中心形成戏剧性对话。这种视觉修辞突破了对"现

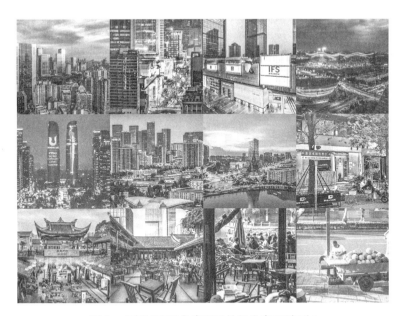

图2 成都城市形象类型二的视觉表现(部分)

---

① Hong Zhu, Junxi Qian, Yun Gao,"Globalization and the Production of City Image in Guangzhou's Metro Station Advertisements,"*Cities*,Vol.28,No.3(Jun.,2011),pp.221—229.

代化等于高楼大厦"的单一认知,建构起"现代化烟火蓉城"的复合意象,这既展现了城市崛起的物质成就,更突出了蜀地特有的"巴适"(舒适、惬意)生活哲学。基于此,通过整合"国际都会的硬实力"与"市井烟火的软实力"的符号系统,成都建构起"充满烟火人情的国际现代化都市,正在以最激昂、最饱满的状态迎接五湖四海嘉宾"的修辞视野。

3. 类型三:文化遗产符号建构下的"千年文明之都"形象

分析主题3中的符号及其文本后,本研究发现戏剧人物主题包括成都大运会的吉祥物蓉宝、川剧表演者和成都市民游客等;场景主题涵盖了武侯祠、杜甫草堂和都江堰水利工程等各大历史人文景区,以及川剧剧场和川菜火锅店等场所;情节主题则聚焦旅游、川剧表演、汉服穿搭及品尝火锅等行动。这类主题契合"在成都,触摸大运之城的文化脉动"的价值理念,该理念为上述主题和符号所构建的修辞话语提供了合理性基础。成都以其丰富的历史文化遗产与美味佳肴作为文化标志,彰显着千年历史底蕴,成都大运会将这座城市独特的历史文明推向了全球视野。基于此,本研究提炼出城市形象的幻想类型三:千年文明之都。

成都依托巴蜀文明与天府文化的历史底蕴,建构起"千年文明之都"的符号体系,通过选择性编码实现历史文化资源的现代性转译:其一,聚焦物质性符号再生产,以武侯祠、金沙博物馆等物质载体,激活古蜀文明的时间纵深;其二,借助蓉宝等文化IP形象,通过拟人化叙事实现传统元素的当代转译。如图3所示,蓉宝与青铜面具、蜀绣技艺等传统文化元素的创意并置,本质上是在建构"可触摸的文明"感知模式;其三,以太阳神鸟图腾为核心意象(见图4),将这一承载自由、美好、团结向上的古蜀图腾转化为城市精神标识,使其与"更快、更高、更强、更团结"奥林匹克理念形成跨时空对话。通过太阳神鸟与奥林匹克的符号互文,成都建构起文明传承者与现代东道主的双重身份。与此同时,在传播实践中,成都形成了"时空折叠"的视觉修辞。通过汉服体验、茶艺展演等场景化展演,将当代生活嵌入历史文脉,形成"活态传承"的在场体验。这种具身化传播策略突破传统遗产展示的博物馆范式,使文化记忆转化为可参与的沉浸式体验。此外,成都还借助传统乐器国际展演、蓉宝引导的文化交互等仪式化展演,进一步确证了其作为"千年古都"身份的合法性。基于此,成都建构起了"向世界发出邀约,感受千年文明之都的文化传承"的修辞视野。

图3 成都城市形象类型三的视觉表现(部分)

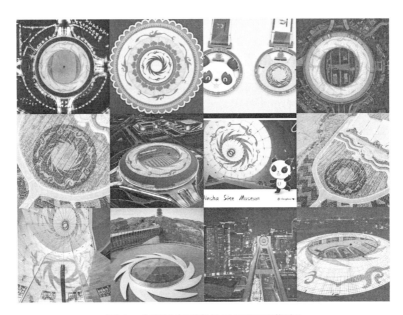

图4 太阳神鸟图案的反复使用(节选)

4. 类型四:生态自然符号建构下的"雪山下的公园城市"形象

归纳主题4的符号及其文本后,本研究发现戏剧人物主题主要有孩童、市民游客等;场景主题涵盖桂溪生态公园、龙泉山城市森林公园和兴隆湖湿地公园等城市公园风光,以及城市标志性建筑与四姑娘山、西岭雪山等远山雪景的同框画面;情节主题则包括市民在公园内骑行、观光等行动。这些主题的结构概念主要源于成都"打造雪山下的公园城市独特标识"的城市建设理念,以及致力于践行幸福美好生活十大工程中的"生态惠民示范工程"。成都以"雪山"与"公园"为标志性名片,这彰显了其环境治理的成效,在理念与实践层面实现了符号话语的合理构建。借助大运会这一重要契机,成都向全球展示了其生态资源建设与环境质量提升的成果,让世界看见这座"雪山下的公园城市"。据此,本研究归纳出城市形象的幻想类型四:雪山下的公园城市。

成都通过"雪山"和"生态公园"的视觉表现(见图5),建构起生态治理成效的可视化确证与公园城市空间的符号化转译。其一,成都运用"窗含西岭千秋雪"的视觉美学,通过雪山天际线与城市地标的影像并置,建构起生态治理成效的合法性确证。成都将PM2.5下降58%、空气质量优良天数增加167天的治理成效,[1]转化为可感知的视觉画面。通过高频次传播城市天际线与雪山的空间对话影像,使雪山意象升华为生态环境治理的权威性符号,完成环境质量改善从数据维度向感知维度的符号转译。如图6所示,成都借助大运会主场馆与四姑娘山幺妹峰的视觉对话,创造赛事名城与生态胜地的符号互文。这种跨越200公里的空间并置形成了独特的生态修辞方式,即通过建筑与自然的视觉对话,印证都市发展与生态守护共进的生态哲学,并以"雪山下的公园城市"意象重构城市品牌的地理想象。其二,成都基于建设践行新发展理念中公园城市示范区的思路,完成了公园城市空间的符号化建构。通过持续探索中国式现代化的城市发展新路径,成都构筑出"人与自然和谐共生"的现代化城市典范。截至2024年,成都已建成各类公园共计1 556个,总面积逾8 852公顷。[2]通过成都市民及游客在生态公园与城市绿道中休闲运动的视觉信息,具象化地诠释了"将公园城市的优美形态融入居民日常生活"的象征意义。这些可视符号隐喻了"人与自然的和解"的生态叙事,将自然美、生态美、

---

[1] 《成都PM2.5浓度十年累计下降58个百分点 空气质量优良天数从132天增至299天》,网址来源:https://baijiahao.baidu.com/s?id=17468536119068882242&wfr=spider&for=pc,访问日期:2023年8月14日。

[2] 《从天府之国到公园城市 成都推进美丽中国建设》,网址来源:https://baijiahao.baidu.com/s?id=18010864618403934408&wfr=spider&for=pc,访问日期:2025年2月16日。

图5　成都城市形象类型四的视觉表现(部分)

图6　成都大运会主体育场与四姑娘山幺妹峰的同框

环境美有机整合于社会主义现代化建设的各个维度。①这种空间生产策略使城市的生态价值转化为市民可直观感知的视觉体验,并借助成都大运会这一国际赛事的契机,实现了城市品牌与生态形象的国际传播。由此,成都建构起

①　刘衍峰、赵麾:《人与自然和谐共生:"两个和解"的时代化意蕴》,《西南交通大学学报》(社会科学版)2024年第3期,第1—11页。

"大运之城积极推进生态文明建设,欢迎世界友人共赏雪山下的公园城市"的修辞视野。

综上所述,成都通过视觉符号重构了城市虚拟空间,以体育赛事为核心符号载体,有机整合建筑景观、市井生活、文化传统与自然生态等城市意象,形成了多维度的城市形象表征系统。在此基础上,通过戏剧人物、场景、情节和结构概念,生成了四种城市形象幻想类型及其对应的修辞视角。在城市空间意象的符号化进程中,成都的城市理念与精神等深层次内涵得到了生动且富有创意的表达,构建了"运动之都与赛事名城""现代化的烟火蓉城""千年文明之都"和"雪山下的公园城市"四种城市形象的幻想类型。通过四重幻想类型的符号及其修辞视野的共振,最终形成"运动—现代—历史—自然"的整体性修辞视野:以大运之名,在雪山下的公园城市感受历史与现代交融。

四、大运会期间成都城市形象的传播效果

根据城市形象传播有效性衡量指标体系及计算方法,在认知维度利用"文心"工具提取认知特征指标并加和处理,导入公式(1)计算认知值;在情感维度利用 Python 进行情感分析,得到积极、消极和中性情感值后,导入公式(2)计算情感值;行为维度方面,加和各类形象博文的点赞、评论数。于是,各城市形象都有如公式(3)所示的集合。将数据矩阵输入 DEA-BBC 模型,并设置输入、输出指标,由于研究的决策变量为城市形象类型,并无输入指标,因而添加虚拟变量 1 作为输入指标;输出指标由认知、情感、评论和点赞组成。由此,得到城市形象传播有效性数值,如表 2 所示,可发现大运会期间成都官方账号在视觉社交媒体内表现出了较好的信息发布能力,四类城市形象的传播有效性数值均介于 0.8—1 之间,传播达到了最优状态。

表 2　城市形象类型传播有效性结果

序号	城市形象类型	传播有效性数值
1	运动之都与赛事名城	0.99
2	现代化的烟火蓉城	0.83
3	千年文明之都	0.90
4	雪山下的公园城市	0.98

因此,本研究进一步证实了在大型体育赛事的传播活动中,良好的视觉表

现效果能促进举办地城市形象的传播。①成都大运会期间,视觉社交媒体内的城市形象具有多元化特征,整个视觉系统在突出大运会这一标志性体育赛事的同时,还融入了本土文化元素,这对城市形象的塑造具有直观效应,能极大提升传播效率。城市是被感知的存在,大众对城市形象的认知始于该城市的视觉形象。②城市空间内的景观建筑、民俗文化和生态自然等元素拥有丰富的视觉符号,其作为一种画面表现力和信息承载力兼具的全球性语法,③具备建构城市空间意象的能力。城市空间意象又具有直观还原现实世界的特征,这能有效降低信息在符号编码解码过程中的价值减损,减少跨文化交流中的误读与偏差,也为异域文化用户参与互动交流提供场域。因此,城市视觉符号建构出的城市空间意象能打破文化界限,触达至更为广泛的异域文化用户。同时,作为人类共同创造出的文化活动,体育及其精神能规避偏见与差异,在不同民族和国家之间搭建起对话沟通的桥梁,并提供凝聚共识的基础。因而,将城市的多元文化元素与标志性体育赛事活动相结合,借助城市视觉符号生成立体的城市空间意象,融合体育及其内在精神的共识基础,有助于打破文化界限,促进主办地城市形象的塑造传播,进而增强城市在跨文化交流中的吸引力,提升不同文化背景人群对该城市的理解与认知。

五、结　语

作为成都重要历史节点的标志性活动,"成都大运会"为城市形象的塑造与传播提供了重要契机。本研究以"照片墙"为载体,对赛事期间成都官方主体发布的视觉与文本信息进行多模态分析,旨在揭示成都如何通过这一标志性体育赛事活动展现其多维城市形象。研究表明,在国际视觉社交媒体中,成都大运会期间的城市形象整合了城市形象塑造与体育国际传播的内在关联,形成了以运动精神为核心的城市叙事框架。成都凭借其独特的人文底蕴与自然禀赋,构建起具有鲜明识别性的城市空间视觉符号体系,视觉信息通过整合城市理念、文化符号与建筑景观等要素,既延续了以离身叙事为基础的城市传

①　李丹、王鼎、王聃:《体育赛事报道中的国家形象建构策略——基于西方主流媒体对 2022 北京冬奥会的批判性话语分析》,《西安体育学院学报》2022 年第 6 期,第 610—617 页。

②　黄振鹏、郑骋、谭富强:《标志性体育赛事提升澳门城市形象的路径研究》,《体育学刊》2022 年第 6 期,第 79—84 页。

③　陆朦朦:《跨文化传播视角下中国出版"走出去"的视觉化创新路径》,《编辑之友》2021 年第 11 期,第 39—43 页。

统意象表达,又展现了基于个体私人体验的具身叙事视角。这种离身与具身的融合叙事,塑造了一个多层次、多维度的城市空间。

　　一方面,成都城市形象的视觉表征遵循了离身叙事逻辑,通过空间符号的宏大叙事建构城市认知图景。此类视觉文本多采用地标锚定与全景呈现的编码策略,将城市的标志性地点作为视觉锚点,利用鸟瞰或全景镜头展示城市空间,摩天大楼、城市夜景和发达交通等景观成为主要元素。①在成都城市形象的视觉塑造中,东安湖体育公园、金融城双子塔、天府熊猫塔和都江堰水利工程等地标建筑常被用作视觉锚点,运用航拍镜头与广角构图展现成都城市形象的多元恢宏气势,通过摩天楼群、立体交通网络、古代建筑、自然风貌等景观的全景展现,形成具有视觉震撼力的空间修辞。然而,这种全景凝视虽能强化"现代化国际都市""自然壮观"和"人文宏阔"等认知维度,却将具身体验者抽离于视觉框架之外,导致城市形象停留于物质空间的单向度展演,难以实现"人与城"关系的有效嵌合。

　　另一方面,成都城市形象的视觉塑造也遵循了具身叙事逻辑,融合了连接个体私人体验的日常视角,在微观层面重构城市形象的情感维度。移动互联网时代的沉浸式特性催生了城市形象建构的具身转向。拍摄者以第一人称视角展开城市漫游,并运用近景特写与动态跟拍等方式,将私人体验编码为可视化文本,凸显"人"在城市场景中的主体性,展现个人身体与城市空间的互动。在成都城市形象的视觉塑造中,通过捕捉市民在绿道骑行、公园运动、茶馆休闲等日常瞬间,利用近景镜头将其转换为情感化的城市叙事,凸显个体与城市空间的动态交互。这种"身体在场"的视觉语法将成都的城市特质具象化为可感知的生活图景,建构起具有情感温度的城市意象。

　　综上所述,成都城市形象的塑造以离身与具身的融合叙事为底层逻辑,形成了"基于一个修辞视野下的四种城市幻想类型",建构出现代、传统、自然、人文等多层次的城市空间意象的符号体系。这种符号化过程承载了城市运动文化精神、城市价值理念和城市建设目标等内容,其在视觉社交媒体中的有效传播,丰富了世界对成都经济、政治、文化和社会等多方位的积极想象。成都大运会的圆满闭幕为成都举办 2025 世运会等国际顶级体育赛事奠定了坚实基

---

① 李文甫:《离身、具身:城市影像的时空架构与身体演绎》,《编辑之友》2021 年第 4 期,第 75—80 页。

础,赛事期间城市形象的视觉塑造经验,对后大运时代城市形象的建构与传播具有启示意义。首先,需把握赛事东道主的机遇,积极进行城市形象的自我呈现和视觉传达。通过视觉符号的编码,将城市发展成果、传统文化精髓与自然生态禀赋转化为多元媒体产品,再借助非语言符号的跨文化传播优势增强城市品牌的传播效能,促使体育赛事传播朝着城市经济文化外交转向;其次,应构建离身与具身并重的叙事体系。在保持离身叙事权威性与系统性的基础之上,通过优化符号选取与修辞话语建设,强化具身叙事的在场感知。通过个体日常叙事与城市宏大叙事的修辞共振,既营造视觉奇观又展现生活真实,最终达成抽象理念与具象感知的辩证统一,为城市形象的塑造传播提供兼具权威性与情感性的创新范式。

Symbolization of Urban Spatial Imagery:
The Shaping of Chengdu's Urban Image through Visual
Social Media during the Universiade

Abstract: Large sports events are an important opportunity to enhance the image of the host city. Digital media has gradually turned to visualization. Cities have mobilized various symbolic resources in visual social media to shape their own image. During the Universiade, Chengdu utilized the symbolization of urban spatial imagery to shape its urban image through international visual social media. Following to the research path of "visual text resource collection, symbol presentation and combination, and then to fantasy theme analysis, fantasy type induction, and rhetorical perspective summary", this study analyzes the urban image of Chengdu on Instagram. It reveals that through the integration of disembodied landscape representations and embodied experiential narratives, four fantasy types of city imagery have been constructed: "City of Sports and Event Hub", "Modern Metropolis with Vernacular Vitality", "Millennium-Old Civilization Capital", and "Park City under the Snow-Capped Mountains". These fantasy types collectively converge into a cohesive rhetorical vision articulated as "Through the Occasion of the Universiade, Experiencing the Fusion of History and Modernity in a Park City under the Snow-Capped Mountains," which encompasses Chengdu's sports culture spirit, urban values, urban construction goals, and other contents. Chengdu's urban image has been effectively communicated on Instagram, enriching global perceptions of the city's economic dynamism, political governance, cultural richness, and social vitality. This multidimensional portrayal offers valuable insights for sustaining and enhancing the city's international reputation in the post-Universiade era.

Key words：Chengdu Universiade；City image；Urban spatial imagery；Visual social media；Symbol

作者简介：王耀宗，西南交通大学马克思主义学院博士研究生；王菁，西南交通大学马克思主义学院教授，博士生导师。

体育赋能城市文化：探析澳大利亚体育休闲文化对我国城市文化建设的启示

龙冰淳

引　言：休闲文化是丰富个体精神生活与促进社会互动的重要载体，也是传承与创新文化的桥梁。联合国教科文组织将文化定义为社会或社会群体特有的精神、物质、知识和情感特征的总和，包括艺术、文学、生活方式、共处方式、价值体系、传统和信仰①。休闲则是与个人在工作之外进行的各种休闲活动相关的概念，如爱好、社交、娱乐、体育和艺术追求。本文认为，休闲文化是指个人在工作之余，为娱乐、放松、社交与自我实现而进行的活动与行为的集合，其核心在于提升个体的精神愉悦感、增进社会联系，并促进文化的传播与创新。文化与休闲相互交织，亚文化常常围绕休闲活动形成，推动广泛的文化交流和互动。因此，休闲文化在提升个体健康、增强社区凝聚力、提高国家认同及促进文化传承方面扮演着至关重要的角色。

近年来，随着社会经济的快速发展，休闲文化在社会各领域的重要性日益凸显，在休闲文化众多的形式中，体育休闲在现代社会中扮演着不可替代的角色，发展城市体育休闲文化是提升居民整体健康水平的重要手段之一。研究表明，积极参与体育活动可以有效预防多种慢性疾病，提高心理健康水平②。

---

① United Nations Educational, Scientific and Cultural Organization(UNESCO). *Universal Declaration on Cultural Diversity*. 2001.

② World Health Organization. *Global Action Plan on Physical Activity 2018—2030：More Active People for a Healthier World*. 2018.

此外,城市体育休闲文化也是衡量社会活力和文化特质的重要指标。通过各种形式的体育活动和赛事,体育休闲文化丰富了人们的休闲生活,增强了社会凝聚力,塑造了独特的文化氛围和社会认同。党的十九大明确提出了体育在建设健康中国、促进社会发展和提升国家竞争力方面的战略意义,并提出"广泛开展全民健身活动,加快建设体育强国"的目标①。城市体育休闲文化的发展还对经济有着积极的推动作用,体育和休闲活动涵盖了广泛的领域,包括职业体育赛事、社区体育活动、体育用品制造和销售、体育旅游等。

作为体育强国,澳大利亚不仅以在国际赛事中屡创佳绩闻名,其全民参与的体育休闲文化更是其国家形象的重要组成部分。从竞技场上的出色表现到社区体育的蓬勃发展,体育文化在澳大利亚人生活中无处不在。这一文化特质塑造了澳大利亚社会的独特面貌,并延伸到人们日常的生活方式。澳大利亚给人的印象总是充满了"松弛感"——一种轻松愉快、悠闲自在的生活态度。这种生活方式不仅体现了澳大利亚人的心态,更是深深植根于其体育休闲文化中。澳大利亚的体育休闲文化,以其丰富多彩的体育活动和全民参与的精神著称。无论是在城市公园中进行早晨慢跑,还是在海滩上进行冲浪练习,澳大利亚人总能找到与大自然亲密接触的方式。在这里,体育不只是竞技,更是一种生活态度和文化体验。这种以体育为核心的休闲文化,不仅推动了社会和谐,还为经济增长与就业创造了新的动力。根据澳大利亚统计局(ABS)于2024年5月31日发布的《澳大利亚产业2022-2023财年报告》,体育行业在澳大利亚经济复苏中发挥了重要作用。体育和娱乐活动子行业在该财年的行业增加值(IVA)增长36.6%(约25亿澳元),成为艺术和娱乐服务业增长的主要驱动力。这一增长主要源于体育赛事、健身产业及相关消费市场的恢复,推动了整体销售和服务收入同比增长21.1%(约81亿澳元)。此外,澳大利亚体育行业的就业与薪资水平显著提升,2022-2023财年该行业的工资支出增长18.1%,明显高于就业增长率(4.5%),反映出疫情后劳动力市场的稳定性增强②。这一数据表明,体育行业不仅带动直接经济收益,还对就业市场和消费需求产生深远影响,预计在未来将持续成为澳大利亚经济的重要支柱产业之

---

① 中国政府网:《抓住北京冬奥机遇,推动全民健身和体育强国建设》,www.gov.cn/xinwen/2021-08/08/content_5630185.htm,2021年8月8日。

② Australian Bureau of Statistics, *Australian Industry Overview*: *Latest Release*. 2024, www.abs.gov.au/statistics/industry/industry-overview/australian-industry/latest-release.

一,可见体育和休闲活动不仅在提升居民生活质量方面,也在推动经济增长、促进就业等方面发挥着重要作用。

澳大利亚在此领域的制度创新具有典型研究价值——这个将体育基因深植国家血脉的南半球国家,通过系统化的政策设计,成功实现了体育从"社会活动"向"国家战略资源"的范式跃迁。本文基于文献检索、阅读,以及比较分析法,研究澳大利亚体育休闲文化的形成背景、政府支持与实践经验,并通过对比中澳两国体育文化现状及政策,深入探讨澳大利亚的成功经验对中国城市生活发展的借鉴意义,借助体育休闲文化,提升中国城市居民的社区凝聚力,进而实现更广泛的文化、社会和经济效益。

关键词:城市体育休闲文化　中澳体育休闲文化比较研究　文化、社会与经济效益

1. 澳大利亚体育休闲文化概述

1.1　全民运动热潮:澳大利亚体育休闲文化的核心基础

澳大利亚是一个高度发达且多元文化的国家,以丰富的自然资源和强大的经济体系著称。澳大利亚第二大城市墨尔本长久以来被誉为全球最适宜居住的城市之一,这不仅与其高品质的生活环境、优越的教育和医疗资源密切相关,也与其丰富多彩的休闲文化有着密切的联系。

澳大利亚统计局(ABS)于 2022 年 10 月发布的《澳大利亚人如何使用他们的时间,2020-2021》比较了不同世代的澳大利亚人(年龄在 15 岁及以上)在各种娱乐和休闲活动上花费时间的情况。根据该调研结果,不同于其他休闲活动,每天参与锻炼、运动和户外活动的比例在各世代和性别之间大致相同。这些活动包括:户外散步、跑步、健身房锻炼、游泳、运动和水上运动、非医疗性的伸展、钓鱼、瑜伽、高尔夫、骑自行车,不包括通勤、医疗原因的锻炼、伸展或物理治疗及遛宠物。具体而言,不同性别在锻炼、运动和户外活动上每天的参与情况如下,Z 世代(出生年份为 1996—2005 年)花费的时间最多(1 小时 42 分钟),其他世代花费的时间相似,X 世代(出生年份为 1966—1980 年)为 1 小时 31 分钟,婴儿潮一代(出生年份为 1946—1965 年)为 1 小时 23 分钟①。

---

① Australian Bureau of Statistics. *How Australians Use Their Time*,2020-21. 2022.

由此可见,澳大利亚民众对于体育运动表现出高度的参与热情和广泛的兴趣,无论年龄和性别,都积极投身于各类锻炼、运动和户外活动中。这种现象反映了澳大利亚社会对于健康生活方式的重视,以及体育文化在日常生活中的重要地位。澳大利亚的休闲文化深深根植于户外活动和体育运动之中,澳大利亚人通常积极参与各种形式的体育和休闲活动,如冲浪、游泳、徒步旅行和澳式足球等。澳大利亚政府通过多项举措促进体育活动的普及,包括提供丰富的公共体育设施和组织社区体育活动。这些政策不仅提升了居民的身体健康水平,还增强了社区凝聚力和社会资本。

1.2 盛大赛事联动:澳大利亚体育休闲文化的核心驱动

澳大利亚作为全球体育强国,其体育休闲文化不仅体现在竞技体育的卓越成就上,更深刻融入社会生活,成为塑造国家形象、促进经济发展的重要动力。澳大利亚各主要城市定期举办一系列国际知名体育赛事,不仅展示了丰富的体育传统,也对社会活力与经济增长产生深远影响。墨尔本因其浓厚的体育氛围,被誉为"世界体育之都",每年承办澳大利亚网球公开赛(Australian Open)和一级方程式墨尔本站(Formula 1 Australian Grand Prix)等国际赛事。其中,以澳大利亚网球旗舰赛事"澳大利亚网球公开赛(澳网)"为例,每年仅在赛事期间,澳网就为举办地墨尔本所在的维多利亚州贡献数以亿计的收益。根据澳网官方网站统计,2024年该赛事为维州带来了创纪录的5.3亿澳元(1澳元约合4.7元人民币)收入。过去十年,澳网总计创造了31.4亿澳元的收入,为当地新增2 351个直接就业岗位[①]。此外,墨尔本杯嘉年华(Melbourne Cup Carnival)更是具有全国性影响,被称为"让整个澳大利亚停下来的赛事",作为维多利亚州经济的重要推动力,墨尔本杯嘉年华在2023年创下了4.683亿澳元的总经济收益,创历史新高,相较2022年增长10.9%,展现了其显著的经济影响力。过去十年中,该活动的总经济贡献超过37亿澳元,惠及零售、住宿、娱乐和餐饮等多个行业,推动了相关领域的复苏与增长。尤其住宿支出和食品饮料支出明显增长,分别达到了22%和13.5%,进一步反映出活动期间强劲的消费需求[②]。墨尔本杯嘉年华的成功不仅巩固了其作为重大活动经济驱

① 环球时报:《澳大利亚如何打造网球全产业链》,https://baijiahao.baidu.com/s?id=1806952395663740182&wfr=spider&for=pc,2024年8月10日。

② Victoria Racing Club. "Record Return for Victoria as Melbourne Cup Carnival Reaches New Heights." *Victoria Racing Club*,8 Apr. 2024,www.vrc.com.au/latest-news/record-return-for-victoria-as-melbourne-cup-carnival-reaches-new-heights/.

动力的地位,还凸显了该活动对多行业经济活力的促进作用,为维多利亚州未来的经济发展奠定了坚实基础。

悉尼同样是澳大利亚重要的体育中心,城市铁人三项赛(Sydney Triathlon)和澳大利亚全国橄榄球联赛(National Rugby League,简称NRL)每年吸引数万名参赛者,悉尼奥林匹克公园作为2000年奥运会的遗产,至今仍是许多重要体育赛事的举办地。布里斯班作为2032年夏季奥运会的东道主,将进一步提升其在国际体育版图中的地位。此外,阿德莱德的环澳自行车赛(Tour Down Under)被誉为南半球最负盛名的职业公路自行车赛事,吸引世界顶级车手参赛,而珀斯则凭借板球赛事和西澳大利亚冲浪锦标赛成为全球冲浪爱好者的天堂。这些赛事不仅促进了全民体育文化的普及,也极大推动了当地旅游、餐饮、交通及商业的发展。采用"硬基建—软文化—活经济"的协同机制,促使体育投资回报周期缩短,体育经济的"涟漪效应"成为了城市更新的动力引擎。

除了国际赛事,澳大利亚本土体育项目同样具有深厚的社会影响力。其中,澳式足球(Footy)在墨尔本形成了极具特色的球迷文化,成为全民关注的焦点。该运动源于澳大利亚土著的传统游戏Marngrook,如今已发展为全国性的职业联赛,贯穿秋冬春三季。根据澳大利亚职业足球联盟(AFL)委托经济研究所(IER)完成的一项关于澳大利亚足球产业经济影响的研究表明,澳式足球赛事对澳大利亚经济做出了重要贡献。2024年,AFL在南澳大利亚州举办的"Gather Round"赛事共吸引超过45 000名游客,带来超过9 100万澳元的经济贡献。2024年在新南威尔士州和昆士兰州举办的"Opening Round"赛事吸引了超过23 000名游客,并带动了当地酒店、餐饮和商业活动的发展。就业方面,AFL设立了AFL毕业生计划,2024年共招聘了12名毕业生,该计划主要针对澳大利亚原住民和托雷斯海峡岛民以及女性,为他们提供职业发展机会。AFL的"Workplay"平台与14家合作企业合作,为超过120名运动员提供了就业机会,运动员参与度提高150%[1]。而在观赛过程中,球迷遵循特定习俗,如不可携带外部食品入场,澳大利亚肉派(meat pie)成为比赛日不可或缺的美食,进一步加强了体育文化的仪式感。

另一项在澳大利亚民众之中具有深远影响的运动是板球(Cricket),在悉

---

[1] Australian Football League. *2025 Annual Report*. www.afl.com.au/news/1275126/2025-annual-report-embed.

尼尤为盛行。与其他团队运动不同,板球以队长(Captain)为核心,强调领导力、体育精神和团队协作,被视为培养领袖风范的运动,广泛应用于青少年体育教育。此外,每年12月26日Boxing Day举办的悉尼霍巴特帆船赛(Sydney to Hobart Yacht Race)被誉为世界上最具挑战性的离岸帆船赛之一,比赛从悉尼湾出发,终点为塔斯马尼亚州首府霍巴特,全程约1 170公里。作为全球最著名的离岸帆船赛事之一,该比赛每年吸引成千上万的游客和参赛者,为塔斯马尼亚州和新南威尔士州的旅游业、酒店业和餐饮业带来了巨大的经济收益。

澳大利亚的体育休闲文化不仅体现在观赛热情,也充分体现于全民运动的参与度。2024年悉尼马拉松在全球范围内展现了其显著的社会、文化和经济影响力。根据悉尼马拉松官方网站上的数据①,2024年该赛事吸引了来自102个国家的约38 000名参赛者,其中既有专业选手,也有热爱运动的普通市民。超过125 000名观众齐聚一堂,体现了赛事的国际参与度和跨文化交流的意义。值得注意的是,本届悉尼马拉松还展现了显著的慈善贡献,共筹集了136万美元,显示出大型体育赛事在促进社会公益和社区发展上的潜力。

体育不仅是竞技场上的角逐,更是社会认同、民族情感和国家文化的象征。在澳大利亚,体育赛事往往伴随着仪式感与国家认同感的塑造。无论是澳式足球总决赛、澳网、橄榄球总决赛,还是板球国际赛,比赛前奏唱国歌已成为传统仪式。全场观众共同合唱国歌,不仅增强了体育精神,也强化了国家认同感,体育在塑造澳大利亚国家形象、增强社会凝聚力方面发挥了重要作用。此外,体育赛事还促进了多元文化的融合,澳大利亚本土体育项目在尊重原住民文化的基础上,与现代体育体系相结合,为全球体育文化的包容性发展提供了典范。

综合来看,澳大利亚体育休闲文化的成功经验为全球体育治理提供了诸多借鉴。其赛事品牌化运营、全民体育推广、体育与经济融合发展等做法,不仅提升了本国体育产业的全球竞争力,也为其他国家提供了有价值的经验参考。对于中国而言,借鉴澳大利亚的成功模式,在城市体育文化建设中推动全民健身、赛事品牌化、数字体育产业化等方向的发展,将有助于提升城市宜居性,促进社会经济的可持续增长,进一步增强国家的文化软实力。

---

① Tata Consultancy Services. "Sydney Marathon." *TCS Sydney Marathon*,https://www.tcssydney-marathon.com/.

2. 澳大利亚体育休闲文化的政府支持研究

在全球化进程加速与现代社会转型的双重语境下，体育已突破传统身体实践的范畴，演变为国家治理能力现代化的重要维度，其价值实现路径涵盖健康促进、文化认同、经济激活与国际话语权构建等多重面向。习近平总书记强调："全民健身是全体人民增强体魄、健康生活的基础和保障，人民身体健康是全面建成小康社会的重要内涵，是每一个人成长和实现幸福生活的重要基础。"党的二十届三中全会《决定》提出"完善全民健身公共服务体系"①。体育与休闲活动不仅是国家文化的重要组成部分，也是促进社会健康、经济繁荣与国际影响力的重要途径。澳大利亚作为全球体育参与和高性能体育领域的佼佼者，其政府支持政策与管理经验为其他国家提供了宝贵的借鉴。澳大利亚政府在体育休闲文化领域的支持政策呈现出多层次、系统化的特征，其制度设计充分体现了体育作为国家战略资源的定位。根据波士顿咨询集团(The Boston Consulting Group)发布的《2017年澳大利亚体育代际回顾》报告，澳大利亚体育产业对经济的贡献显著。每年在体育基础设施建设和体育赛事活动上的投资总额超过120亿澳元，为国家带来约390亿澳元的经济效益，占国内生产总值(GDP)的2%—3%。在这一经济活动中，总雇佣人数约22万，此外，还有约180万志愿者每年提供1.58亿小时的服务，相当于近9万全职人员，贡献约30亿澳元的经济价值。此外，体育产业通过提高生产力和志愿者服务，每年带来约500亿澳元的直接经济价值②。这种投入产出效能背后折射出澳大利亚政府将体育休闲文化有机嵌入城市与经济建设框架的实践探索成效，不仅重塑了现代体育的功能边界，更为破解后工业时代城市文化建设提供了创新性解决方案。

2.1 澳大利亚政府体育机构的职能与目标

澳大利亚体育委员会(Australian Sports Commission，简称"澳体委")是澳大利亚联邦政府于1985年设立的国家体育管理机构，也是澳大利亚体育休闲文化的核心管理机构。澳大利亚澳体委(ASC)自成立以来一直致力于促进体

---

① 中国政府网：《全民健身开启发展加速度》，http://www.gov.cn/yaowen/liebiao/202408/content_6967066.htm，2024年8月8日。

② 界面新闻：《从澳网看澳洲体育产业对经济的影响》，http://www.jiemian.com/article/1889827.html，2018年1月17日。

育产业发展和全民参与,该机构分设两个主要部门,分别聚焦于全民健康与国际体育竞争力提升:其中,澳大利亚体育所(Sport Australia)负责推动社区体育活动的普及与行业发展;澳大利亚体育研究所(Australian Institute of Sport,AIS)致力于支持高性能体育项目,帮助运动员在国际赛事中取得优异成绩。

ASC 秉承的愿景是让澳大利亚成为全球最活跃、最富体育精神的国家,以诚信、卓越的体育成就和创新的体育产业著称。其宗旨在于通过体育活动提升澳大利亚人的健康水平、促进社区凝聚力并增强国家形象。ASC 的主要目标包括:让更多的澳大利亚人积极参与体育活动;建立可持续、高效并协作性强的体育行业;通过高性能体育系统实现国际赛事奖牌的持续突破。

《2024—2025 预算:健康与活力的澳大利亚》(Budget 2024-2025:A Fit and Healthy Australia)[①]详细阐述了澳大利亚政府在健康、体育和疾病预防方面的财政投入,重点包括全民健康、体育发展、疾病防控以及高性能运动的资金分配策略。澳大利亚体育学院(AIS)将继续发挥其作为培养澳大利亚精英及新兴运动员的重要中心的作用,澳大利亚政府计划投入 2.497 亿澳元对位于堪培拉的国家训练基地进行设施升级,提升高性能体育环境,同时为 2032 年布里斯班奥运会创造机遇。

此外,该预算中提及政府将拨款 1.327 亿澳元以支持基层社区及学校体育项目,提高全民体育参与度,推动青少年体育发展,并促进更广泛人群养成健康的生活方式,从而增强澳大利亚社会的整体健康水平和体育文化氛围。

2.2　澳大利亚国家体育计划"Sport 2030"

澳大利亚《Sport 2030》国家战略计划是一项系统性政策框架,旨在通过多维路径重构国家体育治理体系,以实现"全球最活跃、健康且具竞争力的体育强国"愿景。该计划以四大战略优先领域为核心,形成覆盖全民健康、竞技卓越、产业升级与伦理治理的综合发展路径,构建全民参与的体育休闲文化趋势,并通过五大目标成果衡量政策效能。本文将重点探讨其中的两个具有借鉴价值的创新举措,以深入分析其政策创新的具体影响及其适用性。

其一,通过提升体育参与率、优化基础设施可及性,推动全民运动常态化,

---

① Australian Government. *Budget 2024-25:A Fit and Healthy Australia*. Department of the Treasury,2024,p.2. https://budget.gov.au.

以构建更具活力的澳大利亚,彰显体育休闲文化力量。其创新性体现在构建全生命周期干预机制,重点聚焦儿童早期运动能力开发。澳大利亚体育委员会(Sport Australia)将负责领导制定全国首个"幼儿活动战略"(Early Childhood Activity Strategy)①。该战略通过多主体协同治理网络,整合教育机构、私营托育机构、家庭及社区组织等关键利益相关方,旨在降低儿童肥胖率,并提升学龄期运动技能习得效率。政策同时强化包容性体育治理,针对结构性弱势群体设计差异化支持方案:通过"土著马拉松项目"(Indigenous Marathon Project)提升原住民社区体育参与率;"女生动起来"(Girls Make Your Move)计划旨在破除性别参与壁垒;面向社会经济弱势群体,创新性采用社会处方模式,如"社区街头足球项目"(Community Street Soccer Program)②,此类实践体现了澳大利亚政府将体育文化的建设作为社会包容工具的多维治理价值。

其二,迎合全球数字技术革命的发展与趋势,澳大利亚以高性能体育系统为支撑,整合尖端科技,重构数字化时代下的体育参与范式。澳大利亚政府致力于建设一个数字互联的体育产业,以优化体育活动的组织和运营,促进知识共享,提高绩效和效率,并使体育互动更加便捷,吸引更多现有及潜在的参与者。澳大利亚政府在此领域的政策创新体现为以下两个方面:其一,设立"全国体育数字创新奖"(National Award for Digital Innovation in Sport)③,通过竞争性资助机制激励体育组织与教育机构开发适应性技术解决方案;其二,构建体育科技产业生态,提升运动体验,促进市场增长。研究数据显示,约39%的澳大利亚成年体育参与者在其运动或身体活动中应用某种形式的科技,其中17%采用应用程序进行活动或训练记录,14%使用可穿戴设备或心率监测器进行运动监控④。此外,在线社区的建设使全球各地的运动爱好者能够建立联系,从而实现远程协作训练和虚拟竞技,提高体育参与的便利性和互动性。在这一背景下,澳大利亚体育委员会(Sport Australia)将优先支持并引领澳大利亚体育产业向数字化方向过渡,确保对数字能力的投资,以改进信息、数据、系统和流程的共享⑤。同时,澳大利亚的本土创新企业不断推动技术进步,并

① Australian Government. *Sport 2030—National Sport Plan*. Department of Health, 2018, p.25.
② Australian Government. *Sport 2030—National Sport Plan*. Department of Health, 2018, p.28.
③ Australian Government. *Sport 2030—National Sport Plan*. Department of Health, 2018, p.35.
④ Australian Government. *Sport 2030—National Sport Plan*. Department of Health, 2018, p.61.
⑤ Australian Government. *Sport 2030—National Sport Plan*. Department of Health, 2018, p.69.

将其专业技术输出至国际市场,进一步增强澳大利亚在全球体育科技产业中的竞争力。

其三,澳大利亚将体育外交定位为国家软实力输出的核心工具,是体育领域成功的全球领导者和创新者,这得益于澳大利亚国内蓬勃发展的体育休闲文化,为其体育外交提供了坚实的基础,是澳大利亚体育外交的基石。2015年,澳大利亚发布了第一个体育外交战略,开启了国际体育参与的新时代。2019年,在第一个战略的成功基础上,启动了《体育外交2030计划》,旨在通过体育促进澳大利亚的国际关系和全球影响力,利用体育作为"软实力"工具,加强与区域和国际伙伴的合作,推动健康、社会包容性和经济增长。

该计划围绕四大支柱展开:第一,建立更强的国际联系,通过体育与印太地区及全球国家深化合作,并支持区域内的多边关系,加强与太平洋岛国的伙伴关系。例如,太平洋运动员项目为新兴运动员提供高性能训练支持,而重大赛事(如亚太地区锦标赛)则进一步增强了跨国界的文化交流。第二,促进包容性和公平机会,澳大利亚将其体育休闲文化的多样性与包容性融入外交政策中,倡导性别平等,支持妇女和女孩的体育参与,提供残疾人和边缘化社区参与体育的机会,推动社会融合。第三,推广健康与福祉,通过体育推动健康生活方式,传播健康理念。第四,通过澳大利亚的基层体育计划和健康项目,通过促进澳大利亚体育企业进入国际市场,推动体育行业创新与合作,扩展澳大利亚的国际影响,促进经济、旅游业和商业增长。

澳大利亚的体育外交和体育休闲文化呈现出相辅相成的关系。体育外交以体育休闲文化为基础,通过国际合作和区域推广提升了澳大利亚的全球声望,同时也为其国内体育文化注入了新的活力和资源。这种双向互动为澳大利亚在国际舞台上的文化软实力建设提供了范例,也为其他国家在体育与外交结合方面提供了可借鉴的模式。

2.3 澳大利亚的体育外交

澳大利亚是体育领域成功的全球领导者和创新者,这得益于澳大利亚国内蓬勃发展的体育休闲文化,为其体育外交提供了坚实的基础,是澳大利亚体育外交的基石。2015年,澳大利亚发布了第一个体育外交战略,首次正式将体育外交提升为国家战略,旨在通过体育促进与亚太地区及全球的合作,开启了国际体育合作与参与的新时代。2019年,在第一个战略的成功基础上,启动了《体育外交2030计划》,旨在通过体育促进澳大利亚的国际关系和全球影响力,利用体育作为"软实力"工具,加强与区域和国际伙伴的合作,推动健康、社会包容性和经济增长。2025 年 2 月 28 日,澳大利亚在堪培拉的首届年度体育外交圆桌会议上正式发布了全新的《体育外交战略 2032+》,聚焦布里斯班 2032 年奥运会及其后的国际体育合作,并强调印太地区的战略重要性,通过体育活动加强与印太地区国家的联系,推动区域合作。

澳大利亚《体育外交战略 2032+》以"体育即国家软实力"为核心理念,构建了多层次战略框架,旨在通过体育国际合作、文化传播与经济联动,强化全球治理参与并重塑国家形象。其战略逻辑体现为三个维度的系统性整合:第一,战略目标的多维嵌套。政策以提升体育作为国家实力工具为根本导向,聚焦印太地区地缘合作、性别平等与残疾人权益、体育经济增值及国际诚信体系建设四大目标。通过"绿色与金色十年"[1]大型赛事周期(如 2023 年女足世界杯、2032 年布里斯班奥运会),将体育外交嵌入国家品牌建构,并推动原住民文化符号的全球传播[2]。此外,体育产业被定位为经济转型引擎,年度直接经济贡献超 500 亿澳元,健康与教育衍生价值达 83 亿澳元[3],凸显体育的复合价值产出。第二,政策工具的协同创新:战略通过制度设计实现跨部门联动,在区域合作层面,"PacificAus Sports"[4]计划支持太平洋岛国运动员参与国际赛事,强化地缘纽带;在经济驱动层面,体育旅游与科技融合成为增长极,2023年国际足联女子世界杯相关活动产生了超过 8 000 万美元的广告价值[5]。同时,成立"澳大利亚体育诚信机构"(SIA)[6]并与法日等国签署协议,构建跨国

---

[1] Department of Foreign Affairs and Trade(DFAT). *Australia's Sports Diplomacy 2032+ Strategy*. Australian Government,2025,p.8.

[2] Department of Foreign Affairs and Trade(DFAT). *Australia's Sports Diplomacy 2032+ Strategy*. Australian Government,2025,p.12.

[3] Department of Foreign Affairs and Trade(DFAT). *Australia's Sports Diplomacy 2032+ Strategy*. Australian Government,2025,p.15.

[4] PacificAus Sports 是由澳大利亚政府发起的一项体育外交倡议,旨在为澳大利亚与太平洋地区的运动员、教练和管理人员创造共同训练、比赛和成长的机会。

[5] 澳大利亚旅游局推出了其"Come and Say G'Day"宣传活动的特别版,名为"Holiday Highlights"。该活动包括一个新的电视广告,通过展示女子体育运动和澳大利亚原住民遗产来推广澳大利亚旅游业,其中包括昆士兰原住民足球队的女孩们在黄金海岸海滩踢足球的镜头。该活动取得了显著成果,获得了超过 7 000 万次曝光,相关活动产生了超过 8 000 万美元的广告价值。调查显示,在观看该广告后,67%的人表示他们更有可能访问澳大利亚,而那些对足球感兴趣的观众,这一比例增加到 74%。

[6] Department of Foreign Affairs and Trade(DFAT). *Australia's Sports Diplomacy 2032+ Strategy*. Australian Government,2025,p.16.

反兴奋剂网络,提升治理话语权。第三,效能评估的动态调适:政策设定 2030 年为中期评估节点,建立包括"体育外交贡献度"、"区域合作成效"、"文化传播广度"等六维指标体系。

总结来看,该战略的革新性在于将体育从文化交流工具升级为"国家治理基础设施",其经验为全球体育外交提供范式参考。澳大利亚的体育外交和体育休闲文化呈现出相辅相成的关系。体育外交以体育休闲文化为基础,通过国际合作和区域推广提升了澳大利亚的全球声望,同时也为其国内体育文化注入了新的活力和资源。这种双向互动为澳大利亚在国际舞台上的文化软实力建设提供了范例,也为其他国家在体育与外交结合方面提供了可借鉴的模式。

3. 中国和澳大利亚在体育文化发展上的政策效果对比

体育文化不仅是国家软实力的重要组成部分,更是衡量社会健康水平、国民生活质量和城市宜居性的关键指标。中澳两国均高度重视体育发展,并在政策制定、资金投入、基础设施建设和全民健身推广等方面采取了不同的策略。以下从人均体育场地面积、人均体育预算、体育参与率、体育设施利用率等核心指标,详细分析两国在体育文化发展上的政策效果,并结合数据来源进行对比。

中澳体育政策支持人均数据对比表

指　　标	中　　国	澳大利亚
人均体育场地面积	3 平方米(截至 2024 年底)①	暂无官方数据
年度体育项目预算	约 39.79 亿元人民币(2024 年度)(其中约 30.7 亿元为一般公共预算拨款收入;约 9.1 亿元为政府性基金预算拨款收入)②	约 23.4 亿元人民币(2024-25 财年)③

---

① 中国政府网:《设施近民　老幼同惠　科技赋能——代表委员话"十四五"全民健身计划实施成效》,http://www.gov.cn/yaowen/liebiao/202503/content_7011933.htm,2025 年 3 月 8 日。

② 国家体育总局:《2024 年全国体育预算概览》,国家体育总局,https://www.sport.gov.cn/n315/n332/c27591231/content_6.htm,2024 年 3 月 6 日。

③ Australian Government. *Budget 2024-25: A Fit and Healthy Australia.* Department of the Treasury,2024,https://budget.gov.au。

续　表

指　标	中　国	澳大利亚
体育参与率	37.2%（经常锻炼的中国人口比例，截至 2024 年 9 月）①	78%（15 岁以上每周至少一次运动的比例，2022—2023 年数据）② 60%（15 岁以上每周至少三次运动的比例，2022—2023 年数据）③

国家统计局发布的《中华人民共和国 2024 年国民经济和社会发展统计公报》显示，截至 2024 年底，我国人均体育场地面积 3.0 平方米，提前超过了"十四五"规划的人均 2.6 平方米目标④。政府已在多个省市推出"15 分钟健身圈"建设，力求使居民在步行 15 分钟内即可到达体育设施。这些投入显著改善了我国城市体育健身环境，极大地激发了广大群众参与体育健身活动的热情，丰富了城市体育休闲文化生活。然而，由于城市化进程加快和土地资源紧张，人均体育场地面积的增长受到一定限制，与世界其他国家发达国家相比而言仍较为落后。其主要原因是人口密度导致资源稀缺，庞大的人口基数与区域发展不均衡导致政策执行面临结构性挑战。据 2019 年澎湃新闻报道，美国人均体育场地面积 16 平方米，日本人均体育场地面积 19 平方米，新加坡人均体育场面积达到 9.27 平方米。因此，中国与发达国家相比，体育场馆发展还有相当大的空间，需要从各个方面推动其发展⑤。

在政府年度体育项目预算方面，中国 2024 年度体育项目预算约 39.79 亿元人民币，其中 30.7 亿元来自一般公共预算拨款，9.1 亿元来自政府性基金预算拨款。在一般公共预算拨款中，约 19.54 亿元人民币用于全民健身和体育

①　中国政府网：《设施近民　老幼同惠　科技赋能——代表委员话"十四五"全民健身计划实施成效》，http://www.gov.cn/yaowen/liebiao/202503/content_7011933.htm，2025 年 3 月 8 日。

②　Australian Sports Commission. *AusPlay National Sport and Physical Activity Participation Report：October 2023*. Australian Sports Commission，2023，p.4.

③　Australian Sports Commission. *AusPlay National Sport and Physical Activity Participation Report：October 2023*. Australian Sports Commission，2023，p.9.

④　中国政府网：《设施近民　老幼同惠　科技赋能——代表委员话"十四五"全民健身计划实施成效》，http://www.gov.cn/yaowen/liebiao/202503/content_7011933.htm，2025 年 3 月 8 日。

⑤　刘宏：《2.89 平米的人均场地面积，与发达国家差距显著》，财讯网，2024 年 9 月 21 日，https://hea.china.com/hea/20240921/202409211578886.html。

产业的发展,包含体育训练、体育场馆建设、体育交流与合作等①。群众体育方面的投入约为 0.238 9 亿元人民币,仅占 1.2%,表明该年度财政投入重点仍偏向竞技体育,而全民健身和群众体育的财政支持相对有限。

国家体育总局 2024 年部门预算支出表(科目:体育)

	项 目	金额(万元)
1	体育总支出	195 366.3
2	行政运行	5 575.29
3	一般行政管理事务	4 319.0
4	机关服务	1 165.56
5	运动项目管理	13 023.01
6	体育竞赛	6 455.94
7	体育训练	88 184.15
8	体育场馆	39 351.52
9	群众体育	2 389.0
10	体育交流与合作	26 854.96
11	其他体育支出	8 047.87

2024—2025 财年澳大利亚联邦预算进一步强调体育对国民健康和社会福祉的重要性,并为体育领域提供 4.942 亿澳元(约 23.4 亿元人民币)的资金支持,以确保每年超过 200 万澳大利亚人继续享受政府提供的免费体育项目。这笔资金涵盖多个关键领域,包括学校体育计划(6 290 万澳元,约 2.98 亿元人民币)、地方体育冠军计划(1 700 万澳元,约 8 060 万元人民币)、体育参与资助计划(1 730 万澳元,约 8 200 万元人民币)以及水上和雪地安全计划(3 420 万澳元,约 1.62 亿元人民币)②。特别是水上和雪地安全计划的持续投资,旨在减少与水上和雪地运动相关的伤害和死亡事故,同时支持澳大利亚冲浪救生协会(Surf Life Saving Australia)下属俱乐部的救生

① 国家体育总局:《2024 年全国体育预算概览》,国家体育总局,https://www.sport.gov.cn/n315/n332/c27591231/content_6.htm,2024 年 3 月 6 日。

② Australian Government. *Budget 2024-25:A Fit and Healthy Australia*. Australian Government, 2024.

设备采购与培训项目。这些措施不仅有助于提高全民体育参与率,还能有效缓解因运动安全问题带来的社会成本。因此,两国相比而言,尽管中国的整体预算较高,但考虑到两国人口规模的巨大差异,人均体育投入实际上远低于澳大利亚。

此外,澳大利亚政府还进一步强化体育诚信体系,以确保体育赛事的公平性和透明度。为此,政府向澳大利亚体育诚信机构(Sport Integrity Australia)追加 5 740 万澳元(约 2.72 亿元人民币)的预算,以加强反兴奋剂措施、体育治理体系以及运动员道德标准建设。这一举措旨在维护体育竞技的公正性,并确保澳大利亚在全球体育领域的良好声誉。总体而言,2024-2025 财年体育预算不仅关注体育基础设施的提升和体育人才培养,也致力于通过健全的治理体系维护体育行业的诚信,为未来体育产业的可持续发展奠定坚实基础。

第三,体育参与率方面,根据中国政府网的数据,截至 2024 年 9 月,全国经常参加体育锻炼的人数比例为 37.2%①。然而,与发达国家相比,这一比例仍较低,尤其是在农村地区和老年人群体中,体育参与度相对不足。政府正通过全民健身日、城市马拉松、社区运动会等活动激励更多人参与体育运动,但短期内仍面临推广难题。相比较澳大利亚,根据澳大利亚体育委员会(ASC)发布的《2023 年 10 月全国体育与身体活动参与报告》("National Sport and Physical Activity Participation Report"),2022—2023 年度,78% 的 15 岁及以上澳大利亚人每周至少进行一次体育,而 15 岁及以上每周至少三次运动的人数比例达到 60%②,由此可见澳大利亚居民的体育参与度更高,显示出其全民健身政策的效果,不过,从报告中也反映出,虽然整体体育活动参与率保持在较高水平,但高频运动人数减少、儿童体育恢复缓慢、特殊群体运动不足等问题依然存在。

第四,两国在体育基础设施利用方面也存在较大差异,中国新建体育设施较多,但基层社区设施的利用率和普及性相对不足,城乡差距较大。在澳大利亚,体育基础设施的利用率高,特别是在社区体育中,体育俱乐部和公益活动进一步提升设施利用效率。大多数体育设施均向公众免费或低成本开放,并

---

① 中国政府网:《设施近民　老幼同惠　科技赋能——代表委员话"十四五"全民健身计划实施成效》,http://www.gov.cn/yaowen/liebiao/202503/content_7011933.htm,2025 年 3 月 8 日。

② Australian Sports Commission. *AusPlay National Sport and Physical Activity Participation Report：October 2023*. Australian Sports Commission,2023,p.4. & p.9.

通过会员制度维持运营。例如,许多学校的操场、游泳池、篮球场在课余时间对社区居民开放,使体育资源得到最大化利用。

从数据分析来看,澳大利亚在人均体育资源、全民健身普及率、社区体育发展等方面具有显著优势,而中国则在基础设施建设和资金投入方面展现出强劲增长趋势,为实现全民健身目标奠定了基础。在构建现代城市文化体系的过程中,体育不仅是促进健康生活方式的工具,更是增强社会凝聚力、塑造城市品牌形象的重要动力。澳大利亚的体育休闲文化凭借其高效的社区体育运营、广泛的全民参与、完善的政策支持和体育资源的均衡配置,为城市文化建设提供了有益的借鉴。中国在快速推进全民健身和体育产业发展的同时,可结合澳大利亚的经验,进一步优化体育资源配置,使体育成为推动城市文化繁荣的核心力量。

4. 启发与建议

澳大利亚的体育休闲文化以全民参与、高效管理和多元包容为特征,展现了其在促进社会凝聚力、经济增长和健康生活方式方面的卓越成效。借鉴澳大利亚的成功经验,中国城市在发展体育休闲文化的过程中,可从全民体育推广、体育设施优化、赛事品牌化、数字化治理等多个角度进行提升,使体育成为塑造现代城市文化的关键力量。

一、推动全民参与:建立包容性的体育休闲文化

澳大利亚高度重视全民体育的发展,政府通过"Play Well"计划①和"Sporting Schools Program"②等项目,鼓励各年龄段人群积极参与体育活动。社区体育俱乐部、学校体育课程和特定群体支持项目(如女性和残疾人体育项目)共同推动体育成为社会生活的一部分。中国近年来大力推进全民健身战略,但体育参与率仍有较大提升空间。习近平指出,"要坚持健康第一的教育理念,推动健康中国建设。要紧紧围绕满足人民群众需求,统筹建设全民健身场地设施,构建更高水平的全民健身公共服务体系。要推动健康关口前移,建立体育和卫生健康等部门协同、全社会共同参与的运动促进健

---

① Australian Sports Commission. *Australia's Sport Participation Strategy*: *Play Well*. Australian Government,2023.

② Australian Sports Commission. *Sporting Schools Program*. Australian Government,https://www. sportaus.gov.au/schools.

康新模式。要坚持健康第一的教育理念,加强学校体育工作,推动青少年文化学习和体育锻炼协调发展,帮助学生在体育锻炼中享受乐趣、增强体质、健全人格、锻炼意志。"①因此,未来中国城市应进一步加强基层体育资源配置,更系统地将体育项目纳入基础教育课程,并通过专项资金支持不同群体的体育需求。例如,为老年人提供太极拳、广场舞专区,为青少年推广跑步、羽毛球等现代运动。中国城市可通过专项资金支持更多具有针对性的项目,提高弱势群体的参与率,构建更加包容的体育文化,使不同社会群体都能找到适合自身的运动方式。

二、培育赛事经济:塑造城市体育品牌与联动效应

澳大利亚的城市体育赛事已成为地方文化的重要组成部分,澳大利亚网球公开赛、悉尼马拉松、墨尔本杯嘉年华等不仅吸引全球观众,也极大促进了当地经济发展。赛事带动了酒店、餐饮、旅游、交通等多个相关产业,并形成了独特的城市品牌。例如,墨尔本凭借澳网被誉为"体育之都",悉尼的板球比赛成为国际体育文化交流的重要窗口。中国可借鉴这一模式,充分发挥国际赛事的品牌效应,提高城市知名度。例如,上海的国际田径赛事可结合江南文化,设置相关展览或主题活动;北京冬奥会的成功经验可沿用于滑雪和户外运动项目,吸引国内外游客。加强体育与文化的结合,可使大型赛事成为提升城市竞争力和文化软实力的重要手段。

三、融入数字科技:提升体育文化传播力与治理效能

在数字化时代背景下,通过技术来优化体育管理和赛事体验、重塑城市体育休闲文化已成为全球体育发展的重要趋势。习近平总书记提出,"数字中国建设要把握信息化发展趋势,推动数字技术和实体经济深度融合"②。因此,现当代城市体育休闲文化的建设必须具备数字化就绪、灵活且可持续的特性。中国城市可通过智能化体育管理,提升城市体育资源的可及性。构建智能体育服务平台,将社区运动场、学校操场、健身房等设施进行统一调配,确保资源公平、高效地分配,推动体育设施真正融入居民的日常生活。此外,数字化赛事传播拓展城市体育的影响力。现代城市体育文化不仅依赖于线下赛事的举

---

① 光明网:《习近平眼中的体育强国》,https://m.gmw.cn/baijia/2021-01/23/34565769.html,2021 年 1 月 23 日。

② 光明网:《推动数字经济和实体经济深度融合》,https://m.gmw.cn/baijia/2022-09/23/36044144. html,2022 年 9 月 23 日。

办,还越来越依靠数字传播渠道来增强其全球影响力。利用社交媒体直播平台,结合短视频传播体育精神,吸引年轻群体积极参与,推动体育文化的现代化发展,进一步塑造城市体育形象。

四、协同健康治理:提升体育文化活力与治理协同效能

澳大利亚通过制度性整合将体育运动纳入公共健康治理框架,其政策创新体现为健康预算的结构性配置,例如通过预算支持健康饮食、癌症预防计划等;通过教育引导,帮助民众认识到体育对身心健康的好处。澳大利亚政府与澳大利亚奥委会、澳大利亚残奥委会和英联邦运动会澳大利亚委员会等重要独立机构合作。此外,澳政府积极采用政企合作模式,合作对象包括:体育场馆、设施运营商、设备供应商、私人服务提供商、健身房、体育科技公司、博彩运营商、大型赛事、职业体育、学校、医疗专业人士以及志愿者体系[1]。这种多主体协同的健康促进模式,通过政策杠杆与社区动员显著提升了全民健康素养。我国城市可借鉴其经验构建复合型治理路径,打造"健康城市"形象:其一,打造体育与健康有机融合的传播范式,依托社区加强体育与健康生活理念的宣传,实现健康理念的场景化渗透,例如通过"社区跑步日"、"骑行周"等活动,将运动与健康生活方式结合;其二,建立跨部门协作机制,联合体育品牌、医疗机构等推出全民健康促进项目,并引入社会资本完善公共运动设施网络。通过政企合作的模式,拓展公益性运动课程与智慧健身空间,为健康中国战略提供在地化解决方案。

五、融合体育休闲:促进文化认同与社会治理协同增效

体育在澳大利亚不仅是娱乐和健康的工具,更是社会凝聚力和文化认同的象征。在国家级赛事文化、社区体育网络、健康教育体系的多向驱动力作用之下,澳大利亚建构了体育休闲文化的多元社会价值体系,将体育休闲文化转变成为增强文化认同感、提升社会黏合力的核心媒介。我国城市更新背景下,可创新体育治理模式,融合体育休闲文化,实现社会价值再生产:其一,构建传统与现代体育文化共生体系,依托龙舟竞渡、武术展演等非物质文化遗产,在都市公共空间开展文化解码与创新实践,如苏州工业园区将太极推手融入智慧健身步道系统;其二,设计社区体育治理新场景,例如,上海市杨浦区正在构建群众体育、竞技体育、青少年体育、体育产业全面发展新格局,打造"15分钟

---

[1] Australian Government. *Sport 2030*. Sport Australia, 2018, p.17.

体育生活圈",以赛事"流量"带动区域的"经济增量",进一步促进"商旅文体展"深度融合;其三,完善体育志愿服务制度,借鉴澳大利亚体育志愿者认证体系(National Volunteer Framework),支持、规范和促进志愿服务的发展,提高志愿者的参与度,并确保志愿服务对社会和社区的长期可持续性,加强大型赛事背后的社区参与感,培养市民的社会责任感和团队精神。

5. 结　论

澳大利亚体育休闲文化体系揭示了体育作为战略性治理资源的多维价值——其通过制度性嵌入实现了社会资本积累、文化认同建构与经济动能转换的三重效应。习近平总书记指出,"体育是提高人民健康水平的重要途径,是满足人民群众对美好生活向往、促进人的全面发展的重要手段,是促进经济社会发展的重要动力,是展示国家文化软实力的重要平台。"我国新型城镇化进程中,亟需将体育休闲文化提升至城市治理现代化核心议程,结合我国国情,从全民健身、体育设施优化、赛事品牌化、数字化治理、健康生活方式推广等方面,将体育休闲文化作为文化治理工具,使体育真正成为提升城市文化软实力的重要驱动力,实现体育、文化与经济的深度融合,打造健康、活力、可持续的现代化城市文化体系。

Urban Culture through Sports: Insights from Australian Sports and Leisure Culture for Urban Cultural Development in China

Abstract: Leisure culture plays a vital role in enriching individual well-being, fostering social interaction, and serving as a conduit for cultural transmission and innovation. Defined as a set of non-work-related activities pursued for relaxation, entertainment, and self-realization, leisure culture interweaves closely with broader cultural structures, often giving rise to subcultures that enhance community cohesion and cultural identity.

Among various forms of leisure, sports-based leisure holds a particularly significant position in contemporary urban life. It contributes not only to physical and mental health but also serves as a barometer of social vitality and cultural distinctiveness. Urban sports and leisure culture, supported by both policy and community participation, can stimulate civic engagement, foster a sense of belonging, and drive economic development through sectors such as sports tourism, fitness industries, and recreational services.

Australia offers a compelling model in this regard. As a nation known for both elite sports performance and grassroots participation, Australia has successfully embedded sports into its national identity and everyday life. From public parks to coastal beaches, Australians engage in physical activity as both lifestyle and cultural practice. Recent data from the Australian Bureau of Statistics highlight the sector's substantial economic impact in the post-pandemic era, with marked growth in output, employment, and wage levels.

This paper draws on literature review and comparative analysis to examine the evolution and institutional support behind Australia's sports and leisure culture. By comparing policy frameworks and cultural practices in China and Australia, it explores how Australia's experience can inform the development of urban sports leisure culture in China. The study argues that leveraging sports as a cultural and strategic asset can enhance community cohesion, strengthen cultural identity, and yield broad social and economic benefits.

Key words: Urban sports and leisure culture; Comparative study of Chinese and Australian leisure culture; Cultural, social, and economic benefits

作者简介:龙冰淳,华东师范大学博士研究生、上海外国语大学贤达经济人文学院教师。

被压抑的现代性:论晚清上海都市女性引领的易装风尚

——以《九尾龟》《点石斋画报》为中心

易文杰

摘　要:晚清之际,上海都市女性易装成为一种不可忽视的现象,并引领了时代的风尚。这在当时的狭邪小说与画报中都有出现,譬如《九尾龟》与《点石斋画报》。笔者通过将这二者进行对读,并结合当时的其他报刊资料,指出这种现象具有"被压抑的现代性"的意味:在当时,这种现象不仅成为男权凝视、集体凝视、情欲想象的对象,还被持有正统观念的文人批判,被斥为荡妇淫娃。然而,这种现象的进步意义不应被遮蔽:首先,它体现了晚清女性通过异装踏入公共空间的努力;其次,它体现了晚清女性身体欲望的觉醒,对新社会角色的尝试与确立;最后,它引领的服饰风尚彰显了近代化社会的风貌。

关键词:晚清　易装　《九尾龟》《点石斋画报》　被压抑的现代性

在中国文学史中,易装是一种历史悠久的题材。在明清之际的女性书写之中,如才子佳人小说与弹词小说中,易装常作为一种对女性进行补偿的手段,让女性在男儿衣冠的保护中走向公共空间,实现在父权宰制下难以获取的自由。

而在晚清之际,上海都市女性易装也成为一种不可忽视的现象,在《九尾龟》《点石斋画报》中都有出现①,也引起了部分研究者的兴趣。如《晚清至民

---

① 晚清之际,上海都市女性易装现象在《海上繁华梦》中也有出现,其写金菊仙出场,"身穿元色外国缎夹袍、二蓝漳缎马褂……头上梳的是松三股辫子,元色长须头辫线","皎如临风玉树一般"。但本文仅选取较有代表性的、出现次数较多的《九尾龟》《点石斋画报》作为分析对象。

国时期异装现象及其性别意识研究》认为,这种现象完全是利己主义的表现,是通过"女扮男装"服饰装扮来达到以色诱人的目的。①笔者认为存在片面性。《图像上海与晚清都市媒体的表意实践——以〈点石斋画报〉(1884—1898)为中心》则以《点石斋画报·不甘雌伏》(未二)为个案,分析了看客对易装的凝视,但他"与其说印证了公共空间的出现,毋宁说是生产了又一被赏鉴的奇观"②的论断则与高、张二人相同,未免忽视了女性通过异服走向公共空间的能动实践。而《海上名妓:晚清女性服饰时尚的引领者——以〈九尾龟〉为考察中心》则通过对《九尾龟》的细读,认为这"是女性主义意识的自觉和滥觞。这些勾栏中人,抓住时代的风云际会,无所畏惧地追逐着身体、情色、欲望和经济的独立"③,笔者表示一部分赞同,但认为其也缺乏对《点石斋画报》的细读,对看客的凝视与女性的自我商品化缺乏分析。

　　笔者拟在以上成果的基础上进一步探寻,通过将《九尾龟》《点石斋画报》进行对读,并结合当时的其他报刊资料,指出:在当时,这种现象不仅成为男权凝视、集体凝视、情欲想象的对象,还被持有正统观念的文人批判,被视为女性的自我商品化,被斥为荡妇淫娃。然而,这种现象的进步意义不应被遮蔽。实际上,这种现象具有"被压抑的现代性"④的意味。对此进行研究,可以打开我们对"晚清"与"五四"之间辩证关系的理解,打破新旧雅俗之辨背后二元对立的知识格套,如孙郁所言,"移动审美的坐标,以批判的笔触进入历史,可能发现被遗漏的存在。"⑤

一、被看客凝视的晚清上海都市女性易装

　　首先,穿上异装的晚清女性,在《点石斋画报》《九尾龟》中,成为了男权凝视、集体凝视、情欲想象的客体对象。无论是异装女性尝试踏入公共空间的努

---

① 高蓉、张竞琼:《晚清至民国时期异装现象及其性别意识研究》,《浙江理工大学学报》2015 年第 2 期。

② 张春田:《图像上海与晚清都市媒体的表意实践——以〈点石斋画报〉(1884—1898)为中心》,《粤海风》2007 年第 1 期。

③ 陈海燕:《海上名妓:晚清女性服饰时尚的引领者——以〈九尾龟〉为考察中心》,《上海师范大学学报(哲学社会科学版)》2019 年第 2 期。

④ 参见王德威:《没有晚清,何来五四?》,《被压抑的现代性　晚清小说新论》,宋伟杰译,北京:北京大学出版社,2005 年,第 1—19 页。

⑤ 孙郁:《"思"与"诗"的互渗何以可能》,《小说评论》2021 年第 5 期。

力,抑或女性自我商品化的打扮,都沦为了男权凝视的客体,体现了大众文化场域中的男性文化霸权与男权文化的压迫。被展示的穿上异装的晚清女性在两个层次上起作用:作为画报中的看客聚焦的色情对象,以及作为读者凝视的色情对象。在"看"背后隐含着复杂的意识形态和权力关系。

《点石斋画报·不甘雌伏》(未二)就是一个典型的个案,它记载了上海名妓王云仙踏入公共空间,女扮男装到酒馆"与某客侑酒拇战"的情状:"今之姊妹行效旗人装扮者有之、效西国衣裳、东瀛结束者亦有之,皆不脱闺秀本色……头戴瓜皮小帽,上钉披霞,身穿京式元绉棉袍,竹根青马甲,足穿旗装镶鞋。"[1]其男性装扮招来了门前窗口的无数看客,朝着她坐的桌子翘首观望,指指点点。从画报中可以看出"男子"上身着棉袍,外罩大襟马甲,头戴瓜皮帽,是典型的男性穿着,但桌角下画师特意画出的"三寸金莲"却暴露了女性的身份。

图 1

《不甘雌伏》,吴友如等:《点石斋画报·大可堂版》第 6 册,上海画报出版社 2001 年版,第 229 页。

---

[1]　吴友如等:《点石斋画报·大可堂版》第 6 册,上海画报出版社 2001 年版,第 229 页。

该图采用了聚焦式的图像叙事方式,画者通过房间这一狭小空间内的建筑与许多围观者形成"围合"之势,将穿上异装的晚清女性锁定在了图像的视觉范围中。围观者在发挥"聚焦"作用的同时,不仅获得了对女性凝视观赏与肆意评判的权力,还获得了传播事件的话语权力,将校书走入公共空间的"不甘雌伏"化约为集体赏鉴的奇观。他们尤其获得了公共舆论的支配力量——在当女性被认为逾越传统秩序时,这些看客将自觉形成强大的批判的舆论力量。与此同时,画报也隐含着窗户外看客与画报读者窥视的目光和欲望,穿上异装的晚清女性形成了他者凝视的视觉化景观,成为欲望投射的客体对象。画师特意画出的"三寸金莲"也体现了这一点,不难想象,当时的阅读者必然会窥视她们的脚,进行情色想象——毕竟"三寸金莲"是帝制父权社会的畸形产物,它不仅象征着妇女之于男性的附属品地位,也是被公认的第二性征。此外,图之外的文也仅仅是以游戏笔墨的姿态对时事发了一通无关痛痒的感慨,"皮相之士或以为窥墙之宋玉,而不知其固钗而弁者也……"仅此而已。这种叙述放逐了晚清女性通过异服踏入公共空间的努力,其意义在评述中成为了空白。

然而,与《点石斋画报·不甘雌伏》中女性以异装走向公共空间的努力不同,《点石斋画报·花样一新》呈现的是女性以异装自我商品化的规训:为了嫖客的欢心,上海尚仁里妓院的女性在酒席间穿着各式各样的服装出场,有着洋装者,有着日本装者,有着道姑装,有着燕赵装者,当然还有穿男装者,眼戴墨镜、宽袍大袖。画报中仔细描绘了女性的各式服装,描绘的场面十分热闹,客人"兴高采烈,拍案叫绝"①。与《点石斋画报·不甘雌伏》明显不同,这里女性求新求变的姿态,是将自己自我商品化,以吸引他者的目光。女性作为被凝视的对象,要为凝视者男性,展示出其身为女性媚态的一面。这是值得省思的。

学者叶凯蒂指出:当煤气街灯 1865 年初在上海开设时,煤气管道埋于地下。当时上海传说,鞋底薄的,特别是赤脚的,在铺了管道的路面上行走,必然热毒攻心。是高级女性让充满新事物的上海变得安全、宜人、充满诱惑力。②在图中,青楼中的煤气灯和玻璃窗呈现了某种现代体验,抑或说近代上海的物质繁华,一种诱惑。但煤气灯照亮的是什么?是被凝视的女性。图以外的文

---

① 吴友如等:《点石斋画报·大可堂版》第 5 册,上海画报出版社 2001 年版,第 20 页。
② 参见叶凯蒂著:《上海爱:名妓、知识分子和娱乐文化(1850—1910)》,杨可译,北京:三联书店,2012 年。

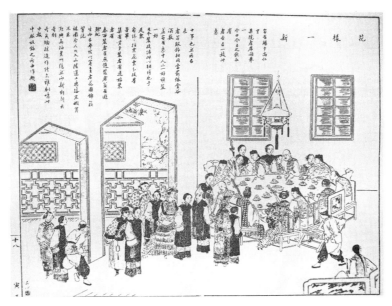

图 2

《花样一新》,吴友如等:《点石斋画报·大可堂版》第 5 册,上海画报出版社 2001 年版,第 20 页。

字描绘与评述也是饶有兴味的,虽然评述者承认"花团锦簇,翠绕珠围",但终以正统的文人心事评其"矫揉造作,终欠雅驯"。他并不是指出其自我商品化的做法的不妥之处,而是以一副清高的文人做派,还是以"雅"与"俗"的对立来评判这种事物。质言之,这背后依然是一套雅俗二元对立的士大夫思维。

《九尾龟》的文字叙述同样如此,与《点石斋画报》的图像形成了一种隐秘的互文性,"左图右史"的大众媒介共同构建了晚清父权凝视女性身体的文化编码。考虑到《九尾龟》最初的底本就是由点石斋石印出版,这种互文性更值得我们重视。《九尾龟》第一百〇六回言道:"只见小宝换了一身男妆衣服,穿着一件湖色单罗长衫,单纱一字襟半臂,胸前一个花球香风扑鼻,面上的脂粉一齐洗掉,梳了一条大辫,脚下也换了一双夹纱衬金的小靴,越显得水眼山眉,雪肤花貌。见了秋谷便笑道:'耐看(即你看)倪改仔男妆阿好?'秋谷自头至脚细细打量了一番,口中赞道:'真个是巫山神女、姑射仙人,可惜我没有这般福分。'小宝听了,把秋谷打了一下道:'勿要瞎三话四哉,倪去罢。'说着便移步下楼,同着秋谷坐上马车,只转一个弯,便到了西安坊门口。秋谷同着小宝一同进去。"①小说的叙述与《点石斋画报·花样一新》相同,女性穿上男装更多是为了取悦嫖客,是一种自我商品化的自我规训。小宝穿上男装是为了主动寻求嫖客秋谷的聚焦,而秋谷也回应以"从头至脚"的男权凝视、商品化凝视。在父权社会意识形态的长期规训中,小宝也在不自觉中将自己物化,迎合男性的审美,将自己主动放置在男性欲望投射的位置,被凝视的位置,让自己成为"有竞争力"的"性商品",正如约翰·伯格所言,"男性观察女性,女性注意自己被观察,这不仅决定了大多数的男女关系,还决定了女性自己的内在关系。女性自身的观察者是男性,而被观察者为女性。因此,她把自己变作对象——而且是一个极特殊的对象:景观。"②随之,他们坐上马车畅游,这与当时上海盛行的"马车上的女性"的"自我商品化"之实质是相同的,正如罗岗指出那般,"表面上看,坐在马车上的女性似乎成为了移动的主体,她们可以控制马车的速度、行程和目的地;作为一种具有特别'开放'意义的女性……""她们足迹遍及上海的繁华领域,参与公众娱乐活动,接受新事物,走在时尚前沿,但是"所有这些并不能掩盖'女性'作为'性商品'的身份,反而可能因为'女性'和'马车'的结合,更加凸显出她们'可出卖'与'可购买'的性质"③。诚哉斯言,在物化思维的裹挟下,看似"解放"的女性姿态,其实是并不自由的主体形构。

综上所述,小说和画报所呈现的是带有明显的父权色彩的"性别化观看"模式,女性仅是男性产生凝视愉悦的客体。无论是《点石斋画报·不甘雌伏》中异装女性尝试踏入公共空间的努力,抑或《九尾龟》《点石斋画报·花样一新》中女性自我商品化的异装打扮,由父权主导的媒介生产都把她们收编到被凝视的境地,成为男权宰制的对象。

二、被文人批判的晚清女性易装

孟悦、戴锦华在《浮出历史地表》中指出,"父系社会通过亚属国家机器——家庭与婚姻,通过伦理秩序、概念体系等直接、间接的人身强制手段,实

① 张春帆:《九尾龟》第一百零六回,齐鲁书社 2010 年版,第 450 页。
② [英]约翰·伯格:《观看之道》,戴行钺译,广西师范大学出版社 2007 年版,第 47 页。
③ 罗岗:《性别移动与上海流动空间的建构——从〈海上花列传〉中的"马车"谈开去》,《华东师范大学学报》2003 年第 1 期,第 94 页。

行对女性的社会—历史性压抑。"①正如上文所言,文人会批判这种行为"矫揉造作,终欠雅驯"。而下文还将指出,传统文人对此不仅是从雅俗之别出发进行否定,还会以卫道观念对此痛心疾首。

首先,需要指出的是,当时沪上名妓易装的做法经大众传媒的传播,是播撒到京津地区的。《九尾龟》第一百五十一回就有记载:"早见两三个十二三岁的清倌人,手挽手儿的走进来。见了秋谷,有一个清倌人叫道:'咦,章二少嘛!'秋谷听得有人叫他,连忙举目看时,只见一个穿着男装的清倌人,眉目清澄,肌肤白腻,长条身材,瓜子脸儿,别有一种旖旎动人的姿态。"②第一百七十五回也道:"京城里头的那班人大家都把赛金花的这件事儿传说出来。又见他常常穿着男子衣冠,同着华德生并马出游,大家都不叫他赛金花,都叫他作赛二爷。又为着他帮着洪中堂议成和约,大家便又叫他作议和大臣。这个议和大臣赛二爷的芳名,竟是京城里头没有一个不知道的。"③

其次,沪上名妓易装不仅传播到了京津地区,当时还引起了许多出身富贵的女子的效仿,引起了新风尚。《九尾龟》第一百一十八回道:"康中丞在天津道任上的时候,有两位堂房姊妹住在衙门里头。这两位小姐的性情却生得十分古怪,一天到晚只知道同人顽笑。不管男的女的、老的少的,就是康中丞手下的亲兵和抬轿的轿夫,碰着这两位小姐心上高兴,也要和他们顽笑一回。康中丞虽有几个妻妾,那几个姨太太只晓得争风吃醋,大家闹得个一塌糊涂。这位太太又性情懦弱,弹压不住,凭着这两位小姐这般放纵,也不去管他们的闲事。这两位小姐见没有人说他,索性两个人都改了男装,出去混闹,也不知他们做的什么事情。天津一府的人,没有一个不知道这两位小姐的大名。"④

然而,这种易装行为及其引领的风尚却不被正统观念所容,成为了传统官吏所批判的对象,以上的行为被认为是"放纵家属,败坏伦常","康中丞在江西足足做了五年,忽然有个御史参奏康中丞帷薄不修,官箴有玷;并且说他在天津道任上的时候,怎样怎样的放纵家属,怎样怎样的败坏伦常……"⑤

---

① 孟悦、戴锦华:《浮出历史地表》,北京大学出版社 2004 年版,第 12 页。
② 张春帆:《九尾龟》第一百五十一回,第 604 页。
③ 张春帆:《九尾龟》第一百七十五回,第 686 页。
④ 张春帆:《九尾龟》第一百一十八回,第 492 页。
⑤ 张春帆:《九尾龟》第一百一十八回,第 492 页。

大众传媒同样不容这样的"越轨"行为。《游戏报》谴责道："嗟乎！名妓靓妆乃为讨客人欢心，至于士绅百姓之妇，应以节俭为佳，而无事不效仿名妓，余不解其将讨何人欢心？"①上海《德文新报》也谴责道："上海发生的一切影响着整个中国，这里男男女女越来越穷奢极欲。就拿服装来说，良家妇女和荡妇也没什么分别……从前交际花穿戴的东西现在得到了大家的认可。旧风俗已经荡然无存。"②

一个社会关于女性的认知、观念、期望最集中显示于这个社会历史、文化中塑造的女性形象身上，这些女性形象既是一个社会构想的女性范型，也凝聚了这个社会围绕女性建构的道德、规矩、价值预设。《阁楼上的疯女人》指出：中世纪以降，西方男性作家笔下有着两类女性形象：天使和恶魔。天使是男性理想的女性形象，这些理想女性纯洁、温柔、顺从、无私、优雅、谦逊。恶魔是被男性作家排斥的女性形象，这些女性我行我素、固执己见、歇斯底里、充满欲望。恶魔有自己的欲望和个性，却以女巫、怪物、疯子、淫妇的形象出现。③晚清上海都市女性易装行为与其引发的新风尚，譬如《九尾龟》中的官吏女儿，穿上男装，想走进公共空间玩耍，还是士绅百姓之妇对女性"靓妆"的效仿，被一律斥其为"放纵家属，败坏伦常""穷奢极欲""荡妇"，就是这样的体现。

综上所述，《九尾龟》中近代官吏与大众传媒（如《游戏报》《德文新报》）的话语，如"以节俭为佳"，实质上都是对当时妇女求新求变，尝试踏入公共空间的否定与精神规训，传统社会中"男主外、女主内"的社会性别分工与妇女温顺节俭的美德被再次强调。然而，她们的欲望与个性，却被阉割与放逐了，正如格里尔在《女太监》中所言：女性从婴儿、少女、青春期都被要求和引导，进而追求做这样一个理想的女人，并且始终被诱惑和束缚在这样一个形象的牢笼里。女性在被引导和追求女性"滞定型"的过程中，逐渐丧失了女人之为女人的活力，变成一个社会认可的刻板形象，成为被阉割掉女性本真特质的"女太监"。④这正是当时妇女的"现代性"被"压抑"的历史写照。

---

① 《论沪上妇女服饰之奇》，《游戏报》1899 年 1 月 1 日。
② 《上海爱：名妓、知识分子和娱乐文化（1850—1910）》，第 65 页。
③ 参见桑德拉·吉尔伯特，苏珊·古芭：《阁楼上的疯女人：女性作家与 19 世纪文学想象》，杨莉馨译，上海人民出版社 2015 年版。
④ 参见杰梅茵·格里尔：《女太监》，欧阳昱译，上海文艺出版社 2011 年版。

三、被压抑的现代性:晚清上海都市女性易装风尚体现的进步意义

即便晚清上海都市女性的易装风尚不仅成为被凝视的对象,还被持有正统观念的文人批判,被斥为荡妇淫娃,但这种现象的进步意义不应被遮蔽。我们需要打破固有的观念,对晚清的女性日常生活有着更为开放的理解,如铃木将久所言,"要突破对日常细节枯燥的抽象性理解,以'情感'去激活有着高度流动性的'感知经验',去接近人们的生活世界,再现活生生的历史时代。"①由此,我们可以看到在那个古今之变的晚清时代,女性日常生活的现代性呈现了众声喧哗的面貌,但这种现代性同样也面临着被压抑的处境。

首先,它体现了晚清女性通过易服踏入公共空间的努力。"大多数妇女对命运逆来顺受,不想做出任何行动;企图加以改变的女子不想封闭在她们的特殊性中,不想使她获胜,而是想加以克服。当她们进入世界的进程中时,是采取男人的观点,和男人保持一致。"②如西蒙娜·德·波伏瓦所言,拘束于私人性的家务劳动是女性不幸处于屈从地位的重要原因,而从私人领域走向公共空间,是妇女解放的一条重要路径。

然而,在传统社会中,女性踏入公共空间的路上布满了重重障碍。在根深蒂固的父权制框架下,"男主外女主内"的性别界限将女性束缚于家庭生活的狭小天地。贤妻良母的角色被视为女性的终极追求。即便到了近代,西学东渐的浪潮导致社会风气逐渐开放,女性在公共空间的出现依然有限。《点石斋画报》中的大多数女性形象,仍旧局限于室内场景——这与民国时期丁悚的《百美图》形成鲜明对比。《百美图》生动展现了女性活跃于街道、茶室、公园、溜冰场、电影院等多姿多彩的公共场所的情景。然而,在《点石斋画报》中,对于那些少数敢于乘坐马车步入公共空间的女性,大众传媒非但未给予正面的鼓励,反而通过报道她们的受辱事件,对女性进行精神上的训诫与压制,企图以此告诫女性不应涉足公共空间。譬如《客从何来》与《游园肇祸》两幅作品所示:

① 铃木将久、马勤勤、宋声泉:《在"实感"与"知识"之间驻足往返——铃木将久教授访谈录》,《现代中文学刊》2024 年第 1 期。
② [法]西蒙娜·德·波伏瓦:《第二性》,郑克鲁译,上海译文出版社 2011 年版,第 192 页。

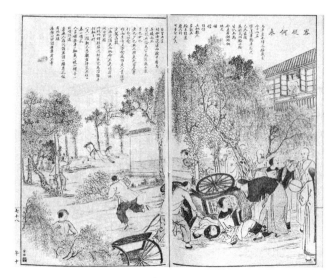

图 3

《客从何来》,吴友如等:《点石斋画报·大可堂版》第 6 册,上海画报出版社 2001 年版,第 192 页。

图 4

《游园肇祸》,吴友如等:《点石斋画报·大可堂版》第 10 册,上海画报出版社 2001 年版,第 206 页。

　　这是对女性的规训——《点石斋画报·客从何来》中描绘了女性乘坐马车在街道上游玩,因马匹受惊倒地,被看客评头论足、嘲笑不已的场景,"两妓两婢招摇过市……因马受惊,翻车倒地……八足一样朝天,惹观者评笑不住"① 另一方面则是对"良家妇女"的规训——《点石斋画报·游园肇祸》描绘了这么一幅画面:一对少年夫妇乘四轮轿式马车至张园游玩,因马匹受惊而跌入池中的事故,图以外的文则评述道:"有识者乃归咎于妇女不宜轻出闺门,是也。"② 当女性勇敢地迈出步伐,涉足那些历来为男性开放的社交领域时,她们遭遇的并非社会应有的理解与宽容,反而是来看客与画报评论者的奚落与戒备。

　　在这种文化语境下,晚清女性不再固守传统,通过穿上男子服装尝试踏入公共空间,参与公共生活的努力,"以期获取同等地位的男性权利"③,更显得难能可贵:无论是《点石斋画报·不甘雌伏》中女性以易装走向公共空间的努力,抑或《九尾龟》第一百一十八回中记载的大家闺秀以男装想走进公共空间玩耍,还是《九尾龟》第一百七十五回记载的赛金花以男子衣冠骑马出游的情状,都是值得肯定的。当然,我们同样可以发现这些现象背后的"花木兰式困境"的文化悖论——这意味着,若想在公共领域占有一席之地,女性往往需要装扮成男性的模样。在此背景之下,赛金花因其以身许国、献身民族的壮举,被赋予了"花木兰"的特权,并赢得了认可;相比之下,许多女性则未能享有如此幸运的命运。

　　但无论如何,这种对公共空间的探索都是难能可贵的。这也是近代社会中女性积极参与公共社会生活的滥觞与缩影:19 世纪 80 年代,河北省发生重大灾情,上海名妓李佩兰在赈灾义卖会上当场以三百元的最高价拍下《铁泪图》,引起一时轰动,之后,上海妓界"几乎参加了上海举办的每一次赈灾捐款活动"④,如 1904 年日俄战争造成东北苦难,她们积极向"中国红十字会"捐款;1907 年,她们为保路会"招股传单",积极参加保路运动。诸如此类,不胜枚举。再如兴办学堂:继 1898 年中国自办的第一所女学堂经正女学堂成立后,女性们于 1904 年 2 月创办了自主发行、自主筹款,以面向女性群体为主的扫

① 吴友如等:《点石斋画报·大可堂版》第 6 册,上海画报出版社 2001 年版,第 192 页。
② 吴友如等:《点石斋画报·大可堂版》第 10 册,上海画报出版社 2001 年版,第 206 页。
③ 陈海燕:《海上名妓:晚清女性服饰时尚的引领者——以〈九尾龟〉为考察中心》,《上海师范大学学报(哲学社会科学版)》2019 年第 2 期。
④ 纪美云:《青楼里的开路先锋　近代女性与妇女解放》,《明清小说研究》2004 年第 1 期。

盲启蒙学堂南部学堂。

其次,它体现了晚清女性身体欲望的觉醒,对新社会角色的尝试与确立,亦可视为女性主义意识的滥觞。"晚清民初时期由于西方思想的传入,中国一些女性开始觉醒并接受西方独立、自由等新思想,因此这一时期女性身着男装成为新的社会风尚之一。"①尽管对于某些女性而言,男装打扮是迎合男性凝视目光的自我商品化行为;但对于有独立意识的其他女性乃至"良家妇女"而言,这又不妨是从被规定的社会角色要求的繁复的服饰中解放出来,对被压抑与禁锢的身体的重新解放。

"看似无关紧要,其实衣服的功能绝不仅仅是御寒。衣服能改变我们对世界的看法,也改变世界对我们的看法。"②"因为女人并非(凭我亲自作女人的短暂经历)天生顺从、贵洁,浑身散发香气、衣着优雅。她们只能通过最单调乏味的磨炼,才能获得这些魅力,而没有这些美丽,她们就无法享受生活的乐趣。"③服饰、身体与自我并不是割裂开来的,而是一个整体。不是孤立的衣着与孤立的身体,而是着衣的身体。穿衣打扮不仅仅是一个被凝视的行为,还是一种具体的社会实践,对自我形象的确立。

最后,女性对服饰时尚的引领,也是近代化社会的表征。正如乐正在《在近代上海人社会心态》指出的:"在女子服装方面,青楼女子一直是新潮流的领导者,上海女服的每一点变化都是首先从他们那里开始,良家贵妇小姐,无不紧随其后,亦步亦趋。"④在等级森严的前近代时期,新的服饰风尚往往是封建宫廷的王公贵妇所引领的,彰显的是等级与地位;而在近代社会,新的服饰风尚却是由这些"青楼女子"所引领的,社会都向她们效仿,她们将"时尚""时髦"这些摩登/现代的概念引入了人心,引进了过渡、短暂、偶然(波德莱尔语)的现代美,也推动了近代化的进程。"现代性就是过渡、短暂、偶然,就是艺术的一半,另一半是永恒和不变。"⑤近现代社会的"时尚"是市场力量与被解放欲望的载体,意味着不断的新变、否定与超越:它对超稳定结构中的观念构成挑战,

---

① 李欣:《晚清民初社会转型时期娼妓群体与社会历史文化风俗变迁的关系——以女性服饰文化为例》,《名作欣赏》2017 年第 14 期。

② [英]弗吉尼亚·伍尔夫:《奥兰多》,林燕译,人民文学出版社 2003 年版,第 107 页。

③ 弗吉尼亚·吴尔夫:《奥兰多》,林燕译,人民文学出版社 2003 年版,第 88 页。

④ 参见乐正:《近代上海人社会心态(1860—1910)》,上海人民出版社 1991 年版。转引自马永利:《晚清民初小说中女性服饰演变的社会内涵》,沈阳师范大学学报(社会科学版)2010 年第 6 期。

⑤ 波德莱尔:《波德莱尔美学论文选》,郭宏安译,人民文学出版社 1987 年版,第 485 页。

并且迅疾而又不动声色,在转瞬即逝之间业已呈现一条新颖亮丽的都市风景线,是保守文人的正统心事也难以阻挡的。

如上文所引述王德威的说法,这种现代性是一种"被压抑的现代性"。虽然王德威的"被压抑的现代性"的观点也引来了不少论者的争论,但这毕竟提示我们,需要用更为多元的角度去看待晚清众声喧哗的历史现场。①所谓"这个历史性、历史感不是从故纸堆里堆砌我们所知道的断简残篇的材料而已,而是以一种更批判的态度从各种不同的角度来重新思考过去与现代生生不息的对话的关系"。②

而且,根据历史现场的考察,我们可以进一步和王德威进行对话,那就是晚清的现代性或许并不是被"五四"的正典论述所压抑的——众所周知,在五四时期,"鸳鸯蝴蝶派"的小说仍然畅销不已,被民间悦纳。事实上,晚清的多元现代性,在晚清时期已经多有被儒家士人、大众传媒所"压抑"。这背后的历史脉络意味深长,值得我们重审。

总而言之,论者应当更为全面地考察晚清女性的易装现象及其所引发的社会风尚问题,并持以辩证的态度:女性自我商品化的行为固然需要否定,但在当时父权凝视的目光与传统文人以正统观念规训的情况下,这种风尚背后所彰显的晚清女性通过易服踏入公共空间的努力及其对身体、情色、欲望等感觉的初步苏醒,以及对服饰风尚的引领,所呈现出来的近代化风貌,还是值得论者肯定的。质言之,我们需要松动既有的知识板结,打破对晚清的固化想象,如夏晓虹所言,"晚清图景实在已蕴含了现代社会与现代思想萌发的种种迹象。此时已初见端倪的旧纲维的逐渐解体与新秩序的逐步建立,使我们有理由相信,晚清并不属于已经消失的过去,她其实系连着我们今日仍然生活于其中的现在。"③

与此同时,我们的研究也需要以一种"左图右史"④的方法,打破雅俗之辨与文图界限,对晚清女性的日常生活进行更为细致的考察,诚如马勤勤所言,"我们今日的研究,似乎不必被'五四'新文学确立的'纯文学'观念或单纯的

---

① 陈平原:《想象中国与现代性的多副面孔——关于〈被压抑的现代性〉及其他》,《文艺争鸣》2020 年第 12 期。
② 王德威:《被压抑的现代性》,《社会科学论坛》2006 年第 2 期。
③ 夏晓虹:《重构晚清图景——〈晚清女性与近代中国〉导言》,《博览群书》2004 年第 1 期。
④ 参见陈平原:《左图右史与西学东渐——晚清画报研究》,北京三联书店 2018 年版。

'文学性'标准自缚手脚。与其纠结'重写',不妨径直'走出',打破分科治学的局限,打通文化机体的重重经脉,将其新旧杂陈、古今交叠、中西碰撞、内外重置等等借助文学之域予以揭示。"①本文即是一种跨学科的小小尝试,期待更多的来者对此进行研究。

Suppressed Modernity: On the Fashion of Easy Dressing Led by Urban Women in Late Qing Shanghai
— Centred on The Nine-Tailed Turtle,
The Painting of the Pointed Stone Zhai

Abstract: In the late Qing Dynasty, Shanghai urban women's cross-dressing became a phenomenon that could not be ignored and led the fashion of the times. It appeared in the narrowly evil novels and pictorials of the time, such as The Nine-Tailed Turtle and The Pictorials of Points of Stone Zhai. By reading the two together and combining them with other newspaper materials of the time, the author points out that this phenomenon has the meaning of "repressed modernity": at that time, this phenomenon not only became the object of male gaze, collective gaze, and lustful imagination, but also was criticised by the literati who held orthodox concepts, and denounced as a slutty woman and an obscene child. However, the progressive significance of this phenomenon should not be overshadowed: firstly, it embodies the late Qing women's efforts to step into the public space through cross-dressing; secondly, it embodies the awakening of women's bodily desires in the late Qing, and their attempts and establishment of new social roles; and lastly, it leads to a fashion of dress that highlights the style of modernised society.

Key words: Late Qing Dynasty; Yiqi; Nine-Tailed Turtle; Points of View; Suppressed Modernity

作者简介:易文杰,中国人民大学文学院博士研究生。

---

① 马勤勤:《都市、共和与日常——评陈建华对周瘦鹃与民国上海文学文化的想象重构》,《现代中文学刊》2020 年第 3 期。

主动收缩与减量规划:超大城市周边中小城镇转型的路径探索

——基于S市H镇的案例分析[①]

姜晓晖

摘　要:城之尾,村之首,中小城镇作为我国行政区划体制的实体单元,是促进区域协调和高质量发展的重要抓手。然而,在经历高速发展的四十年后,我国城市逐渐偏离了"增长机器"的轨道,出现了非均衡发展、非匀速增长的"收缩"现象。与西方国家不同,我国的城市收缩具有明显的情景差异,超大城市周边城镇转向"主动收缩、减量发展",以达到"瘦身强体、提质增效"的目的。作为我国的两个超大型城市,上海和北京均明确提出了"主动收缩"的策略,严格控制城市土地规模和人口流量。H镇作为一个典型的特大城市郊区镇,在资源禀赋与地缘优势支撑、顶层设计与区域协调鼓励、环境约束与发展瓶颈倒逼下成为一个亟需转型发展和精明收缩的"问题镇"。本文基于对H镇的案例分析,总结其面临的人口膨胀隐患、土地无序扩张、经济转型压力、社会治理混乱等危机。从总量锁定、增量递减、存量优化、提质增效四个方面全景式呈现其转型发展的行动路径。最后,通过总结H镇的经验,提出主动收缩的必要性与前瞻性、减量规划的有效性与实践性、党建引领下多元主体参与的重要性与长期性。本文认为,未来超大城市周边中小城镇的精明发展,需要转变认知方式,从"增长"辐射到"发展"、推行差异化政策应对,从"被动"转换为"主

---

① 本文为上海市哲学社会科学规划青年课题"大城市周边收缩型中小城镇的治理研究——以上海市近郊为例"(2021EZZ002)阶段性成果。

动"、创新活力激发,在"危机"中寻"生机"。

关键词:超大城市周边中小城镇　主动收缩　减量规划　H 镇

一、研究背景与问题提出

城之尾,村之首,中小城镇作为我国行政区划体制的实体单元,是促进区域协调和高质量发展的重要抓手。尤其是作为联结城乡的空间中枢,在新型城镇化和乡村振兴双轮驱动下,承担着乡村公共服务供给和城市资源补给的重要功能。然而,在经历高速发展的四十年后,我国城市逐渐偏离了"增长机器"[1]的轨道,出现了非均衡发展、非匀速增长的"收缩"现象[2]。超大城市尤其是特大城市周边的中小城镇作为参与全球城市建设、新市镇发展体系、新城市空间建构的重要载体,在要素流动、资源分配、服务供给方面的矛盾尤为突出。在极核效应下[3],超大城市周边的中小城镇面临着人口持续向大都市中心流动、建设用地蔓延失控、内卷化严重、环境污染与资源承载力不足、公共服务供给水平低下、城镇发展质量和品质不高等诸多问题,逐渐成为"失落的空间"[4]。

与西方国家不同,我国的城市收缩具有明显的情景差异,超大城市周边城镇转向"主动收缩、减量发展",以达到"瘦身强体、提质增效"[5]的目的。作为我国的两个超大型城市,上海和北京均明确提出了"主动收缩"的策略,严格控制城市土地规模和人口流量。S 市于全国首个在省级层面提出全域范围内推行减量政策,在"底线思维"和"五量调控"[6]的总体要求下,提出空间"负增长"和用地"减量化"的总体方针。隶属于 S 市近郊的 H 镇,位于浦东新区东侧,东临长江入海口,拥有上海市域范围内最长的生活性滨海资源、距离市中心最近的郊野公园、工业园区、产业园区,是一个典型的超大城市郊区镇。一方面,

① Molotch,Harvey,"The City as a Growth Machine:Toward a Political Economy of Place",American journal of sociology,1976,Vol.82,No.2,pp.309—332.

② 姜晓晖:《困境与突围:高质量发展导向下我国收缩型城市的本土化探索与治理对策研究》,《宁夏社会科学》2024 年第 4 期。

③ 耿虹、乔晶、吕宁兴:《大城市周边镇村关系层级解构的特征、风险与应对——以武汉市为例》,《城市问题》2018 年第 9 期。

④ 赵立元、王兴平:《大都市区化进程中乡镇撤并的时空特征与驻地发展研究——以南京市为例》,《现代城市研究》2019 年第 1 期。

⑤ 刘长杰:《收缩型城市:以"瘦身强体"替代"增量规划"》,《中国发展观察》2020 年第 9 期。

⑥ 郭淑红:《上海建设用地减量化实施策略研究》,《上海国土资源》2018 年第 1 期。

承担着衔接城乡发展、区域协调的重要使命,另一方面,其自身受到人口整治、土地滥用、经济转型、环境污染等内生压力,亟需进行综合整治和优化转型。与此同时,新一轮《H镇总体规划暨土地利用总体规划(2015—2040)》[①]提出通过"两个减量"(发展规模减量化、环境影响减量化)、"两个提升"(效率提升、品质提升)引领H镇的总体转型和优化升级。由此,本文基于对H镇的案例实践,尝试从精明收缩的视角探讨大城市周边"中小城镇"收缩情景,寻求高质量发展和持续繁荣的转型路径。

二、理论基础与文献回顾

自费孝通先生[②]20世纪80年代关于小城镇作为大问题的研究已有几十年的历史了,既有研究一方面关注中小城镇作为城乡连续体的衔接和过渡的特殊形态和功能作用,另一方面,积极研究不同发展模式和不同路径下的城镇化转型,提炼出"苏南模式""温岭模式"。就大城市周边"中小城镇"的研究而言,可以分为市建成区、城市建成边缘区、城乡接合部、镇域行政外边缘、农村腹地等多个层级的区域城市结构;但由于其土地混合使用、人口多样化、多种交通方式衔接而形成功能更加复合的城镇区域,是比农村社区高一层次的社会实体;区别于大中城市和农村的"社区+小城市+建制镇(包括城乡范畴)+中等城市",统称为"中小城镇";超大城市周边的区域可以划分为市建成区、城市建成边缘区、城乡接合部、最近镇域行政外边缘、农村腹地等多个层级[③]。

(一)衔接与过渡:空间单元中超大城市周边中小城镇的功能定位

为了更有效发挥超大城市外溢效应,周边中小城市和小城镇需承接超大城市向外围城市的产业转移,缓解超大城市人口规模过大而带来的土地要素、公共服务稀缺等问题。具体而言,作为承接超大城市功能升级和产业转移的载体,带动乡村振兴和公共服务优化升级,活化要素流动,弱化物理空间距离,推动"城—镇—村层级结构向网络化转变"[④]。其一,在宏观尺度上,中小城镇需要融入超大城市体系,明确自身在区域发展中的定位和作用。例如,一些中

---

① 《H镇总体规划暨土地利用总体规划(2015—2040)》:S市规划和自然资源局(sh.gov.cn),2023-04-25。

② 费孝通:《中国城乡发展的道路》,上海人民出版社2016年版,第434—450页。

③ 余斌、罗静、曾菊新:《当代中国村镇空间变化与管治》,科学出版社2016年版,第38—39页。

④ 吴闫:《小城镇在城市群中的大作用》,《人民论坛》2017年第11期。

小城镇可能被定位为超大城市的卫星城或郊区新城,承担人口和产业转移的功能;而另一些则可能被定位为区域性的中心城市,承担辐射带动周边地区发展的任务[1]。其二,在中观尺度上,中小城镇需要关注与周边地区的互动关系,实现优势互补和协同发展。在产业发展方面,中小城镇可以依托超大城市的产业优势,发展上下游产业链或相关配套产业;在基础设施建设方面,可以与超大城市共享交通、通信等基础设施资源。其三,在微观尺度上,中小城镇需要关注内部空间布局和功能分区,充分考虑居民的生活需求和出行习惯,合理规划居住区和配套设施。

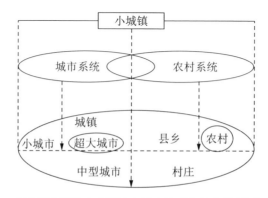

图 1   超大城市周边中小城镇在城乡体系中的位置(作者自制)

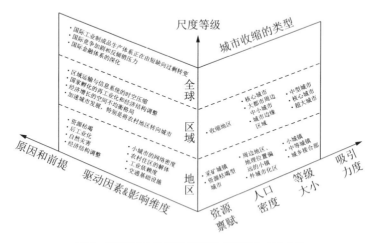

图 2   理解城市收缩的现象和机理(作者自制)

---

① 陈川、罗震东、何鹤鸣:《小城镇收缩的机制与对策研究进展及展望》,《现代城市研究》2016 年第 2 期。

（二）显性与隐性：尺度层级下超大城市周边中小城镇收缩的现象表征

"城市收缩"（Urban Shrinkage）或"收缩城市"（Shrinking City）是一种全球化现象，缘起于 20 世纪中叶西方工业化国家的一些发达城区出现了人口大规模减少、经济增长缓慢或停滞、经济转型中产生结构性危机等问题①。在我国，虽然"收缩型城市"没有明确统一的定义，但相关研究中均认为"人口损失"都是最重要的特征②，辅之以人口老龄化、产业经济衰退、空间品质衰败、土地空置、发展动力不足等③④。就超大城市周边中小城镇而言，在空间单元上需要兼顾实体地域和行政地域的行政管控；在收缩现象上更加关注微观层面的个体情况；在功能变化上受到区域城镇体系格局的影响⑤。因此，尺度层级视域下的中小城镇收缩具有复杂性和多样性，表现出显性与隐性的双重特征⑥。这些特征相互交织、相互影响，共同构成了中小城镇在发展过程中所面临的复杂挑战。具体而言，显性收缩主要表征为：人口维度的人口流失与结构变化、

表 1　超大城市周边中小城镇收缩的现象表征

特征类别	人口变化	经济表现	社会结构	空间发展
显性特征	1. 人口负增长 2. 青年人口大量流出 3. 老龄化程度提高	1. 第三产业占比低 2. 产业结构不合理 3. 工资水平低	1. 教育水平低 2. 公共服务设施不足 3. 居民生活质量下降	1. 城镇用地减少 2. 新增建设用地少且集中 3. 建设资源被抢占
隐性特征	人口结构变化，如劳动年龄人口比例下降	1. 经济发展效率低下 2. 资源利用不充分 3. 创新能力不足	1. 社会凝聚力减弱 2. 社区活力下降 3. 文化多样性减少	1. 空间规划不合理 2. 基础设施建设滞后 3. 土地利用效率低下

① ［法］菲利普·奥斯瓦尔特著，胡恒译：《收缩的城市：国际研究》，同济大学出版社 2012 年版。

② 吴康、孙东琪：《中国收缩城市的研究进展与展望》，《经济地理》2017 年第 11 期。

③ 孟祥凤、马爽等：《基于百度慧眼的中国收缩城市分类研究》，《地理学报》2021 年第 10 期。

④ 姜晓晖：《快速蔓延的城市区域中的局部收缩研究——基于广东省的案例追踪》，《重庆大学学报（社会科学版）》2024 年第 6 期。

⑤ 时二鹏：《武汉大都市区小城镇收缩识别及其规划应对策略研究》，博士论文，华中科技大学，2021 年。

⑥ 庞克龙：《大都市地区小城镇"收缩"的特征、机制及适应性评价》，博士论文，华中科技大学，2020 年。

经济维度上的产业结构单一和创新能力不足、空间维度上的土地闲置与资源浪费、社会维度上的公共服务供给不足与环境恶化;隐性收缩主要表征为:人口结构的治理困境、社会资本的隐性流失、城镇的文化氛围和社区认同感的淡化、政策与制度的边缘化等等。当然,收缩现象并非绝对带来负面影响,在某些情况下,收缩可能会为小城镇带来新的发展机遇,如通过优化资源配置、调整产业结构等方式实现转型升级。

(三) 主动与被动:内外冲击下超大城市周边中小城镇收缩的应对策略

中小城镇作为城镇体系中的底层单元,其发展权限往往受到上级政府的严格管控,特别是在土地利用、产业布局、财政支持等方面[①]。这种制度性的"天花板"限制了小城镇自主发展的能力,导致其在面对市场变化和竞争压力时缺乏足够的灵活性和应对能力。另一方面,随着全球经济一体化和国内经济结构的转型升级,传统的劳动密集型产业逐渐失去竞争力,而新兴的高技术、高附加值产业往往向大城市或特定园区集聚,中小城镇难以承接这类产业的转移,导致经济增速放缓[②]。由此,大城市周边中小城镇收缩既有无法有效应对而出现的被动局面,也有积极主动适应收缩现象的主动行为。其一,就前提条件而言,被动收缩通常是城市经济衰退、人口流失等不利因素导致城镇为了应对这些衰退而陷入收缩发展的恶性循环。而主动收缩则是在城市经济仍然强劲、人口持续增长的情况下,为了优化城市空间结构、提升城镇发展品质、缓解"大城市病"等问题,而积极主动采取的一系列前瞻性的规划治理理念。其二,在收缩过程与机制上,被动收缩往往伴随着经济的衰退和人口的流失,呈现的是一个相对混乱和无序的过程[③]。而主动收缩则更加注重规划和引导,通过政府的主导作用,有序地推进城市的减量发展。例如,北京市在主动收缩的过程中,明确提出了城乡建设用地总量减少、人口控制和建筑规模控制的目标[④]。其三,在应对策略上,被动收缩往往采取适应性策略,如通过提高

① 龙瀛、吴康:《中国城市化的几个现实问题:空间扩张、人口收缩、低密度人类活动与城市范围界定》,《城市规划学刊》2016 年第 2 期。
② 乔晶、耿虹:《CAS 理论视角下大都市地区镇村关系的类型识别——以武汉市为例》,《上海城市规划》2019 年第 5 期。
③ 姜晓晖:《空间不匹配带来城市收缩的三重逻辑——制度空间位移、政策空间悖论与行为空间失衡》,《人文地理》2021 年第 6 期。
④ 胡毅、孙东琪:《主动收缩:城市可持续发展的一种策略选择——北京城市减量发展的规划应对与转型困境》,《北京规划建设》2019 年第 3 期。

城市竞争力、吸引人口回流等方式来试图扭转衰退的趋势。而主动收缩的城市则更加注重长远规划和战略布局,通过优化城市空间结构、提高城市品质等方式来实现城市的可持续发展。

表2 超大城市周边中小城镇收缩的应对差异

收缩类型	干预主体	描述	收缩原因	典型案例
主动收缩	内源为主:政府、市场、社会、公众	小城镇基于自身发展需求和发展规划而主动进行的收缩	通常是小城镇为了实现更高效、可持续的发展而采取的策略,可能与产业结构调整、资源重新配置、人口政策调整等因素有关	北京市通州区与雄安新区的发展:作为首都发展的"两翼",通州区与雄安新区在规划建设、产业发展、公共服务等方面进行了全面升级,形成了与北京市中心区域相互补充、相互协作的发展格局。
被动收缩	外源因子:政府、市场、社会	小城镇由于外部因素(如超大城市的虹吸效应)导致的收缩	更多地是由外部因素,如人口、资本等要素向超大城市集中,导致周边中小城镇资源流失、经济衰退和人口外流	武汉市周边中小城镇:受武汉市虹吸效应影响,这些城镇普遍面临人口流失和用地闲置的问题。同时,这些城镇在产业、交通、公共服务等方面存在不足,导致其发展态势呈小城镇由于外部因素导致的被动收缩的趋势。

三、案例分析——H镇精明收缩的转型压力

H镇地处浦东新区北,濒临长江入海口,周边邻接川沙新镇和祝桥镇,西依唐镇,北接曹路镇,地缘位置优越,与中心城区和其他重要经济区紧密相连。截止到2022年底,H镇户籍年末人口为60 339人、年末登记流动人口为92 966人[①]。H镇历史上以农业生产为主,自改革开放以来,不断进行产业结构调整,吸引了大量外来人口涌入,拥有众多企业、产业园区。耕地面积为789公顷,粮食播种面积为201公顷,粮食总产量达到1 346吨。第二产业占比超过三产所和的50%,并开发了医疗器械、出口加工等产业园区,年底规上工业总产值为275.03亿元,比上一年增加8.33%,财政收入20.68亿元,产业

---

① 数据引用主要根据《P区统计年鉴》,五普、六普、七普统计数据,统计公报,H镇政府工作报告,公开新闻报道资料等整理获得。

发展进一步转型升级。然而,作为一个典型的特大城市郊区镇,在资源禀赋与地缘优势支撑、顶层设计与区域协调鼓励、环境约束与发展瓶颈倒逼下成为一个亟需转型发展和精明收缩的"问题镇",尤其是面临绝对人口的减少和"负增长"、流动人口治理难度大、土地无序蔓延扩展、城镇发展品质不高、环境污染严重等问题。具体如下:

(一) 人口维度的膨胀隐患:结构性失衡与流动人口治理难题

人口是新型城镇化发展的关键要素,在全国人口进入"负增长"的时代背景下,H 镇作为超大城市周边的中小城镇受益于人口流动的红利,总体人口不断膨胀,但也面临着一系列结构性失衡和流动人口治理难题。其一,人口结构性失衡问题。对比五普、六普、七普数据,明显可以看出 0—14 岁的人口增长率在不断降低,而 65 岁以上的老年人口则呈现上升趋势,且七普数据可以发现户籍老年人口占全镇户籍人口的 30％以上[①]。在 2015 年到 2022 年的时间序列区间,户籍人口出生率不断降低,户籍人口的自然增长率呈现"负增长"。与此同时,以传统产业、制造业和外来流动人口构成的人口结构,导致高技术、高学历的新质人才严重匮乏。其二,城乡二元户籍制度带来的流动人口治理难题。据统计,H 镇的常住人口不断膨胀,从五普时期的 73 371 人增加到七普时期的 134 879 人;从 2015 年到 2022 年,年末登记流动人口远高于户籍人口,外省人口占总人口的 60％。随着户籍制度从"隔离式"到"渗透式"的演化,大量流动人口从农村涌入城市,流动人口数量日益膨胀。一方面,频繁的人口流动带来居住环境的不稳定性,尤其是群租现象存在严重的安全隐患和治理难度。另一方面,管理体制的碎片化与数据共享的滞后性使得有限的治理资源无法全面覆盖流动人口的监督和评估,导致一部分地区成为治理盲区。

人口	五普	六普	七普
常住人口(人)	73 371	132 038	134 879
0—14 岁总数(人)	10 252	14 101	11 585
15—64 岁总数(人)	56 455	108 646	107 652
65 岁以上总数(人)	6 664	9 291	15 642

---

① H 镇开展 2023 年政府开放日活动——优化养老服务,政府开放日(pudong.gov.cn),2023-08-16。

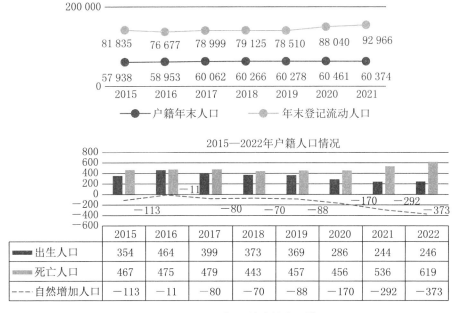

图 3　2015—2022 年 H 镇户籍人口情况

(二) 土地维度的减量呼唤:建设用地无序蔓延,土地利用效率低下

随着新型城镇化和乡村振兴的双轮推进,H 镇进入快速扩张、经济繁荣发展的阶段,然而,无序蔓延的"摊大饼式"扩展带来一系列的违法建设、侵占耕地、生态空间的行为。具体而言,其一,空间布局不合理,土地权属不清,导致城市开发边界的混乱和模糊。按照规划要求,H 镇的土地利用应该遵循城市开发边界,合理划分农业用地、建设用地和生态用地。但在实际开发过程中,尤其是工业园区等部分建设用地盲目扩张,侵占了大量耕地、林地、生态环境用地。与此同时,由于缺乏明确的开发边界指引,建设用地与非建设用地相互穿插,加剧了基础设施和公共服务的配套难度。其二,违法用地现象频发,违章搭建遍地开花。例如,违法建筑聚集区的海升地块占地 220 亩,有多家涉及"三高一低"(高投入、高能耗、高污染、低效益)的违法用地和搭建企业,而且带来一系列环境污染问题①。建光村委土地承租人私自改变土地用途,将原应种植果树的 2.5 亩土地违建无证超市给外来人员经营。其三,"后拆违"时

---

① S 市 H 镇最大违建地块清除完毕,人民网(people.com.cn),2015-12-16。

代,部分土地未得到充分利用而出现空置现象①。据有关报道,2015 年"五违四必"整治之前,大量违法违建而被拆迁的集体用地和工业用地长期处于空置状态。例如,由于土地规划不合理、企业改制和集体资产所有权变更、响应生态环境保护的需要,一部分空置用地悬而未决。

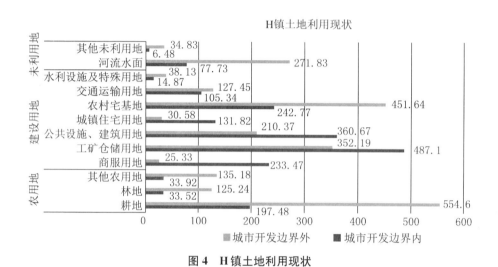

图 4　H镇土地利用现状

(三) 经济维度的转型压力:产业转型升级需求,发展功能亟需瘦身强体

　　H 镇作为一个历史悠久的农业镇,传统产业以农业、种植业为主,虽然引进了一些现代技术,但在整体产业结构中的占比不足。制造业方面又过度依赖传统的砖瓦厂等,逐渐失去了市场竞争力,产业结构基础薄弱,转型升级迫在眉睫。近年来,随着张江科学城扩区提质和东方枢纽建设的稳步推进,H 镇的"两门"叠加优势日益凸显,吸引了众多高新技术产业和服务业企业落户,不断释放产业发展新活力。产业发展的梯度增进倒逼 H 镇从农业、纺织、机械等劳动密集型行业向现代农业、工业和服务业转变,培育新的经济增长点。一方面,在转型升级过程中也面临着如何平衡新旧产业之间的关系、如何确保新入驻企业的质量和效益、如何提升园区的整体竞争力等诸多挑战。另一方面,如何激发农民的内生动力、如何吸引社会资本投入、如何平衡生态保护与经济发展的关系也是产业转型发展必须面对的现实问题。与此同时,明

① "后拆违"时代的四个样本,H 镇:让土地回归"初心",新闻网(kankanews.com),2017-01-06。

确城镇发展功能定位,"瘦身"精简城镇功能,剥离非核心职能,提高管理效能,通过"强体"加强核心职能建设,提升城镇综合竞争力是 H 镇可持续发展的重要路径。

(四) 社会维度的治理混乱:公共服务供给不足,基层治理模式滞后

因人口、经济、土地、空间方面的诸多调整,H 镇面临着环境卫生、人口管控、公共服务、矛盾纠纷等一系列的社会治理难题。其一,公共服务供给不足。受到地缘位置的影响,H 镇也面临着交通不便、环境负外部性等问题,如缺乏地铁覆盖、污水治理、垃圾处理等基础设施,部分地区的交通、电力、排水等设施严重老化。与此同时,外来人口涌入引发公共服务分配不均的矛盾纠纷。其二,整体发展品质有待提升。农村自建房出租现象频繁带来一系列安全隐患,体育、娱乐、文化相关的村民活动中心等公共服务设施不足,清洁村庄、美丽村庄、宜居村庄的乡村振兴战略推行缺少长效管理机制。环境卫生差、物业服务等级低、社区自治基础薄弱等问题,影响了居民的生活质量和幸福指数。其三,基层治理模式僵化。部分社区治理机制不完善、责任主体不明确,导致治理效能低下。街区治理力量横向联动不足、区域治理主体自治共治活力不高,尤其是在类住宅、老旧小区等复杂区域,治理难度大、成效不显著。与此同时,居民参与意识不强,缺乏有效的沟通渠道和反馈机制。

四、减量规划与瘦身强体:H 镇转型发展的行动路径与实践案例

根据 S 市最新规划,坚持"总量锁定、增量递减、存量优化、流量增效、质量提高"[①]的总体原则,严格落实底线约束要求,严守人口、环境、安全等底线,实现资源能源环境约束条件下的可持续发展。按照规划建设用地总规模"负增长"要求划定的"瘦身"后城市开发边界方案,H 镇的城市开发边界规模为 1 926 公顷。人口调控目标在 2040 年不超过 8 万人,新增建筑面积不超过 348 万平方米,生态保护红线面积 2 357 公顷,绿地规模不低于 245 公顷。为了响应 S 市总体规划,H 镇在用地规模和人口规模底线约束的条件下,正积极寻求主动收缩、减量发展、瘦身强体的高质量发展路径。

---

① 　S 市发布《S 市城市总体规划(2015—2040)纲要》,中国政府网(www.gov.cn),2016-01-12。

(一) 总量锁定：加强总量人口的调控，创新流动人口管控模式

面对流动人口过度膨胀、户籍人口结构性失衡、人口管控难度极大等问题，秉承 S 市《关于加强本市人口综合调控的若干意见》①的思想，H 镇积极探索人口整治新模式。一方面，通过制定科学合理的城镇规划，明确各区域的功能定位和发展方向，引导人口向适宜居住、就业的区域集聚；另一方面，注重发挥流动人口在城镇建设中的作用，引导其积极参与社区治理和志愿服务等活动，促进人口有序流动和社会融合。具体而言：

(1) 加强总量人口调控及综合整治

其一，严格人口登记与更新制度。针对流动人口基数大、实时更新难的问题，H 镇建立了完善的人口登记制度和信息平台，整合了公安、房管、工商等多个部门的数据资源，精准了解流动人口的居住状态、就业情况等信息，掌握全镇人口动态。其二，注重加强部门协同与数据共享。通过建立综合调控领导小组和联席会议制度，促进政府各部门之间的沟通与协作；通过搭建信息共享平台，实现人口数据的实时更新和共享利用。与此同时，积极应用"智慧调解"信息系统。通过动态维护矛盾纠纷排查任务情况，实现了对流动人口矛盾纠纷的快速响应和有效化解。其三，通过差异化政策引导人口合理流动。例如，在工业园区和高端医疗器械研发生产基地，通过提供优厚的就业条件和生活保障，吸引高素质人才聚集；在农业区域，通过政策支持和技术培训，鼓励农民就地就近就业创业。其四，专项整治行动，消除安全隐患。针对农村自建房"群租"现象带来的安全和公共卫生隐患，H 镇通过政策宣传、走访座谈、排查排摸、自查自纠、联合整治等措施，不断织密"整治网"。例如，在春雷村一处违规分隔出租的农村自建房整治中，专项工作组联合城运、城管、公安等部门，通过多次沟通协调，最终促使"二房东"签订了自行整改承诺书，有效消除了安全隐患。

(2) 积极探索人口管控创新模式

其一，"自治＋共治"构建"1＋3＋N"类住宅治理新模式②。类住宅，即非传统住宅形态，如商住两用、工业改造住宅等，多为流动人口聚居地，由于在法律、管理、修缮等方面的先天不足，治安、环境、民生问题频繁。H 镇 SL 居民

---

① S 市人民政府印发关于加强本市人口综合调控若干意见的通知(shanghai.gov.cn)，2020-09-05。
② 关于印发《关于加强 P 区类住宅社区治理的实施意见》的通知(pudong.gov.cn)，2023-11-06。

区自 2022 年 8 月起实行类住宅工作站管理制度,将类住宅纳入基层管理单元,提出"1+3+N"类住宅综合治理模式。即以"1 个核心—基层党组织"为引领,"3 驾马车—社区工作站、物业公司、自治委员会"为保障,"N 方参与—整合职能部门、区域化联盟单位、社会组织、志愿者等资源"形成治理合力。通过条块联动、属地参与等方式形成了一元聚合、多方参与、齐抓共管的治理新局面。

其二,"精细+网格"构建"2+3+N"基层治理机制[①]。微网格化管理是一种将治理区域细分为若干个小网格,每个网格配备专门的管理人员,通过精细化管理和服务,提升治理效能的管理模式。其中,网格员需要负责网格内的人口管理、环境卫生、民情民生、应急管理、矛盾化解和政策宣传等工作。H 镇 QX 村根据"就近、就熟"原则,划分出 24 个微网格,并组建"微网格"工作小组,发动"双报到"党员主动认领微网格长岗位,融入基层治理体系[②]。与此同时,搭建线上线下两个平台,实施"2+3+N"管理模式,即"2 个平台—线上线下""3 张清单—问题、资源和需求清单""N 条信息—实时人口数据信息",加强对于流动人口管理的全覆盖和问题全反馈。

(二) 增量递减:发展规模减量化,环境影响减量化

减量规划作为一种新型的城市发展策略,旨在通过优化土地资源配置、调整城市功能布局,实现城市发展与资源环境的和谐共生。自 2014 年下半年起,S 市全面启动实施低效建设用地减量化工作[③],H 镇积极响应市政府号召,结合自身实际情况,制定了"两个减量"策略,旨在通过优化土地利用结构、提升环境质量、推进产业结构调整转型,促进 H 镇的"瘦身强体"。

(1) 发展规模减量化,土地利用高效化

其一,低效建设用地减量化。"198 区域"是指产业规划与集中建设用地中存在的历史遗留工业用地,多为"三高一低"企业,能耗大、污染重、隐患多、低效益。因此,H 镇减量化工作的核心任务是针对这些企业的腾退工作,通过深入摸底调查,建立了"一企一档"资料数据库,锁定需要腾退的企业清单。坚持"自愿为主、先易后难"的原则,通过经济补偿、政策扶持、思想工作等多种手

① 2023 年 H 镇人民政府工作报告,规划计划(pudong.gov.cn),2024-01-09。
② H 镇:推进党建引领基层治理,发布《居村书记话治理》案例集(pudong.gov.cn),2024-01-31。
③ S 市建设用地减量化工作新闻通气,S 市规划和自然资源局(sh.gov.cn),2015-08-07。

段,积极推动企业腾退,鼓励企业转型升级或异地安置[①]。例如,H镇的一处百亩花园是由废旧拆卸厂房改造而成。根据经信委的数据,H镇已经完成数千公顷低效建设用地,验收超出预期工作量。

其二,土地复垦与整治。为彻底根治违法用地、违章搭建等问题,H镇自2015年起启动了对"违法用地—违法建筑—违法经营—违法排污—违法居住"的"五违"综合整治行动。据统计,五年来,H镇累计拆除无证违法建筑超过540万平方米,完成建设用地减量化立项252公顷(验收175公顷)。腾退出的土地被优先用于生态修复和农业发展,与周边农地相连,形成了田成方、渠相连、林成片的景观格局。这不仅提升了耕种效率,还大大改善了区域生态环境。与此同时,H镇积极发展都市和生态休闲旅游服务,利用腾出的土地建设火龙果产业基地等现代农业项目。

其三,盘活闲置土地资源。一方面,积极推进农业生产多样化,通过引进农业科技公司和建立火龙果产业基地,盘活复垦土地的利用多样化。另一方面,积极推动产业转型升级,优化用地结构。依托张江科学城的区位优势,H镇主动借势谋势,将工业园区向张江医疗器械产业基地转型升级。通过积极推进产业用地"三用"整治(即清理低效用地、盘活存量用地、提高用地强度),完善园区基础设施,园区发展活力和势能显著增强。五年来,H镇累计完成招商引资总额64.29亿元,新增上市公司2家,新注册公司984家,纳税超百万企业129家。与此同时,H镇还开展了集体建设用地流转试点工作,选取两个试点村探索集体建设用地的科学路径。

(2)环境影响减量化,城市品质迅速提升

其一,生态修复与环境改善。通过持续巩固"五违四必"综合整治成果,不断健全完善河、林、路、宅"四长制",农村环境品质显著提升。H镇在全区率先试点"林长制"工作,出台5项配套制度,以"合心护林"党建联盟凝聚全员护林向心力。在此基础上,东风村、勤奋村相继成功创建市级美丽乡村示范村和"特色型"美丽庭院。此外,H镇还集中整治了110条中小河道,种植岸坡绿化10千米,水环境质量大幅提升。与此同时,积极推进郊野公园与全域旅游建设。依托丰富的自然资源打造首个滨海生态型郊野公园,串联起火龙果庄园、林克司乡村俱乐部等优质旅游资源,探索建立以乡村农业旅游和采摘为主题

---

① 2017年产业和信息化发展报告-信息化与工业化融合(sh.gov.cn),2018-02-06。

的郊野公园产业联合体。

其二,生活垃圾分类与资源化利用。积极响应《S市生活垃圾管理条例》①,H镇依据本地具体情况,自2018年起制定了一套周密的生活垃圾分类实施策略与行动计划。据统计,累计发放分类垃圾桶超过35 000个,并在多个地点设置了宣传栏、公告牌和分类标识,以增强公众的垃圾分类意识。此外,H镇对108个垃圾投放点进行了全面的升级,增添了便利的破袋器、洗手台和除臭设备,从而提升了居民在垃圾投放过程中的便利性和舒适感。同时,H镇不断创新,通过将垃圾分类纳入"城市大脑"的监管体系,实现了对全镇62个村居垃圾中转站和投放点的24小时不间断监控。

其三,老旧小区综合整新与社区治理。为提升居民生活质量,H镇将老旧小区综合整新作为年度实事项目,通过楼道内墙面白化,提升小区的美观度、路面黑化翻新,改善居民出行条件、停车位调整,缓解小区停车难问题、绿化整修,增加绿化面积,提升居住舒适度。同时,H镇积极探索社区治理创新模式,如引入智慧停车管理系统、打造村级人才公寓等,进一步优化人居环境与交通治理水平。尤其是"社区云""浦东家门口""智治通"等智能平台,拓展了"互联网＋"社区治理模式,提高了基层公共服务供给的精准度和效能。

(三) 存量优化:产业结构转型升级,积极培育新兴产业

存量优化作为城市可持续发展的关键策略,其核心目标是通过提升资源配置的效率,实现资源利用的最大化。在城市规划领域,涉及对城市现有土地、建筑、产业等资源的深入分析和创新性重组。H镇在"十四五"期间明确提出了"产业融合""生态和合""城乡契合""治理复合""党建聚合"的发展理念,积极响应国家和上海市关于推动高质量发展的号召,结合镇域实际情况,制定了一系列旨在加强政策支持、促进新兴产业发展的政策措施。一方面,淘汰落后产能,促进传统农业向现代农业转型,传统工业向高新技术产业转型升级。另一方面,积极培育新兴战略产业、高新技术产业和现代服务业等新的经济增长点。

(1) 淘汰落后产业产能,促进传统产业优化升级

其一,淘汰落后产能与工业园区转型升级。H镇积极响应P区的"产业结构调整淘汰落后产能三年行动计划",通过淘汰黏土砖、印染、金属压延等落

---

① S市生活垃圾管理条例,S市城市管理行政执法局(sh.gov.cn),2021-08-11。

后产能行业,推动了区域产业结构的优化升级。同时,H镇以张江科学城扩区提质为契机,推动工业园区向医疗器械产业基地转型升级。通过淘汰落后产能,H镇的环境质量得到显著改善。此外,工业园区转型升级也取得了积极进展,如张江医疗器械产业园17号地块已圆满完成项目清盘,13号地块也将接续发力。这些举措不仅提升了工业用地集约化利用程度,还提高了工业经济发展的质量和效益。

其二,加大产业结构调整力度。例如,H镇引进科技农业公司,建设火龙果现代科技产业园,集种植、采摘、观光、深加工和研发于一体。通过自主研发,H镇火龙果公司成功培育耐低温种苗,研发热带果树设施栽培技术,并获得了多项相关专利①。火龙果基地不仅实现了一、二、三产业联动发展,还促进了村民就业。此外,通过建设观光体验园、农业科技示范园等,H镇推动了农业与旅游业的深度融合。尤其是火龙果观光体验园等项目的推出,吸引了大量游客前来参观体验,带动了当地消费和就业。

(2)加强政策支持,积极培育新兴产业

其一,制定相关政策,加强支持力度。通过设立专项扶持资金、提供税收优惠等方式,加大对新兴产业企业的财政优惠支持力度,例如,与建设银行张江分行签署乡村振兴战略合作协议,以优惠利率为农业合作社和农业企业提供贷款,助力农业产业升级。注重科技创新对新兴产业的推动作用,出台了一系列鼓励企业加大研发投入、引进高端人才的政策。不断优化营商环境,简化审批流程,提高政务服务效率。通过建立"经济高质量发展顾问"制度,邀请企业管理层担任顾问,实现政企联动,共同推动镇域经济高质量发展。

其二,探索新兴产业培育的具体实践。例如,通过举办招商推介会暨医疗器械产业论坛等活动,H镇成功吸引了马夸特、布克哈德等一批地区总部及行业龙头落户。同时,注重产业链协同发展,通过引入高能级产业项目和建立研发中心等方式,推动医疗器械产业上下游产业集聚度和匹配度提升。例如,东方医院心脏病全国重点实验室入驻H镇工业园区后,为医疗器械产业的高质量发展提供了重要支撑②。通过举办涉农创业服务活动、提供职业指导和创业指导等方式,积极鼓励涉农创业带动涉农就业。例如,在2021年H镇"红

---

① H镇多举措创新农业经济发展模式,S市农业农村委员会(sh.gov.cn),2019-04-12。

② 2023年H镇人民政府工作报告(pudong.gov.cn),2024-01-09。

领创业"主题服务活动暨"家门口"就业帮扶"提质增能行动"中,社区事务受理服务中心邀请了 20 多家涉农企业提供 600 多个就业岗位,并通过"点单式"服务方式为涉农创业企业提供专业指导。

(四)提质增效:加强基层社区综合治理,提高公共服务供给水平

在新时代背景下,H 镇不断加强党建引领,健全社区服务体系,持续提升基层治理的精准度、融洽度和治理效能。其中,党建引领是基层社区综合治理和公共服务供给的关键,通过加强基层党组织建设,将党的政治优势和组织优势转化为治理效能,推动了各项工作的顺利开展。多元共治是趋势,通过引入物业、执法力量、社会企业、社区社会组织等力量,H 镇实现了治理主体的多元化和治理方式的创新。以人民为中心是根本,通过提升公共服务供给水平、解决群众"急难愁盼"问题等措施,切实增强了群众的获得感、幸福感、安全感。

(1)党建引领,构建基层治理新格局

其一,建立健全党组织体系。H 镇党委始终将党建作为引领基层治理的"牛鼻子",通过推进基层党组织凝心聚力,把党的政治优势、组织优势转化为基层治理效能。具体而言,推行"美好社区·先锋行动",积极整合各方力量,将党建引领、社区管辖、志愿服务相结合,充分发挥多元主体的力量。其二,强化党员教育和组织生活。制定严格的"红色菜单"和组织生活六边形"蜂巢菜单",提升党员干部的能力与素养。其三,充分发挥党员示范作用。例如,通过"双报到"行动,将商铺党员和部分"双报到"党员充实到街区治理队伍中,有效提升了街区治理效能。

(2)强化平台建设,促进多元共治

H 镇建立"家站点"平台,通过特色站点"相约星期五"代表接待、村居联系点"集中接待日"活动等方式,使代表履职更加灵活、高效。同时,通过建立"代表+企业服务专员"全天候、全覆盖联系企业工作机制,助力全镇营商环境优化。搭建自治共治平台,引导居民群众积极参与社会治理。例如,在庆荣路街区治理中,通过组建"志愿服务队"、开展街区"高峰期"定岗巡查工作等方式,营造了和谐、有温度的"熟人社区"氛围。同时,依托工作站推广"红色有活力,绿地治理共同体",牵头搭建商铺联盟,实现资源共享和社区反哺。

(3)以人民为中心,社会民生服务提质增效

H 镇社建办牵头召开居村工作片区调研座谈会,围绕社区治理、基政工作、双拥优抚、慈善救助、教育科普、爱国卫生、为老服务、红会计生等各项社建

条线工作内容进行深入探讨。例如,积极打造"15分钟就业服务圈",为区域附近求职者提供相应的岗位招聘、就业指导和技能培训活动。注重社区公共服务的建设,如通过引入第三方物业、设立拥军门店标识等措施,解决了背街零星小区管理不到位、沿街商铺噪声扰民等问题;依托"红色加油站共享空间"为新就业群体提供饮水休憩、避暑取暖等服务。

五、结论与讨论

新型城镇化与乡村振兴双轮驱动下,超大城市周边中小城镇的发展模式正经历着深刻的变革与转型压力。面临流动人口日益膨胀、土地整治困境、经济转型态势、社会治理重塑,传统的扩张型、蔓延式、粗放型的发展模式已难以为继,主动收缩、减量发展、提质增效、治理重塑成为新的发展趋势和优化路径。本文基于S市H镇的案例,深入剖析其发展转型过程中面临的内外压力,全景式呈现其主动收缩与减量规划的实践经验,旨在探索超大城市周边中小城镇未来发展的优化路径。

(一) 研究发现

其一,主动收缩的必要性与前瞻性。面对人口过度膨胀、资源环境压力、产业结构调整、土地资源的有限性,主动收缩是实现资源优化、品质提升、可持续发展的重要方向。政策层面的主动收缩,并非简单线性的城镇衰退或放弃,而是一种有策略的、计划的发展路径选择[①]。例如,H镇的主动收缩过程是一种隐性的产业结构调整和空间布局的优化,通过土地流转、产业融合、功能重组,基于政府、市场、社会等多元主体的共同力量完成有计划、有预测的收缩过程。

其二,减量规划的有效性与实践性。减量规划是S市基于本地土地利用、经济发展趋势而做出的前瞻性政策规划。减量规划强调质量而非数量的增长,一方面,通过限制城市蔓延、提高土地利用效率等方式,有效缓解了资源环境压力,另一方面,鼓励土地混合使用等方式,减量规划可以促进城市产业的集聚和升级,提高城市的经济实力和创新能力。在H镇的案例中,减量规划的实施有效促进了城镇空间重构和功能优化,提高了居民生活质量和城镇吸引力。

---

① 吴康:《人口收缩地区的国土空间优化专辑序言》,《资源科学》2024年第2期。

其三,党建引领下多元主体参与的重要性与长期性。在中国特色现代化城市治理体系中,党建引领具有关键性枢纽位置。党建引领能够确保城市发展方向的正确性,协调各方利益,凝聚共识和力量,为城市治理提供坚实的政治保障和组织基础。与此同时,政府应发挥主导作用,负责制定规划、政策引导和监督执行。同时,需要企业、居民、社会组织等多元主体的共同参与和资源整合,形成合力推动城市治理现代化。H镇的社会治理创新,积极探索人口调控、村民自治、多元合作的经验验证了这一观点。

(二) 研究启示

其一,转变认知方式,从"增长"辐射到"发展"。首先,树立多元发展理念。超大城市周边的中小城镇要直面发展过程中面临的转型问题,不能注重总量的贪大求全,而更应该关注空间布局、结构优化、民生发展、人口和土地承载力问题。敢于"精明收缩",从单一的"增长"观念转向更为全面的"发展"观念,重新审视自身发展定位,寻找新的经济增长动能。其次,强化特色发展意识。基于城镇特殊的地缘位置、空间格局、资源禀赋,挖掘自身的比较优势,形成独特的产业体系与发展模式。同时,加强与市、村的有序衔接和跨域合作。其三,更加注重可持续发展能力。既要关注转型过程中的表面现象,如人口承载力、土地资源的有限性、环境保护的持久性,还要注重显性问题后的隐性因素,如治理机制的长效性、创新模式的进步化、规划思维的前瞻性。

其二,差异化政策应对,从"被动"转换为"主动"①。首先,识别不同类型中小城镇的发展需求,优化城镇空间布局与功能定位,提升人口的吸纳与承载能力。调整城镇空间结构,实现土地资源的集约利用和高效配置,优化土地腾退机制。推动产业转型升级与创新发展,通过淘汰落后产能、培育新兴产业、加强科技创新等措施,推动中小城镇产业结构向高端化、智能化、绿色化方向发展。其次,制定差异化的区域发展政策,根据城镇的实际情况和发展潜力,分类施策、精准扶持。对于具有发展潜力的城镇,应加大政策支持和资金投入力度,推动其实现跨越式发展;对于发展相对滞后的城镇,应注重提升其基础设施和公共服务水平,改善居民生活条件。与此同时,通过加强宣传教育、提高居民环保意识和社会责任感等措施激发居民参与热情;同时建立健全社会

---

① 姜晓晖:《困境与突围:高质量发展导向下我国收缩型城市的本土化探索与治理对策研究》,《宁夏社会科学》2024年第4期。

共治机制,鼓励社会各界共同参与中小城镇精明收缩工作。

其三,创新活力激发,在"危机"中寻"生机"。面对城镇发展的挑战与机遇,应把握创新支点和收缩机遇,推动城镇提质增效,在"危机"中寻"生机"。例如,借助互联网、大数据、人工智能等现代信息技术,对人口流动、经济活动、资源消耗等数据的收集与分析,精准识别城镇收缩的关键领域和影响因素;通过智能感知和"城市大脑"、"一网统管",实时监测城镇运行状况,使得城镇基础设施和公共服务设施更加智能化和高效化。加强数字化治理与公众参与。通过电子政务平台、社交媒体等渠道,有助于收集公众意见、反馈政策效果、调整策略方向等。深化城镇管理体制改革,推动政府职能转变,优化营商环境。通过简政放权、降低市场准入门槛等措施,激发市场活力和社会创造力。

Active Shrinkage and Reduction Planning: Exploring the Path of Transformation of small and medium-sized towns around Megacities

—Case analysis based on H Town, S City

Abstract: The tail of the city and the head of the village, small and medium-sized towns, as the entity unit of China's administrative division system, are an important starting point to promote regional coordination and high-quality development. However, after forty years of rapid development, China's cities have gradually deviated from the track of "growth machine", and there has been a "contraction" phenomenon of unbalanced development and non-uniform growth. Different from Western countries, China's urban shrinkage has obvious situational differences, and the towns around megacities turn to "active shrinkage and reduction development" in order to achieve the purpose of "slimming, strengthening, improving quality and increasing efficiency". As two super large cities in China, Shanghai and Beijing have clearly put forward the strategy of "active shrinkage" to strictly control urban land scale and population flow. As a typical suburban town of megacities, H Town has become a "problem town" in urgent need of transformation, development and smart contraction under the support of resource endowment and geographical advantages, top-level design and regional coordination encouragement, environmental constraints and development bottlenecks. Based on the case practice of H Town, this paper summarizes the crises faced by H town, such as hidden dangers of population expansion, disorderly land expansion, pressure of economic transformation, and chaos of social governance. It presents the action path of its transformation and development from four aspects: total locking, incremental decreasing, stock optimization, quality improvement and efficiency improvement. Finally, by summarizing the experience of H town, it is concluded that the necessity and foresight of active shrinkage, the effectiveness and practicability of reduction planning, and the importance and long-term nature of multi-subject participation under the guidance of party building. This paper believes that the smart development of small and medium-sized towns around megacities in the future requires a change in cognitive mode, from "growth" to "development", the implementation of differentiated policy responses, from "passive" to "active", the stimulation of innovation vitality, and the search for "vitality" in the "crisis".

Key words: Small and Medium-sized towns around Megacities; Active Shrinkage; Reduction Planning; H town

作者简介:姜晓晖,上海师范大学哲学与法政学院公共管理系讲师。

从政治到俗常：论《首都》的文化政治与都市叙事

马艺璇

摘　要：奥地利当代政治家、小说家罗伯特·梅纳瑟的首部欧盟小说《首都》以欧盟首都布鲁塞尔为背景，聚焦当下的欧盟政治生态与欧盟公民的日常生活，多头并进的穿插叙事实现了对欧盟最为真实的社会图景与政治现状的全景展示。作为欧盟政治新高地，布鲁塞尔不仅是政治中心，也是欧盟多元文化的展示橱，为各种文化现象提供了绝佳的观测窗口。作者借助文化叙事丰富了欧盟首都的涵义，于多元文化的微末细端之中透视了欧盟的困境与积弊，揭露欧盟这一超国家组织的意识危机，以期唤起欧盟初心，指出携手合作才能共赢的未来发展方向，由此体现出其独特的现实关怀与政治主张。

关键词：《首都》　欧盟小说　政治生态　多元文化　文化叙事

引　言

在奥地利现代文学传统中，政治的无力感与艺术的使命感总是相辅相成、相伴相生。诚如卡尔·休斯克(Carl E. Schorske)在《世纪末的维也纳》中所论述的那样，维也纳文化精英既具有"兼有地方风尚与世界情怀……"[1]的独特属性，又十分依赖于艺术对政治的补充作用，因为"当政治行动变得越来越徒

---

① 卡尔·休斯克：《世纪末的维也纳》，李锋译，江苏人民出版社2007年版，第11页。

劳时,艺术简直成了一种宗教,是意义的源泉和灵魂的食粮"①。或许,正是在这个意义上,出生于维也纳的奥地利第三代犹太作家罗伯特·梅纳瑟(Robert Menasse)创作出首部欧盟小说《首都》(*Die Hauptstadt*)。在这部曾斩获 2017 年的德国图书奖(The German Book Prize)的欧盟小说中,作者的政治思想与文学技巧协同在文化叙事这一路径中,并达成了和谐的一致。

时逢二战结束,新奥地利在经历了四国占领的特殊时期之后,政治上采取"受害者论",国际关系中奉行中立和平政策,经济层面大力推行旅游立国的发展战略,并于 1995 年正式加入欧盟。中立国家的国家站位促使奥地利依托于欧盟平台,持续致力于塑造与世无争的国家形象,巩固自身的国际关系与国际地位,所以,欧盟成员国的身份与欧盟组织的稳固与发展对于奥地利的重要性不言自明。《首都》的作者罗伯特·梅纳瑟是一名奥地利政治思想家,他一直是欧盟道路的坚定拥护者。出于一名维也纳精英分子的政治敏感,他将欧盟这个超国家组织的运转机制置于高压的工作环境中予以拷问,"让一个庞大的、等级制度结构的机构的运作变得清晰",②揭露当下欧盟工作的低效与缠杂。另一方面,犹太后裔的身份致使梅纳瑟对历史具有强烈的警惕心,小说创作也因此置于对欧盟危机的历史审查之下,"人们认为,历史是一个认识和探究目标的有意义进程,正是这种信念,把人类简单的生物和社会生活的循环发展演变成一系列的暴行,我们却视之为'历史'来研究,同时也在压制它"。③

《首都》作为一部现实主义佳作,寄托了作者的政治主张与欧盟理想。作者以"首都"为题目,锚定了布鲁塞尔这一"欧盟官僚体系的地貌学象征"的文本功能,他将布鲁塞尔描述为"五彩纸屑",并指出"看它就像在看马赛克"④,而小说的独到之处也正在于此。从文化叙事的角度,梅纳瑟将这座政治之都锻造为一个蕴含多重文化秩序的文化熔炉,从丰富而意味深长的文化碎片中,

① [美]卡尔·休斯克:《世纪末的维也纳》,李锋译,江苏人民出版社 2007 年版,第 7 页。

② Christian Dinger, "Zwischen Brüssel und Auschwitz: Robert Menasses großer Europa-Roman 'Die Hauptstadt' wirft einen Blick in die Arbeitszimmer der Europäischen Kommission," https://literaturkritik.de/menasse-die-hauptstadt-zwischen-bruessel-und-auschwitz.23704.html, 2024 年 8 月 3 日。

③ 转引自刘颖:《欧盟政治的文学镜像——罗伯特·梅纳瑟与其欧盟小说〈首都〉》,《外国文学动态研究》2021 年第 6 期,第 17 页。

④ Carsten Otte, "Robert Menasse: Die Hauptstadt," https://www.swr.de/swr2/literatur/bookreview-swr-368.html, 2024 年 8 月 3 日。

读者足以拼读出欧盟政治的生态全景：从欧盟官员到幸存老人，从专家教授到普通警官，每一个角色都被作者文化赋能，成为了当代欧盟文化机能的名义承担者与实际践行者。作者以文化为引，立政治之鉴，使深匿于当代欧盟中的政治危机上浮。

小说采用了多维交错、各有侧重的文化叙事，譬如动物猪的三个层次的文化隐喻就折射出风俗差异、历史遗留与经济困局，譬如欧盟职场上的语言使用则无法回避其中暗流涌动的权力关系，譬如在二战历史为背景的新政治文化中大屠杀幸存者的生存则被其服饰习惯所展示，譬如讲究传统的食物偏好则暧昧地昭示着民粹主义在时下欧盟中隐而待发，这些都是从文化细部出发，借由作者的精心的叙事手段，共同交织出这部欧盟小说的独特文本景观。于文本功能上，此举生动了诸多人物形象，丰裕了诸多文本细节。于创作立意而言，文化叙事的手法揭露出欧盟政治的权力运行机制，多维文化叙事与几近饱和的欧盟政治现实互为映照，深切诠释了作者对欧盟政治制度的珍视与对欧洲发展前景的忧虑。

一、动物的猪、文化的猪与经济的猪

在小说开篇，一头猪的乱入使得故事背景尚未铺叙便乍起风波，"那儿有一头猪在狂奔！"①带来了故事的第一个充满猎奇色彩的"文化奇观"，叙事属性顺理成章地成为这只猪需要在文本功能中扮演的第一种角色，小说中一切看似合理的荒诞不经便从这只狂奔的猪而始。其次，街头狂奔的猪作为一个出乎意料的现象级事件，不仅为现实主义气质的政治小说平添了幽默轻松的浪漫气质，更加重要的是，它喻示了小说着重刻画的文化冲突主题。再次，在这部小说中，动物的猪和文化的猪参与了不同的人物角色的形塑，丰满人物的性格维度，加强人物行为合理性，润滑了情节交替的生硬感。可以说，猪在小说中承担了集多种文化景观为一身的重要叙事角色。作为不同文化语境下的符号，作者直接点明了这一文化符号的多面性："包括善良与邪恶，幸福与灾祸，多愁善感的爱意、鄙视和深度仇视，以及猪作为隐喻不得不承受的色情与卑劣象征"②。

---

① ［奥］罗伯特·梅纳瑟：《首都》，付天海译，人民文学出版社 2019 年版，第 1 页。
② ［奥］罗伯特·梅纳瑟：《首都》，付天海译，人民文学出版社 2019 年版，第 261 页。

  "猪"这一意象在由小说所设定的文化语境中被赋予了多重文化身份,其传递出的文化属性也十分灵活丰富。在德语的一般语境下,猪和猪肉仍然被圈定在家畜、食材的范围,用以形容人的时候也多与猪的动物性有关,譬如像猪一样脏乱,或者如猪一般蠢笨。在传统民俗的范畴,猪则进入了文化语境中,成为了收获好运、吉祥如意的文化象征。在第三帝国时期,纳粹语言中的"猪"则充满了种族歧视的意识形态,沦为具有贬损含义的负面意象。在小说中,这三种文化意涵对应了不同的场景,也正对应了作者不同的文化态度。在媒体大行其道的当下社会,布鲁塞尔大街上突然出现的无名家养牲畜,成为了引发媒体热议并一度成为爆炸新闻的媒体红人;在欧盟生猪联合会会长弗洛里安·舒斯曼心中,猪是欧洲生猪贸易中的大宗商品;在布鲁塞尔的公共墓地中,纪念墓碑前的小猪装饰物则包含了沉重的历史与对未来的期盼。如是而观,猪作为一个隐喻涵义丰富的文化形象,在不同的语境下表征了截然相反的价值态度与文化内涵,诸多"猪"之意象展示出文化叙事的灵活性。

  小说中,与猪这一意象关联最为紧密的是欧委会文化教育总署官员马丁·舒斯曼,奥地利最大生猪养殖厂二公子,其兄弗洛里安接管养猪厂并经营壮大,稳坐欧洲生猪贸易界头把交椅。作者着重以中欧生猪贸易这一具体事件展开,针砭时弊,通过对生猪贸易的现身说法,将欧盟各国层层博弈之下做出的种种错误决策予以批驳,并揭露欧盟与成员国之间牵一发而动全身的深度合作关系。作者借弗洛里安之口,尖锐地指出欧盟在经济领域"减少资助力度,甚至关停补贴"[1]的错误政策实际对欧洲商贸带来了巨大的利益损害,导致"(生猪)价格暴跌……无法进入中国市场"[2]的严重后果。事后,欧盟也并未采取有效措施加以挽救,致使生猪养殖业愈加惨淡:"自年初以来全欧范围内平均每天有 48 名养猪户永久性关闭了自己的养猪厂,还有数千名养猪户尝试坚持下去,却因为延迟破产而吃上了官司。"[3]哥哥弗洛里安于是向为欧盟工作的弟弟马丁提出约谈欧盟高层的要求,作者设计此处情节不仅凸显了欧盟的不作为,还暗讽了欧盟官员与资本家之间难免瓜田李下的混浊政治生态,而将讽刺更进一步推向高潮的是弟弟马丁的评价:"欧盟委员会可不像奥地利

① 罗伯特·梅纳瑟:《首都》,付天海译,人民文学出版社 2019 年版,第 53 页。

② 罗伯特·梅纳瑟:《首都》,付天海译,人民文学出版社 2019 年版,第 53 页。

③ 罗伯特·梅纳瑟:《首都》,付天海译,人民文学出版社 2019 年版,第 54 页。

农民协会那样运转!"①在舒斯曼兄弟就生猪贸易进行交流的情节中,作者突出表现了欧盟决策与欧盟各个成员国利益间的利益纠纷。作者通过"猪肉政治"暴露出欧盟现有的政府间合作体制不充分、不对位等种种滞后性、低效率的制度弊端,也对欧盟成员国之间因国情差异而阻滞了协同发展模式的生成予以深刻反思。

二、语言叙事:欧盟职场的权力暗流

语言是一切文化生成的重要标志与基础,是"文化现实的最好证据"②,截至目前,欧盟的官方语言有 24 种之多③,"每个国家加入欧盟时,欧盟规定成员国有权要求把一种或几种语言宣布为欧盟的官方语言。"④多语主义的语言政策体现了欧盟尊重多样性的基本准则,是促进共同体文化互认的有利机制。语言作为不同文化间交流沟通的中介,支持着不同文化、经验、历史和思维的群体间的有效交流,但扎根于不同的文化、历史的土壤的语言具有由"我群"意识所支配的民族属性与文化排他性。基于这一观点,作者在欧盟职场空间中侨易了语言在一般文化空间中的平等性与交流性,巧妙地在欧盟职场的基础上建构了一个语言的权力场域,使语言政治会话在政治会话中成为由意识形态与权力机制所支配的表达工具。在一系列并不平等的语言行为中,阶级差异与语言霸权无所遁形。当语言被阶级秩序与权力秩序所肢解,成为将欧盟支持者区隔开来的壁垒时,多语言主义就失却了它原本被寄予的平等对待多样文化的包容属性,从而侧面揭示了欧盟机构内部的顽疾弊病。

在布迪厄的文化社会学理论架构中,"复杂的语言实践和运用总是卷入权力和资本的不平等分配过程,受其形塑、挤压"⑤,小说中的语言实践就是这样一场欧盟内部权力分配结果的生动再现。作者通过欧盟官员间的对话勾勒出以语言为表征的官僚政治与职场霸权。小说中,文化欧委会文化教育属负责

① 罗伯特·梅纳瑟:《首都》,付天海译,人民文学出版社 2019 年版,第 54 页。
② Anna Wierzbicka, *Understanding Cultures through Their Key Words*, Oxford University Press, 1997, p.16.
③ 陈宇、沈骑:《"脱欧"背景下欧盟语言规划的困境与出路》,《复旦外国语言文学论丛》2019 年第 1 期,第 12 页。
④ 李兴华:《从民族身份看欧盟多元化的语言政策》,《法国研究》2006 年第 4 期,第 68 页。
⑤ 张意:《文化与符号权力——布尔迪厄的文化社会学导论》,中国社会科学出版社 2005 年版,第 92 页。

人克赛诺请求向上述职,恰好听取述职的委员长不在,于是由秘书长斯特罗齐负责对接。在交谈的最初,这位精通"意大利语、德语、英语、法语"的秘书长把握了说话的先机,并刻意以古希腊语作为开场语言。具有社会经验与语言能力的人能够根据一个人的"口音、词汇、习惯用语"来判断其社会地位,甚至是年龄和性别,而习得古希腊语又精通欧洲四大主要语言的秘书长无疑享受着丰富社会资本,呼应了他作为意大利贵族的后裔、纳粹战犯的精英后代的身份。相比之下,来自小地方的克赛诺被"古希腊语"所震慑,由此生发出"感到胆怯"和"迷惘"的文化自卑感。紧接着,斯特罗齐迅速切换法语,继续交谈,但法语同样带来了语言的威压。因为法语对于克赛诺而言是令她"不很自信"的语言,"她更喜欢说的是英语,这是他俩都熟练掌握的语言"①。斯特罗齐排除英语这一最常见的工作语言,而先后选择使用古希腊语与法语,目的是采取语言"压制"和"排他"的策略以获得这场对话的主导权。

在这场职场交际中,从表象来看,仿佛是语言拦阻了克赛诺汇报的信心,实则不然。语言在这一微型的文化场域中"塑造、再现、标示着行动者"②,成为了重构权力秩序的途径,既"是权力关系的反映,反之又维护了既存的权力关系"③,因而权力才是让克赛诺屈服的根本性动因。最初被古希腊语的开场白压下一头的克赛诺陷入被动,随后再次被法语所牵制:"在会话过程中斯特罗齐能够比她更自如、更优雅地操用法语,这样他就能随心所欲地掌控两名击剑运动员之间的距离。"④由于克赛诺并不能"优雅、自如"地使用法语,所以这场交谈让她始终处于"客观标准与主观运用"之间不协调的紧张关系之中,而正是这种关系"形成了语言资本贫乏者的不利的、被支配的地位"。⑤作者由此揭示了欧盟官僚主义如何肆无忌惮地污染着正常的行政沟通与跨文化交流,欧盟职场中压抑的政治气候亦真实得见。

欧盟多语言制度的本意在于维护多元文化的平等与开放,旨在助力促使文化交流、加强文化多元共生的共同体意识。然而,在作者笔下,语言俨然成

---

① 罗伯特·梅纳瑟:《首都》,付天海译,人民文学出版社 2019 年版,第 231 页。
② 张意:《文化与符号权力——布尔迪厄的文化社会学导论》,中国社会科学出版社 2005 年版,第 115 页。
③ 单波、熊伟:《跨文化传播的语言问题》,载《国外社会科学》2009 年第 4 期,第 140 页。
④ 罗伯特·梅纳瑟:《首都》,付天海译,人民文学出版社 2019 年版,第 231 页。
⑤ 转引自张意:《文化与符号权力——布尔迪厄的文化社会学导论》,中国社会科学出版社 2005 年版,第 115 页。

为表征欧盟内部的政治秩序与若隐若现的文化区隔的权力符号,更甚于沦为遮掩民族主义观念的外衣。在操持过程中,语言的功能没有流向交流,反而流向了政治权力,反害其道。由此,作者暴露出欧盟官僚主义风气对语言造成的恶劣影响,揭露了官僚文化如何潜移默化地形塑着欧盟日常工作生态环境,成为欧盟朝着一个方向前进的政治目标的重大隐患。

三、食物叙事:群体记忆与文化政治

食物在《首都》中被赋予了丰富的媒介性。饮食系统在不同的地缘文化、人文风俗的涵养下形成以不同的地域文化作为内核的稳定系统,因此"食物可以作为族群认同的一种符号"①。在布鲁塞尔这个包蕴着欧洲文化多样性的"首都",俗常饮食也不再被单纯视作一种日常性活动,饮食超越了具象的生物价值与世俗意义,成为表陈社会风貌、个体经历与时代价值的重要物象。小说中的饮食叙事由餐厅叙事与饮食叙事共同组成,二者相辅相成。餐厅承担了空间叙事,其选择偏好表现出主体所遵循的社会价值与身份认同,而饮食则聚焦具体的食物或菜肴,对食物的想象与诉求则反映出个性化价值体系、行为逻辑与生命经验,因此更多地承担了记忆与经验的线性叙事。

作为满足人们基础生存需求的重要消费空间、标的并集合众多流行文化的生活空间,餐厅无疑堪称是城市中最受欢迎的公众场所。餐厅不可替代的社交功能,使其发展成一处供不同群体间进行信息交换、资讯传递、文化互认的社交场所。在小说中,餐饮环境与饮食场景的书写富有极强的文本张力,对于塑造人物形象、明确角色关系、喻示社会发展变化、推动情节演进等方面都具有不可替代的文本功能。小说的餐厅叙事还可以通过过往迁徙的历史,钩沉出欧盟社会变迁。警官布鲁法特在公墓对面的"乡野"餐馆就餐,暗示着他的祖上曾经参与了第二次世界大战;出身波兰的职业杀手马特克非常喜欢"阿达玛"餐馆里那些家乡味道的餐食,展示出杀手的地方情结。从慕尼黑到布鲁塞尔,佛罗伦萨餐馆的搬迁历史则是欧盟由割裂分散到不断强化的合作发展史的镜像。

小说中频繁出现的关于食物的记忆和想象与餐厅共同作用于更加细腻的

---

① 徐新建、王明珂等:《饮食文化与族群边界——关于饮食人类学的对话》,《广西民族学院学报(哲学社会科学版)》2005 年第 6 期,第 84 页。

叙事。菜肴口味、制作方法等细节性的叙述也为小说的文化景观平添了一丝烟火气,摊薄了由政治话题渲染出的严肃气氛。固定菜式在时间中沉淀为个体的味蕾记忆,通过有意识地重复品味一道菜,人们可以从中获得一种对过去的缅怀与追忆。警官布鲁法特最爱品味祖父钟情的"蔬菜土豆泥配香肠",因为比利时传统香肠的肠衣制作工艺保证了这种香肠的口感。出身波兰的职业杀手马特克非常喜欢"阿达玛"餐馆的波兰名菜"酸菜炖肉",尤其是"大锅至少要在灶台上放一周的时间"的地道做法让他"能听到自己说话的声音,当他和母亲一道吃酸菜炖肉或者菜卷的时候,那声音就会从他内心深处流淌而出"①。持有奥地利护照的"捷克人"博胡米尔则通过在一家维也纳小酒馆的童年经历讲述自己复杂的"欧洲身世"。

从小说中时而出现的餐厅情节与饮食描述中,不难得见作者尝试通过直观而富于意涵的饮食叙事搭建出人物丰富细腻的内部世界,更辐射出多民族文化融合后仍保留下来的区域特征。每一个人物既有的生活经验与观念投射进饮食内部,使得饮食这一生物性行为得以超越俗常,从口腹之欲的表层理解进入文化政治层面,在叙写中使得饮食自成"一个有机系统,有机地融入它所属的某种类型的文明"②。作为最基本的日常文化,饮食不仅与小说情节、人物形象互相关联,还真正参与了布鲁塞尔这座"首都"城市的文化图景建构,表现出作者对生活细节的精心处理与对社会现状敏锐的洞察力。

四、服饰叙事:后大屠杀叙事与共同体的精神危机

服饰在小说中常有画龙点睛之效。独到的服饰书写在于服饰对主体的建构作用,服饰的物性还能勾连出丰富而深刻的文化意涵,在不经意的细节勾画中引出穿着主体的内在性,化惯常为特别,从一丝一缕一衫一袖之处展开叙事。小说中处处可见服饰身影,譬如"乌克兰特别工作组"成员的"得体的紧身西服、扎着硕大的领带结、头发上抹着发蜡"直观表现了"非常圆滑,善于随机应变"的"欧洲机构里追求名利的野心家"形象③。

---

① 罗伯特·梅纳瑟:《首都》,付天海译,人民文学出版社 2019 年版,第 170 页。
② Roland Barthes, "Toward a Psychosociology of Contemporary Food Consumption", in Counihan Esterik, *Food and Culture: A Reader*, Routledge Press, 2013, p.29.
③ 罗伯特·梅纳瑟:《首都》,付天海译,人民文学出版社 2019 年版,第 115 页。

　　小说主线围绕着欧盟周年纪念活动不断发展,而这一情节的重要参与者是小说中奥斯维星唯一的幸存者,德维恩特老人。在老人身上,战争带来的痛苦即使在多年之后仍未消退,创伤记忆造成的精神压力需要寻找到一个支点,于是,服饰则扮演着这一角色。罗兰·巴特曾指出:"着装本质上是价值秩序的一部分",它标志着个体与社会的规范性联系,譬如"证明、强制、禁止、容忍"①,作为一种群体身份互认的符号,服装"是特定人群内部的意义交流"。②作者借由服饰集中表达了德维恩特在后大屠杀时代的生活理念:"十分看重用上等面料制成的高品质西服"③,这一服饰需求中不仅可见其个人气质,也形成了潜文本,暗示其历史经验。尤其明确的服饰话语是老人从来"不戴便帽",这一简单的穿着禁忌隐含着的是对痛苦体验的抵抗与拒斥,因为它代表了一种难以磨灭的痛苦经历:"在集中营里待过的人都知道'不戴便帽'是什么意思,便帽就意味着死亡。"④曾经的苦难在重返正常生活后以服饰形式继续:"不再穿磨损露线的衣服,要穿上等厚实的面料! 不穿任何商场里出售的成批西服……"这些服饰选择都遵从于劫后余生的创伤性心理秩序:"活着,自由,穿最好的面料,不让任何帽子禁锢脑袋。"⑤

　　服饰的选择让老人重拾生存信心,但心灵的创伤不会因为物质丰盈的满足就可以被抚平,战争中梦魇般的经历所造成的精神创伤使德维恩特老人常常无意识地自我裸露,未着衣衫的无遮蔽的苍老身体诉说着残酷的过去与没有归属的未来:"(老人)穿着内裤和短袜站在小阳台上,小心翼翼地刷洗着自己的西服"⑥并"像小提琴演奏者一样沉浸在这样的动作里"⑦。如罗兰·巴特所言"时尚是真实社会仪式的一部分"⑧,德维恩特老人重复着"刷洗"的动作,重复更像是一种简单但必要的仪式,"刷洗"是这场仪式的核心。"刷洗"这个动作一方面诠释着幸存老人对自由生活的珍视,另一方面也表征着人在创伤症候发作后的应激状态。当老人关于大屠杀的黑暗记忆被唤醒,就必须要脱

① Roland Barthes, *The Language of Fashion*, Bloomsbury Press, 2013, p.7.
② 周进:《罗兰·巴特的时尚思想》,《文艺研究》2012 年第 12 期,第 150 页。
③ 罗伯特·梅纳瑟:《首都》,付天海译,人民文学出版社 2019 年版,第 264 页。
④ 罗伯特·梅纳瑟:《首都》,付天海译,人民文学出版社 2019 年版,第 265 页。
⑤ 罗伯特·梅纳瑟:《首都》,付天海译,人民文学出版社 2019 年版,第 265 页。
⑥ 罗伯特·梅纳瑟:《首都》,付天海译,人民文学出版社 2019 年版,第 264 页。
⑦ 罗伯特·梅纳瑟:《首都》,付天海译,人民文学出版社 2019 年版,第 265 页。
⑧ Roland Barthes, *The Language of Fashion*, Bloomsbury Press, 2013, p.21.

去衣服,进入自我裸露,"又开始刷洗起来"①。重复"刷洗"喻示着主体对于服饰之下的身体的"不洁恐惧"。虽然表面上看,这种恐惧是指向服饰的客体属性,但实际上,不洁指向的是物质下的精神与肉体,"与其说具有不洁恐惧的人是害怕不干净的东西,倒不如说他们是害怕自身受到异物的侵害"②,被"不洁"击中而溃败的是战后重建的生活信念,是对战争的恐惧,是战争本身。

西服与便帽在大屠杀语境中都超越了基本物性,被赋予了穿透人心的感染力。通过独特的服饰叙事,作者揭示了战争带给个体生命的负面影响的深刻性与持久性。置于历史语境下的服饰叙事赋予了这位幸存老人以历史正义与道德感召力,反衬欧盟当下的浮躁作风与形式主义:他的存在"能够证明欧洲是从什么样的打击当中想重新创造自己"③,而老人的离世则意味着历史反思意识的消亡,从而导致"奥斯维辛惨案永不再演"这一欧盟共识只能"犹如遥远的迦太基战争那样被尘封在历史之中"④。伴随着老人的死亡,一个尚未成形的欧盟形象工程彻底流产,故事戛然而止于竹篮打水的尴尬境地,作者将这场荒诞的政治情景剧在此处终结,无疑是对欧盟萎靡不振的现实政治光景的讽刺,昭示着"欧盟认同"已然亮起红灯,展露出欧盟当下的意识危机。

五、结　语

罗伯特·梅纳瑟凭借多方考察的真实经验与文化叙事的独特视角,将欧盟政治高地布鲁塞尔的政治生态予以全景展示,建构了一座由多元文化共筑却也危机四伏的欧盟"首都"。《首都》这部极具讽喻气息的现实主义作品堪称欧盟现状的一面照妖镜,为世界提供了近距离认识欧盟、反思欧盟、借鉴欧盟的全新视角。作者所采用的文化叙事手法,十分独到,有以小见大之效,通过对动物符号、语言、饮食、服饰这四个文化面向的细节处理与精心描刻,复现欧盟共识下隐藏着的思想危机,于文化间性中再现欧盟各行其是的糟糕现状,以黑色幽默的写作风格毫不留情地讽刺了被国家民族主义意识侵蚀,受地方主义经验影响,如马赛克般碎裂不整的欧盟运行体制。梅纳瑟在小说中对欧盟当下迫在眉睫的发展问题给出了自己的思考与建议:"欧盟需要的不是争吵和

---

① 罗伯特·梅纳瑟:《首都》,付天海译,人民文学出版社 2019 年版,第 267 页。
② 罗伯特·梅纳瑟:《首都》,付天海译,人民文学出版社 2019 年版,第 31 页。
③ 罗伯特·梅纳瑟:《首都》,付天海译,人民文学出版社 2019 年版,第 329 页。
④ 罗伯特·梅纳瑟:《首都》,付天海译,人民文学出版社 2019 年版,第 327 页。

自我服务的心态,而是对未来的创造力和勇气"①,具有批判意味的发声也表明了梅纳瑟对欧盟的亲近而非拒斥的态度。他举笔为旗,投身欧盟建设事业,为欧盟未来指出了新方向。

From Politics to Mundane World: On Cultural Politics and Urban Narratives of *The Capital*

Abstract: Austrian contemporary politician and novelist Robert Menasse's first EU novel *The Capital* is set in the capital of the European Union, Brussels, and focuses on the current political ecology of the EU and the daily life of EU citizens, with multiple interludes to realize a panoramic view of the most realistic social and political situation of the EU. The new capital of the EU is not only a political central, but also a showcase for the multiculturalism of the EU, which precisely provides a window for observing the diversity of cultures. The author enriches the meaning of the capital of the European Union by means of cultural narratives, examines the predicament and accumulated shortcomings of the European Union in the midst of multicultural subtleties, exposes the crisis of consciousness of the supranational organization of the European Union, with a view to awakening the original heart of the European Union, and pointing out the direction of the future development of win-win situation only through joint cooperation, which manifests his unique practical concern and political advocacy.

Key words: *The Capital*; EU novel; political ecology; multiculturalism; cultural narration.

作者简介:马艺璇,北京大学中国语言文学系博雅博士后。

---

① Björn Hayer, "EU-Bürokratie im Roman: Europa, Union der Einzelkämpfer," https://www.spiegel. de/kultur/literatur/die-hauptstadt-von-robert-menasse-europa-bau-dir-eine-hauptstadt-a-1166788. html, 2024 年 8 月 3 日。

"烦恼丝"的剪落与女性命运的革新

——民国都市女性剪发现象的发生及其文学呈现研究^①

张佳滢

摘　要:相较于对男性"剪辫"的研究热潮,学界对于女性剪发运动的关注略显不足。通过20世纪前期的新闻报道、社论文章、文学作品等资料,我们可以从文化史视角还原中国都市女性剪发"发生"的历史时刻,并比照世界女性剪发风潮,探讨民国时期"女性剪发"运动作为一种"古今中外前所未有"的社会实践产生的社会基础,探究"国民""卫生""时间""摩登"等现代性概念的产生与引进是如何颠覆性地改易了女性对于发型的认知的,最后通过中国现代文学中的小说文本,来探究20世纪前期都市剪发女性被"凝视"的"困境"及其中所蕴含的规训意味与权力话语,了解都市剪发女性的生存境遇与心灵震荡。

关键词:女性　剪发　国民　卫生　时间　摩登　凝视

一、女性剪发,何以成为"问题"?

在晚清以降的社会话语场域中,"剪发"作为一个社会议题,早已超越了个人生活选择的范畴,一再进入社会舆论讨论的中心地带,成为文学作品呈现的对象,甚至是一种带饱含政治象征意义的标尺。当前,学界对于"剪发"问题的

---

①　本文为国家社科基金专项一般项目"革命文化与新时代高校现代文学课程思政研究"(21VSZ079)阶段性研究成果。

探讨集中于对男性"剪辫"的研究,其中最具代表性的成果当属学者孔飞力所著《叫魂:1768 年中国妖术大恐慌》,该书从"剪辫"出发,探讨了看似"盛世"的乾隆中后期统治中民间对游民、僧道、乞丐等群体的怀疑与恐惧是如何扩展为一场全国性的"妖术大恐慌"。从中,我们看出以"剪辫"为代表的剪发行为在封建王朝统治中所具备的多重的文化意涵:对于普通底层民众意味着"躯体"与"灵魂"分离的未知恐惧,寄寓了人类对于失去"头发"这一"可以与'主人'保持联系的物品"的原始、持久而又广泛的恐惧,而对于统治者而言,"剪辫"所蕴含的危险政治意味,即反抗"异族统治"的"阴谋"与"汉化"的冲动显然是其焦虑与畏惧的根源所在①。而与之相对的是,当今学术界对于"女性剪发"问题的研究则远少于对于男性"剪辫"问题的关注,许多学者虽然意识到"当时也有女学生易服、剪发的舆论和行动",但常常由于认为女性剪发运动与同时期男性"剪辫"的"变法、救亡"等宏大叙述无关而"按下不表"②,但事实上,翻阅相关文献,我们会发现清末民初时期女性"剪发"行动背后也有着不逊于男性"剪辫"的、对"国民身份"的本质性诉求与相当丰富的现代性质素。

而在现有的数量不丰的讨论女性剪发问题的研究中,亦存在着一定的缺憾:

(一)现有"女性剪发"问题研究大多将讨论的起点置于 1903 年③,以金天翮的《女界钟》为我国"女性剪发"发生的起点,而忽略了在"前现代"语境下的"女性剪发"所蕴含的社会文化意味,及其对民国女性剪发运动所产生的隐性心理影响,翻阅《旧唐书》《清史稿》等历史文献,我们实际上可以窥见许多前现代女性为反抗封建婚姻秩序(如拒绝再嫁等)而进行"剪发"的案例,其中所蕴含的对"儒家的感觉结构"④的印证即浓厚的道德意味实际上也颇为值得考

---

①　参阅孔飞力:《叫魂:1768 年中国妖术大恐慌》,陈兼、刘昶译,生活·读书·新知三联书店 2012 年版。

②　樊学庆:《辫服风云:剪发易服与清季社会变革》,生活·读书·新知三联书店 2014 年版,第 48 页。

③　在这一点上,笔者认为这些研究往往受到姚霏《近代中国女子剪发运动初探(1903—1927)——以"身体"为视角的分析》(《史林》2009 年第 2 期)一文的影响。

④　"儒家的感觉结构"这一概念由美籍学者李海燕提出,她借用了雷蒙·威廉斯的"感觉结构"概念,对于帝国晚期的爱情谱系进行了归纳,她认为"儒家的感觉结构"指的是"将感觉推崇为人类存在的根本,将伦理准则转化为主观性的有意义的经验,并用对国家与家庭的兴趣给黑格尔所谓的'爱的冲突'赋予了戏剧化的色彩"。(可参阅李海燕:《心灵革命:现代中国的爱情谱系 1900—1950》,修佳明译,北京大学出版社 2018 年版。)而在这一"感觉结构"中,"贞节"占据了极为重要的位置,这种恪守"贞节"的"儒家的感觉结构"在"前现代"并不稀见,仅《江南通志》就记载了超过三十位"贞妇"的剪发行动,她们以此反抗封建婚嫁秩序,拒绝"再嫁"。

量,但由于本文探讨的是民国都市女性剪发的发生,所以对这一领域的讨论仍存在缺憾。

(二)既往研究均将讨论范畴局限在民国女性剪发运动本身,而忽略了其与世界女性剪发风潮的共振。虽曾有学者对比了中日两国女性在"剪发"上的时序问题,但整体而言,仍缺乏更加宏阔的世界性比照视野①。这种对于"女性剪发国别史比较"的忽略,致使学界对民国都市女性剪发现象发生的异质性与先锋性缺乏更加明确的认知与考察,如曾有学者揣测中国女性的剪发风潮或许起于"留洋归来的女学生"群体②,但事实上,西方学界大多认为,欧美的女性剪发运动同样肇始于20世纪20年代前后,在"一战"后,由于女性走上工作岗位的需要和潮流风向的转变才逐渐实现普遍化③;中国女性的剪发运动是与世界女性剪发风潮同步,甚而早于世界女性剪发风潮的。

(三)现有研究中不乏对"女性剪发"观念史的研究与探讨,但这类探讨往往忽略了中国现代文学文本这一重要的观念史材料,少数使用现代文学文本材料进行的研究,又往往未能深入讨论④,未能形成一种对于女性剪发发生学的综合性、文化学视野的考察。

综上所述,我们无意重新梳理"女性剪发"问题论争的相关史料,而旨在通过清末以降的新闻报道、社论文章、文学作品来探讨中国"女性剪发"运动作为一种"古今中外前所未有"的社会实践产生的思想基础,探究"国民""卫生""时间""摩登"等西方引进的、具有"现代性"的观念是如何颠覆性地改易了民国都市女性对于发型的认知的,最后,我们还将通过中国现代文学中的小说文本,来探究剪发女性遭遇的普遍"凝视",及其如何形成一种针对女性剪发的"全景敞视"社会,并力图以此来改变和规训女性身体的。

---

① 参阅[日]高岛航:《1920年代中国女性剪发——舆论·时尚·革命》,鞠霞译,《当代日本中国研究》2013年第1期。
② 姚霏:《近代中国女子剪发运动初探(1903—1927)——以"身体"为视角的分析》,《史林》2009年第2期。
③ 参阅[美]库尔特·斯坦恩:《头发:一部趣味人类史》,刘新译,广西师范大学出版社2017年版,第56—61页。
④ 如李欧梵:《上海摩登:一种新都市文化在中国1930—1945》(毛尖译,人民文学出版社2010年版)、卢婉静《民国女性发式与现代文学叙事研究》(2014年厦门大学学位论文)中关于女性"剪发"的讨论都在一定程度上使用并分析了中国现代小说文本,但前者囿于"都市文化"的研究主题,后者受限于对多种发式进行综合讨论的主题,都未能深入,且使用的文学文本数量都相当有限。

二、"国民""卫生""时间"与"摩登"：民国都市女性剪发运动的发生

人类学家库尔特·斯坦恩认为，生长旺盛的头发传递出的是"身体健康，魅力十足和性能力强的信号"，并指出"在许多文明中，拥有健康、披散长发的女性意味着有良好的性能力"①，孔飞力也曾在《叫魂》中援引詹姆斯·佛朗泽等人类学家的观点，强调了头发在礼仪上代表了众多颇具象征性意义的"抽象性事物"，如"繁殖能力""灵魂""个人力量"等。②而剪去女性象征着个人魅力、性能力乃至于生殖能力的长发，也因此常常被视为不祥、悲剧或是惩戒。头发隐伏的象征意义使得存蓄秀发在漫长的人类历史中成为一种绝大多数国家人民的"集体无意识"，这种"集体无意识"在许多初民的神话中也得到展现。传闻中希腊神话中掌管记忆、语言、文字的女神摩涅莫辛涅就将她的超凡记忆贮存于头发之中，《圣经》故事里大力士参孙的力量同样来自头发，当他的头发被割去，神力便从他的身上消失了③。这些展露人类"失发"恐惧的潜意识例证，使我们不得不探讨剪发是如何在 20 世纪的女性世界中迎来"大流行"，民国都市女性剪发现象的发生又具备着怎样的异质性。

（1）女性剪发的原因之一："国民"身份的呼唤

即使学者刘禾曾考察"国民性"话语的生成，并对其"本质化"意涵质疑④，但刘禾本人也意识到，"国民"作为一个现代汉语中源自古汉语日本"汉字"的词语，它的现代意义是在引介与翻译中不断形成的，这就决定了它必须服务于"主方语言使用者的实践需要"⑤。而 19 世纪末以来，剪辫易服成为革命党人反清象征的同时，也成为革命党人借以宣传反满革命的重要手段⑥，民国成立之后，剪发更是在各大条文之中不断地成为"国民"身份的重要指称，如在《内务部咨行各院特定〈劝诫剪发条规〉六则录请查照办理文（附条规）》中首句就

---

① ［美］库尔特·斯坦恩：《头发：一部趣味人类史》，刘新译，广西师范大学出版社 2017 年版，第 64 页。

② 孔飞力：《叫魂：1768 年中国妖术大恐慌》，陈兼、刘昶译，生活·读书·新知三联书店 2012 年版，第 134 页。

③ ［美］库尔特·斯坦恩：《头发：一部趣味人类史》，刘新译，广西师范大学出版社 2017 年版，第 115 页。

④ 刘禾：《跨语际实践：文学，民族文化与被译介的现代性（中国，1900—1937）》，宋伟杰等译，生活·读书·新知三联书店 2008 年版，第 73—104 页。

⑤ 刘禾：《跨语际实践：文学，民族文化与被译介的现代性（中国，1900—1937）》，宋伟杰等译，生活·读书·新知三联书店 2008 年版，第 88 页。

⑥ 樊学庆：《辫服风云：剪发易服与清季社会变革》，生活·读书·新知三联书店 2014 年版，第 96—97 页。

指出"从来容饰文野足为国民进化之征",传递出了奇异的隐含信息——不剪发则为"野""非进化",而剪发则是"文"的表现,是"进化"的重要表征。而民国三年颁布的这套《劝诫剪发条规》名为"劝诫",实际上完全超越了道德上的规劝,成为了一种近乎强制性的行政命令,该条例对上至各官署及其他官立机关服务人员及其家属、仆从、夫役,下至车马夫役、普通商民的"剪发"问题都做出了硬性规定①,固然没有达到满清王朝式的"留发不留头"的残酷性处罚,但也基本杜绝了蓄发者进入官立机构、从事商品经济活动、进行体力劳动的机会,展露出了强烈的、对于发型的政治性要求。

事实上,在这些呼吁中所欲指涉的对象是"男性"的"剪辫"行为,但这些动人的、对于"国民"的呼吁与政策召唤,实际上对于女性亦产生了强烈的感召作用,"剪发"成为了女性融入国族、寻觅自身"国民"身份的重要举措。1903 年,正值海内外改良派、革命党"剪辫易服"舆论高涨、海外华侨"剪发"以"排满"舆论兴起之时,金天翮在《女界钟》中倡导女性"截发",成为了中国女性剪发运动的"第一声",而这对于女界而言颇感"奇异"的"第一声"中实际上存在着诸多对于"男性剪辫"鼓吹话语的移植与转嫁。尤其是在该段鼓吹的结尾,金氏留下了意味深长的断语——"吾以为女子进化亦当求截发始"。但"进化"的终点何在? 在《女界钟》中,金氏并没有回答这个问题,但在后续创办的《女子世界》刊物与其他文章中,他逐渐展露了"进化"的目的所在——缔造"国民"乃至于"国民之母"②。女性剪发由是不可避免地与"国民"观念纠缠、叠合,女性成为了"男性剪辫"这一"国民"身份自证行为中并不协调的符码,自发地将自身的躯体融入了归属"国民"身份的形塑运动之中,但这些"进化了的"女性的努力贴近"国民"归属的努力遭遇了来自官方的强烈拒斥,使得"国民"概念的"所指"变得暧昧不明起来。

辛亥革命以后,在政府对于"剪发"的"国民"身份许诺下,民国的女性剪发运动迎来了第一个高潮,在《女子剪发问题》(甯华庭,1911)、《女子剪发议》(张鸿瑛,1912)、《女子剪发问题》(树爱,1912)等文中,"民国新造,万象更新"带来的必然结果是女性的"更新"——"剪发",而这种女性的"更新"的最终目的是

---

① 参阅《政府公报分类汇编(四〇)杂录》,上海扫叶山房北号 1915 年版,第 97—98 页。

② 关于《女界钟》相关论述,参阅姚霏:《近代中国女子剪发运动初探(1903—1927)——以"身体"为视角的分析》,《史林》2009 年第 2 期。

"文明之国"的诞生与"民族"的崛起①,从这些"剪发"的宣言书中,可以看出刚刚"浮出历史地表"的女性是如何急切地意图将自身纳入"国民"秩序当中。从湖南衡粹女校学生周永琪自断其发并倡设女子剪发会,被当地民政司长刘人熙以"女子剪发之制,实中外古今之所无","将来必至酿成一种不女不男不中不西之怪状,不独女界前途之忧,实民国风俗之忧"为由取缔②,杭州产科女医生朱维新发起女子剪发会和上海少数女子的剪发实践引发省长下令以"奇装异服有碍风化"为名逮捕剪发女性,到教育部发文禁止剪发与缠足的"恶习"③,这些女性对"国民"实践的尝试是那样被社会各界猛烈地拒斥,以至于提倡女性剪发者不由发问:"何为男子剪发为遵制,女子剪发为非礼乎?"④这种关于"剪发"的悖论展露出民初女性意识与女性面对的社会现实之间强烈的乖离,剪发女性所设想的"万象更新"、所认定的"进化"、所畅想的自由平等的"文明之国"代表了最质朴而又深刻的"辛亥想象",民国建立之后,女性成为广义上的"国民"仍旧道阻且长。

"国民"身份的招引代表了剪发的政治面向,日本学者高岛航在他的研究中援引陶希圣的回忆,阐释了国民大革命时期"西征军"将"剪发女性"视为"共产党"而进行迫害与羞辱背后的发型的"政治化"因素,表明了作为武汉"革命高潮"象征的剪发是如何在"武人"的争斗中成为受迫害的历史坐标的⑤。这一现象似乎再次表明了女性剪发与国族命运之间微妙的叠合关系,当面对国家的剧变时,"剪发"似乎成为女性迈向新生活的誓言,但这种对自我身体的掌控往往会造成超越身体的解读,进而成为时代无言的牺牲品。

(2) 女性剪发原因之二:被发现的"时间"与"卫生"

柄谷行人认为,"风景一旦成为可视的,便仿佛一开始就存在于外部似的",但事实上,"风景之发现"的根源在于认识装置发生了"颠倒"⑥。似乎正

① 张鹓瑛:《女子剪发议》,《社会世界》1912 年第 2 期。
② 转引自姚霏:《近代中国女子剪发运动初探(1903—1927)——以"身体"为视角的分析》,《史林》2009 年第 2 期。
③ 召南:《国内无线电》,《小时报》1919 年 5 月 21 日。
④ 树爱:《女子剪发问题》,《女学生杂志》1912 年第 3 期。
⑤ [日]高岛航:《1920 年代中国女性剪发——舆论·时尚·革命》,鞠霞译,《当代日本中国研究》2013 年第 1 期。
⑥ [日]柄谷行人:《日本现代文学的起源》,赵京华译,生活·读书·新知三联书店 2003 年版,第 9—19 页。

如巴金的小说《家》中,琴提到"女性剪发的好处"时,几乎立刻不假思索地提出了"合于卫生,节省时间,便于工作"三大优点①,当今天的研究者回顾民国女性剪发问题时,总是能清晰地关注到女性剪发问题与"时间""卫生"两个概念之间纵横交错的关系,并以之为既成的历史"风景"加以分析与解读。但事实上,"时间(time)"与"卫生(hygiene)"这两个概念的来由是如此具备"现代性",是一套在女性的历史中"被习得"的话语、一套崭新的"认识装置",它是女性与漫长的、幽闭于历史地表以下的闺阁历史的告别,并且开始作为一个独立个体面对一个逐渐失去传统性别分野的世界。

在漫长的封建王朝历史中,"时间"绝非一个清晰的、线性发展的概念,甚至时常呈现为一种含混而又循环的纠葛状态,而对于绝大多数封建王朝统治下的女性而言,"'时间'从未开始"。美籍学者伊沛霞在《内闱:宋代妇女的婚姻和生活》一书中曾向读者描绘封建王朝妇女的"私人生活",在她看来,一个封建王朝中"好的妻子"的"模型"必须"全心全意接受社会性别差异",全心接受"儒家伦理与礼仪模式",严守"内"与"阴"的"男女之别"。而这些以身处深闺为美德的妇人的仪容("身体形象")必须遵守严格的秩序,在绘画中常常被展现为扎着头发,"用珠宝或发卡装饰头发"并且着意显露的形象,因为发型对于深闺妇人而言实际上"多半反映品味、地区和阶级方面的不同"②。发型对于封建女性的重要性或许还可以从《红楼梦》中王熙凤初次登场时"神仙妃子"似的"头上戴着金丝八宝攒珠髻,绾着朝阳五凤挂珠钗"③的细致描写中窥得一二,然而不论是伊沛霞援引史料中那些借发型传递独特地位的内闱妇女,还是在大观园中地位卓群、梳着精致发型的王熙凤,大概都未曾考虑过梳理发型带来的"时间"损耗问题。有学者指出,"时间"一词虽然源自古汉语、转译自日本汉字,但在古汉语中表示的是"眼下""一时""立即""马上"等转瞬即逝的"时刻"④,而非一个时刻处于"流动"之中的、线性的横向概念。而对于辛亥以降的女性而言,"时间"作为一种"风景"被"发现"并被"清晰地感知",归根到底在于她们逐渐模糊地意识到:她们处在一个"时间开始"的年代之中,女性要面对

---

① 巴金:《巴金全集》第一卷,人民文学出版社 1986 年版,第 237 页。
② [美]伊沛霞:《内闱:宋代妇女的婚姻和生活》,胡志宏译,江苏人民出版社 2010 年版,第 18—32 页。
③ 曹雪芹、高鹗:《红楼梦》,人民文学出版社 1996 年版,第 39—40 页。
④ 刘禾:《跨语际实践:文学,民族文化与被译介的现代性(中国,1900—1937)》,宋伟杰等译,生活・读书・新知三联书店 2008 年版,第 419 页。

的不再是凝滞的、含混的内闱时空和一个高度性别差异化的社会，而是一个急促的、流动的、社会性别差异逐渐被"磨平"的世界。从《女界钟》始，钗饰繁复的发型成为某种隐含妇女堕落、消极、自我消磨意味的表征，而"剪发"带来的"时间"的减省则提供了上进的空间：金天翮在《女界钟》中率先指出，妇女们盘一个"精致绵密"的发髻便需要"数十分钟"，而要达到"风吹不乱，钗光鬓影，灼灼鉴人"的效果，则需"二三小时"，由此，"半日之光阴"消耗殆尽，由此妇女们形成了"娇惰腐败"的不良个性①，辛亥年间剪发的倡议，也大多提到剪发的"利便"与"省时间"。

而 1920 年后，民国女子剪发风潮达到第二个高峰，对"时间"的发现再次成为女性剪发的重要原因，除去该时期诸多女性剪发的倡议，樊秀林的《剪发小史》为我们提供了更丰富也更直接的、关于"女性剪发"的一手经验。樊秀林的"剪发"行动发生在民国十年（1921 年）的五月间，虽然她自述前一年便从上海、北平的书报中获知了"女子剪发"的潮流，并感到"实获我心"，但是真正促成她的剪发行动的，则是离开故乡到武昌女子师范求学后"被发现"的"时间"。樊自述自己梳头的技巧不高，不论是请人梳头还是自己梳头都要费一番功夫，而在这番自述中，她几次提到了当自己梳头时，别的女学生都"用功去了"，有些女学生梳头时"瞧着人家那份赶紧的劲儿，就知人家要去用功"，"用功"一词深刻反映了集体梳头场景在樊秀林心中留下的经年的焦虑感，她在梳头动作的对比中深刻感受到了时间的流逝和一种强烈的、线性的"被超越感"，这种对"时间"的"发现"重组了樊秀林的世界观，让她意识到自己的头发在这个急促的、流动的、竞争的世界之中，是一种沉重的负累，故而当她第一个剪下自己的头发时，她感到宛若摆脱了"附骨之疽"似的轻快与怡然。同时，在樊秀林的故事中，我们逐渐意识到了 20 年代初的女性已经摆脱了她们身处"前现代"的姐妹对于头发尊奉、精心侍弄而又隐含潜意识畏惧的"集体无意识"，而以一种更加自主性的态度对待自己的头发，樊秀林等五人的剪发缘由是"我们实在没有为什么，不过觉得头发是自己的，自己不愿要它，自己不愿要它，就剪去了，也没什么"。因为"怕耽误工夫"而剪发，隐喻着一个更加具有独立个体性的、作为"现代自我"的女性的诞生。后来，在剪发的五人面对被校方逼着捡回头发

① 转引自姚霏：《近代中国女子剪发运动初探（1903—1927）——以"身体"为视角的分析》，《史林》2009 年第 2 期。

的困境时,师范的女学生们则通过一人剪下"一缕"的方式凑齐①,这一随性的剪发行动展露出了 20 年代初女学生们的"心灵革命"——"剪发"仅仅只是"剪发"而已,不具备任何的道德、世俗或是社会化的指称,在这种剪发行动中,一个"现代性的自我"自由地把控自己的身体与生活,告别了内闱的世界,接触"外向"与"阳面"的生活。

　　而"卫生"观念的生成,达成了对"长发"的祛魅,赋予了"短发"前所未有的"清洁"意味。"卫生"一词是典型的"中—日—欧"借贷词,即由日语使用汉字来翻译欧洲词语时所创造的词汇,是相当晚出的概念②,但却成为了促成短发风行的相当重要原因。由于"剪发"行为所蕴含的、幽深而不祥的象征意义,封建时代的妇人们对"剪发"的态度相当审慎,她们往往蓄着一生几乎不修剪的长发,编制出各种不同的发型,丰富自身的内闱生活,营造出王熙凤式的精美印象。但这种印象的背后,长发带来的油垢、脏污问题则被无视了,又或许说头发的洁净在"前卫生"的时代中并不为人所重视,正所谓"蓬头垢面",比起脏污,蓬乱的头发或许才是更有悖于礼教要求的存在。当民国教育部审定的《初小二年级下学期用常识课本》中强调"我每半个月,一定要剪发一次。我每星期,至少要洗澡一次。我的身体,很是清洁"③时,仿佛"清洁"与"肮脏"是中国固然存在的、"不证自明"的"风景",但事实上,不论是"清""净"还是"洁",在"前卫生"的时代中主要是形容人的品性特质而非形貌没有污垢的状态。蓄发的"污秽"与"肮脏"在中国话语场域内的"被发现"最早或可追溯到康有为的《请断发易服改元折》,在该折中,康有为提出了"垂辫"行为具有"污衣"的可能性,"蓄发"则有着"尤增多垢"的缺陷,造成了"观瞻不美"、沐洗困难的缺陷,于"卫生非宜",进而奏请剪发易服。然而在这几句话前,康有为还强调了"断发之俗,万国同风矣"④,这实际上反映了某种晚清视角的变换,"万国"从蛮夷变为了清王朝追赶、学习的对象,故而"卫生"与"肮脏"的概念被发现了,一个恒定的"天下"坍塌过后,留存下的是一个需要对照"卫生"标准改易自身的"肮脏世界"。1903 年,也是在《女界钟》中,女性剪发与追求"卫生"亦首次被联系在

---

① 参阅樊秀林:《剪发小史》,冰莹编:《她们的生活》,宇宙风社 1943 年版,第 11—16 页。

② 刘禾:《跨语际实践:文学,民族文化与被译介的现代性(中国,1900—1937)》,宋伟杰等译,生活·读书·新知三联书店 2008 年版,第 384 页。

③ 王剑星编:《初小二年级下学期用常识课本》(第四册),世界书局 1933 年版,第 32 页。

④ 汤志钧编:《康有为集》(上册),中华书局 1981 年版,第 368—370 页。

一起,早期女性剪发的动员文献中,更指出"女子的头发,是在人身体上一件最醒豁的东西!"①,过去数千年女性蓄发的传统被描绘为"细菌丛生""酿成臭秽的资料"的肮脏历史,既往历史中精美的女性发型被祛魅后,留下的是油垢横生、汗渍横流、细菌滋生的"实质",短发不仅是"现代"的,更是"清洁"的;而到了20世纪20年代的"剪发"高潮兴起时,长发"又可厌又不卫生又丧失人格"②似乎已然成为一种"定论",头发的"清洁"而非整齐成为了更为"现代"的界定标准。

(3)女性剪发原因之三:剪发作为"摩登"的象征

女性剪发与商业行为之间的关系可谓源远流长,"卖发"在历史上曾长期作为一种商业行为,或隐秘或半公开地存在。魏晋时期陶侃之母"截发延宾"被传为"贤母"美谈,纵然历来为人所惊叹的是陶母"剪发"这一行为所意蕴的"重大牺牲",但事实上,陶母的传说同样验证了古代"卖发"贸易的隐秘存在——不仅陶母可以在决定剪发换钱的时刻找到合适的买主(或是"中介"),并且对陶母故事的言传者也并不以头发的"商品属性"而感到讶异。英国学者爱玛·塔罗则广泛考察了古今中外的头发贸易、假发产业,她指出,尽管"剪发"在长时间内被视为禁忌,但早在19世纪初的法国,乡村女性贩卖头发以制成都市女性的假发已经成为较为成熟的产业,女性头发的贸易在许多地区以一种心照不宣的方式进行着③。

如果说曾经因头发贸易而剪发的女性往往是迫于贫困与生计,那么20世纪以来短发的"摩登"象征则体现了商业性与女性剪发更深的纠缠。高岛航的研究反映了20世纪20年代以来,被日本贬称为"毛断"女性的短发"摩登女郎"在中国逐渐风行④,而20世纪20年代,随着"波波头"在欧美女性世界成为"潮流"风向,短发成为世界范围内的"摩登"风向标⑤,进而通过资本主义商业符号的运作深刻影响了中国女性对于发型的审美与认同,李欧梵在《上海摩登:一种都市文化在中国(1930—1945)》中专门考察了商业因素是如何促使

①　甯华庭:《女子剪发问题》,《学生文艺丛刊》1911年第4卷第3期。

②　《女子剪发底商榷》,《民国日报》1920年7月7日。

③　[法]爱玛·塔罗:《千丝万缕:头发的隐秘生活》,郑嬿译,生活·读书·新知三联书店2020年版,第33—57页。

④　[日]高岛航:《1920年代中国女性剪发——舆论·时尚·革命》,鞠霞译,《当代日本中国研究》2013年第1期。

⑤　爱玛·塔罗:《千丝万缕:头发的隐秘生活》,郑嬿译,生活·读书·新知三联书店2020年版,第5—7页。

"短发"成为中国"摩登女郎"的重要构成因素的:在李欧梵看来,作为美国都市年轻女子的"流行发型"的"短发",通过好莱坞女影星(如琼·克劳馥与嘉宝)的造型而被打造成一种纯熟的商业符码,通过流行杂志、月份牌传递出短发、热爱运动的健美"新女性"形象,形成一种"摩登女郎"的样板,由此使得"短发"与"摩登"捆绑在一起。在刘呐鸥的《游戏》《风景》《流》,叶灵凤的《流行性感冒》等小说中,"短发""断发"一次次成为了摩登女郎们性魅力的重要符码,它象征了一种有别于传统、深闺之中精致盘发的娴静东方女性的、具有强烈危险性而富于性魅力的异域风情女性形象,这些女性面对着躁动不安、繁弦急管而又喧嚣嘈杂的大都市,成为了感情游刃有余的主导者与控制者,使得"短发"在"国民身份""节省时间""有利卫生"之外,彻底完成了"美"的自证。

从通过"剪发"来确立国民身份,到通过"剪发"来"节省时间""保持清洁",再到"短发"与"美"的等式正式被确立,女性剪发的原因嬗变实际上也是女性解放历程的展露,从不被认可的"国民",到必须独立面对流动、变化、性别差异消除的广袤世界的"女学生",再到彻底站在时代的中心地带,成为独立面对工作、情感与生活的"摩登女郎","头发"从"受之父母"的馈赠回归成了现代性自我的"身外之物",短短几十年间,对于女性剪发的观点大逆转,长发与短发完成了美与丑的观念大置换,展现出了西方政治、文化大入侵的时代之中,社会思想的变化、急转与改易。

三、"被凝视"的困境:民国都市女性剪发问题的文学呈现

在《上海摩登》一书中,李欧梵描绘了短发的"摩登"女郎们所遭遇的"穆尔维式"的"凝视",并认为在刘呐鸥的小说中,固然饱含着这种对于短发摩登女郎的充满性欲望的"凝视",但传统的"女性喻体"作为男性"偷窥的客体"的模型在刘呐鸥的小说中呈现出一种关系的倒错,"被凝视"的短发摩登女郎在刘的文本中被认为是一个不可把握的"幻象"①。但并不是所有的"剪发女性"都有着如刘呐鸥笔下女主角一般健康肉感的躯体与不惧人言而玩弄情感的能力,事实上大量的民国小说文本通过对女性剪发问题的文学呈现揭露了剪发

---

① 李欧梵:《上海摩登:一种新都市文化在中国(1930—1945)》,毛尖译,人民文学出版社 2010 年版,第 206—211 页。

女性所身处的、无所不在的"被凝视"的困境。这种困境与她们的剪发行动息息相关,凝视她们的眼神中既有来自男性的穆尔维式的情欲化凝视,也有来自世俗社会的"奇观化"凝视,这种"凝视"代表了一种深刻的而沉滞的、反对女性自主控制身体外形的"权力"的倾轧,代表一种福柯由边沁"全景监狱"构想所生发出的"全景敞视建筑"式的社会,形成了针对剪发女性的普遍"规训机制"①,这种"凝视"无疑恶化了剪发女性的生存境遇,往往使得文本中的剪发女性角色发生强烈的心灵创痛与内在压抑。

在小说文本中,"剪发"行动往往发生在女学生群体中。这个女性群体往往因为身处新的公共场域(如学校)中,接触到新兴媒介传递的剪发讯息(如报刊登载北京、上海女性剪发的新闻)而产生剪发的想法与内在动力,但不幸身处封建社会环境与旧家庭之中,面对传统夫权、父权对于女性身体的强烈规训意图,故而始终处在"被凝视"的窘境之中,永远无法实现剪发行动与周遭环境的协调。书写女学生所面临的新场域与旧社会、家庭之间的矛盾境遇,最为典型的文本便是茅盾的小说《虹》与巴金的小说《家》,在这两个文本中,女性剪发的历程与遭遇的"凝视"环境呈现出高度的相似性,甚至可以说是互为"姐妹镜像"。在茅盾的小说《虹》中,热情洋溢、不畏人言的女学生许绮君在大哥的鼓励下率先剪发,而后女校爆发了剪发风潮,主角梅女士也剪了发,但与许绮君开明的家庭不同,梅女士的剪发行动首先遭遇了旧式家庭的嘲讽与反对,父亲讥讽她为"男女不分,惹人笑话",进而遭遇了旧舆论场域的全方位"凝视":

> 更使她烦恼的是街上的恶少,每天上学和回家,总有些轻薄少年跟住她,在先还不过远远地喊:"看剪发的女学生哟!"后来却竟连极猥亵的话也都掷过来了。城里的确很少剪发的女子,梅女士的剪发同学又都是住宿生,不常在街上跑;因此好奇的眼光和轻薄的口舌便集中在每天要在街头彳亍两次的梅女士身上。像卫队似的,梅女士前后左右总有四五个涎脸饧眼的恶少。全城都知道有一个剪发的十分耀眼的"梅小姐",每天吸引着若干男子在某街角等候她。②

---

① 参阅[美]米歇尔·福柯:《规训与惩罚》,刘北辰、杨远婴译,生活·读书·新知三联书店 2012 年版,第 219—255 页。
② 茅盾:《虹》(续),《小说月报》1929 年第 20 卷第 7 期。

　　茅盾笔下的梅小姐展现出了剪发女性面临的一种真实的"割裂感",当在学校这样的公共场域被视为常态的剪发行为进入了旧社会的"凝视"场域时,流言、"奇观化"与"性欲化"的"目光"出现了,男子们将"梅小姐"视作欲望客体的悖德行为,由于她的"剪发"行动而被世俗秩序自动地"合理化"为了一种"吸引",底层民众"好奇的眼光"与"轻薄的口舌"构成了一股强大的、负隅顽抗的历史力量,对剪发行为进行"舆论的惩处",力图规训女性的身体形态回到他们所熟悉的历史样态之中。而巴金的《家》里,几乎同质化的场景也出现了,受到北京、上海关于女性剪发的宣传影响,家庭环境开明、勇于抗争与牺牲的女学生许倩君首先在女学堂中带起了剪发的风潮,在女学生群体中成为了被"羡慕"与"赞美"的对象,而琴也因此对剪发有所意动,但随后却感受到了社会范围内对率先剪发的倩君饱含恶意的"凝视",不论是社会上"小尼姑""鸭屁股"的嘲笑,还是大街上"轻视与侮辱的眼光"与"不堪入耳的下流话",抑或是琴敬爱的母亲对倩君剪发"古怪"①的评价,都展露出了女学生群体在进行"剪发"实践时所遭受的无处不在的社会"凝视"。这些"凝视"构成的"全景敞视社会",最终的目的就在于规训与改造。

　　而事实上,除却女学生们"可见可感"的"凝视"目光外,还有更多无声无息的"窥探",这种对短发女性"窥探"在沈从文的小说中不断被"复沓",成为了一种复杂的凝视系统。有学者曾讨论沈从文小说《萧萧》《长河》中湘西农人们对女学生的"凝视",并认为这种"凝视"中饱含着乡民对"女学生自由生活方式与现代文明"的复杂心理②;而在沈从文以都市为背景的讽刺小说中,我们不难窥见另一重对于女学生的"凝视",在姊妹篇小说《岚生同岚生太太》《晨》中,岚生夫妇面对"短发女学生"群体,展现出了完全不同的"窥视"视角:财政部的二等书记岚生总爱在回家的路上经由"墨水胡同"去"窥探"一番"规范女子中学"的剪发女学生,沈从文用讥讽的笔触描绘岚生"还可以看头像返俗尼姑样的女人",并称赞他"看得斯文""看得老实,不逗人厌",久而久之,岚生把女学生们的短发类型"差不多完全记熟放在心里了",并且由发型又想起"人的脸相",最终试探着太太,让岚生太太也学女学生剪发,在小说的最后一幕中:

---

①　巴金:《巴金全集》第一卷,人民文学出版社 1986 年版,第 236—250 页。
②　卢婉静:《民国女性发式与现代文学叙事研究》,厦门大学 2014 年学位论文。

（岚生）把在自己面前走过的剪了发的女人，一个都不放松，细细的
参考着温习着，以后太太的头发式样，便是岚生先生把在市场所见到的
一个年青漂亮的女人短发，参以墨水胡同一个女人头发式样仿着剪
来的。①

在岚生的故事里，沈从文对剪发女性形成了"双重凝视"的效果，当沈从
文凝视着笔下岚生的内心世界时，岚生凝视着剪发女性们，在他的"穆尔维
式凝视"下，"年轻漂亮"的自然不仅是"女人短发"，而是与头发勾连在一起
的女性面容乃至于女性躯体，通过将形形色色摩登女郎与女学生的漂亮短
发加之于太太之身，岚生使他的多个欲望客体重叠，并在太太的身体形象中
生长，作为"正派人"的"二等书记"绝不可能去追索"恋爱"这样的"坏事情"，
但通过意淫，将其他美丽女性的痕迹移植到自己太太之身，却是再"体面"不
过的事了。在对女性的"双重凝视"中，沈从文加深了文章的讽喻主题，剪发
女学生与女郎们在无意识之中成为了被"窥视"的对象、欲望的客体，"短发"
作为女性融入"现代"生活的途径与方式，似乎又将她们带入了被"凝视"的
窘境之中。

值得一提的是，在沈从文笔下的"岚生太太"眼中，对于剪发女性的窥探则
代表了对知识场域内的"现代女性"的憧憬与羡慕。在本文的第二部分中，我
们发现，"剪发"在女学生群体中因"省时""卫生"等因素而备受推崇，而在都市
女郎群体中，又因其"摩登"特质而风行，故而"短发"在女性群体中获得了超越
性的社会意味。因此，岚生太太对于短发女性的凝视中含蕴着对于其社会地
位、知识水平的微妙钦羡，在她看来，"剪发"成"返俗尼姑模样"实际上代表着
"高等女子规范"学生的生活方式和"文化水平线"，剪短发、穿新衣在她看来意
味着生活方式的转易——能够与岚生昂首相偕去中央公园、中央戏园、长美
轩，被人认为是"一个局长厅长带起他在女子规范大学念书的太太来逛"②，
"剪发"对于岚生太太来说是一种脱离了现实语境的畅想，是一种进入"现代生
活"的法门，让她摆脱"二等书记"的主妇太太的社会地位，进入"高等闺范大
学"女学生的生活场域之中。通过凝视"剪发"女性的生活"可能性"，岚生太太

---

① 从文：《岚生同岚生太太》，《现代评论》1926 年第 5 卷第 105 期。
② 从文：《晨》，《现代评论》1927 年第 5 卷第 126 期。

寄寓了一种曼妙的期待与超越性的希望,其中隐含着某种对自由的企盼与超越世俗生活的渴望。

四、结　语

从晚清到20世纪20年代以后的女性剪发高潮,"女性剪发"的意涵与原因发生了急遽的变化,而这种身体形貌的变化背后所指涉的实际上是更加复杂、更加多样的妇女生活变迁,女性们走出了既定的生命框架,走进了一个急促变化、流动的新世界之中,面对更加激烈却更加公平的竞争,必须更加审慎地面对生活。不论是辛亥后女性为了"成国民""省时间""求卫生""追摩登"而进行的剪发活动,还是文学文本中无处不在的对于剪发女性"凝视"与规训,实际上都指向了妇女生活本身的不易。在女性可以随意处置自己发型的今天,回望女性剪发的"过去",我们或许更能明白,一切社会之现今风貌,均非历史"既成的风景",更非不证自明的存在,而往往是观念的颠倒、前人的勇气与历史的推移共同构筑的风貌。

The Cutting off of "Troublesome Hair" and the Innovation of Women's Destiny
—A Study on the Occurrence of Urban Women's Hair-cutting in the Republic of China and its Literary Presentation

Abstract：Compared with the research boom on men's "cutting braids", the academic community has paid less attention to the women's hair cutting movement. Through news reports、editorial articles、literary works and other materials from the early twentieth century, we can restore the historical moment when urban Chinese women's haircutting "happened" from a cultural history perspective, and compare it with the haircutting trends of women around the world, explore the social basis of the "women's haircutting" movement in the Republic of China as a social practice that was "unprecedented throughout all ages and in all countries", and explore how the emergence and introduction of modern concepts such as "national", "hygiene", "time" and "modern" subversively changed women's perception of hairstyles. Finally, through the fiction texts in modern Chinese literature, we can explore the "dilemma" of urban women who cut hair being "gazed" in the early twentieth century, and the regulatory implications and the power discourse contained therein，and understand the living conditions and spiritual shocks of urban women with haircuts.

Key words：Women's Hair-cutting；Nationals；Hygiene；Time；Modern；Gaze

作者简介：张佳滢，厦门大学中文系中国现当代文学专业博士研究生。

艺术中的都市文化

"同时代性"的变奏：八十年代
中国城市电影的审美风致①

刘逸飞　彭　涛

摘　要：八十年代的中国城市电影，在长期的审美讨论中未得到足够的关注，其审美表达实际体现着观察时代又反思时代的"同时代性"。书写"伤痕"的城市电影突破了传统的人道拯救程式，将过去的创伤记忆与当下的时代感受编织为一体；追求纪实的城市电影展现着转型期社会的景观和思潮，营造生活流程感的同时探索了都市人的复杂心境；偏好喜剧手法的城市电影创造着出众的悬置效果，通过中断日常琐碎来反思人性与社会。结合特定的历史语境分析，不同类别的城市电影所呈现出的这种审美相似，呼应着八十年代相对统一的历史和文化意识，根源于知识分子群体占据社会结构中心的现实。

关键词：八十年代　城市电影　同时代性　审美风致

八十年代是中国电影观念发生深刻转型的年代。在 1980 年前后，白景晟、张暖忻、李陀等电影人先后撰文，呼吁"大讲电影美学"，引发广泛关注。此后，相关讨论愈发热烈。审美问题成为八十年代中国电影的核心议题之一，并直接影响了一系列电影的创作。其中最为人熟知的，便是凸显造型张力、主要聚焦于乡村空间的"第五代"作品。而与之相对的是，这一时期于城

---

①　本文为国家社科基金艺术学项目"主旋律电影建构主流意识形态认同机制研究"(21BB053)的阶段性成果。

市空间内展开故事的系列电影,在长期的审美讨论中并未得到足够的关注。①站在今天回望,八十年代的城市电影,实际呈现出丰富的美感。它们不应只扮演影史上"失落的风景",而需要在更新鲜的审美坐标系中得到更为充分的观察与评价。

从整体的审美表达上看,八十年代的城市电影,基本是在呈现时代现实的同时不断进行反思,关注生活动态又维持着批判精神。这符合美学教授阿甘本(Giorgio Agamben)对"同时代性"(Contemporaneity)的描述:"既依附于时代,同时又与它保持距离"②。在阿甘本那里,同时代性既是一种文艺批评话语,也是艺术创作的理念。而国内的一些电影学者,也曾以同时代性为视角展开电影创作、批评等多个维度的审美讨论。③有鉴于此,本文选取八十年代具有代表性的城市电影文本,以同时代性的概念阐释为切口,结合相关社会状况和文化讨论展开分析,期求更好地理解社会转型期多元化的电影景观。

一、与伤痛同时代:历史记忆的唤回与重思

时代一词表面上指涉着时间的过程,其内蕴藏有历史观念和价值立场。阿甘本认为,文艺作品、批评要建构"同时代"的关系,不仅需要对当代的感受力,而且依赖对历史的独到解读,将过去与当下统摄在一起:"同时代人不仅仅是指那些感知当下黑暗、领会那注定无法抵挡之光的人,同时也是划分和植入时间、有能力改变时间并把它与其他时间联系起来的人。他能够以出乎意料的方式阅读历史,并且根据某种必要性来'引证它'。"④历史本身是过去时,只有唤回并重思关于历史的记忆,以模糊"边界"的方式使过去与现在并置,我们

---

① 在一些以"新时期"或"当代"为时间范围的城市电影研究论文中,可以较为清晰地看到这种关注的不足。这些论文将九十年代的城市电影作为审美讨论的起点或重点,而选择性过了八十年代的城市电影。可参见高力:《都市之镜的聚合与破碎——新时期城市电影的内涵拓展与审美嬗变》,《西南民族学院学报(哲学社会科学版)》2002年第4期,第92—96页;陆绍阳:《新城市电影影像特征》,《电影艺术》2004年第5期,第42—44页;王海洲:《视点及其文化意义:当代中国城市电影研究》,《电影艺术》2005年第2期,第31—37页。

② 〔意〕吉奥乔·阿甘本:《裸体》,黄晓武译,北京大学出版社2017年版,第20页。

③ 陈林侠从电影创作的角度指出,通过富有针对性地选择事件,摆脱精英立场并采取"悬置"等策略,电影能够具备同时代性经验;周旭则从电影批评的角度强调,"同时代性"启示分析者将批评主体、策略等与特定时代的社会文化联系起来。参见陈林侠:《电影如何具有"同时代性"?》,《文化研究》2019年第1期,第167—181页;周旭:《从主体迁变到话语重塑——中国电影批评话语的"同时代性"思考》,《艺术百家》2020年第6期,第138—144页。

④ 〔意〕吉奥乔·阿甘本:《裸体》,黄晓武译,北京大学出版社2017年版,第34—35页。

所生活时代中的种种冲突、矛盾和异质性的根源才能真正暴露出来。

在 20 世纪 80 年代的城市电影中，这种"引证"历史与操纵时间的行动频频现身，集中表现在针对十年动乱历史的叙述中。《小街》(1981)、《人到中年》(1982)、《秋天里的春天》(1985)等电影，通常都被归入"伤痕电影"队列。但在审美表达上，它们恰恰反叛了"伤痕电影"的常规模式。《巴山夜雨》(1980)、《天云山传奇》(1981)、《牧马人》(1982)等主要出现在 1980 年代初期的"伤痕电影"，书写"文革"造成的破坏，展现个体尤其是知识分子的苦难，同时无一不流露出"人道主义的社会理想"：秋实、罗群和许灵均等知识分子作为受难者的代表，在蒙受冤屈和经历放逐后，都收获了赞誉与真情。而无论是假借革命之名的封建意识，还是冷漠黑暗的社会氛围，最终都被温暖的人性驱散化解。由此，"预设一个乌托邦的情感结构代表了'伤痕电影'的常规运作"①。然而，前文所言一些在城市中展开故事的作品，却都突破了这种人道拯救的模式，对摆脱过去、挺进未来的进化论式主题提出了合理质疑，进而将历史创伤与生活现实连接在一起。

《小街》对"伤痕电影"传统程式的突破是多方面的，其中最基础的是人物形象塑造。不同于以往的知识分子叙述主体，影片中的夏在故事开始便表明了自己的工人身份。他登场后迟缓的行动和退缩的姿态，暴露出其近乎失明的事实。类似《小巷名流》(1985)、《芙蓉镇》(1987)里司马寿仙、秦书田熬过困苦后的翩翩风度，在此全无踪迹。通过叙述者的变更，创作者拓展了"伤痕电影"引证历史的范围，强调动乱所影响的绝不仅是知识分子，更有广泛的大众。而在这些生活信念相对单纯的个体身上，受创的痛苦或许更为强烈。此外，电影不仅搭建出"戏中戏"的套层叙事结构，还创造了三个截然不同又流畅衔接的结尾。其中，夏在繁华的城市中遇到沉沦的瑜，将观众引向一种难以回避的残酷可能：源自过去的创伤记忆，可能会挤压掉人们现有的生存空间，甚至将人们对未来的乐观消耗殆尽。而本应象征着希望与发展的都市，演变为受创者麻醉自我的失乐园。尽管叙述者对这一结尾再次进行了否定，使故事尾部最终保持敞开态势，但在深刻反思历史并将其融入当下方面，电影无疑进行了成功探索，最终达到的效果，是"悬置观众的情感卷入，以此训练他们超越'忘

---

① 陈彦均：《20 世纪 80 年代国产娱乐片的"伤痕"叙事》，《北京电影学院学报》2020 年第 11 期，第 68 页。

我'的观影体验的能力,然后进一步提醒并提供给观众更高层次的'真实'"①。

相比《小街》,《人到中年》的故事要更贴近"知识分子苦难史"的模式。只是,关于历史创伤的记忆并未占据主导,而是与处于"进行时"的痛苦交织在一起,不断滋扰着人物。在当时,虽然回返往昔痛诉"文革"的作品已有不少,但反映动乱结束后知识分子的生存之苦,在"伤痕电影"中尚无先例。这无疑加深了影片主题的尖锐性,也使影片在拍摄送审等方面颇受波折②。值得注意的是,影片公映后有一种声音,认为过度强调人物面对家庭时的自责,是将表达狭隘化了的缺憾:"在她身上,既看不到一代知识分子忧国忧民的博大胸怀,也看不到变革现实的决心、勇气和力量。这就使得她的内心世界,只不过是一个狭小的'圈地',而不是一个丰蕴的'宇宙'。"③这种从典型意义出发的论断,显然有值得商榷之处。它一定程度上忽视了影片在表达女性意识上的突破,以及对现代社会中"倦怠感"蔓延的敏锐洞察。在追求效率和功绩但诸多保障机制尚未完善的社会中,个体甘于奉献、兢兢业业却总是身心俱疲。而传统话语对"妻子"和"母亲"角色的苛刻要求,使拥有家庭的职业女性面临沉重的精神负担。

与《人到中年》相似,白沉执导的《秋天里的春天》,同样是以女性视角的私人化叙述连接起历史记忆与现实生活。影片的题材选择,延续了导演前作《大桥下面》(1984)的"挑衅性"标准:从城市青年的"未婚先孕"到领导遗孀的"寻找初恋",都是关注时代女性命运的同时,向陈旧的世俗观念发起直接冲击。但电影的创新不止于此。如时人所称:"尽管影片用主要篇幅表现的是周良蕙的'迟到的爱情',但有意思的是从这段爱情描写中,却不同凡响地带出了具有当代特色的社会、历史和人情世态。"④电影在一个相当古典、规整的叙事框架中,完成对不同时代风貌的记录。这为人物生活的巨大反差提供了真实感支撑,给观众造成了更深的心灵震撼。在动乱年代的一间陋室里,周良蕙和儿子在罗立平等人的帮助下感受着温情,不断克服困难;社会发展重新步入正轨后,周良蕙自然美好的"爱的觉醒"却沦为他人口中的丑闻,其正当的"爱的权

---

① 杨击、胡涵:《另类"伤痕电影":〈小街〉的多重叙境和反身性策略解析》,《电影新作》2014年第4期,第30页。

② 参见刘澍:《电影〈人到中年〉拍摄一波三折》,《文摘报》2016年12月24日,第6版。

③ 王忠全:《改编贵在创造——兼评影片〈人到中年〉的改编》,《电影艺术》1983年第12期,第21页。

④ 边善基:《在现实主义的道路上——看〈秋天里的春天〉》,《电影新作》1986年第2期,第66页。

利"不断遭受粗暴的攻击和压制。影片的最后,洒满夕阳余晖的天桥上,两个相爱之人却只敢遥遥相望。借助表现不同女性的遭遇,创作者们勇敢地发出一种声音,即有一些问题扎根于我们形成已久的文化心理结构,跨越了不同时代,并未因社会面貌的"现代化"而自行消亡。要更深刻地认识这些问题,探求解决之道,需要将当下与过去并置起来,重新审视"具有极大普遍性的民族性格和心理状态的问题、缺点和弱点"①。

整体来看,这些城市电影真正达到了与伤痛同时代。创作者们没有将创伤事件描述为偶发性的、难于把握的历史状况,而是将过去的记忆、体验织入当下的感受,赋予创伤记忆以时代性和现实感。这不仅让电影情节的展开和细节的安排具有生活流的感染力,更使创伤叙事与一种文化精英式的独断、自恋心态拉开了距离,成为陈述乃至抢救民众记忆的行动。此外,通过全面细腻地展示社会现象与问题,电影给多元化的反思创造出空间,而非用单一化的人性诉求/道德判断来替代"文革"中粗暴的政治理性。这使得电影在审美表达上具有普遍性关怀以及跨越时空的情感穿透力。

二、与转折同时代:社会转型期的生活纪实

在20世纪80年代,发端于70年代后期的"新时期"术语——即将"文革"后开启的历史视为一个崭新时代的开端,是全社会共享的对于时代的指称。②而后,这种时代的"稳定共识",经历了90年代以来的一系列批判性讨论,逐渐趋于分裂和瓦解。越来越多的学者指出,20世纪80年代不应被视为一个孤立的"起点",而更多是连接不同历史时间段的转折枢纽。由此80年代与此前历史间的关系不再被指认为是一种断裂,而更接近于一次具有历史连续性的转折。"历史转折时期"或"社会转型期"逐渐成为描述这一时期的通行话语。

简单梳理这种时代话语的变迁,能帮助我们更好地理解一些城市电影的同时代性。在审美表达上,这些作品没有选择彼时流行的文化寻根、历史反思等宏大主题,亦未显露太多与"灰色70年代"诀别的喜悦。这与当时最受关注的"第五代"式创作形成明显反差。城市电影的创作者以平实流畅的镜语展现都市里的日常景观和社会思潮,捕捉看似微末的生活变化,传达转型期不同个

---

① 李泽厚:《中国古代思想史论》,生活·读书·新知三联书店2008年版,第33页。
② 关于"新时期"意识成为1980年代时代意识的由来,参见贺桂梅:《"新启蒙"知识档案:80年代中国文化研究》,北京大学出版社2010年版,第14—22页。

体复杂细腻的情感体验。他们拒绝随波逐流而坚持纪实美学的在地化探索，折射出非凡的艺术勇气，呼应着阿甘本对同时代人的描述："正是通过这种断裂与时代错位，他们比其他人更能够感知和把握他们自己的时代。"①在今天看去，这些作品不仅依然显现出充沛的艺术感染力，更具有记录时代风貌的文献学价值。

张暖忻执导的《沙鸥》(1981)和郑洞天、许谷明执导的《邻居》(1981)，在20世纪80年代开城市电影的纪实风气之先。两部影片的题材选择截然不同，但都在戏剧化的结构中努力创造生活流效果。《沙鸥》聚焦于女排队员沙鸥的生活经历和情感流变，突出她的个人意志、个人力量。许多看似"闲笔"的段落，例如买玩具、布置房间和参加婚礼等，都在强化人物形象的立体感，增添叙述的生活气息。电影在抒情段落，如未婚夫在亡故前留下信件开导沙鸥，也在强调体育竞技是运动员自我实现的过程，而非仅仅是追逐奖牌。贴近现实和关怀个体的表达，体现出张暖忻给予"同代人"慰藉的创作目标："让那些和沙鸥有着共同理想和遭际的同代人，看过影片后感到深切的慰藉。当他们回顾自己的奋斗道路时，不因命运的不'公正'而悔恨，不因曾经遭到失败而悲伤。"②《邻居》在审美表达上追求亲近现实生活，从开篇的长镜头，一直贯穿到结尾的聚餐。在叙事空间的选择上，影片所聚焦的筒子楼教职工宿舍，正是转型期社会的一角映射，汇聚了阶层、年龄和个性皆不相同的个体。此外，生活化的表演和自然光效的使用，都在不同程度上强化了影片的纪实效果。

张暖忻和郑洞天等人不仅是导演，更是理论研究者和电影评论家。他们的"学院派"气质促使《沙鸥》和《邻居》成为艺术创作与学术理论结合的时代范本。这两部影片尽管还依赖戏剧冲突来推进情节，对引介而来的纪实美学也表现出一定程度的"误读"，但其传播效果无疑是成功的。电影收获的肯定、激发的讨论，给更多创作者提供了信心。而后，展现生活真实的城市电影在数量上不断增多，在美学风格上也日趋成熟。《逆光》(1982)、《都市里的村庄》(1982)、《邮缘》(1984)等影片，都以生活在上海的年轻工人为主角，表现社会转型期青年人的经历见闻。影片中的戏剧性冲突明显减少，对于生活细节的描绘则更加丰富，表现之一便是都市景观的出现频次和内在意蕴都在不断增

---

① ［意］古奥乔·阿甘本：《裸体》，黄晓武译，北京大学出版社2017年版，第20页。

② 张暖忻：《〈沙鸥〉——从剧本到电影》，中国电影出版社1983年版，第184—185页。

加。电影描绘上海的传统里弄和人物工作的工厂,还用大量镜头展示南京路商业街、影院、舞厅、饭店等消费娱乐场所的景象。这些景观在当时具有一定的陌生化效果,同时其呈现方式带有明显的情感化特征,不仅给银幕上的城市增添魅力,而且与人物的心理动态紧密嵌合在一起。譬如,同样是在繁华的步行街场景中,《逆光》中的小琴不停用目光打量路人的漂亮衣裳,惹得男友黄毛因愧疚而紧锁眉头。《邮缘》中的大森则全然不顾橱窗内琳琅满目的商品,直勾勾地望着路的尽头,期盼心上人现身。景观与情绪的交叠、对比,展现出两对恋人的不同心境,也预示了他们的结局。生活动态的表现与真实自然的情感共同推动着叙事的发展。这使得影片一面摆脱了对戏剧化结构的高度依赖,另一面保证了"深入我们眼前世界的程度"[①],没有沦为碎片化素材的堆砌。

在对都市景观的情感化呈现外,这一批城市电影还通过表现青年人的思想和行动变化,敏锐地捕捉到转型期复杂的社会思潮。在价值观方面,《逆光》里星明在批判大会上为自己辩解、小琴最终选择另寻新欢,显示出对物质利益的追求逐渐受到认可,以及世俗考量对自由恋爱观的侵蚀;在人生态度上,《都市里的村庄》中小亚、舒朗的乐观积极与丽芳、陈金根的狭隘消极形成对比;而《邮缘》里原本不学无术的大森在周芹的引导下,将提升个人修养、为社会做贡献确立为人生目的。影片表现了青年人在爱情、事业中的不同选择与改变。正是对这些差异内容的呈现,显示出创作者观察时代现实的认真和细致。不过,从情节设置来看,电影对这些社会思潮所做出的评价,还依循着传统的道德规范,同时仍以集体主义话语为参照。这不但因为主流意识形态的影响,而且也缘于当时市场经济尚未发展,城市化建设处于起步期,城市青年的生存状态和精神状况还未遭遇真正强烈的冲击,仍带着偏于传统的文化心态和审美情感。1984 年,中央通过《关于经济体制改革的决定》后,我国开始全面推行城市经济体制改革,改革重点由农村转向城市。与前期相比,20 世纪 80 年代中后期的城市社会经济发展更迅速,掀起了商品消费浪潮,在文化精神上也呈现出多元化趋向。以《给咖啡加点糖》(1987)、《太阳雨》(1987)、《鸳鸯楼》(1987)等为代表的影片,就以纪实手法呈现了这一时期的生活动态。孙周执导的《给咖啡加点糖》延续了《雅马哈鱼档》(1984)开创的南国都市片范式,细

---

① [德]克拉考尔:《电影的本性》,邵牧君译,江苏教育出版社 2006 年版,第 3 页。

腻地描绘了都市个体的日常生活和情绪感受。穿着时尚的刚仔行走在纷乱嘈杂的城市中,感官被噪声、车流与无处不在的广告牌填满,只能用狂热的舞蹈宣泄内在的焦虑与迷茫。他希望借助农村女孩纯朴的爱来摆脱迷失,但最终被证明是一场幻梦。在社会拥抱现代文明的过程中,都市人物质生活与精神生活的断裂愈发暴露出来。与刚仔类似,《太阳雨》中的亚曦同样追求着内心的安定又一直遭遇失望,最终停留在孤独的状态中。通过表现带有保守思想的主人公不断面对文化冲击,电影探索了都市人夹在传统与现代间的复杂心境。而《鸳鸯楼》以开阔视角观察城市生活的变化,在纪实美学的探索上走得更远。电影悬置了常规的表达主题,通过一种“隐身人”式的视角,带领观众观察和品味琐碎的家庭日常,复原物质现实而不对其做任何评价。而根据郑洞天导演的自述,这种在当时显得颇为新锐的审美表达,本质上还是由时代现实的变化决定的:“是遍及我们土地上成千上万幢新的居民楼和小单元的新生活方式提供了这种描写的物质可能性,是新的历史时期人们在实现自身价值过程中新的行为准则和情感需求带来了这一新的视角。”[1]

可以看到,这一批城市电影在努力呈现生活的丰富性,同时伴随时代发展显现出对现代性问题的迫切关注。这并非创作者的预先设计,而毋宁说是转型期的社会变化与纪实美学理论之间历史性遇合的结果。在这一遇合过程中,是现实的变动而非巴赞、克拉考尔等人的理论占据了主要位置。伴随城市环境的快速更新,都市个体经历的变动,尤其是其精神世界内绵延不绝的震荡,成为20世纪80年代的电影人面向城市生活的“必然遭遇之物”。在表现这种遭遇的真实感受上,传统的影戏美学、蒙太奇理论都显得力道不足,反倒是不动声色的观察纪实,能造就一种不间断的生活流程感,从而达到与社会转折的同步。因此,这一批影片尽管在当时被黄土地刮起的“西北风”盖住了风头,但成为后人再访20世纪80年代时无法绕开的影像,作为“反映了电影话语形成与时代风格的基本势附”[2]的作品被纳入影史、单开篇章。

三、与欢笑同时代:喜剧手法的悬置效果

阿甘本的同时代性概念,融合了从亚里士多德、尼采到巴特等多位思想家

---

[1]　郑洞天:《〈鸳鸯楼〉导演阐述》,《当代电影》1987年第6期,第92页。

[2]　丁亚平:《中国电影通史2》,中国电影出版社2016年版,第126页。

的观点,因此可以从不同维度进行理解。①前文已经谈到,从时间维度看,同时代性要求揭示历史与现实的隐秘亲缘;从空间维度观察,同时代性主要表现为一种"不合时宜"的审美独特性,追求"身处其中"又"身在其外"的距离感。在此之外,还需要注意的是同时代性的实践策略。在阿甘本的理论框架中,"同时代"的作品与批评采取的是一种"悬置"策略。悬置是一个打断现状的动作,是一种有意为之的停顿,其效果是某物不再被使用,某些行为不再发生。艺术家和批评家能够通过创造悬置效果,揭示日常的异化体制并展开反思,进而打开新的可能性空间。②

在 20 世纪 80 年代的城市电影中,有不少实践悬置策略、创造悬置效果的片段。前文涉及的如《小街》里素不相识的陌生人对夏的残酷伤害、《逆光》中干部家长对子女恋爱的粗暴干涉,都中断了人物的正常生活,暴露出威权体制与封建意识的丑恶。但整体而言,这一时期在创造悬置效果上表现最突出的,是一些采取喜剧手法的城市影片。它们有些是知名的城市喜剧系列,有些则是类型元素杂糅的产物。影片通过夸张、倒错、戏仿等喜剧手法,为观众创造出脱离常规的想象通道,甚至是狂欢节式的庆典氛围。与之相伴的,是生活中庸碌重复的部分被悬置,以工具理性为基础的权力机制遭否定。观众与电影中的人物一起,在欢笑中获得精神上的"安歇"和可贵的反思空间。

在诸多喜剧要素中,喜剧人物可以说是最基础的。20 世纪 80 年代的城市电影也是由喜剧人物的打磨开始,运用夸张和反差手法,创造出悬置效果。聚焦北京胡同生活的《夕照街》(1983),在银幕上呈现了二十多个各式各样的人物。而在散文体式的群像中,出场不多的"二子"却给观众留下了深刻印象。这一角色行事浮夸、热爱卖弄,与石头、郑大爷和"万人嫌"等具有典型特征的人物截然不同。但正是他笨拙的行动、混乱的思维与倔强的口吻形成反差,创造喜剧效果的同时,折射着历史的伤痕与时代青年的困境,引发观众的现实反思。限于篇幅,影片并没有深入挖掘人物的心灵体验,因而产生的悬置效果也相对有限。加之有些角色的刻画流于皮相,在当时便被质疑"是缺少了调动人的思维活动这一方面的力量"③。其后,受到《夕照街》启发的"二子"系列喜

---

① 参见赵娜:《同时代性批评:阿甘本的文艺潜能》,《国外文学》2024 年第 2 期,第 1—10 页。
② 参见黄晓武:《悬置与非功用性:阿甘本的抵抗策略及其来源》,《马克思主义与现实》2015 年第 1 期,第 110—111 页。
③ 高洁:《〈夕照街〉小议》,《电影艺术》1983 年第 12 期,第 32 页。

剧,打造出更加深入人心的喜剧形象。《父与子》(1986)、《二子开店》(1987)、《傻帽经理》(1988)三部作品,以家人、朋友间的伦理关系为依托,充分利用人物的话语与肢体动作,创造出不俗的喜剧效果,释放着传统与现代碰撞产生的普遍性焦虑。

值得关注的是,"二子"系列的三部影片,不仅运用了多样化的喜剧手法,而且表现出愈发强烈的社会批判意识。《父与子》主要聚焦的还是家庭代际间的冲突,表现传统家庭伦理趋于瓦解的现实。《二子开店》则已经关注到社会舆论对青年成长的负面影响。在经营旅店的过程中,青年们夸张的话语表达和频繁的肢体冲突,揭示出他们迷失方向的挫败和得不到支持的失望。《傻帽经理》结合了巧合、重复与错位等多种手法,揭示官僚风气盛行的问题,同时讽刺小市民内心根深蒂固的权力崇拜。影片中的小人物在寻求社会认可的道路上屡屡受阻,无法获得一种平静有序的理想生活,只能在不断的意外遭遇中维持滑稽搞怪的语言与动作,悬浮在一个缺乏现实感的"游戏空间"里。不过,过于明显的讽刺意图,不仅折损了喜剧的活泼张力,而且也挤占了本应留给观众的自由反思空间。类似的问题,在《多情的帽子》(1986)、《哭笑不得》(1987)、《大惊小怪》(1989)等张刚执导的"阿满"系列喜剧中也有出现。反思占比太重而驱散了应有的喜剧氛围,造成一种颇为生硬的表达结构,让不少观众感到疲乏和无所适从。

"二子"和"阿满"系列影片作为通俗城市喜剧,一方面尝试创造愉悦的游戏空间,帮助观众卸下道德重负、宣泄情绪;另一方面又带着传统的"载道"思想,希望体现出紧跟时代的严肃态度。这一内在悖论伴随影片批量式、模式化的生产而呈现为明显的断裂。80年代名动一时的城市喜剧,最终在1990年代化为一声"理想在市场中的呻吟"①,面临被文化和市场双重抛弃的命运。由此可见,在利用喜剧手法创造悬置效果的实践中,平衡表达的平易性和反思的深刻性颇为不易。而通过描绘工程师赵书信的蹊跷遭遇,《黑炮事件》(1985)交出了一份精彩答卷。导演黄建新将影片采用的喜剧手法称为"黑色幽默",其关键在于借助情节形式与情感内核间的二律背反,传递强烈的荒诞意识:"用十分严肃的手法去表现一个近乎荒诞的故事,把悲剧、喜剧、正剧的三条界线打乱,利用越界产生重叠,构成一个'离经叛道'的混合体,一部多元

---

① 张中全:《当代中国电影的转型:以喜剧片为例》,光明日报出版社2010年版,第37页。

结构的影片,追求一种幽默感,一种冷峻的幽默。"①电影中的巧合、反差等手法不再浮于表面,追求瞬时性的感官刺激,而是充当着喜剧美感与批判意识的黏合剂。老实巴交的工程师遭遇怀疑时的困惑表情、一本正经的领导干部们在会议上的胡猜乱想,尽管形式严肃,却能令观众哑然失笑。然而,一桩起源于个人爱好的巧合事件,便能够彻底中断知识分子的正常生活,这不能不使人感到荒唐乃至悲凉,进而引发观众联系现实问题的反思。处于这种背反张力中的赵书信,是影片荒诞意识的象征,同时折射出现实中知识分子的焦虑和忧患意识。

《黑炮事件》之后,黄建新延续荒诞—幽默路线推出了《错位》(1986)。不同于前作中的个体被外在干涉中断了生活,《错位》里,一个为应酬所困的局长,梦见自己制造出替身机器人,主动按下生活的暂停键。影片不仅在情节上设置了三个梦境,而且用极端风格化的布景、鲜明的色彩对比渲染和强化着梦幻氛围,实践着对现实的彻底悬置。阴森可怖的医院、辽远空灵的荒漠等不着边际的存在空间,配上紧张诡谲的音乐,给观众的感官造成强烈冲击。此外,赵书信通过电视机观看机器人开会,即在努力创造的悬置状态下观看"日常的自己",是影片中颇具意味的一个段落。电影运用倒错、对比等手法,在批判外在体制的同时审视着内在人性,甚至设想了后人类时代可能出现的弊病,这无疑是对传统城市电影的范式突破。但与此同时,影片抽象化的表达、风格强烈的象征,皆远离了观众的日常体验,也超出了不少观众对城市喜剧、科幻电影等类型的期待视野,使相关评论呈现两极分化态势。在随后创作的《轮回》(1988)中,黄建新调整了创作策略,试图增添现实细节、反映社会图景,只是整体效果并不算成功。同样改编自王朔小说的《顽主》(1988),则成为 80 年代末荒诞意味最突出的城市电影,是以喜剧手法创造悬置效果的杰出代表。影片中出现最多的,是经过充分打磨的喜剧语言"调侃":"调侃,调是不认真的意思,侃则是理直气壮的意思。侃,刚直貌,《论语》中有'侃侃如也'的话。调侃就是不严肃不认真、明显虚假但听起来却理直气壮夸夸其谈像是那么回事的话。"②这种虚假内核和坚定态度的奇异缝合,为电影提供着喜剧张力和荒诞底色。城市青年创办"3T 公司",扮演起不同的角色,不仅帮助客户远离日常

---

① 黄建新:《几点不成熟的思考——〈黑炮事件〉导演体会》,《电影艺术》1986 年第 5 期,第 16 页。
② 王志敏:《调侃电影的审美特征》,《电影创作》1995 年第 5 期,第 58 页。

琐碎,获得停顿安歇的空间,而且提升着自身的价值认同感。在这一过程中,城市生活的痛苦乃至病态暴露出来,达到引起反思的效果。与此同时,"3T公司"和相关服务无疑只能存在于虚构当中,是一群青年人的乌托邦冲动。尤其是公司提供的"扮演"服务,本身便是游戏动作。这使电影丰富的叙事实际成为一种"完全的假定",在远离现实的悬浮状态下展开。由此,观众得以在轻松欢乐的状态下,获得关于都市社会的多面理解。即使是片中那段引起颇多争议的时装表演,也不过是用夸张近似闹剧的手法,对生活自身的荒诞、混乱进行一种提示。①由于影片实践悬置策略的成功,一切好像都是"一场游戏一场梦"。

一言概之,80 年代运用喜剧手法的城市影片,基本都有创造悬置效果、打开反思空间的明确表现。这与城市化运动中的社会文化心理有关,在《黑炮事件》《顽主》等时代中后期的作品中体现尤为明显。物质生活的剧变给思想观念的调整带来挑战。许多都市人渴望适当的停顿,借以审视内在人性和外部生活。但国家层面的改革开放持续加速,社会层面的生产建设刻不容缓,只有个体经历留有较大的想象和创作空间。于是,电影人塑造出一批个性天真、不合世俗潮流的人物形象,借助他们富有喜感的动作和语言,揭示都市人无法回避的现代性困境——秩序井然的物质建设不断推进,轻快自由的感性快乐却愈发稀有。在引起阵阵欢笑的同时,电影展示了城市生活中存在的虚伪滋长、冷漠横行等问题,为我们理解时代变迁中的个体样态和现代化进程的多面影响提供了理想窗口。

结　语

综合来看,80 年代的城市电影虽然在叙事结构、题材选择等方面差异明显,但在审美表达上声气相通,整体显现为同时代性的变奏。究其根源,是这一时期的历史和文化意识本身"格外具有'共识'性和统一性"②。彼时,由于知识分子群体基本占据着社会结构的中心位置,在文化界乃至广泛的社会舆论场中充斥着两股强劲思潮:其一是追求失落已久的真实,赞赏说真话、抒真情,真实地反映社会;另一是寻回独立批判权,以文艺作品和人文理论为主要

① 米家山为《顽主》增加时装表演戏的意图,参见王云珍:《访米家山谈〈顽主〉》,《电影艺术》1989 年第 5 期,第 5—6 页。

② 贺桂梅:《"新启蒙"知识档案:80 年代中国文化研究》,北京大学出版社 2010 年版,第 11 页。

载体,迸发出强烈的社会批判意识。而前文所言城市电影的创作者,大多属于"经常在不同的城市、不同的空间自由行走,历史感淡薄,空间感敏锐"①的城市知识分子,其创作面向的对象也以市民阶层为主。大时代的变动下,他们经历了生活空间的剧烈变化,获得了丰富的人生阅历,具备超越一般知识分子的强烈艺术责任感。他们所创作的城市电影,是求真、批判的历史文化意识与城市生活的切身经验感受在电影媒介中耦合的产物。于是,融合生活真实与反思批判,便成为这一时期城市电影的审美必然。

与此同时,尽管本文主要从同时代性的理论阐释切入,尝试提炼 80 年代城市电影的审美共性,但具体电影文本的美学表达,无疑又有其独特性。譬如在挖掘城市生活的情感体验上,《逆光》等早期电影,明显依赖传统/现代、历史/现实的二分结构。以《顽主》为代表的后期作品,则往往拥有更加流畅的情感节奏。这一方面受到现实中现代化建设进程的影响,另一方面则体现着电影审美系统自身的复杂性。这启示我们在分析电影的审美与其时代之间的关系时,不能做简单化和封闭化的理解。理想的状况是,既意识到电影艺术的审美表达有其明确的社会根源,又认识到电影是现实与想象的"中转器",会对社会生活产生切实影响。在这种电影与社会互嵌的视域下,同时代性的理论视角能帮助我们更好地理解电影的审美特征;而分析富有时代特色的电影文本,也会赋予同时代性的理论骨架更加丰满的感性血肉。

Variations of "Contemporaneity": Aesthetic Qualities of Chinese Urban Films in the 1980s

Abstract: Chinese urban films of the 1980s have not received sufficient attention in long-term aesthetic discussions, despite their expressions reflecting a "contemporaneity" that observes and critically engages with the times. The urban films addressing "scar literature" transcend traditional humanitarian salvation narratives by juxtaposing past traumatic memories with the present sense of the era. Those pursuing realism depict the landscapes and ideologies of a society in transition, creating a sense of lived experience while exploring the complex psyche of urban dwellers. Urban films that favor comedic approaches generate remarkable suspen-

---

① 许纪霖:《都市空间视野中的知识分子研究》,《天津社会科学》2004 年第 3 期,第 127 页。

sion effects, using interruptions of mundane routines to reflect on human nature and society. Analyzing these aesthetic similarities within a specific historical context reveals how different categories of urban films resonate with the relatively unified historical and cultural consciousness of the 1980s, rooted in the reality that intellectuals occupied a central position in the social structure.

Key words: 1980s; Urban Films; Contemporaneity; Aesthetic Qualities

作者简介: 刘逸飞, 华中师范大学文学院文化传播学博士研究生; 彭涛, 华中师范大学新闻传播学院教授、博士生导师。

电影作为记忆媒介：对历史题材主旋律电影指涉记忆危机问题的再认知①

陈怡含

摘　要：历史题材主旋律电影与大众文化的互动一方面平衡了意识形态功能和市场经济效益，同时被认为带来了指涉历史记忆的危机。与其认为大众文化的介入将扭曲社会记忆，不如将之视为新媒介技术影响下人们记忆方式的变化，带来新的知识形态和认知结构的变革。电影作为记忆媒介改变传统意义上以框架传递记忆的方式，依靠现代科学技术带来一种同个人过去经历没有关系，但是由大众媒介的再现体验而产生出的新的人工记忆。这种人工记忆可以重建个人主体性，跨越不同群体之间的差异，成为构筑更为广阔的政治同盟的基础。

关键词：历史题材主旋律电影　大众文化　记忆媒介　人工记忆

一、历史题材主旋律电影能否"有意义地指涉历史"？

将隐藏在个人流动的意识深处的记忆作为研究对象，将之固化为一种再现或表述，这需要经历记忆"符号化的建构过程"。这种建构性特征首先表现在记忆的回召需要人将停留在意识内的一段回忆用一种符号方式表征出来，才能让其与现实发生联系。这一符号化的过程如赵静蓉所说，包括两个层面，

---

① 本文系湖南省社科成果评审委员会项目"湘湖红色文化的数字化建构研究"（XSP25YBC375）的阶段性成果。

"其一,记忆从存储到重建,是一股潜流,它在我们的头脑和意识中悄然发生;其二,记忆从心理实在到经验活动,又是渐趋呈现和演示的,它只有借助'被言说'或者'被表述'才能成为一种确定的形式,从而才能为我们所认识"。①

"言说"或"表述"记忆的媒介,经历了从文字到视觉媒体的演变形态,电影、电视和数字媒体等对历史的再现逐渐变得更具广泛影响力。特别是历史题材电影被视为是"历史小说、历史戏剧、历史歌剧和 19 世纪其他大众历史媒体如叙事诗和历史油画的后继者",②以声像蒙太奇组合展演记忆、打开历史、召唤回忆,承担着建构自我身份认同、治愈历史性创伤,以及重拾和打捞回忆、避免遗忘等功能。

历史题材电影在打开记忆的同时也伴随着质疑的声音,那就是大众文化的影响和涉足。在当代社会,作为全球化过程的伴生物,大众文化渐趋成为主流文化,借助于现代传播媒介和商业化运作机制,不仅事实上已不容置喙地成为当代社会文化的主潮,而且深刻影响了人们的生活方式与闲暇活动本身,改变了当代社会的结构和文化的走向。自 90 年代起,大众文化成了中国地方社会图景和文化景观的强有力的构造者,大众文化的主体、生产与消费、产品与传播都要服从市场或商品逻辑。它一方面客观上打破了改革开放之前一元的文化专制主义、推进政治民主化和文化多元化,另一方面,其携带的以消遣娱乐为本能的特质,也如上所述,让其文化生产都要服从市场的逻辑。

电影作为大众文化的重要组成,即使是主旋律电影,也不可避免携带大众文化的特征因子。国家机关对于主旋律电影的扶持和重视是中国当代电影发展历程中的重要一环,特别是历史题材主旋律电影作为一种特殊的电影类型,以对历史的追溯和遥望,以具有特殊意义的事件、仪式和符号映入大众视野,形塑群体记忆,成为承载国族和民族记忆的重要媒介和场所。但是 90 年代开始了一系列面向市场的机制改革,中国电影整体需要在考虑意识形态功能和社会效益的同时也要考虑经济效益和票房收入。于是,主旋律电影等待和依赖政府输血的途径不再可行,电影制片厂开始面临主旋律电影商业化的道路,希望主旋律电影的创作和生产能够遵照社会主义市场经济体制的要求,平衡

---

① 赵静蓉:《文化记忆与符号叙事——从符号学的视角看记忆的真实性》,《暨南学报》(哲学社会科学版)2013 年第 5 期,第 86 页。

② [德]阿莱达·阿斯曼:《记忆中的历史:从个人经历到公共演示》,袁斯乔译,南京大学出版社 2017 年版,第 141 页。

意识形态功能和经济利益诉求的双重制约,实现"双赢"。由此,借助大众文化之手实现市场多元化语境中的文化再生产,特别是 21 世纪近十年以来的主旋律电影,基本完成了自我产业化之路,以"演员阵容上的明星化,题材与叙事上的类型化,视听效果上的奇观化"等,①将商业运作模式引入主旋律电影的创作之中,在票房和口碑上均取得了优异成绩,引起诸多好评,完成一次成功的当代改写。

电影携带大众文化特征因子,也是记忆展演的重要媒介,被视为展现历史的重要工具,这里便出现了杰弗里·丘比特在谈论历史和记忆时所提出的问题,"市场资本主义的逻辑将对过去的指涉转化为商品,其流通和交换不再受限于任何将它们与实际的经验环境关联起来的需求。这些从环境中脱离出来的指涉变得可以容纳进愈加综合的、由技术支持的、以市场为导向的组合中,其中,'过去正被有意义地指涉'这一概念仅仅变成了一个残存的幻觉"。②简言之,大众文化的商品化和商业化让历史题材电影是否还能"有意义地指涉历史"?

在文化工业制造的后现代文化氛围中,历史题材电影在当代的再造脱离了具体环境的指涉,被认为是"一种在意识形态和商业性之间折中游走的叙事套路,一种打着'国族伦理宏大叙事'旗号的'消费伦理的大众叙事'"。③刘康从两个维度评述红色经典在全球化时代的"再造"时认为,其一,回看历史变成一种因社会断层而导致的怀旧心态,当这种心态被商业社会捕捉,便成为一种新的时尚。在这里,所谓的指涉历史的观念发生了当代意义的改写,"它需要的是有选择的昔日情感和想象的再现,而不是具有强烈现实感的对历史事实的记忆和反思"。④其二,当国家努力重建意识形态价值体系时,对于革命历史因素的再利用让其需要将这部分资源纳入到民族国家的意识形态构建之中,予以博物馆化。所谓博物馆化,"是指把某一文化文本与社会现实剥离,置放于一个安全的距离中,予以审美和学理的欣赏和反思,并标以'传统'、'经典'的标签来教育后代和昭示世界,旨意在塑造民族国家的文化认同和意识形态"。⑤

---

① 路春艳、王占利:《主旋律电影的商业化与商业电影的主旋律化》,《当代电影》2013 年第 8 期,第 108 页。

② [英]杰弗里·丘比特:《历史与记忆》,王晨凤译,译林出版社 2021 年版,第 261 页。

③ 陈捷:《电影如何讲述历史(中国电影历史叙事的方向)》,《电影理论研究》(中英文)2022 年第 3 期,第 18 页。

④ 刘康:《在全球化时代"再造红色经典"》,《中国比较文学》2003 年第 1 期,第 51 页。

⑤ 刘康:《在全球化时代"再造红色经典"》,《中国比较文学》2003 年第 1 期,第 51 页。

并且,当滋养革命红色文艺的历史语境消失,红色文艺逐渐被窄化为一种属于特定年代的、政治性浓厚和模式化了的文艺样式。因此,立足现在去展现的红色文艺,其内核的重现已经不再可能,而通过巧妙提炼红色美学符号,选取具有代表性的舞蹈、歌曲、熟悉的游行场景等,将观众拉回到一个特定历史记忆之中成为当代主旋律电影的常见行为,但是这些符号显见地失去了时代内涵,被置换为抽掉了时代特征的扁平化事物。在这些事物中,看不到蕴涵着的历史真实,却流露出一种朦胧的美感。这种美感来自当拿掉事物背后的历史感之后,重新赋予其一种可以静置旁观的器物式特征,从而也就模糊掉了历史背后丰厚的情感,反而带有几分赏玩的态度。

因此,当历史题材主旋律电影努力尝试意识形态和商业化之间的合理协调时,对于其指涉记忆的危机的批评同时也成了一个不可忽视的问题。在这里,或许我们可以通过历史题材主旋律电影的蓬勃发展现状,以及其他理论家对这个指控的不同观点对此问题做出别样的认知,即与其抱持这是一场记忆的危机,一味地批评商业化的介入和媒介的变化给记忆带来的危机,认为将瓦解社会记忆,不如视之为记忆内部的一场转变,其中关键性因素在于记忆媒介的变化本身带来的一种新的人工记忆的形成和一场新的知识形态和认知结构上的裂变。

二、"危机"到"转机":电影作为记忆媒介

近几年屡破票房纪录的历史题材主旋律电影,如上所述,当然有大商业制作带来的震撼感和新奇感造就的票房奇迹,但这并非唯一原因,观众渴望能够在观影过程中脑海里逐渐建立起与历史之间的情感联系,由此获得一种对于过去历史的参与感。而电影作为一种现代信息技术产生的记忆媒介,虽然伴随着"能否有意义地指涉历史"的质疑,但是首先应看到的是,其改变了记忆传递的方式,观众大脑神经系统中建立起与电影之间的回环互动关系,实现了观众与过去记忆之间的勾连,成为助力历史题材主旋律电影繁荣的至关重要因素。

(一) 媒介转化的发生:从"社会框架论"到现代信息技术传播

毫无疑问,记忆媒介的变化已经成为无可更改的事实,现代信息系统的发展改变了社会记忆的早期构成形式。哈布瓦赫总结出 19 世纪之前记忆的社会属性,认为记忆能够传递下去依赖于社会框架,所有的个体记忆都是在社会

框架之中形成的,个体思想置身于所谓的集体记忆和社会框架内。"只有把记忆定位在相应的群体思想中时,我们才能理解发生在个体思想中的每一段记忆"。①具体而言,这个社会框架指的是"一个或多个群体",比如说家庭、宗教群体或社会阶级等,"人们可以同时是许多不同群体的成员,对同一事实的记忆可以被置于许多框架中,而这些框架是不同的集体记忆的产物"。②也就是说,社会框架是一定存在的,只有在框架中,人们才能形成和传递记忆。比如说在家庭关系中,从过去保留下来的许多要素都为家庭记忆提供了框架,即使是对只发生一次事件的回忆,也暗示着一种家庭习俗的存在。因此,进行记忆的虽然是个体,但是这些个体是根植在特定的群体情境之中,根据这个情境去再现过去。哈布瓦赫的记忆建构论背后构筑了一个颇为稳定的"社会框架论",认为"社会中存在一个相对有限的部分,其功能就在于保持和维护传统的生命力,尽管它来自过去,但履行了现在的职能"。③

现代性和现代技术的出现,打破了在一个相对固定的"社会框架"内传递记忆的方式,使一种新的公共文化记忆形式成为可能和必要。现代技术通过唤起过往和表现当下的图像和信息,"无情地模糊了过去经历的不同阶段之间、过去与现在之间、现实与仿真之间、知识与娱乐之间以及亲身体验和间接感受之间的界限,而这些界限正是个体对于一种稳定的社会记忆形成的参与所要依赖的",④打破了稳定的记忆形成和传输的旧的形式,看似导致了社会记忆的"瓦解",其实是在面对现代技术已经融入大众日常生活、成为大众生活主导的当下,新形式的出现产生的新的知识结构和认知结构带给大众社会记忆的一种"转变",在其中可以找到重建社会记忆的积极因素。正如当我们回看过去时,总是从不断变化着的当今问题来对过去进行分析,这种回忆的行进也盘活着逐渐僵化的过去,"展览、文字材料和电影,能够扩大人们的历史想象力,能够针对总是存在的将回忆固定在语言和图像公式之中的危险,找到回想过去的精辟形式"。⑤

---

① [法]莫里斯·哈布瓦赫:《论集体记忆》,毕然、金华译,上海人民出版社 2002 年版,第 93—94 页。
② 刘亚秋:《哈布瓦赫集体记忆理论中的社会观》,《学术研究》2016 年第 1 期,第 81 页。
③ 刘亚秋:《记忆研究的"社会—文化"范式对"哈布瓦赫—阿斯曼"研究传统的解读》,《社会》2018 年第 1 期,第 114 页。
④ [英]杰弗里·丘比特:《历史与记忆》,王晨凤译,译林出版社 2021 年版,第 260 页。
⑤ [德]哈拉尔德·韦尔策:《社会记忆:历史、回忆、传承》,季斌、王立君、白锡堃译,北京大学出版社 2007 年版,第 70 页。

　　以电影为例,作为 20 世纪出现的记忆新技术,较之早期的"照相术",最大的不同是能够展现时间中的运动和运动中的时间,可以将观众带到不同的时空,对观众身体施加物理影响,试图让观众看到超越个人和社会界限的东西。"电影可以在空间上迅速转移,也可以在时间上灵活转换,这样就使电影能够充分再现世界的全部复杂性,能够鲜明地揭示各个现象之间的深刻联系"。①在电影的具体运作过程中,电影捕捉到了任意瞬间微妙的变化,不同于伯格森认为电影是"不动的切片＋抽象的时间",德勒兹认为电影就是运动影像,从来就不是静止的照片,一格画面与一格画面之间在不断轮转,无数的"格"之间的不断转换构成了电影的运动。这种运动由三个层面构成,电影在一个相对确定的位置取景,构成电影中的镜头画框,通过镜头的推拉摇移行走于各个部分之间,变更着各个部分的关系,再通过蒙太奇指向变化的全体。这种运动方式正构成了其无与伦比的价值,即与旧往不同的、一种适应新时代的艺术,"捕捉了世间事物的分分秒秒的变化,它是和关于全体、运动、变化、绵延的新时代的形而上学完全对应的艺术样式"。②

　　当电影以永不停歇的运动方方面面地捕捉世界事物,在这个运动影像中,人们扩宽了对空间的理解,以及在观看电影时,如德勒兹而言,建立起新的对于时间的理解,"时间也可以在一个镜头内得以表述。运动镜头一方面表现着空间中的各个对象之间的位置变化,一方面它作为全体的一个切片表现出变化的全体。由于这种变化的全体,乃是一个时间层面的问题,因此运动影像已经包含了时间"。③比如通过蒙太奇,电影将今天的画面与明天的画面衔接起来,为运动影像赋予了时间,而通过蒙太奇对于现实时间的艺术化的放大与缩短,使得人们可以以不同的速度,或快或慢地理解导演对于所关注事物的不同态度。

　　由此,电影通过以影像呈现的方式使关于过去的图像的空前流通成为可能,一种将未来的生成与过去的记忆缠绕、注入当下的复杂时间形式形成,改变了记忆。"在这些电影的视觉之内与视域之外,过去与未来、物质与记忆通过双向运动持续性地进行交叉与重叠,从而使得时间的先验性通过具象化的

---

① 　[苏]多林斯基编著:《普多夫金论文选集》,罗慧生、何力、黄定语译,中国电影出版社 1985 年版,第149 页。

② 　应雄:《德勒兹〈电影 1〉中的"运动影像"》,《电影艺术》2009 年第 1 期,第 116 页。

③ 　应雄:《德勒兹〈电影 2〉读解:时间影像与结晶》,《电影艺术》2010 年第 6 期,第 100 页。

影像得以'再现'"。①

（二）观众与电影的互动：一种动态回环的关系

电影作为新技术媒介具体作用到观众的观影活动中时，德勒兹著名的论断"大脑即荧幕"提供了不一样的视角，"我不认为语言学和心理分析能给电影提供什么。相反，大脑生物学——分子生物学——却提供了很多"。②

在观看电影时，电影触发观者的大脑，启动了大脑神经，从而在大脑神经机制中形成了影像，而这种影像经由反作用，与电影中的影像相交织，生成了一种动态回环关系，达到彼此的交会对流。这种互动的关系统一了思维与影像、主体与客体以及过去与未来，将潜在影像与影像本体之间建立起内在关联性，"将可见的现实世界和不可见的虚幻想象天衣无缝地衔接在一起，完美呈现了一幅德勒兹意义上'实在'与'潜在'交互纠缠、彼此映照的图景"。③这样，电影便不再只是一个被动的"被观看对象"，观众也不是被动地吸收展现于荧幕之上的"实在"，而是将之与自身意识之内的"潜在"相互融合。

帕特丽夏·品斯特在对德勒兹观点的进一步阐发中，从神经科学角度指出电影在表现"不可见"力量方面具有重要意义。我们大脑中的神经元的获得与激发不仅来自我们所做的事情，而且来自我们看到或者听到其他人所做的事情。"因此，对大脑这部分来说，在现实中看到某人或某事与在电影中看到没有区别。……我们看到的东西确实触及了大脑的这些区域，令我们模仿所感觉到的行为或情感。这意味着从神经学角度而言，影像（图像）并非（仅仅）是某种客观显示现实的表征，而是在接收和处理影像的观众脑中创造了一种内在的、能够其作用的某种力量，触发观者产生新的大脑环流"。④

这种影像触发观者的"大脑"进而形成某种交流的看法，改写了传统意义上观众与电影人物的关系，即"主要建立在心理分析和意识形态分析基础上的观众——人物分析，习惯从认同、移情、性别、国族、阶级、族裔等角度来建构两

---

① 程波、袁海燕：《电影作为感知物与时间形式》，《文艺理论研究》2023 年第 2 期，第 109 页。

② Gregory Flaxman, *The Brain is the Screen*: *Deleuze and the Philosophy of Cinema*, University of Minnesota Press, 2000, p.373.

③ 孙绍谊：《"大脑即银幕"——从神经科学到神经—影像》，《上海大学学报》（社会科学版）2015 年第 6 期，第 41 页。

④ Patricia Pisters, *The Neuro-Image*: *DeleuzianFilm-Philosophy of Digital Screen Culture*, Stanford University Press, 2012, p.30.

者的关系,但感触/触感理论却告诉我们,银幕人物所激发的镜像神经元,也可能导引观者非自觉地直接变成了人物本身"。①《长津湖》作为中国影史上的票房亚军(57.75亿元),其讲述的抗美援朝中发生在长津湖的战役对于观众来说其实是一段颇有陌生感的历史。电影首先在片中运用类似VR的实景模拟一次次冲击着观众的视野,将当年军人拼命的场景还原出来,给观众带来切身的感受。正如一个观众的评论所说,"临摹战争现场境况,让我们在观众席上如坐针毡。倒吸着一口冷气,也和荧幕中的伍万里一样,躺在岩石上默默祈祷敌机不要俯冲下来"。②并且随着故事的发展,观众脑海里逐渐形成了这样的认知,一个观众在分享自己的体验时认为,这个故事从来都不在他的认知范围之内,但是看完之后无比确信这个故事是真的,他因这种感觉的产生而无法平静。他透过剧中成长型人物伍万里的角色观照自己,从伍万里的眼中看到了自己的眼,从伍万里的心中看到了自己的心,从伍万里的行为中他感受到了从不曾到过战争现场的猎奇心理到亲历战争之后的情感转变。

这种从神经科学重新构造观众与电影之间关系的观点使得电影具备了生产出一种新的人工记忆形式的条件,即来自不同种族、宗教、阶级、性别和国族的人可以创造他们自身没有经历过、却从银幕人物身上激发出的记忆。从一开始,作为新科学技术的电影就授权和允许人们占据他们可以体验到的过去,而不必一定是他们自己生活过的。电影为来自不同种族、宗教、阶级、性别和国族的观众提供了一个共享的体验档案,让没有切实经历过的观众摆脱了时空限制,将其他背景的人的不同记忆融入自己的记忆经验档案,使感受扩出了自身固有的体验而与电影画面交融在一起。由此,观众在电影这种最能重构生命经验、型塑时间形式的艺术门类中获得这样的感觉,"当我们感觉某种东西既有意义又真实,而且超越了银幕上所发生的故事;当我们相当有意识地了解画面上缩减,并不限于视觉描绘,而是某种超越图框、进入无限的指标——生命的指标",③观众在电影中就获得了银幕之外的多重且丰富的生命体悟,电影通过观众延长了生成复杂且多样的语义可能性。

---

① 孙绍谊:《"大脑即银幕"——从神经科学到神经—影像》,《上海大学学报》(社会科学版)2015年第6期,第46页。

② Mumudancing:《〈长津湖〉:冰与雪之歌》,https://movie.douban.com/review/13902746/.

③ [俄]安德烈·塔可夫斯基:《雕刻时光:塔可夫斯基的电影反思》,陈丽贵、李泳泉译,人民文学出版社2003年版,第129页。

三、一种新的可能性：人工记忆的产生

(一) 虚构中的真实：体验式知识获取模式

当从科学技术的更新与新知识结构的形成的角度理解电影作为一种记忆媒介，许多理论家对于这种依托现代技术而形成的感官记忆充满信心。比如艾莉森·兰茨贝格高度肯定了这种记忆的积极性，给这种新技术带来的新的记忆形式赋予一个有趣的名字，叫"假体记忆"①。所谓"假体"，兰茨贝格在分析电影《The Thieves Hand》时，认为通过假肢，乞丐的身体获得了他从未真正做过的行为的记忆，假肢的记忆激发了乞丐的行为，这样，假的记忆竟然具有了建构人的主体性的能力。兰茨贝格认为，这种"假体记忆"不是生活经验的产物，也不是家族遗传意义上的，而是源自一个人通过中介（电影、电视、博物馆等），获得一种私人感受到的公共记忆，这些记忆同一个人的过去没有关系，但是由大众媒介的再现体验产生了感官记忆。

随着科技进步，电影等新记忆媒介的出现大大扩展了我们获得记忆的渠道和广度，一个无法规避的问题随之而来，这也是我们之前就提出过的问题：不再是传统意义上的记忆形式，而是以兰茨贝格所谓的"假体记忆"的方式获得的记忆是否"真实"？且怎么看待技术带来的商业化导致的"有意义地指涉历史"的这一记忆危机？历史电影展开对历史的指涉时，电影的媒介特性通常以叙述的形式来指涉历史的真实。这种方式与博物馆、档案馆这类陈列着原始历史物件，可以随机浏览、随时中断的形式有着很大的不同，它更倾向于在一个相对集中的时间向观众不间断地讲述一个完整的"故事"。这种讲述不以追求历史的精确性为己任，而是以一种相对强烈和直观的方式来刺激观众的情感体验，以设定受人敬仰的英雄角色来让观众带入，在想象中对于历史情节进行重建，给观众一种亲历事件过程、无限接近历史真实的体验。电影以叙述这种方式进行的虚构不同于真实的史料记载，但媒介的效应确实又很容易让观众对这种虚化了的真实产生历史确实如此的错觉。这里便存在一个需要解决的"真实性"的问题。

从本雅明到鲍德里亚，理论家们敏锐感知到新技术对于知识结构和感知模式带来的改变。鲍德里亚提出了"拟像""仿真""超真实"等一系列的概念，

---

① 此翻译来自王晨凤译、杰弗里·丘比特所著《历史与记忆》，译林出版社 2021 年版，第 263 页。

认为当代文化逼真、大量地模拟客观真实并进行生产的高技术特征,让"真实"逐渐成为一个随着拟像的演变而失效的概念。特别是在被代码所主宰的当代,"仿真"已经取代"仿造"和"生产"成为主导模式,而这也导致了客体和仿造品之间的关系随着拟像秩序的演进,由之前的可以在假象与现实之间看到差异("仿造"),到逐渐模糊了客体和符号之间的关系("生产"),进而"在仿真阶段,客体并不仅仅是通过机械复制技术被复制,它们本来就因为其可复制性被生产出来,新的媒介技术不是在复制真品,而是生产真品"。①通过"仿真"这种脱离了客观现实但又看起来无比真实的符号生产行为,产生了"拟像"这种大量复制、看似极度真实但是没有本源和根基的图像。由此,鲍德里亚有力挑战了对于"真实"的看法,认为随着现代技术的发展和"仿真"的生产扩张,人们无可救药地脱离了"真实",只能获得甚至超越"真实"本身的"拟像",并且"拟像"生产出更高意义上的"超真实",一种用模型生成的没有本源的真实。

　　鲍德里亚的逻辑体系证明我们现在所处的时代不过是一个"拟像"的世界,那么对于这种以大众媒介作为中介的记忆自然便不被认为是真实的或者真诚的,值得质疑的是,鲍德里亚所谓的"真实"或者"现实"本身就是一个伪命题,当在说明"拟像"时,需要一个对立的概念"真实"作为参照标准,但是本身便不存在一个完全不受质疑的"真实"概念,"真实"一直是一种理想的状态,而人们与世界及过去的关系一直都是通过表现和叙述来呈现的。且随着未来技术的发展,鲍德里亚所警告的"影像不再能让人想象现实,因为它就是现实。影像也不再能让人幻想实在的东西,因为它就是其虚拟的实在",②已经深入我们的现实生活,在这种"超真实"的生活中,生发出新的、没有被媒介的"超真实"所控制的,而是反映了媒介方式的特殊性的拟像主体可能性。

　　这个拟像主体可以借助媒介获得一种"真实的体验",而非一种"真实",重要的是,体验也可以成为获取知识的重要模式,如同"博物馆由于可以采用体验式知识获取模式,具备以情感补充知识的优势,在公共记忆的展示与分析过程中拥有感性特权"。③近年广受欢迎的主旋律电影也在印证着"体验式的真

---

①　赵元蔚、鞠惠冰:《鲍德里亚的拟像理论与后现代消费主体》,《社会科学战线》2014 年第 1 期,第 159 页。

②　[法]让·博德里亚尔:《完美的罪行》,王为民译,商务印书馆 2000 年版,第 8 页。

③　张昱:《作为记忆媒介的博物馆:对公共事件的叙事与传播》,《复旦学报》(社会科学版)2021 年第 3 期,第 99 页。

实"带来的力量。这种"体验式的真实"由技术上的革新带来心理上不同的感受，比如上述的将 VR 等制作技术引入主旋律电影。以《长津湖》的制作过程为例，华为提供的后期画面渲染技术真实渲染了片中子弹飞行、雪花飘动、水面波纹的慢镜头，以及长城、冰山和火光等一些无法实拍的画面，将观众肉眼无法捕捉的画面借助技术的力量以直观的方式呈现出来，让观众在提到这部影片时，屡屡感叹"真实"。当这种由技术力量带来的"体验式的真实"无限逼近观众的感受时，便在潜移默化地改变着电影的样貌和观众的观影习惯。且在电影、电视、互联网等大众文化技术发展成熟到足以成为体验的场所时，这些体验的场所也就提供了将历史转化为个人记忆的策略。"它们为人们提供了与他们没有经历过的过去的集体或文化建立体验关系的机会。他们表现出一种普遍的体验和生活历史的愿望。虽然这些经历不是'真实的'——也不是记忆中事件的'实际'经历，但人们仍然能敏锐地感受到它们"。[1]因此，定义一个人的行为是由假记忆还是基于生活经验的记忆来实现的，并没有什么区别。

（二）重塑的力量：个人主体性的建构与政治同盟的构筑

当"真实的体验"可以作为获取知识的新渠道，电影等新技术媒介生成的记忆就不应再纠缠于真实性的问题，这时其带来的新意义才能浮现出来。学界逐渐改变传统认知主义路径中的认为记忆只是认知外部世界的工具的观念，将记忆作为建构和塑造个人主体性的核心载体，承担了构筑我们心理内部意义的关键工作。"在头脑中建构作为个人经历之要素的过往事件和环境时，同时建构并维持作为回忆之主体的我们自身"。[2]需要注意的是，当记忆在建构个人主体性的时候，个人主体性的生成"是我们用一系列可以获得的材料在心理上建构出来的，这些材料包括记忆，但也包括叙事传统、文化成见、迷思，以及集体期待"。[3]也就是说社会意义上的文化框架对于记忆的形成和传递起着至关重要的作用，个人主体性与其说是个人原初意义上对自我的认知，不如说是在社会规范制约或者生物学意义上的产物。而我们文中讨论的经由电影等媒介技术的传播与运输形成的"记忆"，如前所述，生产出新的感知模式，打破了传统意义上的必然是个人所经历的事情，或者是在社会文化框架中形成

---

① Alison Landsberg, *Prosthetic Memory*, Columbia University Press, 2004, p.33.
② ［英］杰弗里·丘比特：《历史与记忆》，王晨凤译，译林出版社 2021 年版，第 95 页。
③ ［英］杰弗里·丘比特：《历史与记忆》，王晨凤译，译林出版社 2021 年版，第 96 页。

的记忆,体验到"没有经历过的记忆"。

　　这就再一次地延展了记忆建构的空间,获得更宽泛的塑造个人主体性的可能,也激发着上文所说的"拟像主体"的能动性。通过将身体作为通道,产生像现实一样生动的感官体验并注入人们的感知,电影与观众开始相互作用,形成塑造意识的力量。在电影中,人们可以从他们在屏幕上看到的东西感受到触摸、温度、气味或者声音的刺激已经被研究者认定是一种显见的事实。克拉考尔便认为,电影"通过物质现象的各种心理——物理的对应有效地帮助我们去发现这个物质的世界",①人类的神经、感官、全部生理物质作为电影中呈现的物质元素直接刺激人类的物质层。美国社会心理学家布鲁默在"电影与行为"的研究中更证明了电影能引发观众的幻想、白日梦和特定的情绪情感,能给观众植入观念,会产生一种"想象力的认同"和进入"情感入迷"状态,这种"情感入迷"意味着观众迷失在电影的刺激之中,从情感、思维到行动等都受到电影的影响,远离了通常的行为趋势。②而且这种情感状态甚至在某些人身上会变得固定且持续很长时间,深刻影响了他们的生活,让其脱离出既往的生活轨道,决定去拥有他人的经历,个体主体性的重塑正在此发生。"事实上,情感处于一种被冲动所占有的状态下,人的动机和想法可能会失掉他们的稳定形态,反而变得可锻造。由此可能从这种'熔融状态'③中产生一个新的稳定组织,并直接导致不同的行为准则"。④观看主旋律电影的人们在谈论观看感受时,总是强调在观看过程中,个体自身从影片的崇高主体中感受到一种连接感,电影使观众潜意识中接受主体的询唤,与主体进行强烈的互动。这种连接感不只是在观众与崇高主体之间的个体交互,更希望这种交互能够跨越暂时的时间电影魔法,在长久的岁月里使过去的逝者能够与今天的人们建立连接、施予作用,所以在《狙击手》《长津湖之水门桥》《八佰》《我和我的父辈》等一系列革命历史题材的主旋律高票房电影中,通常会出现呼唤逝者的名字,或者给新生儿起具有传承意义的名字这样的情节,显见的目的便是希望能在代际之间建立连接,邀请观众参与到传播过程中,"进而实现对于现实的再现以及对

---

①　[德]齐格弗里德·克拉考尔:《电影的本性——物质现实的复原》,邵牧君译,中国电影出版社 1981 年版,第 380 页。

②　参见 Herbert Blumer, *Movies and Conduct*, Macmillan, 1933, pp.80—83。

③　熔融状态指在常温下,固体的物质在达到一定温度后熔化,成为液态。

④　Alison Landsberg, *Prosthetic Memory*, Columbia University Press, 2004, p.30.

个体的主体性建构"。①

　　大众文化技术带来了个体意识变化的进步潜力,如本雅明所预言,也使集体、政治和其他方面的新形式成为可能。大众科学技术(尤其是体验式的、涉及感官的技术)的出现、大众媒介图像的广泛传播使人们接触到其他人、其他文化和其他脱离自己生活经历的历史,从而与他人建立连接与关系,渐渐地,他们可以依靠新科学技术在没有相应经历的前提下学会在情感上与智力上与相距甚远的人与事物建立联系,这便是"移情"效应的发生。"即通过在大众文化中的经历而接触了特定过去影像的个体,找到方式去将这些影像与他们自身的生活经历通过移情作用联系起来"。②

　　这种移情作用的发生,为跨越差异提供了连接,揭开了不同群体之间联盟形成的基础,一种能够不以高高在上的俯视姿态去与对象建立联系,而是去感觉对象,感受对象的感觉,而同时又能够意识到自己与对象的不同。正如陈曙光在新主流电影构建的共同体美学研究中所说:"要让所有观众,尤其是年轻观众群,了解这段历史并体悟其精神的伟大,就要达成一种认同,其中的基础,就是共同体美学始终倡导的'共情'。"③个体—移情—共情最终将改变人们的思考和在世界上行动的方式,塑造出新的社会责任概念,建立超越种族、阶级和性别的政治同盟。

　　当然,电影特别是历史题材主旋律电影本身携带意识形态属性,讲述关乎国族、民族历史的故事,为了传播和传递合乎本民族的一种道德上的目的,有的时候甚至进一步缩小了交流与沟通的可能。但是,历史题材主旋律电影的目的从来不会也不应止步于在民族内部宣泄情感,能够"建立国内、国际传播的共同体",跨越民族和种族,超越东方和西方,传达人文意义上的主流价值观,反思战争背后的残酷,构建更高层面的"共同体美学",才能"使之更宽容更全面地融入社会的发展、人心的需要和世界潮流之中,形成了一个看似不具体强调却实际上涵盖面更广的新的认知观念"。④

---

①　燕道成、彭芊:《青年主流意识形态的询唤与认同——以〈长津湖〉系列为例》,《传媒论坛》2022年第9期,第6页。

②　[英]杰弗里·丘比特:《历史与记忆》,王晨凤译,译林出版社2021年版,第264页。

③　饶曙光、刘婧:《共同体美学与新主流电影》,《电影文学》2023年第1期,第13页。

④　周星:《改革开放40年造就的中国电影发展变局》,《艺术评论》2018年第6期,第16页。

结　语

　　媒介的变革必然让人们传递记忆的方式发生革新,处理过去的方式不再是窄化记忆、构建更私有化的版本,从而可能加强了人与人之间的障碍。相反,接纳新科技技术带来的新的人工记忆的形成和一场新的知识形态与认知结构上的裂变,通过让人们体验和有意义地接触他们和家人都没有真正生活过的过去,可以让人们感觉到自己是超越了核心家庭界限、国族框架、种族障碍等,成为更大历史的一部分,记忆为与过去的新关系打开了大门。因此,通过大众文化技术的传播,即使人与人之间存在着根本性的差异,"其中对过去的使用可以被视为一种人类共有的经验和理解机会,而不是一片滋生分裂和怀疑的土壤",①每个人都具有了使用过去的权力,这就具备了可能会产生政治联盟和新的、潜在的反霸权公共领域的基础。

Film as a medium of memory: A re-cognition of the crisis of memory in historical theme films

Abstract: On the one hand, the interaction between historical theme films and popular culture balances the ideological function and the benefits of market economy, and at the same time, it is believed that it brings about a crisis involving historical memory. Rather than think that the intervention of mass culture will distort social memory, it is better to consider it as the change of people's memory mode under the influence of new media technology, bringing about a new knowledge form and cognitive structure reform. As a memory medium, film changes the traditional way of conveying memory by frame, and relies on modern science and technology to bring a new artificial memory that has nothing to do with personal past experience, but is produced by the reappearance experience of mass media. This kind of artificial memory can reconstruct individual subjectivity, bridge differences between different groups, and become the basis for building broader political alliances.

Key words: Historical Theme Film; Popular Culture; Memory Medium; Artificial Memory

作者简介:陈怡含,长沙理工大学文学与新闻传播学院讲师。

---

① Rosenzweig and Thelen, *The Presence of the Past*, Columbia University Press, 2000, p.203.

论近代天津曲艺书场的城市化表征[①]

盛书琪

摘　要:曲艺书场作为都市文化形成与呈现的标志性空间,在迎合和顺应不同都市文化中,形成了不同的城市化表征。近代天津曲艺书场深受移民文化、租界文化、寓公文化、市民文化的影响,因此形成曲艺书场沿交通线分布、现代化综合性书场林立、私宅堂会流行、民众捧角文化兴盛的独特的"津"派风格。

关键词:天津　近代　曲艺书场　城市化表征

清至民国,天津曲艺进入了鼎盛时期,明地、落子馆、杂耍馆、书馆、戏院,乃至影院共同织就起"街街有茶楼,几步一书场"的文化景观。书场作为都市文化形成与呈现的标志性空间,实际上时刻保持着一种柔和、低调的姿态去迎合着不同的城市背景,在拥抱每次城市变革中迅速找到适应的方式,最终形成独具特色的城市化表征。然而,由于北京、天津地理位置相接,人们谈及京津曲艺场时,只重共性而忽视异性,只重北京而忽视天津,故当前关于近代北京曲艺书场城市化表征的研究较多,对于曲艺大码头的近代天津曲艺书场的研究极少。这与灼灼其华的近代天津曲艺景观相悖,故研究天津曲艺近代书场表征是必须的,也是亟须的。

崔蕴华在《说唱、唱本与票房——北京民间说唱研究》中将成熟期的北京

---

① 本文为国家社科基金艺术学项目"晚清至民国时期京津沪报刊曲艺资料整理研究"(21BB029)阶段性成果。

说唱的特点分为三类:皇室参与,百戏入宫;满汉合璧,技臻完善;名家辈出,坤伶独秀,并描绘了北京说唱的地理文化背景"胡同北京""诗乐北京"。相较于北京,天津的曲艺书场则更多地因移民文化、租界设立、寓公及市民文化等因素而形成独特的"津"派风格。

一、移民城市,曲艺书场沿交通线分布

天津位于海河下游,潮白河、南北运河、永定河、子牙河等河流于天津三岔河口汇集东流,至大沽口汇入渤海,形成了"九河下梢天津卫,三道浮桥两道关"的地理风貌。因为京畿重地,天津很早就成为了漕运中心。金代设直沽寨,转运冀鲁豫等地的漕粮。元代改为海津镇,设盐运使司。永乐二年(1404年)天津城开始筑城设卫,天津成为全国南粮北运的重要枢纽。至清代,天津"地当九河要津,路通七省舟车",作为全国水陆码头的地位愈发突出。开埠后,天津作为开放前沿和洋务运动的基地,逐渐发展为近代中国最重要的工商业城市。不过,天津却是一个地地道道的移民城市。元代王懋《三叉沽创立盐场碑》记载:"甲午之秋,三叉之地未霜而草枯,滩面宽平,盐卤涌出,或经日自生。时人指以为瑞,遂相率诉于官。按检得实,受旨煎造。初得旧户高崧、谢实十有八人,岁不再易,招徕者日众。"①该十八人即为土著居民,其往岁竟不知该地有盐卤,说明元代三岔河口人烟极为稀薄。明代建城之后,天津卫城的地位使得大批外民以军屯的形式定居于此。天津由"泊后遗氓留七姓"②,至"永乐初始辟而居之,杂以闽、广、吴、楚、齐、梁之民"③,以南方移民居多,户口渐繁。后,天津随漕运渔盐之利而兴,大批外来移民流入,他们构成了天津居民的主要成分。康熙年间《天津卫志》亦明了指出"土著之民,凋零殆尽。其比间而居者,率多流寓之人"④。《津门保甲图说》记载的 32 761 户中只有 746 户被认为是天津土著居民。除了漕运和军屯之外,天津周边省市的灾民的涌入也是天津人口增长的重要因素,特别是在清末民国战乱兵燹、自然灾害频仍之际,天津快速成长为重要工商业城市极大地刺激了外民,尤其是华北各地居民的迁入。

---

① 王兆祥:《天津文化通览——民俗文化谭》,天津社会科学院出版社 2005 年版,第 9 页。
② 蒋诗:《沽河杂咏》,载华鼎元辑录:《梓里联珠集》,天津古籍出版社 1986 年版,第 69 页。
③ 薛柱斗编修:《新校天津卫志》卷四,成文出版社民国二十三年铅印本,第 13 页。
④ 薛柱斗编修:《新校天津卫志》卷二,第 2 页。

繁荣的漕运渔盐工商之利、便捷的水陆交通在刺激外来移民涌入的同时，也推动着外来曲艺在天津扎根发芽。各类南方曲艺活动多借水路入津，古语云"水路即戏路"正是曲艺入津的绝佳表达。成书于乾隆年间的《霓裳续谱》和成书于嘉庆年间的《白云遗音》中收录的京津地区的流行俗曲中有大量来自东南诸省的小曲，如江浙的南词（平湖调）、滩簧、荡湖调、湖广的湖广调（绣荷包调）、福建调、山东的四季相思调等等。这些小曲经由京杭大运河流传至天津，使得"南音"在天津盛行。由于天津水运交通极为发达，水路成为外来移民流入天津的主要交通方式，三岔河口、怡和街、芥园街、北开一带作为重要码头，成为南北商贾、船工、搬运工人的主要聚集地。自清代中叶以来，码头一线就陆续出现了明地、茶馆、书馆、戏园，形成了独特的码头曲艺文化景观。乾隆五十八年（1793 年），英特使出使中国时曾于天津停留，他回忆道："在对面的码头上，在靠近河边的地方，这时正搭起一个巨大而华丽的戏台，周围是光彩夺目的中国式的装饰和布景，一群演员正在这儿演出种种不同的戏剧、哑剧，一连几个小时都不间断。"[①]称盛于同治、光绪两朝之间的"四大名园"，北门里之金声园、侯家后之协盛园、袜子胡同之庆芳园、北大关之袭盛轩以及道光年间的"天会轩、四合轩、三德轩"等均分布在码头一线。戴愚庵《沽水旧闻》中提到"庚子先，津中除三五名街外，朴野如乡村，殆非今人所能拟料者。独侯家后一区，繁华景象，又非今日之所有。该地商号麇集，歌管楼台相望，琵琶门巷，丛集如薮"[②]。位于运河西岸的侯家后在庚子年前就已经成为天津曲艺书场的聚集之地，成为"天津三胜之一"，即说明码头与天津曲艺书场形成分布之渊源。随着天津码头的繁华，很多外来曲艺艺人在此献艺，其在码头演出的行为称之为"跑码头"。码头为这些外来曲种提供了极大的接纳，可以说，码头是许多曲种进入天津的首站。

清末民初，铁路的修通给天津城市建设带来深刻的变化，进而影响了天津近代曲艺发展格局。1888 年 9 月，津沽铁路（唐山至天津）正式落成。1897 年 6 月，连接北京和天津的津芦铁路通车。1908 年 6 月，津浦铁路于天津举行开工典礼，1913 年 1 月全线通车。铁路的建成使得原本依赖水路南下北上的客货运输迅速没落，那些因水路（大运河）而形成、聚拢和传播的"水路即戏路"的

---

① ［英］雷穆森（O. D. Rasmusen）著，许逸凡、赵地译：《天津租界史插图本》，天津人民出版社 2009 年版，第 52 页。

② 戴愚庵：《沽水旧闻》，天津古籍出版社 1986 年版，第 13 页。

生态模式迅速被"铁路即戏路"所代替。加之,晚清运河淤塞严重,漕运大受影响,而 1912 年,袁世凯怂恿张怀芝兵变,侯家后、北门外遭到洗劫,从此一蹶不振。这导致了天津原本的沿河而建的明地演出场所除北开外,基本消失了。在沿河明地衰落的同时,城南洼,即三不管等人口密集地区的明地以及六合市场、谦德庄、老龙头火车站(地道外)等地区中服务铁路运输工人和来往旅客的明地却兴旺起来。这是铁路运输的兴起对于天津曲艺书场分布的重大影响。铁路的兴起,亦加速了铁路沿线地区外埠游民的涌入,来自山东、河北、河南、山西等地区的移民成为天津外来移民的主要构成,带来了莲花落、各类大鼓、坠子、什不闲、快板、单弦等各类北方曲种,由此加剧了外埠曲种与本土曲种在天津的激烈竞争。同时,铁路亦推动了曲艺艺人以天津为中心向外流动,特别是鼓曲向哈尔滨、满洲里、唐山、济南、徐州、南京、上海等铁路沿线城市传播,奠定了近代天津在北方曲艺中转站的重要地位。

值得一提的是,由于这些移民多为讨生活,特别是清末民国受灾难民数量更多,入津后"大半为人力车夫、仆役及小本叫贩"①,故无论是码头一带还是铁路一线,衍生的曲艺书场"或为妓女清唱招客之所,为贩夫低级人众贾歌啸聚之地"②,顾客中"没有烫发高跟的蜜司,西装革履的蜜司脱也是莫须有,甚至于连那衣服都丽的有钱阶级也寥如凤凰之毛、麒麟之角呢"。作为天津最平民化的娱乐场所,这些曲艺书场大多设施都比较简陋,"设备很是简单,大致全是这样,中间摆着一张方木桌,四围陈满了长木凳",③更妄论"雨来散"的摆地演出。不过,正是这种简陋的书场,培养了一大批欣赏各地曲种的观众群,使天津曲艺具有了扎实的群众基础。同时,这种"开放式"的演出场所,也为观众提供了从容交谈的平台,观众对曲种、演员、曲目的评价推动着曲艺艺人技艺出新出彩,"很多名角都是从这种方式开始,慢慢走向书馆茶社演出的"④。

二、九国租界,现代化综合性书场涌现

1860 年,天津开埠。1860 年 12 月,英租界开辟。随后法、美亦强设租界。

---

① 林颂河:《塘沽工人调查》,北平社会调查所 1930 年版,第 221 页。
② 湛之:《津门杂耍兴衰概言》,《新天津报》1939 年 6 月 3 日。
③ 希张:《新的新三不管　相声园子打破男女界限　忽庄忽谐使人啼笑无从　称得起是平民化的娱乐场所》,《新天津报》1936 年 10 月 28 日。
④ 罗澍伟编:《近代天津城市史》,中国社会科学出版社 1993 年版,第 56 页。

三国租界在紫竹林以下沿海河一带,共约851亩。1895年,德租界于美租界以南开辟,占地1 034亩。1898年,日租界开辟,占地为1 667亩。1897年,英租界再次扩张,占地1 630亩。1900年,八国联军攻陷天津,俄、意、奥三国开辟租界,其中俄租界5 474亩,意租界771亩,奥租界1 030亩。比利时亦趁火打劫,占地549亩。至1915年,天津租界面积达23 350.5亩,是老城区的八倍之多①。开埠和开辟租界对于天津的影响是划时代的。作为城市公共空间的曲艺书场在场馆分布、场馆建设、设施设备、功能、服务管理等方面都受到了极为深刻的来自西方的外源性的影响,实现了由传统书场到近代书场的转变。

清末民国战乱兵燹频仍,租界为天津市民提供了相对安稳的生活环境。租界及南市等临近租界地成为天津新的商业中心,曲艺书场亦随之迁移,并形成新的聚集中心。不少资本家投资演艺场所,"在租界内投资建剧场者日增,仅英、法、日、意、德等租界就相继又建成了五六十家之多"②,其中法租界、日租界最多,英租界次之,北洋大戏院、新新戏院、中国大戏院、中国大戏院、天会轩、小梨园、中原游艺场、大观园等赫赫有名的近代曲艺书场均处于租界区。而南市亦不少,由四大花部中华、华乐、权乐、同庆率引的落子馆及庆云戏院、开明戏院、燕乐戏院大抵出此一带,"民国十年前后,这里昼如夜,夜如昼,各种杂技,各样生意,各大戏棚,应有尽有,无一不全"③。这些新的曲艺演出场所为曲艺由明地走向室内提供了物质基础,是民国时期天津曲艺出现高峰的标志。

在场馆建设上,租界的开辟引领了天津城建潮流,近代曲艺书场的兴建、改建活动都受到了西方文化的影响。天津曲艺书场由外国建筑师主持的情况十分普遍,如平安影院由英人荷明斯、帕克因设计,哈士兰接办,新中央戏院由法国百代公司建设,北洋戏院由美人马鬼子建设,中国大戏院由法人荣利为设计师,劝业场由法人穆勒设计等等。而在这些设计师、建筑师的操作下,天津曲艺书场展露出明显的西式建筑风格,比如,平安影院是古典主义的代表,劝业场带有浓烈的折衷主义色彩,光明影院伊斯兰风格明显,中原公司外立面为

---

① 周俊旗:《民国天津社会生活史》,天津社会科学院出版社2004年版,第4页。
② 郑立水:《天津的戏园》,载天津市政协文史资料委员会编:《京剧艺术在天津》,天津人民出版社1995年版,第445页。
③ 中国曲艺志全国编辑委员会、《中国曲艺志·天津卷》编辑委员会编:《中国曲艺志·天津卷》,中国ISBN中心2009年版,第710页。

新古典主义,后改为现代主义风格。在设备设施上,相较于传统的曲艺书场,这些新式书场设施更为讲究,如小梨园装置电扇多架,开明屋顶花园"场子四周,被五色小电灯围绕着,点缀在天空"①,天祥市场设电梯,光明大戏院设有无线电传音机,大罗天书场"有沙发、藤椅,壁间悬挂名流字画"②,上平安影院"房顶有八个气眼,从那儿调换空气"③,大观园有暖气"虽连日雪天阴寒,但室内温暖如春,令人不知有冬"④等。此外,新型曲艺书场,特别是影剧院还特别重视观赏体验,摒弃传统书场的池座不分前后排,侧面的观众只能侧着身子聆曲的弊端,改为弓形设计,天升、中原皆如此。光明大戏院和中国大戏院等形如传声筒,"院能笼音,声浪调均"⑤。这些新型曲艺书场一扫沉闷熏臭狭促的传统书场之氛围,在电力、电气的引入和现代剧场科学指导下,进入了曲艺书场建设的工业化现代化阶段。在功能上,租界中的侨民对于多元艺术样式的推崇,推动着新型演出场所呈现出曲艺、戏曲、话剧、电影、魔术、戏法、音乐等多种艺术形式同场合演的趋势,即出现了大批综合性的演出场所。自然,随曲艺进入室内,天津也出现了一些专演曲艺的大型表演场所,如1927年开辟之天祥商场新世界(后改为小广寒)、1928年之天会轩等,但更多的则是综合性的演出场所。近代天津演艺场所大致分为戏院及电影院两类,本各居一方,各有特色,但随着曲艺发展势头愈发炽热,特别是30年代"流风所及,热化津沽,杂耍场外,车龙马水。京剧、评戏、新剧台前,冷落萧索,影响殊大。因而如大戏院及电影院为潮流所动,时代需要所牵,乃相率加演杂耍,以图射利"⑥。天津戏院及影院中加演曲艺或以曲艺为主的比比皆是,如1934年,王殿玉曾于明星电影院出演巧变丝弦;1936年4月,权乐电影院邀张小轩客串京韵大鼓数日以慰津地鼓迷渴望;1936年12月,新新影院邀请刘文斌奏演京东大鼓,王砚芳之西河大鼓、花五宝之梅花调、钟贞量之京韵大鼓等亦参演;1938年6月,上平安影院于影片《泰山夺宝》后加演五音连弹《瞎子逛灯》;1939年8月,大陆

① 《夏夜的开明屋顶不愧小乐园(上)郭筱霞歌唱大致不算坏　好似呖呖莺声花外转》,《晨报》1939年7月25日。
② 素芸:《津市又一高尚娱乐场所　大罗天书场规模虽小派头极大　设于天祥市场一月后可开幕》,《新天津画报》1939年5月6日。
③ 《娱乐之一斑(十四)》,《益世报·天津》1931年2月23日。
④ 《大观园近讯》,《新天津报》1938年12月11日。
⑤ 竹村:《中国大戏院开幕记》,《天津商报每日画刊》1936年第20卷第8期。
⑥ 湛之:《津门杂耍兴衰概言》,《新天津报》1939年6月5日。

电影院"公映电影后，尚加演杂耍五场"①；1939 年 12 月，河北电影院"为答报顾客起见，改演杂耍"②等。可以说，正是租界对于曲艺、电影、戏曲、魔术、话剧等不同门类艺术的渴求，促使了天津呈现出多功能的综合性演出场所。在服务制度上，由于面对的观众以职员、商人、军阀及遗老官宦等一类有闲有钱有识的阶层为多，新型曲艺书场的服务管理制度更为科学且严谨。比如革除书场内小卖行、茶水行、毛巾行承包制的"三行恶习"、革除"看座儿"向观众高额收取消费之丑行，一律用茶童，"票定低廉，并随票赠送一元六大方茶水，消毒手巾"③。为确保顾曲者聆曲，还推出预定座位的服务，旦角云燕铭就曾致电花小宝"叫她晚上给定一个座位，她去听杂耍"④。为保证演出质量，场主多实行约角制，由约角人亲往商洽，场主给所约艺人付酬金时采用包银制，即一期一结或提前预定好演出时限结束后结，弦师等则由艺人包银中抽取。而艺人的包银直接与位次挂钩，而名气和人缘则为位次的保障，故而这刺激了艺人不断优化演出内容。为保证书场的号召力，书场间还实行对调制度，即将书场间的大轴互相对调至另一书场演出。1940 年 8 月，"张寿臣离庆云到小梨园，小蘑菇离小梨园到庆云，师徒对调，用新一般顾曲家之耳目云"⑤。自然，观众阶层的提升意味着在这些新型曲艺书场中的原本乡土气息浓重的唱腔改革得更加华丽、细腻，原本略显粗鄙的曲目变得更加高雅文明。

总的来说，开埠和租界的开辟使得本属于普通市民阶层的曲艺文化进入了西方文化的语境之中。在保留了自身的传统特质的基础上，来自西方的外源性的影响所塑成的无论是可视的物质的西方化、现代化，还是内在的观念行为的西方化、现代化，都使得曲艺由早期撂地时期的出于本能的、维持生计的生存方式，进入了具有较高审美价值的艺术殿堂和较高经济价值的商业市场。租界及其临近区的新型曲艺书场，与天津其他地区残存的曲艺书场，共同构成了天津现代与传统，雅与俗共存的曲艺地理文化景观。

---

① 《剧坛零讯》，《新天津画报》1939 年 8 月 1 日。
② 《河北电影院改演杂耍　白发鼓王刘宝全担任大轴》，《新天津报》1939 年 12 月 11 日。
③ 鹤琴：《燕乐捷报》，《新天津报》1939 年 3 月 9 日。
④ 《云燕铭烦花小宝唱上京　时间关系来了段〈探病〉》，《天津真善美画报》1948 年 11 月 5 日。
⑤ 听主：《相声嫡派正宗　张寿臣小蘑菇师徒对调　分在庆云小梨园出演》，《新天津报》1940 年 8 月 15 日。

三、寓公文化，私宅堂会流行

近代天津还存在着寓公阶层。《辞源》解释道，所谓寓公即寄居他乡的官吏。清亡后，天津因"后花园"属性吸引了满清遗老的青睐。李鸿章的淮军与袁世凯的"小站练兵"等天津驻军使得天津亦成为军阀瞩目之地。而随着近代工商业的崛起，大批的买办、工商业主亦来到天津寓居。庆亲王载振、军机大臣荣庆，大总统袁世凯、徐世昌、黎元洪、曹锟等近代闻人均在天津寓居。天津租界成为这些人的安全岛，不仅是乱世之中的桃花源，更是提供政治庇护之所。这种现象似乎只有在天津才有，故时人评价称："天津租界，为我国安乐窝之一。举凡富翁阔老以及种种娱乐场合，胥萃于是。且以距京咫尺，故其形胜，尤较上海、汉口为合宜。"①这些人拥有当时社会大量的资源，成为了影响天津城市发展的重要力量，也深刻地影响了天津近代曲艺的发展。

罗澍伟在评价寓公时曾说，"这些寓公 90% 受过传统教育，即使留过洋，也天然地屏蔽西方文化的价值观。他们的好恶影响了天津的文化气质，影响了天津的价值观。寓公的消遣是天津娱乐的主要动力。"正因为他们深受传统教育之影响，"他们都支持了消闲俗文化的繁盛"②，故而以曲艺为代表的传统艺术在这一阶层受到追捧。

天津寓公追捧曲艺消费的形式是组织私宅堂会，"二三显宦要人家，偶逢寿庆，犹习为豪举。"③民国时，堂会作为天津上层阶级的社会活动，在喜庆宴会中经常上演。比如 1929 年 7 月，叶星海六旬华诞借黎宅大礼堂堂会，"台上正演大鼓相声单弦、各种杂耍"④、1936 年 3 月，萧振瀛父母"六旬晋六双寿之期"⑤，上演大鼓、双簧、相声、载振。"早年总是请刘宝全、金万昌等名曲艺演员演唱，如刘宝全的京韵大鼓《大西厢》、金万昌的梅花大鼓《老妈上京》，乐队伴奏是五音连弹。后来就请常连安、小蘑菇、赵佩茹、小彩舞、石慧儒等演出"⑥等。

---

① 　无妄：《欣戚不同之租界观》，《大公报》1922 年 4 月 5 日。
② 　黄珍：《论天津"文化区域"的形成及其对天津曲艺繁荣的影响》，《天津音乐学院学报》2011 年第 2 期，第 13 页。
③ 　《堂会戏》，《大公报·天津》1928 年 3 月 21 日。
④ 　《叶宅祝寿闻见录　大礼堂内满场欢笑之佳宾　文明戏中一幕惊奇之趣剧》，《大公报·天津》1929 年 7 月 27 日。
⑤ 　《萧宅昨日庆寿　宾客三千盛况空前　宋哲元等均往祝贺》，《大公报·天津》1936 年 3 月 17 日。
⑥ 　爱新觉罗·溥铨：《我父庆亲王载振事略》，载中国人民政协天津市委员会文史资料委员会编：《天津市文史资料选辑》第 44 辑，天津人民出版社 2000 年版，第 208—209 页。

因为堂会收入颇丰,且"绝不分戏码先后,往往随到随演",加之天津"堂会也特别多,似乎营业比此地(北京)活动。当然生活也优越得多"①,故而堂会深受艺人追捧。鼓王刘宝全由南京北返后,"平津两地之游艺界,以宝全十余年未在北平演唱,与津人亦阔别一年,莫不盼望能出台表演,但刘对邀者均一一婉却","特于昨日由平返津参加堂会,为北返后之第一声。"②刘宝全、万人迷、荣剑尘、金万昌、小彩舞、郭小霞、王佩臣、白凤岩、谢瑞芝、刘连玉等几乎所有的曲艺名角都有应堂会的经历。近代报刊中关于天津私宅曲艺堂会的记录林林总总,但大多标识模糊,只标"某宅""某巨商"堂会演出,虽然难以辨识是何人承办,却仍能看出彼时私人曲艺堂会在天津之盛。此外,天津堂会还具有"多种形式汇聚一堂的表演模式",这在其他城市"尚未有过"③。不少艺人与寓公结为友好,万人迷"在曲坛三十年,博金至繁,享名亦盛,如张作霖、杨士骧、端方、杨宇霆、王郅隆、潘复、张宗昌、李景林诸公均曾大加赏识,犒赍逾恒。余如诸邑绅家中堂会尤多,饮食吸烟,不拘礼仪,有急需待通融时,千金一言。至于显宦堂会,按季穿衣,胥假诸邑坤家中价值数千金之裘褂,初无留,其见悦见信于人也如此"④,以至于"在某将军(张宗昌)得意之时,每至津门,必召万做长夜之谈"⑤,"李乃得娶所眷某妓为室,终其生不再嫖,厚感将军之德至于没齿"⑥。侯一尘"与大名流王伯龙很不错,大画家于非厂是他的朋友,大戏剧家潘侠风是他的把弟……他也常参加名流的什么聚会"⑦。相较于男艺人,女艺人"如果有个堂会,遇见主人是熟脸儿,或特别局面的人物,那么就必得应酬"⑧。而在这种应酬中,所谓的"性别优势"使得一些有色有艺的艺人被有心之人记挂,甚至利用,董桂芝"在津有年,姿容颇佳,故一般好色之徒,趋之若鹜,并结识有力军阀颇多,当二十九军势盛时,一般人钻营无路,咸以董姬为登龙捷径"⑨。

---

① 《张寿臣在京只演一月 因津市堂会较多营业活动》,《戏剧报》1941年10月4日。

② O. K:《刘宝全来津 平津游艺场纷请刘氏演唱 预料登台期当在废历年初》,《大公报·天津》1937年1月27日。

③ 崔乐:《"双城"互动中的天津文化(1926—1948)》,北京大学中国语言文学系硕士研究生学位论文,2012年,第33页。

④ 娱园老人:《歌场掌故(四十)志万人迷张麻子分手始末》,《新天津报》1938年6月20日。

⑤ 马国英述,高扬校正:《曲艺源流(十八)》,《天津真善美画报》1947年11月20日。

⑥ 《听歌杂记(七) 万人迷李德锡》,《新天津报》1934年12月11日。

⑦ "风雅艺人"、"艺坛名士",咱给侯一尘贺号戴花》,《新天津报》1941年6月4日。

⑧ 木路:《郭小霞·方红宝:花生米就烧饼 堂会中总短不了的》,《戏剧报》1940年11月5日。

⑨ 《佛照楼前凶杀案 法工部局获得新线索 董桂芝又被传讯》,《天风报》1938年6月4日。

　　天津寓公的聚集使得天津曲艺观众群同时兼具着安逸奢华的富人阶层和勤劳清苦的穷人阶层，其对于传统曲艺文化的推崇，为天津社会树立了榜样，助推了天津曲艺受众面进一步扩展。寓公所组织的私宅堂会不仅是喜庆聚会，更是社会名流结交怡情之所，比如，萧振瀛双亲寿宴，到场者有"宋哲元、吴佩孚、江朝宗、段祺瑞（段宏业代）、龚心湛、曹汝霖、高凌霨、潘复、万福麟、王揖唐、傅汝霖、石敬亭、陈中孚及各机关团体代表约达三千余人"①，这些社会闻人俨然成为推广曲艺的绝佳扩音器。故，由寓公邀聘名角奏演的私宅堂会，不仅为曲艺艺人提供了更多的展示平台和丰厚的佣金，更是提升和体现曲艺艺人社会地位的象征，对曲艺艺人提出了更高的要求。进入私宅堂会，赚得丰厚佣金、结交寓公名流、获得闻人赞誉，无疑刺激了曲艺艺人间的竞争，促成了天津近代曲艺的大繁荣。

四、民众捧角，喧闹的书场氛围

　　复杂是天津文化的特性。天津是保守的，毗邻政治中心北京的地理位置使其长期受到中央集权的严密控制；天津又是开放的，天津的开埠使得其具有了五光十色的西式观念和生活方式。天津是包容的，移民城市的天津凝合了南与北、中与西的各式文化；天津又是抗拒的，来自老天津卫城的优越感和近代列强对天津的反复蹂躏影响了天津人对西方文明的全盘接受。正是这种复杂性构成了天津同时兼具华界区和租界区两种异质的社会生活和文化空间。而无论是居住在华界的船工、力工，抑或是聚集在租界的寓公、外国人士，天津文化面向的是所有社会层次的市民大众。在这样一座城市，天津人既有因漕运而互帮互助的团结，又有近代工商业孕育下的三寸不烂之舌，既有养家糊口的勤劳务实，又有爱热闹的天性，既有北方人的豪爽，又有南方人的细腻，既有传统的内敛，又是现代的包容。多元的市民性格为天津曲艺提供了肥沃的生长土壤。"生书、熟戏、听不腻的曲艺"即在说明天津市民对曲艺之嗜好。而天津曲艺的历史长、根基厚的特性，加之天津"码头"的特殊性，使得天津成为北方曲艺艺人必须跃过的"龙门"。俗语"北京学艺，天津唱红，上海赚包银"即说明艺人若想成角，就必须通过天津这一校场，故而天津市民有充足的机会欣赏并接受来自天南地北的曲艺演出，从而形成了多知多懂、热情主动的曲艺文化

---

① 《萧宅昨日庆寿　宾客三千盛况空前　宋哲元等均往祝贺》，《大公报·天津》1936 年 3 月 17 日。

特质。不管是南腔北调，只要技艺精湛，都能得到天津观众的鼓励。大声叫好、大声跟腔、接下茬、打拍子……天津曲艺书场中观众主动参与的热闹景象是天津市民欣赏曲艺的特有审美习惯，在其他城市曲艺书场中少见。木求鱼在《闲话玉壶春》中对玉壶春的描述尽显这一特性："迈上玉壶春的楼头，就可以见到十足津派作风的观众。他们'爷……爷……'，'吃过饭吗？'的寒暄着，因为都是风雨无阻的上班，所以彼此都很熟悉，而且就因为占了这个'熟'字使他们迈上玉壶春楼头，等于到了自己府上那样随便，无顾忌地大声喧嚷着！因为歌姬性情的不同，他们能分别待遇的哄着。假如是王凤久登场，听吧，那就热闹了。巴掌拍得像小钢炮，而台上下就成了渔樵问答。台下说：'没劲，没劲。'台上就答：'累死了有劲是不？'台下说：'净吃豆饼，还会有劲？'台上就说：'要有劲的去找火车头！'提起哄来，也算一种歪才。因为他们能巧妙地将不爱笑的歌姬哄笑了，例如台上唱到'十七八岁大姑娘走道拄着拐棍……'，台下就对上'长脚气么！'有唱到叫'二哥'地方的时候，那么你听吧，准一同大声的答应'呕'，真比机械化部队还要整齐。像这样听一天玩意也真够累，因为是场场卖着气力！"①

天津曲艺书场是按段子、按时间打赏收钱的，所以天津专为听某段或专为捧某角而来的观众会按照喜欢的艺人和曲种的出场时间卡点进园，听完就走。观众的捧场程度和打赏力度以及书场中与演员的捧合程度成了评判某位艺人是否得到市场认可的标准。如，"逊清王孙溥侗……每晚总是喝得醉醺醺的跑到凤凰厅去听白凤鸣的平韵大鼓，白下场，即匆匆离座而去，复往上海茶社欣赏梅花鼓姬花小宝的清歌妙曲。"②再如"一位铁铺的内掌柜……每日听完刘老板（刘连玉）的鼓曲立即离去。有一天，她听到刘老板那天请假，她非要退票不可。她说，不能耽误我的时间，我还要去大观园听曹宝禄呢！"③

实际上，天津观众不仅被动接受，还主动地参与到演员创演之中。上至逊清王孙溥侗"日前曾为花小宝作顾曲之周郎，效钟令之易字，为花小宝改正《葬花》中之倒字"④，评论家燕京散人（丁秉鐩）指出王佩臣"《劝嫖交友》中之'也

① 木求鱼：《闲话玉壶春》，《新天津报》1943 年 7 月 24 日。
② 《"旧王孙"风流自赏　征歌顾曲千金买醉　听完了白凤鸣又捧花小宝》，《中南报》1946 年 10 月 19 日。
③ 堃：《刘连玉命犯桃花来说婚姻者必是婚姻人》，《真善美》1947 年 5 月 27 日。
④ 《"旧王孙"风流自赏　征歌顾曲千金买醉　听完了白凤鸣又捧花小宝》，《中南报》1946 年 10 月 19 日。

有盟弟欺(悔)盟嫂',则'悔'实为'侮'之错误,听来极为刺耳,慎应改正"①,下至普通观众建议"雪姬(雪艳花)将广告缩短,或取消几个,增长歌唱时间"②、批评"马增芬之河南坠子,嗓音与行腔均神似河南地的大妮子,只不过咬字方面稍带一些北方音,哼哼腔还欠功夫"③等。天津曲艺观众的懂行,锤炼了在天津曲艺书场献艺的艺人。可以说,天津曲艺书场是曲艺艺人成长和唱红的试炼场和推动器。而天津曲艺书场这种热闹、积极、"群策群力",甚至在某些情况下显得有些苛刻、无情的传统曲艺审美习惯,代代相传,成为了天津曲艺书场最具地域文化特色的环节。

总的来说,北京和天津的近代曲艺场呈现出的城市化表征是存在一定相似性的。其相似性在于,北京天津地理位置毗邻,长期的政治中心的地位,使得两座城市的曲艺书场在发展中不同程度地受到了集权政治和封建礼教的束缚。但其差异性更为突出:北京的集权政治与皇权统治相捆绑,晚近曲艺书场更多地为皇权服务,衍生出与皇室相关的文化特征,曲艺场所内外城分布明显,由旗人票房衍化的北京本土曲艺极具文雅性。而天津则因移民属性和租界特质,而展现出传统性和开放性兼容的特征,即书场分布受不同阶段移民迁移影响产生由沿河到沿铁路,再到租界及毗邻区的发展趋势。天津曲艺书场服务的对象为市民大众,形成了由低到高、从俗到雅的书场类型。天津曲艺书场的互动性更高,形成了良好热闹的书场发展生态。一个是传统的延伸,一个是现代的塑造,北京和天津曲艺书场的城市化表征反映出了近代城市曲艺的复杂多元的构成。

A Study on the Characterization
of Modern Tianjin Quyi Theatre

Abstract：As a landmark space for the formation and presentation of urban culture, Quyi theatre have formed different representations in catering to and conforming to different urban

---

① 燕京散人:《由花小宝的改正字眼　谈到艺人之积重难返(续昨)》,《天津真善美画报》1947 年 11 月 28 日。
② 马宗绪:《雪艳花播音时间应改革谈》,《中南报》1936 年 6 月 3 日。
③ 梁顾甫:《中秋节之各艺简评:陈士和之相声语气颇十足　马增芬之坠子怯声又怯气》,《中南报》1936 年 10 月 2 日。

cultures. In modern Tianjin, Quyi theatre are deeply influenced by immigrant culture, tenant culture, upper class culture, and citizen culture, thus forming a unique style of Quyi theatre distributed along the transportation lines, the flourishing of modern comprehensive Quyi theatre, popularity of private performance and the flourishing of popular support culture.

Key words：Tianjin；Modern；Quyi theatre；Characterization

作者简介：盛书琪，南开大学中国古代文学博士研究生。

新世纪乡土电影中城市形象的现代性考察①

魏　玲　陈吉德

摘　要: 中国现代化的过程中,传统与现代的张力持续发酵,城乡关系是其焦点。乡土电影作为现代艺术的表述媒介,以影像的方式记录着城市对乡土的"除魔化",其过程历经"祛魅"与"覆魅"两个阶段。在新世纪乡土电影中,"祛魅"阶段揭示了乡土在接受城市启蒙的同时也面临诸多伦理冲击;"覆魅"指理性在颠覆神性过程中,不自觉陷入的一种自反状态,即启蒙与神话间的二律背反,这是现代话语对"魅"的重启。故在新旧文化间找到"中体西用"的现代方案,对乡土现代化的发展具有重要意义。

关键词: 新世纪乡土电影　城市　现代性　祛魅　覆魅

康德在《什么是启蒙》一文中指出,"启蒙,是指人类从自我导致的不成熟状态中觉醒。"②这种不成熟的状态放置于乡土银幕的语境中其实就是"魅"。"觉醒"用马克思·韦伯的话说就是"祛魅"。"祛魅"指的是人类在理性精神的烛照下,从宗教或神秘的意义世界中解脱出来,从而获得自我量度世界的主体性地位。中国在 21 世纪正式加入全球化浪潮后,康德所谓"摆脱不成熟"的途径在大众文化语境的冲击下显得模棱两可,韦伯所谓的"祛魅"也在消费主义的浸淫下走向了自反的道路。与此同时,由儒家文化维系的乡土中国并未在

---

① 本文为国家社科基金艺术学重大项目"戏剧与影视评论话语体系及创新发展研究"(23ZD07)的阶段性成果。

② ［德］伊曼努尔·康德:《对"什么是启蒙"的回答》,肖树乔译,中译出版社 2015 年版,第 1 页。

真正意义上完成现代性洗礼。彼时鲁迅指出的部分"病症"（类似于康德的不成熟的状态），在今日的乡民身上亦可窥见，但消费主义带来的社会物质化却同启蒙一道乘着祛魅之风在乡土大地上"随风潜入夜"。

于是，刚要"脱魅"的乡民在商品拜物教的侵袭下再度失去理性，沦为不成熟的状态，新的"病症"诞生了。以上种种，加之图像时代与全球化的耦合，银幕上的乡土中国也以"开麦拉"之笔，绘制着中国城乡发展的精神流变图。在新世纪乡土电影中，城市形象的现代性理路历经了祛魅与覆魅两个阶段。

一、祛魅：现代性对乡土的启蒙与破坏

新世纪的乡土银幕上，以城市形象为表征的现代性话语对乡土的祛魅是一个进步性的历史事件和发展过程，它从乡土现代化角度出发承担着乡民被启蒙的任务，成为 21 世纪全球化语境下社会现代化发展的助推器。然而，正如现代性的一路凯歌总是伴随着诅咒一样，世俗现代性对乡土的祛魅也恰似韦伯口中那种"'总在追求善却又总在创造恶'的力量。"①于是，启蒙和破坏作为现代性的一体两面便在城乡共同建构的银幕场域中此消彼长地博弈与争夺。在现代语境下，中西方电影对现代性的表达有着显著差异。西方电影常围绕婚姻、青春、革命、宗教等议题展开。中国电影则倾向于聚焦城乡文化的对峙。因此，考察新世纪乡土电影中城市形象的现代性议题，首先就是要借助跨文化的视域，对"魅"的中西概念源起与价值分野进行一次考古式的梳理。

（一）区"魅"：西方"上帝"与中国"祖先"

"世界的祛魅"这一概念最早出现于马克思·韦伯 1919 年著名的演讲《学术作为志业》中："我们这个时代，因为它所独有的理性化和理智化，最主要的是因为世界已被除魅，它的命运便是，那些终极的、最高贵的价值，已从公共生活中销声匿迹，它们或者遁入神秘生活的超验领域，或者走进个人之间直接的私人交往的友爱之中。"②韦伯的"世界"，似乎是给各国学者提供了一个普遍性的研究视角。但中西有别，若不加分说地将西方转译过来的概念直接用于中国文化体系的研究，就不免有点将"新的废墟堆到旧的废墟上"③的意

---

① ［德］马克思·韦伯：《新教伦理与资本主义精神》，阎克文译，上海人民出版社 2017 年版，第 318 页。
② ［德］马克思·韦伯：《学术作为志业》，冯克利译，生活·读书·新知三联书店 1998 年版，第 48 页。
③ 陈永国、马海良：《本雅明文选》，中国社会科学出版社 1999 年版，第 408 页。

味了。

　　首先，韦伯所说的"世界的祛魅"发生在西方国家从宗教社会向世俗社会的合理化转型之中，其要义是不断把西方宗教旨义及宗教伦理实践中一切带有巫魅性质的知识等视为"恶之花"而加以祛除，矛头直指西方的宗教神话。为此，韦伯从古希伯来的宗教伦理中找到祛魅的根源意义："古代希伯来伦理观与它在先知时代之后的发展相比，同时也与密切相关的埃及和巴比伦的伦理观相比，它的独特立场完全是基于这样一个重要事实：它拒绝以圣事的魔力作为救赎之道。"①由是观之，虽然普遍认为以 14 世纪文艺复兴为序曲，以 18 世纪启蒙运动为旗帜，"理性"才逐步成为拒斥天启与权威的话语武器，纯粹的宗教热情开始冷却，狂热的个人主义也从此萌芽。但通过韦伯对古希伯来宗教伦理的考古研究来看，"祛魅"的引子在两希文明间就已经"小荷才露尖尖角"了。

　　其次，在中国，"魅"的由来及其尊崇的"圣义"则与西方宗教有着截然不同的文化源流，这也使得"世界的祛魅"同本文要谈论的"乡土的祛魅"既有联系又有差别。联系在于双方的"魅"都隐含着"着魔"的意思，指主体沉浸于宗教世界或者由神秘信条所赋予的意义世界里。区别在于"魅"的概念指涉及双方信仰源流颇有偏差，而最能直观呈现两种信仰偏差的艺术方式就是电影。毕竟，电影在诞生之初就被视为"现代世界'唯物主义的半神的私生子'，一个机械记录、机械复制的迷人的怪物。"②关于这一点，在现代电影哲人英格玛·伯格曼的影像中最为明显。在电影《第七封印》中，伯格曼对"上帝不存在"这一命题的提出，实质上是对"世界祛魅"后宗教影响力日渐式微以及人类主体价值愈发凸显的深刻探讨。它既影像化了伯格曼生命前四十年的宗教困惑，也艺术化了笛卡尔之后，卢梭、康德、黑格尔、尼采、韦伯、西美尔等现代思想家对上帝之"确定性"的拷问。

　　中国乡土银幕上的"附魅"之思，则基本上与"上帝"概念无涉，"祛魅"叙事也主要表现为城市对乡土的文化拯救事件。这主要基于下列原因：在西方，"魅"的概念滥觞于宗教，其信仰体系大都发轫且集中于城市文化，如古希腊和罗马的宗教、犹太教与早期基督教等；在中国，祖先崇拜与鬼魅传说等魅质虽

① ［德］马克思·韦伯：《新教伦理与资本主义精神》，闫克文译，上海人民出版社 2017 年版，第 361 页。
② ［瑞］英格玛·伯格曼：《伯格曼论电影》，韩良忆等译，广西师范大学出版社 2003 年版，第 1 页。

在庙堂之上"尚居高位",但对乡土民间的影响实则更为深远,孔子"务民之义,敬鬼神而远之,可谓知矣"(《论语·雍也》)、"未知生,焉知死"(《论语·先进》)的言论也让尊儒学的古代知识分子对鬼神之说抱有较为理性的态度。综上,中西方对"魅"的理解与表达至少有两点错位。首先,在以"鬼神、上帝"为指称的内涵维度上,"魅"在中西方信仰体系中的受众在文化身份上是倒置的(西方城为主体,中国乡为核心)。其次,以某种"圣义"为旨归的外延意义系统中,"魅"的中西方的尊崇的对象有所差异(西方为宗教,中国为儒学)。

此外,在新世纪国产乡土电影内部,地域差异也促使不同的导演对"魅"的理解与表达大相径庭。北方电影导演,尤其是以东北鬼神题材见长的乡土导演,擅长运用伪纪录片的形式对光怪陆离的神鬼形象和民俗仪式予以记录和诠释。于他们而言,"拍摄"本身就是城市对乡土鬼魅的一种探秘、对乡民信仰的一种凝视。当然,在满足窥视与想象欲望的同时,他们往往还试图通过镜头内乡民对神鬼态度的转变,掀起关乎科学技术与信仰解构的议题,片尾也大都以某种精神疾病、违法犯罪为终局。相关影片有《中邪》(马凯,2016)、《北方一片苍茫》(蔡成杰,2017)、《吾神》(刘冬雪,2018)等。

南方乡土电影导演在处理现代祛魅与信仰迷失议题时,则突破了北方电影对地下宗教和私人性巫术活动的局限,将"魅"的重点转向更为规范和传统的仪式活动,如祭祖、迎神、婚丧嫁娶等。通过这些活动,南方电影导演深入探讨了孝文化的衰落和乡民主体信仰的丧失,城市则表征着现代人的精致利己与人情冷漠。在南方导演的乡土影像中,城市表征的财富、文化、制度等更为客观,乡土之魅也被赋予了更丰富的内涵,如孝与天伦、善与纯真。代表作品有《租期》(路学长,2006)、《留夏》(张海峰,2017)、《米花之味》(鹏飞,2017)等。

总的来看,中国乡民信仰的"魅"大致分为三类:第一类是佛、道等拥有统一教义的制度宗教,极具代表性的乡土作品有万玛才旦的《静静的嘛呢石》、张杨的《冈仁波齐》以及宁浩的《香火》;第二类是以地方神祇、鬼神妖精为代表的民间神秘文化,相关的乡土电影有《中邪》《北方一片苍茫》《吾神》等;第三类是以祭祀为代表的巫术性的仪式和禁忌,这一方面大鹏的《吉祥如意》和路学长的《租期》等均有涉及。就中国语境下的"祛魅"而言,主要针对的是后两类神秘文化。

乡土民间鬼魂的观念由来已久,"夏道遵命,事鬼敬神而远之。""殷人尊神,率民以事神,先鬼而后礼。"①甲骨卜辞中的记载表明,"鬼魂"的概念在夏商时期就已经被提出,这大抵是源于彼时古人对生命超越性的向往与想象。而后周公制礼,创设礼乐制度,其重要内容之一就是将鬼神、巫术等神秘文化改造为伦理性的祭祀制度,纳入礼乐之中。与西方救赎性宗教的外在性超越截然不同的是,中国实现生命内在超越性的社会化路径是从祭祀制度的确立开始的,其核心要义是"孝"。"圣人以是为未足也,筑为宫室,设为宗祧,以别亲疏远迩,教民反古复始,不忘其所由生也。"(《礼记·祭义》)。简言之,孔子主张"报本返始"。故而中国"魅"文化的脉络是祖先—子孙,以区别于西方的上帝—我。

(二)取"魅":城市工具理性与乡土价值理性

相较于西方以"上帝崇拜"为旨义的宗教文化,中国"魅"文化的核心是"祖先崇拜",其情感结构以"孝"为纽带。"祖先崇拜"不仅是原始社会末期祭祀活动的核心内容,也是国家形成后的父权与君权交叉重叠的渊薮。因此,"世界的祛魅"对西方而言是开启了一个"诸神纷争"(价值多元)的时代,而对中国来说,其启蒙的意义首先是父权制的式微,包括外延意义上宗族长老统治的衰落(送法下乡)、婚姻祛魅(女性意识觉醒),以及差序格局的合理化等等。

在刘杰执导的乡土电影《马背上的法庭》中,巨大的国徽作为"不在场"的城市符号,它的丢失与找寻既象征国家制定的送法下乡政策与乡贤主导的礼俗秩序间的博弈,也隐喻着长老权力逐步让位于社会契约的过程中,以父权制为纽带衍生出的差序格局正逐步走向理性化。而在方刚亮执导的电影《走路上学》中,少女对"父母之命,媒妁之言"式婚姻的拒斥及对知识教育的极度渴望也都彰显出理性之光给予乡土中国的启蒙意义。在上述乡土电影中,启蒙意识的表达相对直接,类似的影片还有以留守儿童教育为题材的《念书的孩子》《留守儿童》《矮婆》《上学路上》《遥望南方的童年》《半碗村传奇》和以健全法律意识、提高乡土经济效能为主题的《如果树知道》《卒迹》《山乡书记》《秀美人生》《十八洞村》等。

以女性意识觉醒为议题的乡土影片在启蒙意识的表达上则相对含蓄。在中国,女性人生价值的构建始于戊戌维新时期的思想启蒙运动,但直到1949年新中国成立之前,这场具有资产阶级性质的妇女解放运动不过是雷声大雨

---

① 张树国点注:《礼记》,青岛出版社2009年版,第252页。

点小。这中间即便经历了 1914 春柳社正式上演《玩偶之家》、1918 年胡适在《新青年》上发表《易卜生主义》，但这点"娜拉热"的星星之火也仅仅燃起了部分城市知识女性的意识觉醒。真正深入人心并实质性地影响广大乡土女性的妇女解放思想，源自中国共产党所领导的妇女解放运动。它与国家、民族、阶级等社会革命运动紧密相连，并得到国家政权的强力推动，这也是新时期电影银幕上大量"去性别化女性"产出的社会文化根源。

新世纪以来，在全球化的冲击下，中国社会的文化思潮开始广泛吸纳西方现代女性话语体系。这一过程中，文化景观呈现出既相融又相裂的复杂态势，这直接影响了新世纪乡土银幕上的女性话语表述。一方面，部分电影作品致力于展现中国乡土女性与西方现代女性话语的和谐共融，通过跨文化视角来审视中国乡土女性的生活与命运。譬如，在戴思杰执导的电影《巴尔扎克与小裁缝》中，当城市知青将"巴尔扎克""时尚流行服饰"等西方现代符号带入小裁缝的生活时，小裁缝的心中就被播撒了女性意识的种子。在此过程中，小裁缝与知青马剑铃剪不断、理还乱的"爱情戏码"不过是点燃小裁缝女性意识的一个"激励事件"，熊熊燃烧后便尘归尘、土归土。影片结尾，小裁缝出走了，但她绝不会是《玩偶之家》中的娜拉，黄土地上滋养出的女性缺的不是安身立命之本及吃苦耐劳的韧劲儿，恰恰是那一点点看似空洞的女性意识。

另一方面，一些乡土电影作品将镜头对准了乡土女性在传统与现代、本土与全球交汇点上的挣扎与抉择，展现她们内心的分裂与冲突。

"当一切封建的、宗法的和田园诗般的关系都破坏了……人和人之间除了赤裸裸的利害关系，除了冷酷无情的'现金交易'就再也没有任何别的联系"[①]的时候，乡土最明显的损毁就是"孝文化"在当代的衰落，这与货币文化的崛起、工具理性的过分膨胀有关。价值理性和工具理性的概念，同"世界的祛魅"一样，是韦伯现代性思想的一体两面。在韦伯看来，工具理性，即"通过对外界事物的情况和其他人的举止的期待并利用这种期待作为'条件'或者作为'手段'，以期实现自己合乎理性所争取和考虑的作为成果的目的"[②]，其主要评价标准是成本核算的有效性。而价值理性则是"通过有意识地对一个特定的行为——伦理的、美学的、宗教的或作任何其他阐释的——无条件的固有价值的

① ［德］卡尔·马克思、弗里德里希·恩格斯：《马克思恩格斯选集》（第一卷），中共中央马克思恩格斯列宁斯大林著作编译局，人民出版社 2012 年版，第 402—403 页。
② ［德］马克思·韦伯：《经济与社会》（上卷），林荣远译，商务印书馆 1997 年版，第 56 页。

纯粹信仰,不管是否取得成就"①,它关心的是"意义价值""终极实在"及"苏格拉底式智慧"。"许多人的生活充斥着这种对质的价值进行评估、盘算、算计,并把它们简化成量的价值的行为。"②西美尔一语中的地概括了工具理性的弊端,而这弊端对中国乡土最直接的破坏就是孝道伦理的失落退场,这种失落在乡土银幕上呈现为子代冷漠与代际失衡。这在电影《喜丧》(张涛,2015)、《冬天里》(彭士刚,2016)、《留夏》(张海峰,2017)、《过昭关》(霍猛,2019)、《矮婆》(蒋能杰,2018)中都有较为明显的呈现。

其中,张涛执导的电影《喜丧》极具现实讽刺意味。电影记录了 86 岁老人林郭氏死前与四个子女短暂相处的日子,似有中国乡土版《东京物语》的意味。电影中林郭氏的自杀既有对世间苦难的感慨又有不想拖累子女的无奈。她对孩子们付出的驱动力是价值理性及情感的非理性原则,这是传统乡土妇女的底色。然而,林郭氏子女对她"尽孝"的依据则是工具理性,这也体现出中国代际关系失衡的根本原因——以"孝"为核心的价值观念在现代浪潮中的失重。换言之,工具理性"撕下了照在家庭关系上的温情脉脉的面纱,把这种关系变成了纯粹的利益关系"。③在中国伦理观念里,"孝"字蕴含了三维境界,即孝养—孝顺—孝至光耀门楣。在这三维境界中,"孝养"是物质层面的,即子代满足亲代基本生命需求的保障;"光耀门楣"看似最为高韬至尊,但在现代性的语境下更多地表现为个人主义的追求。因此,以精神敬养为核心的"孝顺"便是"孝"字内涵的最高境界,其包括家庭权力的赋予,精神情感的慰藉以及礼节的敬重。

在电影《喜丧》中,林郭氏悲绝自杀的缘由便是"权力""情感""礼节"的三重失衡,这与工具理性与金钱本位理念的盛行不无关系,更遑论,电影《冬天里》的子女甚至连基本的物质保证都未曾做到。在新世纪乡土电影中,相较于"留守儿童"的无助,"留守老人"现象显然更值得深思,这反映了城乡文化变迁过程中家庭资源"重下轻上""恩往下流"的现状。费孝通先生曾提出,中国人的代际关系是"抚育—赡养"的反馈模式,其理想状态是两者间的平衡,这也是传统乡土社会泛道德化评价体系中的重中之重。

---

① [德]马克思·韦伯:《经济与社会》(上卷),林荣远译,商务印书馆 1997 年版,第 56 页。
② Georg Simmel, *The Philosophy of Money*, trans, Tom Bottomore and David Frisby, London: Routledge, p.444.
③ [德]卡尔·马克思,弗里德里希·恩格斯:《马克思恩格斯选集》(第 1 卷),中共中央马克思恩格斯列宁斯大林著作编译局译,人民出版社 2012 年版,第 403 页。

综上,在 21 世纪的城乡中国,当表征着城市的工具理性逐步消解农民的本体信仰——孝时,祖先崇拜和父权统治等信仰的确伴随着祛魅之风的"上山下乡"而焕然一新。然而,金钱崇拜和利己主义等观念却又代替了前者,从而使乡民惯习式的生命超越断裂在了死亡那一刻。这种伦理的断裂不单指生孝,也包括死祭。在电影《路过未来》中,从城市回到乡土的耀婷一家,不仅失了地,连祖先的坟也一并失了。与此类似的还有《老驴头》中被黄沙湮没的祖坟、《告诉他们,我乘白鹤去了》中被掘出"故身"的老曹。导演李睿珺透过乡土之镜所传达的失落与悲怆不仅仅是城市挤压下生时的无处可去,更有死后的无地可容。

毕竟,在中国人的生死观中,死并不是亡,而是融入子孙——祖先的血脉之中。当生物生命遵循万物之道终结于黄土时,文化生命也以祭祀的方式在孝的理念驱使下生生不息,也即"生者,假借也;假之而生者,尘垢也。死生为昼夜"。[1]昼伏夜出,寒来暑往,生死轮替,乃所谓道家的生生不已之道。然而,祛魅时代的乡土中国,不仅生无以为养,死也无以为祭。"祭",在中国文化谱系中,早已越过了鬼神巫魅等超验世界的概念而被纳入了以孝为核心的情感伦理范畴。因此,"祛魅"要"区魅",更要"取魅"。唯有如此,中国传统文化中那些照亮人性光辉的文化之魅才会越过时代之躯,永存华夏之魄。

(三)"趋魅":人类中心说与天人合一观

现代性在文化观念上使乡民产生了双重分离,其一是上文所述的人与社群的分离,其二就是人与自然的分离。"'世界的祛魅'所产生的另一个后果是人与自然的那种亲切感的丧失,同自然的交流之中带来的意义和满足感的丧失"。[2]格里芬的言论直接表达了祛魅在自然层面所造成的破坏。当现代城市工业以狂飙突进式的姿态席卷中国乡土时,传统哲学中的"天人合一"观及泛道德化评价体系开始土崩瓦解,这是"世界的祛魅"对乡土文明在信仰层面的一次"焚书坑儒"。

然而,从笛卡尔到培根,现代性思潮所孕化出的西方理性精神在中国大地上想要祛除的不仅仅是意识形态上被顶礼膜拜的礼制与巫术,还包括对乡土自然界的征服与整饬,这是大写的人定胜天论,即人类中心主义。荀子尊人定

---

① 庄子:《庄子今注今译》,陈鼓应译,商务印书馆 2022 年版,第 526 页。
② [美]大卫·雷·格里芬:《后现代精神》,王成兵译,中央编译出版社 2005 年版,第 220 页。

胜天,虽是理性主义的敞显,但强调的是天人协调论,主张形成"人效法自然,自然又被人伦化,形成天人合一,主客混融的局面"①,而绝非西方现代性思想中的为自然立法,是故本文用语"大写"。正如安东尼·吉登斯所言:"粗略一看,我们今天所面对的生态危险似乎与前现代时期所遭遇的自然灾害相类似。然而,一比较差异就非常明显了。生态威胁是社会组织起来的结果,是通过工业主义对物质世界的影响得以构筑起来的。它们就是我所说的由于现代性的到来而引入的一种新的风险景象(risk profile)。"②这也是为什么在新世纪国产乡土电影的文本中,大量出现了自然荒漠、生灵涂炭等"风险景象"的原因。

"世界的祛魅"以货币之名无限刺激着理性主体的虚妄,使其对自然征服的欲望如饕餮巨兽般贪得无厌。于是,乡土从净土变沙土,草原从绿地变荒地,家园从乐园变公园,可可西里也从众神之地变为了枯骨蛮荒。李睿珺在其电影《家在水草丰茂的地方》《隐入尘烟》中,便分别用一明一暗双重隐喻表达了城市文明对游牧文明、农耕文明的戕害。电影《家在水草丰茂的地方》讲述了两个牧民孩童寻觅家园的故事。在该片中,孩童的纯澈双眸就宛如荒原之上闪烁的希望之光。正是在这缕光芒的指引下,观众才得以穿越荒漠与戈壁的苍凉,依稀勾勒出那曾经的精神家园——那片"水草丰茂的地方"。可是,当茫然的阿迪克尔目之所及是一片片喷吐着化学烟雾的工厂时,当观众透过银幕目睹那曾经的精神家园沦为废墟遗迹时,乡土自然所蕴含的神灵之力似乎于顷刻间土崩瓦解了,这也体现出海德格尔针对现代技术所提出的"促逼"特质。

现代技术所具有的"促逼"特质,不断地"向自然提出蛮横要求,要求自然提供本身能够被开采和贮藏的能量"③,以便人类能够换取那最绝对的等价物——金钱。这里的"人"不仅仅单指表征城市文明的侵占者资本家,还有在家园失落后被放逐的乡民,即影片中以父亲为代表的淘金者。他们被驱逐又帮助驱逐者,这难道不是"现代性与大屠杀"在自然领域的拓深? 犹太人在理性的驱动下沦为纳粹的帮凶,一路配合着屠杀行动。乡土人在理性的烛照下

① 　冯天瑜:《中国文化史断想》,华中理工大学出版社1989年版,第43页。
② 　[美]安东尼·吉登斯:《现代性的后果》,田禾译,译林出版社2000年版,第96页。
③ 　[德]马丁·海德格尔:《海德格尔选集》(下册),孙周兴选编,上海:生活·读书·新知三联书店1996年版,第932—933页。

也沦为城市资本家的帮凶，一路损毁着曾经水草丰茂的家园。现代性的入侵荒漠化了草原，像《家在水草丰茂的地方》中的爷爷一样，《可可西里》中的牧民马占林也在自然资源枯竭之后卖掉了羊。其结局是，无以生计的他又不得不以剥羊皮的方式"回馈"这片曾经的"众神之地"。即便有像《季风中的马》中的乌日根一样坚守草原文明的牧民，但结局也不过是像片中"成吉思汗的后人"一样再也找不到心中的那根"苏鲁德"了。

游牧文明千疮百孔，农耕文明何以独善其身？在乡土电影《天狗》（戚健，2006）中，这种"现代性对自然的屠戮"体现得更为赤裸。当"人法地，地法天，天法道，道法自然"①的圣性灵韵冰消瓦解时，金钱本位的价值观便诱惑着乡民在那片苍翠的林海中肆意砍伐。于是，在经济意识的驱动下，乡民对伤残军人李天狗的态度也由一开始的倒屣迎宾逐渐演变为群起攻之。更具讽刺意味的是，影片中地头蛇式的恶霸竟被象征地命名为"孔家三兄弟"。这一设定寓意着表征传统文化符号的"孔"在自我解构的同时走向了自反的道路。与此同时，这也表明，在乡土社会泛道德化评价体系逐渐崩溃、现代文明的新秩序尚未建立时，货币的通货属性成为主宰乡民行动意识的唯一秩序。

"世界的祛魅"从城市流入乡土，为蒙昧主义解了咒，却又为乡民重新施了咒。它将货币捧上神坛，使被围困的乡民们无限"趋"近货币这尊新神，"祛魅"逐渐发展成"趋魅"。于是，乡土与自然也终将在这场"现代性与大屠杀"的行动中"隐入尘烟"。那么，如何解除现代性之魅施予乡民的魔法呢？东方"天人合一"的哲学思想或许可以稍稍平衡西方主客二分带来的人类中心主义，即以"主体间性"之柔美化散"主体性"的暴虐方为人间正道是沧桑。

二、覆魅：理性对神性的解构与重塑

"覆魅"，取"重蹈覆辙"之"覆"，意指以城市为载体的理性在不断颠覆神话的过程中，由于自身的悖论而不自觉地陷入了神话系统的语言世界，并成为新的话语主宰，即阿多诺的"神话就是启蒙，而启蒙却倒退成了神话"。②在西方，启蒙与神话间的逐鹿虽普遍以17世纪末18世纪初为发轫节点，但理性与神

---

① 老子：《道德经》，张景、张松辉译，中华书局2022年版，第99页。
② ［德］马克斯·霍克海默、［德］西奥多·阿多诺：《启蒙辩证法》，渠敬东、曹卫东译，上海人民出版社2022年版，第5页。

性在意识形态上的明争暗斗早在千年之前就已端倪初露。

在中国,启蒙话语在"五四运动"时期虽已声名鹊起,但其对乡土的渗透以及与神话的对立,实则迟至 20 世纪 80、90 年代方显端倪。同时,与这一现象密切相关的影视作品也大多涌现于改革开放之后。因此,中国语境下现代文明对乡土文明解构与重塑的时间跨度更短、文化裂痕更深。基于此,下文将从现实之维与电影之维的双重面向切入,深入剖析城市理性是如何通过概念的统一性来解构乡土内部的一切巫魅概念,并进而以"覆魅"的策略重塑货币这座新神以供乡民顶礼膜拜的。

(一) 新神诞生:启蒙辩证法

城市对乡土的启蒙与破坏源于"除魔化"实践对乡土的唤醒与冲击,其结果就是前现代社会中一切难以估量的价值也随同那些魑魅魍魉一道被除魔解咒了。在新世纪乡土电影中,这难以估量的价值除却上文所论及的孝道伦理与天人合一理念外,还包括文化工业裹挟下传统艺术的落败。在藏族导演万玛才旦执导的乡土电影《寻找智美更登》中,电影和藏戏的博弈、融合在符号意义上表征着传统艺术与现代艺术的对话与交锋。在这个过程中,随着机械复制艺术对文化遗产传统价值体系的冲击与颠覆,藏戏"智美更登"原本蕴含的艺术"灵韵"也遭到了不可避免的消解。这种"灵韵"的丧失,在电影中表现为对藏戏《智美更登》寻找行动的失败。"寻找"行为本身便暗示着"丢失"的现实,而"无果"的结局则进一步昭示了藏族传统文化在现代文明冲击下的边缘与衰落。银幕内,演得最好的智美更登,在城市文化培育工作者与乡土艺术演绎者的双重身份中游移不定;银幕外,拍得最好的智美更登(万玛才旦),也在电影导演(城市他者)与传统文化代言人(乡土我者)的双重自我中陷入现代性的泥沼。可以说,电影《寻找智美更登》是万玛才旦对现代文明入侵传统藏族传统文化的一次精神抵抗。无奈的是,电影导演的身份又迫使他的每一次抵抗都恰好为现代文明的产物(电影)注入了无穷的力量。

与之相对,在电影《百鸟朝凤》中,现代艺术对传统艺术的凌犯与侵吞则体现为焦三爷的徒弟们纷纷放弃唢呐进城打工。"向城而生"的物质诱惑力瓦解了古老的伦理秩序,西洋音乐的下乡消解了"百鸟朝凤"的圣性,这与 20 世纪80、90 年代市场经济改革和文化转型有着莫大的关联。当影片中的非遗传承人以"候鸟"的姿态向城而生时,"百鸟"在隐喻之维就有了具体的所指,"朝凤"

也与"向城"也形成了表征意义上的同构。于是,电影之维的一曲"百鸟朝凤"诉尽匠人百年传承即将遗落的悲怆;现实之维的"百鸟朝凤"也在城乡场域的游走间迷失了自我对家园的归属。不可否认,现实之维的"候鸟们"确实在物质层面得到了莫大的提升,这是现代化带来的进步。但同时,付出的代价是精神的不断媚俗化。这在郝杰的电影《美姐》中亦有类似的呈现,二人台的落幕与邓丽君靡靡之音的盛行对乡土而言无疑是一次奇魅的置换。

本文并非旨在通过强调传统艺术的"慢"来非议流行音乐的"快",而是仅就银幕所呈现的乡土语境进行具体分析。在电影《美姐》中,那些摒弃二人台说唱艺术、转而沉迷靡靡之音的乡土观众,都是不懂流行音乐小资情调的中老年乡民。他们选择流行乐,要么是基于对新奇时尚的盲目从众,要么是源于对年轻女性身体的窥念欲想。这种艺术审美的转向,反映了现代乡民精神上的媚俗与异化。时尚,是人类历史演进中体现阶段性审美倾向的一个显著标识。但它本身并不等同于艺术,而更像是一个动态的修饰符。它的修饰对象可以是乡土的"非遗艺术",也可以是城市的流行音乐。至于修饰谁、怎么修饰,实则受文化资本掌权者的秩序驱动。乡土"非遗"之所以会在21世纪初城市艺术的潮流涌动中偃旗息鼓,是市场逻辑与城市文化资本合谋的结果。毕竟,一旦精神变成文化财富,被用于消费,其结果就是走向消亡。正是依托这一逻辑框架,当下的城乡中国,才会在"乡村振兴"政策的积极引领下,重新审视并定位"艺术乡建"与"非遗传承"在民族复兴进程中的关键性作用。

在电影《美姐》中,银幕内的乡土观众被巨大的时尚蛛网包裹,落入消费主义编织的媚俗陷阱时,银幕外的观众又何尝不是被时尚商业大片的外表所魅惑,将精神泅渡于刺激、惊颤的视觉文化洪流之中。传统艺术的"慢"之于现代艺术的"快",就像是人体大脑中的多巴胺之于内啡肽。前者是通过与神经元表面的多巴胺受体相互作用来释放短期快感的一种神经递质,后者则是一种内源性的阿片样物质,具有短期镇痛且助益获得长期快感的机能。这里用多巴胺和内啡肽来作比艺术之传统与现代,想要说明的是一种吊诡的文化资本控权:城市流行艺术下乡刺激乡民的多巴胺分泌,使其沉迷,而传统艺术又随着非遗复兴的号召进入城市高等学堂,让以复兴传统艺术为己任的城市富人们不断释放内啡肽以振传统艺术之光。那么,被启蒙之后的乡民们及几代之后,他们的原有的文化遗址又何处寻觅? 二十年兴衰流转,传统与现代艺术看似在高低循流,怕只怕是"雕栏玉砌应犹在,只是朱颜改"。

诚然,事物总是在矛盾运动中发展前进的。自五四以来至新中国成立再到改革开放之初,理性对于祛除乡土中国的劣根性而言,无疑是具有进步性质的。但正如世界电影诞生之初与戏剧之纠葛以及后来流入中国后一系列戏影争鸣一般,矫枉过正往往成为新一轮哥白尼式思想革命的开端。城市文明对乡土文明的祛魅既为乡土中国带来了精神上的汩汩清流与物质上的硕果累累,也预设性地把自己当作了神话的审判者。20 世纪乡土中国的影像话语中,祛魅与启蒙是城市元素所承担的主要表意功能。21 世纪城乡中国的语境下,祛魅所带来的降格症候以及返魅带来的暂时性精神陶冶反倒成为城市元素出现在乡土影像中的主要意义。于是,部分清醒观众开始意识到精英阶层的影像话语在揭露一种意识形态的神话时却陷入另一种意识形态的陷阱,即原先乡土中国对神性的附魅被置换为城乡中国对理性的覆魅。

(二) 众神归位:"魅"的多元化

城市对乡土祛魅的后果直接导致了现代性话语对"魅"的重启。在这场现代性的自反运动中,作为表征城市文化的电影应借鉴中国传统文化中的圆道观来构筑 21 世纪乡土银幕上"众神归位"的格局,方能使其稍稍挣脱理性主义的窠臼,从而实现理性精神与礼治秩序的和平共处。具体而言,在创作理念上以"圆"为中心思想,融西方理性精神之"器"与中国礼乐乾坤之"道"于一体,提出"唤魅",并以中庸理性的"圆融"来调和工具理性与价值理性间的裂隙;在审美格局上借鉴始而复终的圆转结构彰显自然乡土中寒来暑往的无尽意蕴及孝道文化中方生方死的生命哲思。如此,乡土从祛魅到覆魅再到唤魅,似乎经历了一个原点式的回归之旅,但历经过现代性洗礼的乡土社会无论怎样回归,其结果都只会是"青山依旧在,几度夕阳红"。

"唤魅"这一概念蕴含着双重维度的读解。其一是审美意义上的唤魅,要求电影作为一种审美表意实践活动,要赋予乡土以主体性言说的权利而非失语状态下的标识性能指。与此同时,导演应以光影为笔调,用乡土的自然之美唤醒其内在的神性之魅,以完成电影对乡土的诗意救渡。譬如,在电影《婼玛的十七岁》中,哈尼族少女婼玛的十七岁虽然充斥了各种城市的碎片:相机、阿明及想象中的观光电梯⋯⋯但是整部影片的基调都在婼玛纯净的心田与广阔的哈尼族梯田中散发出柔美氤氲的自然气质。导演章家瑞用温情脉脉的镜语提纯了哈尼族的自然气质,也升格了少女婼玛对城市的想象空间。在电影《婼玛的十七岁》中,婼玛与阿明的惺惺相惜,也在某种程度上寓意了 21 世纪城乡之间新柏拉图式的情感关系。

其二是世俗意义上的唤魅,指借由电影的大众传播功能,呼唤传统泛道德化评价体系与非遗传承观念的适当复归,以重塑礼序乾坤、乐和天地的中华之魄。实际上,此般影以载道的电影在乡土银幕上也屡见不鲜,只不过大都采取以突出城市疏离、冷漠的气质来反衬乡土温情复归必要性的策略。譬如讲述留守老人境遇的电影《留夏》《冬天里》《喜丧》及前文提到的非遗传承类影片《百鸟朝凤》《美姐》等。然而,电影中反衬技法的惯用本身就是为乡土没落而吟唱的一首忧郁挽歌,因为"反衬"在某种程度上是揭露"现象"与"影像"文化关联的一种技法。此外,新世纪乡土电影中也有一些通过城乡道德的正面对比,来塑写乡民仁德高尚的电影。这类影片中,徐磊的《平原上的夏洛克》最为典型。

在电影《平原上的夏洛克》中,乡民超英所秉持的价值理性就是传统泛道德化评价体系中的"仁义礼智信"。当好友树河车祸后,超英的弃房筹钱视为仁;好友身遭变故,超英不离不弃找寻真相视为义;当得知找错真凶后,超英义无反顾归还钱财视为礼;而其与好友占义明辨是非、勇闯城市的举动则视为智;最后,超英辛苦攒钱盖房只为亡妻之诺亦为信。影片中的超英和占义是儒家五常"仁义礼智信"的坚守者,但这并不影响他们以现代技术(摄像头、行车记录仪)为辅探查车祸始末。这表明,以超英为代表的传统乡民,并不排斥城市文化中进步的一面。反之,他们是在以"中体西用"的思维模式调和城市技术理性与乡土价值理性的裂隙,以达中庸理性的圆融之境。可以说,他们的落寞并非基于对城市文化的拒斥,而是对乡土泛道德化评价体系的坚守。简言之,他们可以吐故纳新,却做不到逐末忘本。

在超英与占义的形象中,新时代乡民的理想风貌得以展现,即在传统—现代两种文化的对弈中,找到借他山之石,琢己身之玉的应对方式(根生在土,枝繁于城)。遗憾的是,随着超英与占义这一代人的老去,年轻一辈似乎还未能领悟和继承这种新旧文化(城市与乡土)圆融共生的智慧。电影《平原上的夏洛克》所散发出的悲怆气质,并非仅源于超英、占义等老一辈乡民的退场,而更在于新一代乡民的"群盲"——在现代性的种种文化效应下,他们向城而生却又在城而惘;他们思乡心切却又近乡情怯。此外,影片三人始、三人终的结构设定以及片头片尾盖房一场"空"的原点式回归也在形而上层面传达了中国传统哲学中"空即圆满""无求即所求"的圆道之思。

结　语

在中国现代化的过程中,传统与现代的矛盾一直存在并仍在继续,城乡关系是矛盾的集中体现。意识形态的祛魅,确实使得 21 世纪银幕上的乡民在精神与物质层面获得了整体上的自由。然而,随着理性独裁统治的逐步扩张,文化祛魅后的乡民们又在"技术理性"的操控下踏上了"覆魅"的道路。实际上,"祛魅"概念自西东传以来,历经种种文化思潮、政治导向的改制,其"魅"的外延意义早已越过那些神秘的意义世界,逐步演变为特定历史时期话语建构的文化利器,这也不可避免地会误伤到那些有价值的中国传统文化。

在新世纪乡土银幕上,城乡话语不对等姿态的影像呈现,实则也透视出中国影人渴望重塑国族文化自信,复归华夏文化之"魅"的心理愿景。值此 21 世纪,当中华民族正以昂扬之姿阔步于文化复兴的伟大征程之际,采取"中体西用"的融合策略,提出乡土影像上的"唤魅"耕及促进现实城乡关系的深度融合,皆具至关重要的意义。

A study on the modernity of city image
in the new century country film

Abstract: In the process of China's modernization, the tension between tradition and modernity continues to ferment, and the relationship between urban and rural areas is its focus. Rural film, as a medium of expression for modern art in relation to the countryside, captures the practice of "demystification" of city towards rurality through visual imagery. This process can be broadly categorized into two stages: "Disenchantment" and "Reenchantment" In the new century country films, the stage of "disenchantment" reveals that the countryside is faced with many ethical impacts while accepting the enlightenment of the city. "Reenchantment" refers to a reflexive state that reason unconsciously falls into in the process of subverting divinity, that is, the antinomy between enlightenment and myth, which is the restart of "enchantment" in modern discourse. The identification of a modernity blueprint that integrates "Chinese essence with Western applications" between traditional and contemporary culture holds significant implications for the development of rural modernization.

Key words：Country film(of the new century)；City image；Modernity；Disenchantment；Reenchantment

作者简介：魏玲，南京师范大学文学院艺术学专业博士研究生；陈吉德，南京师范大学文学院博士生导师。

曲艺的传播及与近代区域城市文化的互动

——以相声、评弹为中心①

李小东

摘　要:考察相声、评弹在近代区域城市间的传播,以及与区域城市文化的相互塑造,可以从艺术传播的角度,分析传统艺术形式与近代区域城市文化间的互动。相声以京、津为中心,沿铁路线在华北、东北城市传播。北方城市为相声表演提供了人流物流密集的"杂吧地"作为表演舞台,同时相声"耍贫嘴"的表演特点,也参与塑造了具有浓烈市井草根特征的北方城市文化。评弹以苏、沪为中心,沿铁路及水路在江南市镇传播。评弹在江南市镇中清雅的书场开展表演,并参与塑造了江南市镇闲适而雅致的城市文化。

关键词:曲艺传播　区域城市　相声　评弹　城市文化

艺术与区域文化间的相互塑造,是艺术传播研究的重要关注对象。对于这一问题的讨论,目前研究主要集中在两方面:一是古代社会中,戏曲等传统艺术如何在传播中与地域文化互动,即戏曲地理研究;②二是近代社会中,电

---

①　本文为国家社科基金艺术学项目"晚清至民国时期京津沪报刊曲艺资料整理研究"(21BB029)的阶段性成果。

②　如张健:《明清陕西商贾流寓与扬州秦腔文化流行区》,《中国历史地理论丛》2011年第2期;李砚:《国内戏曲地理研究的回顾与思考》,《民族艺术研究》2020年第4期。

影等外来艺术如何在传播中与城市文化相互塑造。①进言之,相关研究似有必要在两个方面作进一步拓展。首先,虽然不乏"江南丝竹""燕赵慷慨悲歌"等有关艺术与区域文化相互塑造的描述,但相关区域的具体范围、空间层级,有必要作精确处理。其次,有关艺术与近代区域文化关系的研究,多关注电影等外来艺术,而传统的、本土的艺术,如何在传播中与近代区域文化间互相塑造,有待深入讨论。

相声、评弹是面向近代市民的传统曲艺形式。曲艺艺人出于生计所需,往往在城市间流动表演,形成了一个相对固定的曲艺表演区域。曲艺表演所需道具很少,表演场合也较为随意,使曲艺能更为灵活地捕捉区域城市文化的特征,并润物无声地参与区域城市文化的塑造。由是,本文将考察相声与评弹分别在近代哪些区域的城市中传播,相声、评弹又如何与区域城市文化互动。

一、相声在华北、东北城市的传播

相声起源于 19 世纪末的北京,迟至 19 世纪 90 年代就有相声艺人在北京的人流密集处表演。根据相声艺人回忆,自 20 世纪 20 年代至 20 世纪 40 年代,北京的相声表演地点包括天桥、荷花市场、西单商场、东安市场、西安市场、隆福寺、护国寺、白塔寺、平民市场等地。②这些地点大多交通便利、人流密集,在商业方面能够满足市民日常生活的基本需要。密集人流所带来的商机,又吸引大量闲散劳动力在此谋职,为相声艺人及其他街头艺人提供了庞大的观众群体。

相声在北京发展的同时,一些相声艺人沿铁路线向其他城市流动。1906年,相声艺人李德钖沿卢汉铁路(卢沟桥至保定段)赴保定表演,其后又返回北京并与相声艺人张德全搭档,沿津芦铁路到天津。③

天津是近代北方最大的城市,市民阶层发展较为成熟,相声艺人来到天津后,很快被天津市民接纳。早在 1890 年左右,相声艺人裕二福由京赴津"撂

① 如汪弘扬:《"跨地"与"逐利":19 世纪末 20 世纪 30 年代中国电影传播的路径与动力》,《艺术传播研究》2021 年第 4 期;姚霏、苏智良、卢荣艳:《大光明电影院与近代上海社会文化》,《历史研究》2013 年第 1 期;刘磊:《电影院与民国时期青岛的都市民俗》,《民俗研究》2016 年第 3 期。

② 张立林:《相声名家张寿臣传》,文化艺术出版社 2005 年版,第 38 页;侯宝林:《侯宝林自传》,黑龙江人民出版社 1982 年版,第 56 页。

③ 张立林:《相声名家张寿臣传》,第 24 页。

地"表演(室外表演——引注)。①天津城市经济发展水平高于北京,吸引了一大批北京相声艺人。相声艺人李洁尘回忆"北京那儿的流动人口少","挣钱太少、吃不饱",而"天津卫是水旱码头,那个地方很热闹,工商业发达,挣钱多"。②在此背景下,天津的相声发展迅速,成为北京之外又一个相声表演的中心城市,当时"北京的、东北的、唐山的、通州的相声艺人汇集天津,展开了业务上的竞争"。③相声在近代天津的繁荣,体现了城市经济发展对曲艺事业的深刻影响。

天津既是京奉线(北宁线)和津浦线交会的旱码头,又是海河进入渤海的水码头。一些相声艺人以天津为跳板,沿北宁线北上,历经唐山、古冶、开平、昌黎,直到秦皇岛。据马三立回忆,其20世纪30年代赴秦皇岛表演,"因为从上海到天津的海船都要经过秦皇岛,又有铁路线经过,是个比较大而繁华的水陆码头"。④北宁线上的唐山也是一个相声表演的重要城市。特别是唐山小山地区人流密集,是生意兴旺的"火地","到处是茶馆酒肆、买卖铺户,京津两地的艺人都经常来此地表演。"⑤

从天津沿津浦线南下,途经的德州、济南、徐州、南京等城市都有相声艺人的足迹。1938年开始,马三立等人沿津浦线"一站一站朝南走,所经的城镇不论大小,只要能撂地就停下来,赶集市,赶庙会,交通路口、大车店、茶棚、妓院,只要能有听众,我们就撂地卖艺",此行中马三立等人先后在沧州、德州、平原、禹城、济南等地表演。⑥

济南是津浦线与胶济线的交汇点。相声艺人刘宝瑞回忆,由于"济南人喜欢听相声、懂得听相声",且济南能南下徐州、蚌埠、苏杭二州,北上距京津也不远,⑦故而济南扮演了相声传播中又一交通枢纽。以济南为中心,所辐射到的

①　陈笑暇:《最早由京来津的相声演员》,载中国人民政治协商会议天津市委员会文史资料研究委员会编《天津文史资料选辑》(第43辑),天津人民出版社1988年版,第228页。

②　李伯祥口述、钱钰锟执笔:《快嘴李伯祥》,天津人民出版社2017年版,第14页。

③　马三立:《艺海飘萍录》,载中国人民政治协商会议天津市委员会文史资料研究委员会编《天津文史资料选辑》(第23辑),天津人民出版社1983年版,第208页。

④　马三立:《艺海飘萍录》,载中国人民政治协商会议天津市委员会文史资料研究委员会编《天津文史资料选辑》(第23辑),天津人民出版社1983年版,第210—211页。

⑤　张永熙口述、吕海云撰:《张永熙自传》,团结出版社2015年版,第81页。

⑥　马三立:《艺海飘萍录》,载中国人民政治协商会议天津市委员会文史资料研究委员会编《天津文史资料选辑》(第23辑),第215—216页。

⑦　张立林:《相声名家张寿臣传》,第210页。

城市都有着较好的城市经济基础,市民生活有所保障,能够保证相声艺人的收入。此外,当地人所操的方言都属于北方官话,听懂以北京方言为主,杂有天津、唐山、济南方言的相声不成问题。以济南为中心,还可沿胶济线东进青岛。相声艺人白全福1942年5、6月份就因"济南气候太热,娱乐场上座率较少",转而去气候较为凉爽的青岛表演。①

位于津浦线南端的南京虽地处江南,但其方言仍属官话系统,其成熟的城市经济和市民阶层引来相声艺人在此表演。迟至20世纪40年代,包括相声、单弦、京韵大鼓、空竹、河南坠子等曲艺形式的艺人都来此表演,并引发观众强烈反响。从南京出发,一些相声艺人沿京沪线(沪宁线)到上海表演。②

除了从天津沿津浦线南下鲁、苏以外,由北宁线北上出关,也是相声从北京、天津向其他城市传播的重要路线。近代东北地区城市,主要沿T字形的中东、南满铁路线分布,锦州、沈阳、长春、哈尔滨等地物流、人流集散,有较为成熟的市民阶层,为相声艺人提供了颇具规模的观众群体。东北城市的相声传播以沈阳为中心,相声艺人沿南满线和中东线向东北地区其他城市流动。沈阳"东南西北四门的市场都有书场、茶社,都上演相声"。③相声艺人郭荣启在沈阳表演时,有一部电影正在上映,剧场方希望在电影播出前加演曲艺,故此,郭荣启等相声艺人得以跟随电影放映方赴长春、哈尔滨等地巡回演出。回到沈阳后,郭荣启与搭档何玉清还沿北宁线南下,来到锦州表演。④

以北京为中心,相声艺人还可沿平绥线到张家口,沿平汉线到保定、石家庄、郑州、武汉等地表演。

张家口是察哈尔省省会,又是华北地区与蒙古地区贸易的重要交通枢纽,城市经济相对发达,相声表演市场繁盛。张家口的相声表演场地主要有北市场和南市场。北市场发展较早,但后期衰落。南市场则后来居上,市场内有

---

① 白全福:《我家作艺生活忆述》,载中国人民政治协商会议天津市委员会文史资料研究委员会编《天津文史资料选辑》(第43辑),第220页。

② 郭荣起:《我的学艺经过》,载中国人民政治协商会议天津市委员会文史资料研究委员会编《天津文史资料选辑》(第14辑),天津人民出版社1981年版,第218页。

③ 马三立:《艺海飘萍录》,载中国人民政治协商会议天津市委员会文史资料研究委员会编《天津文史资料选辑》(第23辑),第213页。

④ 郭荣起:《我的学艺经过》,载中国人民政治协商会议天津市委员会文史资料研究委员会编《天津文史资料选辑》(第14辑),第215页。

"戏园子,有电影院和各色茶楼,京剧、大鼓乃至各地方小曲儿都大行其道"。[1]

在平汉线与正太线所带来的人流物流刺激下,石家庄在近代快速发展。石家庄的相声表演一度十分火爆,"各地的艺人都在此献艺。不单有说相声的,还有变戏法的,耍杂技的,五花八门,不一而足"。[2]郑州是陇海线与平汉线的交会城市,在郑州老坟岗,"汇聚着来自各地的艺人……几乎你当时能想到的民间文艺表演在这里都能找到。此外日用百货、手工作坊、小吃摊和饭馆子也遍布其中,五行八作无所不包"。[3]平汉线的南端武汉,同时是长江中游重要的码头,早在1916年即有相声艺人骆彩祥等在老圃游艺园表演相声。[4]

此外,随着陇海线的修通,在开封和西安也有相声艺人的足迹。[5]

总体来看,相声的传播以北京、天津为发源地,沿华北、东北地区的铁路线,辐射铁路沿线大城市,其传播城市呈链状分布。以北京、天津为中心,相声的传播向东南沿津浦线,串联起了济南、徐州、南京等大城市与德州等中等城市;向北沿京奉线(北宁线),串联起唐山、秦皇岛、沈阳,连带有锦州、长春、哈尔滨;向西北沿平绥线,串联起了张家口;向南沿平汉线,串联起了保定、石家庄、郑州、武汉,并经陇海线连带开封与西安(见图1)。这一区域内,各城市间虽方言不尽相同,但都属官话系统,日常交流并无障碍。相声艺人在流动过程中,也对各地方言有所学习,在以北京方言、天津方言表演的基础上,形成了模仿山东、山西、河北方言的"倒口"(又称"怯口")表演技巧。

二、评弹在江南市镇的传播

评弹包括评话和弹词两大门类,主要用吴方言进行表演。由于评弹艺人所掌握节目数量有限,在一地表演一定时间后,即需要向其他地区流动,行业内称之为"走码头"。评弹艺人所走的码头,"南抵嘉兴,北达武进"。对于评弹的传播空间,唐力行提出"评弹文化圈"的概念,即以评弹艺人走码头所经之地为限,评弹艺术所流传的地域空间。[6]

① 张永熙口述、吕海云撰:《张永熙自传》,第42页。
② 张永熙口述、吕海云撰:《张永熙自传》,第88页。
③ 张永熙口述、吕海云撰:《张永熙自传》,第111页。
④ 倪钟之:《中国相声史》,武汉大学出版社2015年版,第274页。
⑤ 张履谦:《民众娱乐调查》,开封教育实验区出版部1936年版,第194页;《中国曲艺志·陕西卷》编辑委员会:《中国曲艺志·陕西卷》,中国ISBN中心2009年版,第585—586页。
⑥ 唐力行:《总序》,载申浩:《雅韵留痕:评弹与都市》,商务印书馆2014年版,第5—6页。

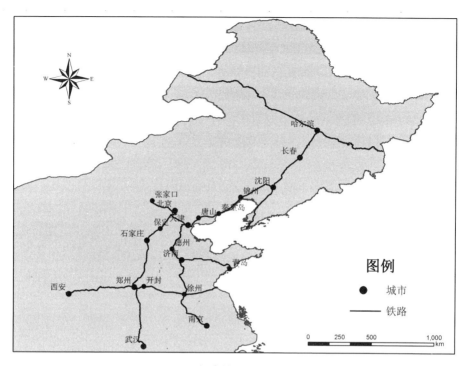

图 1　相声的主要传播城市

　　评弹艺术兴起于清代苏州,故而评弹早期主要以苏州为中心,向周围城市和市镇传播。然而,苏州府的首县吴县,其县城并非评弹传播的重心。老评弹艺人指出,评弹码头有著名的"三山一关","老听客多,有一定的文化水平,欣赏能力强。'响档'(即有票房号召力的艺人——引注)、'名家'都曾去登台献艺,接受过'考核',名艺人去多了,业务长盛不衰。"①"三山一关"的具体所指有不尽相同的表述,一是常熟县福山镇,上海附近的宝山县、昆山县,和苏州府吴县城外的浒墅关镇,②二是无锡县惠山镇、常熟县虞山镇、昆山县玉峰镇,以及浒墅关镇。③无论哪种说法,均指向以苏州吴县为中心,沿长江南岸展开的几个经济发达的市镇。

---

① 刘宗英:《评弹艺术在玉峰》,载中国人民政治协商会议江苏省昆山县委员会文史征集委员会编《昆山文史》(第 8 辑),内部发行,1989 年,第 105 页。

② 胡觉民、单大声:《苏州评弹史话》,载中国人民政治协商会议全国委员会文史资料研究委员会《文史资料选辑》编辑部编《文史资料选辑》(第 103 辑),中国文史出版社 1985 年版,第 222 页。

③ 刘宗英:《评弹艺术在玉峰》,载中国人民政治协商会议江苏省昆山县委员会文史征集委员会编《昆山文史》(第 8 辑),第 105 页。

　　除"三山一关"，苏州近郊也有相当数量的评弹书场。评弹艺人唐耿良回忆其早年"跑码头"，借水路既可到苏州郊区的外跨塘镇表演，也可赴距离苏州不远，"比外跨塘还要小的码头"油泾镇表演。油泾镇"交通闭塞……听客很少，是一般演员都不肯去的农村小书场"。①如果说"三山一关"代表的是最高层级的评弹码头，那么油泾则是最基层的评弹码头。

　　苏州以北市镇众多，为评弹艺人提供了表演舞台。苏州以北的常熟县是江南重要市镇，治下的虞山镇和福山镇，都曾被视作评弹码头的"三山一关"。②"常熟也是出听客的地方，评弹最盛期间，从虞山镇到各个乡镇，有书场百余家。""听客中有不少都是'老耳朵'"。③如果在常熟"卖座不佳，东乡十八镇和西乡十八镇的书场，就不会来请教了。"④东乡十八镇包括枫泾、闵航等黄埔江东岸"凡南北二十余镇"，⑤足见常熟作为略低于苏州的书码头，对于周边市镇亦有不小的辐射影响。常熟向南，可由望虞河进入太湖，常有评弹艺人乘船往来沿线各市镇。⑥江阴也是苏州以北重要的书码头，江阴向南，经京杭运河过无锡，转入锡澄运河与苏州相连。除江阴县城之外，附近青阳镇、周庄镇、华士镇、长泾镇、顾山镇等市镇都有书场。⑦

　　苏州以南也分布着数量众多的市镇，成为评弹书码头。如评弹艺人张鸿声曾献演的青浦县重固镇，⑧本身是重要的书码头，同时由于北连吴淞江、南接淀浦河，可沟通苏州与上海，又成为评弹艺人的中转地。苏州正南的吴江县盛泽镇，位于京杭大运河上，是"蚕茧丝绸、米粮水产的吐纳通道"，"自然也是

① 唐耿良：《别梦依稀：我的评弹生涯》，商务印书馆 2008 年版，第 19—21 页。
② 有关评弹在常熟传播的研究，详见唐力行：《走码头：江南水乡与苏州评弹——以常熟为中心的考察》，唐力行主编《江南社会历史评论》第 12 期，商务印书馆 2018 年版。
③ 魏含英：《从艺琐谈》，载政协苏州市委员会文史资料研究委员会编《苏州文史资料》（第 15 辑），内部发行，1986 年，第 41 页。
④ 王公企：《家学渊源 锐意革新——魏含英评传》，载上海曲艺家协会编《评弹艺术家评传录》，上海文艺出版社 1991 年版，第 220 页。
⑤ 王廷鼎：《紫薇花馆北征日记》，载唐力行主编《中国苏州评弹社会史料集成》，商务印书馆 2018 年版，第 51 页。
⑥ 唐耿良：《别梦依稀：我的评弹生涯》，第 17 页。
⑦ 蒋治谷：《来江阴演出的评弹响档》，载中国人民政治协商会议江苏省江阴市委员会文史资料委员会编《江阴文史资料》（第 13 辑），内部发行，1992 年，第 80 页。
⑧ 姜兴文：《审时度势 嚓而求新——张鸿声评传》，载上海曲艺家协会编《评弹艺术家评传录》，第 3 页。

一个兴旺的说书码头。"①

1908 年,沪宁铁路全线通车,连通了常州、无锡、苏州、昆山、上海等城市,以及戚墅堰镇、浒墅关镇、安亭镇、南翔镇等市镇。沪宁线的开通,使得原本依靠水路跑码头的评弹艺人,能够更加快速高效地来往于不同的码头之间。评弹艺人魏钰卿曾在上海表演,其间苏州青龙桥国泰书场邀请其赴苏表演。为了能够兼顾苏沪,魏钰卿决定与搭档黄兆麟每天乘火车往来苏沪。②

由于交通便利、城市经济发达,上海逐渐发展成为可以与苏州比肩的书码头。上海向西,有沪宁线连接苏州、南京,向西南方向另有沪杭线连接杭州。上海租界区吸引了"各地赋闲的官僚、政客和乡绅、富商有不少来到上海寄居,市场畸形繁荣,文化娱乐也随之勃兴,为评弹的发展提供了客观条件"。受益于城市经济与观众群体的发展,上海还成立了评弹同业组织"润裕社",推动了评弹在上海的迅速发展。③

上海附近的市镇,受上海的外溢效应影响,也多有评弹艺人的足迹,且距离上海较近的市镇往往更能吸引评弹艺人。20 世纪 30 年代,评弹艺人吴子安接到安亭镇、南翔镇(均位于苏沪之间)两处书场的邀请,最后吴子安认为"安亭只是安定而已",而更靠近上海的南翔镇则寓意"'南翔高飞',大吉大利"。④

由上海向西南的沪杭线上,松江县、枫泾镇、嘉善县、嘉兴县、海宁县硖石镇、杭州均是重要的评弹码头。评弹艺人魏含英 1928 年由上海出发,乘沪杭线火车,最远到达浙江海宁县硖石镇表演,⑤大大扩展了评弹的传播范围。20 世纪 30 年代,评弹艺人秦纪文跑码头,历经了沪杭线沿线的松江、杭州、嘉兴等市镇。⑥

---

① 左弦:《心入于境 直面人生——刘天韵评传》,载上海曲艺家协会编《评弹艺术家评传录》,第 128—129 页。

② 魏含英:《从艺琐谈》,载政协苏州市委员会文史资料研究委员会编《苏州文史资料》(第 15 辑),1986 年,第 37 页。

③ 姚荫梅:《弦边琐忆》,中国人民政治协商会议上海市委员会文史资料委员会编《上海文史资料选辑》(第 61 辑),上海人民出版社 1989 年版,第 251 页。

④ 李卓敏:《锲而不舍 追求"仙骨"——吴子安评传》,载上海曲艺家协会编《评弹艺术家评传录》,第 25 页。

⑤ 王公企:《家学渊源 锐意革新——魏含英评传》,载上海曲艺家协会编《评弹艺术家评传录》,第 213 页。

⑥ 秦纪文:《一生献给评弹事业》,载中国人民政治协商会议上海市黄浦区委员会文史资料委员会编《上海市黄浦区文史资料选辑》(第 4 辑),内部发行,1992 年,第 54 页。

沪杭线向南,过嘉善县后,沿途站点有限,难以串联绝大部分浙江北部的市镇,因而水路交通同样是评弹由上海向杭州方向传播的通路。以评弹艺人魏含英的经历为例。20 世纪 20 年代末,魏含英在浙江平湖县乍浦镇表演的同时,还来到附近的平湖县表演,两地经水路"当天可以来回"。①乍浦镇、平湖县均不在沪杭线上,但经水路连接,北到松江县,西到嘉善县、嘉兴县,交通十分方便。

由江苏吴江沿水路入浙,也是一条与沪杭线并行的评弹南传通道。评弹艺人顾宏伯青年时期希望到浙江发展,得知当时评弹入浙的经验是"欲进浙江,先演震泽"。因为"震泽隶属吴江,离南浔仅六公里,西距湖州东南去嘉兴城只卅五公里,'敲开'震泽影响甚大"。在吴江一炮而红后,顾宏伯顺势进军湖州县,该县号称"浙江第一书码头,有书场七家"。②与顾的情况相类似,评弹艺人薛筱卿出师后的第一个码头,也是在浙江省湖州县的获港镇。③

综上,评弹在江南城市与市镇间的传播兼重铁路与水路,以苏州与上海两城为双中心。④其中,主要传播路径一是沿沪宁线辐射常州、昆山、上海,二是由上海辐射嘉兴、杭州,三是由苏州沿河网辐射江阴、常熟、宜兴、吴江,经吴江辐射嘉兴、湖州。上述通路上的城市、市镇可以视作评弹码头的第一层级。第二层级则以上述城市为中心,沿水路向四周中小市镇辐射。两者叠加,形成了以苏州与上海为中心,辐射沿铁路与河网上的第一层级书码头,与河网上的第二层级书码头,依托主干的网状结构(见图 2)。总体来说,评弹的传播范围从人文地理来说主要是吴方言区的辐射范围,这一区域的市民能够听懂用苏白表演的弹词与评话。

---

① 魏含英:《从艺琐谈》,载政协苏州市委员会文史资料研究委员会编《苏州文史资料》(第 15 辑),第 34 页。

② 刘宗英:《著名评话家顾宏伯》,载中国人民政治协商会议江苏省昆山县委员会文史征集委员会编《昆山文史》(第 7 辑),内部发行,1988 年,第 160 页。

③ 萍倩,思缄:《〈珠塔〉一绝——沈俭安、薛筱卿评传》,载上海曲艺家协会编《评弹艺术家评传录》,第 92 页。

④ 周巍对评弹在江南市镇的传播范围作了考察,对本文极有启发,见周巍:《说书亦赖津梁渡:近代苏州评弹在江南市镇的播迁与影响》,《文化艺术研究》2020 年第 4 期。但是文对评弹的传播路径未作深入考察。

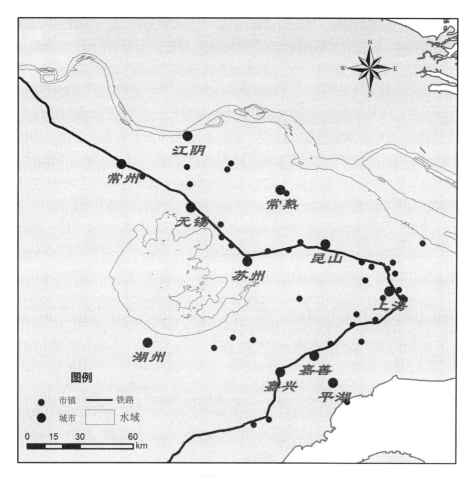

图 2　评弹的主要传播城市(市镇)

三、近代区域城市文化与传统曲艺的互相塑造

(一) 相声与华北、东北城市文化的共生关系

相声与华北、东北城市间的共生关系主要体现在两个方面。

首先,相声在华北、东北城市的传播,根植于华北、东北地区独特的城市经济。

相声艺人张寿臣 1917 年在北京周边的巡演经历,展现了相声与北方大城市间的某种紧密关系。张寿臣在北京城东的通州表演时,由于通州是"南北之要衢,商贾云集、繁华热闹",故而通州人对相声十分欢迎。然而,当张寿臣与搭档再向东到达谢庄时,由于本地农民"终年耕作,生活贫困,他们来到集市上,或以物易物或换得一些日常的零用钱,本无兴趣,更无时间去听相声",①因而张寿臣一行在此将通州表演所得全数赔作川资。

以京津为代表的近代华北、东北城市经济,具有高度集中的特点,使相声只能沿着铁路线在中心城市间传播,而难以进一步下沉到距离城市较远的市镇。由于华北地区的城市与市镇均以政治中心功能为主导,商品化程度较低,所以华北市镇在数量、密度、经济发展水平和市场发育程度上都较为落后。②缺乏市镇作为农村和城市间的经济过渡,北京、天津、保定、沈阳等城市,就成为华北、东北地区人流、物流高度集中的中心城市。此外,平汉线、北宁线、津浦线等铁路的建成通车,使华北、东北地区的人流物流,进一步向北京、天津、济南、沈阳等中心城市集中。③在此背景下,相声传播的城市都在重要的铁路线上,部分城市还是几条铁路的交会点,且城市经济相对发达。

其次,相声插科打诨的表演风格既取材于北方城市底层民众的生活,也深刻参与塑造了北方城市底层的文化。

由于相声的主要观众是城市平民,所以具有浓烈的草根特性。北京、天津、沈阳、济南等华北、东北城市中,存在一个规模较大的城市平民群体。晚清民国北方城市主要发挥政治中心作用,城市经济畸形发展催生出破落旗人、官员帮闲等不事生产的城市平民。有时人观察发现,"北平有闲阶级,若从事彻底调查,恐在二分之一以上,不但近年如此,在以往这古老都城,也是闲人大集团"。④此外,由于华北、东北农村经济与城市经济间的巨大鸿沟,大量进城农民不得已从事拉洋车、卖苦力等工作,陶孟和注意到,做人力车夫成为"劳工之逋逃薮",⑤给生活无着而又不甘于乞讨的平民提供了维持生计的选择。规模庞大的城市平民群体,成为相声的主要观众来源。有时人记述,听相声的"全是短打扮的光棍汉"。为迎合底层平民的需求,大量相声作品主打"荤玩意儿""荤笑话",以至出现相声艺人"尽管信口吹,准保吹得光棍儿们张着大嘴,口涎都流了出来"的观演效果。⑥有时人认为,相声中的庸俗内容,极大地冲击了

① 张立林:《相声名家张寿臣传》,第45、47页。
② 王玉茹、郭锦超:《近代江南市镇和华北市镇的比较研究》,《江苏社会科学》2003年第6期。
③ 迟晓静、熊亚平:《华北铁路开通令沿线集镇层级有何变动》,《人民论坛》2017年第23期。
④ 松亚农:《金鱼漫话》,《大公报》1935年5月20日,第15版。
⑤ 陶孟和:《北平生活费之分析》,商务印书馆2011年版,第30页。
⑥ 仇汀:《说相声的》,《新地丛刊》第2期,1944年,第29页。

传统的伦理秩序，"教习上三堂修身，真没有一堂相声儿效力大"，甚至要求"取缔相声"。①相声史学者薛宝琨指出，"相声是伴随着市民阶层的发展而兴起的。"②

相声浓烈的草根特性，深刻塑造并融入了北方城市中的"杂吧地"（或作杂巴地、杂八地、杂霸地等）。杂吧地源自北方方言，即人流物流密集、三教九流杂处，集商业、服务业、娱乐业等于一身，且有浓烈草根性的城市空间。③老相声艺人在回忆中多指出，表演相声需在北京天桥、天津三不管等杂吧地。相声艺人李伯祥回忆徐州南关"金谷里，好像北京的天桥、天津的三不管儿、鸟市这样的一个场所"，而南京"夫子庙类似咱们天津的三不管儿和北京的天桥"。④相声艺人张永熙回忆唐山小山与"北京的天桥、天津的三不管、南京的夫子庙齐名"，郑州老坟岗"与北京天桥、天津三不管、济南大观园、南京夫子庙等全国知名的传统文化、民俗标志不相上下"。⑤

民国时期，天桥作为"下层阶级群众的乐园"，"绅士的少爷小姐们，这儿不大发现他们的足迹。他们怕灰土的污染，怕臭气的难闻，怕嘈杂的侵扰，他们是不愿看这些贱民，这些低级的艺术"。⑥有时人将天桥视作"最大的一个民众娱乐场"，也是"最大的贫民窟"。⑦而在众多的娱乐之中，"最受欢迎以相声为第一。"⑧天津三不管在民国报刊中，被视作"有着另一种粗狂气派的撩人心情的春光……真可以说是一个绝好的平民娱乐园地"。⑨大量的闲散流动人员，既促使相声的曲艺表演持续繁荣，也使三不管的市政秩序极为混乱，"无业的人们被生活的驱使，用尽了方法异想天开的施展巧妙的骗"。⑩有亲历者回忆，民国时期沈阳杂吧地，"三教九流、五行八作，各路江湖艺人"云集于此，"嫖娼

① 梅蒐：《取缔相声》，《北京益世报》1920 年 4 月 26 日，第 7 版。
② 薛宝琨：《天津相声史话》，载中国人民政治协商会议天津市委员会文史资料研究委员会编《天津文史资料选辑》（第 33 辑），天津人民出版社 1985 年版，第 187 页。
③ 有关杂吧地的讨论，见岳永逸：《"杂吧地儿"：中国都市民俗学的一种方法》，《民俗研究》2019 年第 3 期。
④ 李伯祥口述、钱钰锟执笔：《快嘴李伯祥》，第 19、28 页。
⑤ 张永熙口述、吕海云撰：《张永熙自传》，第 81、111 页。
⑥ 袁若霞：《天桥》，《宇宙风》第 21 期，1936 年，第 488 页。
⑦ 热峯：《北平的天桥》，《社会新闻》第 7 卷第 20 期，1934 年，第 314 页。
⑧ 张次溪编：《天桥一览》，中华印书局 1936 年版，第 9—10 页。
⑨ 《三不管的透视【一】》，《天声报》1939 年 5 月 19 日，第 6 版。
⑩ 《"除了吃就是骗" 津门三不管 中下阶级消遣之所 也是恶势力的渊薮》，《申报》1942 年 4 月 6 日，第 2 版。

聚赌、寻欢作乐、敲诈勒索、混吃混喝"无所不为。①

(二) 评弹与江南市镇文化的相互塑造

江南市镇经济的繁荣，是评弹传播的重要基础。

在上海、苏州等大城市与江南农村之间，既有嘉兴县属各市镇等城镇化水平较高的市镇，也有鄞县县属各市镇等农业人口仍占较大比重的市镇。②评弹传播的城市，除苏州、杭州曾在晚清扮演行政中心外，其他如常熟、昆山、常州、江阴、上海、嘉兴、湖州，都更多地作为着经济枢纽的角色。江南地区市镇经济发达，评弹码头除在较大城市以县为单位外，在更加广袤的纵深地带，均是以镇作书码头的基本单位。镇与镇之间具有一定的独立性，即便是县与所属镇之间，也往往不被当作同一个码头。镇与县城相比，也并非县城是大码头而镇是小码头。特别是由于大的县城更多承担了政治中心的功能，在经济的灵活度上反不如县城之外的市镇。苏州吴县浒墅关镇的书码头被尊为"三山一关"，而吴县虽然也是重要的书码头，其地位却反不如浒墅关镇。由是，在江南市镇经济多层级形式的影响下，评弹的传播也呈现出由大城市到较大规模市镇、普通市镇的多个层级。

受独特的市镇经济影响，评弹的观众主要是有一定闲暇的有产者。有时人记述，苏州书场里的听众，包括杂货店老板、珠宝商人、"家有恒产坐吃不完的小富翁"，交易所经纪人、"终日游荡不治生产的公子哥儿"、"年高德硕的老太爷"，这些人的共性"在一个'闲'字。他们既度着安闲生活，每天上书场听书，也算是固定消遣"。③进入书场的听众，有着标志性的体态与神态，"走路的样子，最好像京剧里带病老生那样……切忌急促促，那是不合于听书者底神态的。"④

在江南市镇文化影响下，评弹从表演空间到表演形式都透露出雅致的审美取向。在中产听众的审美取向下，书场作为欣赏评弹的空间，往往被塑造成"静的、止的"，⑤"古而旧，而悠然"的雅致之处。⑥一些书场更是坐落于风景优

---

① 《前言》，载中国人民政治协商会议辽宁省委员会文史资料委员会编《辽宁文史资料》(第 34 辑)，辽宁人民出版社 1992 年版，前言第 1 页。
② 包伟民主编：《江南市镇及其近代命运 1840—1949》，知识出版社 1998 年版，第 266—277 页。
③ 健帆：《说书场里的听客》，《芒种》第 3 期，1935 年，第 109—110 页。
④ 忠良：《苏州的书场里(上)》，《锡报》1931 年 3 月 18 日，第 4 版。
⑤ 忠良：《苏州的书场里(上)》，《锡报》1931 年 3 月 18 日，第 4 版。
⑥ 忠良：《苏州的书场里(中)》，《锡报》1931 年 3 月 19 日，第 4 版。

美之处,上海西园湖心亭,"亭建湖心,翼以九曲石桥",聚集了一批评弹书场。①为符合听众的审美,评弹表演着力突出雅致、柔美的特点。在书场中,评弹艺人"口讲指画,色舞眉飞,且唱且弹,声容毕肖"。评弹所表演的才子佳人、历史演义,情节曲折、唱腔优美,往往引发听众的共鸣,"至慷慨激昂处,为之色舞眉飞,至哀艳悱恻处,几乎心碎肠断。"②更有艺人"借助于南都粉黛,乞灵于北地胭脂",以迎合听众的欣赏要求。③女弹词进一步发展,形成了更为私密的"书寓"评弹,书寓中,女评弹艺人"雪肤花貌生来俏。鼓板轻敲,弦索轻调,清歌一曲吴音好"。④

评弹所独有的清雅风情,也成为江南市镇文化的重要组成部分。吴赞廷注意到,苏州城市文化的特点是"闲、逸、文、弱",而这些城市文化特点,正与评弹的艺术风格相呼应,苏州人"太空闲了……弹词场,差不多天天客满,因为他们的公子小姐少奶太太都很喜欢这种娱乐"。⑤上海既有附属于茶馆的书场,也有独立的书场,前者是"普罗阶级的消遣胜地",后者则"带些高尚的气息","阶级虽然不同,但听书的目的则一","总之,这是一群有闲阶级"。⑥晚清诗词中渲染了上海评弹书场所反映出的城市文化气质,"小儿安排香袖拂。银甲玲珑,滚滚珠弦活。入座清言霏玉屑,一编野史从头说。年时佳会联吴越。姊妹分行,巧赛春莺舌。来恨姆迟歌早歇,茶多莫解文园渴。"⑦

四、余　论

相声与评弹均属于曲艺范畴。曲艺作为说唱艺术,源于唐以降的市民瓦舍娱乐。南宋以后,城市经济不断发展,说唱艺术在南宋、晚明、晚清民国形成几个高峰。特别是在晚清民国时期,曲艺与城市的关系变得更为密切,一方面城市经济相对于农村畸形发展,城市中形成新的观众群,吸引了主要曲艺形式向城市集中;⑧另一方面铁路交通的普及,使曲艺艺人的流动能力大大增加,

① 谭正璧、谭寻辑:《评弹通考》,中国曲艺出版社 1985 年版,第 460 页。
② 陶风子:《苏州快览》,世界书局 1925 年,第九编,第 1 页。
③ 谭正璧、谭寻辑:《评弹通考》,第 461 页。
④ 谭正璧、谭寻辑:《评弹通考》,第 467 页。
⑤ 吴赞廷:《苏州是天堂》,《生活》第 8 卷第 38 期,1933 年,第 760 页。
⑥ 何之:《在书场里》,《中央日报》1946 年 11 月 10 日,第 9 版。
⑦ 谭正璧、谭寻辑:《评弹通考》,第 465 页。
⑧ 倪钟之:《中国曲艺史》,春风文艺出版社 1991 年版,第 460 页。

由于铁路站点往往设在城市,使曲艺艺人的流动基本上以城市为单位。在此过程中,城市经济、城市文化的发展,与曲艺形式的传播相辅相成。

　　进一步来看,北方与江南的城市经济发展特点、交通网分布情况,深刻影响了相声与评弹的传播。北方城乡间差异较大,城市经济高度集中,铁路串联起主要城市,因而相声基本上是借助铁路在大城市间传播。江南地区在城乡间分布有大量市镇,部分市镇的经济规模甚至不亚于作为政治中心的县城,且除了铁路外,四通八达的河网成为沟通市镇的主要交通方式。故此,评弹既可沿铁路在大城市间传播,也能够经由水道向市镇延伸。在传播中,相声逐步与大城市中的底层文化相结合,既使相声中的草根元素更为突出,也塑造了城市杂吧地五方杂处的平民文化。评弹艺人在走码头时,必须照顾到城市及市镇中有闲阶级的审美情趣,使评弹在表演时更偏向婉约、柔美,而表演评弹的书场也成为江南城市闲逸、文弱的文化符号。

　　除了本文讨论的相声在近代华北、东北城市,评弹在近代江南市镇的传播外,诸如四川评书、福建南音等曲艺形式,均在近代某一特定区域的城市间传播。一些曲艺形式还在传播中出现新的支系,如大鼓书就逐渐演化出京东大鼓、京韵大鼓、梅花大鼓、乐亭大鼓等等。这些曲艺在传播过程中,都受所到区域城市经济发展水平、市民审美趣味的影响,又反过来参与塑造了区域城市文化。可以说,近代城市文化的发展,不只是接纳、融汇电影、洋房、交响乐等西洋艺术的过程。曲艺作为有明显区域性的传统艺术形式,与近代区域城市文化互动,形成了城市与艺术间互动的多元模式,而非简单的由沿海向内陆、由趋新向保守的单向叙事。

The communication of folk art and Its Interaction with Modern Regional Urban Culture

—focus on Xiangsheng and Pingtan

Abstract: By investigating the communication of Xiangsheng and Pingtan among modern regional cities, as well as their mutual shaping with regional urban culture, we can analyze the interaction between traditional art and modern regional urban culture from the perspective of art communication. Xiangsheng spreads from Beijing and Tianjin along the railway to cities in North China and Northeast China, where provided "zabadi"—where dense flow of people and logistics—as Xiangsheng performance stage, and the glib performance style of Xiangsheng also shaped the northern urban culture with strong grassroots characteristics. Pingtan spreads from Suzhou and Shanghai along the railway and waterway to Jiangnan towns. Pingtan performed in the elegant bookstore of Jiangnan Town and shaped the leisurely and elegant urban culture of Jiangnan Town.

Key words：folk art communication；regional cities；Xiangsheng；Pingtan；urban culture

作者简介：李小东，西北大学历史学院讲师。

光启评论

近年来英国城市环境史研究现状与特色（2000—2021）①

毛利霞

摘　要：20 世纪 90 年代以来，英国城市史出现"艰难的环境转向"，采用"技术路径"探讨城市的"污染—治理"问题。21 世纪以来，英国城市环境史研究走出史学"边缘"的困境，从关注城市的"污染—治理"拓展至宜居城市建设的各种调适，侧重从城市的公共卫生治理、水利工程建设、花园城市建设、人文景观塑造等角度考察城市与内外环境的关系，形成"技术路径"与"文化路径"并重、跨学科的研究视角，聚焦伦敦的研究特色。进一步拓展研究时段，丰富研究主题，应成为英国城市环境史研究的重要内容。

关键词：城市环境史　伦敦　景观　文化转向

城市环境史作为环境史的分支兴起于 20 世纪 90 年代的美国。1991年，美国环境史学者威廉·克罗农出版《自然的大都市：芝加哥与大西部》②一书，以城市与农村（腹地）的共生与依附关系为视角讲述芝加哥崛起的故事。此后，马丁·麦洛西等学者号召以城市为载体探究人与自然环境之间

---

① 本文为国家社科基金项目"工业革命以来英国的结核病认知及应对研究（1760—1952）"（21BSS026）的阶段性成果。

② William Cronon, *Nature's Metropolis：Chicago and the Great West*, New York：W. W. Norton &. Co Inc., 1991. 中译本威廉·克罗农：《自然的大都市：芝加哥与大西部》，黄焰结、程香、王家银译，江苏人民出版社 2020 年版。

的相互影响。① 1999 年,哈罗德·L.普拉特发表《城市环境史的出现》一文,②首次提出"城市环境史"这一概念。

2004 年《城市环境史的出现、丰富和成熟》③一文的发表意味着城市环境史已被认可为环境史的分支,大西洋彼岸的英国学者比尔·勒金对城市环境史在英国的学术边缘地位深感焦虑,④引起科技史教授乔恩·琼格的共鸣。⑤法国学者甚至认为,整个欧洲的城市环境史都处于学术边缘。⑥实际上,在此期间,英国的城市史出现"艰难的环境转向"⑦,并渐入佳境,相关梳理付之阙如。⑧本文着力梳理 20 年来英国城市环境史研究现状,进而总结其研究特色,意在丰富城市环境史学史研究。

一、英国城市史的"环境转向"

城市是人类之居所,也是其他生物之栖息地。蓝天白云,河海湖溪,树木花草,皆是大自然馈赠的宝贵资源,也是城市维持正常运转的必需品。城市既是以人为主体的生态系统,更是一个由社会、经济和自然三个子系统构成的复

---

① Martin Melosi, "The Place of the City in Environmental History," *Environmental History Review*, Vol.17, No.1(Spr., 1993), pp.1—23; Christine Meisner Rosen, Joel Arthur Tarr, "The Importance of an Urban Perspective in Environmental History," *Journal of Urban History*, Vol.20, No.3(May., 1994), pp.300—301.

② Harold L. Platt, "The Emergence of Urban Environmental History," *Urban History*, Vol.26, No.1(May., 1999), pp.89—95.

③ Kathleen A. Brosnan, "Effluence, Affluence, and the Maturing of Urban Environmental History," *Journal of Urban History*, Vol.31, No.1(Nov., 2004), pp.115—123.

④ Bill Luckin, "At the Margin: Continuing Crisis in British Environmental History?" *Endeavour*, Vol.28, No.3(Sep., 2004), p.97.

⑤ Jon Agar, "Technology, Environment and Modern Britain: Historiography and Intersections," in Jon Agar, Jacob Ward, eds., *Histories of Technology, the Environment and Modern Britain*, UCL Press, 2018, p.3.

⑥ Stéphane Frioux, "At a Green Crossroads: Recent Theses in Urban Environmental History in Europe and North America," *Urban History*, Vol.39, No.3(Dec., 2012), p.529.

⑦ Carry van Lieshout, "British Environmental History," *Reas*, Vol.35, No.1(Feb., 2016), p.28.

⑧ 国内史学界对美、法、德国的城市环境史研究已有专论,参见包茂宏:《马丁·麦乐西与美国城市环境史研究》,《中国历史地理论丛》2004 年第 4 期,第 114—126 页;王栤:《美国环境史学家乔尔·塔尔的城市环境史研究》,《北方民族大学学报》2009 年第 1 期,第 132—136 页;侯深:《没有边界的城市:从美国城市史到城市环境史》,《中国人民大学学报》2013 年第 3 期,第 21—29 页;徐延松:《马丁·麦乐西与美国的城市环境史研究探析》,硕士论文,曲阜师范大学,2014 年;肖晓丹:《法国的城市环境史研究:缘起、发展及现状》,《史学理论研究》2016 年第 2 期,第 132—141 页。

合生态系统。城市在形成发展过程中持之以恒地改变了自然景观,也影响了城市本身的面貌和城市内外关系,其影响随工业化、城市化进程的加速而加深。

工业革命使英国成为世界上"第一个现代城市国家"①。生活在"大城市时代"(the age of great cities)②,对城市生活的厌倦,对逝去的乡村的怀念,逃离城市的情绪,促使埃比尼泽·霍华德于 1898 年提出"田园城市"(Garden City)的构想。③田园城市是城市—乡村一体的新社会结构,力求"把一切最生动活泼的城市生活的优点和美丽,愉快的乡村环境和谐地组合在一起"④,掀起兴建田园城市的热潮。二战后,英国政府开展合理规划城市的"新城运动"(New Town Movement),推动了英国城市史的兴起。

有学者认为,城市环境史在欧洲的发展植根于城市史和技术工程史,⑤在英国也是如此。20 世纪 90 年代以来,英国城市史研究的"环境转向"日趋明朗。学术期刊是学术动态的风向标。1995 年发行的《环境与历史》创刊号发表论及圣海伦斯的苏打水生产与空气污染之关系的论文,⑥截至 1999 年,该刊先后刊登利物浦等城市空气污染及其后果等多篇城市环境史色彩浓厚的论文。⑦《城市

---

① Peter Clark, ed., *The Cambridge Urban History of Britain*, Vol. I, Cambridge University Press, 2000, p. i.

② R. Vaughan, *The Age of Great Cities*, Jackson and Walford, 1843.

③ Ebenezer Howard, *Garden Cities of Tomorrow*, Swan Sonnenschein & Co, 1902. 中译本[英]埃比尼泽·霍华德:《明日的田园城市》,金经元译,商务印书馆 2000 年版。

④ [英]埃比尼泽·霍华德:《明日的田园城市》,第 6 页。

⑤ Geneviève Massard-Guilbaud and Peter Thorsheim, "Cites, Environments and European History," *Journal of Urban History*, Vol. 33, No. 5(September 2007), pp. 691—701.

⑥ Richard Hawes, "The Control of Alkali Pollution in St. Helens, 1862—1890," *Environment and History*, Vol. 1, No. 1(Jun., 1995), pp. 159—171.

⑦ 详情参见 Edmund Newell and Simon Watts, "The Environmental Impact of Industrialisation in South Wales in the Nineteenth Century: 'Copper Smoke' and the Llanelli Copper Company," *Environment and History*, Vol. 2, No. 2(Oct., 1996), pp. 309—336; S. Hipkins and S. F. Watts, "Estimates of Air Pollution in York: 1381—1891," *Environment and History*, Vol. 2, No. 3(Oct., 1996), pp. 337—345; Rob Inkpen, "Atmosphere Pollution and Stone Degradation in Nineteenth Century Exeter," *Environment and History*, Vol. 5, No. 2(Jun., 1999), pp. 209—220; Heather Viles, "'Unswept Stone, Besmeer'd by Sluttish Time': Air Pollution and Building Stone Decay in Oxford, 1790—1960," *Environment and History*, Vol. 2, No. 3(Oct., 1996), pp. 359—372; Richard Hawes, "The Municipal Regulation of Smoke Pollution in Liverpool, 1853—1866," *Environment and History*, Vol. 4, No. 1(Feb., 1998), pp. 75—90。

史》杂志 1999 年第 1 期特刊"工业、污染和环境"组稿，①表明城市史对"环境问题"的关注。

2000 年是欧美城市环境史上标志性的年份。美国的《城市史杂志》刊登《适得其所：城市环境史》②一文，《环境史》杂志把城市的环境正义作为"城市环境史的主题之一"③；法国召开首届欧洲城市环境史学术研讨会；而英国推出 90 多位学者的联袂之作——三卷本《剑桥英国城市史》④，系统论述从盎格鲁撒克逊时代至 20 世纪中叶英国城市变迁历程，是最详细最权威的英国城市史皇皇巨著。以勒金为代表的环境史学者参与撰写公共卫生、污染治理、疾病防治、社会冲突、城乡关系、休闲消费、市政管理、绿色空间等内容。⑤这既是城市史寻求突破和创新的应有之义，也成为城市环境史的主要研究课题。

2000 年被视为美国城市环境史学者第一代和第二代的分界，⑥这一分期也适用于英国，其研究特点主要有二：一是围绕城市"污染—治理"的二元模式展开论述。空气污染和水污染及其治理的研究从公共卫生史和社会史转向城市环境史范畴，强调污染和治理的生态后果，但也形成某种"衰败论"叙事模式。二是强调"城市"范畴和"技术路径"。"城市范畴"是指关注城市内部各系统的冲突和协调，"技术路径"是此时"环境治理的主要路径"，即强调专家和工程技术的作用，城市的"污染—治理"和内部调整主要经由改进设备、兴建工程等"技术"手段予以解决。⑦然而，"技术路径"日益面临"技术悖论"，即技术因其时代性和局限性无法从根本上及时解决环境问题，有时甚至沦为环境恶化的加速器，这一困境促使城市环境史家转向"政治—文化"路径。

---

① 参 *Urban History*，Vol.26，No.1(May.，1999)，pp.5—95。

② Jonathan Keyes, "A Place of Its Own: Urban Environmental History," *Journal of Urban History*, Vol.26, No.3(May., 2000), pp.380—390.

③ "Introduction: Environmental Justice in the City: A Theme for Urban Environmental History," *Environmental History*, Vol.5, No.2(April 2000), p.159.

④ Peter Clark, ed., *The Cambridge Urban History of Britain*, 3vols, Cambridge: Cambridge University Press, 2000.

⑤ Bill Luckin, "Pollution in the City," in Martin Daunton, ed., *The Cambridge Urban History of Britain*, Vol.3, pp.207—228.

⑥ Mark Rose, "Technology and Politics: The Scholarship of Two Generations of Urban Environmental Historians," *Journal of Urban History*, Vol.30, No.5(Sep., 2004), p.774.

⑦ Jon Agar, "Technology, Environment and Modern Britain: Historiography and Intersections," p.13.

二、英国城市环境史研究 20 年(2001—2021)

2007 年,《城市史杂志》推出"欧洲城市环境史"专题,8 篇文章论及巴黎、伦敦、维也纳、曼彻斯特、汉堡等城市的空气污染、水污染、噪声污染等主题,[①]但无一出自英国学者之手。法国学者认为,欧美城市环境史处于"绿色的十字路口",与各研究主题相交叉。[②]依照研究侧重点的差异,英国学界的相关研究大致可分为两类,一类强调城市与环境互动的调适,既关注城市污染治理、疾病灾害防治等公共卫生服务,又注意到城市公共服务职能的不断完善和扩大,体现城市环境治理中"政治"的作用和"服务"的职能;另一类采用"文化路径",着力探究花园城市建设、城市景观形塑和城市文化宣传,强调城市的宜居性和认同感。

(一) 城市—环境互动的调适

城市是养育人与自然的一方水土,作为一个自成体系的政治单位和生态系统,无论其内部的改革和调整还是公共服务功能的扩大,都是城市内外人与人、人与自然关系调整的外在呈现。

1. 公共卫生治理

2001 年以来,公共卫生治理研究与社会史"兼容和互补",[③]强调污染治理和自然变迁背后的利益博弈、对策调整和生态影响。有学者探究亨利·利特尔约翰领导的苏格兰公共卫生运动。利特尔约翰是爱丁堡第一任卫生医官,撰写的调查报告《爱丁堡状况》强调贫困和疾病之间的密切联系,推动了苏格兰的公共卫生改革,成为构建不列颠公共卫生改革史必不可少的拼图。[④]

空气污染研究从关注伦敦转向曼彻斯特。18 世纪以来,英国的工业城市出现不同程度的空气污染,[⑤]如果说 19 世纪"雾霾笼罩"的伦敦是"恐怖的中

---

① 参见 *Journal of Urban History*,Vol.33,No.5(Sep.,2007),pp.691—847。

② Stéphane Frioux,"At a Green Crossroads: Recent Theses in Urban Environmental History in Europe and North America," pp.529—539.

③ Stephen Mosley,"Common Ground: Integrating Social and Environmental History," *Journal of Social History*,Vol.39,No.3(May.,2006),pp.915—933.

④ Paul Laxton and Richard Rodger,*Insanitary City: Henry Littlejohn and the Condition of Edinburgh*,Carnegie Publishing,2014.

⑤ Hannah Barker,"'Smoke Cities': Northern Industrial Towns in Late Georgian England," *Urban History*,Vol.31,No.2(Aug.,2004),pp.175—190.

心和家园"，①那么曼彻斯特则是"世界大烟囱"，②这是史蒂芬·莫斯利给出的绝妙形容。他融合社会史和环境史方法，从"烟雾的实质""烟雾的认知"和"寻求解决方案"三方面层层递进，重在分析曼彻斯特烟雾背后的政治博弈和经济权衡。他研究发现，浓烟滚滚的烟囱对工厂主和工人意味着繁荣的经济和稳定的工作，减烟团体视之为疾病频发和诸多社会危害的根源，引发煤烟如何减排的争论，最终的解决方案也没有达到预期，遭遇"技术困境"——难以在维持工业发展和环境卫生之间实现平衡。这一个案研究是对煤烟观念变迁和技术革新的有益探索，表明社会与自然的相互作用是一条双向道，既是城市环境史佳作，③也是整合环境史和社会史的范例。④此后，他关注20世纪英国各城市的空气污染监测和治理效果，⑤勾勒出工业革命以来空气污染治理的基本脉络。彼得·布林布尔科姆在研究曼彻斯特的空气污染之余，还强调空气污染的全球性影响。⑥

　　水是城市兴衰之所系。水在一定程度上决定了英国定居地点的选择，并对随之而来的日常生活、城市景观、水陆交通、城市空间、城市文化等产生影响。河流是城市的血液，充当了城市与自然相互作用的媒介和桥梁。河流的历史变迁记录了河流与城市的环境、经济、政治和文化之间的相互作用。伦敦东区的兰贝斯与泰晤士河，伦敦西区的西汉姆与里河，纽卡斯尔与泰恩河都在城—河互动的视角下予以审视。其基本叙述模式为：河流与城市本来和谐共生，工业革命以来，工厂林立、人口众多的城市将各类垃圾和污水

① Bill Luckin, "'The Heart and Home of Horror': The Great London Fogs of the Late Nineteenth Century," *Social History*, Vol.28, No.1(Jan., 2003), pp.31—48.

② Stephen Mosley, *The Chimney of the World：A History of Smoke Pollution in Victorian and Edwardian Manchester*, White Horse Press, 2001.

③ Ted Steinberg, "Review Essay: Honest and Honest to God Dirt," *Journal of Urban History*, Vol. 31, No.1(Jan., 2004), pp.101—105.

④ S. Mosley, "Common Ground: Integrating Social and Environmental History," p.924.

⑤ Stephen Mosley, "'A Network of Trust': Measuring and Monitoring Air Pollution in British Cities, 1912—1960," *Environment and History*, Vol.15, No.3(Aug., 2009), pp.273—302.

⑥ Catherine Bowler and Peter Brimblecombe, "Control of Air Pollution in Manchester Prior to the Public Health Act, 1875," *Environment and History*, Vol.6, No.1(Feb., 2000), pp.71—98; Peter Brimblecombe and R. L. Maynard, eds., *The Urban Atmosphere and Its Effects*, Imperial College Press, 2001; Peter Brimblecombe, ed., *The Effects of Air Pollution on the Built Environment*, Imperial College Press, 2003; Peter Brimblecombe, "The Globalization of Local Air Pollution," *Globalizations*, Vol.2, No.3(Feb., 2005), pp.429—441.

随意排入河流,日益污染的河流成为孕育水生疾病的温床,从河流取水的城市反受其害,不得不治理河流污染,重塑城与河的良性关系。①更重要的是,这类河—城故事明确以"环境史"为标题,通过城市与河流之间共生、破坏、污染、致病、治理、协调的演变路径,强调环境变迁对城市和河流的影响以及环境意识的增长。海滨城镇也上演了类似于城—河之间"污染—治理"的故事。拥有蔚蓝的海水,宜人的景致的海滨城镇释放出无与伦比的自然魅力,过度开发和污染也导致海滨城镇环境恶化,海洋鱼类种群减少,水生生态系统退化等难题。②约翰·哈桑的专著系统展现海滨城镇的环境变迁及其背后人与自然关系的演变,③成为融合城市环境史、医疗史和文化史研究的标杆之作。④

供水是维持城市运转的命脉,伦敦的供水备受关注。近代之前伦敦的供水在自然环境、技术革新和制度建设的相互作用下运转良好,⑤近代以来在供水质量和数量方面难以满足需求。供水难题在很大程度上受制于技术瓶颈,并非全然是相关机构的责任,这是近年来学者们的基本观点。譬如,大卫·桑德兰充分肯定伦敦下水道委员会在基本满足伦敦供水需求方面的作用,认为伦敦下水道委员会是 19 世纪卫生革命的真正发起者,私人供水公司积极进行技术革新,但技术瓶颈导致供水质量不佳。⑥爱玛·琼斯围绕伦敦饮用水的政

① Amanda J. Thomas, *The Lambeth Cholera Outbreak of 1848—1849: the Setting, Causes, Course and Aftermath of an Epidemic in London*, McFarland & Company, Inc. Publishers, 2010; Jim Clifford, *West Ham and the River Lea: A Social and Environmental History of London's Industrialized Marshland, 1839—1914*, UBC Press, 2017; Leona J. Skelton, *Tyne after Tyne: An Environmental History of a River's Battle for Protection(1529—2015)*, White Horse Press, 2017.

② Stephen Mosley, "Coastal Cities and Environmental Change," *Environment and History*, Vol.20, No.4(Nov., 2014), pp.517—533.

③ John Hassan, "Were Health Resorts Bad for Your Health? Coastal Pollution Control Policy in England, 1945—1976," *Environment and History*, Vol.5, No.1(Jan., 1999), pp.53—73; John Hassan, *The Seaside, Health and the Environment in England and Wales since 1800*, Ashgate, 2003.

④ Bill Luckin, "Review on The Seaside, Health and the Environment in England and Wales since 1800," *Urban History*, Vol.31, No.3(Nov., 2004), p.462.

⑤ Derek Keene, "Issues of Water in Medieval London to c. 1300," *Urban History*, Vol.28, No.2(Aug., 2001), pp.161—179.

⑥ David Sunderland, "'A Monument to Defective Administration'? The London Commissions of Sewers in the Early Nineteenth century," *Urban history*, Vol.26, No.3(Nov., 1999), pp.349—372; David Sunderland, "'Disgusting to the Imagination and Destructive of Health'? The Metropolitan Supply of Water, 1820—1852," *Urban History*, Vol.30, No.3(Nov., 2003), pp.359—380.

治争端和环境困境展开论述,认为供水技术令人失望。[①]凯瑞·冯·利兹豪特结合经济史、技术史、环境史考察 18 世纪伦敦的排水和供水,也强调伦敦私人供水公司在创建和扩建必要的大型技术网络时所面临的地理、技术和环境挑战。[②]

技术限制也影响了污水排放和废物处理。有学者爬梳家庭污水、城市排水、下水道建设之间的内在联系,强调水利技术的创新、卫生观念的提升的作用。[③]废物处理是影响城市卫生、滋生各种传染病的重要源头,自 19 世纪以来一直在摸索适宜的处理方式,二战后环保运动的发展和废物回收技术的进步推动社会"向废物宣战"的实践。[④]

用水需求的扩大加快城市内外水资源的开发和利用。新兴水利技术的发展和应用,水资源利用的多样化,也加快周边环境的变迁。河流如何通过提供水电资源、交通方式、政治边界以及娱乐活动来塑造河畔居民的生活,人们如何通过修堤筑坝、开凿运河来改变河流一直是城市环境史的研究对象,[⑤]研究视角从强调经济功能、技术进步转向关注环境后果。彼得·莫、斯蒂芬·默里和安德鲁·麦克托米尼等青年学者的水利工程研究颇具创新性。

---

① Emma M. Jones, *Parched City: A History of London's Public and Private Drinking Water*, Zero Books, 2013.

② Carry Von Lieshout, "Droughts and Dragons: Geography, Rainfall, and Eighteenth-Century London's Water Systems," *Technology and Culture*, Vol. 57, No. 4 (Oct., 2016), pp. 780—805; Carry Van Lieshout, "London's Changing Waterscapes: The Management of Water in Eighteenth-century London," thesis of Ph. D., University of London, 2017.

③ Paul Dobraszczyk, "Into the Belly of the Beast: Exploring London's Main Drainage System, c. 1848—1868," thesis of Ph. D., University of Reading, 2006; Paul Dobraszczyk, "Sewers, Wood Engraving and the Sublime: Picturing London's Main Drainage System in the Illustrated London News, 1859—1862," *Victorian Periodicals Review*, Vol. 38, No. 4 (Winter, 2005), pp. 349—378; Paul Dobraszczyk, "Image and Audience: Contractual Representation and London's Main Drainage System," *Technology and Culture*, Vol. 49, No. 3 (Jul., 2008), pp. 568—598; Paul Dobraszczyk, *Into the Belly of the Beast: Exploring London's Victorian Sewers*, Spire Books, 2009.

④ 参 Andrew Tanner, "Dust-o! Rubbish in Victorian London, 1860—1900," *London Journal*, Vol. 31, No. 2 (Nov., 2006), pp. 157—178; Timophy Cooper, "Peter Lund Simmonds and the Political Ecology of Waste Utilization in Victorian Britain," *Technology and Culture*, Vol. 52, No. 1 (Jan., 2011), pp. 21—44; Deborah Brunton, "Regulating Filth: Cleansing in Scottish Towns and Cities, 1840—1880," *Urban History*, Vol. 42, No. 3 (Aug., 2015), pp. 424—439; Henry Irving, "The War on Waste: Using Urban History to Inspire Behavioural Change," *Urban History*, Vol. 48, No. 2 (May., 2021), pp. 307—319。

⑤ Carry van Lieshout, "British Environmental History," p. 33.

彼得·莫承认运河和河流在曼彻斯特经济崛起中的作用,重点分析曼彻斯特开凿运河的环境后果,使运河研究从经济史、交通史转向城市环境史。[①]斯蒂芬·默里梳理伦敦河岸发电站的工程建设、是否重建的论战及其环境后果,认为水电站放弃原址重建是现实需要、环境考量、经济投入和技术难度综合考量的结果,最终经济考量让位于环境保护理念。[②]安德鲁·麦克托米尼从城乡关系视角论述利兹在周边乡村兴修水库的生态后果。利兹市为了满足供水需求,在城北的山谷先后建造四座水库,改变了山谷的自然环境,更引发新的环境灾难:约克郡西区洪水泛滥,严重滋扰居民的日常生活,并破坏周边的自然环境。[③]作者将城乡关系、水利工程建设、自然资源开发、地方传统、文化审美、环境灾难、资源保护有机结合,为书写英国以城乡关系为切入点的城市环境史提供范例。

从以上三位学者的分析可以看出,城市环境史视角下的水利工程建设和水资源开发研究是环境史、经济史、交通史、技术史、文化史、景观史等史学分

---

① Peter Maw, "Water Transport in the Industrial Age: Commodities and Carriers on the Rochdale Canal, 1804—1855," *The Journal of Transport History*, Vol. 30, No. 2(Dec., 2009), pp. 200—228; Peter Maw, Terry Wyke, Alan Kidd, "Canals, Rivers, and the Industrial City: Manchester's Industrial Waterfront, 1790—1850," *The Economic History Review*, Vol. 65, No. 4(Nov., 2012), pp. 1495—1523; Peter Maw, *Transport and the Industrial City: Manchester and the Canal Age, 1750—1850*, Manchester University Press, 2017.

② Stephen Murray, "Bankside Power Station: Planning, Politics and Pollution," thesis of Ph. D., University of Leicester, 2014. Stephen Murray, "Electrifying the City: Power and Profit at the City of London Electric Lighting Company Limited," *London Journal*, Vol. 43, No. 1(Aug., 2018), pp. 72—91; Stephen Murray, "The Battle for Bankside: Electricity, Politics and the Plans for Post-war London," *Urban History*, Vol. 45, No. 4(Dec., 2018), pp. 616—634; Stephen Murray, "The Evolution and Transformation of Bankside, London, 1947—2019," *Journal of Urban History*, Vol. 47, No. 1(Jan., 2019), pp. 68—84; Stephen Murray, "The Politics and Economics of Technology: Bankside Power Station and the Environment, 1945—1981," *London Journal*, Vol. 44, No. 2(Apr., 2019), pp. 113—132.

③ 详情参见 Andrew Mctominey, "Bad Neighbours? Water Supply and the Civic Rivalry of Leeds and Bradford, c. 1850—1887," *International Journal of Regional and Local History*, Vol. 12, No. 1(Jul., 2017), pp. 24—41; Andrew McTominey, "The 'Leeds Lake District': Water Supply, Rural Environment, and the Cultural Landscape in Victorian and Edwardian Britain," *Cultural and Social History*, Vol. 16, No. 5(Nov., 2019), pp. 561—579; Andrew McTominey, "Water and the Modern Engineered City: the Association of Water Engineers in a British and Transnational Context, 1896—1914," *Water History*, Vol. 12, No. 2(May., 2020), pp. 131—149; Andrew Mctominey, "A Tale of Two Yorkshire Villages: The Local Environmental Impact of British Reservoir Development, c. 1866—1966," *Environment and History*, Vol. 26, No. 3(Aug., 2020), pp. 331—358。

支的交叉融合,开凿运河、兴建水电站和兴修水库等人类改造自然的行为也展现了城市生态系统内部、城市及其腹地的互动关系。这既是水利技术进步对大自然的开发和征服,也表明当城市发展到远离自然的人造世界中,不得不转向对自然资源的依赖,使城市成为更广阔的生态系统的一部分。自然既是城市的仆人又是主人。它还表明,在技术开发、利用自然资源的过程中,如何长久平衡城市与自然的关系是一道难题,是城市所面临的短期经济政治效益与长期环境影响之间的博弈。

2. 公共安全治理

约翰·哈桑在评价美国学者撰写的 5 部城市环境史著作时,认为它们的共同点是关注城市在经济和文化上取得成功后如何应对环境问题,即从不同角度探讨城市的公共事业管理和环境服务。[①]近年来英国城市环境史研究也从公共卫生服务(如清扫街道、下水道排水)拓展到公共安全服务(如消防、救灾)。

有学者认为,即使是专家认为切实可行的公共工程也往往因资金匮乏而搁浅,只有反复爆发的疾病才能促使城市行政当局采取各种形式的协调行动。[②]诺维奇早在中世纪就在疾病威胁之下改善城市卫生和增强环境意识。[③]19 世纪后期伦敦推行"卫生改革"的重要背景是伤寒和斑疹伤寒的肆虐。[④]1832 年伯明翰防治霍乱的原因在于相对良好的环境状况。[⑤]这些研究再次表明,良好的城市卫生状况是预防疾病的有效举措。

与疾病一样,各类突发灾害(洪涝、干旱、飓风、海啸、虫灾、酸雨、火灾等)的频发也推动市政建设和环境治理。在城市环境史家看来,灾害是自然对人类的"报复"。以洪水为例,英国人对其认知从上帝对人类的惩罚转向自然因

---

① 详情参见 John Hassan, "Networks, Environments and the American City," *Urban History*, Vol.29, No.2(Aug., 2002), pp.262—275。

② Matthew Gandy, *The Fabric of Space: Water, Modernity, and the Urban Imagination*, MIT Press, 2014, p.5.

③ Isla Fay, *Health and the City: Disease, Environment and Government in Norwich, 1200—1575*, York Medieval Press, 2015.

④ Bill Luckin, "Evaluating the Sanitary Revolution: Typhus and Typhoid in London, 1851—1900," in Bill Luckin, ed., *Death and Survival in Urban Britain: Disease, Pollution and Environment, 1800—1950*, Rodopi B. V., 2015, chap.3.

⑤ Ian Cawood, Chris Upton, "Divine Providence: Birmingham and the Cholera Pandemic of 1832," *Journal of Urban History*, Vol.39, No.6(Nov., 2013), pp.1106—1124.

素,不仅是河流泛滥和海水涨潮的表现,更是人类社会经济过程与自然环境的关系失衡的恶果。[1]1852 年英国霍姆菲尔峡湾和 1864 年谢菲尔德的主要储水层破坏引发大洪水,是供水公司利益争夺和水利技术缺陷共同引发的社会灾难和生态灾难。灾难背后值得反思的是人为因素,提醒人类水源开发既需要技术更新,更需要维护生态系统的稳定和协调。[2]

为了预防各类突发灾害,消防成为城市的重要安全职能。消防最初仅指扑灭火灾。19 世纪以来,消防成为英国市政职能的一部分,并逐渐规范化。肖恩·埃文的博士论文以伯明翰和莱斯特为例探讨城市消防服务的发展演变,[3]并在此基础上出版《救火:英国消防部门的创建(1800—1978)》一书。[4]他认为,20 世纪之前,英国还没有国家负有消防义务的观念,消防是纯粹的地方职能,1941 年英国消防局国有化,消防机构从各自独立的消防队整合为协调统一的消防系统,推动城市公共安全职能的扩大。

(二) 创建宜居城市的努力

技术路径的困境促使城市环境史家开始转向城市的"政治—文化"路径,即侧重城市内部权力、政治、阶层、观念、景观、文化对城市生态系统的作用和影响。[5]21 世纪以来,英国的城市环境史研究表现出从"污染—治理"的"技术路径"向"自然—景观"的"政治—文化"路径的转向。在"污染—治理"的叙事模式之外,城市生态系统内也存在另一种趋势,展现各城市推行的宜居城市建设,从关注花园城市建设到强调城市人文景观的塑造和城市文化的宣传,其目的是增强城市的凝聚力和认同感,展现出鲜明的"政治—文化"路径。

---

① James A. Galloway, "Coastal Flooding and Socioeconomic Change in Eastern England in the Later Middle Ages," *Environment and History*, Vol.19, No.2(May., 2013), pp.173—207; J. E. Morgan, "Understanding Flooding in Early Modern England," *Journal of Historical Geography*, Vol. 50 (Oct., 2015), pp.37—50.

② Shane Ewen, "Socio-technological Disasters and Engineering Expertise in Victorian Britain: the Holmfirth and Sheffield floods of 1852 and 1864," *Journal of Historical Geography*, Vol.46(Oct., 2014), pp.13—25; Shane Ewen, "Sheffield's Great Flood of 1864: Engineering Failure and the Municipalisation of Water," *Environment and History*, Vol.20, No.2(May., 2014), pp.177—207.

③ Shane Ewen, "Power and Administration in Two Midlands Cities, c.1870—1938," thesis of Ph. D., University of Leicester, 2003.

④ Shane Ewen, *Fighting Fires: Creating the British Fire Service, 1800—1978*, Palgrave Macmillan, 2010.

⑤ Mark Rose, "Technology and Politics: The Scholarship of Two Generations of Urban-Environmental Historians," p.774.

1. 兴建花园城市

自然作为城市化罪恶的解毒剂，促使人们在城市的方圆之内寻找自然。18 世纪以来，旅游城镇修建人工花园招徕游客。[1]现代意义上的公园（Park）源于王室贵族的私人花园（Garden）和旅游城镇为吸引游客而修建的休闲花园。[2] 19 世纪的英国人厌倦城市的污染嘈杂窒息，怀念乡村田园的甜美安逸，意识到"没有公园的城市不是城市，至少不是现代城市"[3]，推动英国城市开展兴建公园、开辟绿地为代表的绿色空间运动，注重"自然"在美化城市中所扮演的角色，致力于花园城市建设。

二战后，英国原有的城市公园因失修而濒临废弃，乔治·F.查德威克是最早关注城市公园中公共空间与私人空间之间复杂关系的历史学家之一，着力考察19—20 世纪公园与城市之间的关系，并注意到人们对公园的矛盾态度：人们期望在公园中回归"自然"的静谧与独处，又把公园作为公共锻炼和休闲活动的空间。[4] 20 世纪 90 年代以来，随着丹尼斯·哈迪从城市规划史角度论述花园城市倡导者的诉求，[5]哈泽尔·康威等园林史家关注公园兴起的原因和功能，[6]公园研究从沉寂走向多视角考察。2018 年，《环境与历史》杂志登载"越出藩篱：花园、公园与环境史"专题，从环境史视角探讨城市、花园和公园的关系。[7]

---

[1] Sue Berry, "Pleasure Gardens in Georgian and Regency Seaside Resorts: Brighton, 1750—1840," *Garden History*, Vol.28, No.2(Winter, 2000), pp.222—230.

[2] Jonathan Conlin, "Vauxhall on the Boulevard: Pleasure Gardens in London and Paris, 1764—1784," *Urban History*, Vol.35, No.1(May., 2008), pp.24—47.

[3] 转引自 Karen R. Jones, "'The Lungs of the City': Green Space, Public Health and Bodily Metaphor in the Landscape of Urban Park History," *Environment and History*, Vol.24, No.1(Feb., 2018), p.43.

[4] George F. Chadwick, *The Park and the Town: Public Landscape in the 19th and 20th Centuries*, Architectural Press, 1966.

[5] Dennis Hardy, *From Garden Cities to New Towns: Campaigning for Town and Country Planning, 1899—1946*, E. & F. N. Spon, 1990, p.2.

[6] 参见 Hazel Conway, *People's Parks: The Design and Development of Victorian Parks in Britain*, Cambridge University Press, 1991; Harriet Jordan, "Public Parks, 1885—1914," *Garden History*, Vol.22, No.1(Summer, 1994), pp.85—113; Hilary A. Taylor, "Urban Public Parks, 1840—1900: Design and Meaning," *Garden History*, Vol.23, No.2(Winter, 1995), pp.201—221; Jane Brown, *The Pursuit of Paradise: A Social History of Gardens and Gardening*, Harper Collins, 1999; Ken Fieldhouse and Jan Woudstra, eds., *The Regeneration of Public Parks*, E. & F. N. Spon, 2000; John Dixon Hunt, *Greater Perfections: The Practice of Garden Theory*, Thames and Hudson, 2000。

[7] Special Issue "Leaping the Fence: Gardens, Parks and Environmental History," *Environment and History*, Vol.24, No.1(Feb., 2018), pp.1—80.

这意味着公园、花园等主题已经成为城市环境史研究的重要内容,英国史学界的相关研究大致可分为四类。

第一类结合公园史的研究成果,围绕各城市设立公园的意图、"花园城市"建设展开论述,视之为提升城市环境、彰显市民身份的重要场所。

维多利亚时代晚期和爱德华时代是城市公园建设的顶峰。对于当时的改革者来说,公园提供了一个空间,有助于处理和解决该时代独特而复杂的社会问题,在此欣赏自然之美,缓解城市居民对身体健康和道德准则的忧虑。地方兴建公园是一个偶然的、变动的、开发的过程,地方政府出于不同的目的设计和管理公园空间。[1]这类研究深受公园史研究的影响,多以个案研究的方式展现维多利亚时代以来某一城市从污染到致力于花园城市建设的演变,成果最多,研究范围最广,并各具特色。

利物浦推行"公园带"(Ribbon of Parks)计划源于两次霍乱的突袭,诺丁汉是为了扭转日益恶化的形象。[2]布里斯托、伦敦等地推行"墓地公园化",废弃墓地被改造为公园,使之兼具回归自然、追思先人的双重功能。[3]公园和绿地有利于儿童的成长。[4]工厂主在机器轰鸣的工厂中设立花园来缓解大规模生产的影响,完善企业文化,将制造业重新定义为进步又负责

[1] Nathan Booth, David Churchill, Anna Barker, Adam Crawford, "Spaces apart: Public Parks and the Differentiation of Space in Leeds, 1850—1914," *Urban History*, Vol.48, No.3(Aug., 2021), pp.552—571.

[2] Katy Layton-Jones, "A Commanding View: Public Parks and the Liverpool Prospect, 1722—1870," *Cultural and Social History*, Vol.10, No.1(May, 2013), pp.47—67; Katy Layton-Jones, "How to Lay out a Very Large Garden Indeed: Edward Kemp's Liverpool Parks, Their History and Legacy," *Garden History*, Vol.46, No.1(Oct., 2018), pp.72—82; John Beckett, "Public Parks and Urban Development during the Nineteenth and Twentieth Centuries in Nottingham," *Midland History*, Vol.45, No.1(Jan., 2020), pp.75—94.

[3] Mary Elizabeth Hotz, "Down among the Dead: Edwin Chadwick's Burial Reform Discourse in Mid-Nineteenth-Century England," *Victorian Literature and Culture*, Vol.29, No.1(Jan., 2001), pp.21—38; Julie Rugg, Fiona Stirling and Andy Clayden, "Churyard and Cemetery in an English Industrial City: Sheffield, 1740—1900," *Urban History*, Vol.41, No.4(Nov., 2014), pp.627—646; Jonathan Barry, "The Organization of Burial Places in Post-medieval English Cities: Bristol and Exeter c.1540—1850," *Urban History*, Vol.46, No.4(Nov., 2019), pp.597—616; T. Brown, "The Making of Urban 'Healtheries': The Transformation of Cemeteries and Burial Grounds in Late-Victorian East London," *Journal of Historical Geography*, Vol.42, No.100(Oct., 2013), pp.12—23.

[4] Ruth Colton, "From Gutters to Greensward: Constructing Healthy Childhood in the Late-Victorian and Edwardian Public Park," thesis of Ph. D., University of Manchester, 2016.

的行业。①卡罗尔·奥赖利结合文化史探究公园的功能,从"公共卫生、公民身份、规范行为和公共行为及休闲"四个方面论述公园对城市和城市居民的重要性,认为公园是城市自然空间和抽象符号,是文化和政治生活的基础,也是表现市民权利意识和市民身份,凝聚城市认同的一部分。②《英国花园城市入门》作为英国花园城市和郊区的入门书,根据霍华德的设想评判每个城市的"总体规划"的成功程度。③综上可知,公园是市民回归自然、提升健康和陶冶情操的源泉,花园城市建设是复兴田园牧歌、推动城市改革的出发点,是修正城市环境问题的重要方式。

　　第二类研究强调城市以公园、植物园为代表的绿色空间建设,重视城市生态系统的文化解读和城市形象塑造。

　　城市绿色空间强调城市生态系统内人与自然的互动,是 20 世纪后期以来可持续城市政策和环境正义的一部分,④也推动了对绿色空间的历史考察。作为绿色空间的一部分,公园的价值从政治意图下的改善城市"卫生"转变为促进居民"健康",成为治疗现代病的重要辅助疗法。凯伦·琼斯在《城市之肺》一文中结合文化史论述公园的生态价值:19 世纪英国人把城市比喻为一个有机体,公园犹如"城市之肺",是城市必不可少的呼吸器官,对城市的公共

---

①　Helena Chance, *The Factory in a Garden: A History of Corporate Landscape from the Industrial to the Digital Age*, Manchester University Press, 2017, p.3.

②　Carole O'Reilly, "'We Have Gone Recreation Mad': The Consumption of Leisure and Popular Entertainment in Municipal Public Parks in Early Twentieth Century Britain," *International Journal of Regional and Local History*, Vol.8, No.2(Dec., 2013), pp.112—128; Carole O'Reilly, "From 'the People' to 'the Citizen': the Emergence of the Edwardian Municipal Park in Manchester, 1902—1912," *Urban History*, Vol.40, No.1(Feb., 2013), pp.136—155; Carole O'Reilly, "Creating a Critical Civic Consciousness: Reporting Local Government in the Nineteenth century Provincial Press," *Media History*, Vol.26, No.3(Oct., 2018), pp.249—262; Carole O'Reilly, *The Greening of the City: Urban Parks and Public Leisure, 1840—1939*, Routledge, 2019.

③　Mervyn Miller, *English Garden Cities: An Introduction*, English Heritage, 2010.

④　Mick Carpenter, "From 'Healthful Exercise' to 'Nature on Prescription': The Politics of Urban Green Spaces and Walking for Health," *Landscape and Urban Planning*, Vol.118(Oct., 2013), pp.120—127; Clare Hickman, *Therapeutic Landscapes: A History of English Hospital Gardens Since 1800*, Manchester University Press, 2013; Clare Hickman, "'To Brighten the Aspect of Our City Streets and Increase the Health and Enjoyment of Our City': The National Health Society and Urban Green Space in Late 19th century London," *Landscape and Urban Planning*, Vol.118(Oct., 2013), pp.112—119.

卫生管理、城市景观塑造、市民休闲娱乐至关重要。①绿色空间是城乡差异与转换的中转站,满足城市居民"回归乡村"的情感需求。②

　　绿色空间在城市中的重要性也可通过城市史的转向窥见一斑,最具代表性的研究当属城市史家彼得·克拉克。他主编的论文集采用长时段视野,对欧洲主要城市的"城市空间"进行纵向梳理或横向比较,多角度展现欧洲城市如何在城市规划中突出绿色空间的价值。他认为,绿色空间是理解现当代城市社会的一个基本概念,既揭示了社会关系和城市治理,也展现了城市的环境变化、社会融合和形象塑造,是欧洲城市国际化和塑造独特的公共身份的一个重要途径。③

　　树木是城市生态系统的有机构成部分,也是绿色空间的重要内容。保罗·A.艾利略特结合文化史解读城市的公园和树木。他梳理英国各城市引进植物品种充实公园和植物园,栽种绿化树的历程,注意到树木从乡野到城市、从个人审美到城市需求的发展变化,提出"城市绿化是 19 世纪最重要的进步之一"的观点,公园和植物园被塑造为城市公共文化中心,树木成为展示城市文化的一种途径。④这与马克·约翰逊的观点不谋而合。约翰逊在《英国的行道树史》一书中着重论述乡村树木、城市行道树、海滨树木景观、树木养护等内容,强调城市是树木的栖息地,树木是城市景观的一部分,更是城市与自然的联系纽带之一。⑤行道树犹如城市街道的绿色点缀,让城市披上绿装,让街道充满生机,从而构筑起城市的绿色空间。

① Karen R. Jones, "'The Lungs of the City': Green Space, Public Health and Bodily Metaphor in the Landscape of Urban Park History," *Environment and History*,Vol.24, No.1(Feb., 2018), pp.39—58.

② Malcolm Dick and Elaine Mitchell, eds., *Gardens and Green Spaces in the West Midlands since 1700*, West Midlands Publications, 2018.

③ Peter Clark, ed., *The European City and Green Space:London, Stockholm, Helsinki and St. Petersburg, 1850—2000*, Ashgate, 2006; Peter Clark, Marjaana Niemi, Catharina Nolin, eds., *Green Landscapes in the European City, 1750—2010*, Routledge, 2017, p.xiv.

④ Paul A. Elliott, Stephen Daniels, Charles Watkins, "The Nottingham Arboretum(1852): Natural History, Leisure and Public Culture in a Victorian Regional Centre," *Urban History*, Vol.35, No.1 (May., 2008), pp.48—71; Paul A. Elliott, Charles Watkins, Stephen Daniels, *The British Arboretum:Trees, Science and Culture in the Nineteenth Century*, Pickering and Chatto, 2011; Paul A. Elliott, *British Urban Trees:A Social and Cultural History, c. 1800—1914*, White Horse Press, 2016.

⑤ Mark Johnston, *Street Trees in Britain:A History*, Windgather Press, 2017.

第三类研究关注环境保护组织和个人在兴建公园、花园城市和绿色空间建设中的重要性及其自然观念。

英国环境保护运动兴起于 19 世纪后期,与奥克塔维亚·希尔(Octavia Hill)等人的努力分不开。她是 19 世纪最具代表性的城市环境保护运动组织者,创办大都会花园协会(Metropolitan Gardens Association),购买并美化居民区的小块土地以改善城市居民的生活质量,激发穷人的热爱自然之情。①

第四类研究探究花园城市建设的起源及其影响。

19 世纪末 20 世纪初的花园城市运动是随 19 世纪末城市公园兴起而来的城市改革。对于"Garden City"这一概念,霍华德强调城乡一体建设格局,是"城市生活的优点和美丽,愉快的乡村环境"的"和谐组合",②并把乡村生活理想化为"快乐英格兰"的象征,其核心是塑造乡村神话。这一观点遭到马克思主义文学批评家雷蒙·威廉斯的批评。威廉斯在《乡村与城市》一书中指出,乡村和城市的二元对立并非自然与俗世的对立,歌颂甜美的英格兰乡村不过是刻意编织出来的意识形态神话,劳作的乡村从来不是风景,"乡村"和"城市"对立的实质是现代大都市和工业化生活方式所面临的危机。③威廉斯的研究消解了乡村—田园神话,也强调城市并非花园乐土的现实,有助于重审城乡关系。

有学者认为,在 19 世纪中后期的回归田园和厌倦城市的思潮中,市民逃离的是作为肮脏、拥挤的代名词的城市,而花园城市建设试图重回"家长制的、非民主的、工业之前的英格兰",④强调的依然是对乡村的怀旧情绪。弗朗西斯·奈特则从宗教因素寻找花园城市运动的起源。她认为 19 世纪花园城市运动不仅受回归农村生活元素的影响,也受到基督教思想的浸润,基督教在中世纪城市和花园城市的兴起中发挥作用,传教士和作家们从他们丰富的宗教

---

① Nancy Boyd, *Josephine Butler, Octavia Hill, Florence Nightingale, Three Victorian Women Who Changed Their World*, The Macmillan Press Ltd., 1982, pp.95—160; Elizabeth Baigent, "Octavia Hill, Nature and Open Space: Crowning Success or Campaigning 'Utterly without Result'," in Elizabeth Baigent and Ben Cowell, eds., *Nobler Imaginings and Mightier Struggles: Octavia Hill, Social Activism and the Remaking of British Society*, University of London, 2016, pp.141—162.

② [英]埃比尼泽·霍华德:《明日的田园城市》,第 6 页。

③ Raymond Williams, *The Country and the City*, New York: Oxford University Press, 1973.中译本[英]雷蒙·威廉斯:《乡村与城市》,韩子满、刘戈、徐珊珊译,商务印书馆 2013 年版。

④ S. Meacham, *Regaining Paradise: Englishness and the Early Garden City Movement*, Yale University Press, 1998, p.119.

想象转移到思考城市的实用性,塑造了城市世界的普遍看法。①从城市环境史角度来说,对乡村的追忆表明英国人对城市异化的厌倦,而无法回归田园的现实促使他们在城市既有空间内追求以公园、植物园为代表的绿色空间,推动了花园城市运动和城市的生态更新,将厌倦城市、改造城市与热爱自然融合在一起。

二战后的"城市复兴"运动是花园城市的延伸,在市中心"去工业化",加快老旧市区改造的同时,在郊区规划新城(New Towns),意在从花园城市过渡到可持续社区。②学界对于新城运动的评价尚无定论。有学者认为新城的规划以人为中心进行,主张城市中人与自然、经济与社会和谐发展的理念,为社会、经济和环境的可持续性发展提供经验;③也有学者认为新城镇建设整体上是失败的;④还有学者强调城市复兴运动在塑造城市空间方面的作用。⑤

2. 城市景观的形塑

2000 年后,英国城市景观研究强调自然景观与人文景观的并重。彼得·博尔塞和约翰·K. 沃尔顿等旅游城市史专家关注旅游城市的"自然因素"。⑥博尔塞认为,城市居民面对城市与周边环境的变化,去海滨寻找一饱眼福的美

---

① Frances Knight, "The Victorian City and the Christian Imagination: from Gothic City to Garden City," *Urban History*, Vol.48, No.1(Feb., 2021), pp.37—53.

② Jim Yelling, "The Incidence of Slum Clearance in England and Wales, 1955—1985," *Urban History*, Vol.27, No.2(Aug., 2000), pp.234—254; Laura Balderstone, "Semi-detached Britain? Reviewing Suburban Engagement in Twentieth-century Society," *Urban History*, Vol.41, No.1(Feb., 2014), pp.141—160; Lara Baker Whelan, *Class, Culture and Suburban Anxieties in the Victorian Era*, Routledge, 2009; Simon T. Abernethy, "Opening up the Suburbs: Workmen's Trains in London 1860—1914," *Urban History*, Vol.42, No.1(Feb., 2015), pp.70—88.

③ Anthony Alexander, *Britain's New Towns: Garden Cities to Sustainable Communities*, Routledge, 2009.

④ H. Rivera, "Political Ideology and Housing Supply: Rethinking New Towns and the Building of New Communities in England," thesis of Ph. D., University College London, 2015.

⑤ J. Tomlinson, "De-industrialization not Decline: a New Meta-narrative for Post-war British History," *Twentieth Century British History*, Vol.27, No.1(Mar., 2016), pp.76—99; O. Saumarez Smith, *Boom Cities: Architect Planners and the Politics of Radical Urban Renewal in 1960s Britain*, OUP Oxford, 2019; O. Saumarez Smith, "Planning, Politics and Central Area Redevelopment, circa 1963," thesis of Ph. D., University of Cambridge, 2015; Alistair Kefford, "Disruption, Destruction and the Creation of 'the Inner Cities': The Impact of Urban Renewal on Industry, 1945—1980," *Urban History*, Vol.44, No.3(Aug., 2017), pp.492—515.

⑥ Peter Borsay and John K. Walton, eds., *Resorts and Ports: European Seaside Towns since 1700*, Channel View Publications, 2012.

景并对自然萌生兴趣,进而关注城市与自然的关系。①海滨旅游城镇也较早有
意识地"设计海滨",通过改造自然景观、兴建人造景观来吸引游客。②《景观中
的自然》是文化地理学、城市景观史佳作。作者从文化地理学视角入手,采用
跨学科研究法,阅读档案与田野考察相结合,实地访谈与历史记载相印证,通
过论述动植物、污染和洪水等景观的变迁,展现英格兰东部诺福克海湾地区人
文景观变迁历程。③

　　自然和现代城市交织的结果是自然借由技术进入城市。河流与河流开发
是自然景观与人文景观的结合体。河流是城市的自然景观,修堤筑坝是城市
对河流的利用和改造,反映了城市对河流的态度及其背后的自然观念,构成城
市人文景观的重要组成部分。④泰晤士河河堤作为 19 世纪伦敦最宏大的公共
工程之一,也是独特的人文景观。⑤凯伦·琼斯在《公园的发明》一书中从景观
的角度论述公园的起源及其发展。⑥

　　伦敦的城市景观变迁是城市变迁的缩影。玛利亚·凯卡提出"流动的
城市"的概念,以 20 世纪 70 年代雅典和伦敦因用水而展开的辩论体现"危
机中的自然",得出"现代城市景观是自然、技术和人类之间的动态关系"的
观点。⑦伊丽莎白·麦凯勒论述近代以来伦敦及其周边景观的变迁,强调对城
市景观的认知随时代而变化。⑧凯蒂·莱顿-琼斯从文化史、景观史视角解读

①　Peter Borsay, "A Room with a View: Visualising the Seaside, c.1750—1914," *Transactions of the Royal Historical Society*, Vol.23, 2013, pp.175—201.

②　Fred Gray, *Designing the Seaside: Architecture, Nature and Society*, Reaktion Books, 2009.

③　David Matless, *In the Nature of Landscape: Cultural Geography on the Norfolk Broads*, John Wiley & Sons, Ltd., 2014.

④　George Revill, "William Jessop and the River Trent: Mobility, Engineering and the Landscape of Eighteenth-Century 'Improvement'," *Transactions of the Institute of British Geographers*, Vol.32, No.2(Apr., 2007), pp.201—216.

⑤　Stuart Oliver, "The Thames Embankment and the Disciplining of Nature in Modernity," *the Geographical Journal*, Vol.166, No.3 (Sep., 2000), pp. 227—238; Gavin Weightman, *London's Thames: The River That Shaped a City and Its History*, St. Martin's Press, 2004; Martin Knoll, Uwe Lubken, and Dieter Schott, eds., *Rivers Lost, Rivers Regained: Rethinking City-River Relations*, University of Pittsburgh Press, 2006.

⑥　Karen Jones and John Wills, *The Invention of the Park: Recreational Landscapes from the Garden of Eden to Disney's Magic Kingdom*, Polity Press, 2005.

⑦　Maria Kaika, *City of Flows: Modernity, Nature and the City*, Routledge, 2005.

⑧　Elizabeth McKellar, *Landscapes of London: The City, the Country and the Suburbs 1660—1840*, Yale University Press, 2013.

工业革命以来绘画中的城市形象。她发现，在描绘 19 世纪城市的绘画作品中，以水流、乔木和灌木等为代表的自然元素，静谧的乡村，繁忙的港口，穿梭的游人，大多并存于画面，使得风景如画的自然与现代的城市景观并存不悖，构建出和谐宜人的城市景观，表明自然元素是城市一部分的共识和观念。①《伦敦城市景观：另一种叙述方式》一书借助人类学、地理学的相关研究梳理伦敦街道、公园、市场、郊区的发展变化，以此展现城市的多元发展。②

工业化、城市化所带的城市问题和环境问题也成为独特的城市人文景观，此处仅以伦敦雾、伦敦东区的贫民窟为例展开论述。近年来，作为空气污染直接后果的"雾"被视为伦敦独特的"工业景观"的象征，从中挖掘其文化隐喻和审美标准，开辟研究新路径。在《伦敦雾》一书中，克里斯蒂娜·科顿梳理文学和艺术作品中伦敦雾的"发现"、表现和退场的历程，认为伦敦雾是"工业浪漫主义"和"文学现实主义"的结合体，更是伦敦的城市特色和文化符号，从而使"雾"成为工业化、城市化的社会具象和文化隐喻。③

贫民窟曾是城市问题、社会问题和环境问题的聚焦点，也成为城市人文景观的一部分，④这一观点在近年来得到更系统的论述。一方面，维多利亚时代的伦敦东区在文学作品的烘托和报刊媒体的报道下成为贫民窟的代名词，⑤另一方面，报刊的报道和文学作品的渲染又催生"贫民窟旅游"热潮。在文学描述和实境考察之间，贫民窟成为一道具有观赏性的风景，一处与众不同的城市景观。保罗·纽兰试图走出史学界对贫民窟"真实"和"想象"的简单二分法，从物质、地理、地形等方面探讨伦敦东区文化景观与居民之间的复杂关系，呈现更具体丰富的东区风貌。⑥

①　Katy Layton-Jones, *Beyond the Metropolis: The Changing Image of Urban Britain, 1780—1880*, Manchester University Press, 2016.

②　Christopher Tilley, ed., *London's Urban Landscape: Another Way of Telling*, UCL Press, 2019.

③　Christine L. Corton, *London Fog: The Biography*, London: Press of Harvard University, 2015. 中译本[英]克里斯蒂娜·科顿：《伦敦雾——一部演变史》，张春晓译，中信出版集团 2017 年版。

④　Allen Mayne, *The Imagined Slum: Newspaper Representation in Three Cities, 1870—1914*, Leicester University Press, 1990.

⑤　Oliver Betts, "'Knowing' the Late Victorian East End," *The London Journal*, Vol.42, No.3(Dec., 2017), pp.257—272.

⑥　Paul Newland, *The Cultural Construction of London's East End Urban Iconography, Modernity and the Spatialisation of Englishness*, Rodopi, 2008.

3. 城市景观的"文化转向"

近年来,英国史学界对城市景观的研究发生了"文化转向",即把城市景观与城市空间、城市规划、文化记忆、城市认同乃至国家认同联系起来,是新文化史、城市规划史、城市环境史交叉融合的结果,但在具体研究中侧重点略有不同,大致可分为三类:或强调城市空间和人文景观的塑造;或宣传城市历史遗产和文化强化城市记忆;或借助自然景观或人文景观强化城市认同乃至国家认同。

第一类考察城市空间和人文景观的塑造。

20 世纪 90 年代以来,城市史家将空间纳入研究对象,以此考察城市范围内的权力运作或社会身份,城市空间规划和布局是强化城市认同的重要方式。[1]2006 年,《文化地理》刊登有关自然与现代城市关系的论文,考察自然与(城市)文化如何分离,现代城市空间的生产如何形成"社会化自然"(socionatures)。[2]这些文章将自然历史化,又使自然空间化,探讨自然融入现代城市的观念和运行方式。

各城市在中世纪就通过城市仪式、庆典和空间等方式展现城市特色。不少学者认为,中世纪英格兰的城市神话、仪式化、特点鲜明的形象都是精心设计的结果,意在强化独特的城市空间和城市认同。[3]譬如,伦敦的民选官员和精英利用盛大的选举仪式和就职仪式来确立其合法性和权力,展现城市形象和对移民的"规训"。[4]城市颂歌既是一种文学载体,也是城市的记录,是了解中世纪城市的物质、功能和城市空间的重要资料。[5]

致力于人文景观建设是许多城市扭转城市形象的重要举措,这些人文景观也成为独特的城市空间。18 世纪的客栈作为人员往来频繁之地,是城市的

① Richard Dennis, *Cities in Modernity: Representations and Productions of Metropolitan Space, 1840—1930*, Cambridge University Press, 2008.

② Simon Gunn, Alastair Owens, "Nature, Technology and the Modern City: An Introduction," *Cultural Geographies*, Vol.13, No.4(Oct., 2006), pp.491—496.

③ Gervase Rosser, "Myth, Image and Social Process in the English Medieval Town," *Urban History*, Vol.23, No.1(May,1996), pp.5—25; Catherine A. M. Clarke, *Mapping the Medieval City: Space, Place and Identity in Chester c.1200—1600*, University of Wales Press, 2012.

④ Barbara A. Hanawalt, *Ceremony and Civility: Civic Culture in Late Medieval London*, Oxford University Press, 2017.

⑤ Paul Oldfield, *Urban Panegyric and the Transformation of the Medieval City, 1100—1300*, Oxford University Press, 2019.

社交舞台,成为精英控制城市空间、执行社会等级制度和强化社会价值观的关键场所。① 遍布剧院、歌剧院、画廊、餐馆、百货公司的伦敦西区之所以被视为高雅文化之区和"休闲之区",是其人文景观层垒的结果。② 伯明翰、利兹和曼彻斯特等城市兴建市政厅、火车站、大型商场、"免费公共图书馆"等市政新地标,有意识地塑造人文景观和城市空间,力求城市风格从工业制造城市向文化城市转变。③《利物浦和曼彻斯特的城市重建与现代性(1918—1939)》④ 一书是首部从"现代性"视角研究工业城市转型的佳作,认为两城通过修筑隧道和兴建图书馆等重建举措树立城市新形象,提升市民的自豪感和城市现代性。城市文化塑造甚至深入到学校建筑、市民教育等日常生活中,培养市民的身份意识和自豪感。⑤

第二类宣传历史遗产和文化以强化城市记忆。

英国各城市充分挖掘城市历史和特色打造"城市名片"。伦敦举办的国际展览会,格拉斯哥围绕一战举办的各种文化活动,普利茅斯以"五月花号"建构"普利茅斯母亲"形象,都是通过城市与重大历史事件的联结以塑造城市记忆,

---

① Daniel Maudlin, "The Urban Inn: Gathering Space, Hierarchy and Material Culture in the Eighteenth-century British Town," *Urban History*, Vol.46, No.4(Nov., 2019), pp.617—648.

② Rohan McWilliam, *London's West End: Creating the Pleasure District, 1800—1914*, Oxford University Press, 2020.

③ Simon Gunn, *The Public Culture of the Victorian Middle Class: Ritual and Authority in the English Industrial City, 1840—1914*, Manchester University Press, 2000; Martin Hewitt, "Confronting the Modern City: the Manchester Free Public Library, 1850—1880," *Urban History*, Vol.27, No.1(May., 2000), pp.62—88; Mathew Jenkins, "The View from the Street: The Landscape of Polite Shopping in Georgian York," *Urban History*, Vol.45, No.1(Feb., 2018), pp.26—48.

④ Charlotte Wildman, "A City Speaks: The Projection of Civic Identity in Manchester," *Twentieth Century British History*, Vol.23, No.1(Mar., 2012), pp.80—99; Charlotte Wildman, "Urban Transformation in Liverpool and Manchester, 1918—1939," *The Historical Journal*, Vol.55, No.1(Mar., 2012), pp.119—143; Charlotte Wildman, *Urban Redevelopment and Modernity in Liverpool and Manchester, 1918—1939*, Bloomsbury, 2016.

⑤ Tom Hulme, "'A Nation Depends on Its Children': School Buildings and Citizenship in England and Wales, 1900—1939," *Journal of British Studies*, Vol.54, No.2(Apr., 2015), pp.406—432; Tom Hulme, "Putting the City Back into Citizenship: Civics Education and Local Government in Britain, 1918—1945," *Twentieth Century British History*, Vol.26, No.1(Apr., 2015), pp.26—51; Tom Hulme, "'A Nation of Town Criers': Civic Publicity and Historical Pageantry in Inter-war Britain," *Urban History*, Vol.44, No.2(May., 2017), pp.270—292; Tom Hulme, *After the Shock City: Urban Culture and the Making of Modern Citizenship*, The Boydell Press, 2019.

培养市民的身份认同。①爱丁堡地界的"引人入胜之都"的标语是一个典型的自我宣传地标:爱丁堡市拥有欧洲首都和国际首都的双重身份,自诩为非工业城市的神话,打造城市名片和宣传记忆点。②二战后,英国的"城镇重建"和"新城"运动推动各城市注重市政规划、城市开发与历史文化遗迹保护的有机结合。③譬如,工业城市试图走出"焦煤镇"的负面形象,积极进行城市规划和社会改革以塑造新形象。④南安普敦和考文垂注重对中世纪建筑的保护,实现保护历史遗迹与现代城市规划的微妙平衡。⑤现有研究多为个案探讨,更全面更系统的研究还有待于考察。

第三类研究通过考察自然景观或人文景观强化城市认同乃至国家(民族)认同。

景观(自然景观和人文景观)成为国家认同的一部分。最具代表性的研究当属伦敦国王学院英国现代史教授保罗·雷德曼。在《传奇的风景:景观与英国民族认同的形成》一书中,他认为,"在政治民主化的背景下,景观越来越受到重视,也越来越具有民族意义"⑥,以英格兰七处各具特色的景观为例探讨

①　Kate Hill,"'Olde Worlde' Urban? Reconstructing Historic Urban Environments at Exhibitions,1884—1908," *Urban History*,Vol.45,No.2(May.,2018),pp.306—330;Eleanor K. O'Keeffe,"Civic Veterans:The Public Culture of Military Associations in Inter-war Glasgow," *Urban History*,Vol.44,No.2(May.,2017),pp.293—316;Tom Hulme,"The Mayflower and 'Mother Plymouth':Anglo-America,Civic Culture and the Urban Past," *Cultural and Social History*,Vol.18,No.4(Aug.,2021),pp.517—537.

②　Rebecca Madgin,Richard Rodger,"Inspiring Capital? Deconstructing Myths and Reconstructing Urban Environments,Edinburgh,1860—2010," *Urban History*,Vol.40,No.3(Aug.,2013),pp.507—529.

③　Peter Shapely,"Civic Pride and Redevelopment in the Post-war British City," *Urban History*,Vol.39,No.2(May.,2012),pp.310—328;James Greenhalgh,"The Control of Outdoor Advertising,Amenity and Urban Governance in Britain,1893—1962," *Historical Journal*,Vol.64,No.2(Apr.,2021),pp.384—409.

④　Simon Gunn,"The Rise and Fall of British Urban Modernism:Planning Bradford,circa 1945—1970," *Journal of British Studies*,Vol.49,No.4(Oct.,2010),pp.849—869;Simon Gunn,"Beyond Coketown:The Industrial City in the Twentieth Century," in Clemens Zimmerman,ed.,*Industrial Cities:History and Future*,Chicago,2013,pp.29—45.

⑤　Mark S. Webb,"Local Responses to the Protection of Medieval Buildings and Archaeology in British Post-war Town Reconstruction:Southampton and Coventry," *Urban History*,Vol.45,No.4(Nov.,2018),pp.635—659.

⑥　Paul Readman,*Storied Ground:Landscape and the Shaping of English National Identity*,Cambridge University Press,2018,pp.195—249. 中译本[英]保罗·雷德曼:《传奇的风景:景观与英国民族认同的形成》,卢超译,商务印书馆2021年版,第346页。

景观在英格兰民族身份认同中的作用。作者既关注自然景观,也强调人文景观和工业景观的演变及其政治内涵。他以曼彻斯特的工业景观从"风景"到污染肮脏的代名词的变化,表明人们对城市景观态度的变化,迫使曼彻斯特兴建公园和新的市政建筑作为城市新名片。①在他看来,泰晤士河犹如一条银线,把过去静谧的乡村与现在繁忙的大都市伦敦串联起来,乡村与城市都是英格兰景观的一部分,二者相互包容适应,共同塑造英格兰的国家认同,②景观从城市的景致或自然特色上升到爱国主义教育的表现。

以上三类研究在城市空间、文化遗迹、景观(自然景观和人文景观)中注入文化内涵,使城市不仅是人与自然互动的地理空间,也是人与自然互动的历史空间和文化空间,在城市的生态系统内中注入"文化"意蕴和城市认同。

(三)"城市环境史"新进展

英国城市环境史发展壮大的重要标志是《城市环境史》③一书的出版。该书从全球城市环境史的长时段出发,梳理自古埃及起各历史时期城市面临的空气污染、水体污染、噪声污染、绿色空间建设、可持续发展等问题,提出城市是一个"脆弱而又有韧性"的生态系统的观点,意在探讨"让城市成为更美好的生存之地的途径"。④

城市史研究也充分注意到城市环境史的存在和特色。肖恩·埃文在《什么是城市史》一书中采用比较研究、跨学科研究的方法探讨城市各侧面,第四章"城市与环境"论述城市环境史的发展。⑤他总结出城市环境史历经从"污染"(城市污水沟)到"文化"(城市纪念碑)的研究脉络,从技术路径转向文化路径,结论是"城市环境史处于一个十字路口","前景看上去还行"。他认为城市环境史将自然引入城市,使研究对象从既有研究拓展至城市的"生态足迹",有助于从生态视角考察科学技术与城市建设的关系,拓展城市史的新边界。⑥第五章"城市文化与现代性"主要论述城市环境史的文化转向,⑦强调人工景观

---

① [英]保罗·雷德曼:《传奇的风景:景观与英国民族认同的形成》,第205—275页。
② [英]保罗·雷德曼:《传奇的风景:景观与英国民族认同的形成》,第346页。
③ Ian Douglas, *Cities: An Environmental History*, I. B. Tauris & Company, 2013;中译本[英]伊恩·道格拉斯:《城市环境史》,孙民乐译,江苏凤凰教育出版社2016年版。
④ [英]伊恩·道格拉斯:《城市环境史》,第4页。
⑤ [英]肖恩·埃文:《什么是城市史》,第82—100页。
⑥ [英]肖恩·埃文:《什么是城市史》,第99页。
⑦ [英]肖恩·埃文:《什么是城市史》,第101—125页。

在城市生态系统中的作用及城市系统内人与人工环境的关系。需要指出的是,他的论述主要集中在 19 世纪以来欧美城市的水资源与城市。

伦敦向来是英国城市环境史关注的重点,2020 年出版的论文集《濒危大都市:伦敦环境史(1800—2000)》①是英美加三国学者的联袂之作。他们认为,自 20 世纪 70 年代以来,城市环境史从最初关注城市的结构和基础设施、系统和生态,逐渐扩大到城市空间、绿色空间、非人类与人类的互动关系、水污染和疾病等内容。该论文集论及伦敦环境变迁的诸多方面:城市扩张、工业污染、绿色空间、水务建设、城乡关系,并与纽约进行比较研究。②该书是英美城市环境史家融合新资料、新观点的最新力作,表明英国的城市环境史研究步入新阶段。

三、英国城市环境史研究特色

20 年来,英国城市环境史研究在研究视角、研究内容等方面推陈出新,书写出丰富多彩的英国城市环境史故事,研究特色日趋鲜明。

其一,关注工业革命以来城市内部生态系统的调整和城市文化的塑造,研究路径从"技术路径"拓展为"技术路径"与"文化路径"并重。工业革命以来的城市化进程加快了城乡二元分野,城市与自然在地理空间上的疏远以及人对城市内及其周边自然的开发改变了人与自然的关系,从不同角度反思这一进程成为城市环境史家关注的重点。2000 年之前,英国城市环境史研究多为一时一地的个案研究,主要聚焦以水和空气两大自然介质所引发的"污染—治理"的二元对立,强调"技术路径"在污染防治、自然开发中的得失,城市只是这些事件发生的场景或背景,仍属于城市史的社会问题研究。2000 年后,城市环境史学者们意识到城市是一个自成体系的生态系统,与自然环境不存在天然的边界,在延续"技术路径"的同时,采用"文化路径"解读城市的自然景观和人文景观塑造,注重论述城市这一生态系统内部人与自然的互动。人与城市内外的自然相互作用构成各具特色的城市景观,成为凝聚城市文化认同和历史记忆的重要载体。

① Bill Luckin and Peter Thorsheim, eds., *A Mighty Capital under Threat: The Environmental History of London, 1800—2000*, University of Pittsburgh Press, 2020.

② Bill Luckin and Peter Thorsheim, eds., *A Mighty Capital under Threat: The Environmental History of London, 1800—2000*, pp.5—6.

其二,鲜明的跨学科研究方法。英国环境史研究的知识基础是历史地理学、历史生态学、林地史、物质文化史等相关学科领域,学术积淀深厚的城市史、社会史、劳工史、景观史、新文化史等史学分支也为城市环境史提供学术养分。大气化学学者彼得·布林布尔科姆,地理学教授马修·甘迪和克利斯托夫·蒂利等学者先后加入英国城市环境史队伍。另一方面,与美国同行一样,英国的城市环境史学者很少接受过专业的环境史训练,多从城市史、社会史、公共卫生史、景观史等史学分支转向城市环境史领域,莫斯利早年抱怨的社会史学者不愿迈入环境史领域的现象也略有改观,①比尔·勒金即是一例。他早年研究社会史,但关注河流、疾病与城市环境的关系,到 21 世纪初已积极为环境史鼓与呼,成为公认的环境史家。彼得·莫和安德鲁·麦克托米尼等青年历史学者自博士时代起就致力于城市环境史研究,为英国城市环境史的发展和壮大注入生机和活力。

其三,重视城市景观研究。美国人长期以来将城市与乡村看成是相互分离而不是彼此联系的地方,英国人则把对乡村的怀念之情转向在城市景观中寻找乡村的遗迹,霍华德倡导的城乡一体的"田园城市"即是这种情愫的体现。城市景观作为自然景观和人文景观的结合,是了解城市自身变迁、生态系统勾连的重要途径。英国城市环境史是一部相对温和渐进的景观变化的历史。河湖海滨、修堤筑坝、兴修水库、兴建公园、塑造人文景观等等,无一不是城市内部人与自然相互作用的结果,为解读城市内的生态多样性提供了特定场景。研究这些城市景观是如何形成的,实则是追寻城市的生态系统是如何演进的。关注城市内的自然环境是城市化社会对自然资源匮缺的忧虑,更是对理想城市的向往,构成城市环境和城市文化的一部分。这不啻是因城市特色而萌生的一种城市认同,有助于强化对城市的情感共鸣和身份记忆。

其四,以伦敦为核心、以工业城市为重点的研究格局。伦敦在英国政治、经济、文化、人口、交通等方面的地位奠定了它也是城市环境史研究的焦点,从公共卫生治理、城市公园建设到城市人文景观塑造无不如此。某种程度上,伦敦城市环境史实乃一部英国城市环境史的微缩版。曼彻斯特、利物浦等城市是工业化和城市化的典型,是城市"污染—治理",人文景观塑造和城市认同提升的主要发生地,大致反映了城市定位从刻板的工业城市转变为自豪的文化

---

① Stephen Mosley, "Common Ground: Integrating Social and Environmental History," p.918.

城市的趋势,符合市民从追求宜居城市到文化城市的心理需求。

总体而言,英国城市环境史研究的主题还需进一步拓展和延伸。譬如,现有研究局限于工业革命以来典型的工业城市,对其他时段其他城市的环境研究亟待加强;疾病、环境灾害等对城市生态系统的影响研究不够;关注的核心仍是城市内"人与自然"的互动,对城市与周边郊区、农村的物资流动与环境变迁有待于拓展。此外,城市扩张也具有全球性影响,[①]19世纪的伦敦、曼彻斯特等城市的影响力不囿于英国,而是遍及全球,如能从这些城市与世界各地网络的联系中考察其环境互动,有助于充实和拓展英国城市环境史、英帝国史、全球史的相关研究。迄今为止,勒金所期盼的在抱负、范畴与成就方面可媲美《自然的大都市:芝加哥与大西部》的环境史经典之作[②]仍有待于书写。英国城市环境史研究已迈入正轨,有理由期待可与之媲美的经典之作的早日问世。

Current Status Quo and Characteristics of Urban Environmental History in Britain(2000—2021)

Abstract: It was a "difficult environmental turn" that was in British urban history, which adopting a "technical approach" to discuss the problem of urban "pollution-control" in the 1990s. Urban environmental history in Britain, stepping out of the predicament of historiography "margin", has expanded from focusing on "pollution-control" to various adjustments in livable city construction. It studies specifically such topics as urban public health governance, water conservancy project construction, garden city construction and human landscape shaping. It is characterized by the dual approach of technological and cultural analysis, an interdisciplinary approach and a focus on London. It should become an important part of British urban environmental history of further expanding and enriching potential boundaries

Key words: urban environmental history; London; landscape; cultural turn

作者简介:毛利霞,山东师范大学历史文化学院教授。

---

① Samuel Hays, "The Role of Urbanization in Environmental History," in Samuel Hays, *Explorations in Environmental History*, University of Pittsburgh Press, 1998, p.70.

② Bill Luckin, "At the Margin: Continuing Crisis in British Environmental History?" p.100.

美国独立国家历史公园①的
"殖民主义复兴"
——基于《费城问询报》(1948—1976)②的考察

王如一

摘　要:1948—1976 年美国独立国家历史公园兴修期间,清拆了一大批 18 世纪后的建筑,从而引发了一场关于"历史遗产保护"与"殖民主义"复兴的讨论。《费城问询报》作为当地主流媒体,在相关议题的报道中,通过突显殖民时期的爱国英雄和关键历史事件,回应了政府的举动。通过强调"美国诞生地"的认同标签,报刊重塑了"殖民主义"的场景,体现出费城历史的深厚底蕴,构建了连接地方记忆与国家认同的象征性空间,并最终推动了对美国独立和自由精神的纪念与传承。

关键词:美国独立国家历史公园　费城问询报　殖民主义

美国的殖民主义复兴运动(Colonial Revival Movement)始于 19 世纪末,

---

① 20 世纪 40 年代末,美国国会成立了费城国家圣地公园委员会(Philadelphia National Shrines Park Commission),负责规划独立国家历史公园。1948 年 6 月 28 日,杜鲁门总统签署了"公法 795,H.R. 5053",开启了规划独立国家历史公园和进行场地征用的过程。

② 《费城问询报》(*The Philadelphia Inquirer*)创办于 1892 年,原名为《宾夕法尼亚问询报》(*The Pennsylvania Inquirer*),是费城最重要的报纸,也是全美最大的报纸之一。从独立国家历史公园建立之初至 1976 年美国建国 200 周年,是该公园从大规模建设到最终成型的重要阶段,也是费城城市更新的关键时期。这一时期,公园不仅完成了核心区域的建设和历史遗址的保护,还与费城的城市规划和改造紧密结合,共同推动了老城区的复兴。《费城问询报》在这一时期对独立国家历史公园的报道提供了一种非官方的解释,以经典而理想化的叙事手法重现了美国历史。

于 20 世纪初达到顶峰,在美国独立百年(1876 年)和建国两百周年(1976 年)纪念时,表现尤为明显。该运动以复兴殖民时期的建筑风格为核心,特别强调乔治王时代(Georgian)和帕拉第奥风格(Palladian Style)建筑元素的再现。①在费城,殖民主义复兴运动的成果在独立国家历史公园(Independence National Historical Park)得到了充分展现。

独立国家历史公园内包含了许多历史上具有重要意义的地标。其中两个最重要且广为人知的景观是自由钟和独立厅,标志着美国独立和民主理念的起源。历史学家康斯坦斯·格里夫(Constance Grieff)在 1985 年编写了该公园的官方历史,其中强调:"向公众展示独立国家历史公园内的历史建筑,其核心目的是传授在这些地方发生的历史事件的故事,以及阐释这些建筑所代表的美国历史中的重要主题。"②

鉴于美国 1776 年的建国历史,独立国家历史公园的规划以完美再现 18 世纪殖民地风貌为修复理念,呈现出一场"传统回归"的文化复兴。在建设过程中,《费城问询报》相关议题的报道通过突显殖民时期的爱国英雄和关键历史事件,重塑了殖民风格的场景,从而加深了美国的国家认同感,并结合冷战③的特殊背景,推动了对美国独立和自由精神的纪念与传承。正如《问询报》为费城斯特劳布里奇与克洛希尔百货公司(Strawbridge & Clothier)刊发的广告中所写:

> 随着我们爱国圣地的修复工作继续进行,费城人体验到了一种个人自豪感,这种自豪感在国际形势不确定的今天令人振奋。步行广场的壮丽景观、殖民时期建筑的纯净线条、古老教堂的庄严肃穆,其重要性远远超出了单纯的美感,因为它们代表着一种目标,这种目标在今天与近两个世纪前一样坚定不移。④

---

① Richard Guy Wilson, Shaun Eyring, Kenny Marotta, Re-creating the American Past: *essay on the colonial revival*, University of Virginia Press, Charlottesville London, 2006.

② Constance M. Greiff, *Independence: The Creation of a National Park*, Philadelphia, University of Pennsylvania Press, 1985.

③ 1946 年,英国前首相丘吉尔发表"铁幕演说",拉开了冷战的序幕。1947 年,美国出台杜鲁门主义,标志着冷战开始。20 世纪 50 年代中期,美苏全面冷战对峙。独立国家历史公园的规划与建设就是在这一大背景下启动的。

④ "Celebrate the Fourth where the Heart of Freedom Lies...in the Heart of Your Own Philadelphia," *The Philadelphia Inquirer*, July 03, 1959, 32.

文字中将殖民时代"不变目标"与当代"坚定信念"的并置与关联,很好地诠释了冷战时期社会语境中"民族救赎"的叙事逻辑。《问询报》正是通过这种描述,唤起了公众对往昔"黄金时代"的理想追忆,并对被赋予爱国主义和民族认同的"殖民美德"进行了象征意义的重塑。在特殊的历史背景下,为公众提供了精神上的稳定和明确的目标,并带去心理上的慰藉与希望。

一、殖民美学与历史身份的交汇

1956 年 7 月 29 日刊发于《问询报》副刊的一篇两整版的专题上,生动形象地描写了一位参观独立厅的游客质问导游的场景。该名游客生气地表示自己在 1926 年参观时,独立厅的议会厅内部装潢并非如此"简陋"。导游对此解释道:回到 1776 年是专家们的想法,他们正在拆除独立厅没有历史依据的华丽吊灯、不真实的装饰品,甚至是层层油漆,现在的独立厅和 1776 年签署《独立宣言》时的原本样貌差不多了:①

> 这样的对话如今在独立厅内相当常见。从 1800 年左右到几年前,后世的游客所见的独立厅议会厅,就 1775—1787 年的历史时期来看,它的家具和布局都不真实。现在,它被整理得井井有条,许多年长的游客很难意识到这是一个更准确的复制品,而不是他多年前看到的。
>
> ……富兰克林时代之后的大杂烩一去不复返了。例如,一盏没有历史依据、华而不实的枝形吊灯被拆除。那些不可能在 1775—1787 年使用的家具,已被真实时代的作品或正确时代的复制品所取代,并根据研究人员发现的座位安排的文件证据进行排列。墙壁上的涂料被去除,在准确确定《独立宣言》签署时墙壁的状态之前,它们将保持其自然状态。②

据《问询报》记载,独立厅内部的修复工作从 1952 年开始,由国家公园管理局在妇女俱乐部总联合会的资助下开展。此次修复,投入了大量历史考证,成千上万的旧地图、书籍、信件和图片被研究,以确保修复细节能准确还原 18

---

① Steve Bland,"Independence Hall," *The Philadelphia Inquirer*,July 29,1956,10.
② Steve Bland,"Independence Hall," *The Philadelphia Inquirer*,July 29,1956,10.

世纪的历史背景。①"如果本杰明·富兰克林能够重返独立厅,他肯定能够认出自己的道路"。②

议会厅内部墙壁上的涂料已被清除③

修复项目的困难主要在于独立厅是在后世才逐渐成为国家圣地。在美国独立建国早期,人们对这栋建筑的重视程度很低,以至于签署《独立宣言》的议会厅被用作储藏室、法庭和博物馆。④在这些变化的过程中,独立厅内原始的

① Hugh Scott,"Independent Historic Park recaptures look and spirit of past slowly,actually,"*The Philadelphia Inquirer*,April 02,1960,8.

② Steve Bland,"Independence Hall,"*The Philadelphia Inquirer*,July 29,1956,10.

③ 有迹象表明,1776 年议会厅墙壁是绿色的。然而,在对涂料浆料的化学分析还没有发现足够久远的样本之前,研究人员无法确定。因此,议会厅目前的内部墙壁还是裸露的原始状态。参见:Steve Bland,"Independence Hall,"*The Philadelphia Inquirer*,July 29,1956,10.

④ 1791 年 8 月 1 日,美国最高法院在东翼举行了第一次庭审,约翰·杰伊担任首席大法官。法院在这里开始了积极的工作,为联邦司法机构奠定了基础。随着首都迁往华盛顿,州议会大楼进入了一个新阶段。国会厅恢复了其最初的功能——法院。在 19 世纪的大部分时间里,普通(转下页)

家具丢失或毁坏。①1824 年，浪漫的法国贵族拉斐耶特侯爵（Marquis de Lafayette）以 67 岁高龄重访费城时，这座建筑被赋予了贵宾接待中心的新功能。"为迎接这位资深政治家的到访，城市之父们对州政府大楼进行了豪华的翻修，并举办了为期一周的盛大招待会。这一盛事激起了人们对这座建筑的兴趣，至此从未消退。"②拉斐耶特走后，独立厅内部又陆续进行过几次翻修。然而，1952 年前的许多不准确的复原主要是由早期的"修复"所致，普遍存在着"个人秀"的问题，即修复者依赖个人想法，而非基于事实：③

> 年迈的拉斐耶特比其他任何人都更能唤起费城人对这座古老建筑的自豪感……它被翻新，安装了一盏枝形吊灯，随后又拆除了。拉斐耶特走后，这个房间变成了储藏室。市议会偶尔尝试修复，但直到 1846 年会议室成为博物馆，才有所行动。枝形吊灯被重新安装，房间里堆满了绘画和雕像……到 1871 年，随着《独立宣言》百年纪念日的临近，整个房间变成了一个无味的大杂烩。
>
> ……一位叫弗兰克·埃廷（Frank M. Etting）的人谴责这种情况，并声称可以为百年庆典修复这间会议室。他做到了，但这真是一次糟糕的恢复。房间里立起了柱子，地板上铺上了瓷砖，窗户上挂着窗帘。他摆放了不符合历史真实的家具，但在 1876 年，他的修复被广泛认为是准确的。
>
> 后来又有了陆陆续续的修复，尤其是在 1897 年，埃廷贴的地砖、窗帘和柱子被拆除。其他的，1920—1924 年期间，只不过重新做了陈列摆放。

（接上页）民事法院（Courts of Common Pleas）、刑事法院（Courts of Quarter Sessions，殖民时期的刑事法院，主要处理较轻的刑事案件和地方治理事务，每季度开庭一次）和遗产法院（Orphans Court，遗嘱认证、监护和遗产分配，与无行为能力者相关的法律事务）在一楼开庭，而美国地区法院和巡回法院则使用旧的参议院会议厅和楼上的其他房间。议会厅在当时虽然还没有被尊为圣地，但也表现不俗。著名艺术家查尔斯·威尔逊·皮尔（Charles Wilson Peale）获准将大楼的大部分用作他的博物馆。他的画作后来被费城市政府买下，这些画作构成了目前珍贵的革命英雄和政治家肖像画收藏的基础。参见：Frank H. Weir, "Our Historic Shrines-Part One：Independence Hall," *The Philadelphia Inquirer*, April 22, 1963, 4a.

① Steve Bland, "Independence Hall," *The Philadelphia Inquirer*, July 29, 1956, 10.
② Frank H. Weir, "Our Historic Shrines-Part One：Independence Hall," *The Philadelphia Inquirer*, April 22, 1963, 4a.
③ Steve Bland, "Independence Hall," *The Philadelphia Inquirer*, July 29, 1956, 10.

在这一过程中,房间里有了地毯和落地电灯。①

1876 年的埃廷的修复后的议会厅②

据《问询报》记录,这一时期针对独立厅内部的大规模翻新,国家公园管理局动用了建筑、工程、历史、考古、博物馆员工及外部专家等所有资源,共同搜集房间原貌的线索。专家们的搜寻工作跨越重洋,不仅在法国找到了一位曾在华盛顿将军参谋部服役的法国军官留下的文献记录,还在加利福尼亚州圣马利诺(San Marino)的图书馆中发现了一位早期旅行者途经费城时的记述。③这些发现经过严格权衡,确保无可争议后,才会采取相应的行动。

为了让室内陈设尽可能接近历史真实,研究人员一直在寻找原始的或与1776—1787 年间室内陈设完全一致的书籍、桌子和其他设备的复制品。④事实

---

① 弗兰克·埃廷(Frank Marx Etting, 1826—1890)是美国 19 世纪的历史学家、作家和爱国主义者,以其致力于保护和推广美国革命遗产而闻名。他在 19 世纪中叶对独立厅开展了修复。那个时期的历史建筑保护理念与现代标准相去甚远,许多修复决策更多基于美学或当时的观念,而非严谨的历史证据。埃廷的修复则是对独立厅进行了一些现代化的改动,试图让该建筑符合 19 世纪人们对"革命时代"的想象。其他参见:Steve Bland, "Independence Hall," *The Philadelphia Inquirer*, July 29, 1956, 10.

② Steve Bland, "Independence Hall," *The Philadelphia Inquirer*, July 29, 1956, 10.

③ Thomas A. Dau, "Independence Hall's Assembly Room Ingenious Sleuthing Aids Restoration," *The Philadelphia Inquirer*, December 06, 1964.

④ "Famed Assembly Room at Independence Hall Undergoes Restoration," *The Philadelphia Inquirer*, May 30, 1955, 31.

上，当时的议会厅里仅存了一件 1776 年的物品，即一瓶银制墨水瓶，据说是签署宣言时使用的。还有一张"旭日"椅(rising sun chair)，华盛顿在 1787 年联邦制宪会议上曾坐在这张椅子上。①

华盛顿在担任制宪会议主席时曾坐在这把"旭日"椅上②

在一篇描写托马斯·潘恩(Thomas Paine)③的半身雕像从独立厅挪出的

---

① 有证据表明，大陆会议和州政府在 1777 年费城被英军占领后，先后迁往兰开斯特(Lancaster)和约克郡，但议会厅的家具却被留在了那里。英国人在 1778 年离开费城之前，显然毁坏了这些家具。当国会和州政府返回时，会议室被重新装修。例如，"旭日"椅就是在 1779 年购买的。制宪会议结束后，纽约成为新国家的首都，州议会大楼(现称为独立厅)继续为宾夕法尼亚州议会服务。直到 1799 年，州政府迁往兰开斯特，大部分家具也随之迁走，众议院才在议会厅举行会议。几年后，墨水瓶和"旭日"椅被归还。参见：Steve Bland, "Independence Hall," *The Philadelphia Inquirer*, July 29, 1956, 10.

② Steve Bland, "Independence Hall," *The Philadelphia Inquirer*, July 29, 1956, 10.

③ 托马斯·潘恩(1737 年 2 月 9 日—1809 年 6 月 8 日)在独立战争期间撰写的小册子《常识》(*Common Sense*)对推动独立起到了巨大作用。《常识》主张摆脱英国统治，建立一个自由、平等的共和国，深深影响了民众的独立意识。自由钟上的铭文"向遍地所有居民宣告自由"恰恰与潘恩的理念相呼应，二者象征着相同的自由与平等追求。

报道中,《问询报》指出该雕塑于 1876 年竣工,既不符合独立厅(文物)的条件(仅 1776—1787 年间的物品才能进入),也不符合联邦政府修建的东步行广场的条件,因该区域展示的物品需限定于邦联时期(1790—1800 年),即费城作为国家首都的历史阶段。[①]这种对雕像移除的正当性辩护,反映了公园规划者对历史场所"纯粹性"的执念,突显了城市更新计划中对"适当历史氛围"的追求。同时,也表明了《问询报》在塑造历史记忆和空间象征性功能方面的深思熟虑。

此外,公众和社会力量在这次修复中也扮演了关键角色。据《问询报》报道,当国家公园管理局宣布他们正在寻找 1775—1787 年间议会厅内使用的温莎椅时,得到了宾夕法尼亚州小城利蒂茨(Lititz)的芭芭拉·齐格勒·斯奈德(Barbara Ziegler Snyder)夫人的积极响应。斯奈德夫人声称她拥有两把家族传承下来的,据称是约 1800 年从州议会家具拍卖中购得的温莎椅。公园管理局的专家委员会对这些椅子进行了鉴定,确认它们是早期的作品,并决定购买它们用于议会厅的复原工作。[②]

议会厅内庄重、简洁、准确的家具摆放整齐[③]

独立国家历史公园的主管梅尔福德·安德森(Melford O. Anderson)在接受《问询报》的采访中曾表示:"无论信息在哪里,我们都会去追查……独立厅

---

① "U.S. Overrules Park Board: Tom Paine's Loses Again, Bust Can't Shake Dust," *The Philadelphia Inquirer*, October 28, 1954.

② Steve Bland, "Independence Hall," *The Philadelphia Inquirer*, July 29, 1956, 10.

③ 注意温莎椅和桌子上的绿色桌布。参见:Steve Bland, "Independence Hall," *The Philadelphia Inquirer*, July 29, 1956, 10.

不仅是这里公园中最重要的元素，也是整个国家公园系统中最重要的历史项目。当修复完成，公园得到充分开发时，美国人民将突然醒悟到这是一个珍贵的遗产。它一直都在这里，但现在它被给予特别的关注，这要感谢国会和费城市政府。"①

纵观这一时期围绕独立厅内部翻修的报道，《问询报》始终在强调一种对18世纪历史的建构，而在面对读者抱怨拆除了涂料和西墙的议会厅，旅游体验不佳的时候②，甚至用"见证历史保护的难得机会"③作为正向引导的回复。这种叙述策略不仅将翻修工程的必要性与历史价值捆绑在一起，还试图通过强化"殖民美学"与"保护历史"的公共责任感来消解公众的不满。

与此同时，《问询报》还不断刊载关于独立厅历史的重要性及其文化象征意义的文章，强调其在美国独立战争和民主制度确立过程中的独特地位。通过引用历史学家的言论和发布翻修工作的细节图片，报纸成功塑造了一种"共同守护殖民美学"的氛围，使得公众对翻修工程的支持从一种被动的接受逐渐转化为一种主动的参与。特别是当报道中包含了公众与报道之间的互动时，它进一步强化了"每个人都能为历史做出贡献"的群体记忆。通过这种不断叠加的宣传策略，《问询报》成功地在公众中建立了一种认知，即独立厅的翻修不仅是一次简单的建筑修复工程，更是一场重温历史、传承价值的集体行动。这种叙述方式，不仅缓解了原本的反对声音，还为未来类似工程提供了宣传模板。

二、殖民遗产与历史记忆的选择

费城很早就认识到历史建筑能给整个城市形象、人居环境、生活品质增添丰富的历史内涵和情趣。这些遗迹不仅是社会共同的荣耀象征，在物质层面唤起自豪感与怀旧情怀，更承载了广义上的国家遗产与历史记忆。④因此，在制定独立国家历史公园规划时，"保护"被认为是最重要的一块"基石"。由于

---

① Thomas A. Dau, "Independence Hall's Assembly Room Ingenious Sleuthing Aids Restoration," *The Philadelphia Inquirer*, December 06, 1964.

② Havertown, "Shrine Lag," *The Philadelphia Inquirer*, June 13, 1959, 8.

③ "The Task of Restoration," *The Philadelphia Inquirer*, April 22, 1963.

④ Marcus Anthony Hunter, Kevin Loughran, Gary Alan Fine, "Memory Politics: Growth Coalitions, Urban Pasts, and the Creation of "Historic" Philadelphia," *City & Community*, Vol. 17, issue. 2, pp.330—349.

围绕独立厅的公园项目位于一个高密度且日渐衰败的内城区①,项目规划在
20世纪50年代受到"城市更新"理论的影响,试图通过清拆、重建和功能区域
划分的方式,来复兴费城作为国家历史象征的城市功能,并重塑城市活力。因
此,独立国家历史公园的规划同时肩负起了保护历史遗产和改善城市形象的
双重目标。在这一过程中,"殖民遗产"和"历史场所"被赋予了重要的"选择性
保护"依据。与18世纪美国革命及建国历史密切相关的关键地标得以保留并
被突出展示,而独立厅周围与其"不相称的环境"②则被视为阻碍历史氛围的
重要因素,从而成为大规模拆除的合理解释。这场围绕如何将核心建筑及其
周围殖民地环境转化为纪念性空间,并纳入城市更新框架的斗争,体现了不同
利益相关者之间的协商和妥协。

> 这两个步行广场将把我国一些最珍贵的历史圣地从困扰了几代人
的商业困境中拯救出来。
> 它们将清除整条街区的贫民窟以及沉闷破旧的商业建筑,这些建筑
曾是殖民时期费城的中心地带,扼杀了这里的生机。
> 它们将为重现独立广场及其宏伟建筑周围的氛围提供机会,并将它
们再次置于一个适当的环境中。
> 它们将为费城的其他一些古老建筑提供喘息的空间和通道……③

如同上文《问询报》的报道描述,整个公园范围内,大部分在富兰克林逝世
后逐渐建立起来的建筑几乎被全部拆除,过程堪比"被德国大规模轰炸后的伦
敦闪电战区"④,但这些建筑与环境并非毫无价值,却因其未能体现18世纪殖
民时期的历史风格,而被报刊描述为"大杂烩""破败的""沉闷的""碍眼的",字
里行间透露出"衰败"与"灾难"。通过对不协调建筑的负面表述,《问询报》参
与了对公众记忆的筛选与建构,从而加深了人们对特定历史时期的认同。这

---

① 这片区域在20世纪中期正经历人口外迁、经济衰退和建筑老化等问题。
② "Council Gets Bill For Mall Shrine," *The Philadelphia Inquirer*, December 3, 1948, 17.
③ "Keep the Mall True to Tradition," *The Philadelphia Inquirer*, February 15, 1955, 14.
④ 闪电战特指1940年9月7日至1941年5月11日期间,德国对英国发动的空袭,该次袭击造成大
约4万名英国平民死亡,其中一半在伦敦。超过一百万间的房屋被完全摧毁,或遭严重破坏,而公
路、桥梁和铁路则成了废墟。其他参见:"Prospects Fade for Funds to Speed Mall Project," *The
Philadelphia Inquirer*, April 12, 1959.

种报道策略依托于费城在 18 世纪作为美国独立革命中心的历史辉煌,并进一步强化了殖民复兴时期的文化叙事,使其在公众心目中占据重要位置。通过这种方式,报道不仅影响了公众对历史遗产的看法,也为城市更新和历史保护的讨论提供了特定视角。正如一篇社论中写道,"独立厅及其周边地区之所以成为美国圣地,并非因这里的建筑数量,而是因这里发生的事":

> 这里不仅有对殖民时代的温馨回忆,还是抛出战书的地方,是我们永远结束殖民地地位的战场。①

纵观《问询报》的相关报道,可以看出,"历史的""殖民的""拯救""重见天日"等表述频繁出现,投射出了一种对殖民时期费城环境的偏好与强调。这些表述不仅反映了报刊对历史遗产以及城市更新的重视,还表明其在推动殖民主义复兴的过程中,所发挥的塑造公众历史记忆和身份认同的作用。

> 一个更古老、更优雅的费城正在这座城市的中心慢慢重塑。这个国家最集中的历史建筑和文物,包括自由钟,将在一个还原至 18 世纪末期简朴风格的区域中展示……那些见证了 1774 年至 1800 年间独立诞生和联邦政府形成的地标性建筑,正在被忠实地重建。②

通过将殖民时期的建筑和遗迹描绘为历史的见证,《问询报》暗示了它们在现代化进程中被遗忘或遭破坏后的重放异彩。这种叙述手法为当时的公众身份认同提供框架,并构建了殖民历史与现代身份认同之间的联系,为公众树立了一种对过去的尊重和对国家传统的自豪。

> 殖民时期费城的建筑可以被修复;早期爱国者居住的房屋、他们做礼拜的教堂、他们娱乐的剧院和酒馆都可以恢复原貌。富兰克林、华盛顿、莫里斯和杰斐逊所熟悉的费城将被重新唤醒。③

---

① "Preparing for 1976," *The Philadelphia Inquirer*, May 27, 1969, 16.
② Robert I. Greenberg, "Independence Park Ready in 1963, Old, Graceful Phila. Emerges," *The Philadelphia Inquirer*, January 08, 1961.
③ "For These Jobs: The Best in Planning," *The Philadelphia Inquirer*, June 22, 1949, 32.

国家公园内的公共建筑重新讲述了英雄们、文件和演讲的官方故事，这些故事标志着我们缓慢地、有时是不情愿地切断了与英国联系的绳索。①

通过将历史地标与遗址描绘为美国独立与革命的象征，《问询报》强化了公众对特定历史时期的记忆与叙事，在重塑公众对历史的共同理解基础上，助力美国社会对过去的再认同，巩固了公众的国家身份和爱国主义情感。正如詹姆斯·杨（James E. Young）对历史记忆与文化遗产的表述，历史遗址的保护和再现是对过去的政治性解读，不仅关乎历史的保存，也是通过对特定历史时刻的选择性叙述与再现，更是身份建构的一部分。②

依托高涨的爱国主义热情与传统的历史地标建筑，战后的费城被重塑回了 18 世纪的样子。然而，"费城的历史并非始于 1776 年，也不止于 1776 年，它不是一个永远被固定在琥珀中的瞬间。"③殖民复兴在"修复"历史的过程中，往往将历史美化或简化，单纯强调殖民精英的家园和美学风格，忽视了殖民时期的复杂性，这种对"黄金时代"的理想化重现，引起了强烈的社会争议。

一封读者来信提出"复制品"通常只是"赝品"的委婉说法，"这些由社区领袖推动的重建项目，以爱国主义和公民进步为名，任何对其价值提出疑问的人，都被标签为叛徒或未开化之人。"④而另一封美国哲学学会（American Philosophical Society）成员的来信，则反映出曼纽尔·卡斯特（Manuel Castells）在其关于社会与空间关系理论中的强调，即城市和街区的建筑风格并不仅仅是物理空间的呈现，而是社会关系的反映，尤其是不同社会群体之间的斗争和冲突。⑤

即使是在 1776 年，当时也有一些破败和"老式"的建筑。此外，在托利党（Tory）浪漫主义者（想象中所有殖民者都是公爵之子的那种人）和威

---

① Rebecca Sinkler, "Colonial Philadelphia: a Magical History Tour," *The Philadelphia Inquirer*, April 11, 1976.

② J.E. Young, *The Texture of Memory: Holocaust Memorials and Meaning*, Yale University Press, 1994.

③ "Preparing for 1976," *The Philadelphia Inquirer*, May 27, 1969, 16.

④ George B. Tatum, "'Fake' Graff House No Joke," *The Philadelphia Inquirer*, July 29, 1968, 8.

⑤ Manuel Castells, *The Urban Question a Marxist Approach*, The MIT Press, 1980.

廉斯堡（Williamsburg）的例子（90％是伟大的，但其余部分值得商榷）的误导下，我们得到的是一幅净化后的美国图景，其中大部分严酷的社会现实（例如体罚和死刑、黑人奴隶制疾病和令人震惊的婴儿死亡率）都显得古雅，或用来对标我们现在的美好。①

对此，《问询报》同样引用了威廉斯堡的案例，作为社会主流对于重现殖民时期风貌的高度重视和推崇的正面回应：

> 每年都有成千上万的人参观弗吉尼亚州的威廉斯堡，不是因为它是一个博览会或迪斯尼乐园，而完全是因为它反映了我们祖先的文化和传统——是我们热爱并珍视的遗产。在费城，我们拥有美国历史上最神圣的圣地……为什么不利用我们目前宝贵的资源，以类似威廉斯堡的方式，扩建一个老费城的复制品，让人们真正回忆起 1776 年呢？②

《问询报》在大量篇幅的"歌颂"中，助推宣扬了历史公园具有时代象征意义的重建，不仅是在实际层面上报道了历史遗址的复兴，更在意识形态上构建了一种对历史的标准化记忆：

> 费城就是这样一个地方。大陆会议开会的建筑——木匠厅和独立厅——与当年的情况大同小异。在那些年里，代表们不知不觉地从一个寻求纠正某些不满的胆小团体转变成了革命者。格拉夫故居（Graff

---

① Whitfield J. Bell, Jr., "Cradle of Liberty," *The Philadelphia Inquirer*, August 05, 1973. 其中，"托利党"通常指的是美国独立战争期间忠于英国国王的殖民者。他们反对殖民地独立，并支持英国对北美殖民地的控制。托利党并非美国正式政党，而是独立战争期间社会和政治忠诚的象征。此外，位于美国弗吉尼亚州东部的威廉斯堡，是美国历史最悠久的城市之一。它在 1699 年就成为当时全美 13 个殖民地（即独立后最初 13 个州）中最富裕发达的弗吉尼亚州的首府。这座城市的中心有一座保留着 18 世纪原貌的殖民地小镇，向人们展示美利坚合众国成立之前的美国理念的起源。"殖民时期的威廉斯堡"小镇占地 175 英亩，包括 88 座公共建筑物和 400 多个其他设施，全部是对原有建筑加以修复或按考古学家从美国和欧洲所发现的原建筑蓝图在原址上重建的，是美国城市历史保护中的第一个历史区。参见：A. Lawrence Kocher, *Colonial Williamsburg——Its Buildings and Gardens*, Holt, Rinehart and Winston, 1966.

② Charles G. Etter, "Give the Bicentennial Back to America," *The Philadelphia Inquirer*, February 18, 1971, 27.

House)经过了巧妙的重建。在原建筑的第二层,托马斯·杰斐逊试图解释是什么造就了革命的怒火,以及美国应该代表什么……

……

费城"老城"中心的 20 座历史建筑就是我们过去的象征。20 多年来,为开垦"美国最具历史意义的一平方英里",我们花费了 2 000 多万美元。20 年前,这一平方英里还是城市的主要荒地。20 世纪 50 年代,人们开始致力于拯救我们的国家宝藏。公园发言人将这个项目描述为"剔除坏的,保存好的,以及美化缺失的部分",这无疑是对创建一个相当于殖民地的梵蒂冈城——一个位于美国大都市中心的独立实体——所涉及的艰巨任务的极大的轻描淡写。[1]

作为记忆的载体与组织中介,《问询报》向公众提供了一种社会和环境的记忆方式,在报道独立国家历史公园的建设时,特别强调了 1770 年至 1800 年这 30 年非凡的历史。"历史性"与"非历史性"的概念在报道的话语中被简单区隔。所涉报道内的"历史性"建筑,通常与需要被记住的历史相关,或是在殖民地时期建造,甚有"从第一批定居者至今,跨越三个世纪风格"的建筑遗产[2],或是见证了美国革命与独立等具有象征意义的历史事件。新闻报道通过突出宣扬这些历史地标,突出费城的"殖民遗产",以及在美国建国过程中的核心地位,从而强化了这些建筑空间对地方身份认同的集体理解和再生产。这种报道策略,不仅构建了费城作为一座历史名城的宏大叙事,也在冷战背景下,将独立国家历史公园的象征价值与美国作为"道德灯塔"的核心理念紧密结合,使其成为激发爱国情感和巩固国家意识的关键因素,同时也彰显了费城作为美国革命精神摇篮的独特地位。

三、殖民文化与历史场景的互文

本杰明·富兰克林是殖民地军队的领袖,昨天他在独立步行广场上,顶着烈日,聚精会神地注视着巨大的红、白、黑三色棋盘。

---

[1] Rebecca Sinkler, "Colonial Philadelphia: a Magical History Tour," *The Philadelphia Inquirer*, April 11, 1976.

[2] "36 Years Older Than Independence Hall: Massey House Wins National Recognition," *The Philadelphia Inquirer*, December 10, 1970, 38.

　　在他面前,身着殖民地服装、手持火枪的人类棋子与身着英军红色服装的棋子对峙着。在他对面,英国领导人豪威(Howe)勋爵扭动着身体。

　　"皇后走到 G-4。"富兰克林宣布道。殖民地女王玛莎·华盛顿(Martha Washington)走到指定位置,与保皇党国王乔治三世相对。"将死。"富兰克林说。

　　……殖民地再次战胜了大英帝国。①

殖民军(左)在大棋盘上列队对抗英军②

　　《问询报》在美国建国 200 周年庆典期间所报道的这场"独立战争",事实

---

① Steve Twomey，"Colonies Outfox the British in Revolutionary Chess Match," *The Philadelphia Inquirer*，June 16，1976，2-B. 其中,英国领导人豪威指英军总司令威廉·豪威爵士(Sir William Howe),他于 1774 年 10 月 4 日占领费城后,派遣部队驻扎在费城教区日耳曼敦以巩固防御。华盛顿试图通过一次大胆夜袭,击退英军并迫使其撤出费城。这一计划与华盛顿此前成功的特伦顿战役类似,以快速、突袭为主要战术。但因浓雾、误判和队伍协调不畅最终失败。参见:"Mistake Cost Rebels Victory At Germantown," *The Philadelphia Inquirer*，April 25，1963.

② Steve Twomey，"Colonies Outfox the British in Revolutionary Chess Match,"*The Philadelphia Inquirer*，June 16，1976，2-B.

上是费城学区数学部门组织的,由真人扮演的智力革命,作为宣传国际象棋和二百周年纪念的一种方式。①在这场象棋比赛中,富兰克林不仅是美国的开国元勋,更是被赋予了"殖民军领袖"的角色,象征着智慧、战略和独立精神的化身。这场充满多重文化象征的演绎,不仅在形式上复兴了殖民文化的景观,更通过棋局的对抗性,生动地重现了美国与大英帝国之间的冲突。《问询报》的报道将象棋中的"将死"与殖民地对英国的"胜利"巧妙联系起来,暗示着殖民地的必胜局面。报道以轻松的语调和戏剧化的场景,再现了独立战争的历史景观,使读者仿佛身临其境,也使这场"象棋战争"成为一次寓教于乐的文化体验和身份认同的集体仪式。

城市是法国历史学家皮埃尔·诺拉(Pierre Nora)所说的"记忆之场"②:一个充满故事的场所,将城市置于一个共同的过去,并将一个特定的城市与其他地方区分开来,创造出一种有质感的文化。除了在历史建筑的保护中强调殖民地属性,《问询报》还积极报道了一系列在独立国家历史公园内开展的活动或布置,这些活动或布置不仅承载了对殖民时期的怀旧情感,也散发出浓厚的殖民气息。通过对这些活动的报道,公众对费城在美国建国历程中的历史角色产生了更加生动的认知。这样的报道策略有效地塑造和传播了地方身份认同,并推动了公共记忆的选择性构建,使殖民复兴的叙事成为主流话语的一部分。

如在描绘通过安装四个古色古香的 18 世纪哨兵岗亭复制品,为独立国家历史公园增添历史真实感的报道中,《问询报》写道:

> 1789 年克里斯蒂安·沙弗(Christian Schaffer)为州政府大院(独立厅)建造了三个这样的箱子。根据史料记载,该地区至少有六七个这样的建筑,守夜人会在巡逻间隙,利用这些岗亭"休息他们疲惫的四肢,并在恶劣天气中寻找庇护。"
>
> ……大约在 1843 年,这些古色古香的建筑从费城消失,取而代之的则是街角的煤气灯。③

---

① Steve Twomey, "Colonies Outfox the British in Revolutionary Chess Match," *The Philadelphia Inquirer*, June 16, 1976, 2-B.

② 皮埃尔·诺拉著,黄艳红译:《记忆之场》,南京大学出版社 2017 年版。

③ Thomas A. Dau, "Sentry Boxes Installed at Independence Hall," *The Philadelphia Inquirer*, October 11, 1964. 其中,克里斯蒂安·沙弗(1753—1824)是美国革命之女协会承认的在美国革命期间服役的爱国祖先。

历史公园最近安装了四个岗亭①

根据报道介绍,这些岗亭并非给公园巡逻人员使用,而是将配备录音带,让游客聆听并了解周边建筑的历史背景。②公园管理者巧妙地将18世纪风格的复制品与现代技术相结合,旨在提升教育意义和游客的参与度,从而强化游客对特定历史的认知与代入。而《问询报》针对这一细节的报道,进一步放大了这一功能,使得岗亭从一个历史元素的复制品,转变为传递历史信息、构建公共记忆的重要媒介。

在描绘独立国家历史公园内游客团队的场景时,《问询报》又特别注重与殖民地风貌相符合的细节,多次提及了"费城殖民地烛光之旅",是一个让那些

---

① 国家公园管理局导游林恩·罗森(Lynne Rosen)带游客参观独立广场,并在18世纪哨兵岗亭的复制品前驻足。参见:Thomas A. Dau, "Sentry Boxes Installed at Independence Hall," *The Philadelphia Inquirer*, October 11, 1964.

② Thomas A. Dau, "Sentry Boxes Installed at Independence Hall," *The Philadelphia Inquirer*, October 11, 1964.

"从未真正体验过费城深厚历史的人,有机会在古老的鹅卵石街道上烛光漫步"①的活动。通过这些活动的报道,费城被唤起了在殖民地时期具有重要地位的城市记忆,凸显了其丰富的历史遗产和文化价值。

据相关报道介绍,"蜿蜒穿越美国最具历史意义的一平方英里"的烛光之旅,以非常轻松的形式展开,向参与者讲述 200 年前各个历史地标的历史故事。如,在木匠厅,游客们可以体验 1774 年第一次大陆会议的历史氛围;而在老圣玛丽教堂(Old St. Mary's),游客们则能感受到大陆会议代表们在此祈祷寻求指引的庄严场景:②

> 在市长山姆·鲍威尔(Sam Powel)的家,游客们可能会听到乔治·华盛顿上校的鬼魂在地板上砰砰作响,与当地的女士们翩翩起舞。
> ……这些故居将只用烛光照亮,国家公园的导游(精通十种语言)将身着手工缝制的冕服带领游客参观。③

报道强调,这样的旅行"为费城人提供了一种独特的方式去体验国家的二百周年纪念和探索家门口的乐趣"。④这一表述,一方面体现了费城作为美国历史发源地的特殊地位,另一方面,也体现出通过本地化的历史体验增强市民对地方文化的认同。这种带有殖民风貌的地方特色旅游不仅仅是历史的回顾,更通过具体的历史场景使公众与过去产生深刻的情感联系。如另一篇报道中所描述的鲍威尔故居,令人们回忆起约翰·亚当斯曾在写给妻子阿比盖尔(Abigail)的信中所描绘的一次晚餐,"那是一场最罪恶的盛宴,大约有 40 种不同的甜点"⑤的表述,不仅通过 18 世纪栩栩如生的生活场景,让人们感受到那个时代的奢华与细节,更是营造出了参观者与殖民文化的亲密与沉浸之情,既是对国家历史的致敬,也是拉近公众与历史距离的纽带,加强了地方依恋与

---

① "Walkabout," *The Philadelphia Inquirer*, July 07, 1974, 8.

② Jonathan Takiff, "Candlelight Tours March into Past," *The Daily News*, July 26, 1974, 28.

③ Jonathan Takiff, "Candlelight Tours March into Past," *The Daily News*, July 26, 1974, 28. 其中,山姆·鲍威尔(1738—1793)是费城在英国皇家特许下的最后一位市长,也是独立后在美国宪法下的第一位市长。他的乔治亚风格的优雅宅邸建于 1765 年,乔治·华盛顿、本杰明·富兰克林和拉斐耶特侯爵等知名人士都是这里的常客。

④ Jonathan Takiff, "Candlelight Tours March into Past," *The Daily News*, July 26, 1974, 28.

⑤ "Colonial Area Tours Are Popular," *The Philadelphia Inquirer*, August 29, 1974, 1-B.

集体记忆的联系。

报道中另一集中的主题,则是在独立国家历史公园内演出的各类实景历史剧(living dramas)。从街头剧(street play)《拉什医生:独立之路的医者》(*Dr. Rush*, *Physician to Independence*),到获得自由基金会奖(Freedom Foundation award)和国家公园管理局嘉奖的《保罗·里维尔的日间骑行》(*The Daytime Ride of Paul Revere*)①;从小品式戏剧《最初的 100 年》(*The First 100 Years*)到儿童木偶剧《给爸爸的靴子》(*Boots for Dad*),这些在历史街区上演的戏剧,让历史人物和事件栩栩如生。

> 费城老城挤满了透过 18 世纪窗户注视着我们的人们,这里正在为这些游客拉开二百周年纪念活动的序幕。最值得注意的是历史户外剧目正在独立厅及其周围紧锣密鼓地上演。原创剧本涉及 18 世纪的历史人物——既有广为人知的,也有鲜为人知的。所有剧作的意图都是要在一个娱乐和充满活力的环境中突出费城的历史贡献。这是鲜活的历史,是那种从教科书或旅游手册中永远无法获得的历史体验。②

据《问询报》报道,《拉什医生》这部剧围绕本杰明·拉什(Benjamin Rush)在美国独立运动中的贡献展开,他不仅帮助建立了美国医学传统和宾夕法尼亚州第一家医院——宾夕法尼亚医院③,是《独立宣言》的签署者,更是一个为人权而战的人,"本杰明·富兰克林(Benjamin Franklin)和约翰·亚当斯(John Adams)在现场与年轻的拉什热情相交,从这些为国家争取自由而战的先驱者的视角出发,共同创造了一个引人入胜的 1778 年。"④

《保罗·里维尔的日间骑行》是《在这里发生》系列戏剧的 1974 年版本,主要讲述了美国独立战争前夕,保罗·里维尔为警告殖民地民兵"英军来了"而

---

① Grace Madley, "Even Front Row Is Free: Sound-and-Light Shows Focus on Revolution," *The Philadelphia Inquirer*, July 19, 1974.

② Mary Martin Niepold, "Plays Staged in Historical Area Bring History to Life," *The Philadelphia Inquirer*, July 04, 1975.

③ Grace Madley, "Even Front Row Is Free: Sound-and-Light Shows Focus on Revolution," *The Philadelphia Inquirer*, July 19, 1974.

④ Mary Martin Niepold, "Plays Staged in Historical Area Bring History to Life," *The Philadelphia Inquirer*, July 04, 1975.

进行的那场著名的骑行故事,另外还包括波士顿茶党(Boston Tea Party)和第一届大陆会议的情节。①

> 在木匠厅的庭院中,身着殖民时期服饰的表演者演绎着1773—1744年间发生的动人事件。②

《第一个100年》记录了宾夕法尼亚州悠久的宗教自由传统的开端。威廉·潘恩、贝特西·罗斯和詹姆斯·麦迪逊是这部戏剧中几个著名的历史人物。而另一部戏剧《自由之帆》则描述了一位鲜为人知的自由战士——詹姆斯·福尔滕(James Forten),"福尔滕是黑人、商人和水手,在约翰·巴里(John Barry)组建海军的事件中发挥了重要作用。"《给爸爸的靴子》则围绕着孩子们试图将一双新靴子送给父亲的故事展开,他们的父亲正与华盛顿一起在福治谷扎营。③

> 没有忘记年轻人对充满乐趣的历史剧的需求。《给爸爸的靴子》通过两个年轻人和他们的狗玫瑰花蕾(Rosebud)的视角,以幽默的方式讲述了殖民时期的费城。④

在独立国家历史公园内,以历史遗址为舞台的戏剧活动,通过对殖民时期文化景观的再现,不仅纪念了美国争取独立的光辉历程,还使公众能够身临其境地感知那个时代的物理空间和历史背景。这种沉浸式的体验有助于公众深化对美国文化遗产的理解,增强对国家身份的认同感。与此同时,《问询报》对这些戏剧活动的报道,则延续了对历史再现的关注,进一步强调了这些活动如何借助引人入胜的文化表现形式,促进公众的历史意识觉醒,激发其社会参与

---

① Grace Madley, "Even Front Row Is Free: Sound-and-Light Shows Focus on Revolution," *The Philadelphia Inquirer*, July 19, 1974.

② Even Front Row Is Free Sound-and-Light Shows Focus on Revolution[N]. *The Philadelphia Inquirer*, 1974.07.19.

③ Mary Martin Niepold, "Plays Staged in Historical Area Bring History to Life," *The Philadelphia Inquirer*, July 04, 1975.

④ Mary Martin Niepold, "Plays Staged in Historical Area Bring History to Life," *The Philadelphia Inquirer*, July 04, 1975.

离戏剧表演舞台不远的观众在历史街区①

的积极性。殖民文化与革命精神被赋予戏剧性的表现形式后,不仅为观众提供了一个审视历史的新窗口,而且也成了现代美国人塑造和加强身份认同的工具。在冷战的背景下,帮助公众在动荡的时代找到共同的价值观和归属感,从而强化美国社会的共同文化认同和国家认同。

结 语

根据莫里斯·哈布瓦赫(Maurice Halbwachs)的集体记忆理论②,地方是历史记忆的载体,通过社会群体的共同实践,地方记忆得以形成并延续。同时,皮埃尔·诺拉提出的"记忆之场"理论也指出,特定的地标和场所是承载历史记忆的关键符号。它们通过物质形式和叙事框架,连接了过去与现在,为群体认同提供了稳定的情感锚点。

步行广场上的殖民主义复兴运动不仅仅是建筑层面的美学复兴,也是一场文化运动,旨在利用对"过去的想象"来应对当代的社会挑战,不仅服务于地方自豪感的塑造,也成为国家身份建构的重要工具。费城作为美国的发源地,承载了美国集体记忆的独特象征意义。通过"恢复历史"的建筑与环境来创造一种"真实的过去",强化了公众对殖民时代的"理想记忆",使得游客在物理

---

① Mary Martin Niepold, "Plays Staged in Historical Area Bring History to Life," *The Philadelphia Inquirer*, July 04, 1975.

② 莫里斯·哈布瓦赫著,毕然、郭金华译:《论集体记忆》,上海人民出版社 2002 年版。

空间中体验历史氛围,将其作为美国历史和国家身份的重要象征。

在这一框架下,《费城问询报》围绕"殖民主义"的报道,不仅体现出城市历史的深厚底蕴,更为费城塑造了一个独特的身份标签。报道中,复原和保护18 世纪的建筑与环境被描述为一种有意识的文化行动,不仅是一种装饰性审美的选择,更是维系地方与国家历史记忆的纽带。这种叙述成功地将地方认同与国家认同结合起来,使独立步行广场既成为地方历史的展示窗口,也成为国家历史的象征符号。这种双重认同的构建,不仅唤起了市民对历史的自豪感,还强化了费城作为"美国诞生地"的认同标签,构建出了连接地方记忆与国家认同的象征性空间。

"Colonial Revival" in the Independence
National Historical Park

— An Examination Based on *The Philadelphia Inquirer*
(1948—1976)

Abstract：During the restoration of Independence National Historical Park(1948—1976)，numerous post-18th-century buildings were demolished，sparking a debate over "historic preservation" and the revival of "colonialism". As a major local media outlet，*The Philadelphia Inquirer* responded to these developments by highlighting patriotic heroes and pivotal historical events from the colonial era in its coverage. By emphasizing the identity of Philadelphia as the "Birthplace of America"，the newspaper reshaped the colonial narrative，showcasing the city's rich historical heritage. It constructed a symbolic space that bridged local memory with national identity，ultimately promoting the commemoration and legacy of American independence and the spirit of liberty.

作者简介:王如一,上海师范大学影视传媒学院讲师、都市文化博士研究生。

图书在版编目(CIP)数据

时间性、城市感与社会 / 苏智良，陈恒主编.
上海 ： 上海三联书店, 2025. 7. -- (都市文化研究).
ISBN 978-7-5426-8889-7

Ⅰ. C912.81

中国国家版本馆 CIP 数据核字第 20253DG418 号

时间性、城市感与社会

主　编 / 苏智良　陈　恒

责任编辑 / 殷亚平
装帧设计 / 徐　徐
监　制 / 姚　军
责任校对 / 王凌霄

出版发行 / 上海三联书店
　　　　　(200041)中国上海市静安区威海路 755 号 30 楼
邮　箱 / sdxsanlian@sina.com
联系电话 / 编辑部：021 - 22895517
　　　　　发行部：021 - 22895559
印　刷 / 商务印书馆上海印刷有限公司

版　次 / 2025 年 7 月第 1 版
印　次 / 2025 年 7 月第 1 次印刷
开　本 / 710mm×1000mm　1/16
字　数 / 590 千字
印　张 / 36
书　号 / ISBN 978 - 7 - 5426 - 8889 - 7/C · 657
定　价 / 128.00 元

敬启读者，如发现本书有印装质量问题，请与印刷厂联系 021-56324200